IMPORTANT

HERE IS YOUR REGISTRATION CODE TO ACCESS MCGRAW-HILL PREMIUM CONTENT AND MCGRAW-HILL ONLINE RESOURCES

For key premium online resources you need THIS CODE to gain access. Once the code is entered, you will be able to use the web resources for the length of your course.

Access is provided only if you have purchased a new book.

If the registration code is missing from this book, the registration screen on our website, and within your WebCT or Blackboard course will tell you how to obtain your new code. Your registration code can be used only once to establish access. It is not transferable

To gain access to these online resources

1. **USE** your web browser to go to: **www.mhhe.com/prego6**

2. **CLICK** on "First Time User"

3. **ENTER** the Registration Code printed on the tear-off bookmark on the right

4. After you have entered your registration code, click on "Register"

5. **FOLLOW** the instructions to setup your personal UserID and Password

6. **WRITE** your UserID and Password down for future reference. Keep it in a safe place.

If your course is using WebCT or Blackboard, you'll be able to use this code to access the McGraw-Hill content within your instructor's online course.

To gain access to the McGraw-Hill content in your instructor's WebCT or Blackboard course simply log into the course with the user ID and Password provided by your instructor. Enter the registration code exactly as it appears to the right when prompted by the system. You will only need to use this code the first time you click on McGraw-Hill content.

These instructions are specifically for student access. Instructors are not required to register via the above instructions.

The McGraw-Hill Companies
Mc Graw Hill | **Higher Education**

Thank you, and welcome to your McGraw-Hill Online Resources.

0-07-295437-X t/a
Lazzarino
Prego! An Invitation to Italian, 6/e

K6J3-EPY6-B9K6-6CY3-YGVE

REGISTRATION CODE
REGISTRATION CODE

The McGraw-Hill Companies
Mc Graw Hill | **Higher Education**

Prego!

An Invitation to Italian

Graziana Lazzarino
University of Colorado, Boulder

Maria Cristina Peccianti
Università per Stranieri, Siena, Italy

Janice M. Aski
The Ohio State University

Andrea Dini
Montclair State University

With contributions by:

Pamela Marcantonio
University of Colorado, Boulder

Loredana Anderson-Tirro
New York University

Giuseppe Faustini
Skidmore College

Maria Mann
Nassau Community College

Sixth Edition

Boston   Burr Ridge, IL   Dubuque, IA   Madison, WI   New York
San Francisco   St. Louis   Bangkok   Bogotá   Caracas   Kuala Lumpur
Lisbon   London   Madrid   Mexico City   Milan   Montreal   New Delhi
Santiago   Seoul   Singapore   Sydney   Taipei   Toronto

The McGraw·Hill Companies

This is an ⌐BⅠ book.

Prego!
An Invitation to Italian

Published by The McGraw-Hill Companies, Inc., 1221 Avenue of the Americas, New York, NY 10020. Copyright ©
2004, 2000, 1995, 1990, 1984, 1980 by the McGraw-Hill Companies, Inc. All rights reserved. No part of this publication
may be reproduced or distributed in any form or by any means, or stored in a database or retrieval system, without
the prior written consent of The McGraw-Hill Companies, Inc., including, but not limited to, in any network or other
electronic storage or transmission, or broadcast for distance learning.

This book is printed on acid-free paper.

Printed in China

3 4 5 6 7 8 9 0   CTP / CTP   9 0 9 8 7 6 5

ISBN 0-07-256131-9 (Student Edition)
ISBN 0-07-288373-1 (Instructor's Edition)

Vice president/Editor-in-chief: *Thalia Dorwick*
Publisher: *William R. Glass*
Sponsoring editor: *Christa Harris*
Director of development: *Susan Blatty*
Development editor: *Lindsay Eufusia*
Executive marketing manager: *Nick Agnew*
Project manager: *Christina Gimlin*
Production supervisor: *Tandra Jorgensen*
Design manager: *Violeta Diaz*

Cover and interior designer: *Mark Ong*
Photo research coordinator: *Alexandra Ambrose*
Art editor: *Emma Ghiselli*
Supplement producers: *Louis Swaim* and *Mel Valentin*
Editorial assistant: *Daniela Reissmann*
Compositor: *The GTS Companies/York, PA Campus*
Typeface: *Palatino*
Printer: *CTPS*

Cover art: *Maschere italiane* by Virgilio Simonetti, from Istituto della Enciclopedia Italiana

Because this page cannot legibly accommodate all the copyright notices, credits are listed on page A-67 and
constitute an extension of the copyright page.

Library of Congress Cataloging-in-Publication Data
Prego! : an invitation to Italian / Graziana Lazzarino… [et al.].—6th ed.
    p. cm.
  Includes index.
  ISBN 0-07-256131-9
   1. Italian language—Textbooks for foreign speakers—English. I. Lazzarino, Graziana.

PC1128.L35 2003
458.2'421—dc22

2003061434

www.mhhe.com

Contents

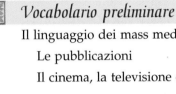

Contents   **vii**

Preface

Welcome to the exciting sixth edition of *Prego! An Invitation to Italian.* Since its first appearance in 1980, *Prego!* has been a leading introductory Italian program in North America. This edition provides the communicative activities and streamlined vocabulary and grammar presentations typical of *Prego!*, coupled with revised and expanded cultural material, all within a beautiful new design.

Features of the Sixth Edition

We are grateful for the positive response to the text's approach and goals, which have remained constant since the first edition. Instructors will find in the sixth edition those features that they have come to know and trust over the years:

- grammar, vocabulary, and culture that work together as interactive units
- an abundance of practice materials, ranging from form-focused to communicative
- stimulating and contemporary themes to introduce language and culture
- numerous supplementary materials that are carefully integrated with the main text

At the same time, we are very excited about this new edition of *Prego!* We listened to our many adopters and revised the text based on your significant feedback. As a result, the text and its ancillary package are even stronger. Here are several key highlights of the sixth edition:

- grammar presentations have been revised and streamlined, and include more charts and visuals to provide concise and student-friendly explanations
- chapter vocabularies have been revised to include words and expressions more closely correlated with the chapter themes and to focus on contemporary vocabulary
- new readings in each chapter focus on the various regions of Italy to collectively present a vivid portrait of contemporary Italy
- updated **Nota culturale** sections offer information on everyday Italian life
- a new feature, **Sapevate che... ?,** introduces students to the subtleties and nuances of Italian language and culture
- new cultural sections, **Flash culturali,** appearing after **Capitoli 4, 8, 12,** and **16,** expand upon the chapter themes through four brief readings relating to the culture of present-day Italy
- an entirely new video, shot on location in Italy, is integrated into each chapter of the text through the fully revised **Videoteca** section
- a new state-of-the-art ancillary program includes an *Online Workbook* and *Online Laboratory Manual*, a thoroughly revised *Interactive CD-ROM*, and a text-specific *Online Learning Center.*

Please turn to the next page for a fully illustrated Guided Tour of the sixth edition of *Prego!*

A Guided Tour
of Prego!

As in previous editions, the sixth edition of *Prego!* features a clear, user-friendly organization. The new edition consists of a preliminary chapter and eighteen regular chapters. The **Capitolo preliminare** offers students a stimulating introduction to the study of Italian and to the basic tools they need to express themselves on a variety of daily topics.

Capitoli **1** through **18** are organized as follows:

Chapter opener
A photo and caption introduce the cultural theme of the chapter. **In breve,** a brief outline, summarizes the chapter's grammar and reading selections.

Vocabolario preliminare
This section introduces and practices the thematic vocabulary that students will use for self-expression and activities throughout the chapter. The **Dialogo-Lampo** that begins this section is a brief and often humorous dialogue, accompanied by an illustration, that sets the context for the vocabulary and exercises that follow.

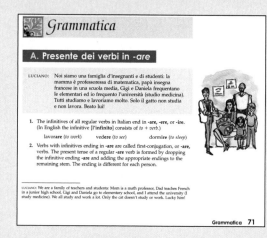

Grammatica

Three to five grammar points are presented in this section, each introduced in context by a brief dialogue, passage, or cartoon and accompanied by both focused exercises and more communicative activities.

The following is the content shown inside the sample page image:

Grammatica

A. Presente dei verbi in -are

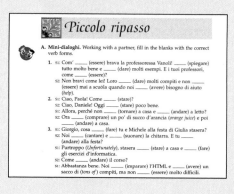

LUCIANO: Noi siamo una famiglia d'insegnanti e di studenti: la mamma è professoressa di matematica, papà insegna francese in una scuola media, Gigi e Daniela frequentano le elementari ed io frequento l'università (studio medicina). Tutti studiamo e lavoriamo molto. Solo il gatto non studia e non lavora. Beato lui!

1. The infinitives of all regular verbs in Italian end in **-are**, **-ere**, or **-ire**. (In English the infinitive [**l'infinito**] consists of *to + verb*.)

   lavor**are** (*to work*)   ved**ere** (*to see*)   dorm**ire** (*to sleep*)

2. Verbs with infinitives ending in **-are** are called first-conjugation, or **-are**, verbs. The present tense of a regular **-are** verb is formed by dropping the infinitive ending **-are** and adding the appropriate endings to the remaining stem. The ending is different for each person.

LUCIANO: We are a family of teachers and students: Mom is a math professor, Dad teaches French in a junior high school, Gigi and Daniela go to elementary school, and I attend the university (I study medicine). We all study and work a lot. Only the cat doesn't study or work. Lucky him!

Grammatica 71

Piccolo ripasso

Review exercises in this section reinforce the structures and vocabulary of the chapter and recycle high-frequency structures and vocabulary from earlier chapters.

The following is the content shown inside the sample page image:

Piccolo ripasso

A. Mini-dialoghi. Working with a partner, fill in the blanks with the correct verb forms.

1. S1: Com' _____ (essere) brava la professoressa Vanoli! _____ (spiegare) tutto molto bene e _____ (dare) molti esempi. E i tuoi professori, come _____ (essere)?
   S2: Non bravi come lei! Loro _____ (dare) molti compiti e non _____ (essere) mai a scuola quando noi _____ (avere) bisogno di aiuto (*help*).
2. S1: Ciao, Paola! Come _____ (stare)?
   S2: Ciao, Daniele! Oggi _____ (stare) poco bene.
   S1: Allora, perché non _____ (tornare) a casa e _____ (andare) a letto?
   S2: Ora _____ (comprare) un po' di succo d'arancia (*orange juice*) e poi _____ (andare) a casa.
3. S1: Giorgio, cosa _____ (fare) tu e Michele alla festa di Giulia stasera?
   S2: Noi _____ (cantare) e _____ (suonare) la chitarra. E tu _____ (andare) alla festa?
   S1: Purtroppo (*Unfortunately*), stasera _____ (stare) a casa e _____ (fare) gli esercizi d'informatica.
   S2: Come _____ (andare) il corso?
   S1: Abbastanza bene. Noi _____ (imparare) l'HTML e _____ (avere) un sacco di (*tons of*) compiti, ma non _____ (essere) molto difficili.

Invito alla lettura

This reading section explores the chapter's theme in the context of the regions of Italy. Each chapter presents students with one or two regions; each reading is accompanied by a beautiful photograph and map of the region or regions in focus.

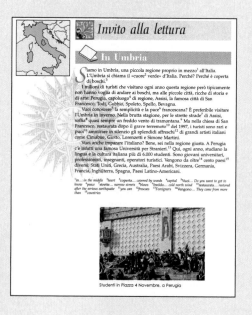

The following is the content shown inside the sample page image:

Invito alla lettura

In Umbria

Siamo in Umbria, una piccola regione proprio in mezzo[1] all'Italia. L'Umbria si chiama il «cuore[2] verde» d'Italia. Perché? Perché è coperta di boschi.[3]

I milioni di turisti che visitano ogni anno questa regione però tipicamente non hanno voglia di andare ai boschi, ma alle piccole città, ricche di storia e di arte: Perugia, capoluogo[4] di regione, Assisi, la famosa città di San Francesco, Todi, Gubbio, Spoleto, Spello, Bevagna.

Vuoi conoscere[5] la semplicità e la pace[6] francescana? È preferibile visitare l'Umbria in inverno. Nella brutta stagione, per le strette strade[7] di Assisi, soffia[8] quasi sempre un freddo vento di tramontana.[9] Ma nella chiesa di San Francesco, restaurata dopo il grave terremoto[10] del 1997, i turisti sono rari e puoi[11] ammirare in silenzio gli splendidi affreschi[12] di grandi artisti italiani come Cimabue, Giotto, Lorenzetti e Simone Martini.

Vuoi anche imparare l'italiano? Bene, sei nella regione giusta. A Perugia c'è infatti una famosa Università per Stranieri.[13] Qui, ogni anno, studiano la lingua e la cultura italiana più di 6.000 studenti. Sono giovani universitari, professionisti, insegnanti, operatori turistici. Vengono da oltre[14] cento paesi[15] diversi: Stati Uniti, Grecia, Australia, Paesi Arabi, Svizzera, Germania, Francia, Inghilterra, Spagna, Paesi Latino-Americani.

[1] *in... in the middle* [2] *heart* [3] *coperta... covered by woods* [4] *capital* [5] *Vuoi... Do you want to get to know* [6] *peace* [7] *strette... narrow streets* [8] *blows* [9] *freddo... cold north wind* [10] *earthquake* [11] *you can* [12] *frescoes* [13] *Foreigners* [14] *Vengono... They come from more than* [15] *countries*

Studenti in Piazza 4 Novembre, a Perugia

Nota culturale

Brief cultural notes, accompanied by a photograph, offer students a glimpse of everyday life in Italy. Topics range from how Italians greet each other, to coffee bars, to environmentalism.

In ascolto

For listening comprehension activities related to the theme of this chapter, see the Laboratory Manual or visit the *Prego!* website.
www.mhhe.com/prego6

In ascolto

This integrated *Listening Comprehension Program* consists of a series of audio activities relating to the theme and vocabulary for each chapter. The audio recording and activities can be found on the *Online Learning Center.* The printed activities can also be found in the *Laboratory Manual* and the audio recording is included on a separate audio CD as part of the *Audio Program.*

Scrivere

These writing sections allow students to develop their skills by completing tasks that progress from writing simple sentences to extended narrations.

Scrivere

Describe Umbria, based on what you read in the reading, by completing the following sentences with the appropriate form of the following verbs. Some verbs will be used more than once.

ammirare
andare
essere
fare
frequentare
insegnare
studiare
visitare

1. L'Umbria _____ coperta di boschi.
2. Milioni di turisti _____ Umbria ogni anno.

Videoteca

The video section incorporates images and dialogues from the new video, followed by comprehension and discussion questions and activities.

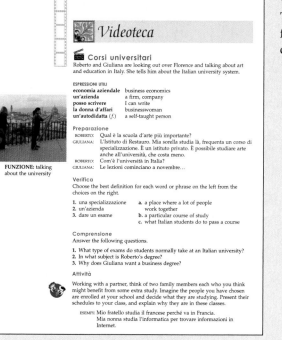

Videoteca

🎬 **Corsi universitari**

Roberto and Giuliana are looking out over Florence and talking about art and education in Italy. She tells him about the Italian university system.

ESPRESSIONI UTILI
economia aziendale — business economics
un'azienda — a firm, company
posso scrivere — I can write
la donna d'affari — businesswoman
un'autodidatta (*f.*) — a self-taught person

Preparazione
ROBERTO: Qual è la scuola d'arte più importante?
GIULIANA: L'Istituto di Restauro. Mia sorella studia là, frequenta un corso di specializzazione. È un istituto privato. È possibile studiare arte anche all'università, che costa meno.
ROBERTO: Com'è l'università in Italia?
GIULIANA: Le lezioni cominciano a novembre...

FUNZIONE: talking about the university

Verifica
Choose the best definition for each word or phrase on the left from the choices on the right.

1. una specializzazione
2. un'azienda
3. dare un esame

a. a place where a lot of people work together
b. a particular course of study
c. what Italian students do to pass a course

Comprensione
Answer the following questions.

1. What type of exams do students normally take at an Italian university?
2. In what subject is Roberto's degree?
3. Why does Giuliana want a business degree?

Attività

Working with a partner, think of two family members each who you think might benefit from some extra study. Imagine the people you have chosen are enrolled at your school and decide what they are studying. Present their schedules to your class, and explain why they are in these classes.

ESEMPI: Mio fratello studia il francese perché va in Francia.
Mia nonna studia l'informatica per trovare informazioni in Internet.

Additional Features

Flash culturali

These cultural pages, appearing after **Capitoli 4, 8, 12,** and **16,** include four brief, interesting readings. These readings offer students a glimpse of the culture of contemporary Italy by introducing them to fascinating people, places, and events related to the themes and regions presented in the four preceding chapters.

Parole-extra

These lists of useful related expressions supplement the **Vocabolario preliminare.**

Nota bene

These grammar boxes expand on important points in the grammar sections.

Si dice così

Idioms and colloquial expressions are presented in these boxes to help students understand nuances in Italian.

Parole-extra

Altre materie di studio

l'astronomia astronomy
la biologia biology
la chimica chemistry
la filosofia philosophy
il giornalismo journalism
la psicologia psychology
la sociologia sociology

Nota bene

Gli aggettivi possessivi

In some expressions the possessive adjective follows the noun. In these cases, no definite article is used.

Andiamo a casa mia o a casa loro?
Are we going to my house or their house?

Non sono affari miei.
It's not my business.

Si dice così

Parlare e raccontare

Be careful not to confuse these two verbs. **Parlare** means *to talk,* and **raccontare** means to *tell* or *to narrate.*

Maria **parla** con Alfonso al telefono.
Maria is talking to Alfonso on the telephone.

nonno **racconta** belle

Sapevate che... ?°
(*Did you know that . . . ?*)
Do you know the origin of **ciao?** At one time the word **schiavo** (*servant*) was used as a greeting to show great respect: *I am your servant.* Then, in the northeastern regions of Italy, **schiavo** was abbreviated first to **s-ciao** and finally to **ciao.** Eventually the greeting became very casual, and today it is used throughout the world.

Sapevate che... ?

These boxes further introduce students to the subtleties of the Italian language and culture.

Video and Interactive Multimedia

FUNZIONE: greetings

Video to accompany *Prego!*

New to the sixth edition of *Prego!* is an integrated video program filmed on location in Italy. The video presents the vocabulary and grammar of each chapter in a series of real-life situations. Students follow the adventures of Roberto, an Italian-American journalist from Boston. Roberto is in Florence to write a series of articles on Italy and Italians for an online newspaper. He has enlisted Giuliana, an old family friend who now works for the **Ufficio Informazioni Turistiche,** to help him while he is in Italy. Each segment includes a functional conversation and beautiful theme-related cultural footage shot specifically for *Prego!* Through the attractive footage, the video exposes students to many engaging people, sights, and sounds of modern Italy.

The video is accompanied by pre- and post-viewing activities in the **Videoteca** section of the main text. Additional information on using the video in the classroom and a complete videoscript are included in the *Instructor's Resource Guide,* on the *Instructor's Resource CD-ROM,* and as part of the Instructor Edition of the *Online Learning Center* to accompany *Prego!* (www.mhhe.com/prego6).

The *Prego!* Interactive CD-ROM

Revised and beautifully redesigned for this edition, the *Prego!* Interactive CD-ROM offers a wide variety of exciting activities in both Windows and Macintosh formats. The CD-ROM's innovative activities correlate to the content of each chapter of the main text. Students are given the opportunity to practice vocabulary and grammar in context and exercise critical-thinking skills. The cultural video segments from the **Videoteca** are included with additional comprehension exercises. Speaking and writing activities make the CD-ROM a true four-skills supplement. The CD-ROM also includes a link to the *Prego! Online Learning Center,* a "talking" dictionary, and helpful verb charts.

Prego! and the Internet

The *Prego! Online Learning Center* brings the Italian regions closer than ever to students and instructors alike and offers a multitude of additional practice activities. Here are just a few of the features you will find on the site. For Students:

FREE CONTENT

- a list of chapter-by-chapter objectives
- vocabulary and grammar practice quizzes for each chapter of the main text
- cultural activities correlated to each chapter of the main text, with links to culturally authentic websites
- the **In ascolto** *Listening Comprehension Program* integrated with the vocabulary and grammar of each chapter of the main text

PREMIUM CONTENT (see below)

- the complete *Audio Program* for use with the *Laboratory Manual*

For Instructors:

- electronic versions of many of the teaching resources from the *Instructor's Resource Guide*
- the complete *Audioscript* for the *Prego! Audio Program*
- digital overhead transparencies featuring thematic chapter art and beautiful maps of Italy
- a link to PageOut, an exclusive McGraw-Hill web-based course management system
- professional links to a variety of professional resources, organizations, and national language resource centers

Visit the site at **www.mhhe.com/prego6**.

Premium Content on the *Prego! Online Learning Center*

If you have purchased a *new copy* of *Prego!*, you have access free of charge to premium content on the *Online Learning Center* at **www.mhhe.com/prego6**. This includes the complete audio program that supports the accompanying *Laboratory Manual*. The card bound inside the front cover of this book provides a registration code to access the premium content. *This code is unique to each individual user.* Other study resources may be added to the premium content during the life of this edition of the book.

If you have purchased a used copy of *Prego!* but would like to also have access to the premium content, you may purchase a registration code for a nominal fee. Please visit the *Online Learning Center* for more information.

If you are an instructor, you do not need a special registration code for premium content. Instructors have full access to all levels of content via the Instructor Edition link on the homepage of the *Online Learning Center*. Please contact your local McGraw-Hill sales representative for your password to the Instructor Edition.

Supplements

As a full-service publisher of quality educational materials, McGraw-Hill does much more than just sell textbooks to your students; we create and publish an extensive array of print, video, and digital supplements to support instruction on your campus. Orders of new (versus used) textbooks help us to defray the cost of developing such supplements, which is substantial. Please consult your local McGraw-Hill sales representative to learn about the availability of the supplements that accompany *Prego! An Invitation to Italian.*

For Students

- The *Workbook*, by Graziana Lazzarino and Andrea Dini, provides additional practice with vocabulary and structures through a variety of written exercises. Many of the *Workbook* exercises have been revised or completely rewritten to add context and to correspond to changes made in the main text. The readings, writing activities, and realia-based cultural activities have been heavily revised and at times completely rewritten to include the most up-to-date and interesting information for students. Self-tests appear after every third chapter to help students prepare for exams. Answers to the *Workbook* exercises appear in the *Instructor's Resource Guide* and on the *Instructor's Resource CD-ROM.*

■ The *Laboratory Manual,* also by Graziana Lazzarino and Andrea Dini, provides listening and speaking practice outside the classroom. Material includes pronunciation practice, vocabulary and grammar exercises, dictations, and listening-comprehension sections that simulate authentic interaction. The printed activities of the **In ascolto** *Listening Comprehension Program,* which appeared in the main text of the previous edition, now appear as part of the *Laboratory Manual.*

■ The *Online Workbook* and *Online Laboratory Manual,* developed in collaboration with Quia™, are the enhanced, interactive versions of the printed products. They include instant feedback, the complete audio program (for the *Online Laboratory Manual*), automatic grading and scoring, and a gradebook feature.

■ The *Audio Program,* available for purchase on audio CDs, coordinates with the *Laboratory Manual.* The **In ascolto** *Listening Comprehension Program* is now included on a separate audio CD as part of the complete *Audio Program.* Both audio programs are also available on the *Online Learning Center.*

■ An *Interactive CD-ROM* offers a variety of innovative exercises and activities focusing on the theme of each chapter. This supplement is complemented with a "talking" dictionary and verb charts.

■ A text-specific website, the *Online Learning Center,* provides links to other culturally authentic sites and offers additional activities for each chapter of the text. The **In ascolto** *Listening Comprehension Program* is included as part of the *Online Learning Center.*

For the Instructor

■ The *Instructor's Edition* of the text, with annotations by Maria Mann of Nassau Community College, includes a wide variety of on-page annotations, including suggestions for presenting the grammar material, ideas for recycling vocabulary and grammar, variations and expansion exercises, and follow-up questions for the minidialogues that introduce many grammar points and for the cultural readings.

■ The *Instructor's Resource Guide and Testing Program* (with *Testing Audio Program*) includes suggestions for planning a course syllabus, chapter-by-chapter teaching notes, expanded information on testing, sample oral interviews devised in accordance with ACTFL proficiency guidelines, answers to exercises in the main text, the complete videoscript, and discussions about interaction in the classroom, the use of authentic materials, and using *Prego!* in the proficiency-oriented classroom. The complete *Testing Program* has been revised to include semester and quarter final exams, and also includes a *Testing Audio Program* which provides recordings of the listening comprehension and dictation portions of each test.

- The *Instructor's Resource CD-ROM* contains the *Instructor's Resource Guide and Testing Program* in an electronic format, providing you the flexibility of modifying or adapting these teaching materials to suit the needs of your class. It is also accompanied by the *Testing Audio Program.*
- The *Audio Program* for the *Laboratory Manual,* available on audio CDs and recorded by native speakers of Italian, includes exercises and listening passages to guide your students in speaking practice and listening comprehension (free of charge to adopting institutions). An *Audioscript* is also available. The **In ascolto** *Listening Comprehension Program* is also included as part of the complete *Audio Program.*

- The *Video Program* includes all new video footage, shot on location in Italy, which is integrated with the main text through the **Videoteca** section of each chapter.
- A set of full-color *Overhead Transparencies* is useful for presenting and practicing vocabulary and grammar.

Acknowledgments

The authors and publishers would again like to thank the instructors who participated in the various surveys and reviews that proved invaluable in the development of the first five editions of *Prego!* In addition, the publishers would like to acknowledge the many valuable suggestions of the following instructors, whose input was enormously useful in the development of the sixth edition. (Inclusion of their names here does not constitute an endorsement of the *Prego!* program or its methodology.)

Fabian Roberto Alfie, University of Arizona
Marilyn Anania, Long Beach City College
Silvana Andrew, Wesleyan College
Celestino Basile, Northern Essex Community College
Viktor Berberi, The Pennsylvania State University
Maria Rita Francia Biasin, Diablo Valley College
Lucia Buttaro, Kingsborough Community College
Stephanie Domenici Cabonargi, Kingsborough Community College
Anna B. Caflisch, Rice University
Romana Capek-Habekovic, University of Michigan, Ann Arbor
Linda L. Carroll, Tulane University
Lucinda Cassamassino, University of Massachusetts, Amherst
Pamela Chew, Tulsa Community College
Carlo Chiarenza, California State University, Long Beach
Maria Adele Cicconetti, College of Eastern Utah
Deborah L. Contrada, University of Iowa
Pedro J. Cordova, Jr., Gustavus Adolphus College
Max G. Creech, Duke University
Chiara Dal Martello Lage, Arizona State University
Antonietta D'Amelio, Baruch College of the City University of New York
Marina de Fazio, University of Kansas
Jonathan Druker, Illinois State University

Emily Evans, Santa Rosa Junior College
Charles Emanuel Fantazzi, East Carolina University
Giuseppe Faustini, Skidmore College
Giulia Guarnieri, Monmouth University
Caterina Labriola, College of Marin – Santa Rosa Junior College
Hilary Landwehr, Northern Kentucky University
Rosemarie LaValva, Binghamton University, State University of New York
Giuseppe Leporace, University of Washington
Domenico Maceri, Allan Hancock College
Franco Manca, University of Nevada, Reno
Monica Marchi, Texas Christian University
John Mastrogianakos, Louisiana State University
Simonetta May, Pasadena City College
Claudio Mazzola, University of Washington
Garrett McCutchan, Louisiana State University
Silvia A. Metzger, University of California, San Diego
Albert Mogavero, Salem State College
Judith Raggi Moore, Emory University
Rosa M. Motta-Bischof, Old Dominion University
Luisa Talpo O'Keefe, University of Rochester
Ian Pallini, Piedmont Virginia Community College
Mary Beth Ricci, Johnson County Community College
Roberta Ricci, Seton Hall University
Leslie B. Richardson, The University of the South
Nancy I. Rubino, University of Washington
Camilla Presti Russell, University of Maryland, College Park
Ronald M. Russo, Western Michigan University
Maria G. Simonelli, Monmouth University
Roberta Sinyor, York University
Risa Sodi, Yale University
Josephine Spina, William Paterson University
June N. Stubbs, Virginia Tech
Pina Swenson, Cornell University
Susan M. Taylor, The University of Tampa
Angela A. Toscano, Kingsborough Community College
Remo J. Trivelli, University of Rhode Island
Patricia Vilches, Lawrence University
Laura Walker, Tulsa Community College

The authors would like to express their special thanks to Pamela Marcantonio, of the University of Colorado, Boulder, for her very valuable contributions to this edition, which reflect her dedication to the teaching and learning of Italian and her hands-on experience with using *Prego!* in the classroom.

Many people at McGraw-Hill deserve thanks and recognition for their excellent contributions to the sixth edition of *Prego!* Thanks in particular to Lindsay Eufusia, our Development Editor, who worked tirelessly on developing and carefully editing several drafts of manuscript. Thank you also to the wonderful production and manufacturing team, especially Christina Gimlin, the Senior Project Manager, Louis Swaim, the Senior Supplements Producer, Mel Valentin, the Associate Supplements Producer, Tandra

Jorgensen, the Production Supervisor, Emma Ghiselli, the Art Editor, and Alex Ambrose, the Photo Researcher, for guiding the final manuscript of the text and all supplementary materials through the entire production and manufacturing process. We are very excited about the new elegant and distinctively Italian interior and cover design, and we want to thank both Violeta Diaz, the Senior Design Manager, and Mark Ong, the interior and cover Designer, for creating such a beautiful design for the sixth edition. The authors would like to thank Christa Harris, our Sponsoring Editor, and Susan Blatty, our Director of Development, for their valuable contributions to the revision of the sixth edition and for their support of the many people involved in this edition. Thanks to William R. Glass, Publisher, for his strong leadership of the *Prego!* program and for his continued support and enthusiasm. We express our sincere gratitude to Nick Agnew, our Executive Marketing Manager, and the entire McGraw-Hill sales team for their unwavering support of *Prego!* throughout all its editions.

Finally, we wish to express our enduring thanks to Thalia Dorwick, Vice President and Editor-in-Chief, for the twenty-five years she dedicated to the publication of outstanding language-learning materials. Thalia has had an enormous positive influence on *Prego!* from the very start, and this book would not exist today had it not been for her continued enthusiastic support of all six editions. Thalia, thank you for everything you have done for us and *Prego!,* and we wish you all the best in your future endeavors.

Cominciamo!

Let's begin!

Roma, capitale d'Italia

In seguito (*Afterward*)

Practice the skills you learned in this chapter and get connected to the Italian-speaking world through the *Prego!* supplements!
www.mhhe.com/prego6

Perché l'italiano?

Perché... Why Italian?

*W*ant to know what Luciano Pavarotti is singing about? Interested in watching a Roberto Benigni film without having to read the subtitles? Like to impress a dinner date by correctly pronouncing **gnocchi** or **bruschetta?** Maybe you have Italian-speaking family or friends. Perhaps you plan to study or travel in Italy. Could be you just need to satisfy your school's foreign-language requirement. **Chissà!** (*Who knows!*) Whatever your reasons, you'll find the study of Italian fun and rewarding.

Italian, with over 60 million native speakers worldwide, is a language of vital cultural, commercial, and political importance. While Italian has a history as rich and varied as that of any language on earth, it is—like Italy itself—alive, dynamic, and modern. And Italy, while justifiably celebrated for its history, is very much a part of the modern world. A member of both the European Union and the Group of Eight (the world's eight richest industrialized nations), Italy has, since World War II, become one of the world's biggest consumer markets and industrial producers. Economic success, a national flair for design and style, and careful stewardship of some of the West's most precious cultural treasures make Italy at once unique and universally appealing.

Ma, ancora una volta, perché l'italiano? (*But, once again, why Italian?*) Well, you may prefer sweats and Nikes to Armani suits and Ferragamo shoes. A trusty pickup may be more your style than a sporty Alfa Romeo. You may never make it through all three parts of Dante's great medieval epic *La Divina Commedia* (*The Divine Comedy*). You may never even develop a taste for **caffè espresso.** But whatever your preferences in fashion, art, food, design, business, or history, by learning Italian you are giving yourself the opportunity to get to know and appreciate a culture of unmatched complexity and beauty. **Buon lavoro!** (*Enjoy your work!*)

Una studentessa d'arte restaura un dipinto (*restores a painting*) a Venezia.

La Galleria Vittorio Emanuele a Milano

Vigneti (*Vineyards*) nella regione del Chianti, in Toscana

A. *Saluti e espressioni di cortesia°*

Saluti... *Greetings and expressions of politeness*

Presentazioni°

Introductions

Listen to two professors introduce themselves to their classes.

—Ciao e buona fortuna°!
°buona... *good luck*

Buon giorno.
Mi chiamo Marco Villoresi.
Sono professore d'italiano.
Sono di Firenze.

Buon giorno.
Mi chiamo Alessandra Stefanin.
Sono professoressa d'italiano.
Sono di Venezia.

Saluti°

Greetings

buon giorno	*good morning, good afternoon (used until midafternoon*)*
buona sera	*good afternoon, good evening (late afternoon, evening, and night)*
buona notte	*good night (when parting in the evening)*
ciao	*hi, hello, bye (informal)*
salve	*hi, hello (more formal than* ciao*)*
arrivederci	*good-bye*
arrivederLa	*good-bye (formal)*
a presto	*see you soon*

Sapevate che... ?°
(Did you know that . . . ?)
Do you know the origin of **ciao?** At one time the word **schiavo** (*servant*) was used as a greeting to show great respect: *I am your servant.* Then, in the northeastern regions of Italy, **schiavo** was abbreviated first to **s-ciao** and finally to **ciao.** Eventually the greeting became very casual, and today it is used through-out the world.

***Buon giorno** is used only until midday in some parts of Italy.

E tu, chi sei? (*And you, who are you?*) Introduce yourself to the class and to your instructor, using the greetings you consider appropriate.

> ESEMPIO: S1: Buon giorno. Mi chiamo David Warren. Sono studente d'italiano. Sono di Milwaukee.
>
> S2: Salve. Mi chiamo Suzanna Ward. Sono studentessa d'italiano. Sono di Portland.

Espressioni di cortesia°

Espressioni... *Expressions of politeness*

piacere	*pleased to meet you*
grazie	*thank you, thanks*
prego	*you're welcome*
Come?	*I beg your pardon? / What?*
scusi	*excuse me (formal)*
scusa	*excuse me (informal)*
per favore, per piacere	*please*

The Italian language expresses the differing degrees of familiarity that exist between people. Italians tend to behave more formally than Americans in social exchanges, and they typically use formal address for everyone except family, close friends, classmates, and young children.

Compare the dialogues that follow.

INFORMAL
Laura meets Roberto on campus.

FORMAL
Mrs. Martini sees her neighbor, Mr. Rossi, at the bank.

LAURA: Ciao, Roberto, come stai?
ROBERTO: Bene, grazie, e tu?
LAURA: Non c'è male,
Abbastanza bene, } grazie.
Così, così,
ROBERTO: Ciao, Laura!
LAURA: Arrivederci!

SIGNORA MARTINI: Buon giorno, signor Rossi, come sta?
SIGNOR ROSSI: Bene, grazie, e Lei?
SIGNORA MARTINI: Non c'è male,
Abbastanza bene, } grazie.
Così, così,
SIGNOR ROSSI: ArrivederLa, signora!
SIGNORA MARTINI: ArrivederLa!

Come va? (*How's it going?*) is a useful and polite expression similar to **Come stai?** (*How are you?, informal*) and **Come sta?** (*How are you?, formal*). Responses can vary from **bene** (*well*) to **abbastanza bene** (*pretty good*) to **così così** (*so-so*) to **non c'è male** (*not bad*) and, of course, **male** (*bad*).

A student runs into his professor.

STUDENTE: Buona sera, professor Villoresi. Come va?
PROF. VILLORESI: Abbastanza bene, grazie. E Lei?
STUDENTE: Non c'è male.
PROF. VILLORESI: Arrivederci.
STUDENTE: Arrivederci.

In Italy, students and professors use the **Lei** (*formal "you"*) form with each other. Professors are never called by their first names.

Come ti chiami? (*What's your name?*) and **Come stai?** are used in informal situations (such as among students or with children). **Come si chiama?** and **Come sta?** are used in formal situations. When you are not sure what degree of familiarity is appropriate, it is best to address people formally.

Titoli°

Titles

Women are almost always greeted as **signora** or **signorina** in Italy: **Buon giorno, signora!** (for a married or older woman), **Buon giorno, signorina!** (for an unmarried or younger woman). The last name may be added if it is known. The title **signore** is rarely used alone to greet a man, however. Only people in service positions—servers, clerks, and so on—would say **Buon giorno, signore!** If you know a man's last name, it is acceptable and common to use **signore** (or the short form, **signor**) in conjunction with his name: **Buon giorno, signor Rossi!**

Instructors are addressed as **professore** (*masculine*), shortened to **professor** before a name (for example, **Buon giorno, professor Cantarini!**), and **professoressa** (*feminine*).

ESERCIZI

A. Come ti chiami? Read the following dialogue between two students.

S1: Ciao. Come ti chiami?
S2: (Mi chiamo) David Warren. E tu?
S1: (Mi chiamo) Suzanna Ward.
S2: Piacere! (*They shake hands.*) Sono di Portland. E tu?
S1: Sono di Milwaukee.

Now introduce yourself to at least two classmates, using the above dialogue as a model.

B. Per strada. (*On the street.*) As Marco walks around town, he meets several people. Play the role of Marco, greeting people formally or informally, as appropriate.

ESEMPI: Marisa, a classmate → Ciao, Marisa!

Carlo Barsanti, a professor, late afternoon →
Buona sera, professore!

1. Paolo, one of Marco's closest friends
2. Miss Bennett, Marco's English teacher
3. Professor Musatti, Marco's psychology instructor
4. Mrs. Bianchi, a friend of the family, 4 P.M.

C. Situazioni. What would you say in the following situations?

ESEMPIO: It is morning. You meet one of your instructors. How do you greet her? →
Buon giorno, professoressa.

1. You meet Gina, an Italian classmate. How do you greet her?
2. A man drops a ticket. You pick it up and give it to him. He thanks you. How do you respond?
3. You want to get a stranger's attention. What do you say?
4. You're going to bed. What do you say to your roommate?
5. You walk into a **pasticceria** (*pastry shop*). What do you say to the baker?

D. Dialoghi. (*Dialogues.*) The following people meet in the street and stop to chat. Working with a partner, create short dialogues for each encounter.

ESEMPIO: Alberto, a student, meets his cousin Silvia. They've both had the flu. →
ALBERTO: Ciao, Silvia, come va?
SILVIA: Così così. E tu?
ALBERTO: Abbastanza bene oggi (*today*)!

1. Mr. Tozzi meets Ms. Andreotti; they are barely acquainted.
2. Clara meets Antonella; they went to high school together.
3. A student passes his/her professor on campus.

 In ascolto

For listening comprehension activities related to the theme of this chapter, see the Laboratory Manual or visit the *Prego!* website.
www.mhhe.com/prego6

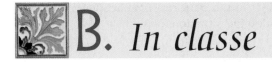

B. In classe

In italiano! There are several useful expressions you should memorize right away to get accustomed to asking questions and responding to your instructor's directions in Italian.

Per lo studente / la studentessa°

Per... *For the student* (masculine/feminine)

Come?	*I beg your pardon? / What?*
Come si dice... ?	*How do you say . . . ?*
Come si scrive... ?	*How do you spell . . . ?*
Come si pronuncia... ?	*How do you pronounce . . . ?*
Cosa vuol dire?	*What does it mean?*
Cosa vuol dire... ?	*What does . . . mean?*
Ripeta, per favore!	*Repeat, please!*
Capisco. (Sì, capisco.)	*I understand. (Yes, I understand.)*
Non capisco. (No, non capisco.)	*I don't understand. (No, I don't understand.)*
Una domanda, per favore.	*A question, please.*

Per il professore / la professoressa

Aprite il libro.	*Open the book.*	Ascoltate.	*Listen.*
Chiudete il libro.	*Close the book.*	Ripetete.	*Repeat.*
Alla lavagna.	*Go to the board.*	Rispondete.	*Answer.*
A posto.	*Go back to your seat.*	Scrivete.	*Write.*
Guardate.	*Look.*	Capite?	*Do you understand?*
Parlate.	*Speak. / Talk.*		

ESERCIZI

A. Come si dice... ? What would you say in the following situations? (Sometimes more than one answer is possible.)

1. You do not know what your instructor has said.
2. You did not hear clearly what your instructor said.
3. You want to know what something means.
4. You do not know how to spell a word.
5. You want to know how to pronounce a word.
6. You want to ask how to say *book* in Italian.

B. Capite? Your instructor is asking you to perform some actions. What would you do or say in the following situations?

1. Ripetete **buon giorno,** per favore!
2. Scrivete **buona notte,** per favore!
3. Alla lavagna!
4. A posto!
5. Capite? Rispondete **sì** o **no**...
6. Aprite il libro.

In una classe*

un compito
uno studente
una lavagna
un gesso
un voto
un professore
un quaderno
un banco
una matita
una penna
un foglio di carta

una mappa
una porta
una professoressa
un dizionario
una studentessa
un libro
una sedia

ESERCIZI

A. Che cos'è? (*What is it?*) Ask your instructor to name various classroom objects shown in the illustration. He or she may answer correctly or incorrectly. Correct the wrong answers.

ESEMPIO: S1: Che cos'è?
INSTRUCTOR: Una sedia?
S1: No, una penna. / Sì, una sedia.

B. Dov'è? Ecco! (*Where is it? Here it is!*) Your partner will ask you to find in the classroom at least five items shown in the illustration. Then exchange roles.

ESEMPIO: S1: Dov'è una penna?
S2: Ecco una penna!

---

*Italian has four ways of expressing *a/an:* **un, uno, una,** and **un'. Un** is used with most masculine nouns. **Uno** is used with masculine nouns beginning with **z** or **s** followed by a consonant. **Una** is used with feminine nouns beginning with a consonant, and **un'** is used with feminine nouns beginning with a vowel. You will learn more about gender in **Capitolo 1.**

C. In un'aula. (*In a classroom.*) Take turns circulating around the room naming at least five objects apiece.

ESEMPIO: Ecco una penna, ecco una matita,…

C. Alfabeto e suoni°

Alfabeto… *Alphabet and sounds*

Like other Romance languages (French, Spanish, Portuguese, and Rumanian), Italian derives from Latin. The language of the ancient Romans was spoken throughout the Roman Empire.

Today Italian is spoken in Italy by 60 million Italians, in southern Switzerland, and in parts of the world (particularly the United States, South America, and Australia) where many Italians have immigrated.

Italian is a phonetic language, which means that it is pronounced as it is written. Italian and English share the Latin alphabet, but the sounds represented by the letters often differ considerably in the two languages.

The Italian alphabet has 21 letters, but it uses 5 additional letters in words of foreign origin. Here is the complete alphabet, with a key to Italian pronunciation.

Alfabeto

LETTERA	PRONUNCIA	NOMI MASCHILI	NOMI FEMMINILI	*CITTÀ E PAROLE°
a	a	Alessandro	Antonella	Ancona
b	bi	Bernardo	Beatrice	Bologna
c	ci	Claudio	Chiara	Como
d	di	Daniele	Daniela	Domodossola
e	e	Enrico	Enrica	Empoli
f	effe	Francesco	Francesca	Firenze
g	gi	Giovanni	Gina	Genova
h	acca	—	—	Hotel
i	i	Italo	Irene	Imola
l	elle	Luigi	Laura	Livorno
m	emme	Massimo	Marina	Milano
n	enne	Nicola	Nora	Napoli
o	o	Osvaldo	Ottavia	Otranto
p	pi	Pietro	Paola	Palermo
q	cu	Quinto	Quintina	Quarto
r	erre	Roberto	Roberta	Roma
s	esse	Simone	Simona	Siena

Città… *Cities and words*

*Italians use the city names and words listed in this column when they need to clarify which letters they are referring to (such as when spelling a name over the telephone).

LETTERA	PRONUNCIA	NOMI MASCHILI	NOMI FEMMINILI	CITTÀ E PAROLE
t	ti	Tommaso	Tosca	Torino
u	u	Umberto	Umbertina	Udine
v	vu	Vittorio	Vittoria	Venezia
z	zeta	Zeno	Zita	Zara
j	i lunga			jolly
k	cappa			Kaiser
w	doppia vu			Washington
x	ics			ics
y	ipsilon			York

Every letter is pronounced in Italian except **h.** Pronunciation of the five additional letters will vary according to the language of origin of the word in which those letters appear.

You will learn the sounds of Italian and acquire good pronunciation by listening closely to and imitating your instructor and the native speakers on the laboratory audio program.

ESERCIZI

A. **Come ti chiami? Come si scrive?** You are introducing yourself to an Italian friend, who asks you to spell your **nome** (*first name*) and **cognome** (*last name*). Spell your name for your partner, who will write it down and spell it back to you. Then exchange roles.

ESEMPIO: s1: Mi chiamo Kevin Sheier.
s2: Come si scrive?
s1: Cappa, e, vu, i, enne: Kevin. Esse, acca, e, i, e, erre: Sheier.

B. **Città d'Italia.** Italians often use names of cities or particular words to stand for letters of the alphabet, in order to avoid misunderstanding (such as over the telephone). Using the list on pages 9 and 10, spell your own name for a partner the Italian way.

ESEMPIO: Nora Stoppino... Napoli, Otranto, Roma, Ancona. Siena, Torino, Otranto, Palermo, Palermo, Imola, Napoli, Otranto.

Vocali°

Vowels

Italian vowels are represented by the five letters **a, e, i, o,** and **u.** Vowels are always articulated sharply and clearly in Italian. They are never pronounced weakly (as in the English word *other*), and there is no vowel glide (like the rise from *a* to *i* in the English word *crazy*).

a	(*father*)	patata	banana	sala	casa
e	(*late*)	seta	e	sera	verde (*closed* **e**)
	(*quest*)	setta	è	bello	testa (*open* **e**)

i	(*marine*)	pizza	Africa	vino	birra
o	(*cozy*)	nome	dove	volere	ora (*closed* **o**)
	(*cost*)	posta	corda	porta	cosa (*open* **o**)
u	(*rude*)	rude	luna	uno	cubo

Listen as your instructor pronounces the following words in English and Italian, and notice the differences in pronunciation.

marina	Coca-Cola
gusto	aroma
saliva	propaganda
camera	piano
formula	opera
replica	gala
Riviera	Elvira
trombone	alibi
malaria	coma

Consonanti°

Consonants

Most Italian consonants do not differ greatly from their counterparts in English, but there are some exceptions and a few special combinations.

1. Before **a, o,** or **u,** the consonants **c** and **g** have a hard sound. **C** is pronounced as in *cat,* and **g** is pronounced as in *go.*

casa	colore	curioso
gatto	gonna	gusto

2. Before **e** or **i,** the consonants **c** and **g,** as well as the combination **sc,** have a soft sound: **c** is pronounced as in *church,* **g** is pronounced as in *gem,* and **sc** is pronounced as in *show.*

cena	cinema
gelato	giro
scena	sci

3. The combinations **ch, gh,** and **sch** have a hard sound, as in *cat, go,* and *scheme.*

Michele	Chianti
lunghe	laghi
schema	tedeschi

4. Before a final **i** and before **i** + *vowel,* the combination **gl** is pronounced like **ll** in *million.*

   gli   glielo   figli   foglio

5. The combination **gn** is pronounced like the *ny* in *canyon.*

   signore   ignorante   sogno

Consonanti doppie°

Consonanti... *Double consonants*

All Italian consonants except **q** have a corresponding double consonant, whose pronunciation is distinct from that of the single consonant. Ignoring this distinction will result in miscommunication.

Contrast the pronunciation of the following words.

sete / sette	moto / motto
pala / palla	dona / donna
papa / pappa	fato / fatto

Listen as your instructor compares the English and Italian pronunciation of these words.

ballerina	spaghetti	confetti	villa
antenna	zucchini	Anna	Amaretto
mamma	piccolo	motto	

Accento tonico°

Accento... *Stress*

Most Italian words are pronounced with the stress on the next-to-last syllable.

minestrone (mi ne STRO ne)
Maria (ma RI a)
cominciamo (co min CIA mo)

Some words are stressed on the last syllable; these words are always written with an accent on the final vowel of that syllable.

città (cit TA)
caffè (caf FE)
così (co SI)
però (pe RO)
virtù (vir TU)

Some words are stressed on a different syllable. As an aid to the student, this text indicates irregular stress with a dot below the stressed vowel in vocabulary lists and parts of the grammar explanations.

camera (CA me ra)
credere (CRE de re)
Mario (MA ri o)
numero (NU me ro)
telefono (te LE fo no)

A few one-syllable words carry a written accent, often to distinguish them from words that are spelled and pronounced identically but have different meanings. Compare **si** (*oneself*) with **sì** (*yes*), and **la** (*the*) with **là** (*there*).

There are two written accents in Italian, ` and ´. The former, used in this book with all the vowels, indicates an open pronunciation, as in **cioè** (*that is*). The latter, used in this book only with the letter **e,** indicates a closed pronunciation of **e,** as in **perché** (*why, because*).

Parole italiane in inglese°

Parole… *Italian words (used) in English*

Many Italian words are commonly used in English. Most musical terms, for instance, are of Italian derivation. Some examples are **adagio** (*slowly*), **allegro, concerto, crescendo, maestro, orchestra, piano, presto** (*fast*), **prima donna,** and **staccato.**

The vocabulary of art and architecture is also full of Italian words, including **basilica, cornice, cupola, graffiti, portico, studio, terra cotta,** and **torso.**

You probably already know dozens of food-related Italian words, such as **broccoli, fettuccine, lasagne, minestrone, mozzarella, pizza, ravioli, ricotta, spaghetti, tortellini,** and **zucchini.**

The Italian origin of less specialized English words, such as **fiasco** and **stanza,** may be less obvious. Also very common are words of Latin and Greek origin that have identical spellings and meanings in English and Italian. Some examples are **antenna, cinema, circa, data, diploma, formula, gala,** and **inferno.**

Can you think of other Italian words used in English?

La Basilica di San Marco a Venezia

D. *Numeri da uno a cento°*

Numeri… *(Cardinal) Numbers from one to one hundred*

Numbers are a useful tool to learn right away. With just the numbers from one to ten, you can tell classmates your phone number and street address.

0	zero	6	sei
1	uno	7	sette
2	due	8	otto
3	tre	9	nove
4	quattro	10	dieci
5	cinque		

Your instructor will show you how Italians write the figures 1, 4, and 7.

—Uno, due, tre... uno, due, tre, ...
pronto, pronto... prova microfono...

11	undici	21	ventuno	31	trentuno
12	dodici	22	ventidue	32	trentadue
13	tredici	23	ventitré	33	trentatré
14	quattordici	24	ventiquattro	40	quaranta
15	quindici	25	venticinque	50	cinquanta
16	sedici	26	ventisei	60	sessanta
17	diciassette	27	ventisette	70	settanta
18	diciotto	28	ventotto	80	ottanta
19	diciannove	29	ventinove	90	novanta
20	venti	30	trenta	100	cento

When **-tre** is the final digit of a larger number, it takes an accent: **ventitré, trentatré,** and so on. The numbers **venti, trenta,** and so on drop the final vowel before adding **-uno** or **-otto: ventuno, ventotto,** etc.

ESERCIZI

A. **Numeri di telefono.** (*Telephone numbers.*) Italian phone numbers and area codes (**prefissi**) vary in length. For example, Rome's **prefisso** is 06 and Reggio Calabria's is 0965. Italians usually phrase the **prefisso** in single digits and the local number in sets of two digits. Practice reading aloud the following numbers.

ESEMPIO: (0574) 46-07-87 →
   Prefisso: zero-cinque-sette-quattro. Numero di telefono: quarantasei, zero sette, ottantasette *or* quattro-sei-zero-sette-otto-sette.

1. (02) 48-31-56
2. (010) 66-43-27
3. (06) 36-25-81-48
4. (0571) 61-11-50
5. (055) 23-97-08
6. (0573) 62-91-78

Now ask the two students sitting nearest you to give you their phone numbers in Italian. Ask for **nome** (*first name*), **cognome** (*last name*), and **prefisso** (*area code*) too! Write down what they tell you and show them what you've written for confirmation.

ESEMPIO: —Nome?
   —Enne-i-ci-o-elle-e.
   —Cognome?
   —Esse-a-enne-di-cu-u-i-esse-ti.
   —Nicole Sandquist. Prefisso?
   —Cinque-quattro-uno.
   —Numero di telefono?
   —Tre-tre-otto-nove-otto-cinque-nove.
   —(541) 338-9859.

B. Indirizzi. (*Addresses.*) Italian building numbers are seldom longer than three digits. The number always follows the name of the street. For example: **Via di Galceti 56 (cinquantasei).** Read these street addresses aloud.

1. Via San Martino 17
2. Via Verdi 89
3. Via Vittorio Emanuele 100
4. Via della Repubblica 65
5. Via Giulio Cesare 33
6. Via Mazzini 41

Foreign addresses are not translated. Give your street name in English but express the number in Italian. A four-digit address is expressed in sets of two digits.

ESEMPIO: Il mio indirizzo (*My address*) è 3420 (trentaquattro-venti) McKenna Drive.

CAP

If you live in an apartment, give your apartment number. For example, **appartamento numero 4.** A zip code (**codice postale**) is usually expressed in sets of two digits: **codice postale** 97210 (**novantasette-ventuno-zero**).

Now tell two classmates your complete address and your telephone number with area code. Check to see whether they wrote it down correctly.

ESEMPIO: Il mio indirizzo è 1405 (quattordici-zero-cinque) Broadway, appartamento numero 208 (due-zero-otto), Boulder, Colorado, codice postale 80302 (ottanta-trenta-due). Numero di telefono: prefisso 303 (tre-zero-tre), 259-1194 (due-cinque-nove-uno-uno-nove-quattro).

C. Quanto costa? (*How much is it?*) Italy and other countries in the European Union have adopted a new shared currency, the **euro.** Working in pairs and assuming a 1:1 exchange rate with the dollar, show your classmate a few items and let him/her guess their prices in **euro.** Give hints by responding **No, di più** (*more*) or **No, di meno** (*less*) until they get it right, **Giusto!**

ESEMPIO: S1: (*holding a backpack*) Quanto costa?
S2: 40 euro?
S1: No, di più.
S2: 45?
S1: Giusto!

In ascolto

For listening comprehension activities related to the theme of this chapter, see the Laboratory Manual or visit the *Prego!* website.
www.mhhe.com/prego6

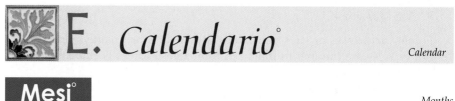

E. Calendario°

Calendar

Mesi°

Months

Look at the list of months and find the month you were born.

gennaio	maggio	settembre
febbraio	giugno	ottobre
marzo	luglio	novembre
aprile	agosto	dicembre

To find out when a classmate was born, ask **Quando sei nato?** when addressing a man, and **Quando sei nata?** when addressing a woman. Their answers will be **Sono nato...** (**il 21 agosto**) or **Sono nata...** (**il 3 luglio**). Note that the day precedes the month, and that the names of months are not capitalized in Italian. Cardinal numbers* are used in dates with the exception of the first day of the month which is expressed using **primo** (*first*), as in **il primo gennaio.**

Now ask at least four classmates (two men and two women) when they were born. Report their birthdays to the class.

ESEMPIO: Renata è nata il 2 marzo. Enzo è nato il 14 ottobre.

Anni°

Years

In Italian, years are written and said as follows.

1992 millenovecentonovantadue (*one thousand nine hundred ninety two*)
2000 duemila (*two thousand*)
2004 duemilaquattro (*two thousand four*)

Note that Italians do not express dates in sets of two digits as in English; that is, they never say the equivalent of *nineteen–eighty-two.*

---

*Cardinal numbers are used in simple counting (one, two, three) while ordinal numbers indicate the placing of an item in an ordered sequence (first, second, third).

You will learn to use numbers above 100 in **Capitolo 7.**

Find three classmates who were *not* born the same year you were. Begin by saying when you were born.

ESEMPIO: Sono nato/nata il 26 novembre 1983. Quando sei nato/nata?

To ask someone's age, say **Quanti anni hai?** (*informal*) or **Quanti anni ha?** (*formal*). The answer may be expressed as **Ho... anni** or simply with the number.

ESEMPIO: —Quanti anni hai?
        —Ho diciannove anni.

ESPRESSIONI UTILI (*USEFUL EXPRESSIONS*) PER IL CALENDARIO

—Che mese è (In che mese siamo [*are we*])?
—È settembre (Siamo in settembre).

—In che mese sei nato/nata?
—Sono nato/nata in settembre.

Giorni della settimana°

Giorni... *Days of the week*

lunedì
martedì
mercoledì
giovedì
venerdì
sabato
domenica

Che giorno è... ?	*What day is . . . ?*
oggi	*today*
domani	*tomorrow*
Che giorno è oggi?	*What day is it today?*
Oggi è giovedì.	*Today is Thursday.*
Domani è venerdì.	*Tomorrow is Friday.*

The days of the week are not capitalized in Italian. The week begins on Monday.

SETTEMBRE

L	M	M	G	V	S	D
				1	2	3
4	5	6	(7)	8	9	10
11	12	13	14	15	16	17
18	19	20	21	22	23	24
25	26	27	28	29	30	

Stagioni°

primavera

estate

autunno

inverno

—Che stagione è? (In che stagione siamo?)
—È autunno. (Siamo in autunno.)

The names of the seasons are not capitalized in Italian.

—Ventiquattro gradi sotto zero:[a] finalmente[b] l'estate...

[a]gradi... *degrees below zero*   [b]*finally*

A. Oggi e domani. Put your knowledge of the calendar to the test.

1. Che giorno è oggi?
2. Che giorno è domani?
3. Che mese è?
4. Che stagione è?

B. Stagioni. Select the date that falls within each season.

1. primavera: il 25 dicembre/il 16 giugno/il 26 marzo
2. autunno: il 31 ottobre/il 14 luglio/il 2 aprile
3. inverno: il 12 febbraio/il 5 maggio/il 25 novembre
4. estate: il 30 settembre/il 6 agosto/il 22 gennaio

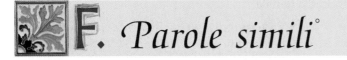

F. *Parole simili*°

Parole... *Cognates*

Many Italian words resemble English words and have identical or similar meanings. These words are called *cognates* or **parole simili.** There are only minor differences in spelling between English and Italian cognates.

stazione   *station*
intelligente   *intelligent*
possibile   *possible*
museo   *museum*
geloso   *jealous*
professore   *professor*

Once you learn a few patterns, you will be able to recognize new words. For example:

-zione → -tion	inflazione	*inflation*
-tà → -ty	università	*university*
-oso → -ous	famoso	*famous*
-za → -ce	apparenza	*appearance*
-ismo → -ism	turismo	*tourism*
-ssione → -ssion	impressione	*impression*

ATTENZIONE! Words that look alike in the two languages sometimes have different meanings. These are called *false cognates* or **falsi amici.**

parente = *relative* (not *parent*)
libreria = *bookstore* (not *library*)

The following adjectives—all cognates of English adjectives—can be used to describe either a male or a female. They do not change form in the singular. (You will learn more about adjectives in **Capitolo 2.**)

difficile	materialista
eccellente	naturale
egoista – selfish	orribile
elegante	ottimista
entusiasta	popolare
femminista	progressista
idealista	realista
impressionabile	responsabile
indifferente	sensibile
intellettuale	sentimentale
intelligente	terribile
interessante	

The following adjectives, also cognates of English adjectives, change form when used in the singular. Use the **-o** ending when describing a male, the **-a** ending when describing a female.

aggressivo/a	onesto/a
famoso/a	romantico/a
geloso/a	serio/a
generoso/a	sincero/a
impulsivo/a	timido/a
nervoso/a	

Mi chiamo Mark. Sono serio, timido, sincero…
Mi chiamo Cathy. Sono aggressiva, impulsiva, romantica…

ESERCIZI

A. Equivalenti inglesi. Identify the following cognates by giving their English equivalents.

condizione	pubblicità
conversazione	desideroso
descrizione	geloso
città	nervoso
identità	

B. Formazione di parole simili. What patterns of cognate formation can you recognize or discover in these groups of Italian words? Can you supply their English equivalents?

continente	consumismo
frequente	fascismo
intelligente	ottimismo
differenza	incredibile
essenza	possibile
pazienza	probabile

digressione	colore
discussione	dottore
espressione	favore

C. Come si dice in italiano? Can you figure out the Italian equivalents of the following words?

sensation	nervous
depression	curiosity
pessimism	experience ($x = \mathbf{s}$)
invention	urgent
numerous	actor ($ct = \mathbf{tt}$)
impossible	eloquent
religious	indifference
celebration	prosperity

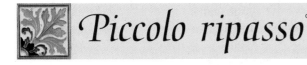 *Piccolo ripasso*°   Piccolo... *Little review*

A. Mi chiamo... Now you're ready to begin the adventure of learning Italian. You already know the basics. Review what you know how to say.

Mi chiamo...
Sono di...
Il mio indirizzo è...
Il mio numero di telefono è...
Sono studente/studentessa d'italiano.
Ho... anni
Sono nato/nata il...
Sono... + *adjectives*

B. Presentazioni. Choose a partner you haven't yet met. Tell your partner the following in Italian.

your name
your age
where you're from
your address
your phone number
that you're a student of Italian
when you were born (including the year)
what you are like (using adjectives)

Now ask your partner how he/she is today and listen to his/her introduction.

Videoteca

Amici di famiglia

Roberto, an Italian-American journalist, has just arrived in Florence on assignment for an online newspaper. He is on his way to meet Giuliana, an old friend of the family who now works for the Tourist Board.

FUNZIONE: greetings

ESPRESSIONI UTILI

un giornale in rete	an online newspaper
l'Ufficio Informazioni Turistiche	Tourist Board
amica di famiglia	family friend (*feminine*)
gentilissima	very kind
un regalo	a gift
una piantina	a small map
le tue passeggiate	your walks
Dimmi!	Tell me!
Dunque...	Well . . .

Preparazione

GIULIANA: Ciao, Roberto!
ROBERTO: Ciao, Giuliana, come stai?
GIULIANA: Io sto bene, e tu?
ROBERTO: Anch'io sto bene! Grazie!

Verifica

Vero o falso? (*True or false?*)

	V	F
1. Roberto addresses Giuliana formally.	☐	☐
2. Giuliana wants to show Roberto a nearby park.	☐	☐
3. The **articolo** Giuliana refers to is an article of clothing.	☐	☐

Comprensione

Answer the following questions.

1. Does Giuliana tell Roberto he is very handsome? What does she tell him?
2. What does Roberto receive from Giuliana?
3. Is the park nearby or far away?

Attività

At the airport in Florence you bump into an old classmate from high school. You recognize each other but can't remember each other's name. After a few seconds of pause, you start asking each other questions: What's your name? How are you? How old are you now (**adesso**)? Use the vocabulary at the end of the chapter to act out your scene. Be creative!

Parole da ricordare

Parole... *Words to remember*

ESPRESSIONI

sono	I am
sei	you are (*informal*)
è	is
mi chiamo...	my name is . . .
Come si chiama?	What's your name? (*formal*)
Come ti chiami?	What's your name? (*informal*)
sono di...	I'm from . . .
ho... anni	I'm . . . years old
Quanti anni ha?	How old are you? (*formal*)
Quanti anni hai?	How old are you? (*informal*)

TITOLI

professore	professor (*masculine*)
professoressa	professor (*feminine*)
signora	Mrs.
signore	Mr.
signorina	Miss

CALENDARIO

anni	years
duemila	(the year) 2000
giorni	days
lunedì	Monday
martedì	Tuesday
mercoledì	Wednesday
giovedì	Thursday
venerdì	Friday
sabato	Saturday
domenica	Sunday
Che giorno è?	What day is it?
il primo	the first (*day of the month*)
il primo gennaio	January 1st
settimana	week
mesi	months
gennaio	January
febbraio	February
marzo	March
aprile	April
maggio	May
giugno	June
luglio	July
agosto	August
settembre	September
ottobre	October
novembre	November
dicembre	December

oggi	today
domani	tomorrow
sono nato/nata...	I was born . . .
Quando sei nato/nata?	When were you born? (*informal*)

STAGIONI

primavera	spring
estate	summer
autunno	fall
inverno	winter

ALTRE PAROLE (*OTHER WORDS*) E ESPRESSIONI

buon giorno	good morning, good afternoon
buona sera	good afternoon, good evening
buona notte	good night
ciao	hi, hello, bye (*informal*)
salve	hi, hello
Come sta?	How are you? (*formal*)
Come stai?	How are you? (*informal*)
Come va?	How's it going?
E Lei?	And you? (*formal*)
E tu?	And you? (*informal*)
non c'è male	not bad
male	bad
abbastanza bene	pretty good
così così	so-so
bene	well
arrivederci	good-bye
arrivederLa	good-bye (*formal*)
a presto	see you soon
Come?	I beg your pardon?, What?
grazie	thank you, thanks
per favore, per piacere	please
piacere	pleased to meet you
prego	you're welcome
scusa	excuse me (*informal*)
scusi	excuse me (*formal*)
sì	yes
no	no
e, ed*	(*before vowels*) and

*The use of **ed** before vowels is optional. Its use is generally determined by phonetic reasons (it is used to create a more pleasing sound with the word that follows) and **ed** is most often used before words also beginning with an **e**.

Parole da ricordare   **23**

Come si dice... ?	How do you say . . . ?	una lavagna	a chalkboard
Cosa vuol dire... ?	What does . . . mean?	un libro	a book
		una mappa	a map
Giusto!	Right!	una matita	a pencil
		una parola	a word
IN CLASSE		una penna	a pen
un'aula	a classroom	una porta	a door
un banco	a desk	un quaderno	a notebook
un compito	a homework assignment	una sedia	a chair
un dizionario	a dictionary	uno studente	a student (*masculine*)
una domanda	a question	una studentessa	a student (*feminine*)
un foglio di carta	a sheet of paper	un voto	a grade
un gesso	a piece of chalk		

Benvenuti a tutti!°

Benvenuti… Welcome, everyone!

La stazione Termini a Roma

In seguito

Practice the skills you learned in this chapter and get connected to the Italian-speaking world through the *Prego!* supplements!
www.mhhe.com/prego6

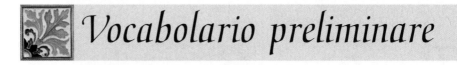

Vocabolario preliminare

DIALOGO-LAMPO

La stazione di Roma

CLIENTE: Buon giorno. Un biglietto per Venezia, per favore.
IMPIEGATO:[1] Ecco. Sono cinquantasette euro.
CLIENTE: Ah, scusi, un'informazione. C'è un ufficio cambio qui in stazione?
IMPIEGATO: No, ma[2] c'è una banca qui vicino, in Piazza Garibaldi.
CLIENTE: Grazie e arrivederci.
IMPIEGATO: Prego! Buona giornata![3]

1. Destinazione?
2. C'è un ufficio cambio in stazione?
3. Dov'è[4] una banca?

[1]*Clerk* [2]*but* [3]**Buona giornata!** is a variant of **Buon giorno!** It corresponds to the expression *Have a good day!* [4]*Where is*

Una città italiana (*An Italian city*)

LUOGHI (*PLACES*)
un aeroporto airport
un albergo hotel
una banca bank
un bar bar; café
un caffè coffee (strong Italian coffee); café
una chiesa church
un cinema movie theater
una farmacia pharmacy
un museo museum
un negozio shop
un ospedale hospital
una piazza town square
un ristorante restaurant
una scuola school
uno stadio stadium
una stazione train station

un supermercato supermarket
un teatro theater
un ufficio postale (cambio, informazioni, prenotazioni) post office (currency exchange, tourist information office, reservation bureau)
un'università university
una via street
un viale avenue
uno zoo zoo

MEZZI DI TRASPORTO (*MEANS OF TRANSPORTATION*)
un aeroplano, un aereo airplane, plane
un autobus, un bus bus

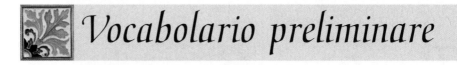

un'automobile (*feminine*), un'auto,
   una macchina car
una bicicletta, una bici bicycle, bike
una motocicletta, una moto
   motorcycle
un motorino, uno scooter moped,
   motorscooter
un treno train

INDICAZIONI (*DIRECTIONS*)
a destra to the right, on the right
a sinistra to the left, on the left
dritto straight
   sempre dritto straight ahead
lì, là there
lontano far, distant
qui, qua here
vicino near
   qui vicino nearby

ALTRE ESPRESSIONI
c'è... , c'è... ? there is . . . , is
   there . . . ?
ci sono... , ci sono... ? there are . . . ,
   are there . . . ?
dov'è... ? where is . . . ?
ecco here (it) is, here (they) are;
   there (it) is, there (they) are

PREPOSIZIONI SEMPLICI (*SIMPLE
PREPOSITIONS*)
a at, to, in (*a city*)
con with
da from
di of, by
in in, to, into
per for
senza without
su on, over

ESERCIZI

■ ■ ■ ■ ■ ■ ■ ■ ■ ■ ■ ■

A. **Luoghi, cose e persone** (*things and people*). Which things and people in
list B would you associate with the places in list A?

A	B
1. _____ un ristorante	a. un viaggio
2. _____ un ospedale	b. un animale
3. _____ una scuola	c. un cappuccino
4. _____ una stazione	d. un dottore
5. _____ un aeroporto	e. una studentessa
6. _____ un bar	f. un aereo
7. _____ un ufficio prenotazioni	g. una pizza
8. _____ un supermercato	h. una banana
9. _____ una via	i. un motorino
10. _____ uno zoo	j. un treno

B. **Associazioni.** What place do you associate with each of the following?
More than one answer may be possible. You can refer to places listed in
the **Vocabolario preliminare**.

ESEMPIO: *Macbeth* → teatro

1. professori e studenti	6. Boeing 747
2. dollari e eurodollari	7. il *David* di Michelangelo
3. sport	8. biglietti
4. film	9. Orient Express
5. Hyatt, Marriott, Holiday Inn	10. vitamine e antibiotici

C. Dov'è? You are new in the area. Ask a local if a particular building is on a given street. Work with a partner and use the map below.

ESEMPIO: un museo / Via Mazzini →
    S1: Scusi, c'è un museo in Via Mazzini?
    S2: Sì, c'è un museo in Via Mazzini.

1. un albergo / Viale Dante
2. un ufficio postale / Via Canova
3. una scuola elementare / Via Gramsci
4. un cinema / Via Botticelli
5. una banca / Piazza Verdi
6. uno zoo / Via Giulio Cesare

D. Sempre dritto, a destra, a sinistra… You're at the train station and need to ask for directions. Use the map and work in pairs. Your directions will start from the intersection of Via Giulio Cesare and Viale Dante. Don't forget to be polite and thank your partner for the information.

ESEMPIO: una banca →
    S1: Scusi, un'informazione… C'è una banca qui vicino?
    S2: Sì, è in Piazza Verdi. Sempre dritto per (*through*) Via Giulio Cesare, poi (*then*) a destra.
    S1: Grazie!
    S2: Prego!

Traversa – street

1. un ospedale
2. un'università
3. una chiesa
4. un ristorante
5. una farmacia
6. uno stadio

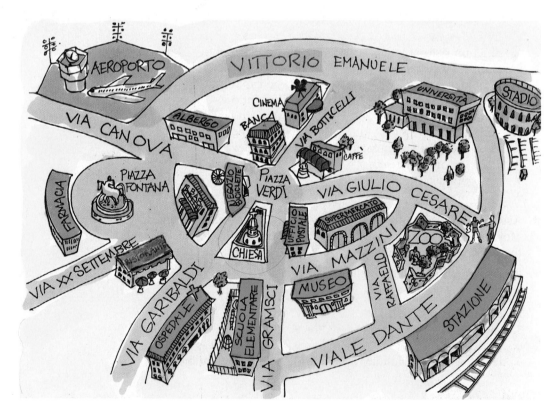

In ascolto

For listening comprehension activities related to the theme of this chapter, see the Laboratory Manual or visit the *Prego!* website.
www.mhhe.com/prego6

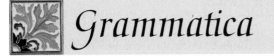

Grammatica

A. Nomi: genere e numero

VENDITORE:	Panini, banane, gelati, vino, caffè, aranciata, birra…
TURISTA AMERICANA:	Due panini e una birra, per favore!
VENDITORE:	Ecco, signorina! Nove euro.
TURISTA AMERICANA:	Ecco nove dollari. Va bene?

1. Most Italian nouns (**i nomi**) end in a vowel. Nouns that end in a consonant are of foreign origin. All nouns in Italian have a gender (**il genere**); that is, they are either masculine or feminine, even those that refer to things, qualities, or ideas.

   a. Usually, nouns ending in **-o** are masculine. Nouns ending in **-a** are usually feminine.

   MASCULINE: amico (*friend*), treno, dollaro, panino
   FEMININE: amica (*friend*), bicicletta, lira, studentessa

   b. Nouns ending in **-e** may be masculine or feminine. The gender of most of these nouns must be memorized, but nouns ending in **-zione** are always feminine.

   MASCULINE: studente, ristorante, caffè
   FEMININE: automobile, notte, lezione (*class, lesson*), stazione, situazione

---

VENDOR: Sandwiches, bananas, ice cream, wine, coffee, orange soda, beer . . .
AMERICAN TOURIST: Two sandwiches and a beer, please!   VENDOR: Here you are, miss. Nine euros.
AMERICAN TOURIST: Here are nine dollars. Is that OK?

Ecco is used when pointing out something or someone. It means *Here it is!, Here they are!* or *There it is!, There they are!*

C'è (*There is*) and **ci sono** (*there are*) are used to indicate the existence of something or someone.

C'è un supermercato qui vicino. *There is a supermarket near here.*

Ci sono 15 studenti in classe. *There are 15 students in class.*

c. Nouns ending in a consonant are usually masculine.

    bar, autobus, film, sport

d. Abbreviated nouns retain the gender of the words from which they derive.

    auto *feminine* (*from* automobile)
    bici *feminine* (*from* bicicletta)
    cinema *masculine* (*from* cinematografo)
    foto *feminine* (*from* fotografia)
    moto *feminine* (*from* motocicletta)
    video *feminine* (*from* videocassetta)

2. Italian nouns change their endings to indicate a change in number.

	SINGOLARE	PLURALE	
Maschile	**-o**	**-i**	treno → treni
Femminile	**-a**	**-e**	piazza → piazze
Maschile e femminile	**-e**	**-i**	ospedale (*masculine*) → ospedali stazione (*feminine*) → stazioni

a. Nouns ending in **-ca** or **-ga** and most nouns ending in **-go** maintain the hard sound of the **c** or **g** in the plural. This sound is represented in writing by adding an **h**. (Nouns ending in **-co** will be presented in **Capitolo 2.**)

SINGOLARE	PLURALE	
-ca	**-che**	amica *friend* → amiche *friends*
-ga	**-ghe**	targa *license plate* → targhe *license plates*
-go	**-ghi**	albergo *hotel* → alberghi *hotels*

b. Nouns ending with an accented vowel or a consonant do not change in the plural, nor do abbreviated words.

un caffè → due caffè   una città → due città
un film → due film   una foto → due foto
un cinema → due cinema

Nota bene

A. Maschile o femminile? Singolare o plurale? Decide whether the following nouns are singular or plural, masculine or feminine.

ESEMPIO: bar → singolare o plurale, maschile

1. automobile F S
2. bici S/P F
3. foto S/P F
4. ristorante S M
5. targhe (*license plates*) P F
6. caffè M S/P
7. stazione S F
8. notte F S
9. alberghi P M
10. banane P F
11. vini P M
12. lire P F
13. autobus S/P M
14. informazioni M P
15. birre F P

B. Plurali. Give the plural of the following nouns.

1. treno
2. lezione
3. tè (*tea*)
4. piazza
5. lira
6. professore
7. bar
8. nome (*first name*)
9. cognome (*last name*)
10. zio
11. autobus
12. negozio

C. Due, per favore! Working with a partner, imagine that you are in a café. The waiter underestimates your appetite and offers you one of each of the following items, but you want two! Be polite and add **per piacere** or **per favore** to your request.

ESEMPIO: un cappuccino →
    S1: Un cappuccino, signore/signora?
    S2: No, due cappuccini, per favore!

1. un gelato
2. un'aranciata
3. un caffè
4. una pizza
5. un panino
6. un tè
7. uno spumone
8. una birra
9. un bicchiere (*glass*) di vino
10. un bicchiere di latte (*milk*)

D. Una città immaginaria. Your partner will ask you if the imaginary city of Trentezia has one of each of the following places. Respond that it has more than one. Remember that **ci sono** (*there are*) is used to indicate more than one of something. Compare **Ci sono due chiese** (*There are two churches*) with **C'è una chiesa** (*There is one church*).

ESEMPIO: un supermercato →
    S1: C'è un supermercato a Trentezia?
    S2: No, ci sono quattro supermercati.

1. una scuola
2. un ospedale
3. una banca
4. un bar
5. un ufficio postale
6. un'università
7. un albergo
8. uno stadio
9. un museo
10. un cinema
11. una farmacia
12. una stazione

Words ending in -io
Words that end in **-io** retain the **i** in the plural if the **i** is stressed. If not, the **i** is dropped. (Stress is emphasis placed on a particular syllable when a word is spoken. For example, in English we say OFfice, not ofFICE.)

-i STRESSED
ZIo *uncle* → zii *uncles*
inVIo *mailing* → invii *mailings*

-i UNSTRESSED
neGOzio *store* → negozi *stores*
ufFIcio *office* → uffici *offices*

B. Articolo indeterminativo e *buono*

Che (*What*) differenze ci sono tra il disegno (*between the drawing*) e questa (*this*) descrizione?

In questo disegno, ci sono tre professori. Un professore ha (*has*) due valige e un biglietto e l'altro (*the other*) professore ha uno zaino, una borsa e una valigia. La professoressa ha una borsa e due valige.

1. The Italian indefinite article (**l'articolo indeterminativo**) corresponds to English *a/an* and is used with singular nouns. It also corresponds to the number *one*. The form of the article changes depending on the word that follows it. **Un** is used with most masculine nouns, but **uno** is used with masculine words beginning with **z** or **s** + *consonant*. **Una** is used with feminine nouns beginning with any consonant, and **un'** is used before feminine nouns beginning with a vowel.

MASCHILE	FEMMINILE
un treno (*a train, one train*)	una farmacia
un aeroplano	un'amica
uno zio	una zia
uno stadio	una scuola

2. The adjective **buono** (*good*) follows the same pattern as the indefinite article. It too has four forms in the singular: **buon, buono, buona,** and **buon'.** The form used depends on the word that follows it. (You will learn the plural forms of **buono** and more about how adjectives function in Italian in **Capitolo 2.**)

MASCHILE	FEMMINILE
un buon treno (*a/one good train*)	una buona farmacia
un buon aeroplano	una buon'amica
un buono zio	una buona zia
un buono stadio	una buona scuola

A. In un caffè. You are at an Italian **caffè**. Catch the attention of the server and order each of the following items.

ESEMPIO: tè → Scusi! Un tè, per favore!

1. caffè (*m.*)
2. bicchiere di vino
3. birra
4. aranciata
5. bicchiere di latte
6. cappuccino

B. Che buon caffè! You are invited to dinner by an Italian friend. Express your appreciation for everything served by completing the following compliments with the correct form of **buono**. *Note:* **Che buon... !** = *What [a] good . . . !*

ESEMPIO: Che (buona / buon / buono) caffè → Che buon caffè!

1. Che (buono / buona / buon) pasta!
2. Che (buon / buon' / buona) aranciata!
3. Che (buona / buono / buon) pizza!
4. Che (buono / buon' / buon) gelato!
5. Che (buona / buon / buon') mozzarella!
6. Che (buono / buona / buon) tè!

C. Tutto buono. Supply the correct form of **buono** or an appropriate noun.

ESEMPIO: un *buon* viaggio
una buona *macchina*

1. un ~~buono~~ zaino
2. un *buon* dottore
3. una *buona* farmacia
4. una *buona* amica
5. una buon' *aranciata*
6. un buon *esempio*
7. una buona *pizza*
8. un buono *studente*

D. La mia (*My*) città. Describe your hometown to your partner.

ESEMPIO: Nella mia (*In my*) città c'è un buon museo, ci sono 10 supermercati…

Che genio!

● Il genio è per l'uno per cento ispirazione e per il novantanove per cento traspirazione.[a]
Thomas Alva Edison *(1847-1931), inventore statunitense.*

[a]*perspiration*

Grammatica **33**

Saluti e titoli: buon giorno, dottore!

As you already learned in the **Capitolo preliminare,** Italians greet each other with **buon giorno** until mid-afternoon and **buona sera** from then until late evening. **Buona notte** is used as a final farewell at the end of the evening. Friends and family who have not seen each other for a while typically hug and kiss each other on both cheeks or at least shake hands.

It is customary to address someone by his or her academic title. You will often hear **Buon giorno, professore! Benvenuta** (*Welcome*)**, dottoressa! ArrivederLa, avvocato** (*lawyer*)**! Auguri** (*Best wishes*)**, dottore!**

The title **dottore** (*masculine*) or **dottoressa** (*feminine*) is used for anyone who has earned a university degree (**la laurea**), whether in medicine or other academic fields.

Buon giorno, dottore! Buon giorno, dottoressa!

C. Presente di *avere* e pronomi soggetto

MASSIMO:	E Lei, signora, ha parenti in America?
SIGNORA PARODI:	No, Massimo, non ho parenti, solo amici. E tu, hai qualcuno?
MASSIMO:	Sì, ho uno zio in California e una zia in Florida.

1. **Avere** (*to have*) is an irregular verb (**un verbo irregolare**); it does not follow a predictable pattern of conjugation. The present tense (**il presente**) of **avere** is as follows:

	SINGOLARE			PLURALE	
(io)	ho	*I have*	(noi)	abbiamo	*we have*
(tu)	hai	*you have (informal)*	(voi)	avete	*you have (informal)*
(Lei)	ha	*you have (formal)*	(Loro)	hanno	*you have (formal)*
(lui) (lei)	ha	*he has* / *she has*	(loro)	hanno	*they have*

MASSIMO: And you, signora, do you have relatives in America? SIGNORA PARODI: No, Massimo, I don't have relatives, only friends. And you, do you have someone? MASSIMO: Yes, I have an uncle in California and an aunt in Florida.

The following rules apply to **avere** and to all Italian verbs.

a. To make a verb negative (*I have* → *I don't have*), place the word **non** (*not*) directly before it.

Mario non ha soldi.	*Mario doesn't have money.*
Qui non hanno birra, hanno solo vino.	*They don't have beer here, they only have wine.*

b. To make a verb interrogative (*I have* → *do I have?*) in writing, simply add a question mark to the end of the sentence. In speaking, the pitch of the voice rises at the end of the sentence.

—Non avete altro?

Avete un buon lavoro.	*You have a good job.*
Avete un buon lavoro?	*Do you have a good job?*

In an interrogative sentence, the subject (noun or pronoun) can appear

- at the beginning of the sentence, before the verb
- at the end of the sentence

Mario ha una bicicletta? Ha una bicicletta Mario?	*Does Mario have a bicycle?*

2. The subject pronouns (**i pronomi soggetto**) are as follows:

SINGOLARE		PLURALE	
io	*I*	noi	*we*
tu	*you (informal)*	voi	*you (informal)*
Lei	*you (formal)*	Loro	*you (formal)*
lui	*he*	loro	*they (masculine or feminine)*
lei	*she*		

a. In English, subject pronouns are always used with verb forms: *I (do) have, you (do) go, he is,* and so on. In Italian, the verb form itself identifies the subject. For this reason, subject pronouns are usually not expressed.

Ho una FIAT; ha quattro porte.	*I have a FIAT; it has four doors.*
Hai buon gusto!	*You do have good taste!*
Abbiamo parenti in Italia.	*We have relatives in Italy.*

Subject pronouns *are* used, however, to emphasize the subject (*I have a job;* that is, **I'm** *the one who has a job*) or to contrast one subject with another (**I** *have this,* **you** *have that*).

Io ho un lavoro.	**I** *have a job.*
Lui ha un gatto; lei ha un cane.	**He** *has a cat;* **she** *has a dog.*

b. **Io** (*I*) is not capitalized unless it begins a sentence.

Grammatica **35**

Subject pronouns can be used alone as one-word responses to questions, where in English the pronoun requires a verb.

—Chi ha un passaporto?
—Io!
—*Who has a passport?*
—*I do!*

—Chi ha amici a Roma?
—Noi!
—*Who has friends in Rome?*
—*We do!*

c. There are four ways of saying *you* in Italian: **tu, voi, Lei,** and **Loro. Tu** (for one person) and **voi** (for two or more people) are the informal forms, used only with family members, children, and close friends.

Tu, mamma.	Voi, ragazzi (*boys*).

Lei (for one person, male or female) and its plural **Loro** are used in formal situations to address strangers, acquaintances, older people, and people in authority. **Lei** and **Loro** are often capitalized to distinguish them from **lei** (*she*) and **loro** (*they*).

Lei, professore, ha una valigia?	*You, professor, do you have a suitcase?*
Lei, professoressa, ha uno zaino?	*You, professor, do you have a backpack?*
Loro, signore e signori, hanno bagagli?	*You, ladies and gentlemen, do you have luggage?*

Lei takes the third-person singular verb form; **Loro** takes the third-person plural form.

Lei, signora, ha un buon cane!	*You have a good dog, ma'am!*
Loro, signori, hanno amici qui?	*Do you have friends here, gentlemen?*

Loro is very formal. It is often replaced by the more casual **voi.**

d. There are rarely corresponding forms for *it* and *they* to refer to animals or things; the verb form alone is used.

ESERCIZI

A. **Bene, grazie!** The following people have asked you how you are: **Come sta?** or **Come stai?** Answer, then ask how they are, using the appropriate equivalent for *you.*

ESEMPIO: your Aunt Teresa → Bene, grazie, e tu?

1. your cousin Anna
2. your friends
3. the server
4. your instructor, Mrs. Rossini
5. Mr. and Mrs. Cicero
6. your father

B. **Quale** (*Which*) **pronome?** Which subject pronouns would you use to speak about the following?

ESEMPIO: lo zio → lui

1. Cecilia, un'amica
2. Marco, un amico
3. un professore
4. una dottoressa
5. zia Laura
6. Marco e Cecilia
7. tu, Marco e Luisa
8. io, uno studente e una studentessa
9. Maria e Gina
10. tu e una professoressa

C. **Domande e risposte.** Choose the correct response to each question.

1. Hai un passaporto tu?
   a. Sì, ha un passaporto.   **b.** Sì, ho un passaporto.   **c.** Sì, abbiamo un passaporto.
2. Hanno due biglietti Carlo e Tina?
   a. No, non hanno due biglietti.   **b.** No, non abbiamo due biglietti.
   c. No, non avete due biglietti.
3. Avete tre valige tu e Maria?
   a. No, abbiamo due valige.   **b.** No, avete due valige.   **c.** No, ho due valige.
4. Ha una macchina Silvio?
   a. Sì, lei ha una macchina.   **b.** Sì, lui ha una macchina.   **c.** Sì, noi abbiamo una macchina.

D. **Non è giusto!** (*It's not fair!*) Tell what's bothering you, filling in the blanks with the correct subject pronoun.

1. _____ non ho nemmeno (*even*) una buona bicicletta, _____ avete un motorino Guzzi.
2. _____ non abbiamo un centesimo (*a cent*), _____ hanno due alberghi.
3. _____ non ho parenti, _____ ha trenta cugini (*cousins*).
4. _____ non abbiamo nemmeno un cane, _____ hai tre gatti.

E. **Avere o non avere...** Complete with the correct form of **avere.**

1. Voi _avete_ un appartamento, ma io _ho_ solo una stanza.[a] Loro _hanno_ due macchine, ma io _ho_ una bici. Tu e Paolo non _avete_ lezioni domani, ma io _ho_ cinque lezioni! Lui _ha_ una valigia ed io _ho_ solo uno zaino. Che sfortuna![b]

   [a]*room*   [b]*Che... What bad luck!*

2. Tu _hai_ un cane intelligente, ma noi _abbiamo_ un cane stupido! Tu _hai_ una buona macchina, ma Carla _ha_ solo una bicicletta. Tu _hai_ molti soldi;[a] Cinzia e Daniele non _hanno_ nemmeno un lavoro! Come sei fortunato![b]

   [a]*molti... lots of money*   [b]*Come... How lucky you are!*

D. Espressioni idiomatiche* con avere

ANGELO: Oh, che caldo. Ho proprio sete adesso. Hai voglia di una birra?
SILVIA: No, ma ho fame. Ho voglia di un buon panino e di un gelato…
ANGELO: Chissà se c'è un bar in questa stazione.
SILVIA: Sì, c'è, ma non abbiamo tempo, solo cinque minuti.
ANGELO: Hai ragione, non è una buon'idea. Oh, ma c'è un venditore…
Qui, per favore!

1. Many idiomatic expressions (**espressioni idiomatiche**) that describe feelings or physical sensations are formed with **avere** + *noun*. The equivalent English expressions are usually formed with *to be + adjective*.

NOMI		ESPRESSIONI	
caldo	*heat*	avere caldo	*to be (feel) warm (hot)*
fame (*feminine*)	*hunger*	avere fame	*to be hungry*
freddo	*cold*	avere freddo	*to be (feel) cold*
fretta	*hurry, haste*	avere fretta	*to be in a hurry*
paura	*fear*	avere paura	*to be afraid*
ragione (*feminine*)	*reason, right*	avere ragione	*to be right*
sete (*feminine*)	*thirst*	avere sete	*to be thirsty*
sonno	*sleep*	avere sonno	*to be sleepy*
bisogno	*need*	avere bisogno di	*to need, have need of*
voglia	*desire*	avere voglia di	*to want; to feel like*

—Mamma, ho sete!

Simona non ha sonno, ha fame!

Simona isn't sleepy, she's hungry!

—Avete bisogno di una bici?
—No, abbiamo bisogno di una macchina!

—*Do you need a bike?*
—*No, we need a car!*

Ho caldo. Ho voglia di un gelato.

I'm hot. I feel like having an ice cream.

ANGELO: Oh, it's so hot. I'm really thirsty now. Do you feel like having a beer? SILVIA: No, but I'm hungry. I feel like having a good sandwich and an ice cream . . . ANGELO: Who knows if there is a café in this station. SILVIA: Yes, there is, but we don't have time, only five minutes. ANGELO: You're right, it's not a good idea. Oh, but there's a vendor . . . Here, please!

*An idiom is an expression peculiar to a particular language. Idioms often appear to make no sense when interpreted literally by speakers of another language. Some commonplace English idioms are *to fall asleep, to take charge, to go easy,* and *to make time.*

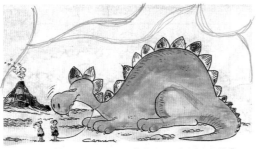

—Non avere paura: lo tengo al guinzaglio^a.

^alo... *I'm keeping him on the leash*

2. The verb **avere** is also used to indicate age.

avere + *number* + **anni**	*to be . . . years old*
—Quanti anni hai?	—*How old are you? (How many years do you have?)*
—Ho diciotto anni.	—*I'm eighteen.*
—E Daniela, quanti anni ha?	—*And Daniela, how old is she?*
—Lei ha ventidue anni.	—*She's twenty-two.*

ESERCIZI

A. Ho... Complete the following sentences with the appropriate word.

1. Brrr! Non avete *freddo*?
2. Non hanno tempo (*time*), hanno *fretta*!
3. Due aranciate, per favore! Abbiamo *sete*.
4. Maurizio ha *fame*: ecco una pizza!
5. Hai diciotto o diciannove *anni*?
6. Avete *voglia* di un gelato?

B. Quanti anni hanno? Give the age of each family member, using a complete sentence.

Giuseppe: 50   Isabella: 46   Carol: 25   Marta: 32   Maurizio: 17

Now ask several classmates how old they are.

C. Trova una persona che... (*Find a person who . . .*) Circulate around the room asking classmates if they are hungry, thirsty, sleepy, and so on. Refer to the idiomatic expressions above and on page 38.

ESEMPIO: s1: Hai fame?
      s2: Sì, ho fame. (No, non ho fame.)

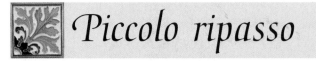

Piccolo ripasso

A. Avere, non avere. Ask a classmate whether he/she has one of the following items. The classmate will answer that he/she has one, two or more, or none.

ESEMPIO: bicicletta →
S1: Tu hai una bicicletta?
S2: Sì, ho una bicicletta. (Ho due, tre biciclette.) *o* No, non ho biciclette.

1. borsa	**5.** foto
2. biglietto	**6.** zio
3. lezione	**7.** amico
4. gatto	**8.** dollaro

B. Solo uno! Working with a partner, answer each question by stating that you have only one of the things mentioned, but that it is a good one!

ESEMPIO: amici →
S1: Hai amici?
S2: Ho solo un amico, ma è un buon amico!

1. amiche	**5.** bici
2. zii	**6.** valige
3. gatti	**7.** zaini
4. lavori	**8.** macchine

C. Qual è (*What is*) **la domanda?** Ask the questions that produced the following answers. Follow the models.

ESEMPI: Sì, ho un negozio. → Hai un negozio?
Sì, abbiamo sonno. → Avete sonno?

1. Sì, ho sete.	**5.** Sì, ho molti bicchieri.
2. Sì, ha diciannove anni.	**6.** Sì, abbiamo fretta.
3. Sì, abbiamo una professoressa.	**7.** Sì, ho bisogno di soldi (*money*).
4. Sì, abbiamo un buon dottore.	**8.** Sì, hanno voglia di un cappuccino.

D. Intervista. Interview a classmate. Find out the following information and report what you learn to another pair of students or to the class. Invent three additional questions to ask.

name and age
if he/she has a bike
if he/she needs a car
if he/she feels like having a pizza
if he/she is thirsty, hungry or sleepy
if he/she has a dog or cat
the age of the dog or cat

Invito alla lettura

The readings in *Prego!* have several purposes: they are designed to strengthen your Italian reading skills, give you an understanding of Italian culture, and dispel some common stereotypes about Italy and Italians. You should approach these readings in several stages.

- First, go through the reading quickly once or twice, just to grasp the general meaning. (You don't need to understand every word or expression right away!)
- Once you've gotten the gist, do a more thorough reading. This time, work through the more difficult sentences, making use of footnote glosses and relying on cognates and on the context to help you understand.
- When you're comfortable with the details of the text, do a quick final reading, focusing on the meaning and progression of the whole (and not on particulars).

In the **Capitolo preliminare,** you learned about frequently occurring patterns in Italian that can help you recognize cognates. The cultural readings in *Prego!* contain a fair number of new words, but many of them are cognates.

Can you guess the meaning of these cognates, taken from or related to the first reading in this chapter? It is about the regions of Italy. Knowing the context should make some of these words easier to guess.

arte	costume	nord/sud
capitale	identità	penisola
centrale	lingua	regione
costa	montagna	storia

Use the general context and your knowledge of a subject to figure out the meaning of new words. Can you guess the meaning of the highlighted word in these sentences, based on the context?

Gli Appennini **attraversano** l'Italia da nord a sud.
Due persone **attraversano** la piazza in bicicletta.

Using these strategies will make your reading in Italian easier and more productive. Try using them now with the readings that follow. **Buon lavoro!**

Note: These readings are written in simple but authentic Italian. They use some structures that you have not yet encountered, in particular the definite articles and some contractions that may look complex, though they are easy to understand once you know them. Your instructor will help you work through the readings so that you grasp the essential points. After you have studied a few more chapters of *Prego!*, you may want to return to this reading. You will be surprised how much easier it will be to read.

Gli Appennini attraversano l'Italia da nord a sud.

Le venti regioni d'Italia

Sai[1] che in Italia ci sono venti regioni? Sono la Liguria, il Piemonte, la Valle d'Aosta, la Lombardia, il Trentino–Alto Adige, il Veneto, il Friuli–Venezia Giulia (l'Italia settentrionale[2]), l'Emilia-Romagna, la Toscana, l'Umbria, le Marche, il Lazio, l'Abruzzo, il Molise (l'Italia centrale), la Campania, la Puglia, la Basilicata, la Calabria, la Sicilia e la Sardegna (l'Italia meridionale[3]).

Quali sono le regioni più belle[4] e interessanti? È difficile rispondere a questa domanda.

Le regioni del Sud possono[5] affascinare con le loro bellezze[6] naturali straordinarie, ma quelle del Centro ti attirano sicuramente,[7] con le tante città antiche, ricche di arte e di storia. In una regione, il Lazio, c'è Roma, la capitale d'Italia, la città eterna.

E le regioni del Nord? Possono offrirti[8] le montagne più belle d'Europa e «perle» uniche e rare come Venezia!

Tutte le regioni del mondo,[9] come quelle degli Stati Uniti e del Canada, sono diverse, per posizione geografica, per sviluppo[10] economico, per usi e costumi. Ma le diversità[11] delle regioni italiane, dal caffè alla lingua, dallo sviluppo economico al tipo di abitazioni,[12] sono sicuramente più forti,[13] soprattutto[14] per motivi storici. E così, se passi dal Trentino alla Sicilia o dalla Calabria alla Toscana, ti sembra di essere in un'altra Italia.[15]

Le venti «Italie» delle venti regioni ti aspettano,[16] tutte da scoprire,[17] tutte da gustare.[18]

[1]*Do you know* [2]*northern* [3]*southern* [4]*più… most beautiful* [5]*can* [6]*le… their beauties* [7]*ti… will surely attract you* [8]*offer you* [9]*world* [10]*development* [11]*differences* [12]*dwellings* [13]*più… stronger* [14]*above all* [15]*se… if you pass from Trentino to Sicily or from Calabria to Tuscany, it will seem to you like being in another Italy* [16]*ti… are waiting for you* [17]*da… to discover* [18]*da… to taste*

Una famosa montagna delle Alpi: il Monte Cervino in Valle d'Aosta

Una piccola città medievale: Civita di Bagnoregio in Umbria

L'isola di Capri in Campania

E ora a te°

E... *And now to you*

Capire°

To understand

Vero o falso?

	V	F
1. La Basilicata è una regione italiana.	☐	☐
2. Le regioni del Sud non hanno molte bellezze naturali.	☐	☐
3. Nelle regioni del Centro non ci sono molte città antiche.	☐	☐
4. Nelle regioni del Nord ci sono montagne molto belle.	☐	☐
5. Fra le regioni italiane ci sono molte diversità.	☐	☐

Scrivere°

To write

After reading the passage once, return to it and underline the cognates you recognize. Then complete the chart below with the Italian equivalent of each English word. Fill in the second chart by describing what characterizes each part of Italy based on the information in the reading.

INGLESE	ITALIANO
difficult	
economic	
eternal	
extraordinary	
fascinate	
geographic	
interesting	
natural	
position	
rich	
unique	

REGIONI DEL...	CARATTERISTICHE...
Nord	
Centro	
Sud	

Videoteca

Indicazioni un po' confuse

Roberto, map in hand, is searching for a restaurant. He stops to ask for directions and is waylaid by a chatty older gentleman.

ESPRESSIONI UTILI

cerco un piccolo ristorante	I am looking for a small restaurant
è proprio lì	it is right there
sono a piedi	I'm on foot
da quanto tempo è in Italia?	how long have you been in Italy?
mi dispiace	I'm sorry

Preparazione

ROBERTO: Scusi, ma cerco un piccolo ristorante, si chiama «Ristorante Benci». Ho un appuntamento lì fra cinque minuti.

SIGNORE: Ah, sì. È un ristorante molto buono! Allora ecco a destra, poi ancora a destra e sempre dritto in Via della Vigna Nuova. Via dei Palchetti è proprio lì, dietro Via della Vigna Nuova.

FUNZIONE: giving directions

Verifica

Number the following statements chronologically according to what you heard in this episode.

_____ È una bella passeggiata, quindici minuti a piedi.

_____ Ho bisogno di un'informazione. Dov'è Via dei Palchetti?

_____ Dunque, prima a destra, poi ancora a destra, poi dritto?

_____ Ah, sì! È un ristorante molto buono!

Comprensione

Answer the following questions.

1. How long has Roberto been in Italy?
2. Is Roberto on foot or in his car?
3. Whom does the man know in Boston?

Attività

With a partner, practice giving each other directions. Have your partner close his/her eyes. Place three or four objects on the ground. Give your partner the directions to successfully negotiate around each object without stepping on it. Switch roles and repeat the activity.

Parole da ricordare

VERBI

avere	to have
avere... anni	to be . . . years old
avere bisogno (di)	to need
avere caldo	to be warm, hot
avere fame	to be hungry
avere freddo	to be cold
avere fretta	to be in a hurry
avere paura (di)	to be afraid (of)
avere ragione	to be right
avere sete	to be thirsty
avere sonno	to be sleepy
avere voglia (di)	to want; to feel like

NOMI

un aeroplano, un aereo	airplane
un aeroporto	airport
un albergo (*plural* alberghi)	hotel
un'amica (*plural* amiche)	friend
un amico (*plural* amici)	friend
un'aranciata	orange soda
un autobus, un bus	bus
un'automobile, un'auto (*feminine*)	car
bagagli (*plural*)	baggage
una banca	bank
un bar	bar; café
un bicchiere	drinking glass
una bicicletta, una bici	bicycle, bike
un biglietto	ticket
una birra	beer
una borsa	bag
un caffè	coffee (strong Italian coffee); café
un cane	dog
una chiesa	church
un cinema (*invariable*)	movie theater
una città	city
un cognome	last name
un cugino / una cugina	cousin
un documento	document
un euro	euro (*shared European currency*)
una farmacia (*plural* farmacie)	pharmacy
una fotografia, una foto	photograph
un gatto	cat
un gelato	ice cream

un impiegato	clerk
un'informazione (*feminine*)	piece of information
un latte	milk
un lavoro	job; work
una lezione	lesson; class
un luogo (*plural* luoghi)	place
una macchina	car
mezzi (*plural*) di trasporto	means of transportation
una motocicletta, una moto	motorcycle
un motorino	moped; motorscooter
un museo	museum
un negozio	shop, store
un nome	first name; noun
un ospedale	hospital
un panino	sandwich; hard roll
un parente	relative
un passaporto	passport
una piazza	town square
una prenotazione	reservation
un ristorante	restaurant
uno scooter	scooter
una scuola	school
uno stadio	stadium
una stazione	train station
un supermercato	supermarket
un tè	tea
un teatro	theater
un treno	train
un ufficio cambio	currency exchange
un ufficio informazioni	tourist information office
un ufficio postale	post office
un ufficio prenotazioni	reservation bureau
un'università	university
una valigia (*plural* valige)	suitcase
una via	street
un viaggio	trip
un viale	avenue
un vino	wine
uno zaino	backpack
una zia	aunt
uno zio (*plural* zii)	uncle
uno zoo	zoo

PRONOMI SOGGETTO

io	I
tu	you (*informal*)
Lei	you (*formal*)
lui	he

lei	she
noi	we
voi	you (*plural informal*)
Loro	you (*plural formal*)
loro	they

PREPOSIZIONI SEMPLICI

a	at, to, in (*a city*)
con	with
da	from
di	of, by
in	in, to, into
per	for, through
senza	without
su	on, over

AGGETTIVI

buono	good

ALTRE PAROLE E ESPRESSIONI

a destra	to the right, on the right
a sinistra	to the left, on the left

c'è... , c'è... ?	there is . . . , is there . . . ?
che...	what . . . , what a . . .
ci sono... , ci sono... ?	there are . . . , are there . . . ?
dove	where
dov'è... ?	where is . . . ?
dritto	straight
sempre dritto	straight ahead
ecco	here (it) is, here (they) are; there (it) is, there (they) are
lì, là	there
lontano	far, distant
ma	but
non	not
poi	then
proprio	really; just
qui, qua	here
solo	only
va bene?	is that OK?
vicino	near
qui vicino	nearby

La classe e i compagni°

°classmates

Bambini e insegnante (*teacher*) in una scuola elementare di Roma

IN BREVE

Grammatica

A. Aggettivi

B. Presente di **essere**

C. Articolo determinativo e **bello**

D. Ancora i plurali

Nota culturale

La scuola italiana

Invito alla lettura

In Sicilia

In seguito

Practice the skills you learned in this chapter and get connected to the Italian-speaking world through the *Prego!* supplements!
www.mhhe.com/prego6

Vocabolario preliminare

Andrea ha una foto di un'amica...

ANDREA: Ecco la foto di una mia amica, Paola. Lei è di Palermo, in Sicilia.

VALERIA: È davvero[1] bella...

ANDREA: Oh sì, Paola è straordinaria: è simpatica, divertente, sensibile ed è anche molto[2] gentile...

VALERIA: Sono sicura che[3] Paola ha una grande pazienza, perché[4] tu sei sempre[5] stressato e nervoso!

1. Com'è[6] Paola, secondo[7] Andrea?
2. Com'è Andrea, secondo Valeria?
3. Di dov'è[8] Paola?

---

[1]truly, really [2]anche... also very [3]sicura... sure that [4]ha... is very patient, because
[5]always [6]What is . . . like? [7]according to [8]Di... Where is . . . from?

Un aggettivo per tutti (An adjective for everyone)

PER DESCRIVERE CARATTERISTICHE FISICHE

alto tall
anziano old; elderly (people)
basso short (in height)
bello beautiful, handsome (person); nice (thing or experience)
biondo blond
bruno dark (hair)
brutto ugly; unpleasant
corto short (in length)
giovane young
grande big

grasso fat
liscio (masculine plural, m. pl. **lisci**) straight (hair)
lungo (m. pl. **lunghi**) long
magro thin
piccolo small
riccio (m. pl. **ricci**) curly
vecchio (m. pl. **vecchi**) old

AGGETTIVI DI NAZIONALITÀ*
americano American
canadese Canadian
cinese Chinese

---

*Note that adjectives of nationality are not capitalized in Italian.

francese French
giapponese Japanese
inglese English
irlandese Irish
italiano Italian
messicano Mexican
russo Russian
spagnolo Spanish
tedesco German

COLORI
azzurro (sky) blue
bianco (*m. pl.* bianchi) white
castano brown (*hair, eyes*)
giallo yellow
grigio (*pl.* grigi) gray
nero black
rosso red
verde green

ESERCIZI

A. Un identikit (*ID sketch*) **fisico…** You have a blind date (**un appuntamento al buio**), and need to describe your appearance. Choose appropriate expressions from the **Vocabolario preliminare** and the following list, and create three or four short sentences, beginning with **Sono… / Ho… / Ho gli occhi** (*eyes*)… **/ Ho i capelli** (*m. pl., hair*)…

Parole utili: Sono di statura media (*average height*). Ho la barba (*beard*) / i baffi (*moustache*) / gli occhiali (*glasses*) / le lenti a contatto (*contact lenses*). Ho gli occhi azzurri / verdi / neri / castani. Ho i capelli biondi / castani / rossi / neri / grigi / bianchi / lunghi / corti / ricci / lisci.

B. Autoritratto. (*Self-portrait.*) Now describe yourself in more detail, elaborating on the **identikit** in Exercise A. Use expressions from the **Parole-extra** box or any of the following adjectives to describe your character. Write a short paragraph using some of the following suggestions.

Io sono… / Ho i capelli… e gli occhi… / Sono molto… / Non sono abbastanza (*enough*)… */ Secondo gli amici, sono… / Secondo me, sono troppo (*too*)…

Aggettivi: aggressivo, ambizioso, curioso, disordinato (*messy*), (in)sicuro, orgoglioso, sincero, timido

Your instructor will shuffle the **autoritratti** and pass them out at random to the class. Read aloud the description you receive, and the class will try to guess whose it is.

---

*Note that **abbastanza** precedes the adjective, in contrast to *enough* in English: **Lui è abbastanza magro.** *He is thin enough.*

C. **Come sono i compagni?** In Italian, interview a classmate to find out where he/she is from. Report what you learn to the class. Include a brief description of your classmate, using expressions from the **Vocabolario preliminare** and the **Parole-extra.**

ESEMPIO: Ecco Giovanni. È canadese; è di Montreal. Giovanni è biondo, gentile e molto intelligente.

Now introduce yourself, telling where you are from and what you are like.

ESEMPIO: Io sono Jim; sono di Detroit. Sono nervoso e stressato ma simpatico.

—Non sono superstizioso, ma...

 In ascolto

For listening comprehension activities related to the theme of this chapter, see the Laboratory Manual or visit the *Prego!* website. **www.mhhe.com/prego6**

Grammatica

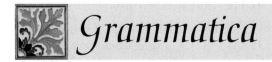

A. Aggettivi

CARLO: Come si chiama tua sorella?
MARIA: Si chiama Tina.
CARLO: Com'è?
MARIA: È simpatica, intelligente e sportiva. E tuo fratello? Com'è?
CARLO: Si chiama Lorenzo. Lui è molto carino, ma è un po'* timido.

CARLO: What's your sister's name?   MARIA: Her name's Tina.   CARLO: What's she like?
MARIA: She's nice, intelligent, and athletic. And your brother? What's he like?   CARLO: His name's Lorenzo. He's very cute, but he's a bit shy.

*Un po'** is a contraction of **un poco** (*a little bit*).

1. In English, adjectives (**gli aggettivi**) have only one form: *tall boy, tall girls.* In Italian, an adjective agrees with the number (singular or plural) and gender (masculine or feminine) of the noun it modifies. Adjectives whose masculine singular ends in **-o** have four endings; those whose masculine singular ends in **-e** have two endings.

	SINGOLARE	PLURALE	
Maschile	**-o**	**-i**	un ragazzo (*boy*) alto / due ragazzi alti
Femminile	**-a**	**-e**	una ragazza (*girl*) alta / due ragazze alte
Maschile e femminile	**-e**	**-i**	un ragazzo triste / due ragazzi tristi una ragazza triste / due ragazze tristi

An adjective that agrees with two singular nouns of different genders, or with a plural noun referring to a male and a female, is masculine plural:

Marco e Giovanna sono **bravi** e **divertenti.**
I cugini sono **simpatici.** (I cugini e le cugine sono **simpatici.**)

a. Adjectives ending in **-ca, -ga,** and **-go** maintain the hard **c** or **g** sound in the plural, just as nouns do. This sound is represented in writing by adding an **h.** (Masculine nouns and adjectives ending in **-co** will be presented in Section D, on page 61.)

SINGOLARE	PLURALE	
-ca	**-che**	bianca → bian**che**
-ga	**-ghe**	lar**ga** (*wide*) → lar**ghe**
-go	**-ghi**	lar**go** → lar**ghi**

b. Most adjectives ending in **-io** have only one **i** in the masculine plural: **vecchio → vecchi, grigio → grigi.**

c. Notice that the endings of nouns and the adjectives that agree with them are not always identical.

una ragazz**a** frances**e** →
   due ragazz**e** frances**i**   *two French girls*
un'universit**à** piccol**a** →
   due universit**à** piccol**e**   *two small universities*
una bic**i** ross**a** →
   due bic**i** ross**e**   *two red bikes*
un'automobil**e** italian**a** →
   due automobil**i** italian**e**   *two Italian cars*

Aggettivi in -issimo

You may already be familiar with the **-issimo** suffix for adjectives, which adds emphasis and means *very*, as in **Bellissimo!** (*Very beautiful!*) Such adjectives are formed by adding **-issimo, -issimi, -issima,** or **-issime** to the masculine plural root of the adjective.

buoni → buon-
Gli spaghetti sono **buonissimi!** *The spaghetti is very good!*

gentili → gentil-
Milena è una ragazza **gentilissima!** *Milena is a very kind girl!*

famosi → famos-
È un museo **famosissimo.** *It is a very famous museum.*

stanchi → stanch-
Sono **stanchissima.** *I am very tired.*

—È un vino molto, molto vecchio...

2. To ask what someone is like, use the expression **Com'è?** (= **come è**) (*What is he/she like?*) or **Come sono?** (*What are they like?*).

—**Com'è** Martino?	—*What's Martino like?*
—Lui è intelligente e estroverso.	—*He's intelligent and outgoing.*
—**Come sono** Lidia e Maddalena?	—*What are Lidia and Maddalena like?*
—Loro sono attive e sportive.	—*They are active and athletic.*

3. Most Italian adjectives follow the noun they modify. However, several adjectives always precede the noun, including **altro** (*other/another*), **stesso** (*same*), and **molto** (*many, a lot of*).

Avete un'**altra** penna.	*You have another pen.*
Abbiamo lo **stesso** biglietto.	*We have the same ticket.*
Ho **molti** soldi e **molte** macchine.	*I have a lot of money and many cars.*

The common adjectives **bello, buono, bravo,** and **brutto** usually precede the noun. You have already used the forms of **buono.** The forms of **bello** are presented later in this chapter.

Silvia ha un **buon** orologio.	*Silvia has a good watch.*
Cristiano è un **bravo** bambino.	*Cristiano is a great kid.*
Mirella è una **bella** ragazza.	*Mirella is a pretty girl.*

4. When **molto** precedes a noun, it means *many / a lot of* and agrees in gender and number with the noun. **Molto** can also precede an adjective; in this position, it is an adverb meaning *very* and its ending does not change. Note that when **molto** precedes an adjective, both follow the noun.

molto (*many, a lot of*)

Ho **molti** amici.	*I have many friends.*
Hanno **molte** biciclette.	*They have many bikes.*
Ho bisogno di **molta** acqua.	*I need a lot of water.*
Ecco **molto** prosciutto.	*Here is a lot of ham.*

molto (*very*)

Maria è una ragazza **molto** bella.	*Maria is a very pretty girl.*
Gino e Filippo sono studenti **molto** intelligenti.	*Gino and Filippo are very intelligent students.*
Luigi è **molto** triste.	*Luigi is very sad.*
Tina e Enrica sono due studentesse **molto** brave.	*Tina and Enrica are two very capable students.*

A. Due amici. Describe Patrizia and Giorgio. Complete the following passages by supplying the correct endings to the incomplete words.

1. Patrizia è una ragazza molt__o__ simpatic__a__. È generos__a__ e divertent__e__ ed è sempre allegr__a__. Ha molt__e__ amiche: amiche italian__e__, american__e__, frances__i__, ingles__i__ e tedesch__e__.

2. Giorgio ha un lavoro molt__o__ buon__o__ in un negozio di motociclette molt__o__ grand__e__. Ha un appartamento molt__o__ bell__o__ e una moto molt__o__ bell__a__, ma è molt__o__ stressat__o__!

B. Il contrario. You and your friend Carlo do not see eye to eye today. Give the opposite of everything Carlo says.

ESEMPIO: Che brutta stazione! → Che bella stazione!

1. Che cane nervoso! *calmo/tranquillo*
2. Che bella bicicletta! *brutta*
3. Che capelli lunghi! *corti*
4. Che ragazzi allegri! *tristi*
5. Che lezione divertente! *noiosa*
6. Che chiese grandi! *piccole*
7. Che ragazzo sensibile! *indifferente*
8. Che bambini buoni! *cattivi*

C. Una bella coppia (*couple*). Complete the following description of Carlos and Marie with the correct endings of the nouns and adjectives.

Carlos è un ragazz__o__[1] spagnol__o__.[2] Lui è meccanic__o__[3] a Madrid. Carlos è alt__o__[4] e bell__o__.[5] Ha un appartament__o__[6] grand__e__[7] e una macchin__a__[8] sportiv__a__.[9] Carlos ha una ragazz__a__[10] frances__e__.[11] Lei si chiama Marie. Marie è bass__a__,[12] biond__a__[13] e intelligent__e__.[14] È sempre allegr__a__[15] e ha molt__i__[16] amic__i__:[17] amic__i__[18] frances__i__,[19] italian__i__,[20] american__i__,[21] ingles__i__[22] e tedesch__i__.[23]

D. Ideali. What qualities do you seek in your **amico ideale?** Choose at least four adjectives from the **Vocabolario preliminare** and the **Parole-extra** at the beginning of this chapter. Start your statement with **Il mio** (*My*) **amico ideale è… / La mia amica ideale è…** . Then complete the following statements and describe this person to your partner.

ESEMPIO: La mia amica ideale è simpatica, gentile, tranquilla e divertente.

1. Il mio compagno di stanza (*roommate*) ideale / La mia compagna di stanza ideale è…
2. Il mio professore ideale / La mia professoressa ideale è…
3. Lo zio ideale è…

Mi chiamo Roberto. Sono italiano. Sono di Milano. Ho vent'anni e sono studente all'università. Ho due compagni di casa; uno si chiama Luigi e l'altro si chiama Marco. Luigi ha diciannove anni ed è molto sportivo ed energico. Marco è il più giovane e ha diciotto anni. Lui è molto simpatico e divertente. Noi abbiamo due animali domestici, un gatto e un cane. Il gatto si chiama Rodolfo. Lui è un po' pazzo, ma è carino. Il cane si chiama Macchia. Ha quindici anni—è molto vecchio. Marco, Luigi ed io siamo contenti della casa e degli amici Rodolfo e Macchia.

Voi avete compagni di casa? Come si chiamano? Siete contenti della casa? Avete animali domestici? Come sono?

1. Like the verb **avere, essere** (*to be*) is irregular in the present tense.

SINGOLARE			PLURALE		
(io)	**sono**	*I am*	(noi)	**siamo**	*we are*
(tu)	**sei**	*you are (informal, inform.)*	(voi)	**siete**	*you are (inform.)*
(Lei)	**è**	*you are (formal, form.)*	(Loro)	**sono**	*you are (form.)*
(lui)*		*he is*	(loro)*		
(lei)*	**è**	*she is*	(—)	**sono**	*they are*
(—)		*it is*			

È un esercizio facile.	*It's an easy exercise.*
Noi siamo stanchi; voi siete stanchi?	*We are tired; are you tired?*

Note that the form **sono** is used with both **io** and **loro.**

Sono un ragazzo italiano.	*I am an Italian boy.*
Non sono canadesi.	*They are not Canadian.*

2. **Essere** is used with **di** + *name of a city* to indicate city of origin (hometown). To indicate country of origin, an adjective of nationality is generally used: *He is from France = He is French =* **È francese.**

—Io sono americano, sono di Chicago; tu di dove sei?	*—I'm American, I'm from Chicago; where are you from?*
—Sono irlandese, sono di Dublino.	*—I'm Irish, I'm from Dublin.*

My name is Roberto. I'm Italian. I'm from Milan. I'm twenty years old and I'm a student at the university. I have two roommates (housemates): one's called Luigi and the other is called Marco. Luigi is nineteen and he's very athletic and energetic. Marco is the youngest, eighteen. He's very nice and fun. We have two pets, a cat and a dog. The cat is called Rodolfo. He's a bit crazy but he's cute. The dog is called Macchia (*Spot*). He's fifteen—he's very old. Marco, Luigi, and I are happy with the house and with our friends Rodolfo and Macchia.

Do you have roommates (housemates)? What are their names? Are you happy with the house? Do you have pets? What are they like?

*The pronouns **lui, lei,** and **loro** are used only for people, not for things.

3. **Essere + di** + *proper name* is used to indicate possession.

La chitarra è di Francesco. — *The guitar is Francesco's.*
I libri sono di Anna. — *The books are Anna's.*

To find out who owns something, ask: **Di chi è** + *singular* or **Di chi sono** + *plural*.

Di chi è il cane? Di chi sono i cani? — *Whose dog is it? Whose dogs are they?*

4. You already know that **c'è** (from **ci è**) and **ci sono** correspond to the English *there is* and *there are*. They state the existence or presence of something or someone.

C'è tempo; non c'è fretta. — *There's time; there is no hurry.*
Ci sono molti italiani a New York. — *There are many Italians in New York.*

C'è and **ci sono** also express the idea of *being in* or *being here/there*.

—Scusi, c'è Maria? — *—Excuse me, is Maria in?*
—No, non c'è. — *—No, she isn't.*

—Ci sei sabato? — *—Are you here Saturday?*
—Sì, ci sono. — *—Yes, I am.*

5. You also know that **come** is used with **essere** in questions to inquire what people or things are like.

Come sei? — *What are you like?*
Com'è il Museo Archeologico di Palermo? — *What is the Archeological Museum of Palermo like?*

ESERCIZI

A. **Vero o falso?** Read about Roberto and his roommates on p. 54 and decide if the following statements are **vero** (V) or **falso** (F).

		V	F
1.	Roberto ha tre compagni di casa.	☐	☑
2.	Roberto è di Napoli.	☐	☑
3.	Luigi ha ventidue anni.	☐	☑
4.	Marco ha diciotto anni.	☑	☐
5.	Luigi è molto calmo e tranquillo.	☐	☑
6.	Ci sono due gatti e un cane in casa.	☐	☑
7.	Macchia e Rodolfo sono antipatici.	☐	☑

B. Trasformazioni. Replace the subject of each sentence with each subject in parentheses and change the verb form accordingly.

1. Rosaria e Alberto sono in Italia. (noi / io / voi / tu / Massimo)
2. Mark non è di Firenze. (loro / Annamaria e io / tu e Stefano / Lei / Loro)

C. Dopo (*After*) **una festa.** You're straightening up your apartment after a party. Alternating with a partner, ask who owns the following items.

ESEMPI: la radio (Antonio) →
    s1: Di chi è la radio?
    s2: È di Antonio.

    le foto (Luisa) →
    s2: Di chi sono le foto?
    s1: Sono di Luisa.

1. il Cd (Patrizia)
2. le penne (Luciano)
3. i bicchieri (Anna)
4. i biglietti (Luigi)
5. l'orologio (Giulia)
6. la bicicletta (Marco)

D. Venti domande. With a partner, play Twenty Questions in Italian. Adopt the identity of a famous singer (**cantante**), actor (**attore/attrice**), or athlete (**atleta**). Your partner will ask you yes/no questions to try to figure out who you are.

ESEMPIO: s2: Tu sei un ragazzo?
    s1: Sì.
    s2: Tu sei attore?
    s1: Sì.
    s2: Tu sei anziano?
    s1: No.
    …

    s2: Tu sei Brad Pitt?
    s1: No!

—Sei molto gentile, Carlo!

La scuola italiana

Studenti liceali a Bologna

The Italian government recently passed a reform of the school system, and beginning with the 2003–2004 academic year, the Italian school system is organized as follows.

Children can now enter **la scuola dell'infanzia** (*nursery school*) at two-and-a-half years of age and **la scuola primaria** (*elementary school*) at five-and-a-half years old. They previously entered each school at three years old and six years old, respectively.

Elementary school lasts for five years, then the students go on to the first level of **la scuola secondaria** (*secondary school*), which is divided into two levels. The first level lasts for three years and corresponds to the American middle school. The second level of **la scuola secondaria, il liceo** (*high school*), lasts for five years. All of the schools are divided into two-year examination periods, and the final evaluation to determine if a student can pass on to the next class takes place every two years.

At the end of the first level of **la scuola secondaria,** at thirteen-and-a-half years of age, students can choose from one of two paths: to continue studying through the second level of **la scuola secondaria,** or to attend a **corso professionale,** or vocational school. At the second level of **la scuola secondaria,** students can choose from eight different kinds of high schools. Which **liceo** they select depends upon what course of study they intend to follow: science, humanities, linguistics, art, and so on. Students that have finished **il liceo** and passed the final examination can go on to college.

C. Articolo determinativo e *bello*

Donatella mostra a Giovanna una vecchia fotografia di famiglia.

DONATELLA: Ecco la nonna e il nonno, la zia Luisa e lo zio Massimo, papà e la mamma molti anni fa… Buffi, no?
GIOVANNA: E i due in prima fila chi sono?
DONATELLA: Sono gli zii di Chicago.

In English the definite article has only one form: *the*. In Italian **l'articolo determinativo** has different forms depending on the gender, number, and first letter of the noun or adjective that follows it.

Donatella is showing Giovanna an old family photograph. DONATELLA: Here are Grandma and Grandpa, Aunt Luisa and Uncle Massimo, Dad and Mom many years ago . . . Funny, aren't they? GIOVANNA: And who are the two in the front row? DONATELLA: They are my aunt and uncle from Chicago.

	SINGOLARE	PLURALE		
Maschile	il	i	il bambino	i bambini
	lo	gli	lo studente	gli studenti
			lo zio	gli zii
	l′	gli	l′amico	gli amici
Femminile	la	le	la bambina	le bambine
			la studentessa	le studentesse
			la zia	le zie
	l′	le	l′amica	le amiche

1. Here are some rules for using definite articles.

   ■ **Il** (*pl.* **i**) is used before masculine nouns beginning with most consonants.
   ■ **Lo** (*pl.* **gli**) is used before masculine nouns beginning with **s** + *consonant* or **z.**
   ■ **L′** (*pl.* **gli**) is used before masculine nouns beginning with a vowel.
   ■ **La** (*pl.* **le**) is used before feminine nouns beginning with any consonant.
   ■ **L′** (*pl.* **le**) is used before feminine nouns beginning with a vowel.

2. The article agrees in gender and number with the noun it modifies and is repeated before each noun.

la Coca-Cola e **l′**aranciata	*the Coke and orange soda*
gli italiani e **i** giapponesi	*the Italians and Japanese*
le zie e **gli** zii	*the aunts and uncles*

3. The first letter of the word immediately after the article determines the article's form. Compare the following.

il giorno / **l′**altro giorno	*the day / the other day*
lo zio / **il** vecchio zio	*the uncle / the old uncle*
l′amica / **la** nuova amica	*the friend / the new friend*

4. In contrast to English, the definite article is required in Italian in the following situations:

   a. before nouns used to express a concept or a category of thing in its entirety.

La generosità è una virtù.	*Generosity is a virtue.*
Le matite non sono care.	*Pencils are not expensive.*

b. before names of languages, unless directly preceded by a form of **parlare** (*to speak*) or **studiare.**

Lo spagnolo è bello.	*Spanish is beautiful.*
La signora Javier parla spagnolo e tedesco.	*Mrs. Javier speaks Spanish and German.*

c. before titles when talking *about* people, but omitted when talking *to* people. Observe the following.

La signora Piazza ha fame?	*Is Mrs. Piazza hungry?*
Signora Piazza, ha fame?	*Mrs. Piazza, are you hungry?*

d. before the days of the week to indicate a repeated, habitual activity. Compare the following.

Marco non studia mai **la** domenica.	*Marco never studies on Sundays.*
Domenica studio.	*I'm studying on Sunday.*

e. before names of countries, states, regions, large islands, mountains, and rivers. Cities, towns, and small islands do not require the article.

Visito **l'**Italia e **la** Francia.	*I visit Italy and France.*
Il Colorado e **l'**Arizona sono belli.	*Colorado and Arizona are beautiful.*
La Sardegna è un'isola.	*Sardinia is an island.*
Roma è una bella città.	*Rome is a beautiful city.*

5. In **Capitolo 1,** you saw that **buono,** before a noun, has the same endings as the indefinite article. Similarly, the adjective **bello** (*beautiful, handsome, pretty, nice*) before a noun has the same endings as the definite article (**il**).

	SINGOLARE	PLURALE	
Maschile	**bel** bambino **bell'**amico **bello** studente **bello** zio	**bei** bambini **begli** amici **begli** studenti **begli** zii	before most consonants before vowels before **s** + *consonant* or **z**
Femminile	**bella** bambina **bella** studentessa **bella** zia **bell'**amica	**belle** bambine **belle** studentesse **belle** zie **belle** amiche	before all consonants before vowels

Maria ha **bei** capelli e **begli** occhi.	*Maria has pretty hair and pretty eyes.*
Salvatore è un **bel** ragazzo.	*Salvatore is a handsome guy.*
Che **bella** macchina!	*What a nice car!*

Ancora *buono* e *bello*

Before a noun, the adjectives **buono** and **bello** resemble the indefinite and definite articles respectively (**un buon amico, il bel ragazzo**). Before a plural noun, **buono** takes the full forms **buoni** and **buone.**

Gino e Maria sono due **buoni** ragazzi. *Gino and Maria are two nice kids.*

Laura e Maria sono due **buone** studentesse. *Laura and Maria are two good students.*

After a noun or the verb **essere,** however, both maintain their full forms: **buono, buona, buoni, buone / bello, bella, belli, belle.**

Un ristorante **bello** non è sempre **buono.** *An attractive restaurant is not always good.*

I dolci sono **belli** ma non sono **buoni.** *The desserts are pretty but they are not good.*

A. L'aula: ci sono... Identify the items you might find in each of the following locations.

ESEMPIO: l'aula → Ci sono gli studenti, la lavagna e il gesso.

LOCATION		ITEMS
1. il cinema	la fontana	i libri
2. la biblioteca (*library*)	gli studenti	il latte
3. il bar	i dottori	i film
4. il ristorante	il vino	i bagagli
5. l'ufficio postale	i biglietti	l'ufficio prenotazioni
6. la piazza	gli aeroplani	il farmacista
7. l'ospedale	le lettere	la brioche (*croissant*)
8. la farmacia	i treni	lo zaino
9. l'aeroporto	il caffè	i banchi
10. la stazione	le lasagne	le medicine

B. La famiglia di Piero. Complete the exercise, using the correct form of the definite article.

Ecco _____[1] famiglia di Piero. _____[2] uomini[a] sono alti e bruni, ma _____[3] donne[b] sono bionde e basse. _____[4] zii e _____[5] zie di Piero sono molti e anche _____[6] cugini. _____[7] bambini di Piero hanno sette e nove anni. _____[8] bambina è molto divertente. Anche _____[9] animali domestici— _____[10] cane Fido e _____[11] gatto Miscia—sono simpatici!

[a]*men*   [b]*women*

C. Complimenti. Pay compliments to a classmate, using the appropriate form of **bello**. Here are some words you may need to use.

Parole utili: capelli, felpa (*sweatshirt*), giacca (*jacket*), golf (*m., sweater*), gonna (*skirt*), maglietta (*t-shirt*), occhi, orologio, pantaloni (*m. pl., pants*) scarpe (*feminine plural, f. pl., shoes*), stivali (*m. pl., boots*), vestito (*dress, suit*)

ESEMPIO: s1: Che bella maglietta e che bei pantaloni!
   s2: Grazie! La maglietta è nuova ma i pantaloni sono vecchi!

D. Com'è / Come sono? At a party, you meet a student who has just moved to town. The new student asks you what various people and places in town are like. Work with a partner.

ESEMPIO: il professore / la professoressa d'italiano →
   s1: Com'è il professore / la professoressa d'italiano?
   s2: Il professore / La professoressa d'italiano è...

1. studenti della classe di italiano
2. professore / professoressa d'italiano
3. mensa (*dining hall*) universitaria
4. università
5. negozi
6. biblioteca
7. stadio
8. squadra di football (*football team*)
9. ristoranti
10. corsi universitari

D. Ancora i plurali

LUCIANO: Questi quadri sono stupendi! Sono magnifici! Sono antichi?
VALERIO: No, non sono nemmeno vecchi! Per fortuna ho molti amici e amiche che sono artisti bravissimi. Lo stile è classico ma i pittori sono contemporanei.

1. You already know that masculine nouns ending in **-io** retain the **i** in the plural if it is stressed. If unstressed, the **i** is dropped.

    STRESSED **i**
    ZIo → z**ii**
    naTIo (*native*) → nat**ii**

    UNSTRESSED **i**
    viAGgio → viagg**i**
    GRIgio → grig**i**

2. Feminine nouns ending in **-ia** keep the **-i** in the plural (**-ie**), except after **c, g,** and **sc** when the **i** is unstressed.

    figlia (*daughter*) → figl**ie**
    vecchia → vecch**ie**

    STRESSED **i**
    farmaCIa → farmac**ie**
    buGIa (*lie*) → bug**ie**
    SCIa (*trail*) → sc**ie**

    UNSTRESSED **i**
    MANcia (*tip*) → manc**e**
    GRIgia → grig**e**
    COscia (*thigh*) → cosc**e**

3. You also know that feminine nouns and adjectives ending in **-ca** and **-ga** form their plural with **-che** (**amica** → **amiche**) and **-ghe** (**lunga** → **lunghe**), and that masculine nouns and adjectives ending in **-go** usually end in **-ghi** in the plural (**dialogo** → **dialoghi, lungo** → **lunghi**).

4. Masculine nouns and adjectives ending in **-co** vary depending on stress: the plural is **-chi** if the stress is on the syllable preceding **-co**, and **-ci** if the stress is two syllables before **-co**.

    STRESS PRECEDING **-CO**
    PAC-co → pac**chi** (*packages*)
    DI-sco → dis**chi** (*records*)
    an-TI-co → anti**chi** (*ancient*)

    STRESS TWO SYLLABLES BEFORE **-CO**
    ME-di-co → medi**ci**
    sim-PA-ti-co → simpati**ci**
    ma-GNI-fi-co → magnifi**ci**

There are only three exceptions to this rule.

    amico → amici
    nemico → nemici (*enemies*)
    greco → greci (*Greeks*)

LUCIANO: These paintings are marvelous! They're magnificent! Are they old?   VALERIO: No, they're not even old! Luckily I have lots of friends who are very talented artists. The style is classic but the painters are contemporary.

A. Plurali. Give the plural of each phrase.

ESEMPIO: mancia generosa → mance generose

1. vecchio banco
2. marca (*brand*) francese
3. sedia nuova
4. amico simpatico
5. amica simpatica
6. medico giapponese
7. foglio bianco
8. signora anziana
9. giacca (*jacket*) lunga
10. dialogo lungo
11. occhio grigio
12. città natia
13. greco antico
14. valigia grigia
15. teatro magnifico

B. Risposte negative. Provide an appropriate question for the following negative answers, using the singular forms of the nouns.

ESEMPIO: No, ho due zii e tre zie. →
Hai uno zio e una zia?

1. No, abbiamo quattro valige e tre zaini.
2. No, hanno molti amici simpatici.
3. No, due studentesse irlandesi sono assenti (*absent*).
4. No, ci sono molti bei ragazzi in questa classe.
5. No, ci sono cinque libri nuovi.
6. No, ho due quadri antichi.
7. No, il museo ha molte statue greche.

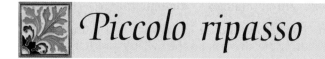

Piccolo ripasso

A. Ecco! You are pointing out people and things to a new classmate. Give the correct indefinite article in the first blank and the correct definite article in the second blank.

ESEMPIO: Ecco <u>una</u> bicicletta; è <u>la</u> bicicletta di Roberto.

1. Ecco _____ ragazza simpatica e intelligente; è _____ amica di Vincenzo.
2. Ecco _____ automobile nuova; è _____ automobile di Laura.
3. Ecco _____ bravo studente; è _____ studente canadese.
4. Ecco _____ signore anziano e gentile; è _____ zio di Adriano.
5. Ecco _____ ragazza allegra; è _____ altra cugina di Giulia.
6. Ecco _____ bicchiere grande; è _____ stesso tipo che (*that*) abbiamo noi.
7. Ecco _____ scooter nero; è _____ scooter di Susanna.
8. Ecco _____ studentessa intelligente; è _____ ragazza di Claudio.

B. L'aula. Take turns with a partner describing the classroom.

ESEMPIO: S1: C'è una lavagna.
S2: Ci sono trenta banchi…

C. **Avere o essere?** Alternating with a partner, ask questions using either **avere** or **essere,** according to the example.

ESEMPIO: voi / un cane (un gatto) →
    S1: Voi avete un cane?
    S2: No, non abbiamo un cane; abbiamo un gatto.

1. lui / caffè (tè)
2. voi / di Milano (di Bologna)
3. Lei / ventidue anni (ventitré anni)
4. tu / fame (sete)
5. Paola / bionda (bruna)
6. i bambini / un insegnante (*teacher*) spagnolo (un insegnante tedesco)

D. **Opinioni diverse.** You and your partner have opposing opinions about the following people, places, and things. One partner uses one of the following adjectives to praise each one, and the other disagrees by using an adjective with a contrasting meaning.

Parole utili: bello, bravo, buono, divertente, grande, intelligente, interessante, noioso, onesto, piccolo, povero (*poor*), ricco (*rich*) simpatico, sportivo, tranquillo

ESEMPIO: la Coca-Cola →
    S1: La Coca-Cola è buona!
    S2: No, la Coca-Cola è cattiva!

1. i politici (*politicians*) americani
2. il presidente degli Stati Uniti
3. la mensa universitaria
4. le macchine italiane
5. la squadra di football di Oakland
6. la vita (*life*) dello studente
7. il museo d'arte moderna a New York
8. l'aeroporto di Chicago

E. **Una festa** (*party*). Complete the dialogue between Sandro and Luca with the correct forms of **avere** or **essere.**

    LUCA: Sandro, c'_____¹ una festa stasera[a] a casa mia.
    SANDRO: Ah sì, chi c'_____²?
    LUCA: Conosci[b] Marta, Maria, Luigi e Marco?
    SANDRO: No, non bene. Solo di vista.[c] Come _____³?
    LUCA: _____⁴ ragazzi simpatici. Marta e Maria _____⁵ sorelle gemelle.[d] _____⁶ diciannove anni. _____⁷ un appartamento in Via Trastevere. Luigi e Marco _____⁸ molto divertenti. Loro _____⁹ molti amici.
    SANDRO: Va bene, vengo.[e] Grazie per l'invito[f]!

[a]*tonight* [b]*Do you know* [c]*Solo... Only by sight* [d]*sorelle... twin sisters* [e]*Va... Ok, I'll come* [f]*the invitation*

F. **Come siamo?** With a classmate, create an imaginary description of yourselves. Share it with another pair or with the class.

ESEMPIO: Noi siamo ricchi/ricche. Siamo ricchissimi/ricchissime! Abbiamo una bella casa grande con molti oggetti d'arte...

Invito alla lettura

In Sicilia

Eccoci sbarcati[1] in Sicilia, nella più grande isola[2] del Mediterraneo. Una bell'isola anche per le vacanze[3]!

Preferisci la natura o l'arte? Qui hai l'imbarazzo della scelta.[4] Poche regioni italiane offrono tante bellezze naturali e artistiche come la Sicilia, chiamata dal poeta arabo Jhr Zaffir «favorita di Dio».[5]

Le coste e le piccole isole sono meravigliose,[6] il clima caldo[7] favorisce la crescita di piante[8] molto belle, anche tropicali. L'Etna, un vulcano ancora[9] attivo, spesso lascia uscire colate[10] di lava incandescente ed offre uno spettacolo naturale eccezionale, anche se fa paura agli abitanti[11] delle città vicine.

In Sicilia è essenziale vedere[12] i templi greci di Agrigento o i mosaici romani di Piazza Armerina o i monumenti di stile arabo di Monreale di Palermo. Sono delle vere meraviglie!

In questa straordinaria regione la vita non è tuttavia facile,[13] soprattutto per i giovani.[14] I problemi dell'isola sono molti, come la mancanza d'acqua,[15] la mancanza di lavoro e il vecchio problema della mafia.

Così molti giovani siciliani vanno a cercare[16] lavoro al Nord o all'estero.[17] Ma molti rimangono,[18] per combattere la mafia e per favorire lo sviluppo[19] della loro regione.

[1]Eccoci... *Here we are disembarked* [2]più... *biggest island* [3]*vacation* [4]l'imbarazzo... *the embarassment of choosing* [5]«favorita... *"favorite of God"* [6]*wonderful* [7]clima... *hot climate* [8]crescita... *growth of plants* [9]*still* [10]spesso... *often lets out flows* [11]fa... *it frightens the inhabitants* [12]*to see* [13]la... *life nevertheless isn't easy* [14]soprattutto... *above all for young people* [15]mancanza... *lack of water* [16]vanno... *go to find* [17]*abroad* [18]*stay* [19]favorire... *foster the development*

Giovani contro la mafia in Sicilia.

E ora a te

Capire

Vero o falso?

	V	F
1. La Sicilia è una regione piccola.	☐	☐
2. L'Etna è un vulcano attivo.	☐	☐
3. Ad Agrigento ci sono templi.	☐	☐
4. In Sicilia c'è il problema dell'acqua.	☐	☐
5. La vita per i giovani siciliani è facile.	☐	☐

Scrivere

Divide the words below, taken from the reading, into the two categories indicated—**Natura** and **Arte.** When you visit Sicily, what would you like to see?

vulcano
isole
coste
clima
monumenti
templi
mosaici
piante

NATURA

_____

_____

_____

_____

ARTE

_____

_____

_____

_____

Quando sono in Sicilia, voglio vedere (*I want to see*)…

Videoteca

Com'è? È bella?

Roberto arrives at the restaurant and asks the waiter if Giuliana has arrived. While he is describing Giuliana to the waiter (**il cameriere**) she walks in behind him.

ESPRESSIONI UTILI

i capelli lunghi e mossi   long, wavy hair

Preparazione

CAMERIERE: È bella?

ROBERTO: È molto bella. È anche simpatica, allegra e molto energica.

CAMERIERE: È la Sua ragazza?

ROBERTO: No, è un'amica!

FUNZIONE: describing people

Verifica

Choose the most appropriate response.

1. What type of man is the waiter?
   a. grumpy   **b.** playful   **c.** sarcastic
2. How does Roberto describe Giuliana?
   a. blonde and short   **b.** lazy and annoying   **c.** tall and pretty
3. What nationality is the second woman that the waiter points out?
   a. Japanese   **b.** American   **c.** French

Comprensione

Answer the following questions.

1. What color are Giuliana's eyes?
2. Does the waiter think that Roberto likes Giuliana?
3. How does Roberto respond to the waiter's "helpfulness"?

Attività

In groups of two or three, describe a student in your class (not one of the students in your group). What does he/she look like? What type of personality does he/she have? Put together a description that accurately portrays this person. Present your description to the class and see if they can guess which student you have described.

Parole da ricordare

VERBI

essere	to be

NOMI

il bambino / la bambina	child; little boy / little girl
la biblioteca	library
la bugia	lie
i capelli (*m. pl.*)	hair
il compagno / la compagna	classmate
il compagno / la compagna di stanza (di casa)	roommate (housemate)
il divertimento	fun, entertainment
la donna	woman
la mensa	dining hall, cafeteria
l'occhio (*pl.* gli occhi)	eye
l'orologio	clock; watch
il ragazzo / la ragazza	boy/girl; young man/young woman
i soldi (*pl.*)	money
l'uomo (*pl.* gli uomini)	man

AGGETTIVI

allegro	cheerful
alto	tall
altro	other, another
americano	American
antico (*m. pl.* antichi)	very old, ancient
antipatico (*m. pl.* antipatici)	unlikeable, unfriendly
anziano	old; elderly (*people*)
azzurro	(sky) blue
basso	short (*in height*)
bello	beautiful, handsome (*person*); nice (*thing*)
bianco (*m. pl.* bianchi)	white
biondo	blond
bravo	good; able, capable
bruno	dark (*hair*)
brutto	ugly
canadese	Canadian
carino	pretty, cute
caro	expensive; dear
castano	brown (*hair, eyes*)
cattivo	bad; naughty; mean
cinese	Chinese
corto	short (*in length*)
disordinato	messy
divertente	entertaining, fun-loving
energico (*m. pl.* energici)	energetic
francese	French
gentile	kind
giallo	yellow
giapponese	Japanese
giovane	young
grande	big; great
grasso	fat
grigio (*m. pl.* grigi)	gray
inglese	English
(in)sicuro	(in)secure
irlandese	Irish
italiano	Italian
largo (*m. pl.* larghi)	wide
liscio (*m. pl.* lisci)	straight (*hair*)
lungo (*m. pl.* lunghi)	long
magro	thin
messicano	Mexican
molto	much, many, a lot of
nero	black
noioso	boring
nuovo	new
orgoglioso	proud
piccolo	small, little
pigro	lazy
povero	poor
riccio (*m. pl.* ricci)	curly
ricco (*m. pl.* ricchi)	rich
rosso	red
russo	Russian
sensibile	sensitive
simpatico (*m. pl.* simpatici)	nice, likeable
spagnolo	Spanish
sportivo	athletic
stanco (*m. pl.* stanchi)	tired
stesso	same
stressato	stressed
tedesco (*m. pl.* tedeschi)	German
triste	sad
vecchio (*m. pl.* vecchi)	old
verde	green

ALTRE PAROLE E ESPRESSIONI

abbastanza	enough
anche	also, too
chi?	who?
com'è?, come sono?	what's he/she/it like?, what are they like?
di chi è... ?, di chi sono... ?	whose is . . . ?, whose are . . . ?
di dove sei? di dov'è?	where are you from? where is he/she from?
molto (*adverb*)	very, a lot
perché	because
secondo	according to
sempre	always
un po' (di)	a little bit (of)
va bene	OK

Mia sorella studia all'università

Una famiglia in gita (*on an outing*), in Umbria

In seguito

Practice the skills you learned in this chapter and get connected to the Italian-speaking world through the *Prego!* supplements!
www.mhhe.com/prego6

Vocabolario preliminare

Il primo giorno dell'anno accademico

STEFANO: Ciao, mi chiamo Stefano, e tu?
PRISCILLA: Priscilla, sono americana.
STEFANO: Sei in Italia per studiare?
PRISCILLA: Sì, la lingua e la letteratura italiana…
STEFANO: Oh, parli bene l'italiano!
PRISCILLA: Studio anche la storia dell'arte. E tu, che cosa[1] studi?
STEFANO: Studio storia e filosofia, ma l'arte è la mia passione!

1. Perché[2] Priscilla è in Italia?
2. Che cosa studia Priscilla?
3. Che cosa studia Stefano?
4. Stefano e Priscilla hanno una cosa[3] in comune. Che cosa?

[1]che… *what*   [2]*Why*   [3]una… *one thing*

La famiglia (*family*) e l'università

LA FAMIGLIA
il cugino / la cugina cousin
la figlia daughter
il figlio son
il fratello brother
il genitore parent
la madre (la mamma) mother (mom)
il marito husband
la moglie wife
il/la nipote nephew/niece; grandson/granddaughter
la nonna grandmother
il nonno grandfather

il padre (il papà, il babbo) father (dad, daddy)
la sorella sister
la zia aunt
lo zio uncle

L'UNIVERSITÀ
l'anno accademico academic year
la classe class (*group of students*)
il corso class (*course of study*)
l'esame (*m.*) exam, test
la facoltà department, school (*within a university*)
l'insegnante (*m./f.*) teacher

la **laurea** university degree
la **materia (di studio)** subject matter
gli **orali (gli esami orali)** oral exams
gli **scritti (gli esami scritti)** written exams
la **specializzazione (in)** major (in)
gli **studi** studies

LE MATERIE DI STUDIO

l'**architettura** architecture
l'**economia e commercio** business administration
la **fisica** physics
la **giurisprudenza, la legge** law

l'**informatica** computer science
l'**ingegneria** engineering
la **letteratura** literature
le **lettere** liberal arts
le **lingue e le letterature straniere** foreign languages and literatures
la **matematica** mathematics
la **medicina** medicine
la **scienza** science
le **scienze politiche** political science
la **storia** history
la **storia dell'arte** art history

ESERCIZI ■ ■ ■ ■ ■ ■ ■ ■ ■

A. Per quale (*For which*) **corso?** Identify the courses in which these topics might be discussed. More than one answer may be possible.

ESEMPIO: atmosfera e spazio → in un corso di astronomia

1. l'esistenzialismo in Europa
2. la Comunità Europea e l'Unione monetaria
3. il *David* di Michelangelo
4. l'evoluzione delle specie
5. il latino
6. le dinamiche della famiglia
7. le funzioni digestive
8. le teorie di Einstein e Heisenberg
9. Freud e Jung
10. Internet e HTML

B. In una libreria. (*In a bookstore.*) Now imagine you work in the campus bookstore. Match the books with the appropriate departments.

A	B
1. _____ *Il codice criminale*	a. l'informatica
2. _____ *La struttura cellulare*	b. la biologia
3. _____ *La trigonometria*	c. la sociologia
4. _____ *L'intelligenza artificiale*	d. la chimica
5. _____ *I gas nobili* (noble)	e. la matematica
6. _____ *La società post-industriale*	f. la giurisprudenza
7. _____ *I media d'oggi*	g. il giornalismo
8. _____ *Prego!*	h. le lingue straniere

C. Io studio... (*I'm studying . . .*) Tell your classmates about your academic interests by completing these sentences.

1. Io studio _____, ma non studio _____.
2. Devo studiare (*I must study*) _____.
3. Sono bravo/brava in (*good at*) _____ ma non sono bravo/brava in _____.
4. La mia materia preferita (*favorite*) è _____.
5. Una materia noiosa è _____.

D. La mia (*My*) **famiglia.** Complete these sentences with the appropriate family terms.

1. Il padre di mio padre è mio _____.
2. La sorella di mia madre è mia _____.
3. Mio _____ è il figlio di mio zio e mia zia.
4. La figlia di mio nonno è mia _____.
5. La mia mamma e il mio papà sono i miei _____.

In ascolto

For listening comprehension activities related to the theme of this chapter, see the Laboratory Manual or visit the *Prego!* website.
www.mhhe.com/prego6

 Grammatica

A. Presente dei verbi in *-are*

LUCIANO: Noi siamo una famiglia d'insegnanti e di studenti: la mamma è professoressa di matematica, papà insegna francese in una scuola media, Gigi e Daniela frequentano le elementari ed io frequento l'università (studio medicina). Tutti studiamo e lavoriamo molto. Solo il gatto non studia e non lavora. Beato lui!

1. The infinitives of all regular verbs in Italian end in **-are, -ere,** or **-ire.** (In English the infinitive [**l'infinito**] consists of *to + verb.*)

    lavor**are** (*to work*)   ved**ere** (*to see*)   dorm**ire** (*to sleep*)

2. Verbs with infinitives ending in **-are** are called first-conjugation, or **-are,** verbs. The present tense of a regular **-are** verb is formed by dropping the infinitive ending **-are** and adding the appropriate endings to the remaining stem. The ending is different for each person.

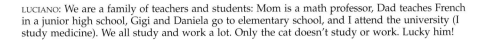

LUCIANO: We are a family of teachers and students: Mom is a math professor, Dad teaches French in a junior high school, Gigi and Daniela go to elementary school, and I attend the university (I study medicine). We all study and work a lot. Only the cat doesn't study or work. Lucky him!

lavorare (to work) INFINITIVE STEM: lavor-	
SINGOLARE	PLURALE
lavoro *I work, am working*	lavoriamo *we work, are working*
lavori *you (inform.) work, are working*	lavorate *you (inform.) work, are working*
lavora *you (form.) work, are working*	lavorano *you (form.) work, are working*
lavora he she it } *works, is working*	lavorano *they work, are working*

Note that in the third-person plural the stress falls on the same syllable as in the third-person singular.

3. The present tense in Italian corresponds to three English present-tense forms.

Lavoro in una libreria. { *I work in a bookstore.*
I am working in a bookstore.
I do work in a bookstore. }

4. Other **-are** verbs conjugated like **lavorare** are

abitare *to live (in a place)*	insegnare *to teach*
amare *to love*	nuotare *to swim*
arrivare *to arrive*	parlare *to talk, speak*
ascoltare* *to listen to*	passare *to pass (by); to spend (time)*
aspettare* *to wait, wait for*	
ballare *to dance*	portare *to carry, bring; to lead*
cambiare *to change*	praticare *to practice*
cantare *to sing*	raccontare *to tell, narrate*
cercare* *to look for*	ricordare *to remember*
comprare *to buy*	ripassare *to review*
frequentare *to attend; to go to*	salutare *to greet*
giocare (a) *to play (a sport, a game)*	sciare *to ski*
guadagnare *to earn*	suonare *to play (an instrument)*
guardare* *to watch, look at*	telefonare (a) *to telephone, call*
guidare *to drive*	tornare (a) *to return (to a place)*
imparare *to learn*	trovare *to find*
incontrare *to meet*	

Si dice così

Parlare e raccontare

Be careful not to confuse these two verbs. **Parlare** means *to talk*, and **raccontare** means *to tell* or *to narrate*.

Maria **parla** con Alfonso al telefono. *Maria is talking to Alfonso on the telephone.*

Il nonno **racconta** belle favole. *Grandpa tells good fairy tales.*

—Il nuovo professore di storia insegna in maniera davvero entusiasmante!

*Ascoltare (*to listen to*)*, **aspettare** (*to wait for*), **cercare** (*to look for*), and **guardare** (*to look at*) are never followed by a preposition: **Ascolto la radio.** (*I listen to the radio.*) **Aspetto l'autobus.** (*I wait for the bus.*) **Cerco le chiavi.** (*I look for the keys.*) **Guardo il professore.** (*I look at the professor.*)

5. Verbs whose stem ends in **i-,** such as **cominciare, mangiare,** and **studiare,** drop the **i** of the stem before adding the **-i** ending of the second-person singular and the **-iamo** ending of the first-person plural.

cominciare (*to begin*)	**mangiare** (*to eat*)	**studiare** (*to study*)
comincio	mangio	studio
cominci	mangi	stud**i**
comincia	mangia	studia
cominc**iamo**	mang**iamo**	stud**iamo**
cominciate	mangiate	studiate
cominciano	mangiano	studiano

6. Verbs whose stem ends in **c-** or **g-,** such as **dimenticare** and **spiegare,** insert an **h** between the stem and the endings **-i** and **-iamo** to preserve the hard **c** and **g** sounds of the stem.

dimenticare (*to forget*)	**spiegare** (*to explain*)
dimentico	spiego
dimenti**chi**	spie**ghi**
dimentica	spiega
dimenti**chiamo**	spie**ghiamo**
dimenticate	spiegate
dimenticano	spiegano

7. Common adverbs of time, such as **spesso** (*often*) and **sempre** (*always, all the time*), usually follow immediately after the verb.

Parliamo sempre l'italiano in classe.   *We always speak Italian in class.*

Never is expressed by placing **non** before the verb and **mai** after it.

Luigi **non** lavora **mai** il sabato.   *Luigi never works on Saturdays.*

ESERCIZI ■ ■ ■ ■ ■ ■ ■ ■ ■

A. Sei d'accordo? (*Do you agree?*) Decide whether you agree (**sono d'accordo**) or disagree (**non sono d'accordo**) with the following statements about a typical college student. If you disagree, correct the statement.

Lo studente tipico / la studentessa tipica…

1. studia sei ore al giorno.
2. lavora dopo (*after*) le lezioni per guadagnare soldi.
3. frequenta quattro corsi.
4. comincia a studiare alle (*at*) 10.00 di sera (*in the evening*).

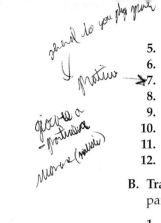

(handwritten margin notes)

5. parla cinese.
6. suona uno strumento.
7. fa uno sport.
8. compra molti Cd.
9. arriva puntuale (*on time*) in classe.
10. gioca ai videogiochi.
11. usa Internet.
12. ricorda sempre tutti (*all*) i verbi.

B. Trasformazioni. Replace the subject of each sentence with each subject in parentheses and change the verb form accordingly.

1. Marco cambia spesso specializzazione. (io / la cugina di Roberto / voi / tu)
2. Io studio medicina. (noi / loro / Lisa / tu)
3. Tu ami sciare? (loro / voi / Lei, signora / Fabio e Elena)
4. Aspettiamo l'insegnante. (io / gli studenti / Paola / voi due)
5. Cominciamo gli studi in agosto. (tu / Marco / voi due / io)
6. Dimentico sempre i verbi! (noi / tu / Gino / gli altri)
7. Paola guadagna bene (*a lot*). (io / loro / tu / noi)

C. Preparativi per una festa. (*Preparations for a party.*) Fill in the blanks with the correct verb endings.

1. Io compr___ i dolci.[a] Cinzia e Francesca port___ il vino e la birra. Franco suon___ la chitarra[b] e tu, Carlo, cant___. E noi salut___ gli amici e ball___!

   [a]*desserts* [b]*guitar*

2. Franco, ricord___ Maria, la cugina di Francesca? È una ragazza molto intelligente: studi___ informatica e matematica. Lei e un'amica arriv___ stasera alle[a] otto. Chi guid___ stasera? Tu e Francesca lavor___ domani?

   [a]*stasera... this evening at*

D. Trova le persone che... Interview your classmates and make a list of those who do the following activities. Present your answers to the class.

ESEMPIO: S1: Parli russo?
    S2: Sì, parlo russo.
      (No, non parlo russo.)

Trova le persone che...

1. mangiano la pizza a colazione (*breakfast*)
2. parlano spagnolo
3. ascoltano la musica classica
4. praticano uno strumento ogni (*every*) giorno
5. suonano il piano
6. ballano in discoteca
7. giocano a tennis
8. abitano nella casa dello studente (*dormitory*)

9. cantano bene
10. ripassano i verbi ogni sera
11. dimenticano sempre i compiti
12. non studiano mai in biblioteca
13. cercano un nuovo appartamento
14. raccontano spesso barzellette (*jokes*)

E. Intervista. Form groups of three and interview the two other students in your group. Ask your companions' names, ages, hometowns, what they study, how they spend their time on weekends (**il week-end**) and during the summer, and so on. Take notes and report your findings to another group or to the class.

ESEMPI: S1: Chi siete?
       S2: Sono Sara.
       S3: Sono Massimo.

       S1: Come passate il week-end?
       S2: Nuoto in piscina (*swimming pool*).
       S3: Gioco a tennis.

B. Dare, stare, andare e fare

SERGIO:	Che fai per le vacanze di primavera?
GIACOMO:	Cristina e io andiamo a casa mia a Perugia.
SERGIO:	Andate in macchina o in treno?
GIACOMO:	Andiamo in treno perché abbiamo pochi soldi. E tu, che fai?
SERGIO:	Non vado da nessuna parte. Sto a casa e studio. Mercoledì do gli scritti di chimica.

Many important Italian verbs are irregular: they do not follow the regular pattern of conjugation (infinitive stem + endings). They may have a different stem or different endings. You have already learned two irregular Italian verbs: **avere** and **essere**. There are only four irregular verbs in the first conjugation:

        dare (*to give*), **stare** (*to stay*), **andare** (*to go*), **fare** (*to do; to make*)

SERGIO: What are you doing for spring vacation (spring break)? GIACOMO: Cristina and I are going to my house in Perugia. SERGIO: Are you going by car or by train? GIACOMO: We're going by train because we don't have a lot of money (we have little money). And you, what are you doing? SERGIO: I'm not going anywhere. I'll stay home and study. Wednesday I am taking written exams in chemistry.

—Ecco, adesso fai come faccio io...

1. **Dare** and **stare** are conjugated as follows. Notice the resemblance to the conjugation of the verb **avere.**

avere *(to have)*	dare *(to give)*	stare *(to stay)*
ho	do	sto
hai	dai	stai
ha	dà	sta
abbiamo	diamo	stiamo
avete	date	state
hanno	danno	stanno

a. Here is one important idiom with **dare.**

dare un esame (gli orali, gli scritti)	*to take an exam (one's oral exams, one's written exams)*
Do gli orali in giugno. E tu?	*I'm taking my orals in June. And you?*

b. The verb **stare** is used in many idiomatic expressions. Its English equivalents vary.

stare attento/a/i/e *to pay attention; to be careful*
stare bene/male *to be well/unwell*
stare zitto/a/i/e *to be/keep quiet*

—Ciao, zio, come stai?	—*Hi, uncle, how are you?*
—Sto bene, grazie.	—*I'm fine, thanks.*
Molti studenti non stanno attenti.	*Many students don't pay attention.*

2. **Andare** and **fare** are conjugated as follows.

andare *(to go)*	fare *(to do; to make)*
vado	faccio
vai	fai
va	fa
andiamo	facciamo
andate	fate
vanno	fanno

a. If **andare** is followed by another verb (*to go dancing, to go eat*), the sequence **andare** + **a** + *infinitive* is used.* **Andare** is conjugated, but the second verb is used in the infinitive. Note that it is necessary to use **a** even if the infinitive is separated from the form of **andare.**

Quando **andiamo a sciare?**	*When are we going skiing?*
Chi **va** in Italia **a studiare?**	*Who's going to Italy to study?*

*Andare + a + *infinitive* is *not* equivalent to the English *going to,* used to express an intention to do something in the future; instead, it conveys the idea of *going somewhere* to do something.

Si dice così

Andare in macchina v. guidare

Note the following variations between these expressions.

Andare in macchina is used when a destination is implied or expressed.

Vado all'università in macchina. *I drive to the university.*

—Come vanno all'università i ragazzi?
—Vanno in macchina.
—*How do the boys go (get) to the university?*
—*They drive.*

Guidare is used when no destination is involved. Compare the following.

Non vado a Milano in macchina. *I don't drive to Milan.*

Non guido a Milano. *I don't drive in Milan.*

b. A means of transportation used with **andare** is preceded by **in**.

andare **in** aereo	*to fly, go by plane*
andare **in** autobus	*to go by bus*
andare **in** bicicletta	*to ride a bicycle, go by bicycle*
andare **in** macchina	*to drive, go by car*
andare **in** treno	*to go by train*

but

andare **a** piedi	*to walk, go on foot*

c. As a general rule, when **andare** is followed by the name of a country, the preposition **in** is used; when it is followed by the name of a city, **a** is used.

Vado **in** Italia, **ad*** Assisi.   *I'm going to Italy, to Assisi.*

d. **Fare** expresses the actions of doing or making, as in **fare gli esercizi** and **fare il letto** (*to make the bed*), but it is also used in many idioms and weather (**il tempo**) expressions.

to have, or to eat →

fare colazione	*to have breakfast*
fare una domanda	*to ask a question*
fare una fotografia	*to take a picture*
Che tempo fa?	*How's the weather? / What's the weather like?*
Fa bello (brutto).	*It's nice (bad) weather.*
Fa caldo (freddo).	*It's hot (cold).*
Fa fresco.	*It's cool.*

ESERCIZI

A. Sandra. Match the sentences about Sandra in a logical manner.

A	B
Sandra…	Lei…
1. non ha la macchina. _F_	**a.** ha un album molto piccolo.
2. va in palestra (*gym*) tre volte (*times*) la settimana. _c_	**b.** fa sempre i compiti.
3. fa poche (*few*) foto. _a_	**c.** fa il footing (*jogging*).
4. studia molto. _b_	**d.** va in Europa in vacanza (*vacation*).
5. va a Roma. _d_	**e.** sta male.
6. va a letto presto (*early*). _e_	**f.** va all'università a piedi.

---

*Similar to **ed**, **ad** is often used instead of **a** before vowels.

B. **Trasformazioni.** Replace the subject of each sentence with each subject in parentheses and change the verb form accordingly.

1. Marcella dà gli scritti domani. (loro / tu / voi / io)
2. Stiamo a casa stasera. (il dottor Brighenti / voi / tu / Laura e Roberto)
3. Vanno a letto presto. (Lei, professore / io / noi / voi)
4. Il bambino fa pochi errori. (tu / voi / noi / questi studenti)

C. **Buon viaggio!** A classmate tells you what city he/she is going to visit. Express your enthusiasm about the choice of country, following the example.

I paesi (*countries*): Canada, Francia, Germania, India, Inghilterra (*England*), Irlanda, Italia, Spagna (*Spain*)

ESEMPIO: Roma →
   S1: Vado a Roma.
   S2: Oh, vai in Italia! Beato/Beata te! (*Lucky you!*)

1. Toronto
2. Madrid
3. Calcutta
4. Berlino
5. Parigi
6. Dublino
7. Londra
8. Firenze

D. **Curioso/Curiosa!** You are curious to know where your classmates go to do certain things. Ask questions using **andare** + **a** + *infinitive*.

ESEMPIO: mangiare la pizza →
   S1: Dove vai a mangiare la pizza?
   S2: Vado in pizzeria a mangiare la pizza. E tu?
   S1: Non vado mai in pizzeria; vado a casa di Sara: fa una pizza buonissima!

Possibilità: a casa di un amico / un'amica, in biblioteca, in centro (*downtown*), in discoteca, in una libreria…

1. ballare
2. comprare i libri nuovi
3. studiare
4. dare un esame
5. lavorare

E. **Conversazione.**

1. Che tempo fa oggi?
2. Stai a casa quando (*when*) fa bello? Guidi volentieri (*gladly*) quando fa brutto?
3. Stai a letto volentieri quando fa freddo? Mangi meno (*less*) quando fa caldo?
4. Fai molte domande in classe? Stai sempre attento/attenta quando il professore / la professoressa spiega?
5. Come vai a casa la sera?
6. Hai una macchina fotografica (*camera*)? Fai molte foto?
7. Vai a ballare il sabato?

L'università italiana

Studenti all'Università di Bologna

Italian students typically enter **l'università** at age nineteen. The university system is public, and tuition (**le tasse**) is very low. Ordinarily, students enroll in a particular **facoltà di studio,** to concentrate on languages and literature, science, medicine, law, political science, business, architecture, or engineering and similar specialties. The Italian university system has recently become more similar to the systems of other European countries. Due to the educational reforms instituted in the beginning of this new century, students need to study for three years to earn the basic degree, **la laurea** and for five years to obtain **una laurea specialistica.** After earning the specialized degree students can begin working in their chosen profession or continue their studies for **il dottorato di ricerca,** a graduate-level research degree.

C. Aggettivi possessivi

GIANNI:	Chi è il tuo professore preferito?
ROBERTO:	Beh, veramente ho due professori preferiti: il professore di biologia e la professoressa d'italiano.
GIANNI:	Perché?
ROBERTO:	Il professore di biologia è molto famoso: i suoi libri sono usati nelle università americane. La professoressa d'italiano è molto brava; apprezzo la sua pazienza e il suo senso dell'umorismo.

1. As you already know, one way to indicate possession in Italian is to use the preposition **di: il professore di Marco è simpatico.** Another way to express possession is to use possessive adjectives (**gli aggettivi possessivi**), which correspond to English *my, your, his/her/its, our,* and *their.*

GIANNI: Who is your favorite professor?   ROBERTO: Well, I really have two favorite professors: the biology professor and the Italian professor.   GIANNI: Why?   ROBERTO: The biology professor is very famous: his books are used in American colleges. The Italian professor is very good; I appreciate her patience and sense of humor.

	SINGOLARE		PLURALE	
	Maschile	Femminile	Maschile	Femminile
my	il mio	la mia	i miei	le mie
your (**tu**)	il tuo	la tua	i tuoi	le tue
your (**Lei**)	il Suo	la Sua	i Suoi	le Sue
his, her, its	il suo	la sua	i suoi	le sue
our	il nostro	la nostra	i nostri	le nostre
your (**voi**)	il vostro	la vostra	i vostri	le vostre
your (**Loro**)*	il Loro	la Loro	i Loro	le Loro
their	il loro	la loro	i loro	le loro

Nota bene

Gli aggettivi possessivi

In some expressions the possessive adjective follows the noun. In these cases, no definite article is used.

Andiamo a casa mia o a casa loro?
Are we going to my house or their house?

Non sono affari miei.
It's not my business.

Studio spesso in camera mia, non in biblioteca.
I often study in my room, not in the library.

In Italian, possessive adjectives precede the noun and agree in gender and number with the noun possessed (not with the possessor). **Loro** is invariable.

a. Unlike in English, the possessive adjective is almost always preceded by the definite article: **il mio amico** (*literally, the my friend*).

Il mio amico è carino.	*My friend (a boy) is cute.*
La tua amica è simpatica.	*Your friend (a girl) is nice.*
Le sue zie sono anziane.	*His/Her aunts are old.*
La nostra professoressa è intelligente.	*Our professor is intelligent.*
I vostri libri sono interessanti.	*Your books are interesting.*
La loro macchina è rossa.	*Their car is red.*

b. **Suo/sua/suoi/sue** can mean either *his* or *her*. When a distinction is necessary, the **di** construction is used: **le zie di lui, le zie di lei**.

2. The English phrase *of mine* and *of yours* (*a friend of mine, two friends of yours*) are expressed in Italian by using the possessive adjective without the definite article. There is no Italian equivalent for *of* in these constructions.

un mio amico	*a friend of mine*
questo mio amico	*this friend of mine*
due tuoi amici	*two friends of yours*

---

*The **voi** possessive adjective forms are often substituted for the **Loro** forms, which are extremely formal.

A. **I miei amici sono simpatici.** Decide whether these statements are true for you and correct those that are not.

1. I miei corsi sono difficili (*difficult*).
2. I miei amici sono simpatici.
3. La mia bicicletta è vecchia.
4. I miei capelli sono biondi.
5. La mia macchina è blu.
6. Il mio amico si chiama Rudolf.
7. Le mie amiche sono generose.
8. La mia classe d'italiano è grande.

B. **Trasformazioni.** Replace the italicized word in each sentence with each word in parentheses. Make any necessary changes to the rest of the sentence.

1. Ecco il nostro *amico*! (professore / professoressa / amici / amiche)
2. Ricorda il suo *cognome*? (parole / albergo / domanda / materie)
3. Parlano con i loro *amici*. (bambini / bambine / dottore / dottoressa)
4. Dov'è la vostra *università*? (esame / aeroporto / stazione / corso)

—Le nostre lezioni di geometria sono le più monotone.

C. **Dove sono?** You're having trouble remembering where the following things are. Ask your partner, who will respond using the information given.

ESEMPIO: io / moto (in garage) →
S1: Dov'è la mia moto?
S2: La tua moto è in garage.

1. voi / ristorante (in Via del Sole)
2. tu / foto (*pl.*) (in un album)
3. loro / macchina (qui vicino)
4. tu / libro (in biblioteca)
5. lui / banca (in Via Perugia)
6. noi / cugini (in Italia)

D. **Informazioni personali.** Ask your partner what the following people and things are like. Report your findings to another pair or to the class.

ESEMPIO: la macchina →
S1: Com'è la tua macchina?
S2: La mia macchina è verde, bella e veloce (*fast*).
S1: La sua macchina è verde, bella e veloce.

Parole utili: carino, disordinato, italiano, lento (*slow*), simpatico, veloce

1. la famiglia
2. gli amici
3. la casa
4. i corsi
5. le amiche
6. la bicicletta
7. la camera
8. il compagno / la compagna di casa

D. Possessivi con termini di parentela

Mi chiamo Carla. Ecco la mia famiglia. Io sono la ragazza bionda, bassa e un po' cicciotta. Mio padre è medico. Lavora all'ospedale in centro. Mia madre è infermiera e lavora con mio padre. Il mio fratellino si chiama Tonino. Lui è cattivo e antipatico. Non andiamo d'accordo. Noi abbiamo un cane. Il nostro cane si chiama Macchia perché è bianco e nero.

1. The possessive adjective is used *without* the article when referring to family members in the singular. **Loro,** however, always retains the article, as do possessive adjectives that refer to relatives in the plural.

mio zio	*but*	**i miei** zii
tuo cugino		**i tuoi** cugini
sua sorella		**le sue** sorelle
nostra cugina		**le nostre** cugine
vostra madre		**le vostre** madri
il loro fratello		**i loro** fratelli

a. If the noun referring to a family member is modified by an adjective or a suffix, the article is retained.

mia sorella   *but*   **la mia** cara sorella; **la mia** sorellina (*little sister*)*

b. **Papà, mamma,** and **babbo** can retain the article because they are considered terms of endearment. But they are often used without the article.

—È italiano il tuo papà? E la tua mamma?
—Mio papà è italiano, ma mia mamma è americana.

The expression **Mamma mia!** has nothing to do with one's mother. It is an exclamation corresponding to English *Good heavens!*

—Mio figlio è più piccolo del^a normale.

^apiù... *smaller than*

My name is Carla. Here's my family. I'm the blonde girl, short and a bit plump. My father is a doctor. He works at the hospital downtown. My mother is a nurse and she works with my father. My little brother is called Tonino. He's naughty and unpleasant. We don't get along. We have a dog. Our dog is called Spot because he's white and black.

*Suffixes are presented in **Capitolo 8.**

A. La famiglia di Carla. Read the description of Carla's family on page 82 and decide whether the following statements are **vero** (V) or **falso** (F).

	V	F
1. Carla è alta e bruna.	☐	☐
2. Il suo fratellino è molto simpatico.	☐	☐
3. I suoi genitori lavorano in ufficio.	☐	☐
4. Suo padre è un manager.	☐	☐
5. Sua madre è ingegnere.	☐	☐
6. Carla va d'accordo con suo fratello.	☐	☐
7. Il loro cane si chiama Macchia perché è nero.	☐	☐

B. Trasformazioni. Replace the italicized word in each sentence with each word in parentheses. Make any necessary changes to the rest of the sentence.

1. Oggi arriva mia *moglie*. (padre / zii / zie / sorella)
2. Ecco i tuoi *genitori*! (fratello / sorellina / bravo nipote / figlie)
3. Dove abita Sua *zia*? (nonni / cugina / figlio / nipoti italiane)

C. Com'è la tua famiglia? Bring to class a photo of your real family or an imaginary family (using a magazine photo). Describe your real or imaginary family to your partner. Report what you learn about your partner's family to another pair or to the class.

ESEMPIO: Ho una famiglia numerosa (*big*). Mio padre si chiama Bruce ed è ingegnere. Lavora a Chicago. Lui è alto, magro…

E. Questo e quello

MIRELLA: Quale compri, questo golf rosso o quello giallo e verde?
SARA: Compro quel golf giallo e verde. E tu, cosa compri? Questa maglietta blu è molto bella, ma è bella anche quella grigia.
MIRELLA: Non lo so. Tutt'e due sono belle.

Questo (*This*) and **quello** (*that*) are demonstrative words that indicate a particular person, place, or thing: *This house is pretty. Who is that student?* Both words can function as either demonstrative adjectives or demonstrative pronouns.

MIRELLA: Which one are you buying, this red sweater or that yellow and green one? SARA: I'll buy that yellow and green sweater. And you, what are you getting? This blue t-shirt is very pretty, but so is that gray one. MIRELLA: I don't know. Both of them are nice.

1. When functioning as demonstrative adjectives (**aggettivi dimostrativi**), **questo** and **quello** precede the noun as they do in English.

   a. **Questo** indicates things that are near the speaker. It has four forms: **questo, questa, questi, queste.** The contraction **quest'** is common before singular nouns beginning with a vowel.

Questi pantaloni sono molto belli.	*These pants are very pretty.*
Questa domanda è facile.	*This question is easy.*
Quest'orologio non funziona.	*This watch doesn't work.*

   b. **Quello** indicates things that are far from the speaker. Like the adjective **bello, quello** resembles the forms of the definite article **il.**

	SINGOLARE	PLURALE	
Maschile	**quel** ragazzo **quello** zaino **quell'**albergo	**quei** ragazzi **quegli** zaini **quegli** alberghi	before most consonants before **s** + *consonant* or **z** before vowels
Femminile	**quella** giornata **quell'**università	**quelle** giornate **quelle** università	before all consonants before vowels

Chi è **quell'**uomo?	*Who is that man?*
Quella ragazza scia bene.	*That girl skis well.*
Quei libri sono cari.	*Those books are expensive.*
Di chi sono **quegli** stivali?	*Whose boots are those?*

2. When functioning as demonstrative pronouns (**pronomi dimostrativi**), **questo** and **quello** are used alone (without a following noun). Each has four forms.

QUESTO		QUELLO	
questo	questi	quello	quelli
questa	queste	quella	quelle

Il mio corso di matematica è difficile ma **quello** di Stefano è facile.	*My math class is difficult but Stefano's is easy.*
Questa è una foto della mia famiglia e **quella** è la foto della famiglia della mia compagna di stanza.	*This (one) is a photo of my family and that one is a photo of my roommate's family.*

Quello + *adjective* corresponds to English

the + *one(s)* + *prepositional phrase*

or

the + *adjective* + *one(s)*

—**Quale** Cd ascolti?	—*Which CD are you listening to?*
—**Quello** di Andrea Bocelli.	—*The one by Andrea Bocelli.*
Quei professori sono molto severi; **quelli** della nostra facoltà sono simpatici.	*Those professors are very strict; the ones from our department are nice.*
Questa piscina è molto piccola; domani vado a **quella** grande.	*This pool is very small; tomorrow I'm going to the big one.*

ESERCIZI

—È sua questa bottigila?

A. La forma giusta. (*The correct form.*) Choose the correct forms of **questo** and **quello** to complete the sentences.

1. (Questa/Quest'/Questo) chiesa è del periodo barocco (*Baroque*).
2. (Quelle/Quei/Quegli) bicchieri sono fragili.
3. (Questo/Questi/Questa) mia foto è vecchia.
4. Insegna latino in (quella/quel/quell') aula.
5. (Quel/Quella/Quell') amica non è simpatica.
6. Compriamo tutti i libri in (quello/quel/quei) negozio.
7. Parlate con (quel/quegli/quei) ragazzi tutti i giorni.
8. Raccontate sempre (quelle/quei/quegli) barzellette.
9. Nuotiamo in (quel/quella/quello) piscina d'estate.

B. Proprio quelli. Give the correct form of **quello.**

ESEMPIO: Quei ragazzi sono tedeschi.

1. _____ foto è vecchia.
2. _____ automobile verde è una Volvo.
3. Sono molto giovani _____ madri! (madre)
4. È irlandese _____ studente?
5. È buono _____ corso?
6. _____ bambini hanno i capelli rossi.
7. _____ ospedale è grande.
8. Com'è bello _____ negozio!

C. I gusti sono gusti. (*Matters of taste.*) You are shopping at an open-air market (**un mercato all'aperto**). Your partner points out items in the stalls (**le bancarelle**), some nearby and others at a distance. Tell your partner which you will buy.

ESEMPIO: S1: Compri questi occhiali (*eyeglasses*) neri o quegli occhiali azzurri?
S2: Compro quelli azzurri.

GLI OGGETTI VICINI	GLI OGGETTI DISTANTI
la chitarra (*guitar*) nera	la chitarra bianca
i pantaloni (*pants*) azzurri	i pantaloni verdi
le scarpe (*shoes*) bianche	le scarpe rosse
il quaderno verde	il quaderno giallo
la giacca (*jacket*) lunga	la giacca corta
la borsa grande	la borsa piccola
l'orologio elegante	l'orologio sportivo

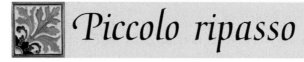

Piccolo ripasso

A. Mini-dialoghi. Working with a partner, fill in the blanks with the correct verb forms.

1. S1: Com' _____ (essere) brava la professoressa Vanoli! _____ (spiegare) tutto molto bene e _____ (dare) molti esempi. E i tuoi professori, come _____ (essere)?
   S2: Non bravi come lei! Loro _____ (dare) molti compiti e non _____ (essere) mai a scuola quando noi _____ (avere) bisogno di aiuto (*help*).

2. S1: Ciao, Paola! Come _____ (stare)?
   S2: Ciao, Daniele! Oggi _____ (stare) poco bene.
   S1: Allora, perché non _____ (tornare) a casa e _____ (andare) a letto?
   S2: Ora _____ (comprare) un po' di succo d'arancia (*orange juice*) e poi _____ (andare) a casa.

3. S1: Giorgio, cosa _____ (fare) tu e Michele alla festa di Giulia stasera?
   S2: Noi _____ (cantare) e _____ (suonare) la chitarra. E tu _____ (andare) alla festa?
   S1: Purtroppo (*Unfortunately*), stasera _____ (stare) a casa e _____ (fare) gli esercizi d'informatica.
   S2: Come _____ (andare) il corso?
   S1: Abbastanza bene. Noi _____ (imparare) l'HTML e _____ (avere) un sacco di (*tons of*) compiti, ma non _____ (essere) molto difficili.

B. Manuela ed io. Manuela has only one of everything (friends, courses, and so on); you have several. Respond to her statements as in the example, making all necessary changes.

ESEMPIO: Il mio insegnante è bravo. (noioso) →
  I miei insegnanti sono noiosi.

1. Mio fratello arriva oggi. (domani)
2. Il mio corso è difficile. (facile)
3. Mia sorella va in Francia. (Italia)
4. Il mio amico compra sempre libri usati (*used*). (nuovo)
5. Mia cugina frequenta l'università di Pisa. (Napoli)
6. Il mio professore è canadese. (spagnolo)

C. Che fai e quando? (*What do you do and when?*) Ask when your partner performs the following activities.

ESEMPIO: nuotare →
  S1: Quando nuoti?
  S2: Non nuoto mai. / Nuoto il venerdì. / Nuoto ogni
    pomeriggio (*afternoon*).

Espressioni: stamattina (*this morning*), stasera, ogni mattina (*morning*), ogni pomeriggio, ogni sera

1. andare a ballare
2. fare i compiti
3. incontrare gli amici
4. parlare al telefono con gli amici
5. telefonare ai genitori
6. giocare a football
7. guardare la televisione
8. ascoltare la musica
9. fare colazione
10. dare l'esame d'italiano

D. Intervista. Ask another student the following questions or questions of your own; then present your findings to the class.

ESEMPIO: Roberto studia informatica, lavora in una banca e quando ha
  tempo va a ballare.

1. Quante materie studi questo trimestre/semestre? Che facoltà frequenti?
2. Hai un lavoro? Dove lavori?
3. Parli inglese a casa o un'altra lingua?
4. I tuoi genitori abitano in questa città?
5. Vai a molte feste?
6. Quando vai a una festa, balli?
7. Hai molti parenti?
8. Vai a piedi volentieri?

Invito alla lettura

In Umbria

Siamo in Umbria, una piccola regione proprio in mezzo[1] all'Italia. L'Umbria si chiama il «cuore[2] verde» d'Italia. Perché? Perché è coperta di boschi.[3]

I milioni di turisti che visitano ogni anno questa regione però tipicamente non hanno voglia di andare nei boschi, ma nelle piccole città, ricche di storia e di arte: Perugia, capoluogo[4] di regione, Assisi, la famosa città di San Francesco, Todi, Gubbio, Spoleto, Spello, Bevagna.

Vuoi conoscere[5] la semplicità e la pace[6] francescana? È preferibile visitare l'Umbria in inverno. Nella brutta stagione, per le strette strade[7] di Assisi, soffia[8] quasi sempre un freddo vento di tramontana.[9] Ma nella chiesa di San Francesco, restaurata dopo il grave terremoto[10] del 1997, i turisti sono rari e puoi[11] ammirare in silenzio gli splendidi affreschi[12] di grandi artisti italiani come Cimabue, Giotto, Lorenzetti e Simone Martini.

Vuoi anche imparare l'italiano? Bene, sei nella regione giusta. A Perugia c'è infatti una famosa Università per Stranieri.[13] Qui, ogni anno, studiano la lingua e la cultura italiana più di 6.000 studenti. Sono giovani universitari, professionisti, insegnanti, operatori turistici. Vengono da oltre[14] cento paesi[15] diversi: Stati Uniti, Grecia, Australia, Paesi Arabi, Svizzera, Germania, Francia, Inghilterra, Spagna, Paesi Latino-Americani.

[1]in… *in the middle* [2]*heart* [3]coperta… *covered by woods* [4]*capital* [5]Vuoi… *Do you want to get to know* [6]*peace* [7]strette… *narrow streets* [8]*blows* [9]freddo… *cold north wind* [10]restaurata… *restored after the serious earthquake* [11]*you can* [12]*frescoes* [13]*Foreigners* [14]Vengono… *They come from more than* [15]*countries*

Studenti in Piazza 4 Novembre a Perugia

E ora a te

Capire

Vero o falso?

	V	F
1. In Umbria ci sono molti boschi.	☐	☐
2. L'Umbria è una regione grande.	☐	☐
3. Ad Assisi c'è la chiesa di San Francesco.	☐	☐
4. Nella chiesa di San Francesco ci sono affreschi.	☐	☐
5. In Umbria c'è un'Università per americani.	☐	☐

Scrivere

Describe Umbria, based on what you read in the reading, by completing the following sentences with the appropriate form of the following verbs. Some verbs will be used more than once.

ammirare
andare
essere
fare
frequentare
insegnare
studiare
visitare

1. L'Umbria _____ coperta di boschi.
2. Milioni di turisti _____ l'Umbria ogni anno.
3. I turisti _____ a vedere le piccole città.
4. Le piccole città _____ ricche di storia e di arte.
5. In inverno, per le strette strade di Assisi, _____ freddo.
6. Se tu _____ in Umbria in inverno, puoi conoscere la pace francescana.
7. Ad Assisi, i turisti _____ gli affreschi di Giotto.
8. Molti studenti _____ l'italiano a Perugia.
9. Questi giovani _____ l'Università per Stranieri.
10. Gli insegnanti all'Università per Stranieri _____ a studenti americani, arabi, francesi, greci, spagnoli, tedeschi, e così via (*etcetera*).

Videoteca

Corsi universitari

Roberto and Giuliana are looking out over Florence and talking about art and education in Italy. She tells him about the Italian university system.

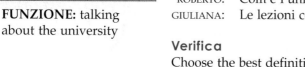

FUNZIONE: talking about the university

ESPRESSIONI UTILI

economia aziendale	business economics
un'azienda	a firm, company
posso scrivere	I can write
la donna d'affari	businesswoman
un'autodidatta (*f.*)	a self-taught person

Preparazione

ROBERTO: Qual è la scuola d'arte più importante?

GIULIANA: L'Istituto di Restauro. Mia sorella studia là, frequenta un corso di specializzazione. È un istituto privato. È possibile studiare arte anche all'università, che costa meno.

ROBERTO: Com'è l'università in Italia?

GIULIANA: Le lezioni cominciano a novembre…

Verifica

Choose the best definition for each word or phrase on the left from the choices on the right.

1. una specializzazione
2. un'azienda
3. dare un esame

a. a place where a lot of people work together
b. a particular course of study
c. what Italian students do to pass a course

Comprensione

Answer the following questions.

1. What type of exams do students normally take at an Italian university?
2. In what subject is Roberto's degree?
3. Why does Giuliana want a business degree?

Attività

Working with a partner, think of two family members each who you think might benefit from some extra study. Imagine the people you have chosen are enrolled at your school and decide what they are studying. Present their schedules to your class, and explain why they are in these classes.

ESEMPI: Mio fratello studia il francese perché va in Francia.
Mia nonna studia l'informatica per trovare informazioni in Internet.

Parole da ricordare

VERBI

abitare	to live (*in a place*)
amare	to love
andare	to go
andare (a + *inf.*)	to go (*to do something*)
andare a piedi	to walk, go on foot
andare d'accordo	to get along
andare in aereo	to fly, go by plane
andare in autobus	to go by bus
andare in bicicletta	to ride a bicycle, go by bicycle
andare in macchina	to drive, go by car
andare in treno	to go by train
arrivare	to arrive
ascoltare	to listen, listen to
aspettare	to wait, wait for
ballare	to dance
cambiare	to change
cantare	to sing
cercare	to look for
cominciare	to begin, start
comprare	to buy
dare	to give
dare un esame	to take a test
dimenticare	to forget
essere d'accordo	to agree
fare	to do; to make
Che tempo fa?	How's the weather? / What's the weather like?
Fa bello (brutto).	It's nice (bad) weather.
Fa caldo/freddo/fresco.	It's hot/cold/cool out.
fare colazione	to have breakfast
fare una domanda	to ask a question
fare una fotografia	to take a picture
frequentare	to attend (*a school, a class*); to go to (*a place*) often
giocare (a)	to play (*a sport, a game*)
guadagnare	to earn
guardare	to watch, look at
guidare	to drive
imparare	to learn
incontrare	to meet
insegnare	to teach
lavorare	to work
mangiare	to eat
nuotare	to swim
parlare	to speak, talk

passare	to pass (by); to spend (*time*)
portare	to carry; to bring; to lead
praticare	to practice
raccontare	to tell, narrate
ricordare	to remember
ripassare	to review
salutare	to greet
sciare	to ski
spiegare	to explain
stare	to stay
stare attento	to pay attention; to be careful
stare bene/male	to be well/unwell
stare zitto	to be/keep quiet
studiare	to study
suonare	to play (*a musical instrument*)
telefonare (a)	to telephone, call
tornare (a)	to return (*to a place*)
trovare	to find

NOMI

l'anno accademico	academic year
l'architettura	architecture
la barzelletta	joke
la casa	house, home
la casa dello studente	dormitory
la classe	class (*group of students*)
il corso	class (*course of study*)
il cugino / la cugina	cousin
l'economia e commercio	business administration
l'esame (*m.*)	exam, test
la facoltà	department, school (*within a university*)
la famiglia	family
la festa	party
il figlio / la figlia	son/daughter
la fisica	physics
il fratello	brother
il genitore	parent
la giurisprudenza	law
l'informatica	computer science
l'ingegneria	engineering
l'insegnante (*m./f.*)	teacher
la laurea	university degree
la legge	law
la letteratura	literature
le lettere	liberal arts
il letto	bed

la libreria	bookstore	poco (*m. pl.* pochi)	little, few
la lingua	language	preferito	preferred, favorite
le lingue e le	foreign languages and	puntuale	on time
letterature straniere	literature	quello	that
la madre (la mamma)	mother (mom)	questo	this
il marito	husband	straniero	foreign
la matematica	mathematics	tipico (*m. pl.* tipici)	typical
la materia (di studio)	subject matter		
la mattina	morning	**AGGETTIVI POSSESSIVI**	
la medicina	medicine	mio	my
la moglie (*pl.* le mogli)	wife	tuo	your (*inform.*)
il/la nipote	nephew/niece;	Suo	your (*form.*)
	grandson/	suo	his/her/its
	granddaughter	nostro	our
il nonno / la nonna	grandfather/	vostro	your (*pl. inform.*)
	grandmother	Loro	your (*pl. form.*)
gli orali	oral exams	loro	their
il padre (il papà, il	father (dad, daddy)		
babbo)		**ALTRE PAROLE E ESPRESSIONI**	
la piscina	swimming pool	Beato/Beata te!	Lucky you!
il pomeriggio	afternoon	(che) cosa?	what?
la scienza	science	dopo	after
le scienze politiche	political science	meno	less
gli scritti	written exams	non... mai	never
la sera	evening	perché	why
la sorella	sister	presto	early
la specializzazione	major	quello *pronoun*	that (one)
la storia (dell'arte)	(art) history	questo *pronoun*	this (one)
gli studi	studies	sempre	always, all the time
il tempo	weather	spesso	often
		stamattina	this morning
AGGETTIVI		stasera	tonight, this evening
bravo in	good at (*a subject of study*)	volentieri	gladly, willingly
difficile	difficult, hard		
facile	easy		
ogni (*inv.*)	every, each		

Forza, Azzurri!°

Forza… Come on, Blues! (The Italian national soccer team is often called **gli azzurri** *because their uniforms are light blue* [**azzurro**]).

Due giocatori, del Milan e dell'Inter, lottano per il pallone (*fight for the ball*).

In seguito

Practice the skills you learned in this chapter and get connected to the Italian-speaking world through the *Prego!* supplements!
www.mhhe.com/prego6

Vocabolario preliminare

DIALOGO-LAMPO

I programmi della giornata

LORENZO: Ciao, Rita! Ciao, Alessandro! Che cosa fate oggi?

ALESSANDRO: Vado a giocare a tennis con Marcello e poi a casa: c'è un bel film alla TV.

RITA: Io invece[1] vado a fare l'aerobica con Valeria, poi abbiamo un appuntamento[2] con Vittoria per studiare. C'è un esame di matematica domani!

ALESSANDRO: E tu, Lorenzo, che programmi hai?

LORENZO: Mah, oggi non ho voglia di fare niente[3]...

RITA: Che novità,[4] è il tuo passatempo preferito!

1. Che programmi ha Alessandro?
2. Cosa fanno Rita e Valeria?
3. Chi[5] ha un esame domani?
4. Che programmi ha Lorenzo?

[1]*instead*   [2]*appointment*   [3]*non... I don't feel like doing anything*   [4]*Che... What a novelty*   [5]*Who*

I passatempi e il tempo libero (*Pastimes and free time*)

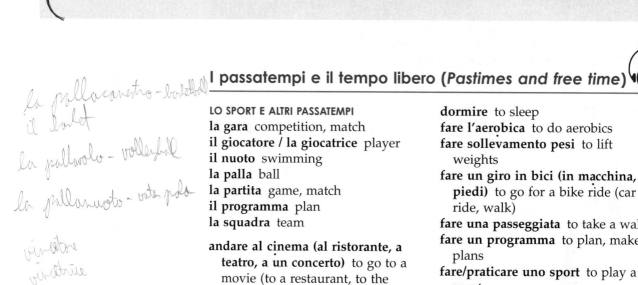

LO SPORT E ALTRI PASSATEMPI

la gara competition, match
il giocatore / la giocatrice player
il nuoto swimming
la palla ball
la partita game, match
il programma plan
la squadra team

andare al cinema (al ristorante, a teatro, a un concerto) to go to a movie (to a restaurant, to the theater, to a concert)
andare in palestra to go to the gym
andare in vacanza to go on vacation
ascoltare la musica to listen to music
correre to run
cucinare to cook
dipingere to paint
disegnare to draw

dormire to sleep
fare l'aerobica to do aerobics
fare sollevamento pesi to lift weights
fare un giro in bici (in macchina, a piedi) to go for a bike ride (car ride, walk)
fare una passeggiata to take a walk
fare un programma to plan, make plans
fare/praticare uno sport to play a sport
giocare a calcio (a tennis, a pallacanestro) to play soccer (tennis, basketball)
giocare con il computer to play on the computer
guardare la televisione (la TV) to watch television (TV)

leggere il giornale (un libro, una
  rivista) to read the newspaper (a
  book, a magazine)
perdere to lose
prendere lezioni di ballo (di musica,
  di fotografia, di arti marziali) to
  take dancing lessons (music
  lessons, photography lessons,
  martial arts lessons)
pulire la casa to clean the house
scrivere una lettera (racconti,
  poesie) to write a letter (short
  stories, poems)
suonare uno strumento (la chitarra,
  il piano, il sassofono) to play an
  instrument (the guitar, the piano,
  the saxophone)

uscire con gli amici to go out with
  friends
viaggiare to travel
vincere to win

IL TEMPO
la nebbia fog
la neve snow
la pioggia rain
il vento wind

essere nebbioso to be foggy
essere sereno to be clear weather
nevicare to snow
piovere to rain
tirare vento to be windy

ESERCIZI

A. Di che sport parliamo? Read the following descriptions and guess what
sport each refers to. More than one answer may be possible.

1. I giocatori fanno questo sport in acqua (*water*). *pallanuoto*
2. Per questo sport è necessaria la musica. *pattinaggio*
3. La squadra è composta da 11 giocatori e c'è una palla. *il calcio*
4. La squadra è composta da 5 giocatori. *pallacanestro*
5. Questo è uno sport tipico dell'inverno. *lo sno*
6. Per questo sport di solito la gente va in palestra. *l'aerobica*

B. Preferisco... (*I prefer . . .*) Create complete sentences using one element
from each list. Begin each sentence with **Preferisco...**

leggere	gli spaghetti	da solo/sola (*alone*)
ascoltare	fotografia	con gli amici
andare	a piedi	con la famiglia
prendere lezioni di	in Italia	
scrivere	la musica	
cucinare	il giornale	
viaggiare	in vacanza	
fare un giro	una lettera	

C. Preferenze. Are there certain things you prefer to do on particular days
of the week? Using the **Vocabolario preliminare,** indicate your weekday
and weekend preferences.

ESEMPIO: Il venerdì sera preferisco andare in palestra e il sabato sera
  invece (*on the other hand*) preferisco andare a teatro.

Giorno v. giornata
Sera v. serata

The forms **giornata** and **serata** are used to refer to *the whole/entire day* or *the whole/entire evening*.

Compare the following.

Buon giorno. *Good day.*
Buona giornata. *Have a good/nice day.*
Buona sera. *Good evening.*

Buona serata. *Have a good/nice evening.*

Oggi è una giornata lavorativa. *Today is a workday.*
Che serata stupenda! *What a great evening!*
Passo una bella giornata. *I am having (spending) a good day.*

Now interview a classmate about what he/she prefers to do in the circumstances listed below. Use the expressions **preferisco, preferisci** (*you prefer*), **anch'io** (*I also*) and **Io invece.**

1. il venerdì sera
2. la domenica pomeriggio
3. in una giornata di pioggia
4. in una bella giornata di giugno
5. durante (*during*) l'inverno, quando (*when*) nevica
6. il lunedì mattina, in una brutta giornata di gennaio

D. Gusti personali. Secondo te, come sono questi sport?

Parole utili: aggressivo, costoso (*expensive*), difficile, divertente, di squadra, elegante, intenso, lento (*slow*), noioso, pericoloso (*dangerous*), rilassante, solitario, veloce (*fast*)

1. il basket (la pallacanestro)
2. lo sci
3. il calcio
4. il football americano
5. il baseball
6. le arti marziali

—Non ha un televisore che non trasmetta[a] partite di calcio?

[a]*broadcast*

 In ascolto

For listening comprehension activities related to the theme of this chapter, see the Laboratory Manual or visit the *Prego!* website.
www.mhhe.com/prego6

Grammatica

È una serata come tutte le altre in casa Bianchi: Franco e Sergio guardano la televisione, la mamma legge una rivista e papà legge il giornale (loro non guardano mai la televisione, preferiscono leggere). La nonna scrive una lettera ai parenti in America.

1. The present tense of regular verbs ending in **-ere** (second-conjugation verbs) and of several verbs ending in **-ire** (third-conjugation verbs) is formed by adding the appropriate endings to the infinitive stem.

-ere VERBS **scrivere** (*to write*)		**-ire** VERBS (FIRST GROUP) **dormire** (*to sleep*)	
scriv**o**	scriv**iamo**	dorm**o**	dorm**iamo**
scriv**i**	scriv**ete**	dorm**i**	dorm**ite**
scriv**e**	scriv**ono**	dorm**e**	dorm**ono**

Practice

Note that the endings are the same for both conjugations except in the second-person plural: **-ete** for **-ere** verbs, **-ite** for **-ire** verbs.

Scrivete molte e-mail?   *Do you write many e-mails
                          (e-mail messages)?*

Dormite bene?   *Do you sleep well?*

2. Other **-ere** verbs conjugated like **scrivere** are

chiudere *to close*	Chiudo la finestra (*window*).
correre	Perché correte ogni giorno?
crescere *to grow (up); to raise*	Mia cugina cresce a Verona.
dipingere	Raffaella dipinge bene.
leggere	Carlo legge il giornale.
mettere *to put, place*	Mettiamo le valige in macchina.
perdere	Perdi sempre la chiave (*key*)!
prendere	Noi prendiamo lezioni di ballo.
ricevere *to receive*	Chi riceve molte riviste?
rispondere *to answer, reply*	Perché non rispondi in italiano?
vedere *to see*	Vedono un film.

It's an evening like all others at the Bianchis': Franco and Sergio are watching TV, Mom is reading a magazine and Dad is reading the newspaper (they never watch television, they prefer to read). Grandma is writing a letter to relatives in America.

—No, grazie; leggo solo il
giornale.

a. Note that most verbs ending in **-ere** are stressed on the verb stem:
PRENdere, PERdere. A few verbs are stressed on the **-ere** ending:
aVEre, veDEre.

b. The verb **bere** (*to drink*) derives from the Latin *bevere* and retains
the **bev-** stem: **bevo, bevi, beve, beviamo, bevete, bevono.**

3. Some **-ire** verbs conjugated like **dormire** are

aprire *to open*	Apriamo la finestra (*window*).
offrire *to offer*	Offro un caffè a tutti (*everybody*).
partire *to leave; to depart*	—Quando partite?
	—Partiamo domani.
seguire *to follow; to take a course*	La spia (*spy*) segue la ragazza.
	Seguiamo un corso di filosofia.
sentire *to hear*	Sentite la voce (*voice*) di Mario?
servire *to serve*	Servi vino bianco?

4. Not all verbs ending in **-ire** are conjugated like **dormire** in the present.
Most **-ire** verbs follow this pattern:

-ire VERBS (SECOND GROUP) **capire** (*to understand*)	
cap**isc**o	capiamo
cap**isc**i	capite
cap**isc**e	cap**isc**ono

The endings are the same as for **dormire,** but **-isc-** is inserted between
the stem and the ending in all forms but the first- and second-person
plural. Pronunciation of **-sc-** changes with the vowel that follows it:
before **o** it is pronounced like *sk* in *sky;* before **e** and **i** it is pronounced
like *sh* in *shy.*
   The following **-ire** verbs are conjugated like **capire*.**

finire *to finish, end*	I ragazzi finiscono gli esercizi.
preferire *to prefer*	Preferite leggere o scrivere?
pulire *to clean*	Quando pulisci la casa?

5. Note: often a conjugated verb is followed by a second verb in the
infinitive.

   Preferisco leggere racconti.   *I prefer to read short stories.*

In many cases a preposition will precede the infinitive.

   Vado a studiare in biblioteca.   *I am going to study in the library.*

---

*The infinitives of verbs conjugated like **capire** are followed by **(isc)** in vocabulary lists and in
the end vocabulary.

A. **Trasformazioni.** Replace the subject of each sentence with each subject in parentheses, and change the verb form accordingly.

1. Tu leggi il giornale. (la nonna / io e Carlo / voi / gli italiani)
2. Noi apriamo la porta (*door*). (voi / il cugino di Marco / loro / io)
3. Marco pulisce il frigo (*refrigerator*). (noi / i ragazzi / io / voi)
4. I bambini non rispondono. (io / il professore / voi / tu)
5. Laura beve solo acqua minerale. (i miei amici / voi due / noi / tu)

B. **Il week-end di Laura.** Complete Laura's story by adding the appropriate verb endings.

Laura è una ragazza occupata[a]! Il venerdì sera segu_____[1] un corso di recitazione.[b] Il sabato mattina corr_____[2] e pul_____[3] la camera da letto;[c] nel pomeriggio diping_____[4] e fin_____[5] i compiti. Il sabato sera prefer_____[6] il suo solito[d] passatempo: andare in discoteca con gli amici. E cosa fa la domenica? Dorm_____[7]!

[a]*busy* [b]*acting* [c]camera... *bedroom* [d]*usual*

Now change the first sentence of the paragraph to **Laura e Maria sono due ragazze occupate** and complete the story.

C. **Cosa preferiscono?** Explain why the following people don't do certain things: they prefer to do something else.

ESEMPIO: Marco non legge: preferisce scrivere.

1. Daniela non gioca a tennis: _____.
2. Le bambine non dormono: _____.
3. Mio padre non nuota: _____.
4. Lo zio di Gino non prende l'aereo: _____.
5. Questi studenti non vanno in barca a vela (*go sailing*): _____.
6. Luciano non suona la chitarra: _____.

Now name three things you don't do, and what you prefer to do instead.

D. **Trovate le persone che...** Circulate around the room in pairs asking questions to identify people who do the following things.

ESEMPIO: seguire un corso di matematica →
    PAIO (*PAIR*) 1: Seguite un corso di matematica?
        PAIO 2: Sì, io seguo un corso di matematica ma Maria non segue un corso di matematica. / Sì, seguiamo un corso di matematica.

Trovate le persone che...

1. dipingono
2. dormono fino a tardi (*until late*)
3. leggono l'e-mail tutti i giorni
4. capiscono la matematica
5. puliscono la casa ogni settimana
6. rispondono subito (*immediately*) alla posta elettronica (*e-mail*).
7. scrivono poesie

E. Conversazione.

1. Corri volentieri? Vai in bicicletta? Quale mezzo di trasporto preferisci?
2. Preferisci guardare la televisione o leggere? Perché?
3. Pulisci la casa ogni giorno? È pulita (*clean*) e ordinata (*tidy*) la tua camera?
4. Quante volte (*How many times*) la settimana mangi a casa? Quante volte vai al ristorante o alla mensa? Perché?
5. Preferisci stare zitto/zitta o parlare quando ci sono molte persone?
6. Quando ricevi un'e-mail rispondi subito? Scrivi molte e-mail o preferisci telefonare? Perché?

F. Che fai? Interview a classmate to find out what he/she does at certain times.

ESEMPIO: il lunedì →
    S1: Che fai il lunedì?
    S2: Il lunedì faccio colazione, vado alle lezioni, studio in biblioteca…

Quando: lunedì sera, martedì pomeriggio, mercoledì mattina, sabato mattina, venerdì sera, domenica mattina…

Possibilità: studiare per tre ore, leggere un libro, pulire la casa, praticare uno sport, dormire fino a tardi, correre nel parco, andare in chiesa / alla sinagoga

B. *Dovere, potere e volere; dire, uscire e venire*

ANTONINO E GINO:	Volete andare al cinema stasera?
MARCELLA E TINA:	No, grazie, non possiamo. Dobbiamo pulire il frigo.
ANTONINO E GINO:	Beh, volete uscire domani sera?
MARCELLA E TINA:	No, non possiamo. Dobbiamo lavarci i capelli.
ANTONINO E GINO:	Allora, volete fare qualcosa questo week-end?
MARCELLA E TINA:	No, non possiamo. Dobbiamo fare troppe cose.
ANTONINO E GINO:	Quando finite?
MARCELLA E TINA:	Mai!

ANTONINO E GINO: Do you want to go to a movie this evening? MARCELLA E TINA: No, thanks, we can't. We have to clean the refrigerator. ANTONINO E GINO: Well, do you want to go out tomorrow night? MARCELLA E TINA: No, we can't. We have to wash our hair. ANTONINO E GINO: Then do you want to do something this weekend? MARCELLA E TINA: No, we can't. We have to do too many things. ANTONINO E GINO: When are you finishing? MARCELLA E TINA: Never!

1. Some commonly used **-ere** and **-ire** verbs are irregular in the present tense.

dovere (*to have to, must*)	**potere** (*to be able to, can, may*)	**volere** (*to want*)	**dire** (*to say, tell*)	**uscire** (*to go out; to exit*)	**venire** (*to come*)
devo	posso	voglio	dico	esco	vengo
devi	puoi	vuoi	dici	esci	vieni
deve	può	vuole	dice	esce	viene
dobbiamo	possiamo	vogliamo	diciamo	usciamo	veniamo
dovete	potete	volete	dite	uscite	venite
devono	possono	vogliono	dicono	escono	vengono

Dovete partire subito.	*You must leave right away.*
—Possono venire?	*—Can they come?*
—No, non possono.	*—No, they can't.*
Chi vuole guardare la TV?	*Who wants to watch TV?*
Diciamo «Buon giorno!»	*We say, "Good morning!"*
Perché non esci con Sergio?	*Why don't you go out with Sergio?*
Vengo domani.	*I'm coming tomorrow.*

2. a. As with **preferire,** if a verb follows **dovere, potere,** or **volere,** it is always in the infinitive form.

—Posso andare più vicino?

Dovete pulire la casa oggi.	*You have to clean the house today.*
No, non possiamo venire alla partita.	*No, we can't come to the game.*
Vuoi andare in vacanza insieme?	*Do you want to go on vacation together?*

   b. Other verbs conjugated like **venire** are **rimanere** (*to remain; to stay*), **salire** (*to get on; to climb up*), and **tenere** (*to keep; to hold*).

rimango, rimani, rimane, rimaniamo, rimanete, **rimangono**
salgo, sali, sale, saliamo, salite, **salgono**
tengo, tieni, tiene, teniamo, tenete, **tengono**

Giorgio rimane a casa stasera.	*Giorgio stays home tonight.*
Maria sale in macchina. Io salgo sull'autobus.	*Maria gets in the car. I get on the bus.*
Enrica tiene il suo gatto in casa.	*Enrica keeps her cat in the house.*

   c. **Dire** means *to say.* It is often followed by **che,** a conjunction meaning *that.*

Mamma dice di sì ma papà dice di no.	*Mom says yes but Dad says no.*
Mario dice **che** vuole venire alla festa.	*Mario says that he wants to come to the party.*

Si dice così

Partire, lasciare, andare (via), uscire

These four verbs have slightly different meanings related to going and leaving. Compare:

partire *to leave; to depart*
lasciare *to leave (something, somebody) behind*
andare via *to get going, get out, go away*
uscire (da, di, con) *to exit (from), go out (with)*

Parto per la Spagna lunedì. *I leave for Spain Monday.*

Maria lascia sempre le penne a casa. *Maria always leaves her pens at home.*

Dai, ragazzi, andiamo via. *Come on, guys, let's get going.*

Esco dall'ufficio alle sette di sera. *I leave the office at seven in the evening.*

Esco con gli amici. *I go out with friends.*

Note the idiomatic expression **uscire di casa:** Esco di casa alle otto. *I leave the house at eight.*

To go out to a place is expressed with **andare,** not **uscire: esco al bar** would mean *I exit to the bar,* which makes no sense.

---

d. All expressions used with **andare** are also used with **venire.**

Chi va a studiare in Italia?	*Who is going to study in Italy?*
Chi viene a studiare in Italia?	*Who is coming to study in Italy?*
Andiamo a casa in bici.	*We are going home by bike.*
Veniamo a casa in bici.	*We are coming home by bike.*

È festa, usciamo!
Ma dove andiamo?

ESERCIZI

A. La studentessa tipica. Decide whether the following statements are true for a typical college student. Correct those that you consider untrue.

Lo studente tipico / La studentessa tipica…

1. deve studiare molto per l'esame di chimica.
2. vuole uscire sabato sera.
3. deve fare tutti i compiti ogni sera.
4. può leggere un libro in una settimana.
5. vuole rimanere a casa il venerdì sera.
6. può trovare tanti amici all'università.
7. può parlare liberamente (*freely*) con tutti i professori.
8. non dice mai bugie ai professori.
9. esce di casa presto per andare in biblioteca a studiare.
10. viene a tutte le lezioni tutti i giorni.

B. Trasformazioni. Replace the subject of each sentence with each subject in parentheses, and change the verb form accordingly.

1. Potete venire stasera? (tu / Lei / loro / il professore)
2. La signora vuole le chiavi. (io / noi / loro / voi)
3. Devi prendere il treno. (noi / Carlo / voi / loro)
4. Esco di casa presto. (voi / Lei / la nonna / gli zii)
5. Vengo in motocicletta. (Paola / voi / anche tu / le mie amiche)
6. Dici sempre la verità (*truth*)? (loro / Mirella / noi / voi)

C. La mia giornata. Tell your partner three things you have to do today, three things you want to do today, and three things you cannot do today. Your partner will take notes and report the answers to another pair or to the class.

Le nuove passioni sportive degli italiani

Luna rossa vince la gara, davanti ad *America One*

Who said Italians only love soccer? Italians love all sports, even those less popular and less well known, as demonstrated by their passion for sailing which became a true mania during the America's Cup race of 2000. The Italians' love for sailing began to get serious in 1983 when the twelve-meter Italian boat, *Azzurra*, reached the semifinals in Newport. Then, in San Diego in 1992, *Moro di Venezia* competed in the finals against *America 3*.

But it has been, above all, *Luna Rossa* in 2000 and 2003 that has made the Italians dream and has brought its team of sailors so close to victory.

Many Italians follow the competitions faithfully, even when they are broadcast live on television when it is very late at night in Italy. At home and in cafés, everyone talks about sailing. They use technical terms, they critique the team's errors, they imagine themselves in the helmsman's place, and they dream of winning.

Maybe Italians really are a nation of navigators?

C. Pronomi di oggetto diretto

ANNAMARIA:	Mi inviti alla festa?
CLARA:	Certo che ti invito!
ANNAMARIA:	Inviti anche Marco?
CLARA:	Certo che lo invito!
ANNAMARIA:	E Maria?
CLARA:	Certo che la invito!
ANNAMARIA:	Compri le pizze e le bibite?
CLARA:	Certo che le compro!
ANNAMARIA:	<u>Prepari panini</u> per tutti?
CLARA:	Certo che li preparo. Così mangiamo bene e passiamo una bella serata!

ANNAMARIA: Are you inviting me to the party?   CLARA: Of course I'm inviting you!   ANNAMARIA: Are you inviting Marco too?   CLARA: Of course I'm inviting him!   ANNAMARIA: And Maria? CLARA: Of course I'm inviting her!   ANNAMARIA: Are you buying the pizzas and the sodas? CLARA: Of course I'm buying them!   ANNAMARIA: Are you making sandwiches for everybody? CLARA: Of course I'm making them. We'll eat well and spend a nice evening!

1. A direct object is the direct recipient of the action of a verb.

   I invite the boys. Whom do I invite? *The boys.*
   He reads the newspaper. What does he read? *The newspaper.*

   The nouns *boys* and *newspaper* are direct objects. They indicate *whom* or *what.* Verbs that take a direct object are called transitive. Verbs that do not take a direct object (*she walks, I sleep*) are intransitive.
   Direct-object pronouns replace direct-object nouns.

   I invite **the boys.** I invite **them.**
   He reads **the newspaper.** He reads **it.**

2. The direct-object pronouns (**i pronomi di oggetto diretto**) are as follows:

SINGOLARE		PLURALE	
mi	*me*	ci	*us*
ti	*you (inform.)*	vi	*you (inform.)*
La	*you (m. and f., form.)*	Li	*you (m., form.)*
		Le	*you (f., form.)*
lo	*him, it*	li	*them (m.)*
la	*her, it*	le	*them (f.)*

   a. A direct-object pronoun immediately precedes a conjugated verb, even in a negative sentence.

   —Se tu compri la frutta, **la** mangia Mario?　—*If you buy fruit, does Mario eat it?*
   —No, non **la** mangia.　—*No, he doesn't eat it.*

   —Quando vedi i ragazzi, **li** saluti?　—*When you see the boys, do you greet them?*
   —No, non **li** saluto.　—*No, I don't greet them.*

   b. An object pronoun attaches to the end of an infinitive. Note that the final **-e** of the infinitive is dropped.

   È importante mangiar**la** ogni giorno.　*It is important to eat it every day.*
   È una buon'idea salutar**li**.　*It's a good idea to greet them.*

   If the infinitive is preceded by a form of **dovere, potere,** or **volere,** the object pronoun may either attach to the infinitive or precede the conjugated verb.

   Voglio mangiar**la**.　*I want to eat it.*
   La voglio mangiare.

   Quando posso salutar**li?**　*When can I greet them?*
   Quando **li** posso salutare?

c. Singular direct-object pronouns may elide before verbs that begin with a vowel, and before forms of **avere** that begin with an **h.** The plural forms **li** and **le** are never elided.

M'ama, non **m'**ama. (**Mi** ama, non **mi** ama.)	*He loves me, he loves me not.*
Il tuo passaporto? Non l'ho.	*Your passport? I don't have it.*
—Inviti Tina e Gloria?	—*Are you inviting Tina and Gloria?*
—No, non le invito.	—*No, I'm not inviting them.*

3. A few Italian verbs that take a direct object (**ascoltare, aspettare, cercare, guardare**) correspond to English verbs that are used with prepositions (*to listen to, to wait for, to look for, to look at*).

—Cerchi il tuo ragazzo?	—*Are you looking for your boyfriend?*
—Sì, lo cerco.	—*Yes, I'm looking for him.*

4. Object pronouns are attached to **ecco** to express *Here I am!, Here you are!, Here he is!,* and so on.

—Dov'è la signorina Rossi?	—*Where is Miss Rossi?*
—Ecco**la!**	—*Here she is!*
—Dove sono le chiavi?	—*Where are the keys?*
—Ecco**le!**	—*Here they are!*

ESERCIZI

A. La risposta giusta. Select the best answer for each question.

1. Mangi la pizza?
   a. Sì, lo mangio. **b.** No, non le mangio. **c.** No, non la mangio.
2. Cercate le riviste?
   a. Sì, le cerchiamo. **b.** No, non li cerchiamo. **c.** Sì, vi cerchiamo.
3. Mamma, mi vedi?
   a. No, non vi vedo. **b.** No, non la vedo. **c.** Sì, ti vedo.
4. Signor Costantini, mi chiama stasera?
   a. Sì, lo chiamo senz'altro (*definitely*). **b.** No, non la chiamo.
   c. Sì, La chiamo più tardi (*later*).
5. Fai un giro in macchina tutti i giorni?
   a. No, non li faccio. **b.** No, non la faccio. **c.** No, non lo faccio.
6. Professor Cerchi, posso vederLa oggi pomeriggio?
   a. Sì, ti posso vedere. **b.** Sì, mi potete vedere. **c.** Sì, mi può vedere.

B. Come sei miope (*nearsighted*)! Mauro can't believe how nearsighted his roommate Vincenzo is, so he decides to test his vision. With a classmate, play the two roles as in the example. Use the following words and any others you can think of.

ESEMPIO: la casa →
      MAURO: Vedi la casa?
    VINCENZO: No, non la vedo!

1. la frutta	**3.** gli autobus	**5.** i treni
2. il Cd	**4.** le automobili	**6.** il cinema

C. Le domande giuste. Provide appropriate questions for the following answers.

ESEMPIO: Sì, li ho. → Hai i libri?

1. No, non la compro. **2.** Sì, la scrivo. **3.** No, non li mangio. **4.** Sì, posso incontrarLa oggi. **5.** No, non voglio vederlo. **6.** Ti aspetto in classe. **7.** Non la pulisco perché non ho tempo oggi. **8.** Certo che vi invito alla festa.

D. Domande personali. Ask your partner questions, adding questions of your own using the verbs provided. Your partner should answer using a pronoun.

ESEMPIO: scrivere lettere
    S1: Scrivi lettere?
    S2: Sì, le scrivo. (No, non le scrivo.)

1. leggere il giornale tutti i giorni	**6.** ascoltare…
2. fare esercizi d'aerobica	**7.** pulire…
3. preparare spesso la pasta	**8.** mangiare…
4. guardare molto la televisione	**9.** suonare…
5. scrivere racconti o poesie	**10.** fare…

D. L'ora

Ottobre

Lunedì

1

8.00   studiare
10.30   chimica
11.45   il bar
1.00   pranzare
2.20   studiare
4.00   giocare a calcio
7.30   cena con Gabriella

Oggi Luca ha una giornata piena. Alle otto di mattina deve studiare per gli orali di fisica prima di andare al corso di chimica alle dieci e mezzo. Poi, a mezzogiorno meno un quarto, va al bar. Prende un caffè e chiacchiera con gli amici fino all'una quando tutti vanno a pranzare insieme alla mensa. Dopo pranzo, alle due e venti circa, Luca va in biblioteca a studiare fino alle quattro, quando va a giocare a calcio. Alle sette e mezzo, va a cenare con la sua ragazza Gabriella. Che bella giornata!

Today Luca has a full day. At 8:00 A.M. he has to study for his orals in physics before going to his chemistry class at 10:30. Then at 11:45 he'll go to the café. He'll have a coffee and chat with his friends until 1:00 when all of them will go to eat lunch together at the cafeteria. After lunch, around 2:20, Luca will go to the library to study until 4:00, when he'll go to play soccer. At 7:30, he'll go eat dinner with his girlfriend Gabriella. What a nice day!

Sono le sette e un quarto
(e quindici). Susanna fa
colazione.

Sono le otto meno cinque.
Arriva all'università.

Sono le nove. È a lezione
di chimica.

È mezzogiorno. (Sono le
dodici.) Mangia un
panino con gli amici.

È l'una. Studia in
biblioteca.

Sono le quattro e
quarantacinque. (Sono
le cinque meno un
quarto [meno quindici].)
Va a nuotare in piscina.

Sono le sette e mezzo (e
trenta). Guarda la TV.

È mezzanotte. Studia di
nuovo (again).

È l'una. Va a letto.

1. The question *What time is it?* can be expressed in two interchangeable
    ways. **Che ora è?** or **Che ore sono?** (literally, *What hour is it?* or *What
    hours are they?*)

    a. In most responses to this question, a definite article precedes the
        hour: **È l'una** (*It's one o'clock*). Hours after one are expressed in the
        plural: **Sono le cinque** (*It's five o'clock*). Only **È mezzogiorno** (*It's
        noon*) and **È mezzanotte** (*It's midnight*) do not have an article.

Di mattina, di pomeriggio, di sera, di notte; la mattina, il pomeriggio, la sera, la notte

When speaking generally, or expressing habitual actions that occur in the morning, afternoon, evening, or at night, the time expression can be preceded by **di** or by the definite article.

Non lavoriamo mai **di** notte. *We never work at night.*

Leggo spesso **la** sera. *I often read in the evening.*

b. Fractions of an hour can be expressed with **e** + minutes elapsed: **È l'una e quindici** (*It's one fifteen*). **Sono le cinque e quarantacinque** (*It's five forty-five*). For times after the half-hour, it is common to use the next hour + **meno** (*minus*) + *minutes remaining before the next hour:* **È mezzanotte meno dieci** (*It's ten minutes to midnight, It's eleven fifty*). **Un quarto** (*a quarter*) and **mezzo** (or **mezza**) (*a half*) often replace **quindici** and **trenta**.

Sono le due e un quarto.	*It's two-fifteen.*
È mezzogiorno e mezzo.	*It's twelve-thirty.*
Sono le cinque meno un quarto.	*It's quarter to five.*

2. To indicate A.M., add **di mattina** to the hour; to indicate P.M., add **del pomeriggio** (12 P.M. to 5 P.M.), **di sera** (5 P.M. to midnight), or **di notte** (midnight to early morning) to the hour.

3. *At what time?* is expressed as **A che ora?** The response uses **alle** + *the hour,* except for **all'una, a mezzogiorno,** and **a mezzanotte.**

A che ora mangi?	*(At) What time do you eat?*
Faccio colazione **alle** otto di mattina.	*I eat breakfast at eight in the morning.*
Pranzo **all'**una.	*I have lunch at one.*
Ceno **alle** otto.	*I eat dinner at eight.*
Prendo un caffè **a** mezzogiorno.	*I have a coffee at noon.*

ESERCIZI ■ ■ ■ ■ ■ ■ ■ ■ ■

A. La giornata di Luca. Read about Luca's day on page 106 and then decide whether the following statements are true. Correct the untrue statements.

1. Luca studia per gli orali di fisica alle due del pomeriggio.
2. Va al corso di chimica alle otto di mattina.
3. Pranza con gli amici all'una.
4. Va al bar ad incontrare gli amici alle nove di sera.
5. Gioca a calcio alle quattro.
6. Studia in biblioteca alle tre meno un quarto.
7. Va a cenare con la sua ragazza alle sette e mezzo di sera.

B. Dov'è Michele? You have to find your friend Michele. He's not in his room, but you find his schedule. Can you figure out where he is at the following times? (Note that Italian uses a period instead of a colon to separate hours from minutes.)

	LUNEDÌ	MARTEDÌ	MERCOLEDÌ	GIOVEDÌ	VENERDÌ
9.00	Chimica		Chimica		Chimica
10.00		Storia moderna		Storia moderna	
11.00	Italiano	Italiano	Italiano	Italiano	Italiano
1.00	Letteratura americana		Letteratura americana		Letteratura americana
2.00		Psicologia		Psicologia	

ESEMPIO: lunedì / 9.00 →
　　　　　È lunedì, sono le nove. Michele è a lezione di chimica.

1. venerdì / 1.30
2. mercoledì / 9.15
3. lunedì / 1.20
4. martedì / 10.45
5. giovedì / 11.05
6. martedì / 2.50

C. Che fai? Ask a classmate what he/she does at the following times.

ESEMPIO: 8.00 A.M. →
　　　　　S1: Che fai alle otto di mattina?
　　　　　S2: Alle otto di mattina vado in palestra.

1. 3.00 A.M.
2. 7.00 P.M.
3. 1.15 P.M.
4. 10.00 P.M.
5. 12.00 A.M.
6. 12.00 P.M.
7. 2.30 P.M.
8. 9.45 A.M.
9. 5.00 P.M.

Piccolo ripasso

A. Il giovedì. Restate the following paragraph three times, using these subjects: **noi, Carlo,** and **Laura e Stefania.**

Il giovedì io sono molto occupato. Seguo corsi tutta la mattina, poi mangio un panino e prendo un caffè con gli amici. Nel pomeriggio, vado in biblioteca e studio per il mio corso di storia. Se posso, corro o faccio sollevamento pesi. Preferisco cucinare a casa ma qualche volta[a] devo mangiare alla mensa. Non vado quasi[b] mai al ristorante perché non voglio spendere troppi[c] soldi! La sera finisco i compiti, pulisco un po' la casa e, se ho tempo, qualche volta scrivo un'e-mail. Vado a letto dopo mezzanotte e dormo 6 o 7 ore.

[a]qualche… *sometimes*　[b]*almost*　[c]*too much*

B. Scambi. Working with a partner, complete the following exchanges with the appropriate form of the following verbs.

bere, capire, perdere, prendere, sentire, uscire

1. S1: Cosa ~~bevi~~ *Prendi* tu quando vai al bar?
   S2: Di solito (*Usually*) *prendo bevo* un cappuccino.
2. S1: Perché le tue amiche Stefania e Lucia *perdono* sempre il treno?
   S2: Io non *capisco* proprio! Loro *escono* ogni sera e la mattina non *sentono* la sveglia (*alarm clock*).

dovere, potere, preferire, volere

3. S1: Giuliano, cosa fai? Come *puoi* scrivere un'e-mail così cattiva?
   S2: Io *preferisco* scrivere un'e-mail cattiva ma sincera.
4. S1: Chi _____ venire stasera in discoteca?
   S2: Marco non _____, io _____ lavorare e Silvia e Sonia _____ andare al concerto di Vasco Rossi.

C. I preparativi. Complete the conversation between Marco's friends using the correct direct-object pronouns.

GEMMA: Dobbiamo fare i preparativi per la festa di compleanno[a] di Marco.

SERGIO: Va bene. Che devo fare?

GEMMA: Puoi comprare i regali[b]?

SERGIO: Sì, _____[1] compro volentieri.

GEMMA: Sandra, vuoi preparare le lasagne?

SANDRA: Certo, _____[2] preparo domani.

GEMMA: Loretta, dobbiamo invitare Domenico, il cugino di Marco. _____[3] inviti tu?

LORETTA: Va bene, _____[4] chiamo stasera.

GEMMA: Milena, puoi fare una torta[c]? Sei brava in cucina.

MILENA: Sì, _____[5] faccio al cioccolato. È quella preferita da Marco.

SERGIO: E tu, Gemma, che fai?

GEMMA: Vi guardo![d]

[a]*birthday* [b]*presents* [c]*cake* [d]*Vi... I'll supervise you!*

D. A che ora? Form groups of three and ask your partners what time they perform the following activities.

ESEMPIO: andare a letto →
   S1: A che ora andate a letto?
   S2: Vado a letto a mezzanotte.
   S3: Vado a letto alle due di notte.

1. fare colazione
2. andare all'università
3. frequentare il corso d'italiano
4. pranzare
5. cenare

6. telefonare a casa
7. guardare la TV
8. praticare uno sport
9. leggere un libro
10. studiare

Invito alla lettura

In Trentino–Alto Adige e in Valle d'Aosta

Vuoi andare in montagna? Hai una passione per lo sci o la roccia[1]? Il Trentino–Alto Adige e la Valle d'Aosta, due regioni quasi interamente <u>montuose</u>,[2] ti offrono alcune delle montagne più belle del mondo e tutte le attrezzature[3] per praticare il tuo sport preferito.

Il paesaggio[4] del Trentino–Alto Adige è molto bello. Qui ci sono le Dolomiti, montagne con splendidi colori che cambiano sotto la luce del sole[5] e sono rosa e rosse al tramonto.[6] In tutta la zona delle Dolomiti si trovano <u>molti paesi</u>,[7] come Ortisei, Canazei e Moena, con buone strutture turistiche e sportive. Proprio da Ortisei viene una delle più grandi campionesse[8] italiane di sci, Isolde Kostner. Isolde vince medaglie[9] per il superG e la discesa libera[10] nelle gare importanti in tutto il mondo.[11]

Ma se ami la natura più dello sport, ti consigliamo[12] di visitare il Parco Nazionale del Gran Paradiso. Metà[13] del parco è in Valle d'Aosta, la più piccola regione italiana, dove si trovano i monti più alti delle Alpi. Nel parco puoi fare splendide passeggiate. Puoi vedere piante rare e fiori[14] bellissimi, animali come la marmotta, lo stambecco, il camoscio[15] e, se hai fortuna, anche la splendida aquila[16] imperiale.

[1]*rock-climbing*   [2]quasi… *almost entirely mountainous*   [3]*facilities*   [4]*landscape*   [5]luce… *sunlight*   [6]*sunset*   [7]*towns*   [8]*champions*   [9]*medals*   [10]discesa… *downhill*   [11]in… *all over the world*   [12]*we advise*   [13]*Half*   [14]*flowers*   [15]marmotta… *marmot (a type of rodent, similar to a woodchuck), a type of mountain goat, chamois (a type of antelope)*   [16]*eagle*

Il Lago di Carezza e le Dolomiti in Trentino–Alto Adige

E ora a te

Capire

Vero o falso?

	V	F
1. Il Trentino–Alto Adige e la Valle d'Aosta sono due regioni molto montuose.	☐	☐
2. Le Dolomiti sono in Valle d'Aosta.	☐	☐
3. Isolde Kostner viene dal Trentino–Alto Adige.	☐	☐
4. Tutto il Parco del Gran Paradiso si trova in Valle d'Aosta.	☐	☐
5. Nel Parco del Gran Paradiso ci sono i camosci.	☐	☐

Scrivere

Write about your favorite sport and the outdoors, using the following questions as an outline. When you have answered all of the questions, you will have a coherent paragraph.

Qual è il tuo sport preferito?

Perché è il tuo preferito?

Dove fai questo sport? In montagna (*In the mountains*), in campagna (*in the country*), in palestra?

Lo fai da solo / da sola o con gli amici?

Vai mai (*ever*) in montagna?

Qual è la tua località di montagna preferita?

In quale stagione preferisci andare in montagna?

In montagna, preferisci sciare, fare passeggiate o fare roccia (*rock-climb*)?

Videoteca

FUNZIONE: buying a train ticket, talking about sports

La squadra del cuore

Roberto and Giuliana are buying train tickets from a ticket machine. They are going to Milan to see the Inter-Milan soccer game.

ESPRESSIONI UTILI

è la mia squadra del cuore	it is my favorite team
premi «emissioni biglietti»	press "issue tickets"
andata e ritorno	round trip
io tifo per il Milan	I root for Milan
Forse vincerà il Milan!	Maybe Milan will win!

Preparazione

ROBERTO: Beh, il calcio non è il tuo sport preferito? Allora andiamo a Milano a vedere la partita dell'Inter!

GIULIANA: Buon'idea! Il calcio è una delle mie passioni e l'Inter è la mia squadra del cuore. Allora, prima scegli la lingua.

ROBERTO: Destinazione… Milano. E poi?

GIULIANA: E adesso premi «emissioni biglietti». E poi seleziona la destinazione. Preferisci viaggiare in prima o seconda classe?

Verifica

Choose the correct response.

1. What time did Roberto and Giuliana have an appointment?
   a. 11:10 A.M.   **b.** 9:30 A.M.   **c.** 8:45 A.M.
2. What type of train ticket did they buy?
   a. first class   **b.** round trip   **c.** one way
3. If Roberto and Giuliana leave Florence on the 9:00 A.M. train, what time will they arrive in Milan?
   a. 2:30 P.M.   **b.** 8:45 A.M.   **c.** 12:00 P.M.

Comprensione

Answer the following questions.

1. What surprise does Roberto have for Giuliana?
2. What selection must Roberto make first when using the ticket machine?
3. Why does Giuliana advise Roberto to buy a second-class ticket?

Attività

Working with a partner, think of an event you would like to go to. Ask your partner if he/she has some free time. In answer to your partner's questions, explain what type of event it is. Where does it take place? How are you going to get there? What time does it start? What time do you have to leave? When will you return?

Parole da ricordare

VERBI

andare al cinema (al ristorante, a teatro, a un concerto)	to go to a movie (a restaurant, the theater, a concert)
andare in palestra	to go to the gym
andare in vacanza	to go on vacation
andare via	to get going, get out, go away
aprire	to open
ascoltare la musica	to listen to music
bere	to drink
capire (isc)	to understand
cenare	to eat dinner
chiudere	to close
correre	to run
crescere	to grow (up); to raise
cucinare	to cook
dipingere	to paint
dire	to say, tell
disegnare	to draw
dormire	to sleep
dovere (+ *inf.*)	to have to, must (*do something*)
essere nebbioso/sereno	to be foggy/clear weather
finire (isc)	to finish
giocare a (+ *sport*)	to play (*a sport*)
giocare con il computer	to play on the computer
guardare la televisione (la TV)	to watch television (TV)
invitare	to invite
lasciare	to leave; to leave (*someone, something*) behind
leggere	to read
mettere	to put, place
nevicare	to snow
offrire	to offer
partire	to leave, depart
perdere	to lose; to waste; to miss
piovere	to rain
potere (+ *inf.*)	to be able to (can, may) (*do something*)
pranzare	to eat lunch
preferire (isc) (+ *inf.*)	to prefer (*to do something*)
prendere	to take
pulire (isc)	to clean
ricevere	to receive
rimanere	to remain; to stay
rispondere	to answer, reply
salire	to get on; to climb up
scrivere	to write
seguire	to follow
seguire un corso	to take a class

sentire	to hear
servire	to serve
suonare uno strumento	to play an instrument
tenere	to keep; to hold
tirare vento	to be windy
uscire	to go out; to exit
uscire (con)	to go out (*with someone*)
vedere	to see
venire	to come
viaggiare	to travel
vincere	to win
volere (+ *inf.*)	to want (*to do something*)

ESPRESSIONI CON *FARE*

fare l'aerobica	to do aerobics
fare sollevamento pesi	to lift weights
fare un giro in bici (in macchina, a piedi)	to go for a bike ride (car ride, walk)
fare una passeggiata	to take a walk
fare un programma	to plan, make plans
fare/praticare uno sport	to play a sport

NOMI

l'appuntamento	appointment; date
le arti marziali	martial arts
il ballo	dancing
il basket	basketball (*game*)
il calcio	soccer
la camera da letto	bedroom
il Cd (*pl.* i Cd)	compact disc, CD
la chiave	key
la chitarra	guitar
il computer	computer
il concerto	concert
l'e-mail (*f.*)	e-mail; e-mail message
la finestra	window
il frigo (*from* frigorifero)	refrigerator
la gara	competition, match
il giocatore / la giocatrice	player
il giornale	newspaper
la lettera	letter
la musica	music
la nebbia	fog
la neve	snow
il nuoto	swimming
la palla	ball
la pallacanestro	basketball (*game*)
la partita	game, match
il passatempo	pastime
il piano	piano
la pioggia	rain

la poesia	poetry
la posta elettronica	e-mail
il programma	plan
il racconto	short story
la rivista	magazine
il sassofono	saxophone
lo sport	sport
la squadra	team
lo strumento	instrument
il teatro	theater
la televisione (la TV)	television (TV)
il tempo	time
il tennis	tennis
il vento	wind
la verità	truth
la volta	time, occasion

AGGETTIVI

lento	slow
libero	free, unoccupied
occupato	busy
pieno	full
solito	usual
troppo	too much, too many
veloce	fast

L'ORA

a che ora?	at what time?
che ora è?, che ore sono?	what time is it?
di/la mattina	in the morning
di/la notte	at night
di/il pomeriggio	in the afternoon
di/la sera	in the evening
è mezzogiorno	it's noon
è mezzanotte	it's midnight
mezzo, mezza	half
un quarto	a quarter

PRONOMI DI OGGETTO DIRETTO

mi	me
ti	you (*inform.*)
La	you (*m.* and *f., form.*)
lo	him, it
la	her, it
ci	us
vi	you (*pl. inform.*)
Li	you (*m. pl., form.*)
Le	you (*f. pl. form.*)
li	them (*m.*)
le	them (*f.*)

ALTRE PAROLE E ESPRESSIONI

adesso	now, right now
anch'io	I also; me too
circa	approximately, about, around
da solo/sola	alone
di solito	usually
durante	during
fino a	until
insieme	together
invece	instead; on the other hand
qualche volta	sometimes
quante volte?	how many times?
se	if
subito	immediately; right away
tardi	late
tutti	everybody, everyone

Flash culturali
Gli sport e i passatempi

Oro, argento e semplicità°

Oro... *Gold, silver, and simplicity*

La donna più veloce d'Italia sugli sci si chiama Isolde Kostner, ma per gli amici è Isi. Un nome piccolo per una grande sciatrice.

Isi ha solo 26 anni, ma comincia a 18 anni a vincere medaglie[1] nelle gare di velocità. Conquista l'oro nel superG ai Mondiali[2] del 1996 e 1997, l'argento a quelli del 2001. Vince la medaglia d'argento in discesa libera[3] alle Olimpiadi[4] del 2002. E vince inoltre numerose gare di Coppa del Mondo.[5]

Isi è davvero «grande» e conosciuta in tutto il mondo.[6] Ma è una ragazza semplice. Vince gare straordinarie e rimane calma e tranquilla, senza mai[7] fare la diva.[8]

Per questo tutti amano Isi e tutti gridano:[9] Forza, Isi!!

Isolde Kostner, felice della sua medaglia

[1]*medals* [2]*World Championships* [3]*discesa... downhill* [4]*Olympics* [5]*Coppa... World Cup* [6]*conosciuta... known all over the world* [7]*senza... without ever* [8]*fare... acting like a celebrity* [9]*yell*

Benvenuti alla Galleria Ferrari!

Siete dei fan della Ferrari? Bene, Maranello vi aspetta.

Proprio a Maranello, una piccola città della provincia di Modena, infatti si fanno «le italiane più forti e rispettate nel mondo[1]». Così il *Financial Times* definisce le macchine della Ferrari, chiamate anche le «rosse di Maranello».

E a Maranello potete visitare la Galleria Ferrari, un grande museo della storia delle famose macchine e del suo primo creatore, Enzo Ferrari.

La Galleria è aperta tutti i giorni, anche la domenica, dalle 9.00 alle 18.00. Ci sono le bellissime automobili del passato e quelle di oggi della Formula Uno, i premi vinti[2] dalla Ferrari nelle corse[3]

La Ferrari, un'italiana famosa in tutto il mondo

di tutto il mondo. Potete poi vedere le foto e i filmati[4] dei momenti più belli della storia delle «rosse».

E potete anche comprare tutti gli oggetti ufficiali con il marchio[5] Ferrari.

[1]*più... strongest and most respected in the world* [2]*premi... prizes won* [3]*races* [4]*film clips, short films* [5]*brand*

Explore these topics further through the links found on the *Prego!* website. **www.mhhe.com/prego6**

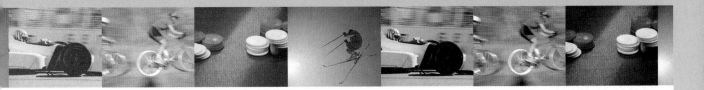

Tutti in bici

Gli italiani amano andare in bici, in campagna e in città.

Gli italiani seguono da sempre, con grande passione, il ciclismo[1] e le sue gare più importanti, come il Giro[2] d'Italia o il Giro di Francia. E in questi ultimi anni nasce di nuovo in Italia anche la passione di andare in bicicletta.

Molte persone vanno in bici, in giro[3] per le città, quando è proibito usare le auto. Altre vanno al lavoro in bici, per evitare[4] i problemi del traffico.

Molti italiani poi con la bici vanno in campagna,[5] nel loro tempo libero, nelle giornate di sole. La sera sono stanchi, ma felici e rilassati. Qualche volta pedalano un po' ogni giorno, con il sole o la pioggia, per prepararsi a corse e gare. Ma senza stress: perché non è importante vincere, ma partecipare!

[1]*cycling* [2]*Tour* [3]*in… around* [4]*avoid* [5]*in… in the country*

Una partita a «Sette e mezzo»

Volete fare una partita?

Uno dei passatempi più comuni fra gli italiani è sicuramente il gioco delle carte.[1] Chi infatti, in Italia, non gioca a carte? Anche i bambini fanno i giochi più semplici e con le carte imparano i primi numeri.

Gli italiani giocano a carte spesso in famiglia, con parenti e amici, specialmente d'inverno, durante le feste di Natale.[2] «Sette e mezzo» è uno dei giochi preferiti dalle famiglie e quasi tutti, giovani e meno giovani, fanno qualche partita. Giocano per pochi soldi o un dolce e un caffè o solo per stare in compagnia.

In Toscana, in particolare, ci sono molti club e gare di un altro gioco tradizionale: «Briscola». A Briscola si gioca spesso in quattro, una coppia contro[3] l'altra. Il *feeling* senza parole con il proprio[4] partner, i gesti[5] e la comunicazione visiva, in questo gioco, sono molto importanti!

[1]*cards* [2]*feste… Christmas holidays* [3]*against* [4]*il… one's own* [5]*gestures*

Prendiamo un caffè?

Un caffè al bar e poi al lavoro!

In seguito

Practice the skills you learned in this chapter and get connected to the Italian-speaking world through the *Prego!* supplements!
www.mhhe.com/prego6

Vocabolario preliminare

DIALOGO-LAMPO

Prendere un caffè al bar

ANDREA: Silvia... cosa prendi? *no need to be polite*

SILVIA: Un cappuccino.

ANDREA: Non mangi? Non fare complimenti![1] Io mangio sempre!

SILVIA: No, di solito non faccio colazione la mattina.

ANDREA: (*alla cassiera*[2]) Allora[3]... un cappuccino, un caffè e... tre paste.

SILVIA: Tre paste?! Hai proprio fame!

...

IL BARISTA:[4] Desiderano?

ANDREA: Un cappuccino, un caffè e tre paste. Ecco lo scontrino.[5]

1. Che cosa mangia Silvia? Perché?
2. Che cosa bevono?
3. Cosa mangia Andrea?
4. Di che cosa hanno bisogno Andrea e Silvia per ordinare la colazione?
5. Secondo voi, che momento del giorno è questo?

[1]Non... *No need to be polite.*   [2]alla... *to the cashier*   [3]*Well, then*   [4]*bar attendant*   [5]*receipt*

Qualcosa da mangiare, qualcosa da bere (*Something to eat, something to drink*)

LE BEVANDE (*BEVERAGES*)

l'acqua (minerale / gassata / naturale) water (mineral / carbonated / noncarbonated)

la bibita soda, soft drink

il caffè espresso, coffee (strong Italian coffee)

il caffè macchiato espresso with a few drops of milk

il cappuccino espresso infused with steamed milk

la cioccolata hot chocolate

la lattina aluminum can

la spremuta freshly squeezed juice

il succo d'arancia orange juice

il tè (caldo) (hot) tea

il tè freddo iced tea

NELLE BEVANDE

il ghiaccio ice

il latte milk

il limone lemon

il miele honey

lo zucchero sugar

Parole-extra

Panini all'italiana
(*Italian sandwiches*)
il panino sandwich;
    hard roll
  al formaggio cheese
    sandwich
  al prosciutto ham
    sandwich
  al salame salami
    sandwich
il tramezzino multi-
    layer sandwich on
    thin bread

**Colazione
all'americana**
(*American
breakfast*)
i cereali cereal
la pancetta bacon
la salsiccia sausage
il toast grilled ham
    and cheese
    sandwich
l'uovo (*pl.* **le uova**) egg
le uova strapazzate
    scrambled eggs
lo yogurt

frutti di bosco
berries

le fragole strawberries

i lamponi raspberries

i mirtilli - blueberries

le more - blackberries

A COLAZIONE E PER UNO SPUNTINO (*SNACK*)

il biscotto cookie
la brioche, il cornetto sweet roll
il burro butter
la colazione breakfast
la fetta di pane slice of bread
la marmellata marmalade, jam
la merenda mid-afternoon snack
il pane bread
una pasta a (piece of) pastry
la pasticceria pastry shop
i salatini snacks, crackers, munchies
lo spuntino snack

essere a dieta to be on a diet
fare uno spuntino to have a snack

al banco at the counter
al tavolino at a table

l'arancia / le arance - orange
il pompelmo - grapefruit

l'ananas - pineapple
la mela - apple
la pera - pear

lo pesca / le - peach
il melograno - pomegranate

CHI PAGARE, COME PAGARE (*WHO TO PAY, HOW TO PAY*)

il/la barista bar attendant
il cameriere / la cameriera waiter/
    waitress; server
la cassa cashier's desk
il cassiere / la cassiera cashier
il conto bill, check
la mancia tip
lo scontrino receipt

fare lo scontrino to get a receipt
offrire to offer (to pay), to "treat"
ordinare to order
**pagare (con la carta di credito / con
    un assegno / in contanti)** to pay
    (with a credit card / by check / in
    cash)

ESERCIZI

A. Che cosa ordiniamo? What drink do you order in the following
situations?

1. Nevica e fa freddo. – cioccolata calda
2. Sono le otto di mattina. caffè macchiato
3. in palestra bicchiere di acqua
4. al bar quando fai due chiacchiere (*you are chatting*) con gli amici
5. Hai un raffreddore (*a cold*). – il tè caldo
6. in una calda giornata di agosto
7. a Londra, alle 5 del pomeriggio – tè caldo
8. a Roma, per pranzo (*lunch*)

B. Cosa bevi e mangi a colazione e a merenda? Interview three classmates
to find out what they eat and drink for breakfast and as a snack. Use the
words from the **Parole-extra** as well as those given below. Report your
findings to the class.

Parole utili: le patatine (*potato chips*), i popcorn, le noccioline (*peanuts*),
i salatini, la robaccia (*junk food*)

un/a salutista – a health conscious person

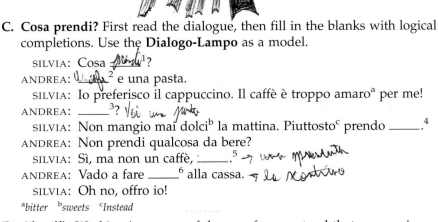

C. Cosa prendi? First read the dialogue, then fill in the blanks with logical completions. Use the **Dialogo-Lampo** as a model.

SILVIA: Cosa ~~prendi~~[1]?

ANDREA: ~~Vorrei~~[2] e una pasta.

SILVIA: Io preferisco il cappuccino. Il caffè è troppo amaro[a] per me!

ANDREA: _____[3]? *Voi una pasta*

SILVIA: Non mangio mai dolci[b] la mattina. Piuttosto[c] prendo _____[4].

ANDREA: Non prendi qualcosa da bere?

SILVIA: Sì, ma non un caffè, _____[5]. → *una spremuta*

ANDREA: Vado a fare _____[6] alla cassa. → *lo scontrino*

SILVIA: Oh no, offro io!

[a]*bitter* [b]*sweets* [c]*Instead*

D. Al caffè. Working in groups of three or four, pretend that you are in a **caffè** ordering drinks and snacks. Using the **Vocabolario preliminare** as a resource, act out the scene with one student playing the server.

Spunti (*Cues*):

Chi ha fame?
Chi ha sete?
Chi ha voglia di… ?
Chi paga?
Cosa c'è da bere? da mangiare?
Che cosa ordiniamo?
Cameriere!/Cameriera! Per favore…
Mi può portare… ?
Quanto costa? (*How much does it cost?*)

In ascolto

For listening comprehension activities related to the theme of this chapter, see the Laboratory Manual or visit the *Prego!* website.

www.mhhe.com/prego6

I CAFFE' D'ITALIA.
LA SECONDA CASA
DEGLI ITALIANI.

La Guida ai Bar & Caffè d'Italia

Caffè e non solo caffè, come Italia comanda.

Grammatica

A. Preposizioni articolate

Tutte le mattine vado al bar alle otto. Faccio colazione in fretta, prendo un caffè al banco e poi prendo l'autobus delle otto e un quarto per l'università. Frequento i corsi e all'una mangio alla mensa universitaria con i miei amici. Dopo pranzo, andiamo al bar a prendere un caffè e poi andiamo a studiare in biblioteca. Verso le quattro ho voglia di uno spuntino. Vado al bar e di solito prendo un tè caldo. Metto del miele nel tè e mangio un tramezzino. Verso le cinque prendo l'autobus e torno a casa.

1. You have already encountered the simple Italian prepositions (**le preposizioni semplici**).

a	*at, to*	Vado **a** Milano.
da	*from*	Parto **da** New York.
di	*of*	Questa è la macchina **di** Gina.
in	*in, to, into*	Studio in biblioteca.
su	*on, over*	Metto il libro **su** questo tavolo (*table*).
con	*with*	Vado a Milano **con** mio fratello.
per	*for*	Parto **per** Milano domani.
		Compro un regalo **per** la nonna.

2. When the prepositions **a, da, di, in,** and **su** are followed by a definite article, they contract to form one word, called an articulated preposition (**preposizione articolata**). Each contraction has the same ending as the article. When the definite article begins with an **l,** the contraction has two **ll**s.

PREPOSIZIONI ARTICOLATE

Preposizioni	Articoli maschili					Articoli femminili		
	SINGOLARE			PLURALE		SINGOLARE		PLURALE
	il	lo	l'	i	gli	la	l'	le
a	al	allo	all'	ai	agli	alla	all'	alle
da	dal	dallo	dall'	dai	dagli	dalla	dall'	dalle
di → de	del	dello	dell'	dei	degli	della	dell'	delle
in → ne	nel	nello	nell'	nei	negli	nella	nell'	nelle
su	sul	sullo	sull'	sui	sugli	sulla	sull'	sulle

Every morning I go to the bar at 8:00. I eat breakfast in a hurry, I have an espresso at the counter, and then I take the 8:15 bus to the university. I go to my classes and at 1:00 I eat at the university cafeteria with my friends. After lunch we go to the bar to have coffee and then we go study in the library. Around 4:00 I get a craving for a snack. I go to the bar and usually I have a hot tea. I put honey in the tea and I eat a sandwich. Around 5:00 I catch the bus and go home.

Andiamo **al** caffè.
Vengono **dall'**aeroporto.
Quali sono i giorni **della** settimana?
Il ghiaccio è **nei** bicchieri (*glasses*).
Metto il cappuccino **sul** tavolino (*small table*).

Remember:

andare + **a** + una città → Vado a Parigi.
andare + **in** + un paese → Vado in Francia.
andare + **in** + bicicletta (macchina, treno, aereo) → Vado
   in bicicletta.

3. The forms of **di** + *article* can also express an unspecified or
undetermined quantity. This construction is called the *partitive*. The
English equivalent is *some* or *any* or simply an unaccompanied noun.

Prendo **dei** salatini.	*I'm having some snacks.*
Gino mette **dello** zucchero nel caffè.	*Gino puts sugar in coffee.*
Beviamo **dell'**aranciata.	*We are drinking some orange soda.*

The use of **di** meaning *some* or *any* is optional. It is almost always
omitted from questions and negative sentences.

Avete bibite in lattina?	*Do you have sodas in cans?*
No, non abbiamo bibite in lattina.	*No, we don't have sodas in cans.*

4. Remember: to indicate at what time an action occurs, use **a** + *article*.

Esco **alle** undici stasera.	*I go out at eleven tonight.*
Vanno alla partita di calcio **all'**una.	*They go to the soccer game at one.*

Except: Mangio **a mezzogiorno,** vado a dormire **a mezzanotte.**

5. **Usi speciali:** No article is used with the prepositions **a, di,** and **in** in
certain expressions. For example:

   a. No article is used with the preposition **a** in expressions such as
   a casa or **a scuola.**

Paola va **a** casa in
macchina.

b. No article is used with the preposition **di** in expressions such as **un libro di matematica, il professore di storia,** or **esco di casa.**

Paola va in biblioteca
a cercare dei libri **di**
letteratura italiana.

c. No article is used with the preposition **in** before words designating a room in a house (**cucina** [*kitchen*], **salotto** [*living room*], **sala da pranzo** [*dining room*], and so on), certain buildings (such as **banca, biblioteca, chiesa, ufficio**), or an area of the city (such as **centro** [*center;* **in centro** *downtown*] and **piazza**).

Paola guarda la
televisione **in** salotto.

Paola va **in** banca a
prendere dei soldi.

Paola incontra degli
amici **in** piazza.

ESERCIZI

A. Trasformazioni. Replace the italicized word in each sentence with each word in parentheses. Make any necessary changes to the rest of the sentence.

1. Carlo va alla *stazione*. (supermercato / stadio / festa / concerti)
2. Ricordi il nome del *professore*? (professoressa / zio di Marco / bambine / acqua minerale)
3. L'aeroplano vola (*flies*) sull'*aeroporto*. (case / città / ospedale / stadio)
4. Vengono dall'*università*. (caffè / biblioteca / stazione / aeroporto)

B. Un tè (*tea party*). Lisa is in a panic before her tea party. Complete the paragraph with the appropriate **preposizioni articolate.**

Lisa, prima di[a] un tè importante: Vediamo, il latte è (**in** + **il**)[1] frigo. Devo mettere lo zucchero (**su** + **il**)[2] carrello.[b] I signori Cardini mettono miele (**in** + **il**)[3] tè? (**A** + **i**)[4] loro bambini offro una cioccolata o una bibita in lattina. E che cosa offro (**a** + **la**)[5] dottoressa Marconi? Vediamo se ricordo... lei preferisce le paste (**a** + **i**)[6] salatini e il caffè (**a** + **la**)[7] spremuta. E (**a** + **gli**)[8] zii che cosa offro? E (**a** + **il**)[9] professor Morelli? Santo cielo,[c] che confusione!

[a]prima... *before* [b]*cart* [c]Santo... *Good Heavens!*

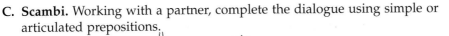

a le~~z~~ione   *before verb di*

C. Scambi. Working with a partner, complete the dialogue using simple or articulated prepositions.

1. S1: Vai a mangiare _alla_ mensa _con_ gli amici?
   S2: No, non posso. Prima *(First)* devo andare _in_ banca e poi vado _in_ biblioteca a studiare _per_ un esame.
2. S1: Ricordi il nome _del_ profumo che mi piace *(I like)* tanto *(so much)*?
   S2: No, ma possiamo andare _in_ profumeria qui vicino. → *all shops*
3. S1: Di chi è quella giacca *(jacket)* _sul_ letto?
   S2: È la giacca _della_ studentessa straniera, quella _di_ Parigi.
4. S1: Come passi le tue giornate?
   S2: Di solito esco di casa _alle_ otto di mattina e vado _in_ ufficio. Pranzo _al_ una _con_ i miei colleghi. Dopo pranzo andiamo _al_ bar a prendere un caffè e a fare due chiacchiere. Torniamo _in_ ufficio e lavoriamo. Usciamo _dall'_ ufficio _da_ sei e → *with cosa you need di* andiamo tutti ~~alla~~ _a_ casa.
5. S1: C'è _del_ burro nel frigo?
   S2: No, ma c'è _della_ margarina e _della_ panna *(cream)*.
6. S1: Dove mangiate? _in_ cucina? → *rooks in house take in*
   S2: Di solito _in_ salotto, davanti alla *(in front of the)* TV.
7. S1: Quella è la macchina _del_ signor Marchi?
   S2: La Porsche? No! È _della_ professoressa Bianchi.

D. La routine. Describe your daily routine to a partner, using the description of a typical Italian student's routine on page 122 as a model. Discuss where you go, what you do, and when. To relate a series of events, use words such as **prima, poi,** and **dopo.**

B. Passato prossimo con *avere*

A   B   C   D

Associate le frasi con i disegni.

1. Marcello ha bevuto il caffè.
2. Il barista ha preparato un caffè.
3. Marcello ha pagato alla cassa.
4. Marcello ha dato lo scontrino al barista.

1. The **passato prossimo** is a past tense that reports an action or event that was completed in the past. It consists of two words: the present tense of **avere** or **essere** (called *auxiliary* or *helping verbs*) and the past participle, **participio passato**, of the verb.

> *passato prossimo* = *presente di* **avere** *or* **essere** + *participio passato*

In this section you will learn how to form the **participio passato** and the **passato prossimo** with **avere**.

2. The **participio passato** of regular verbs is formed by adding **-ato, -uto,** and **-ito** to the infinitive stems of **-are, -ere,** and **-ire** verbs, respectively.

INFINITO	PARTICIPIO PASSATO	
-are	**-ato**	lavor**are** → lavor**ato**
-ere	**-uto**	ricev**ere** → ricev**uto**
-ire	**-ito**	cap**ire** → cap**ito**

IL PASSATO PROSSIMO

lavorare		**ricevere**		**capire**	
ho lavorato	*I worked*	ho ricevuto	*I received*	ho capito	*I understood*
hai lavorato	*you worked*	hai ricevuto	*you received*	hai capito	*you understood*
ha lavorato	*you worked* / *he/she worked*	ha ricevuto	*you received* / *he/she received*	ha capito	*you understood* / *he/she understood*
abbiamo lavorato	*we worked*	abbiamo ricevuto	*we received*	abbiamo capito	*we understood*
avete lavorato	*you worked*	avete ricevuto	*you received*	avete capito	*you understood*
hanno lavorato	*you worked* / *they worked*	hanno ricevuto	*you received* / *they received*	hanno capito	*you understood* / *they understood*

3. The **passato prossimo** has several English equivalents.

Ho mangiato.

I ate. (simple past)
I did eat. (emphastic past)
I have eaten. (present perfect)

4. When **avere** is the auxiliary, the past participle always ends in **-o** regardless of the subject of the verb.

Oggi Anna non lavora perché ha lavor**o** ieri.
Anche gli altri hanno lavor**o**.

Today Anna isn't working because she worked yesterday.
The others worked, too.

5. In negative sentences, **non** precedes the auxiliary verb.

—Ha ordinato un tè? —*Did you order a tea?*
—No, **non** ho ordinato un tè. —*No, I didn't order a tea.*

6. Some verbs have irregular past participles. Most are **-ere** verbs stressed on the stem, such as **LEGgere**.

a. Irregular **-are** verb:

fare   **fatto**   Abbiamo **fatto** un corso di biologia.

b. Irregular **-ere** verbs:

chiedere (*to ask for*)	**chiesto**	Marco ha **chiesto** il conto.
chiudere	**chiuso**	Perché non hai **chiuso** la porta?
correre	**corso**	Ho **corso** per 2 chilometri.
decidere	**deciso**	Marzia ha **deciso** di partire.
dipingere	**dipinto**	Tina ha **dipinto** un bel quadro.
leggere	**letto**	Tu e Massimo avete **letto** un bel libro.
mettere	**messo**	Maria ha **messo** il bicchiere sul tavolo.
perdere	**perso**	Abbiamo **perso** i biglietti.
prendere	**preso**	Abbiamo **preso** il treno per Firenze.
rispondere	**risposto**	Non hai **risposto** alla domanda.
scrivere	**scritto**	Salvatore ha **scritto** una lettera a sua madre.
vedere	**visto** or **veduto**	Ho **visto** il film. *or* Ho **veduto** il film.

The past participle of **bere** is based on the Latin form, *bevere:*

Ho **bevuto** un bicchiere d'acqua.

c. Irregular **-ire** verbs:

aprire	**aperto**	Abbiamo **aperto** una bottiglia (*bottle*) di vino rosso.
dire	**detto**	Ho **detto** la verità a mia madre.
offrire	**offerto**	Carlo ha **offerto** un caffè agli amici.

—Ma come fai ad avere sete? Hai bevuto un mese fa.

7. The **passato prossimo** is often accompanied by these and similar time expressions.

ieri		*yesterday*
ieri sera		*last night*

due giorni		*two days*	
una settimana	fa	*a week*	*ago*
un mese		*a month*	
un anno		*a year*	

lunedì		*Monday*	
il mese	scorso	*last* { *month*	
l'anno		*year*	

domenica		*Sunday*	
la settimana	scorsa/passata	*last* { *week*	

Hai parlato con Rita alla festa ieri sera?	*Did you talk to Rita at the party last night?*
Purtroppo, hanno avuto l'influenza la settimana scorsa.	*Unfortunately, they had the flu last week.*

8. Common adverbs of time, such as **già** (*already*), **mai** (*ever*), **non... ancora** (*not yet*), and **sempre** are often placed between **avere** and the past participle.

Ho già preso un caffè stamattina.	*I already had an espresso this morning.*
Hai mai ordinato paste italiane?	*Have you ever ordered Italian pastries?*
Non abbiamo ancora mangiato in quel ristorante.	*We have not yet eaten in that restaurant.*

ESERCIZI

A. Che hanno fatto ieri? What did each of these people do yesterday?

1. il postino (*mail carrier*)
2. la segretaria
3. la professoressa
4. lo studente
5. la bambina
6. il cameriere
7. il dottore
8. la donna di servizio (*maid*)

ha pulito la casa.
ha portato la pizza ai clienti (*customers*).
ha risposto al telefono e ha scritto due lettere.
ha dato la medicina al bambino.
ha letto un libro e ha preparato la lezione di oggi.
ha messo le lettere sotto (*under*) la porta.
ha fatto i compiti.
ha mangiato un biscotto e ha bevuto un bicchiere di latte.

B. Trasformazioni. Replace the subject of each sentence with each subject in parentheses, and change the verb form accordingly.

1. Roberto ha mangiato troppe patatine. (loro / io / tu / voi)
2. Non abbiamo dormito bene. (io / la signora / i bambini / tu)
3. Hai ricevuto una lettera? (chi / voi / loro / Lei)
4. Hanno chiesto un cappuccino. (il dottore / io / noi / tu e Silvana)
5. Ho messo il ghiaccio nei bicchieri. (Lei / noi / le ragazze / voi)

C. Maurizio è un cameriere molto bravo... Continue the description of Maurizio, beginning with **Anche ieri...** Use the **passato prossimo** as in the example.

ESEMPIO: Oggi dice «Grazie!» ai clienti. →
      Anche ieri ha detto «Grazie!» ai clienti.

1. Comincia a lavorare presto.
2. Porta i salatini al tavolino.
3. Chiede ai clienti cosa preferiscono.
4. Risponde subito ai clienti.
5. Pulisce bene i tavolini.

D. Fatto e non fatto. Ask your partner what he/she did at the times indicated.

ESEMPIO: ieri →
    A: Che hai fatto ieri?
    B: Ieri ho letto il giornale, ma non ho guardato la TV.

Attività: guardare la TV, prendere un cappuccino, dare un esame, fare il letto, pulire il frigo, leggere il giornale...

1. oggi
2. l'anno scorso
3. ieri sera
4. stamattina
5. la settimana scorsa
6. due giorni fa
7. sabato scorso
8. un mese fa

E. Trovate le persone che... In pairs, circulate to find other pairs who have had the following experiences.

ESEMPIO: vedere un film italiano →
    A: Avete mai visto un film italiano?
    B: Sì, abbiamo visto *Cinema Paradiso.* / No, non abbiamo mai
       visto un film italiano.

1. viaggiare in Europa / Asia / Alaska / Wisconsin
2. leggere il *Decameron*
3. perdere i biglietti
4. amare la cucina (*cuisine*) cinese
5. bere un caffè espresso
6. vedere una persona famosa
7. studiare un'altra lingua straniera
8. fare un giro in bici

Il bar italiano

Interno di un bar fiorentino

An Italian **bar** is very different from an American bar. Italians of all ages frequent bars for coffee or light drinks and snacks, including **dolci, panini, pizzette,** and regional specialties. The most common drink is coffee (**caffè espresso** or **cappuccino**).

There are two ways to order at an Italian bar. First you decide whether you want to stand at the counter (**al banco**) or sit at a table (**al tavolino**). You will pay more at a table because a **cameriere** serves you. Ordinarily, Italians prefer to stand at the counter. If you decide to stand **al banco,** it is customary to pay in advance **alla cassa.** You will receive a small receipt called **lo scontrino.** You then go to the counter and place your order with **il/la barista.** When you receive your order, you give **lo scontrino** to the **barista.** It is customary to give a small tip (**la mancia**) for good service.

C. Passato prossimo con *essere*

MARIANNA:	Sei andata al cinema ieri sera, Carla?
CARLA:	Purtroppo no, Marianna. Gli altri sono andati al cinema; io sono stata a casa e ho studiato tutta la santa sera!

1. Most verbs use **avere** to form the **passato prossimo,** but many common verbs use **essere.*** The past participle of a verb that forms the **passato prossimo** with **essere** always agrees in gender and number with the subject of the verb. It can therefore have four endings: **-o, -a, -i, -e.**

PASSATO PROSSIMO OF **andare**			
sono andato/a	*I went / have gone*	siamo andati/e	*we went / have gone*
sei andato/a	*you went / have gone*	siete andati/e	*you went / have gone*
è andato/a	*you went / have gone* *he, she, it went / has gone*	sono andati/e	*you went / have gone* *they went / have gone*

MARIANNA: Did you go to the movies last night Carla? CARLA: Unfortunately no, Marianna. The others went to the movies; I stayed home and studied the whole blessed evening!

*In vocabulary lists beginning with this chapter, an asterisk (*) will indicate verbs conjugated with **essere.**

Gianni è andato a teatro.	*Gianni went to the theater.*
Anna è andata a teatro.	*Anna went to the theater.*
Gli altri non sono andati a teatro.	*The others didn't go to the theater.*
Le ragazze sono andate a teatro.	*The girls went to the theater.*

2. Most verbs that form the **passato prossimo** with **essere** are verbs of
    locomotion and inactivity, such as **andare, arrivare, entrare,** (*to enter;
    to go in*), **essere, partire, rimanere, stare, uscire,** and **venire,** and verbs
    indicating changes in state of being, such as **nascere** (*to be born*),
    diventare (*to become*), and **morire** (*to die*). As illustrated above, verbs
    that take **essere** also describe actions and states associated with the
    home. Notice that **venire, morire, rimanere,** and **nascere** have
    irregular past participles.

andare	**andato**	Siamo **andati** in centro.
arrivare	**arrivato**	Chi è **arrivato** presto?
diventare	**diventato**	Paola è **diventata** famosa.
entrare	**entrato**	Perché non siete **entrati** nel bar?
essere	**stato**	Sei **stato** a letto tutto il giorno?
morire	**morto**	Purtroppo, il cane è **morto** ieri.
nascere	**nato**	Giulia è **nata** in questo paese (*country*).
partire	**partito**	Le ragazze non sono ancora **partite.**
rimanere	**rimasto**	Marco e Luca sono **rimasti** a casa tutta la sera.
stare	**stato**	Siamo **stati** zitti.
uscire	**uscito**	Quando sei **uscita?**
venire	**venuto**	Sono **venuto** in ufficio alle sette.

—Quel tizio^a che è passato non è
il tuo vecchio fidanzato?

^a*guy* (*slang*)

3. Note that the verbs **essere** and **stare** have identical forms in the
passato prossimo. Sono stato/stata can mean either *I was* or *I stayed,*
depending on the context.

Mario è stato ammalato tre volte questo mese.	*Mario has been sick three times this month.*
Mario è stato a casa una settimana.	*Mario stayed home for a week.*

Andrea
é nato a Milano il 19 dicembre
2003. Figlio di Claudia
e Piero Caslini, saluta i nonni
e tutti gli zii e zie.

Sofia
é nata a Forli il 1° luglio 2003. Ha
portato una grande gioia a mamma
Marina e papà Renato Cappelli,
ai nonni e allo zio Roberto.

ESERCIZI

A. Domande personali. Choose the best answers to these personal
questions.

1. Ieri sono ritornato/ritornata a casa…
   a. prima delle otto di sera.   **b.** dopo le otto di sera.
2. Oggi sono arrivato/arrivata in classe…
   a. puntuale.   **b.** in ritardo (*late*).
3. Ieri sono uscito/uscita da scuola…
   a. prima del professore / della professoressa
   b. dopo il professore / la professoressa

4. Due giorni fa, sono andato/andata a letto…
   a. prima delle dieci.   **b.** dopo le dieci.

5. La settimana scorsa, sono rimasto/rimasta a casa…
   a. lunedì sera.   **b.** venerdì sera.

6. L'estate scorsa, sono andato/andata in vacanza…
   a. con amici.   **b.** con la famiglia.

B. Trasformazioni. Replace the subject of each sentence with each subject in parentheses, and make all necessary changes.

1. Noi siamo andati a un concerto. (Carlo / Silvia / le tue amiche / tu, mamma) *è stato   sono stati   sono state ammalato*

2. Mario è stato ammalato. (la zia di Mario / i bambini / le ragazze / tu, zio) *sei stato   è venuta   sono venuti   siamo venti*

3. Laura è venuta alle otto. (il professore / gli studenti / anche noi / tu, papà) *sei venuto*

C. Scambi. Working with a partner, complete the conversations.

1. S1: Grazie, professore, è stat_o___ molto gentile!
   S2: Anche Lei, signorina, è stat_a___ molto gentile!

2. S1: Hai vist_o___ Luisa quando è entrat_a___?
   S2: Sì; è andat_a___ subito dal (*to the*) direttore.

3. S1: Vittorio e Daniela sono tornat_i___ dalle vacanze in Umbria?
   S2: Sì, ieri. Sono arrivat_____ a casa stanchi. Quante chiese hanno visitat_o___! Hanno dett_o___ che hanno fatt_o___ molte foto.

4. S1: I ragazzi sono andat_i___ a Venezia in treno, ma le ragazze sono andat_e___ in aereo. E la nonna?
   S2: È andat_a___ in macchina con la zia Silvia.

5. S1: Chi ha cucinat_o___ quando la mamma è stat_a___ ammalata?
   S2: Papà.
   S1: Come avete mangiat_o___?
   S2: Abbiamo mangiat_o___ bene!

D. Abitudinari. (*Creatures of habit.*) You, Sandra, and Riccardo have similar routines. Restate the following paragraph four times in the **passato prossimo:** once with the subject **io,** once with **Sandra,** once with **Riccardo,** and once with **Riccardo e Sandra.**

Esce di casa, prende l'autobus, arriva all'università; va a lezione d'italiano, poi a lezione di fisica; incontra gli amici e mangia alla mensa. Dopo il pranzo, fa due chiacchiere con gli amici al bar fino a quando[a] deve andare alla lezione seguente.[b] Poi va a lezione di scienze naturali, ritorna a casa e guarda la televisione.

[a]*when*   [b]*next*

E. La settimana scorsa. Make a list of your activities from Monday to Friday of last week. Then tell your partner what you did. Your partner will take notes and describe your activities to another pair or to the class.

D. Conoscere e sapere

LUIGI:	Conosci Marco?
ANTONIO:	No, non lo conosco, ma so che suona il piano e che sa dipingere—è artista e musicista.
LUIGI:	Conosci Maria?
ANTONIO:	No, non la conosco, ma so che gioca bene a calcio e che sa giocare anche a football.
LUIGI:	Tu non conosci molta gente, vero?
ANTONIO:	No, questo è vero, ma so molte cose di molte persone*!

Conoscere and **sapere** both correspond to the English verb *to know,* but they have different meanings.

Conoscere is regular; **sapere** is irregular.

PRESENTE conoscere	
conosco	conosciamo
conosci	conoscete
conosce	conoscono

PRESENTE sapere	
so	sappiamo
sai	sapete
sa	sanno

PASSATO PROSSIMO
ho conosciuto

PASSATO PROSSIMO
ho saputo

1. **Conoscere** means *to know* in the sense of *to be acquainted with someone or something.* It can also mean *to make the acquaintance of, to meet.*

Conosci l'amico di Giovanna?	*Do you know Giovanna's friend?*
Non **conosciamo** la città.	*We don't know the city.*
Voglio **conoscere** quella ragazza.	*I want to meet that girl.*

LUIGI: Do you know Marco? ANTONIO: No, I don't know him, but I know that he plays the piano and that he knows how to paint—he's an artist and musician. LUIGI: Do you know Maria? ANTONIO: No, I don't know her, but I know that she plays soccer well and that she knows how to play American football too. LUIGI: You don't know many people, right? ANTONIO: No, this is true, but I know a lot of things about a lot of people!

*Two Italian words correspond to the English *people:* **la gente** and **le persone. Gente** is a feminine singular noun. **Persone** is feminine plural.

C'è molta gente.	
Ci sono molte persone.	*There are many people.*

2. **Sapere** means *to know a fact, to have knowledge of something,* or *to find out something.* When followed by an infinitive, it means *to know how to do something.*

Scusi, **sa** dov'è il ristorante Stella?	*Excuse me, do you know where the Ristorante Stella is?*
Non **so** perché i bambini non mangiano.	*I don't know why the kids aren't eating.*
Sanno tutti i nomi degli studenti.	*They know all the names of the students.*
Quando posso **sapere** a che ora è l'esame?	*When can I find out what time the exam is?*
Sapete ballare voi?	*Do you know how to dance?*

3. The pronoun **lo** must be used with **sapere** to express the object of the verb. This object is understood (but not expressed) in English.

—Sapete dov'è Monza?	*—Do you know where Monza is?*
—Non **lo** sappiamo.	*—We don't know.*

4. In the **passato prossimo,** these verbs have more precise meanings: **conoscere** means *to meet,* and **sapere** means *to find out (to hear).*

Abbiamo conosciuto una signora molto simpatica dai Guidotti.	*We met a very nice woman at the Guidottis'.*
Ieri ho saputo che i Mincuzzi sono partiti.	*Yesterday I found out (heard) that the Mincuzzis left.*

—Ho saputo che avete litigato[a] con lo scultore che abita qui accanto[b]...

[a]*argued* [b]qui... *next door*

A. Scambi. Complete the conversations with the appropriate verb.

1. s1: (Sa/Conosce) questa città, signorina?
   s2: Sì, ma non (so/conosco) dove trovare un ristorante giapponese.
2. s1: Paolo, non (sai/conosci) cucinare?
   s2: No, ma (so/conosco) molti buoni ristoranti!
3. s1: (Sapete/Conoscete) il ragazzo di Antonella?
   s2: Sì: è simpatico, è intelligente e (sa/conosce) anche suonare la chitarra.
4. s1: Ragazzi, (sapete/conoscete) chi è il presidente della Repubblica Italiana?
   s2: No, ma (sappiamo/conosciamo) chi è il nostro presidente.
5. s1: Signora, Lei (sa/conosce) perché i musicisti non sono arrivati?
   s2: No, non lo (so/conosco).

B. I fatti. Do you know the answers to the following questions? Working with a partner, respond by saying you do (**Sì, lo so**) or do not (**No, non lo so**). If you do know, give the answer.

ESEMPIO: s1: Sai dov'è la Statua della Libertà?
   s2: No, non lo so. (Sì, lo so; è a New York.)

1. Sai chi ha inventato la radio?
2. Sai quanti anni ha Robert DeNiro?
3. Sai dov'è il Teatro alla Scala?
4. Sai quanti sono i segni dello zodiaco?
5. Sai quante sono le regioni italiane?
6. Sai quanti partiti (*political parties*) ci sono in Italia?
7. Sai quali sono gli ingredienti della pizza?

C. Interviste. Interview two or three classmates to find out more about them. Then tell the class one new thing you know about each of them.

ESEMPIO: Conosco Marcello. So che suona il piano.

D. Conversazione.

1. Sai ordinare in un bar italiano?
2. Conosci un bar famoso a Napoli?
3. Sai dove trovare buoni biscotti italiani?
4. Sai il nome di una bibita italiana?
5. Conosci molte città italiane?
6. Hai mai conosciuto un famoso giocatore di calcio?
7. Vuoi sapere il nome di un buon ristorante italiano vicino all'università?

Piccolo ripasso

A. A letto; al bar. Restate the following paragraphs using the subjects indicated in parentheses at the end of each passage.

1. Giorgio non è venuto a lezione perché è stato ammalato. Ha avuto l'influenza ed è stato a letto tre giorni. Oggi è uscito per la prima volta[a] ed è andato un po' in bicicletta. Poi è tornato a casa, ha letto per un paio[b] d'ore ed è andato a letto presto. (Marisa / io / Gino e Laura)

   [a]la... *the first time*   [b]un... *a couple*

2. Ieri sera siamo andati al bar e abbiamo preso un gelato. Siamo stati in piedi, non al tavolo, così abbiamo pagato solo 2 euro a testa.[a] Quando[b] siamo usciti, abbiamo visto i signori Freni. Siamo andati a casa loro a fare due chiacchiere. Siamo tornati a casa dopo mezzanotte stanchi ma contenti della bella serata. (voi / tu / Carlo)

   [a]a... *each*   [b]*When*

B. L'avvocato (*lawyer*) **Togni.** Working with a partner, complete the following conversation using the appropriate forms of **conoscere** or **sapere**.

S1: _____[1] l'avvocato Togni?

S2: No, non lo _____[2] personalmente ma _____[3] chi è; _____[4] dove abita e che cosa fa, e _____[5] sua moglie Sandra. La _____[6] da due anni.

S1: Com'è?

S2: È una donna in gamba:[a] _____[7] cucinare molto bene, _____[8] ballare, _____[9] cantare e _____[10] la storia e la letteratura di molti paesi.

S1: _____[11] da quanto tempo sono sposati[b]?

S2: No, non lo _____.[12]

[a]in... *capable, "with it"*   [b]*married*

C. La giornata degli zii. Complete with the appropriate **preposizioni semplici** and **preposizioni articolate.**

La zia Claudia fa colazione _____[1] sei di mattina ed esce _____[2] casa subito dopo perché deve prendere l'autobus per andare _____[3] centro. La sveglia[a] _____[4] zio, invece, suona _____[5] otto. Lui può andare _____[6] ufficio tardi, se vuole, perché è un architetto molto famoso. È molto simpatico e porta spesso _____[7] paste _____[8] persone con cui[b] lavora. La zia torna _____[9] casa presto, _____[10] quattro. Aspetta lo zio e, quando lui torna, vanno _____[11] bicicletta per mezz'ora e poi mangiano insieme. Dopo cena leggono il giornale o telefonano _____[12] amici e vanno _____[13] letto presto.

[a]*alarm clock*   [b]*whom*

D. Intervista. Interview a classmate to find out the following.

1. whether he/she drinks water with ice or without ice
2. whether he/she drinks milk for breakfast
3. whether he/she has ever put lemon in his/her tea
4. whether he/she has ever eaten Italian snacks
5. whether he/she is on a diet

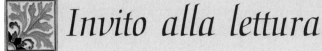
Invito alla lettura

In Campania

«Vedi Napoli e poi muori!» dice un vecchio proverbio napoletano e, se ancora[1] non hai visto questa magnifica città, capitale della Campania, devi proprio farlo.

Napoli è una città assolutamente eccezionale. Vive sotto[2] il Vesuvio, che è un vulcano attivo, e esiste tra ricchezza[3] e povertà, grandi tesori d'arte e case cadenti.[4] I napoletani sanno fare la pizza migliore del mondo,[5] sanno usare la fantasia e sanno «arrangiarsi» per vivere.[6]

Ma tutta la Campania ha una bellezza particolare. Dopo Napoli puoi vedere il fascino straordinario dei templi di Paestum e delle antiche città romane di Pompei ed Ercolano, sepolte[7] dall'eruzione del Vesuvio del 79 d.C.[8]

Per chi ha voglia di natura ci sono le isole di Capri e di Ischia e la costa amalfitana, con le immagini fantastiche dei loro scogli,[9] dell'azzurro del loro mare, del verde delle loro piante abbondanti.

Se poi ami il caffè italiano, a Napoli e in tutta la Campania puoi gustare[10] il migliore. È senza dubbio[11] il più forte, il più profumato[12] e preparato con più cura.[13] Dice infatti uno dei tanti personaggi[14] del teatro di Eduardo De Filippo: «La tazzina[15] di caffè la devo fare ogni giorno io stesso, con le mie mani.[16] È una grande soddisfazione: è la poesia della vita.[17]»

[1]*still* [2]*Vive… It lives under* [3]*tra… between wealth* [4]*dilapidated* [5]*migliore… best in the world*
[6]*«arrangiarsi»… "to make do" to live* [7]*buried* [8]*dopo Cristo (A.D.)* [9]*cliffs* [10]*taste* [11]*a doubt*
[12]*il… the strongest, most fragrant* [13]*care* [14]*characters* [15]*cup* [16]*io… myself, with my hands* [17]*life*

Pompei e il Vesuvio

E ora a te

Capire

Vero o falso?

		V	F
1.	Napoli si trova sotto il Vesuvio.	☐	☐
2.	I napoletani sanno fare bene la pizza.	☐	☐
3.	In Campania ci sono dei templi.	☐	☐
4.	Ischia è una città della Campania.	☐	☐
5.	A Napoli poche persone prendono il caffè.	☐	☐

Scrivere

As you just read, Naples is the home of traditional Italian coffee. What do you drink at the following times of day and in the following situations? If you write **caffè** more than three times, you can consider yourself an Italian at heart!

Che cosa bevo...	
la mattina, prima della prima lezione del giorno:	
a pranzo:	
a cena:	
dopo cena:	
quando mangio dei biscotti:	
quando sono depresso/depressa:	
quando studio:	
quando esco con gli amici:	
la mattina, quando ho studiato tutta la notte (*all night*):	

Videoteca

 Caffè all'italiana

Roberto and Giuliana have gone to the neighborhood café for breakfast. When Roberto orders an unusual type of coffee, Giuliana explains the various types of Italian coffee.

FUNZIONE: ordering in a café

ESPRESSIONI UTILI

lasciamo perdere	let's forget about it
un goccio	a drop
la grappa	an Italian liquor made from grape pits and skins
fare confusione	to confuse, get confused
Penso proprio di no!	I really don't think so!

Preparazione

ROBERTO: Allora prendo un caffè corretto e un cornetto.

GIULIANA: Roberto, sei sicuro di volere un caffè corretto? Un caffè corretto di mattina?

ROBERTO: Sì, perché? Cosa c'è di strano?

GIULIANA: Scusa, ma gli americani normalmente bevono alcoolici a colazione?

Verifica

Vero o falso?

	V	F
1. Roberto ordered **un caffè ristretto** for breakfast.	☐	☐
2. **Un caffè lungo** has additional water added.	☐	☐
3. Italians get confused about the different types of coffee.	☐	☐

Comprensione

Answer the following questions.

1. What does Giuliana want for breakfast?
2. How is **un caffè macchiato** made?
3. What is normally put in **un caffè corretto?**

Attività

Working with a partner, write a small breakfast menu for your partner. Imagine what your partner might want to eat. Present your partner with the menu and explain why you have chosen each item. Ask your partner if each item is something he/she eats or drinks. If it isn't, your partner should say what he/she would have instead.

ESEMPIO: S1: Bevi il caffè macchiato?
S2: No, non bevo il caffè macchiato. Bevo il succo d'arancia.

Parole da ricordare

VERBI

chiedere (*p.p.* **chiesto**)	to ask for
conoscere (*p.p.* **conosciuto**)	to know, be acquainted with; to meet
*diventare	to become
*entrare	to enter; to go in
*essere (*p.p.* **stato**) a dieta	to be on a diet
fare (*p.p.* **fatto**) due chiacchiere	to chat
fare lo scontrino	to get a receipt
fare uno spuntino	to have a snack
mettere (*p.p.* **messo**)	to put
*morire (*p.p.* **morto**)	to die
*nascere (*p.p.* **nato**)	to be born
offrire (*p.p.* **offerto**)	to offer (to pay), to "treat"
ordinare	to order
pagare (con la carta di credito / con un assegno / in contanti)	to pay (with a credit card / by check / in cash)
*rimanere (*p.p.* **rimasto**)	to remain; to stay
sapere	to know; to have knowledge of; to know how to; to find out

NOMI

l'acqua (minerale/gassata/naturale)	water (mineral/carbonated/noncarbonated)
il banco	counter
il/la barista	bar attendant, bartender
la bevanda	beverage
la bibita	soda, soft drink
il bicchiere	(drinking) glass
il biscotto	cookie
la brioche	sweet roll, croissant
il burro	butter
il caffè	espresso, coffee (strong Italian coffee)
il caffè macchiato	espresso with a few drops of milk
il cameriere / la cameriera	waiter/waitress
il cappuccino	espresso infused with steamed milk
la cassa	cashier's desk
il cassiere / la cassiera	cashier
il centro	center
in centro	downtown
la cioccolata	(hot) chocolate
il/la cliente	customer
la colazione	breakfast
il conto	bill, check
il cornetto	sweet roll, croissant
la cucina	kitchen; cuisine
la dieta	diet
i dolci	sweets
la fetta	slice
la gente	people
il ghiaccio	ice
il latte	milk
la lattina	aluminum can
il limone	lemon
la mancia (*pl.* le mance)	tip
la marmellata	marmalade, jam
la merenda	mid-afternoon snack
il miele	honey
la nocciolina	peanut
il paese	village
il paio (*pl.* le paia)	couple; pair
il pane	bread
una pasta	a (*piece of*) pastry
la pasticceria	pastry shop
le patatine	potato chips
il postino	mail carrier
il pranzo	lunch
la robaccia	junk food
la sala da pranzo	dining room
i salatini	snacks, crackers, munchies
il salotto	living room
lo scontrino	receipt
la spremuta	freshly squeezed juice
lo spuntino	snack
il succo d'arancia	orange juice
la sveglia	alarm clock
il tavolo	table
il tavolino	small table, café table
il tè (caldo)	(hot) tea

*Words identified with an asterisk (*) are conjugated with **essere**.

il tè freddo	iced tea	dopo	after, afterward
il tramezzino	a multi-layered sandwich on thin bread	fa	ago
		già	already
lo zucchero	sugar	ieri	yesterday
		ieri sera	last night
		in fretta	in a hurry
AGGETTIVI		in gamba	capable, "with it"
ammalato	sick	mai	ever
passato	last (*with time expressions*)	piuttosto	instead, rather
prossimo	next (*with time expressions*)	prima	first
scorso	last (*with time expressions*)	prima di	before
		la prima volta	the first time
ALTRE PAROLE E ESPRESSIONI		purtroppo	unfortunately
al banco	at the counter	qualcosa da bere / da mangiare	something to drink / to eat
al tavolino	at a table		
davanti a	in front of		

Pronto in tavola!

Due amiche cenano ad Amalfi

In seguito

Practice the skills you learned in this chapter and get connected to the Italian-speaking world through the *Prego!* supplements!

www.mhhe.com/prego6

143

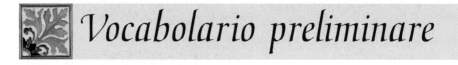

Vocabolario preliminare

Cosa facciamo per cena?

IRENE: Che fame, Fabio! Sono già le sette e mezzo. Cosa facciamo per cena?

FABIO: Non lo so… E poi il frigo è quasi vuoto[1]! Perché non andiamo fuori[2] a mangiare?

IRENE: Buon'idea! Ti va una pizzeria? Ho proprio voglia di una pizza…

FABIO: Anch'io… o di un bel piatto[3] di spaghetti! Invitiamo anche Marco e Alessandra?

IRENE: Se non hanno già cenato! Possiamo anche ordinare delle pizze a casa, fare solamente[4] un primo e invitare Marco e Alessandra qui!

1. Che ore sono?
2. Cosa vuole mangiare Irene?
3. Perché Fabio e Irene non vogliono stare a casa stasera?
4. Qual è l'idea di Irene per la cena?

[1]*empty* [2]*out* [3]*plate, dish* [4]*only*

Cucinare e cenare

AL RISTORANTE
il conto bill, check
la cucina cooking; cuisine
il pasto meal
la prenotazione reservation
il servizio, il coperto cover charge

apparecchiare la tavola to set the table
cenare to eat dinner
pagare il conto to pay the bill
portare il conto to bring the bill
pranzare to eat lunch
fare una prenotazione to make a reservation
prenotare to reserve
preparare to prepare
provare to try
scegliere (*p.p.* **scelto**) to choose

IL MENU ITALIANO
l'antipasto appetizer
  l'antipasto misto mixed appetizer (**le olive** [*olives*], marinated and roasted vegetables like **i sottaceti** [*pickled vegetables*] and **i carciofi** [*artichokes*], **i salumi**)
  i crostini canapés
  il prosciutto e melone cured ham and melon (canteloupe)
  i salumi (prosciutto, salame) cold cuts (ham, salami)
il primo (piatto) first course
  gli gnocchi dumplings
  il minestrone hearty vegetable soup

la pasta (le fettuccine, le lasagne,
   le penne, i ravioli, gli spaghetti,
   i tortellini)
   in brodo in broth
   alla carbonara with a sauce of
      eggs, bacon, and grated cheese
   al forno baked
   al pesto with a sauce of basil,
      garlic, grated parmesan, and
      pine nuts
   al ragù, alla bolognese with
      meat sauce
   al sugo di pomodoro with
      tomato sauce
il riso rice
il risotto creamy rice dish
il secondo (piatto) main course
   l'arrosto roast
   la bistecca alla griglia grilled steak
   la carne meat
      il maiale pork
      il manzo beef
      il pollo chicken

il vitello veal
il pesce fish
il contorno side dish
   l'insalata mista mixed salad
   le patate (fritte) (fried) potatoes
   i pomodori tomatoes
   la verdura vegetables
il formaggio cheese
   la mozzarella mozzarella
   il parmigiano parmesan
il dolce dessert
   la crostata pie
   la frutta fresca fresh fruit
   il gelato ice cream
   la macedonia fresh fruit cocktail
   il tiramisù ladyfingers soaked in
      espresso and layered with cream
      cheese, whipped cream, and
      chocolate
   la torta cake
il vino wine
   il vino bianco white wine
   il vino rosso red wine

ESERCIZI ■ ■ ■ ■ ■ ■ ■ ■

A. Al ristorante. Marco e Alessandra non hanno accettato l'invito di Irene e
   Fabio perché erano già al ristorante. Completa la loro conversazione con
   il cameriere. (*Marco and Alessandra didn't accept Irene and Fabio's invitation
   because they were already at a restaurant. Complete their conversation with the
   waiter.*)

MARCO: Alessandra, che cosa _____[1]?

ALESSANDRA: Non so, ho molta _____[2] Probabilmente un_____,[3] un
   primo e un _____.[4]

MARCO: Mmmm, non so se posso mangiare tanto. Per me solo un
   antipasto e un _____.[5]

CAMERIERE: I signori desiderano?

ALESSANDRA: Per me, prosciutto e melone e _____[6] alla griglia.

CAMERIERE: Con _____[7]?

ALESSANDRA: Sì, grazie, un'insalata.

CAMERIERE: (*a Marco*) E Lei?

MARCO: Per me _____[8] e spaghetti alla carbonara.

B. Ordiniamo! Cosa ordini al ristorante in queste situazioni? Usa la lista del **Vocabolario preliminare.** (*What do you order at a restaurant in these situations? Use the list in the **Vocabolario preliminare.***)

1. Preferisco la carne bianca. Cosa ordino?
2. Non mangio mai carne. Quali (*Which*) piatti non ordino?
3. Adoro la pasta ma non mangio carne. Quale primo ordino?
4. Sono stanco/stanca di mangiare pasta. Cosa ordino come (*as*) primo?
5. Sono a dieta. Quali piatti posso mangiare?
6. Sono vegetariano/vegetariana. Cosa ordino come secondo?
7. Sono allergico/allergica ai latticini (*dairy products*). Cosa non posso ordinare?
8. Ho voglia di un dolce. Cosa ordino?

C. Indovinelli. Ecco alcuni indovinelli da risolvere. (*Here are some riddles to solve.*)

1. È rosso con la carne e bianco con il pesce.
2. È una frutta che mangiamo con un tipo di carne di maiale, ma non alla fine del pranzo.
3. È un tipo di formaggio fresco, uno degli ingredienti principali della pizza.
4. Accompagnano spesso la bistecca, e vengono da una pianta (*plant*) portata in Italia da Cristoforo Colombo.
5. Dicono che Marco Polo ha portato questo tipo di pasta in Italia dalla Cina.
6. Il suo nome significa (*means*) *pick-me-up.*

—Posso invitarti a cena?

In ascolto

For listening comprehension activities related to the theme of this chapter, see the Laboratory Manual or visit the *Prego!* website.
www.mhhe.com/prego6

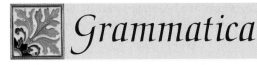

Grammatica

A. Pronomi di oggetto indiretto

ALBERTO:	Siamo quasi a Natale. Cosa regaliamo quest'anno alla nonna?
ELISABETTA:	Semplice. Le regaliamo il dolce tradizionale, il panettone.
ALBERTO:	Benissimo! E allo zio Augusto?
ELISABETTA:	Perché non gli compriamo un libro di cucina? Cucinare è il suo hobby preferito.
ALBERTO:	Buon'idea! E tu, cosa vuoi?
ELISABETTA:	Puoi comprarmi una macchina per fare la pasta. Così ci facciamo delle belle tagliatelle!

1. As you saw in **Capitolo 4,** direct-object nouns and pronouns answer the question *what?* or *whom?* Indirect-object nouns and pronouns answer the question *to whom?* or *for whom?* In English the word *to* is often omitted: *We gave a cookbook to Uncle Giovanni.* → *We gave Uncle Giovanni a cookbook.* In Italian, the preposition **a** (or **per**) is always used before an indirect-object noun.

Abbiamo regalato un libro di cucina **allo** zio Giovanni.	*We gave a cookbook to Uncle Giovanni.*
Ho comprato il regalo **per** Maria.	*I bought the gift for Maria.*
Puoi spiegare questa ricetta **a** Paolo?	*Can you explain the recipe to Paolo?*

2. Indirect-object pronouns (**i pronomi di oggetto indiretto**) replace the indirect-object nouns. They are identical in form to direct-object pronouns except for the third-person forms **gli, le,** and **loro.**

SINGOLARE			PLURALE		
mi	*(to/for)*	*me*	**ci**	*(to/for)*	*us*
ti	*(to/for)*	*you (inform.)*	**vi**	*(to/for)*	*you (inform.)*
Le	*(to/for)*	*you (m. and f., form.)*	**Gli (Loro)**	*(to/for)*	*you (m. and f., form.)*
gli	*(to/for)*	*him*	**gli (loro)**	*(to/for)*	*them*
le	*(to/for)*	*her*			

ALBERTO: It's almost Christmas. What shall we give Grandma this year? ELISABETTA: (That's) Simple. We'll give her the traditional cake, panettone. ALBERTO: Great! And for Uncle Augusto? ELISABETTA: Why don't we buy him a cookbook? Cooking is his favorite hobby. ALBERTO: Good idea! And you, what would you like? ELISABETTA: You can buy me a pasta machine. That way we can make ourselves some nice tagliatelle!

a. In contemporary usage, **Loro/loro** has been replaced by **Gli/gli,** which precedes the verb. **Loro/loro** always follows the verb.

Gli parliamo domani. *or* (*rarely*)   *We'll talk to them tomorrow.*
   Parliamo **loro** domani.

b. Indirect-object pronouns (except **Loro/loro**) precede the verb even in negative sentences.

—**Le** hai dato le ricette?   —*Did you give her the recipes?*
—No, non **le** ho dato le ricette.   —*No, I didn't give her the recipes.*

c. Indirect-object pronouns attach to the infinitive, and the **-e** of the infinitive is dropped.

Non ho più tempo di parlar**gli.**   *I no longer have time to talk to him.*

If the infinitive is preceded by a form of **dovere, potere,** or **volere,** the indirect-object pronoun can either attach to the infinitive (after the **-e** is dropped) or precede the conjugated verb.

Voglio parlar**gli** da solo.   *I want to talk to him alone.*
Gli voglio parlare da solo.

d. **Le** and **gli** *never* elide before a verb beginning with a vowel or **h.**

Le offro un caffè.   *I offer her a cup of coffee.*
Gli hanno detto «Ciao!»   *They said "Ciao!" to him.*

3. Indirect object nouns and pronouns are often used with the following verbs:

chiedere (*p.p.* chiesto)
consigliare *to recommend*
dare
dire (*p.p.* detto)
domandare *to ask*
(im)prestare *to lend*
insegnare
mandare *to send*
mostrare *to show*
offrire (*p.p.* offerto)
comprare

portare
(preparare)
regalare *to give (as a gift)*
rendere (*p.p.* reso) *to return, give back*
riportare *to bring back*
rispondere (*p.p.* risposto)
scrivere (*p.p.* scritto)
telefonare

Many of these verbs also take a direct object.

DIRECT OBJECT NOUN	INDIRECT OBJECT NOUN	
Porto le paste	a mia zia.	*I bring the pastries to my aunt.*
Scriviamo le e-mail	agli amici.	*We write e-mails to our friends.*

—**Che cosa gli regaliamo per Natale[a]?**

[a]Christmas

A. Alberto e Elisabetta. Leggi di nuovo la conversazione tra Alberto e Elizabetta a pagina 147. Trova i quattro pronomi di oggetto indiretto e i nomi a cui si riferiscono. (*Read the conversation between Alberto and Elisabetta on page 147 again. Find the four indirect-object pronouns and the nouns to which they refer.*)

B. Scambi. Con un compagno / una compagna, completate le seguenti conversazioni con un pronome di oggetto indiretto. (*Working with a partner, complete the following conversations with indirect-object pronouns.*)

1. S1: Professore, posso far**le** una domanda?
   S2: Certo, signorina. Cosa **mi** vuole chiedere?
2. S1: Come parla bene! Chi **le** ha insegnato il francese?
   S2: **Mi** ha insegnato il francese una signora francese molto brava.
3. S1: Io non sono mai a casa: non puoi telefonar**mi**.
   S2: E allora, **ti** devo scrivere una lettera?
4. S1: Quando i bambini hanno fame, **gli** preparo gli spaghetti. E tu, cosa prepari per tua moglie?
   S2: Di solito **le** preparo un'insalata o della verdura cotta (*cooked*). Tutto cibo (*food*) genuino!
5. S1: Signore, posso consigliar**le** una di queste paste?
   S2: Per carità! (*For goodness' sake!*) Sono a dieta. Non può portar**mi** della frutta fresca?

C. Domande e risposte. Crea frasi plausibili usando elementi dalle liste A, B e C. Il tuo compagno / La tua compagna deve rispondere usando pronomi di oggetto indiretto. (*Create plausible questions using elements from lists A, B, and C. Your partner must respond using indirect-object pronouns.*)

ESEMPIO: S1: Salvatore telefona spesso a Maria?
S2: No, non le telefona spesso.

A	B	C
La professoressa	compri un regalo	a noi oggi?
Silvia	telefona spesso	a quella ragazza?
Tu	prepara la cena	a Chiara
Tu e un altro studente	scrivi una lettera	per tua madre?
Tua madre	rispondete	a tuo zio?
Gino e Luigi	dà molti compiti	agli amici?
Claudio	offrono un'aranciata	alle mie amiche?

D. L'insegnante. Parli ad un amico del tuo / della tua insegnante. Scegli il pronome di oggetto diretto o indiretto appropriato, **lo/la** o **gli/le**. (*You are talking to a friend about your instructor. Choose the appropriate direct- or indirect-object pronoun, **lo/la** or **gli/le**.*)

1. **La** vedo ogni giorno.
2. **Le** domando «Come sta?»
3. **La** ascolto con attenzione.
4. **La** capisco quasi (*almost*) sempre.
5. **Le** faccio molte domande.
6. **La** trovo intelligente.
7. **Le** rispondo gentilmente.
8. **Le** offro un caffè ogni giorno.

E. La storia di Maria. Leggi il seguente brano. Poi, scrivi o ripeti il brano e sostituisci a **Maria** i pronomi appropriati. (*Read the following story, then rewrite or repeat it, replacing **Maria** with the appropriate pronouns.*)

Voi non conoscete Maria, ma io conosco Maria da molti anni. È veramente[a] una buon'amica. Ogni giorno vedo Maria al supermercato e parlo a Maria. Quando abbiamo tempo, offro un caffè a Maria. Maria non sa cucinare, così io do molte ricette a Maria e spiego a Maria cosa deve fare. Spesso telefono a Maria e invito Maria a pranzo. Anche Maria mi invita molto spesso, non a pranzo ma al cinema. Trovo Maria divertente e generosa. Per il suo compleanno[b] voglio regalare un profumo a Maria. Ieri ho domandato a Maria quale profumo preferisce e Maria ha detto: «Obsession. Perché?» Io ho risposto a Maria: «Ho bisogno di un'idea per un regalo... »

[a]*truly* [b]*birthday*

Ora ripeti il brano e sostituisci a **Maria** il nome **Enrico.** Poi sostituisci a **Enrico** i pronomi appropriati. (*Now retell the story, substituting **Enrico** for **Maria.** Then replace **Enrico** with the appropriate pronouns.*)

B. Accordo del participio passato nel passato prossimo

SARA: Stasera c'è la festa a sorpresa per Massimo. Vediamo se tutto è a posto. Hai apparecchiato la tavola?

GINO: Sì, l'ho apparecchiata.

SARA: Hai incartato i regali per Massimo?

GINO: Sì, li ho incartati.

SARA: Hai preparato gli antipasti?

GINO: Sì, li ho preparati.

SARA: Hai comprato tutto? Hai ricordato il primo e il secondo e la frutta?

GINO: Sì, ho comprato tutto. Ho ricordato tutto. Tutto è pronto. È già pronto da due giorni! Tutti gli amici sanno che devono arrivare alle sette in punto.

SARA: Un'ultima domanda. Hai invitato Massimo?

GINO: Oh, no!

SARA: Tonight there's the surprise party for Massimo. Let's see if everything is in place. Did you set the table? GINO: Yes, I set it. SARA: Did you wrap the presents for Massimo? GINO: Yes, I wrapped them. SARA: Did you make the appetizers? GINO: Yes, I made them. SARA: Did you buy everything? Did you remember the first course and second course and the fruit? GINO: Yes, I bought everything. I remembered everything. Everything's ready. It's been ready for two days! All our friends know that they should get here at seven on the dot. SARA: One last question. Did you invite Massimo? GINO: Oh, no!

As you know, the **passato prossimo** of most verbs is formed with the present tense of **avere** plus a past participle.

1. When a direct-object pronoun is used with the **passato prossimo,** it directly precedes **avere.** The past participle must agree in gender and number with the preceding direct-object pronoun (**lo, la, li,** or **le**).

   Hai visto Massimo? → Sì, l'ho (**lo** ho) vist**o.**
   Hai visto Giovanna? → Sì, l'ho (**la** ho) vist**a.**
   Hai visto i bambini? → Sì, **li** ho vist**i.**
   Hai visto le bambine? → Sì, **le** ho vist**e.**

   Remember that singular object pronouns (**lo** and **la**) can elide with the forms of **avere** that follow, but the plural forms (**li** and **le**) *never* elide. The agreement (**l'accordo**) of the past participle with the other direct-object pronouns (**mi, ti, ci,** or **vi**) is optional.

   Mamma, chi ti ha visto (vist**a**)? *Mother, who saw you?*
   Ragazze, chi vi ha visto (vist**e**)? *Girls, who saw you?*

2. When an indirect-object pronoun is used with the **passato prossimo,** it also precedes **avere.** However, the past participle *never* agrees with it.

   —Hai visto Laura? —*Did you see Laura?*
   —**L'**ho vist**a** [*agreement*] ma non —*I saw her, but I didn't speak to*
   le ho parlat**o** [*no agreement*]. *her.*

3. As you already know, the past participle of a verb conjugated with **essere** always agrees with the *subject* in gender and number.

   Elena è andat**a** al parco. *Elena went to the park.*
   I **ragazzi** sono venut**i** a casa tardi. *The kids came home late.*

—Mamma, l'ho trovato nel parco: posso tenerlo?

ESERCIZI

A. La festa a sorpresa. Leggi la conversazione tra Gino e Sara a pagina 151. Trova tutti i pronomi di oggetto diretto e i nomi a cui si riferiscono. (*Read the conversation between Gino and Sara on page 151. Find all the direct-object pronouns and the nouns to which they refer.*)

ESEMPIO: Sì, l'ho apparecchiata.
        l' (la) = la tavola

B. Accordi. Con un compagno / una compagna, completate le conversazioni. Dovete fornire la vocale finale del participio passato. (*Working with a partner, complete the conversations. You need to provide the appropriate ending for the past participle.*)

1. S1: Chi ha ordinat_o_ i fiori (*flowers*)?
   S2: Non so. Non li hai ordinat_i_ tu?
2. S1: Hai dat_o_ la mancia alla cameriera?
   S2: Sì, le ho dat_o_ cinque dollari.
3. S1: Hai comprat_o_ le paste?
   S2: No, ho dimenticat_o_ di comprarle!
4. S1: Hai vist_o_ la professoressa d'italiano ieri?
   S2: Sì, l'ho vist_a_ in biblioteca ma non le ho parlat_o_.
5. S1: Hai telefonat_o_ ai nonni?
   S2: Sì, gli ho già telefonat_o_.
6. S1: Siamo andat_i_ al ristorante Da Luigi ieri sera.
   S2: Avete mangiat_o_ bene?

C. Dov'è? Dove sono? Susanna non riesce a trovare certe cose e chiede alla sua compagna di stanza, Alessandra, dove sono. Alessandra spiega perché non ci sono. A turni, con un compagno / una compagna, fate domande e risposte. (*Susanna can't find certain things and asks her roommate Alessandra where they are. Alessandra explains why they aren't there. Taking turns with a partner, ask and answer questions.*)

ESEMPIO: il libro di informatica (prestare a Giancarlo) →
   S1: Dov'è il libro di informatica?
   S2: L'ho prestato a Giancarlo.

1. le foto (mandare ai miei genitori) *le lo mandate ai miei genitori*
2. la tua vecchia bicicletta (vendere, *to sell*) *la ho venduta*
3. il tavolino (mettere in cucina)
4. i giornali (buttare via, *to throw away*) *li lo buttati via*
5. le vitamine (finire) *le lo finite*

D. Una cena. Usando le frasi fornite, chiedi al compagno / alla compagna se ha preparato tutto per la cena di stasera. Il compagno / la compagna deve rispondere usando pronomi di oggetto diretto e indiretto in modo appropriato. (*Ask your partner if he/she has completed certain preparations for your dinner party tonight, using the phrases supplied below. Your partner must respond using direct- or indirect-object pronouns as appropriate.*)

ESEMPIO: telefonare a Marco →
   S1: Hai telefonato a Marco?
   S2: Sì, gli ho telefonato.
   S1: Hai preparato i crostini?
   S2: Sì li ho preparati.

apparecchiare la tavola
riempire (*to fill*) i bicchieri d'acqua
domandare a tua madre come
   fare il sugo per la pasta
mettere il pollo nel forno (*oven*)

parlare a Maria
comprare i regali
preparare gli antipasti
telefonare agli amici

E. Una brutta settimana. Marilena ha passato una brutta settimana. Completa le frasi usando il passato prossimo del verbo appropriato. (*Marilena has had a bad week. Complete each sentence using the* **passato prossimo** *of the appropriate verb.*)

I verbi: andare, essere, leggere, telefonare, uscire, vedere

Che settimana tremenda[a]! Ho portato a casa dei libri dalla biblioteca ma non li _____.[1] Non _____[2] venerdì e sabato sera perché ho dovuto studiare. So che c'è una mostra[b] molto bella all'università ma non l' _____[3] ancora _____.[4] Mercoledì _____[5] a casa tutto il giorno con l'influenza. Giovedì ho litigato[c] con Gina: le _____[6] e abbiamo preso appuntamento[d] per andare in centro, ma lei, invece, _____[7] a giocare a tennis con Paolo. Accidenti![e]

[a]*terrible* [b]*exhibit* [c]*argued* [d]*preso… made a date* [e]*Darn!*

I pasti italiani

Dei ragazzi prendono qualcosa da mangiare in una tavola calda a Roma.

La mattina gli italiani sono abituati[1] a prendere solamente un caffè, un cappuccino o un caffellatte insieme ad una brioche. La colazione degli italiani è quindi molto leggera[2] e la fanno a casa o al bar; per questo alcuni[3] fanno poi uno spuntino, fra le dieci e le undici.

Verso l'una molti italiani tornano a casa per il pranzo, che tradizionalmente consiste in un primo piatto di pasta (spaghetti, lasagne, e così via) e in un secondo piatto di carne o pesce con contorno di verdure cotte o insalata. Dopo il secondo, gli italiani mangiano in genere[4] la frutta e prendono un caffè. Di solito il dolce arriva sulla tavola solo nei giorni di festa o in particolari occasioni. Il pasto è sempre accompagnato da vino e acqua minerale.

Negli ultimi anni,[5] a causa dei cambiamenti degli orari[6] di lavoro e delle distanze fra le abitazioni e gli uffici, molti italiani, all'ora di pranzo, mangiano qualcosa alle tavole calde[7] o prendono un panino al bar.

La cena, che gli italiani fanno verso le otto e mezzo d'estate e verso le otto d'inverno, è di solito leggera. Possono mangiare una minestra calda, delle uova[8] con verdure, oppure formaggio e affettati[9] (prosciutto, salame, e così via), a seconda delle[10] stagioni e delle preferenze individuali.

Le persone che il giorno mangiano solo un panino, la sera fanno però un pasto completo, con un bel piatto di pasta e un secondo con contorno.

[1]*accustomed* [2]*quindi… thus very light* [3]*per… therefore some people* [4]*in… in general* [5]*Negli… In recent years* [6]*cambiamenti… changes in the hours* [7]*tavole… cafeterias* [8]*eggs* [9]*cold cuts* [10]*a… depending on the*

C. Piacere

good to know maybe on test?

Gianni è avvocato. Lavora tutto il giorno e mangia spesso in buoni ristoranti con i clienti. Gli piace il vino italiano; come antipasto gli piacciono i crostini, ma non gli piacciono i salumi. Dopo cena, gli piace fumare una sigaretta. Nel week-end, quando non deve lavorare, gli piace stare a casa, leggere dei libri e ascoltare musica.

Gianna è artista e musicista. Ha gusti semplici. La mattina le piace bere un caffellatte e mangiare una brioche. Le piacciono molto i panini al prosciutto. Quando va in un ristorante, le piace ordinare solamente un primo e un bicchiere di vino. La sera le piace dipingere e suonare il piano, ma nel week-end è molto attiva. Le piace giocare a tennis, scalare montagne e pattinare.

1. The Italian verb that expresses *to like* is **piacere.** It is similar in structure to the English phrase *to be pleasing to.*

   > *Gianni likes meat.* → *Meat is pleasing to Gianni.*
   > *Gianni likes potatoes.* → *Potatoes are pleasing to Gianni.*

   a. In Italian, the thing or person liked (*meat, potatoes*) is the subject of the sentence; the person who likes it (*Gianni*) is the indirect object.

   b. The verb **piacere** therefore agrees with the thing or person liked (the subject); consequently, it is often in the third-person singular or plural: **piace, piacciono.** (Note that when the indirect object is a noun, it must be preceded by the preposition **a.**)

   A Gianni piace la carne.   *Gianni likes meat.* (*Meat is pleasing to Gianni.*)

   A Gianni piacciono le patate.   *Gianni likes potatoes.* (*Potatoes are pleasing to Gianni.*)

   c. The person who likes someone/something is the indirect object, often replaced by a pronoun.

   A Gianni piace la carne.   *Gianni likes meat.*

   Gli   piace la carne   *He likes meat.*

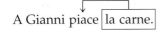

Gianni is a lawyer. He works all day and often eats in good restaurants with his clients. He likes Italian wine, he likes canapés as an appetizer, but he doesn't like cold cuts. After dinner he likes to smoke a cigarette. On weekends, when he doesn't have to work, he likes to stay home, read books, and listen to music.

Gianna is an artist and musician. She has simple tastes. In the morning she likes to drink a **caffellatte** and eat a sweet roll. She likes ham sandwiches a lot. When she goes to a restaurant, she likes to order just a first course and a glass of wine. In the evening she likes to paint and play the piano, but on the weekend she's very active. She likes to play tennis, climb mountains, and skate.

—A me l'autunno piace molto, e a lei?

| A Gianni piacciono le patate. | *Gianni likes potatoes.* |
| Gli piacciono le patate. | *He likes potatoes.* |

d. In the **passato prossimo, piacere** is conjugated with **essere.** Its past participle thus agrees in gender and number with the subject. Note that like **conoscere, piacere** adds an **i** when forming the past participle: **piaciuto.**

| Maria ha ordinato un dolce e le è piaciut**o** molto. | *Maria ordered dessert and she liked it a lot.* |
| I ragazzi hanno mangiato le verdure, ma non gli sono piaciut**e**. | *The boys ate the vegetables, but they didn't like them.* |

2. *To not like* or *dislike* is expressed with the negative of **piacere.**

A Gianni non piacciono i salumi.	*Gianni doesn't like cold cuts. (Cold cuts aren't pleasing to Gianni.)*
Non gli piacciono i salumi.	*He doesn't like cold cuts.*
Non mi piace il caffè.	*I dislike coffee.*

3. When the subject is expressed as an infinitive (*I like to eat.* → *Eating is pleasing to me.*), **piacere** is used in the third-person singular.

| A Sergio piace mangiare bene, ma non gli piace cucinare tutte le sere. | *Sergio likes to eat well, but he doesn't like to cook every night.* |

4. Notice that in expressions such as **Ti piace?** (*Do you like it?*) or **Ti piacciono?** (*Do you like them?*), Italian has no equivalent for the English *it* and *them,* which are expressed by the singular and plural verb endings.

5. Notice that Italian, unlike English, requires use of the article to express general likes and dislikes.

Non mi piace **il** vitello.	*I don't like veal.*
Gli piacciono **i** ravioli?	*Does he like ravioli?*
Ai miei amici non piace **la** carne.	*My friends don't like meat.*

6. **Dispiacere** means *to be sorry* and is used in the same way as **piacere.**

| Non posso venire; mi dispiace. | *I can't come; I'm sorry.* |

A. Gianni e Gianna. Leggi le descrizioni di Gianni e Gianna a pagina 155 e decidi quali delle seguenti attività piacciono a ciascuno. (*Read the descriptions of Gianni and Gianna on page 155 and decide which of the following activities each one likes.*)

A Gianna piace…   A Gianni piace…

un pranzo — d'affari
una cena

1. mangiare una bella bistecca con contorno.
2. prendere un bicchiere di vino.
3. mangiare fuori tutte le sere.
4. prendere il sole in cima (*at the top*) a una montagna nelle Alpi.
5. leggere *Guerra e Pace* (War and Peace).

B. Piace o no? Crea delle frasi con **piacere** o **non piacere**. (*Create sentences with* **piacere** *or* **non piacere.**)

ESEMPI: i bambini / la frutta →
   Ai bambini piace la frutta.

   i bambini / i crostini →
   Ai bambini non piacciono i crostini.

1. *non piacciono* agli studenti di questa classe / gli esami
2. *piace* Ai miei genitori / pagare le tasse (*taxes*)
3. il mio compagno *Alla* mia compagna di stanza / *piace* fare baccano (*noise*) tutta la notte
4. l'insegnante d'italiano / dare bei voti agli studenti
5. *piacciono* Ai miei amici / gli gnocchi al sugo
6. tutti / le vacanze

C. Perché no? Dopo una cena in un ristorante molto elegante, tuo cugino ha tante domande. Con un compagno / una compagna, fate le domande e rispondete secondo il modello. (*After a family outing to an elegant restaurant, your cousin is full of questions. Working with a partner, ask and answer each question as in the example.*)

ESEMPIO: non mangiare l'antipasto / i nonni →
   s1: Perché non hanno mangiato l'antipasto i nonni?
   s2: Perché non gli piace mangiare l'antipasto.

1. non mangiare la verdura / i bambini
2. non fare il risotto / lo chef
3. non ordinare il secondo / la mamma
4. non prendere il caffè / Mariangela
5. non dare la mancia / lo zio Marco

D. Ti è piaciuto? Il tuo amico è appena tornato dall'Europa. Chiedi se gli sono piaciute le seguenti cose. (*Your friend has just returned from Europe. Ask if he/she liked the following things.*)

ESEMPI: l'Italia → Ti è piaciuta l'Italia?
gli italiani → Ti sono piaciuti gli italiani?

1. la cucina italiana *ti è piaciuta*
2. i musei di Firenze *ti sono piaciuti*
3. il Teatro di Taormina *ti è piaciuto*
4. le fontane (*fountains*) di Roma *ti son piaciute le frontone di Roma*
5. la pizza napoletana *ti è piaciuto*
6. i gelati siciliani *ti sono piaciuti*
7. le fettuccine al pesto *ti sono piaciute*
8. viaggiare in treno *ti è piaciuto*

E. Al ristorante. Ieri sera Gianni e Gianna hanno cenato insieme in un ristorante. Con un compagno / una compagna, leggete il menu e decidete quali cose sono piaciute e non sono piaciute a ciascuno. Paragonate le vostre risposte alle risposte di un'altra coppia. (*Un aiuto:* Usate il passato prossimo). (*Gianni e Gianna ate together at an elegant restaurant yesterday evening. With a partner, read the menu and decide what each liked and didn't like. Compare your answers with those of another pair. Hint: use the* **passato prossimo.**)

Exam ✳

MENU

antipasto misto	arrosto di maiale
crostini	frutti di mare (*seafood*)
salumi	bistecca alla griglia
linguine al pesto	tiramisù
risotto ai funghi (*mushrooms*)	gelato
pasta al forno	torta al cioccolato

---

piace → for infinitive and singular

piacciono → plural

F. Mi piace, non mi piace. Parla delle tue preferenze. Usa la lista seguente. (*Talk about your preferences. Use the following list.*)

ESEMPIO: Mi piace il caffè italiano, ma non mi piacciono le sigarette!

Possibilità: il caffè italiano, viaggiare, le lezioni di grammatica, la birra americana, i salumi, i bambini, i film di Coppola, pagare in contanti, i piatti piccanti (*spicy*), le sigarette, il baseball…

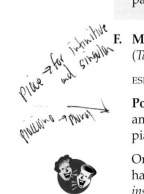

Ora domanda ad un compagno / una compagna e poi all'insegnante se hanno preferenze tra queste cose. (*Now ask a classmate, and then your instructor, whether they have preferences among these items.*)

ESEMPIO: Cosa ti piace di più, il caffè italiano o la birra americana?

mi piace le lucciole

D. Interrogativi

LIDIA:	Chi è?
LORENZO:	Sono Lorenzo.
LIDIA:	Cosa vuoi?
LORENZO:	Ti voglio parlare.
LIDIA:	Perché?
LORENZO:	Perché voglio parlare dell'altra sera.
LIDIA:	Non voglio parlarti ora.
LORENZO:	Quando posso ritornare?
LIDIA:	Ritorna fra mezz'ora.

Interrogatives in Italian function just as they do in English: they ask for information or facts. Most interrogatives in Italian are invariable, however, two words, **quale** and **quanto,** can vary for gender and number.

INVARIABLE INTERROGATIVES		
che cosa? (che?) (cosa?)	what?	Che dici?
che?	what kind of?	Che macchina hai?
chi?	who? whom?	Chi è?
quanto? + _verb_	how much?	Quanto costano?
come?	how?	Come prepari la torta?
dove?	where?	Dov'è la biblioteca?
		Dove sono i libri?
perché?	why?	Perché dormi?
quando?	when?	Quando vengono?

VARIABLE INTERROGATIVES		
quale/quali?	which?	Quali piatti preferisci?
quanto/a/i/e? + _noun_	how much/many?	Quanti primi ci sono?

1. In questions beginning with an interrogative word, the subject is usually placed at the end of the sentence.

   Quando guarda la TV Mike? _When does Mike watch TV?_

LIDIA: Who is it? LORENZO: It's Lorenzo. LIDIA: What do you want? LORENZO: I want to talk to you. LIDIA: Why? LORENZO: Because I want to talk about the other night. LIDIA: I don't want to talk to you now. LORENZO: When can I come back? LIDIA: Come back in half an hour.

2. Prepositions such as **a, con, da, di,** and **per** always precede interrogative expressions. In Italian, a question never ends with a preposition.

A chi scrivono?	→ Scrivono **a** Michele.
Con chi esci?	→ Esco **con** Tina.
Da dove vieni?	→ Vengo **dalla** California.
Di che cosa parlate?	→ Parliamo **del** nuovo ristorante in Via Garibaldi.
Per chi è il regalo?	→ È **per** Marinella.
Di chi è questa chiave?	→ È di Antonio.
Di dove sei?	→ Sono di Genova.
Di quale macchina hai bisogno?	→ Ho bisogno della tua macchina.

3. **Che?** and **cosa?** are abbreviated forms of **che cosa?** (*what?*). The three forms are interchangeable when used as pronouns. When used as an adjective (to mean *what kind/type of*) followed by a noun, only **che** is appropriate.

Che cosa bevi?	*What are you drinking?*
Che fai?	*What are you doing?*
Cosa cucini?	*What are you cooking?*
Che computer hai?	*What type of computer do you have?*
Che pasta preferisci?	*What (kind of) pasta do you prefer?*

4. The variable interrogatives **quale** and **quanto** are adjectives. They thus agree in gender and number with the nouns they modify.

Quali parole ricordi?	*Which words do you remember?*
Quante ragazze vengono?	*How many girls are coming?*

5. **Che cos'è... (Che cosa è...), Cos'è... ?** expresses the English *What is . . . ?* in a request for a definition or an explanation.

Che cos'è la semiotica?	*What is semiotics?*

Qual è... ?* expresses *What is . . . ?* when the answer calls for a choice, or when one requests information such as a name, telephone number, or address.

Qual è la tua materia preferita?	*What's your favorite subject?*
Qual è il numero di Roberto?	*What is Roberto's phone number?*

—Lei ha una doppia personalità: quale desidera mantenere?

---

*Quale is frequently shortened to **qual** before the singular forms of **essere** that begin with **e:** qual è.

ESERCIZI

A. Ho bisogno di informazioni... Completa le domande con l'espressione interrogativa appropriata. (*Complete each question with the appropriate interrogative expression.*)

1. (Quanti / Quante) automobili hanno i Rossi?
2. (Come / Cosa) parla inglese Lorenzo?
3. (Cos'è / Qual è) la differenza tra **arrivederci** e **arrivederLa?**
4. (Quale / Quali) università sono famose?
5. (Quali / Quanti) dischi compri, uno o due?
6. (Quando / Quanto) latte bevi?
7. (Che / Chi) facciamo stasera?
8. (Che / Chi) poesie leggete?

B. Qual è? Che cos'è? Completa con l'equivalente italiano di *what*. (*Complete the questions with the appropriate Italian equivalent of* what is?)

1. _____ il nome di quel bel ragazzo?
2. _____ la data (*date*) di oggi?
3. _____ questo?
4. _____ la chiave giusta?
5. _____ l'astrologia?
6. _____ La Repubblica?

C. La domanda? Crea una domanda per ogni risposta. (*Create a question that each statement answers.*)

ESEMPIO: Giocano a tennis *con Paolo.* →
    Con chi giocano a tennis?

1. Vengono *in treno.*
2. Ravenna è *in Emilia-Romagna.*
3. *Vittoria* deve studiare.
4. Abbiamo *cinque* chitarre.
5. Dino sceglie la pasta *alla carbonara.*
6. Nuotano *due ore* ogni giorno.
7. Gli zii arrivano *domani.*
8. Puliscono *il frigo.*
9. Carlo paga per *tutti.*
10. Non ricordiamo le parole *difficili.*

D. Conosciamoci meglio. (*Let's get better acquainted.*) Con un compagno / una compagna, preparate una lista di domande da fare ad un altro paio di compagni. (*With a partner, compile a list of questions to ask another pair of students.*)

ESEMPIO: Quanti anni avete? Quando studiate?

E. Conversazione.

1. Qual è il tuo racconto preferito?
2. Quanti libri leggi in un mese? E quali?
3. Chi è il tuo scrittore (*writer*) preferito / la tua scrittrice preferita?
4. Quali sono i tuoi passatempi? Dipingi? Cucini? Corri?
5. Con chi esci di solito?

—Se tu sei Babbo Natale,ª allora
quello lì chi è?

ªBabbo... *Santa Claus*

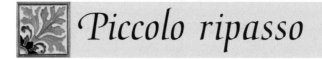

Piccolo ripasso

A. Gli amici di Giulia. Giulia ha molti amici che le fanno molti favori. Completa le seguenti frasi con **Giulia** o **a Giulia**. (*Giulia has lots of friends who do many things for her. Complete the following sentences with **Giulia** or **a Giulia**.*)

ESEMPIO: Fabrizio invita _____ al cinema →
Fabrizio invita Giulia al cinema.

1. Anna telefona _____ ogni sera.
2. Claudio aiuta (*helps*) _____ a fare il pesto.
3. Enrica insegna _____ lo yoga.
4. Marco porta sempre _____ i suoi appunti (*notes*).
5. Giancarlo scrive spesso lunghe e-mail _____.
6. Luca aspetta _____ alla fine (*end*) della lezione.
7. Luigina accompagna _____ a casa in macchina.
8. Mirella presta _____ i suoi Cd.

Ora, riscrivi ogni frase e completala con **la** o **le**. (*Now, rewrite each sentence and complete it with **la** or **le**.*)

B. Un regalo per la mamma. Mario ha molta difficoltà a trovare un regalo di compleanno per sua madre. Leggi il seguente brano, trova tutti i pronomi di oggetto diretto e indiretto e poi trova i nomi a cui si riferiscono. (*Mario is having trouble finding his mother a birthday present. Read the following paragraph, find all the direct- and indirect-object pronouns, and then find the noun that each refers to.*)

Ieri era[a] il compleanno della madre di Mario e così lui ha deciso di andare in centro a trovarle un regalo. Mario è andato ad un negozio di abbigliamento[b] e ha comprato una bella camicia[c] rossa. Quando è tornato a casa, Mario le ha dato la camicia; purtroppo non le è piaciuta. La madre gli ha chiesto di riportarla al negozio e di cambiarla con una camicia azzurra. Mario è tornato subito al negozio e l'ha trovata.

[a]*was* [b]*clothing* [c]*shirt*

C. Un ristorante chic. Ieri, un tuo amico è andato in un ristorante italiano e ha provato dei piatti nuovi. Tu sei curioso/curiosa di sapere quali piatti ha provato e se gli sono piaciuti. Con un compagno / una compagna, create tre domande e risposte a testa. (*A friend went to an Italian restaurant yesterday and tried some new dishes. You are curious to know what dishes your friend tried and if he/she liked them. Working with another student, ask and answer three questions each.*)

ESEMPI: S1: Hai provato il prosciutto con il melone?
S2: Sì, l'ho provato e (non) mi è piaciuto.

S2: Hai provato le melanzane (*eggplant*) alla parmigiana?
S1: Sì, le ho provate e (non) mi sono piaciute.

Parole utili: l'aragosta (*lobster*), i calamari (*squid*), il salmone, gli scampi (*prawns*), il cervello (*brains*), i carciofi ripieni (*stuffed artichokes*), i funghi (*mushrooms*), le melanzane alla parmigiana, i tortellini in brodo, il prosciutto con il melone

D. Quando? Sandra chiede a Monica se ha fatto certe attività; Monica dice che non le ha ancora fatte e quando intende farle. Con un compagno / una compagna, create le loro conversazioni. (*Sandra asks Monica whether she has done certain things; Monica says that she has not yet done them and tells Sandra when she intends to do them. With a partner, create their conversations as in the example.*)

ESEMPIO: parlare con la professoressa (domani pomeriggio)
SANDRA: Hai parlato con la professoressa?
MONICA: No, non le ho ancora parlato. Le parlo domani pomeriggio.

1. telefonare al dottore (domani)
2. scrivere agli zii (questo week-end)
3. invitare la signora Palazzese (sabato prossimo)
4. riportare i libri in biblioteca (dopo la lezione)
5. finire la tesi (*thesis*) (fra [*in*] due mesi)
6. prendere le vitamine (alla fine del pasto)
7. parlare all'insegnante (la settimana prossima)
8. rispondere alla nonna (domani mattina)

 # *Invito alla lettura*

In Emilia-Romagna

*I*n Italia mangiare bene è un'arte. In Emilia-Romagna è anche una regola di vita[1] ed una fiorente[2] industria. Molti dei prodotti alimentari[3] tipici dell'Emilia sono famosi in tutto il mondo.

Chi infatti non conosce il formaggio parmigiano? Ma ci sono molte altre specialità, come il prosciutto di Parma, la mortadella di Bologna, i tortellini al sugo di carne, i tortelli con la zucca.[4]

In questa regione, una delle più ricche[5] d'Italia, puoi vedere città con bellissimi monumenti, come le due torri[6] di Bologna, la Certosa[7] di Parma, il Palazzo dei Diamanti[8] di Ferrara.

Ma se l'arte non ti interessa troppo e vuoi una vacanza di puro divertimento, sei ancora nella regione giusta. La costa romagnola offre infatti ai turisti 150 chilometri di spiagge attrezzate[9] per una vacanza al mare ricca di divertimenti, per ogni età[10] e per ogni ora del giorno e della notte. Tutta la notte puoi trovare locali[11] aperti, mangiare le famose piadine,[12] ballare in una delle tantissime discoteche o sale[13] per il ballo liscio[14] (valzer,[15] tango e così via).

[1]regola... *rule of life* [2]*flourishing* [3]*food* [4]*pumpkin* [5]più... *richest* [6]*towers* [7]*Charterhouse* [8]*Diamonds* [9]*equipped* [10]*age* [11]*night spots* [12]*a type of grilled sandwich made with focaccia and filled with prosciutto, cheese, sausage, etc.* [13]*halls* [14]ballo... *ballroom dancing* [15]*waltz*

Il parmigiano, un prodotto tipico dell'Emilia-Romagna.

E ora a te

Capire

Vero o falso?

	V	F
1. Parma è una città dell'Emilia-Romagna.	☐	☐
2. Un prodotto tipico dell'Emilia-Romagna è il formaggio parmigiano.	☐	☐
3. La costa romagnola ha molte spiagge.	☐	☐
4. I locali della costa romagnola chiudono a mezzanotte.	☐	☐
5. Se ti piace ballare, in Emilia-Romagna puoi andare solo in discoteche.	☐	☐

Scrivere

Ti piace la cucina italiana? Scrivi un breve testo in cui rispondi alle seguenti domande.

Quali piatti italiani ti piacciono?
Dove trovi questi piatti?
Li prepari a casa o li mangi al ristorante?
Sai preparare un piatto tipico italiano? Quale?
Dove hai trovato la ricetta o chi ti ha insegnato a farlo?
Conosci i prodotti ricordati nella lettura (prosciutto di Parma, mortadella di Bologna, tortellini)?
Dove puoi comprare prodotti alimentari italiani nel tuo quartiere (*neighborhood*)?
O forse non ti piace la cucina italiana? Allora devi spiegare perché!

Videoteca

Un'avventura alimentare

Roberto e Giuliana sono in un ristorante, pronti ad ordinare. Quando il cameriere arriva e gli chiede che cosa vogliono mangiare, Roberto ordina un piatto alla «mare e monti», ma non sa che contiene un ingrediente particolare.

ESPRESSIONI UTILI

la pasta all'ortolana	garden style pasta (with fresh vegetables)
ottima scelta	excellent choice
il polpo	octopus

FUNZIONE: ordinare in un ristorante

Preparazione

GIULIANA: No, preferisco cominciare con un antipasto misto, poi la pasta alla carbonara. Per favore, posso avere la pasta senza formaggio?

CAMERIERE: Certo, come desidera, Signora. E per Lei, Signore?

ROBERTO: Io prendo il piatto del giorno, mi sembra buono.

CAMERIERE: Ottima scelta, Signore.

Verifica

Abbina (*Match*) la prima parte di ogni frase a sinistra con la conclusione più adatta a destra.

1. Le consiglio
2. La pasta «mare e monti»
3. È una pasta

a. è con il polpo.
b. con verdure: piselli, zucchine e pomodori.
c. il piatto del giorno.

Comprensione

Rispondi alle seguenti domande.

1. Quali sono gli ingredienti della pasta all'ortolana?
2. Che cosa non vuole Giuliana sulla pasta alla carbonara?
3. Perché Roberto, al ristorante, è avventuroso?

Attività

Da fare in coppia (*pairs*). Immagina d'invitare una famiglia italiana molto elegante a cena. Chiedi a un loro amico che cosa gli piace mangiare. Poi scegli l'antipasto, il primo piatto, il secondo piatto, il contorno e il dolce. Non dimenticare il vino!

Parole da ricordare

VERBI

apparecchiare la tavola	to set the table
consigliare (di)	to recommend; to advise (*to do something*)
discutere (di) (*p.p.* discusso)	to discuss
dispiacere (*p.p.* dispiaciuto)	to be sorry
domandare	to ask
fare una prenotazione	to make a reservation
fumare	to smoke
(im)prestare	to lend
litigare	to argue
*mancare	to be missing; to miss
mandare	to send
mostrare	to show
pagare il conto	to pay the bill
*piacere (*p.p.* piaciuto)	to please, be pleasing to; to like
portare il conto	to bring the bill
prenotare	to reserve
preparare	to prepare
provare	to try
regalare	to give (*as a gift*)
rendere (*p.p.* reso)	to return, give back
riempire	to fill
riportare	to bring back
scegliere (*p.p.* scelto)	to choose

NOMI

l'antipasto	appetizer
l'arrosto	roast
la bistecca	steak
il carciofo	artichokes
la carne	meat
la cena	dinner
il cibo	food
il compleanno	birthday
il contorno	side dish
il coperto	cover charge
la crostata	pie
il crostino	canapé
la cucina	cooking, cuisine
il dolce	dessert
la fine	end
il fiore	flower

il formaggio	cheese
la frutta	fruit
il gelato	ice cream
gli gnocchi	dumplings
l'insalata	salad
il libro di cucina	cookbook
la macedonia	fresh fruit cocktail
il maiale	pork
il manzo	beef
il melone	melon
il minestrone	hearty vegetable soup
la mostra	exhibit
la mozzarella	mozzarella
l'oliva	olive
il parmigiano	parmesan
la pasta	pasta
il pasto	meal
la patata	potato
il pesce	fish
il piatto	plate, dish
il pollo	chicken
il pomodoro	tomato
la prenotazione	reservation
il primo (piatto)	first course
il prosciutto	cured ham
il regalo	gift
la ricetta	recipe
il riso	rice
il risotto	creamy rice dish
i salumi	cold cuts
il secondo (piatto)	main course
il servizio	cover charge
la sigaretta	cigarette
i sottaceti	pickled vegetables
il tiramisù	a dessert of ladyfingers soaked in espresso and layered with cream cheese, whipped cream, and chocolate
la torta	cake
la verdura	vegetables
il vitello	veal
il vino	wine
il vino bianco	white wine
il vino rosso	red wine

---

*Words identified with an asterisk (*) are conjugated with **essere**.

AGGETTIVI

cotto	cooked
fresco	fresh
fritto	fried
misto	mixed
pronto	ready
semplice	simple
vuoto	empty

INTERROGATIVI

che?	what? what kind of?
chi?	who? whom?
come?	how?
dove?	where?
perché?	why?
quale? (*pl.* quali?)	which?, which one? (which ones?)
qual è... ?	what is . . . ?
quando?	when?
quanto? (*pl.* quanti?)	how much?, how many?

PRONOMI DI OGGETTO INDIRETTO

mi	(to/for) me
ti	(to/for) you (*inform.*)
Le	(to/for) you (*m.* and *f. pl., form.*)
gli	(to/for) him
le	(to/for) her
ci	(to/for) us
vi	(to/for) you (*pl. inform.*)
Gli (Loro)	(to/for) you (*m.* and *f. pl., form.*)
gli (loro)	(to/for) them

ALTRE PAROLE E ESPRESSIONI

al forno	baked
al pesto	with a sauce of basil, garlic, grated parmesan, and pine nuts
al ragù	with meat sauce
al sugo di pomodoro	with tomato sauce
alla bolognese	with meat sauce
alla carbonara	with a sauce of eggs, bacon, and grated cheese
alla griglia	grilled
in brodo	in broth
fuori	out, outside
quasi	almost
solamente	only

Mi sveglio
alle 8.00

Mi... I wake up

Prepararsi in fretta la mattina

In seguito

Practice the skills you learned in this chapter and get connected to the Italian-speaking world through the *Prego!* supplements!
www.mhhe.com/prego6

Vocabolario preliminare

Mai un minuto

NICOLA: Finalmente domenica! La vita di tutti i giorni[1] è così[2] stressante! Uscire di casa, andare al lavoro, andare qua e là, essere attivi, mai un minuto per stare a casa e rilassarsi[3]...

SIMONE: Ma la domenica che fai a casa? Dormi?

NICOLA: Dalle otto alle dieci curo il giardino,[4] poi lavo la macchina, a mezzogiorno cucino e poi pranzo, per due ore pulisco la casa, poi guardo lo sport in televisione, poi ascolto la musica mentre faccio l'aerobica, poi...

SIMONE: Questa non è una giornata di lavoro, secondo te?!

1. Perché la vita di tutti i giorni è stressante, secondo Nicola?
2. Cosa fa Nicola la domenica?
3. Secondo Simone, com'è la domenica di Nicola?

[1]La... *Everyday life* [2]*so* [3]*relax* [4]*curo... I take care of the garden*

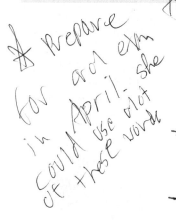

La vita di tutti i giorni

LE ATTIVITÀ
addormentarsi to fall asleep
alzarsi to stand up, get up
annoiarsi to get bored
arrabbiarsi to get angry
chiamarsi to call oneself, be named
diplomarsi to graduate (*high school*)
divertirsi to enjoy oneself, have a good time
fermarsi to stop (*moving*)
lamentarsi (di) to complain (*about*)
laurearsi to graduate (*college*)
lavarsi to wash (*oneself*)
mettersi to put on (*clothes*)
portare to wear
rilassarsi to relax

sbagliarsi to make a mistake
sentirsi (bene, male, stanco, contento) to feel (good, bad, tired, happy)
sposarsi to get married
svegliarsi to wake up
vestirsi to get dressed; to dress

L'ABBIGLIAMENTO (*CLOTHING*)
l'abito, il vestito dress; suit
il berretto baseball cap
il bottone button
i calzini socks
la camicia shirt
il cappotto coat
la cintura belt

la cravatta tie
la felpa sweatshirt; sweatsuit
la giacca jacket
il giubbotto jacket
i guanti gloves
l'impermeabile (*m.*) raincoat
la maglia sweater

la maglietta, la t-shirt t-shirt
le scarpe shoes
la sciarpa scarf
i vestiti clothes
~~brush~~
fare bella figura to look good;
   to make a good impression

can also mean to behave appropriately

ESERCIZI

A. Mi diverto, mi annoio… Completa le seguenti frasi secondo le tue preferenze. Prova anche a (*Try also to*) spiegare, in poche parole, perché.

1. Quando sono ammalato/ammalata…
2. Quando faccio la spesa (*go grocery shopping*)…
3. Quando faccio il bucato…
4. In classe…
5. Quando leggo le ultime notizie (*news*)…
6. Quando cucino…
7. In viaggio…
8. Al computer…

B. Un piacere (*pleasure*) **o una scocciatura** (*nuisance*)**?** Completa le seguenti frasi con elementi dalle liste A e B o esprimi le tue proprie (*your own*) opinioni.

Per me…
Per i professori…

Per gli studenti…

A	B
avere studenti intelligenti	è una scocciatura
ricordare i verbi irregolari	è una fatica (*effort*)
stare zitto	è un piacere
svegliarsi presto	è un'arte
scrivere bene	è un dovere (*duty*)
fare la spesa	
pulire la casa	
correggere (*to correct*) gli esercizi	
dare un esame	
pagare le tasse (*taxes*)	
mettersi la cintura di sicurezza (*seatbelt*)	
andare dal dentista	

abbottonare, abbottonarsi to button up
allacciarsi to buckle (*clothing, seatbelt*)
asciugarsi to dry oneself
bagnarsi to get oneself wet
fare il bagno to take a bath
fare il bucato to do laundry
fare la doccia to take a shower
farsi la barba to shave
guardarsi allo specchio to look in the mirror
lavarsi la faccia / i capelli / i denti to wash one's face/hair / to brush one's teeth
mettersi il rossetto / le lenti a contatto to put on lipstick / contact lenses
pettinarsi to brush/comb one's hair
stancarsi to get tired
stirare to iron
truccarsi to put on makeup

C. **Chi porta i calzini gialli?** Descrivi come è vestito/vestita oggi un compagno / una compagna. Gli altri studenti devono dire chi è.

ESEMPIO: Questa persona porta una maglietta nera con i jeans, le scarpe da tennis e un berretto…

In ascolto

For listening comprehension activities related to the theme of this chapter, see the Laboratory Manual or visit the *Prego!* website.
www.mhhe.com/prego6

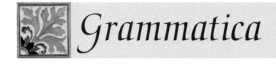

Grammatica

A. Verbi riflessivi

SIGNORA ROSSI: Nino è un ragazzo pigro: ogni mattina si sveglia tardi e non ha tempo di lavarsi e fare colazione. Si alza presto solo la domenica per andare in palestra a giocare a pallone.

SIGNORA VERDI: Ho capito: a scuola si annoia e in palestra si diverte.

1. A reflexive verb (**verbo riflessivo**) is a transitive verb whose action is directed back to its subject. The subject and object are the same: *I consider **myself** intelligent; we enjoy **ourselves** playing cards; he hurt **himself**.* In both English and Italian, the object is expressed with reflexive pronouns, **i pronomi riflessivi.**

   Reflexive pronouns are identical to direct-object pronouns, except for **si** (the third-person singular and plural form): **mi, ti, si; ci, vi, si.**

SIGNORA ROSSI: Nino is a lazy boy. Every morning he wakes up late and doesn't have time to wash and eat breakfast. He gets up early only on Sundays to go to the gym to play ball.
SIGNORA VERDI: I get it: at school he's bored and at the gym he has a good time.

divertirsi (*to enjoy oneself*)	
mi diverto	*I enjoy myself*
ti diverti	*you enjoy yourself*
si diverte	*you (form.) enjoy yourself* *he enjoys himself* *she enjoys herself*
ci divertiamo	*we enjoy ourselves*
vi divertite	*you enjoy yourselves*
si divertono	*you (pl. form.) enjoy yourselves* *they enjoy themselves*

The English translation of many Italian reflexive verbs does not include the words *myself, himself, ourselves,* and so on. This meaning is implied in English, but not expressed as it is in Italian.

alzarsi (*to get up; to stand up*)	
mi alzo	*I get (myself) up*
ti alzi	*you get (yourself) up*
si alza	*you (form.) get up* *he gets up* *she gets up*
ci alziamo	*we get up*
vi alzate	*you get up*
si alzano	*you (pl. form.) get up* *they get up*

2. Like direct-object pronouns, reflexive pronouns precede a conjugated verb or attach to the infinitive.

If the infinitive is preceded by a form of **dovere, potere,** or **volere,** the reflexive pronoun either attaches to the infinitive (which drops its final **-e**) or precedes the conjugated verb. Note that the reflexive pronoun agrees with the subject even when attached to the infinitive.

Mi diverto.	*I'm enjoying myself.*
Voglio divertir**mi.** **Mi** voglio divertire.	*I want to enjoy myself.*
Mi alzo.	*I'm getting up.*
Devo alzar**mi.** **Mi** devo alzare.	*I have to get up.*

3. Most reflexive verbs can also be used as nonreflexive verbs if the action performed by the subject affects someone or something else.

chiamarsi *to be called*
chiamare *to call* (*someone*)

lavarsi *to wash* (*oneself*)
lavare *to wash* (*someone or something*)

fermarsi *to stop* (*oneself*)
fermare *to stop* (*someone or something*)

svegliarsi *to wake up*
svegliare *to wake* (*someone else*)

Si chiama Antonio, ma tutti lo **chiamano** Toni.

His name is Antonio, but everybody calls him Toni.

Vuole **lavare** la macchina e poi **lavarsi.**

He wants to wash the car and then wash up.

Dovete **fermarvi** allo stop: se no, vi **ferma** un vigile!

You must stop at the stop sign; otherwise a cop will stop you!

Ci svegliamo alle sette ma **svegliamo** i bambini alle otto.

We wake up at seven but wake the children at eight.

4. The **passato prossimo** of reflexive verbs is formed with the present tense of **essere** and the past participle. As always with **essere,** the past participle must agree with the subject in gender and number.

divertirsi	
mi sono divertito**/a**	*I enjoyed myself*
ti sei divertito**/a**	*you enjoyed yourself*
si è divertito	*you (m., form.) enjoyed yourself; he enjoyed himself*
si è divertita	*you (f., form.) enjoyed yourself; she enjoyed herself*
ci siamo divertiti**/e**	*we enjoyed ourselves*
vi siete divertiti**/e**	*you enjoyed yourselves*
si sono divertiti**/e**	*you (pl. form.) enjoyed yourselves; they enjoyed themselves*

—Ho dimenticato di dirti che io nel sonno mi agito^a molto.

^ami... *I toss and turn*

Paolo **si** è divertito alla festa, ma Laura non **si** è divertita per niente!

Paolo had a good time at the party, but Laura didn't enjoy herself at all!

—Quando **vi** siete alzati?
—**Ci** siamo alzati tardi.

—*When did you get up?*
—*We got up late.*

A. Nino. Decidi se Nino fa le seguenti attività in modo logico. Se non è logico, cambia l'ordine delle azioni.

ESEMPIO: Prima stira (*iron*) le camicie e poi fa il bucato. →
No, non è logico. Prima fa il bucato e poi stira le camicie.

1. Prima si lava la faccia e poi si fa la barba.
2. Prima si mette le scarpe e poi si mette i calzini.
3. Prima si laurea e poi si diploma.
4. Prima si alza e poi si addormenta.
5. Prima si arrabbia e poi i bambini fanno capricci (*pranks*).
6. Prima va dal dottore e poi si sente male.
7. Prima compra le scarpe poi chiede il prezzo (*price*).
8. Prima si mette la cravatta e poi si mette la camicia.

B. Trasformazioni. Sostituisci il soggetto della frase con gli elementi tra parentesi e cambia la forma del verbo.

1. Mi lavo le mani (*hands*) prima di mangiare. (Luigi / i bambini / noi due / anche voi)
2. A che ora vi addormentate voi? (tu / loro / Marcella / io)
3. Che cosa si mette Lei? (loro / voi / tu / io)
4. Mi sono sbagliato. (i bambini / la signora / voi / noi)
5. Luisa si è sposata molto giovane. (la nonna / Roberto / gli zii / le cugine della mamma)
6. Perché si è fermato il treno? (la macchina / voi / tu / gli autobus)

C. Conversazioni. Con un compagno / una compagna, completate le conversazioni con la forma corretta di un verbo della lista. Fate attenzione al contesto per capire quale tempo del verbo usare.

VERBI: alzarsi, annoiarsi, laurearsi, mettersi

1. s1: Lorenzo _si alza_ alle sei ogni giorno. E tu?   _annoii_
   s2: Anch'io _mi alzo_ alle sei.
2. s1: Loro _si mettono_ spesso la cravatta. E tu?
   s2: Io non _mi metto_ mai la cravatta!
3. s1: Loro _si sono_ alla festa ieri sera. E voi?   _annoiati_
   s2: Noi non _____! _ci siamo annoiati_
4. s1: Marco _____ in francese molti anni fa. E Luisa? _si è laureata_
   s2: Luisa _____ in ingegneria. _si è laureata_

Fermarsi v. *smettere**

Fermarsi is a reflexive verb meaning *to stop oneself* (*from moving*). The nonreflexive form **fermare** means *to stop someone or something.*

Mi fermo alla fermata. *I stop (myself) at the bus stop.*

Fermo la macchina all'incrocio. *I stop the car at the intersection.*

Smettere (di) is a nonreflexive verb meaning *to stop* (*doing something*). In Italian, unlike English, the action stopped is expressed with the infinitive.

Smettiamo di lavorare alle sei. *We stop working at six.*

Bambini, smettete di urlare! *Kids, stop yelling!*

Compare the following. Ho smesso di bere caffè. *I stopped drinking coffee.*

Mi sono fermato a bere un caffè. *I stopped to drink a cup of coffee.*

---

*conjugated like **mettere**

VERBI: arrabbiarsi (*to get angry*), chiamarsi, lavarsi, sentirsi

5. S1: Lei _si arrabbia_ spesso con gli impiegati?
    S2: Io non _mi arrabbio_ mai!

6. S1: Voi, come _vi sen_ oggi?
    S2: _ci sentiamo_ bene, grazie!

7. S1: Ciao, sono Daniela. Tu come _ti chiami_?
    S2: _mi chio_ Massimo. Piacere!

8. S1: Lia, _ti sei lavata_? Dobbiamo partire subito.
    S2: Non ancora. Vado a _lavarmi_ adesso.

D. **Traduzioni.** Traduci in italiano.

1. Luigino isn't feeling well; we must call the doctor.
2. When I go to the university, I stop at a coffee shop and have a cappuccino.
3. Why didn't you wake me up? I slept until 8:30 and missed the (my) train!
4. We need help (**aiuto**)! We can call the police (**la polizia**) or stop a car.
5. You can't stop every five minutes when you run!
6. —What's your name?
    —My name is Garibaldi, but they call me Dino.
7. Why don't you stop talking? I can't hear the teacher.

E. **La mia giornata.** Prendi appunti (*notes*) mentre il tuo compagno / la tua compagna descrive la sua giornata di ieri. Poi, racconta le sue esperienze ad un altro gruppo di studenti o alla classe.

ESEMPIO: S1: Che hai fatto ieri dalla mattina alla sera?
S2: Mi sono alzato/alzata alle sette. Poi…

B. Costruzione reciproca

Giulio e Anna si conoscono molto bene—sono amici di infanzia. Si vedono tutti i giorni a scuola e tutte le sere si parlano al telefono. Discutono sempre dei loro problemi perché si capiscono benissimo. Secondo te, hanno intenzione di sposarsi un giorno? Perché sì/no?

1. Most verbs can express reciprocal actions (*we see each other, you know each other, they speak to one another*) by means of the plural reflexive pronouns **ci, vi,** and **si,** used with first-, second-, and third-person plural verbs respectively. This is called the **costruzione reciproca.**

Giulio and Anna know each other very well—they are childhood friends. They see each other every day at school and every evening they talk to each other on the phone. They always discuss their problems because they understand each other very well. In your opinion, do they intend to get married one day? Why / why not?

Ci vediamo ogni giorno.	*We see each other every day.*
Vi conoscete bene?	*Do you know each other well?*
Si parlano al telefono.	*They talk to each other on the phone.*

2. The auxiliary **essere** is used to form the compound tenses of verbs expressing reciprocal actions. The past participle agrees with the subject in gender and number.

Non ci **siamo** capi**ti**.	*We didn't understand each other.*
Dove vi **siete** conosciu**ti?**	*Where did you meet each other?*
Le ragazze si **sono** telefonat**e**.	*The girls phoned each other.*

—Durante la crociera^a non ci siamo mai parlati, non vedo perché dovremmo^b farlo adesso!

^a*cruise* ^b*we should*

3. The following commonly used verbs express reciprocal actions.

abbracciarsi	*to embrace (each other)*
aiutarsi	*to help each other*
baciarsi	*to kiss (each other)*
capirsi	*to understand each other*
conoscersi	*to meet (each other)*
farsi regali	*to exchange gifts*
guardarsi	*to look at each other*
incontrarsi	*to run into each other*
innamorarsi	*to fall in love with each other*
lasciarsi	*to leave each other; to break up (coll.)*
parlarsi	*to talk to each other*
salutarsi	*to greet each other*
scriversi	*to write to each other*
telefonarsi	*to phone each other*
vedersi	*to see each other*

A. Dalla festa alla chiesa. Completa la storia del rapporto (*relationship*) tra Luigina e Salvatore secondo i disegni.

A   B   C   D

E   F   G

Luigina e Salvatore si sono conosciuti ad una _____.[1] Il giorno dopo, si sono telefonati e hanno parlato per _____[2] ore. Il giorno dopo sono andati al _____[3] insieme. Dopo qualche mese, Luigina ha dovuto fare un _____[4] molto lungo per motivi di lavoro. Tutti i _____[5] si sono scritti lettere di amore. Finalmente Luigina è ritornata; Luigina e Salvatore si sono baciati appena[a] si sono visti all'_____.[6] Due settimane dopo si sono sposati in _____.[7]

[a]*as soon as*

B. Trasformazioni. Sostituisci il soggetto della frase con gli elementi tra parentesi e fai tutti i cambiamenti necessari.

1. Quando ci vediamo, ci abbracciamo. (le ragazze / voi / gli zii)
2. Roberto e Carla si conoscono da molto tempo. (io e Alvaro / tu e Luigi / le due famiglie)
3. Perché non vi siete salutati? (le due signore / i bambini / noi)
4. Ci siamo incontrati al bar della stazione. (gli amici / le amiche / voi due)
5. Non si telefonano, si scrivono! (Daniela ed io / voi / le professoresse)
6. Mia sorella ed io ci siamo sempre aiutate. (i fratelli / tu e Massimo / quelle ragazze)

C. Un colpo di fulmine. (*A bolt of lightning / Love at first sight.*) Completate il dialogo con le forme appropriate dei verbi tra parentesi.

s1: In che anno _____[1] (sposarsi) i tuoi genitori?

s2: Nel 1975 (millenovecentosettantacinque).

s1: Come _____[2] (conoscersi) e dove?

s2: _____[3] (vedersi) per la prima volta al supermercato: _____[4] (parlarsi), poi _____[5] (telefonarsi), _____[6] (vedersi) spesso e dopo solo due mesi _____[7] (sposarsi)!

D. Il nostro rapporto. Formate delle coppie (*Pair off*) e immaginate di essere partner, insieme da dieci anni. Inventate la storia del vostro rapporto cominciando (*beginning*) con il primo incontro (*meeting*). Usate come modello la storia di Luigina e Salvatore nell'esercizio A. Poi, preparate una lista di domande per un altro gruppo sul loro rapporto. Per esempio: **Quando vi siete conosciuti?**, e così via.

NOTA CULTURALE

La moda° italiana

fashion

Una vetrina in Via dei Calzaiuoli a Firenze

La moda italiana è tra le più ricercate[1] del mondo, soprattutto[2] nell'abbigliamento femminile. Vestire alla moda è importante per quasi tutti gli italiani e in Italia la gente spende in[3] vestiti, scarpe e così via, più che negli altri paesi. Sono soprattutto gli adulti che seguono la moda italiana, mentre ai giovani piace anche vestire all'americana, con jeans, magliette e giubbotti.

Le marche[4] italiane di abbigliamento sono conosciute e vendute in tutto il mondo e i dati[5] economici confermano che l'Italia è al primo posto[6] in questo settore.[7] Ci sono molti stilisti[8] italiani molto famosi come Armani, Valentino, Dolce e Gabbana, Ferragamo, Ferré, Prada, Gucci, Trussardi, Versace.

Il centro della moda italiana è Milano, dove in marzo e ottobre si tengono[9] numerose sfilate[10] che presentano le nuove collezioni degli stilisti più importanti. C'è poi Firenze, che ha un'Università Internazionale della Moda e offre, nella splendida cornice[11] di Palazzo Pitti, sfilate e mostre, dedicate soprattutto alla moda maschile. A Roma è infine famosa la «sfilata sotto le stelle[12]», che si tiene ogni anno in luglio, verso le dieci di sera, sulla scalinata[13] di Trinità dei Monti. In quest'occasione tutti gli stilisti più famosi presentano le loro collezioni autunno-inverno e tutti possono ammirare le bellissime modelle che, anche se[14] fa caldo, scendono le scale vestite di[15] eleganti cappotti e pellicce.[16]

[1]*sought after* [2]*especially* [3]*spende… spend for* [4]*labels, brands* [5]*data* [6]*place* [7]*field* [8]*designers* [9]*si… are held* [10]*fashion shows* [11]*setting* [12]*sotto… under the stars* [13]*staircase* [14]*anche… even though* [15]*vestite… dressed in* [16]*furs*

Preflore for oral exam in April

C. Presente + *da* + espressioni di tempo

RICCARDO: Ho un appuntamento con Paolo a mezzogiorno in piazza. Vogliamo andare a mangiare insieme. Io arrivo puntuale ma lui non c'è. Aspetto e aspetto, ma lui non viene. Finalmente, dopo un'ora, Paolo arriva e domanda: «Aspetti da molto tempo?» E io rispondo: «No, aspetto solo da un'ora!»

1. Italian uses *present tense* + **da** + *time expressions* to indicate an action that began in the past and is still going on in the present. English, in contrast, uses the present perfect tense (*I have spoken, I have been working*) + *for* + *time expressions*.

> *verb in the present tense* + **da** + *length of time or point of time in the past*

Scio da un anno.	*I've been skiing for a year.*
Prendi lezioni di karatè da molti mesi?	*Have you been taking karate lessons for many months?*
Non vedo mio fratello da Natale.	*I haven't seen my brother since Christmas.*

2. To find out how long something has been going on, use **da quanto tempo** + *verb in the present tense.*

—Da quanto tempo leggi questa rivista?	*—How long have you been reading this magazine?*
—Leggo questa rivista da molto tempo.	*—I've been reading this magazine for a long time.*

—Da quanto tempo lei ha l'impressione di trovarsi sempre nel posto sbagliato[a]?

[a]posto... *wrong place*

RICCARDO: I have an appointment with Paolo at noon in the square. We want to go eat together. I arrive on time, but he isn't there. I wait and wait, but he doesn't come. Finally, after an hour, Paolo arrives and asks, "Have you been waiting long?" And I reply, "No, I've only been waiting for an hour!"

180 CAPITOLO 7 **Mi sveglio alle 8.00**

3. If an action both began and ended in the past, and is not continuing in the present, the following construction is used.

> *verb in the past tense +* **per** *+ length of time*

Ho lavorato in quel negozio di abbigliamento per dieci anni. Ora lavoro in un grande magazzino.	*I worked in that clothing store for ten years. Now I work in a department store.*

ATTENZIONE! Note the difference in form and meaning between the following.

Sara **ha studiato** italiano **per** due anni.	*Sara studied Italian for two years. (action is completed)*
Sara **studia** italiano **da** due anni.	*Sara has been studying Italian for two years. (action is still going on)*

ESERCIZI

A. Da quanto tempo? Crea frasi secondo l'esempio.

ESEMPIO: (io) studiare italiano / quattro settimane →
Io studio italiano da quattro settimane.

1. (lei) correre / molti anni
2. (noi) aspettare l'autobus / venti minuti
3. (i bambini) prendere lezioni di piano / un anno
4. (tu) suonare la chitarra / molti mesi
5. (il bambino) disegnare / un quarto d'ora

B. Tutto su un compagno / una compagna. Vuoi trovare informazioni su un compagno / una compagna per il giornale universitario. Fai domande appropriate per scoprire (*discover*) da quanto tempo il compagno / la compagna fa le seguenti attività. Se il compagno / la compagna non fa l'attività suggerita, sostituisci altre attività fino a trovare un'attività che fa.

ESEMPIO: leggere romanzi (*novels*) italiani →
Da quanto tempo leggi romanzi italiani?

1. studiare in quest'università   2. abitare in questa città   3. bere vini italiani   4. parlare italiano   5. ballare la salsa

C. Lo fa ancora? Leggi le seguenti frasi e decidi se le persone fanno ancora queste cose o se non le fanno più (non… più = *not anymore, no longer*).

ESEMPIO: Maria studia l'italiano da due anni. →
Sì, Maria studia ancora l'italiano.

1. La signora Carletti beve caffè da due settimane.
2. Sandra ha giocato a tennis per due anni.
3. Gino porta la cravatta da due mesi.
4. Marco ha smesso di fumare cinque mesi fa.
5. Il signor Marchi è nel negozio di abbigliamento da tre ore.
6. I ragazzi hanno lavorato al giornale per cinque anni.

Sandro gioca molto bene a tennis. Gioca regolarmente ed è sempre pronto per una partita quando gli amici lo invitano.

Felice gioca male a golf. Va raramente a giocare e fa poca pratica.

1. You already know that adjectives modify nouns, and that they agree in gender and number with the noun they modify. Adverbs, in contrast, are invariable (their endings don't change) and they can modify verbs, adjectives, or other adverbs. Adverbs indicate *how* an action is performed. Some common adverbs are **bene, male,** and **molto.**

Maddalena parla **bene** l'italiano.   *Maddalena speaks Italian well.*
Giacomo legge **male.**   *Giacomo reads badly.*
I ragazzi corrono **molto.**   *The boys run a lot.*

Do not confuse these adverbs with the adjectives **buono** and **cattivo** or the variable forms of **molto.**

Maddalena ha una **buona** macchina.   *Maddalena has a good car.*
Giacomo ha **cattivo** gusto.   *Giacomo has bad taste.*
I ragazzi corrono in **molte** gare.   *The boys run in many races.*

2. Many adverbs are formed by attaching **-mente** to the feminine singular form of the adjective. They correspond to English adverbs ending in **-ly.**

vero	→	vera	→	veramente	*truly*
fortunato	→	fortunata	→	fortunatamente	*fortunately*

If the singular adjective ends in **-le** or **-re** preceded by a vowel, the final **-e** is dropped before adding **-mente.**

genti**le**	→	gentil-	→	gentilmente	*kindly*
regola**re**	→	regolar-	→	regolarmente	*regularly*

Molto, poco, tanto, troppo

Like **molto** (*many / a lot*), **poco** (*few/little*), **tanto** (*so much, so many / a lot*), and **troppo** (*too many / too much*) can be both adjectives and adverbs. When modifying a noun, they precede it and agree with it in number and gender. As adverbs, they follow a simple verb and precede an adjective.

AGGETTIVI
Sara ha **molti** libri.
Riccardo ha **poche** amiche.
Nina ha ricevuto **tante** e-mail.
Luca mangia **troppi** dolci.

AVVERBI
Tina e Sara parlano **molto** al telefono.
Carlo suona **poco** il pianoforte.
Maria legge **tanto.**
Rita guida **troppo** velocemente (*fast*).

Sandro plays tennis very well. He plays regularly and is always ready for a match when his friends invite him.

Felice plays golf badly. He rarely goes to play and he practices little.

3. Adverbs usually follow directly after a simple verb form.

Parla sempre di lavoro.	*He always talks about work.*
La vedo raramente.	*I rarely see her.*
Simona si veste elegantemente.	*Simona dresses elegantly.*

4. With compound verbs, most adverbs follow the past participle. However, some common adverbs (**già, mai, ancora** [*still*], **sempre**) are placed between the auxiliary verb and the past participle.

Sei arrivata tardi in palestra.	*You arrived at the gym late.*
Non ho capito bene la lezione.	*I didn't understand the lesson well.*
Avete già visto il parco?	*Have you already seen the park?*
Il nostro professore non ha mai parlato del femminismo.	*Our professor never talked about feminism.*

ESERCIZI

A. Domande personali. Decidi se le seguenti affermazioni (*statements*) personali sono vere o false. Correggi le frasi false.

1. Ho sempre avuto fortuna in amore.
2. Ho già preparato la lezione per domani.
3. Sono arrivato/arrivata tardi a lezione oggi.
4. Scrivo velocemente.
5. Mi lamento spesso dei professori.
6. Faccio sempre i compiti.
7. Vado a lezione regolarmente.
8. Parlo gentilmente con i miei genitori / con i miei amici / con i miei fratelli.

B. Come sono? Descrivi le seguenti persone con un avverbio che corrisponde all'aggettivo usato nella prima parte della frase.

ESEMPIO: La signora Crespi porta vestiti eleganti: si veste sempre *elegantemente.*

1. Luigino è un bambino molto attento: ascolta tutto _____.
2. Rita e Mario sono persone tranquille: fanno tutto _____.
3. A Gina non danno fastidio (*bother*) le visite inaspettate (*unexpected*): è contenta anche quando gli amici arrivano _____.
4. Le lettere di Gregorio sono molto rare: scrive _____.
5. Mara è una persona molto onesta: mi risponde sempre _____.
6. Sandro è una persona molto gentile: tratta (*treats*) tutti _____.
7. La mia amica Francesca è molto intelligente: risponde _____ alle domande.
8. Elena, Marilena e Francesca sono persone allegre: fanno tutto _____.

C. Bene e male. Completa le seguenti frasi con un avverbio (**bene, male, molto, troppo, poco**) o un aggettivo (**molto, poco, buono** o **cattivo**).

1. Sono andata al parco a giocare a frisbee con amici, ma non so giocare molto _____.
2. Conosco Salvatore da quando ho otto anni. Lui è un _____ amico.
3. Sandro va in palestra due volte al giorno. Secondo me, si allena (*works out*) _____.
4. Milena si è trasferita a Milano da Palermo due settimane fa. Conosce solo la sua vicina di casa (*neighbor*). Lei ha _____ amici a Milano.
5. Anche se Rocco prende lezioni di ballo tre volte alla settimana, balla _____.
6. Mariella canta e balla bene, ma non recita bene—è una _____ attrice.

D. Domande logiche. Fai domande al compagno / alla compagna usando elementi delle liste A, B e C.

ESEMPIO: S1: Parli onestamente con i genitori? →
S2: Sì, gli parlo onestamente.

A	B	C
parlare	spesso	una persona famosa
guidare	regolarmente	con i genitori
conoscere	bene/male	i compiti
fare	qualche volta	con i parenti
giocare	già	con gli amici
uscire	velocemente	a tennis / a golf

E. Numeri superiori a 100

MONICA: Mi sono diplomata nel 1996, mi sono laureata nel 2000, mi sono sposata nel 2001, ho avuto un figlio nel 2002 e una figlia nel 2003, ho accettato un posto all'università nel 2004…

SILVIA: Quando pensi di fermarti?

1. The numbers one hundred and above are

100	cento	600	seicento	1.100	millecento
200	duecento	700	settecento	1.200	milleduecento
300	trecento	800	ottocento	2.000	duemila
400	quattrocento	900	novecento	1.000.000	un milione
500	cinquecento	*1.000	mille	1.000.000.000	un miliardo

MONICA: I graduated from high school in 1996, graduated from college in 2000, got married in 2001, had a boy in 2002 and a girl in 2003; I took a job at the university in 2004 . . . SILVIA: When do you think you'll stop?

*ATTENZIONE! In Italian, a period is used instead of a comma in numbers over 999: 1,000 (*one thousand*) = **1.000 (mille).**

2. The indefinite article is not used with **cento** (*hundred*) or **mille** (*thousand*), but it is used with **milione** (*million*).

cento favole	*a hundred fables*
mille notti	*a thousand nights*
un milione di dollari	*a million dollars*

3. **Cento** has no plural form. **Mille** has the plural form **-mila.**

cento euro, duecento euro
mille euro, duemila euro

4. **Milione** (plural **milioni**) and **miliardo** (*billion,* plural **miliardi**) require **di** when they are followed directly by a noun.

In Italia ci sono 57 milioni **di** abitanti.	*In Italy there are 57 million inhabitants.*
Il governo ha speso molti miliardi **di** dollari.	*The government has spent many billions of dollars.*

5. There is no Italian equivalent for *eleven hundred, twelve hundred,* and so on. One says **millecento, milleduecento...**

6. The masculine singular definite article **il** is used when specifying a calendar year.

Il 1916 (millenovecentosedici) è stato un anno molto buono.	*Nineteen-sixteen was a very good year.*
La macchina di Dino è **del** 1993.	*Dino's car is a 1993 model.*
Sono nato **nel** 1978.	*I was born in 1978.*
Siamo stati in Italia **dal** 2001 **al** 2002.	*We were in Italy from 2001 to 2002.*

ESERCIZI

A. **Il prezzo è giusto.** Con un compagno / una compagna di classe, decidete se i prezzi per i seguenti vestiti e articoli in un negozio di abbigliamento sono plausibili. Se il prezzo non è plausibile, sostituite un prezzo adeguato.

ESEMPIO: S1: Una sciarpa costa € 2,80 (due euro e ottanta).
S2: Il prezzo non è giusto! Una sciarpa costa € 25,30 (venticinque euro e trenta).

1. Una camicia da notte (*nightgown*) costa € 5
2. I Levi 501 costano € 250
3. Le scarpe costano € 79,40
4. La cravatta costa € 19,80
5. Una maglietta costa € 3.075
6. I guanti costano € 27
7. Un abito elegante costa € 439
8. I calzini per un bambino costano € 583

B. Operazioni matematiche. A turni (*Taking turns*), fate le domande e trovate le risposte per le seguenti operazioni matematiche. **Espressioni utili:** più (+), meno (−), diviso (÷), per (×), fa (=).

ESEMPIO: 120 + 230 →
> s1: Quanto fa centoventi più duecentotrenta?
> s2: Fa trecentocinquanta.

1. 900 − 25
2. 1000 ÷ 2
3. 2000 × 100
4. 1200 + 300
5. 1.000.000 × 100
6. 600 ÷ 3
7. 800 − 250
8. 1000 + 1750
9. 10.000 × 5

oral exam

C. Domande. Chiedi ad un compagno / una compagna...

1. in che anno è nato/nata
2. in che anno si è diplomato/diplomata
3. in che anno ha preso la patente (*driver's license*)
4. in che anno si sono sposati i suoi genitori
5. se sa in che anno è morto Dante Alighieri

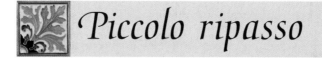

Piccolo ripasso

A. La vita quotidiana (*daily*). Qual è la tua routine giornaliera (*everyday*)? Descrivi cosa fai durante la prima ora della tua giornata, quando ti alzi. Poi, più generalmente, descrivi una giornata tipica. Confronta la tua descrizione con quella di un compagno / una compagna.

1. Quando mi alzo...
2. Alle 10.00 di mattina...
3. A mezzogiorno...
4. Alle 3 del pomeriggio...
5. Alle 7 di sera...
6. Alle 10.30 di sera...
7. A mezzanotte...

Adesso scrivete invece, secondo voi, la routine giornaliera dell'insegnante d'italiano. Confrontate poi la vostra versione con la versione dell'insegnante. Buon divertimento!

B. La giornata del signor Rossi. Cambia il seguente brano. Comincia con **Ieri il signor Rossi...** e usa il passato prossimo. Poi, cambia il brano una seconda volta. Comincia con **la signora Rossi** e fai tutti i cambiamenti necessari.

Ogni mattina il signor Rossi si alza alle sei, si mette la felpa e va a correre per quaranta minuti. Ritorna a casa, fa la doccia (*he takes a shower*), si lava i capelli (*he washes his hair*), si veste e fa colazione.

C. Una bella coppia. La signora e il signor Rossi hanno un rapporto felice e tranquillo perché hanno molti interessi in comune. Completa la prima parte della storia di come si sono conosciuti con la forma corretta dei verbi **guardarsi, incontrarsi, uscire** e **andare.** Poi, continua la storia.

Il nove novembre millenovecentosettantadue, alle sei di mattina, Anna Minghetti _____[1] di casa per correre nel parco con i suoi due cani. Alle sei e cinque, Massimo Rossi _____[2] al parco vicino a casa sua a fare una passeggiata con il suo cane. Vicino alla fontana, nel centro del parco, Marco, Anna e i tre cani _____[3] I tre cani _____[4] e poi...

D. Quanto costa? Quanto costano? Chiedi ad un compagno / una compagna quanto costano, secondo lui/lei, i seguenti prodotti.

ESEMPIO: S1: Quanto costano i Levi?
     S2: Costano ottantacinque dollari.

1. una Porsche
2. una settimana in un albergo di lusso (*luxury*)
3. una camicia di seta (*silk*)
4. un litro di latte
5. un paio di calzini
6. un volo (*flight*) per Roma
7. una telefonata di venti minuti dall'America in Italia
8. i libri per il corso di chimica
9. un computer
10. orecchini d'oro (*gold earrings*)

Invito alla lettura

In Basilicata e in Calabria

La Basilicata e la Calabria sono forse le regioni italiane meno frequentate dai turisti, ma possono offrire delle belle sorprese alle persone che le visitano.

Un avvertimento:[1] se vuoi andare in Basilicata in autunno o inverno, porta dell'abbigliamento pesante.[2] Ti può sembrare strano, ma Potenza, il capoluogo di regione, è una delle città più fredde d'Italia.

Un consiglio:[3] vai a Matera. È una città del tutto particolare. La parte vecchia infatti è scavata nella roccia[4] e per questo le costruzioni sono chiamate Sassi.[5] I Sassi formano un insieme[6] molto pittoresco. Ci sono semplici caverne, case di contadini,[7] ma anche piccoli palazzi di gente più ricca e perfino[8] chiese con eleganti campanili.[9]

E poi non trascurare[10] la Calabria. È una regione piena di bellezze naturali: insieme a spiagge molto belle e ancora un po' selvagge,[11] ti offre nella Sila la più bella foresta italiana di abeti e pini.[12] Ma devi andare anche a Reggio Calabria, solo per vedere i Bronzi di Riace. Sono due magnifiche statue greche, di dei o guerrieri.[13] La loro bellezza, eleganza ed armonia sono straordinarie!

E, a proposito di eleganza, non dimenticare che proprio a Reggio Calabria è nato e cresciuto Gianni Versace (1946–1997), uno dei più grandi stilisti italiani, apprezzato in America e in tutto il mondo.

[1]*warning* [2]*heavy* [3]*(piece of) advice* [4]scavata... *carved in the rock* [5]*Stones* [6]*whole* [7]*farmers, peasants* [8]*even* [9]*bell towers* [10]non... *don't overlook* [11]*wild* [12]abeti... *fir trees and pine trees* [13]dei... *gods or warriors*

I Sassi di Matera

E ora a te

Capire

Vero o falso?

	V	F
1. In Calabria e in Basilicata ci sono molti turisti.	☐	☐
2. Potenza si trova in Basilicata.	☐	☐
3. I Sassi sono case fatte con le pietre del fiume (*stones from the river*).	☐	☐
4. I Bronzi di Riace sono a Reggio Calabria.	☐	☐
5. Gianni Versace è nato in America.	☐	☐

Scrivere

Hai letto che spesso in Basilicata fa molto freddo. Immagina adesso di dover fare le valige per un lungo viaggio in Europa. Che cosa devi portare con te se visiti i seguenti posti durante le seguenti stagioni? Prepara una lista. Usa il vocabolario del capitolo e le seguenti parole utili.

Parole utili: cappello da sole (*sun hat*), costume da bagno (*bathing suit*), guanti, occhiali da sole (*sunglasses*), ombrello (*umbrella*), pantaloncini corti (*shorts*), sandali (*sandals*), scarpe da ginnastica (*tennis shoes*), scarpe da trekking (*hiking shoes*), scarponi da sci (*ski boots*)

Per i giorni...	devo portare...
a Londra, in Gran Bretagna in autunno-inverno	
a Parigi, in Francia in inverno	
in Trentino–Alto Adige e nelle Dolomiti, in Italia in inverno	
a Roma, in Italia in primavera	
in Sicilia e nelle isole Lipari, in Italia in primavera-estate	
a Atene, in Grecia in estate	

Videoteca

FUNZIONE: parlare di abbigliamento

Vestiti da lavare

Roberto ha bisogno di lavare i vestiti ma non può trovare una lavanderia (*laundromat*). Quando torna all'albergo, la receptionist gli offre aiuto.

ESPRESSIONI UTILI

sporco	dirty
posso fare pulire i suoi vestiti io	I can have your clothes cleaned
le mutande	underwear

Preparazione

ROBERTO: Ma stasera ho un appuntamento. Cosa mi metto? Adesso devo comprare qualcosa da mettermi.

RECEPTIONIST: Un appuntamento? Ma allora deve fare bella figura. Ha bisogno di una camicia, una cravatta, una giacca, una bella cintura e un bel paio di scarpe. Firenze è la capitale della moda maschile e ci sono molti bei negozi eleganti in questa zona. A che ora è l'appuntamento?

Verifica

Vero o falso?

		V	F
1.	Roberto ha solo un paio di jeans e una camicia da mettersi.	☐	☐
2.	La receptionist suggerisce a Roberto di lavare lei stessa (*herself*) i suoi vestiti.	☐	☐
3.	Firenze è la capitale della moda femminile.	☐	☐

Comprensione

Rispondi alle seguenti domande.

1. Quali sono i vestiti di Roberto da lavare?
2. Quando sono pronti i vestiti puliti?
3. A che ora è l'appuntamento di Roberto? Cosa deve fare prima dell'appuntamento?

Attività

Da fare in coppia. Lavori in un negozio di abbigliamento. Entra un/una cliente che non sa che cosa mettersi per un concerto di musica classica. Ti spiega che esce con il suo ragazzo / la sua ragazza e vuole fare bella figura. Suggerisci dei vestiti (e colori) che, secondo te, vanno bene per questa occasione.

Parole da ricordare

VERBI

abbracciarsi	to embrace, hug (*each other*)
addormentarsi	to fall asleep
aiutarsi	to help (*each other*)
alzarsi	to stand up, get up
annoiarsi	to get bored
arrabbiarsi	to get angry
baciarsi	to kiss (*each other*)
chiamarsi	to call oneself, be named
diplomarsi	to graduate (*high school*)
divertirsi	to enjoy oneself, have a good time
fare bella figura	to look good; to make a good impression
fermarsi	to stop (*oneself from moving*)
incontrarsi	to run into (*each other*)
lamentarsi (di)	to complain (about)
lasciarsi	to leave each other; to break up (*coll.*)
laurearsi	to graduate (*college*)
lavarsi	to wash (*oneself*)
mettersi	to put on (*clothes*)
portare	to wear
provare (a + *inf.*)	to try (*to do something*)
rilassarsi	to relax
sbagliarsi	to make a mistake
sentirsi (bene / male / stanco / contento)	to feel (good / bad / tired / happy)
smettere (di) (*p.p.* smesso)	to stop (*doing something*)
sposarsi	to get married
svegliarsi	to wake up
vestirsi	to get dressed; to dress

NOMI

l'abbigliamento	clothing
l'abito	dress; suit
il berretto	baseball cap
il bottone	button
il bucato	laundry
i calzini	socks
la camicia	shirt
la camicia da notte	nightgown
il cappotto	coat
il capriccio	prank
la cintura	belt
la cravatta	tie
il dovere	duty

la fatica	effort, trouble
la felpa	sweatshirt; sweatsuit
la giacca	jacket
il giubbotto	jacket
i guanti	gloves
l'impermeabile (*m.*)	raincoat
l'infanzia	childhood
la maglia	sweater
la maglietta	t-shirt
il miliardo	billion
il milione	million
il piacere	pleasure
il prezzo	price
il rapporto	relationship
le scarpe	shoes
la sciarpa	scarf
la scocciatura	nuisance
la t-shirt	t-shirt
le tasse	taxes
il vestito	dress; suit
i vestiti	clothes

AGGETTIVI

giornaliero	everyday, daily
quotidiano	daily

PRONOMI RIFLESSIVI

mi	myself
ti	yourself (*inform.*)
si	yourself (*form.*); himself, herself
ci	ourselves
vi	yourselves (*pl. inform.*)
si	yourselves (*pl. form.*); themselves

ALTRE PAROLE E ESPRESSIONI

anche se	even though
ancora	still
così	so
da quanto tempo?	(for) how long?
di tutti i giorni	everyday
non… più	not anymore, no longer
ora	now
poco	few, little
tanto	so much; so many, a lot
troppo	too many, too much
velocemente	fast

C'era una volta...

Once upon a time there was . . .

Ti piace il cinema? Vieni al Festival del Cinema di Venezia!

In seguito

Practice the skills you learned in this chapter and get connected to the Italian-speaking world through the *Prego!* supplements!
www.mhhe.com/prego6

Vocabolario preliminare

DIALOGO-LAMPO

Televisione o cinema?

ROSSANA: Che dice il giornale sui programmi di stasera? Che danno[1] in televisione?

FABRIZIO: C'è una partita di calcio su Rai Uno, se vuoi vedere lo sport. Gioca l'Italia…

ROSSANA: Telefilm interessanti?

FABRIZIO: Non credo,[2] ma ci sono due bei film su Rai Tre e Canale Cinque più tardi, dopo il telegiornale.

ROSSANA: E adesso che c'è?

FABRIZIO: È l'ora del telegiornale. Possiamo vedere un DVD o ascoltare la radio.

ROSSANA: Ma no, andiamo al cinema invece. Ho letto una recensione[3] molto positiva dell'ultimo film di Spielberg…

1. Che cosa danno su Rai Uno?
2. Che cosa c'è su Rai Tre e su Canale Cinque?
3. Cosa propone Fabrizio a Rossana?
4. Cosa vuole vedere Rossana? Perché?

[1]*are they showing*   [2]Non… *I don't think so*   [3]*review*

Il linguaggio (*jargon*) dei mass media

LE PUBBLICAZIONI (*PUBLICATIONS*)
l'articolo article
la cronaca local news
il/la cronista reporter
il giornale newspaper
il/la giornalista journalist
l'intervista interview
il mensile monthly publication
le notizie news
la pubblicità advertisement; advertising
il quotidiano daily newspaper
la recensione review
il redattore / la redattrice editor

la redazione editorial staff
la rivista magazine
il settimanale weekly publication
il sondaggio poll, survey
la stampa press; the press

pubblicare to publish
recensire (isc) to review
stampare to publish, to print

IL CINEMA, LA TELEVISIONE E LA RADIO
l'attore/l'attrice actor
il canale (televisivo) TV channel
la colonna sonora soundtrack

Alla televisione
la soap-opera,
la telenovela,
il teleromanzo
soap opera
il talk-show

il **doppiaggio** dubbing
il **DVD** DVD
la **fiction televisiva, la serie televisiva** TV series
il **lettore DVD** DVD player
il **personaggio** character
il **produttore / la produttrice** producer
il **programma** (*TV or radio*) program
la **radio** (*pl.* **le radio**) radio; radio station
il/la **regista** director
la **rete** network
lo **schermo** screen
il **sottotitolo** subtitle
il **telefilm** TV mini-series
il **telegiornale** TV news

la **videocassetta** videocassette
il **videoregistratore** VCR

dare (in televisione) to show (on television)
dirigere (*p.p.* **diretto**) to direct
doppiare to dub
girare to film; to shoot film
produrre (*p.p.* **prodotto**) to produce
seguire to follow, watch (*a program*) regularly
svolgersi (*p.p.* **svolto**) to take place
trasmettere (*p.p.* **trasmesso**), **mandare in onda** to broadcast

in differita tape-delayed, prerecorded broadcast
in diretta live broadcast

ESERCIZI

A. Il linguaggio dei media. Abbina parole e definizioni.

1. _____ la redazione
2. _____ doppiare
3. _____ la stampa
4. _____ il cronista
5. _____ girare
6. _____ l'intervista
7. _____ la trasmissione
8. _____ il produttore
9. _____ trasmettere in diretta

a. tradurre
b. trasmettere live
c. filmare
d. la persona che finanzia un film
e. una serie di domande e risposte
f. la persona che scrive le cronache in un giornale
g. l'insieme (*totality*) dei redattori
h. l'insieme delle pubblicazioni
i. il programma

B. La parola esatta. Leggi il brano seguente, poi completalo con le espressioni che seguono. Più risposte sono possibili.

Parole utili: attori, canali, colonna sonora, doppiaggio, doppiato, girato, recensire, regista, schermo, trasmetterlo, videocassetta

Il mio giornale mi ha dato l'incarico[a] di _____[1] l'ultimo film di Bertolucci. Sono un appassionato di musica e quindi ero[b] molto interessato alla _____[2]. Il _____[3] ha fatto un ottimo[c] lavoro, anche nella scelta[d] degli _____,[4] tutti molto bravi. Bertolucci ha _____[5] il film in inglese, quindi qui in Italia è _____,[6] ma il _____[7] non interferisce con la bellezza del fim. Il film era[e] anche molto lungo, ma i miei occhi[f] sono rimasti incollati[g] allo _____.[8] Il successo[h] di questo film in _____[9] è assicurato e certo molti _____[10] televisivi italiani e stranieri hanno già comprato i diritti[i] di _____.[11]

[a]*task* [b]*quindi... so I was* [c]*excellent* [d]*choice* [e]*was* [f]*eyes* [g]*glued* [h]*success* [i]*rights*

C. Un sondaggio. In Italia, i sondaggi sono molto frequenti. In gruppi di quattro o sei studenti, fate le seguenti domande tra voi e scrivete le risposte. Poi elencate (*list*) le risposte di tutti i gruppi alla lavagna e discutete i risultati.

1. Leggi i giornali più o meno regolarmente (cioè, almeno [*at least*] uno per dieci o quindici minuti)? Quante volte alla settimana?

   tutti i giorni
   quattro o cinque volte alla settimana
   due o tre volte alla settimana

   un giorno alla settimana
   quasi mai
   mai

2. Cosa ascolti alla radio o guardi alla TV? Quali programmi e notizie ti interessano particolarmente?

   politica interna (*domestic*)
   politica estera (*foreign*)
   politica locale
   lavoro e economia
   problemi sociali
   notizie culturali
   attualità (*current events*)

   cronaca
   cronaca nera (*crime news*)
   scienza e tecnica
   storia, letteratura e arte
   spettacoli (*variety shows*)
   moda
   fiction televisiva

3. Ascolti la radio e guardi la televisione più o meno regolarmente? Quante volte alla settimana?

   tutti i giorni
   due o tre volte alla settimana
   una volta alla settimana

   quasi mai
   mai

4. Segui il telegiornale?

   sì, regolarmente
   sì, ma solo due o tre volte alla settimana

   sì, una volta sola alla settimana
   mai o quasi mai

D. Conversazione. Chiedi a un compagno / una compagna…

1. qual è il film più bello che ha visto negli ultimi due o tre mesi
2. se conosce film italiani e quali ha visto
3. dove vede più spesso i film, se alla televisione, al cinema, in videocassetta o in DVD e perché
4. cosa mangia e cosa beve quando va al cinema
5. il suo regista preferito / la sua regista preferita
6. se ha mai visto un film muto (*silent*) e quale
7. se ha una colonna sonora preferita e quale
8. se ha un attore preferito / un'attrice preferita

E. E ora fate voi i registi! In piccoli gruppi, preparate un'interpretazione di una breve scena presa da un film famoso. Potete usare un narratore per presentare i personaggi, l'ambientazione (*setting*) e/o l'azione precedente. Gli altri studenti devono indovinare (*guess*) il titolo del film.

In ascolto

For listening comprehension activities related to the theme of this chapter, see the Laboratory Manual or visit the *Prego!* website.
www.mhhe.com/prego6

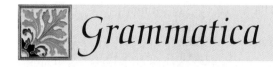

A. Imperfetto

LUIGINO:	Papà, mi racconti una favola?
PAPÀ:	Volentieri! C'era una volta una bambina che si chiamava Cappuccetto Rosso perché portava sempre una mantella rossa col cappuccio. Viveva vicino a un bosco con la mamma…
LUIGINO:	Papà, perché mi racconti sempre la stessa storia?
PAPÀ:	Perché conosco solo una storia!

1. The **imperfetto** (*imperfect*) is another past tense. It is used to describe habitual actions and states of being in the past. It is formed by dropping the **-re** of the infinitive and adding the same set of endings to verbs of all conjugations: **-vo, -vi, -va, -vamo, -vate,** and **-vano.**

lavorare	scrivere	dormire	capire
lavora**vo**	scrive**vo**	dormi**vo**	capi**vo**
lavora**vi**	scrive**vi**	dormi**vi**	capi**vi**
lavora**va**	scrive**va**	dormi**va**	capi**va**
lavora**vamo**	scrive**vamo**	dormi**vamo**	capi**vamo**
lavora**vate**	scrive**vate**	dormi**vate**	capi**vate**
lavora**vano**	scrive**vano**	dormi**vano**	capi**vano**

LUIGINO: Daddy, will you tell me a fairy tale? DAD: Sure! Once upon a time, there was a little girl who was called Little Red Riding Hood because she always wore a red coat with a hood. She lived near a forest with her mother. . . . LUIGINO: Daddy, why do you always tell me the same story? DAD: Because I only know one story!

2. The verb **essere** is irregular in the **imperfetto**.

	essere
ero	eravamo
eri	eravate
era	erano

The verbs **bere, dire,** and **fare** have irregular stems in the **imperfetto**.

bere (bev-)	dire (dic-)	fare (fac-)
bevevo	dicevo	facevo
bevevi	dicevi	facevi
beveva	diceva	faceva
bevevamo	dicevamo	facevamo
bevevate	dicevate	facevate
bevevano	dicevano	facevano

3. The **imperfetto** has several English equivalents.

Stampavano solo libri per bambini.

> *They used to publish only books for children.*
> *They were publishing only books for children.*
> *They published only books for children.*

It has the following uses.

a. It describes habitual actions in the past: what people used to do or things that used to happen.

Da bambino seguivo *Sesame Street.*
    As a kid I watched Sesame Street.

b. It describes past actions that were in progress when something else happened or while something else was going on.

Mangiavamo quando è andata via la luce.
    We were eating when the lights went out.

Leggevo il giornale mentre Roberto guardava la televisione.
    I was reading the paper while Roberto was watching television.

Si dice così

Allora v. poi

Allora means *at that time, so,* or *in that case.*

Allora ci vedevamo spesso. *At that time we saw each other often.*

Non ci sono più autobus, allora rimaniamo qui. *There aren't any more buses, so (in that case) let's stay here.*

Poi means *then.* It is used when describing a series of events.

Sono andata a casa, poi ho mangiato qualcosa e poi ho telefonato a Riccardo. *I went home, then I ate something and then I called Riccardo.*

c. It describes physical, mental, and emotional states in the past. It also expresses age, time, and weather in the past.

Mi sentivo stanco.	*I felt tired.*
I miei nonni non volevano uscire.	*My grandparents didn't want to go out.*
C'era molta gente nei negozi.	*There were a lot of people in the stores.*
Quando avevo sei o sette anni, mi sedevo proprio vicino allo schermo.	*When I was six or seven, I sat really close to the screen.*
—Che ore erano?	*—What time was it?*
—Era mezzogiorno.	*—It was noon.*
Continuava a piovere.	*It continued to rain.*

4. Time expressions such as **anni fa, di solito, sempre, una volta** (*once upon a time, some time ago*), and **il lunedì (il martedì...)** are frequently used with the **imperfetto**.

Una volta non trasmettevano la pubblicità in TV.	*Some time ago they didn't broadcast advertisements on TV.*
Non capisco perché ero sempre stanco.	*I don't understand why I was always tired.*

—Una volta era più romantico: suonava il violino.

ESERCIZI

A. L'infanzia di Marco. Leggi la descrizione di Marco quando era giovane e decidi se le frasi che seguono il brano potrebbero essere (*could be*) vere. Correggi le frasi false.

Da bambino, Marco era magro e pigro. Non mangiava molto perché gli piaceva solamente la pasta in bianco (con burro e formaggio) e la frutta. Non gli piaceva giocare con gli altri bambini. Lui rimaneva sempre in casa a leggere i suoi libri. Sua madre era molto preoccupata per lui, ma la storia finisce bene perché oggi Marco è professore in una grande università.

[Left margin illustration caption:]

—Non ho bisogno di niente, papà: volevo solo controllare la tua prontezza[a]...

[a]controllare... *to check your reaction time*

1. Marco mangiava la frutta tutti i giorni.   **2.** Gli piaceva mangiare una bella bistecca tutte le sere.   **3.** La mamma lo portava spesso dal dottore.   **4.** Giocava a calcio il giovedì con dei compagni di scuola.   **5.** Leggeva cinque libri ogni settimana.   **6.** Era un bravo studente.   **7.** D'estate era sempre fuori al sole.   **8.** Di solito andava a scuola in bicicletta.

B. Trasformazioni. Sostituisci il soggetto della frase con gli elementi tra parentesi e cambia il verbo in modo adeguato.

1. Leggevi il giornale a 12 anni? (i bambini / Lei / voi / io)
2. Il sabato sera guardavamo la fiction fino a tardi. (Guglielmo / io / tutti / tu)
3. Luigi parlava italiano quando aveva 7 anni. (tu / noi / anche le mie sorelle / voi)
4. Quando ero piccola, volevo diventare giornalista. (noi / lei / voi / loro)

C. Avere o essere. Completa la storia di Margherita con l'imperfetto di **essere** o **avere**.

Quando _____[1] un anno, Margherita _____[2] biondissima e _____[3] gli occhi azzurri. _____[4] una bambina molto simpatica ed _____[5] sempre allegra. A tredici anni Margherita _____[6] i capelli castani e gli occhi grigi, _____[7] spesso triste e depressa e _____[8] molti problemi, come tanti ragazzi della sua età.[a] A vent'anni Margherita _____[9] i capelli verdi. _____[10] moltissimi amici, _____[11] una vita abbastanza[b] interessante e non _____[12] tempo per pensare se _____[13] triste o se _____[14] allegra.

[a]*age*   [b]*enough*

D. La mia infanzia. Che cosa facevi quando eri bambino? Dove andavate in vacanza tu e la tua famiglia? Quali programmi televisivi seguivi? Quale era il tuo libro preferito? Quali sport facevi? Cosa facevi in estate? Parla della tua infanzia con un compagno / una compagna. Lui/Lei prende appunti e poi dà le informazioni ad un altro gruppo o alla classe.

Come eravamo 50 anni fa

Era una bella giornata: il sole splendeva e gli uccelli cantavano nel parco. Marco si sentiva felice perché aveva un appuntamento con una ragazza che aveva conosciuto la sera prima. Purtroppo, però, la ragazza non è venuta, il tempo è cambiato ed ha cominciato a piovere. Marco è tornato a casa tutto bagnato e di cattivo umore.

The **passato prossimo** and the **imperfetto** are often used together in accounts of past events. They express different kinds of actions in the past, and cannot be used interchangeably.

1. The **passato prossimo** is used to describe specific events in the past. It tells *what happened* at a given moment.

Ieri ho ricevuto tre lettere.	*Yesterday I received three letters.*
Siamo usciti alle otto.	*We went out at eight.*

2. The **imperfetto** describes habitual actions in the past: *what used to happen.*

Giocavamo a tennis ogni sabato.	*We played tennis every Saturday.*

It also describes ongoing actions in the past; *what was going on* while something else was going on (two verbs in the **imperfetto**) or what was going on when something else happened (one verb in the **imperfetto,** the other in the **passato prossimo**).

Io studiavo mentre mio cugino ascoltava la radio.	*I was studying while my cousin was listening to the radio.*
Mangiavate quando ho telefonato?	*Were you eating when I called?*

The **imperfetto** also relates conditions or states—physical or mental—in the past, such as appearance, age, feelings, attitudes, beliefs, time, and weather.

Sognavo di diventare una regista.	*I dreamed of becoming a director.*
Avevo un appuntamento con il redattore.	*I had an appointment with the editor.*
Erano le otto di sera.	*It was eight P.M.*
Pioveva ma non faceva freddo.	*It was raining but it wasn't cold.*
Non ricordavano l'indirizzo giusto.	*They didn't remember the right address.*

It was a beautiful day: the sun was shining and the birds were singing in the park. Marco was feeling happy because he had a date with a girl that he had met the evening before. Unfortunately, though, the girl didn't come, the weather changed, and it began to rain. Marco returned home all wet and in a bad mood.

3. Because the **passato prossimo** expresses what happened at a particular moment, whereas the **imperfetto** expresses a state of being, the **passato prossimo** is used to indicate a change in a state of being.

Avevo paura dei topi.	*I was afraid of mice.* (*description of a mental state*)
Ho avuto paura quando ho visto il topo.	*I got scared when I saw the mouse.* (*what happened at a given moment*)

4. Note that for the verbs **dovere, potere,** and **volere,** the use of the **passato prossimo** indicates what did or did not happen while the **imperfetto** indicates only a mental state or intention.

Dovevo fare i compiti ma ho deciso di uscire.	*I was supposed to do my homework but I decided to go out.*
Non sono uscito perché **ho dovuto** fare i compiti.	*I did not go out because I had to do my homework.*
Marco **voleva** studiare in Italia ma non aveva i soldi.	*Marco wanted to study in Italy but he didn't have the money.*
Marco non è venuto alla festa perché **ha voluto** studiare.	*Marco didn't come to the party because he wanted to study (and did).*

ESERCIZI

A. Da completare. Completa le seguenti frasi con la parola o la frase appropriata.

1. Da bambina, Giovanna andava in vacanza con la famiglia (ogni estate / tre volte).
2. Giacomo giocava a tennis (tutti i giorni / domenica scorsa).
3. Giacomo è andato in Italia (per un'estate / tutte le estati).
4. Giacomo mangiava (sempre / due volte) i piselli.
5. Da giovane, Giacomo (è stato / era) molto energico.
6. L'anno scorso (sono andata / andavo) a teatro tre volte.
7. Quando (ha avuto / aveva) un anno, Maria (ha imparato / imparava) a camminare.
8. (Ha fatto / Faceva) bel tempo quando (partivamo / siamo partiti) per il viaggio.

B. Trasformazioni. Sostituisci le parole in corsivo (*italics*) con l'imperfetto dei verbi tra parentesi.

1. Giuseppina *guardava* una telenovela quando Angela è arrivata. (leggere un mensile / fare un'intervista / lavare i piatti / scrivere una recensione / servire il caffè)
2. Gli studenti *ascoltavano* mentre la professoressa spiegava. (prendere appunti / scrivere / fare attenzione / stare zitti / giocare con la matita)

C. Un'americana a Firenze. Judy ha passato le sue vacanze a Firenze. Racconta la sua storia al passato.

È[1] il 25 aprile. Arrivo[2] a Firenze. La mia amica italiana Silvana mi aspetta[3] alla stazione. Prendiamo[4] un tassì. Vedo[5] che c'è[6] molta gente nelle vie e che i negozi sono[7] chiusi. Domando[8] a Silvana perché la gente non lavora.[9] Silvana mi risponde[10] che il 25 aprile è[11] l'anniversario della Liberazione.* Arriviamo[12] a casa di Silvana. Io vado[13] subito a dormire perché sono[14] stanca e ho[15] sonno. La sera esco[16] con Silvana. Sono[17] contenta di essere a Firenze.

*On April 25, 1945, World War II came to an end.

D. Cos'è successo? (*What happened?*) Racconta al tuo compagno / alla tua compagna che cosa è successo mentre studiavi, andavi a lezione, tornavi a casa, facevi la doccia, eccetera. Usa l'immaginazione!

ESEMPIO: Mentre studiavo, un amico è venuto a trovarmi.

Poi, di' al tuo compagno / alla tua compagna cosa faceva qualcun altro (*someone else*) mentre tu facevi le attività suggerite.

ESEMPIO: Mentre studiavo, il mio compagno di stanza dormiva.

E. Che dovevi fare? Chiedi al tuo compagno / alla tua compagna cosa doveva fare tutti i giorni della settimana passata. Il compagno / La compagna dice quello che ha fatto invece dei suoi doveri.

ESEMPIO: A: Che cosa dovevi fare lunedì?
B: Dovevo studiare, ma sono uscito/uscita con gli amici.

— Mi hanno arrestato mentre uscivo da un camino[a] con un sacco!

[a]*chimney*

La TV italiana

Un tecnico del montaggio (*video editor*) al lavoro in uno studio romano.

La televisione italiana è nata nel 1954. Per molti anni dopo la sua nascita, ha avuto un solo canale, controllato dallo stato. Fino al 1975 la pubblicità era fatta solo prima dell'inizio dei programmi principali, verso le nove di sera. Era presentata una serie consecutiva di sei o sette annunci pubblicitari, in un breve programma chiamato «Carosello», ma dopo non c'era nessuna interruzione degli spettacoli.

Oggi la RAI, o Radiotelevisione italiana, ha tre reti televisive nazionali, che trasmettono, durante tutto il giorno, numerosi telegiornali (fra cui, nel pomeriggio, un telegiornale per ragazzi), dibattiti, film e documentari, spettacoli di varietà, giochi, avvenimenti sportivi in diretta, rubriche[1] scientifiche e di attualità.

Tutti i cittadini che hanno la TV sono obbligati a pagare una tassa annuale con cui è in parte finanziata[2] la produzione dei programmi pubblici.

Dagli anni '80 si sono aggiunte[3] alle reti pubbliche alcune reti private nazionali e numerosissime reti locali. Le reti private trasmettono soprattutto film, telenovele, serial polizieschi,[4] spettacoli di varietà e giochi a premi,[5] ma ci sono anche dei telegiornali e degli spettacoli sportivi. Oggi gli italiani possono anche vedere alcuni programmi acquistati in America e doppiati in italiano, come ad esempio «David Letterman Show», «e.r.», «Friends» e «I Simpson».

Con l'arrivo delle TV private, la pubblicità, come negli Stati Uniti, interrompe spesso le trasmissioni.

[1]*features* [2]*è… is partly financed* [3]*si… were added* [4]*serial… police dramas* [5]*giochi… game shows with prizes*

C. Trapassato

Gino aveva capito che l'appuntamento con Susanna era alle 8.00, ma Susanna aveva capito che era alle 7.00. Alle 7.30 Susanna era stanca di aspettare Gino ed era molto arrabbiata. Così è andata al cinema con la sua compagna di stanza. Gino è arrivato alle 8.00 in punto, ma quando è arrivato Susanna era già uscita. Povero Gino!

Gino had understood that his date with Susanna was at 8:00, but Susanna had understood that it was at 7:00. At 7:30 Susanna was tired of waiting for Gino and she was very angry. So she went to a movie with her roommate. Gino arrived exactly at 8:00, but when he arrived Susanna had already gone out. Poor Gino!

1. The **trapassato** is the exact equivalent of the English past perfect (*I had worked, they had left*). It expresses a past action that took place before another past action or point in time. The more recent past event may be expressed in the **passato prossimo** or the **imperfetto**.

<table>
<tr><td>I nonni erano già usciti quando ho telefonato.</td><td>*My grandparents had already left when I called.*</td></tr>
<tr><td>Ero stanca perché avevo nuotato tutta la mattina.</td><td>*I was tired because I had been swimming all morning.*</td></tr>
<tr><td>Mia zia era partita prima delle otto.</td><td>*My aunt had left before eight.*</td></tr>
<tr><td>Avevo già imparato a sciare quando avevo otto anni.</td><td>*I had already learned to ski by the time I was eight.*</td></tr>
</table>

—Mi hanno messo dentro a causa della vista:[a] non avevo visto un poliziotto.[b]

[a]*eyesight*   [b]*police officer*

2. The **trapassato** is formed with the **imperfetto** of the auxiliary verb (**avere** or **essere**) plus the past participle. Note that the past participle agrees with the subject when the verb is conjugated with **essere.**

VERBI CONIUGATI CON **avere**		VERBI CONIUGATI CON **essere**	
avevo		ero	
avevi		eri } partito/a	
aveva		era	
avevamo } lavorato		eravamo	
avevate		eravate } partiti/e	
avevano		erano	

A. **Domande personali.** Decidi se le seguenti affermazioni personali sono vere. Correggi le frasi false.

1. Quando avevo 16 anni, mi ero già diplomato/diplomata.
2. Quando aveva 22 anni, mia madre si era già sposata.
3. Quando avevo 12 anni, ero già stato/stata a Disney World.
4. Quando avevo 10 anni, avevo già visto un film al cinema.
5. Quando avevo 18 anni, avevo già visto un film straniero.
6. Quando avevo 16 anni, avevo già imparato a guidare.
7. Quando avevo 18 anni, ero già andato/andata all'estero (*abroad*).

B. **Troppo tardi.** Quando queste persone sono arrivate, era già troppo tardi. Descrivi la situazione; segui il modello.

ESEMPIO: Maria telefona a Franca. Franca è uscita. →
Quando Maria ha telefonato a Franca, Franca era già uscita.

1. Entriamo nel cinema. Il film è incominciato.
2. Il cameriere porta il conto. I clienti sono usciti.
3. Il nonno arriva a casa. I nipotini hanno finito di mangiare.
4. Mirella arriva all'aeroporto. L'aereo è partito.
5. Le ragazze tornano a casa. La mamma è andata a dormire.
6. Voi ci invitate. Noi abbiamo accettato un altro invito (*invitation*).
7. Mi alzo. Le mie sorelle hanno fatto colazione.

C. **A sedici anni…** Chiedi ad un compagno / una compagna di parlare di tre esperienze che aveva già fatto a 16 anni.

ESEMPIO: A sedici anni, ero già stato/stata in Europa…

D. Suffissi

Ha visto passare il mio fratellino? È un bambino con un nasino tanto carino, due manine graziose e due piedi piccolini piccolini.

Did you see my little brother go by? He's a kid with such a cute little nose, two sweet little hands and two tiny little feet.

1. By adding different suffixes to Italian nouns (including proper names) and adjectives, they can be made to express various shades of meaning.

> cas**etta** *little house*
> nas**one** *big nose*
> temp**accio** *bad weather*
> fratell**ino** *little brother*

When a suffix is added, the final vowel of the word is dropped.

2. The suffixes **-ino/a/i/e**, **-etto/a/i/e**, **-ello/a/i/e**, and **-uccio, -uccia, -ucci, -ucce** indicate smallness or express endearment.

> naso *nose* → nas**ino** *cute little nose*
> case *houses* → cas**ette** *little houses*
> cattivo *bad, naughty* → cattiv**ello** *a bit naughty*
> Maria *Mary* → Mari**uccia** *little Mary*

3. The suffix **-one/a/i/e** indicates largeness.*

> libro *book* → libr**one** *big book*
> lettera *letter* → letter**ona** *long letter*
> pigro *lazy* → pigr**one** *very lazy*
> Beppe *Joe* → Bepp**one** *big Joe*

4. The suffix **-accio, -accia, -acci, -acce** conveys badness or ugliness.

> libro *book* → libr**accio** *bad book*
> tempo *weather* → temp**accio** *awful weather*
> parola *word* → parol**accia** *dirty word*
> ragazzo *boy* → ragazz**accio** *bad boy*

Since it is impossible to guess which suffix(es) a noun may take, it is advisable to use only forms that you have read in Italian books or heard used by native speakers.

ESERCIZI

—Mamma, il mio primo disegnino!

A. **Suffissi.** Ad ogni parola, aggiungi (*add*) un suffisso per indicare la grande dimensione (*large size*) o la scarsa (*insufficient*) qualità. Poi crea una frase che usa la parola nuova. Segui il modello.

ESEMPIO: ragazzo → ragazzone
Salvatore mangia moltissimo—è un ragazzone.

1. regalo
2. piede (*foot*)
3. naso (*nose*)

4. lettera
5. coltello (*knife*)
6. macchina

---

*Many feminine nouns become masculine when the suffix **-one** is added:

> la palla *ball* → il pall**one** *soccer ball*
> la porta *door* → il port**one** *front door*
> la finestra *window* → il finestr**one** *big window*

B. Sinonimi. Esprimi (*Express*) lo stesso concetto usando un nome o un aggettivo con un suffisso.

ESEMPIO: un grosso (*big*) libro → un librone

1. una brutta parola
2. una lunga lettera
3. carta (*paper*) di cattiva qualità
4. un brutto affare
5. due ragazzi un po' cattivi
6. un grosso bacio

C. Brutta roba (*stuff*). A turni con un compagno / una compagna, rispondete a ogni domanda in modo negativo. Create delle domande secondo l'esempio.

ESEMPIO: giornale / bello →
    s1: È un bel giornale?
    s2: No, è un giornalaccio!

1. giornata / bello
2. parola / bello
3. ragazzi / bravo
4. film / bello
5. strada / in buone condizioni
6. lettera / bello

D. Conversazione.

1. Di solito scrivi letterine o letterone?
2. Hai mai ricevuto una letteraccia? Da chi? Per quale motivo (*reason*)?
3. Come sono gli esami in questo corso, esamini o esamoni?
4. Quali persone nel mondo della televisione o del cinema sono famose per il loro nasone?

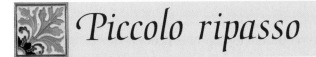

Piccolo ripasso

A. Ricordi. Patrizia ricorda quando aveva 17 anni. Completa la sua storia con un verbo della lista all'imperfetto. Puoi usare alcuni verbi più di una volta.

Parole utili: andare, avere, essere, piacere, preferire, studiare, volere

Quando _____¹ diciassette anni, io e mio fratello _____² al liceo. Io _____³ brava e _____⁴ molto perché _____⁵ ricevere dei bei voti. A mio fratello, invece, non _____⁶ studiare e così non _____⁷ mai e _____⁸ uscire con gli amici. E voi, a diciassette anni, come _____⁹? _____¹⁰ voglia di studiare?

B. C'era una volta... Con un compagno / una compagna continuate la storia di Cappuccetto Rosso a pagina 196. Poi, raccontate la vostra versione della storia ad un altro gruppo o alla classe.

C. Conversazione.

1. Dove abitavi quando avevi 16 anni?
2. Abitavi con i tuoi genitori?
3. Chi era il tuo parente preferito?
4. Quale scuola frequentavi?
5. Con chi studiavi?
6. Che cosa facevi in una giornata tipica?

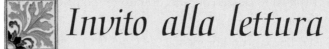

Invito alla lettura

In Veneto

Benvenuti in Veneto! Sei in una delle regioni più belle e più varie[1] d'Italia.

Qui puoi davvero scegliere.[2] Vuoi fare una vacanza in montagna? Al mare? Sul lago[3]? Oppure[4] preferisci i monumenti, i musei, le città d'arte? Nessun problema. Il Veneto può soddisfare ogni tuo desiderio. Tra le città del Veneto la più conosciuta in tutto il mondo è certamente Venezia, ma ti consigliamo di visitare anche le altre città, belle e ricche di arte e di fascino come Verona, Vicenza, Treviso, Padova.

Venezia, oltre ad[5] essere la sede[6] del famoso Festival del cinema, offre anche uno scenario naturale unico, in cui molti registi hanno ambientato[7] film indimenticabili[8] come *Morte a Venezia*.

Ma anche Verona, con la sua Piazza delle Erbe e la sua Arena è stata spesso lo sfondo[9] di grandi film, soprattutto quelli sulla storia di Giulietta e Romeo, gli innamorati[10] più famosi delle storia. Moltissimi turisti vanno ogni giorno a vedere il piccolo balcone di un antico palazzo del centro, perché dicono che proprio da quel balcone Giulietta dichiarava[11] il suo amore a Romeo.

L'Arena di Verona è poi ogni estate il teatro «sotto le stelle»,[12] in cui registi famosi, come Zeffirelli, creano scenografie[13] grandiose per la rappresentazione di opere liriche[14] importanti come l'*Aida* o il *Trovatore*.

Ecco, vedi, in Veneto lo spettacolo è proprio assicurato[15]!

[1]più… *most diverse* [2]*to choose* [3]*lake* [4]*Or* [5]oltre… *in addition to* [6]*seat, venue* [7]*set* [8]*unforgettable* [9]*background* [10]*lovers* [11]*declared* [12]«*sotto…*» *"under the stars"* [13]*sets* [14]*opere… operas* [15]*guaranteed*

Il balcone di Giulietta a Verona

E ora a te

Capire

Vero o falso?

	V	F
1. In Veneto ci sono montagne.	☐	☐
2. Viterbo è una città del Veneto.	☐	☐
3. Venezia è sede di un famoso festival musicale.	☐	☐
4. Gli innamorati più famosi della storia erano di Verona.	☐	☐
5. In estate rappresentano opere liriche all'Arena di Verona.	☐	☐

Scrivere

Fai una recensione di un film italiano che hai visto. Scrivi il titolo del film, il nome del regista e i nomi degli attori principali (se li conosci). Fai un breve riassunto della trama (*plot*), descrivi i protagonisti e le azioni del film. Rispondi a queste domande: Chi? Che cosa? Dove? Quando? Perché?

Infine esprimi un giudizio (*judgement*) personale sul film. Ti è piaciuto o no? Perché?

Piazza San Marco: prospettiva est (sec. XVIII), Canaletto (foto The Metropolitan Museum of Art, New York)

Videoteca

Decisioni difficili

Roberto e Giuliana hanno deciso di andare al cinema. Lui vuole vedere un film di Nanni Moretti, lei invece preferisce vedere un film classico americano, *Via col vento* (Gone With the Wind).

ESPRESSIONI UTILI

l'elenco	list
la voce	voice
Ti va?	Is that ok with you?

Preparazione

GIULIANA: Ci sono film italiani e stranieri. Guarda, c'è anche un festival di film classici e danno *Via col vento.*

ROBERTO: Ma no, è un classico americano!

GIULIANA: Sì, ma è doppiato in italiano! Le voci di Vivian Leigh e Clark Gable sono italiane!

ROBERTO: Divertente sentirli parlare in un'altra lingua. Ma preferisco vedere un film di un regista italiano, Moretti, per esempio.

Verifica

Scegli il completamento giusto per le seguenti frasi.

1. Un settimanale è una pubblicazione che esce _____.
   a. ogni giorno   **b.** ogni settimana   **c.** una volta al mese
2. Un film giallo è _____.
   a. un film di avventura   **b.** un film comico   **c.** un film di suspense
3. Roberto e Giuliana vanno a vedere *Via col vento* alle _____.
   a. otto   **b.** dieci   **c.** sei

Comprensione

Rispondi alle seguenti domande.

1. Che tipo di persona dice di essere Giuliana?
2. Che genere di film piace a Giuliana e anche a Roberto?
3. Giuliana e Roberto come vanno al cinema?

Attività

Da fare in coppia. Prendete un giornale locale e leggete insieme l'elenco dei film offerti nella vostra città. Parlate dei film che vi interessano e dite perché. Poi scegliete il film che volete vedere e l'ora che va bene per tutti e due.

FUNZIONE: parlare di cinema

Parole da ricordare

VERBI

continuare (a + *inf.*)	to continue (*doing something*)
dare (in televisione)	to show (on television)
dirigere (*p.p.* diretto)	to direct
doppiare	to dub
girare	to film; to shoot film
mandare in onda	to broadcast
produrre (*p.p.* prodotto)	to produce
pubblicare	to publish
recensire (isc)	to review
seguire	to follow, watch (*a program*) regularly
sognare (di + *inf.*)	to dream (*of doing something*)
stampare	to publish; to print
svolgersi (*p.p.* svolto)	to take place
trasmettere (*p.p.* trasmesso)	to broadcast

NOMI

l'articolo	article
l'attore/l'attrice	actor
l'attualità	current events
il canale (televisivo)	TV channel
la carta	paper
la colonna sonora	soundtrack
la cronaca	local news
il/la cronista	reporter
i diritti	rights
il doppiaggio	dubbing
il DVD (*pl.* i DVD)	DVD
la fiction televisiva	TV series
il/la giornalista	journalist
l'incarico	task
l'insieme (di)	the totality (of), all (of)
l'intervista	interview
il lettore DVD	DVD player
il linguaggio	jargon, specialized language
il mensile	monthly publication
il motivo	reason

le notizie	news
il personaggio	character
il produttore / la produttrice	producer
il programma	(*TV or radio*) program
la pubblicazione	publication
la pubblicità	advertisement; advertising
il quotidiano	daily newspaper
la radio (*pl.* le radio)	radio; radio station
la recensione	review
il redattore / la redattrice	editor
la redazione	editorial staff
il/la regista	director
la rete	network
la roba	stuff
la scelta	choice
lo schermo	screen
la serie televisiva	TV series
il settimanale	weekly publication
il sondaggio	poll, survey
il sottotitolo	subtitle
la stampa	press; the press
il telefilm	TV mini-series
il telegiornale	TV news
la videocassetta	videocassette
il videoregistratore	VCR

AGGETTIVI

grosso	big
ottimo	excellent

ALTRE PAROLE E ESPRESSIONI

allora	at that time; so; in that case; then
almeno	at least
c'era una volta	once upon a time there was
in differita	tape-delayed, prerecorded broadcast
in diretta	live broadcast
una volta	some time ago

Flash culturali
Il cinema italiano

Una carriera da Oscar

Il regista Federico Fellini è morto nel 1993, ma il suo personaggio umano e la sua arte sono ancora straordinariamente vivi[1] e presenti.

Fellini nasce e cresce a Rimini, in Emilia-Romagna, vive[2] e lavora a Roma, in Lazio. E Rimini e Roma sono le città dei suoi grandi film.

Fa molti film, originali e pieni di poesia, riceve molti Oscar. Il primo Oscar arriva nel 1954, con *La strada*, poi ancora con *Le notti di Cabiria* e con *Otto e mezzo*. Vince con *La dolce vita* la Palma d'oro al Festival di Cannes. In diversi film è protagonista la moglie, la brava attrice Giulietta Masina.

Nel 1993, pochi mesi prima di morire, riceve a Los Angeles, dalle mani di Sofia Loren, l'Oscar alla carriera.[3] Tutti ricordano le lacrime[4] della Masina, presente fra il pubblico, e quella preghiera[5] di Fellini, piena di amore e di commozione nascosta:[6] «Basta,[7] Giulietta, basta piangere![8]»

[1]*alive* [2]*he lives* [3]alla... *lifetime achievement* [4]*tears* [5]*plea* [6]commozione... *hidden emotion* [7]*Enough* [8]basta... *enough crying!*

Il grande regista Federico Fellini

Cinecittà

Il cinema è una tua passione? Allora devi conoscere Cinecittà.

Si trova[1] a nove chilometri dal centro di Roma ed è la più grande città del cinema in Europa, con tutto quello che serve per fare film.

Cinecittà nasce negli anni '30 e diventa famosa in tutto il mondo con il neorealismo e con registi come Rossellini, Visconti e poi Fellini. Proprio nel Teatro di posa[2] n. 5, il più grande di Cinecittà, Fellini ha creato quasi tutti i suoi film.

Oggi Cinecittà Studios occupa una superficie[3] di 400 mila metri quadrati[4]* ed offre ottimi servizi professionali

Cinecittà, la città del cinema

e tecnologie avanzate. Ha, dal 2001, anche un reparto[5] interamente dedicato al digitale. La professionalità degli scenografi[6] e gli ottimi livelli tecnici permettono di ricreare luoghi fantastici come la New York di metà Ottocento[7] del film *Gangs of New York*. In meno di settanta anni Cinecittà ha visto nascere più di tremila film. Quarantasette di questi hanno ricevuto un Oscar!

[1]Si... *It is found* [2]Teatro... *Studio* [3]occupa... *takes up an area* [4]*square* [5]*division* [6]*set designers* [7]metà... *mid-1900s*

*400,000 square meters is approximately equivalent to 98 acres; 1 acre is approximately equivalent to the size of a football field.

Il neorealismo restaurato

È vero, oggi possiamo vedere i film del neorealismo, senza i problemi dovuti[1] al tempo. Il restauro[2] delle pellicole,[3] con le moderne tecnologie, ha dato ottimi risultati.

Il neorealismo è un grande momento del cinema italiano. Produce le opere migliori[4] fra gli anni quaranta e cinquanta, con Rossellini, Visconti e De Sica. Porta nel cinema una grossa novità: per la prima volta i film rappresentano la realtà contemporanea (la guerra, il dopoguerra,[5] la fame) in ambienti[6] reali, con gente reale.

Uno dei film più belli del neorealismo è certamente *Roma città aperta,* di Roberto Rossellini. La trama[7] è semplicissima e tutto si svolge in pochi giorni. C'è una delicata storia d'amore e l'indimenticabile[8] personaggio di un prete[9] rivoluzionario. L'immagine[10] di Pina, la protagonista, uccisa[11] mentre corre dietro al suo uomo preso dai tedeschi, è diventata il simbolo della tragica condizione della popolazione italiana durante la seconda guerra mondiale.[12]

I film del neorealismo continuano a piacere.

[1]*due* [2]*restoration* [3]*films* [4]*opere… best works* [5]*guerra… war, the post-war period* [6]*environments* [7]*plot* [8]*the unforgettable* [9]*priest* [10]*The image* [11]*killed* [12]*la… World War II*

Il grande attore Roberto Benigni

Gli americani conoscono Roberto Benigni come regista e attore cinematografico, soprattutto per gli Oscar vinti con *La vita è bella.* Ma gli italiani lo conoscono da molti anni anche come attore teatrale e televisivo.

Benigni lascia presto la Toscana e comincia a lavorare a Roma come attore teatrale. Crea dei personaggi comici straordinari e li interpreta a teatro, in televisione, alle feste popolari di tutta Italia. Come protagonista cinematografico ha il primo grande successo con *Il piccolo diavolo.*[1] Poi continua con gli altri grandi film fatti anche da regista, fino al tanto discusso *Pinocchio.* Ma non dimentica mai il teatro. Va in televisione a leggere e commentare il *Paradiso* di Dante. E «fa teatro» anche in mezzo ai Nobel per la Pace,[2] quando Gorbaciov gli consegna[3] il premio[4] «Uomo

Benigni: attore, regista e «Uomo della pace»

della pace[5]» nel 2002. Benigni è la prima persona che riceve questo premio senza ricevere prima il Nobel per la Pace.

[1]*devil* [2]*in… in the midst of the Nobel Peace Prizes* [3]*awards* [4]*prize* [5]*peace*

Explore these topics further through the links found on the *Prego!* website. **www.mhhe.com/prego6**

Come ti senti?

Non ti senti bene? Devi andare in farmacia! La farmacia di Via S. Antonino a Firenze

In seguito

Practice the skills you learned in this chapter and get connected to the Italian-speaking world through the *Prego!* supplements!
www.mhhe.com/prego6

Vocabolario preliminare

DIALOGO-LAMPO

All'ospedale

ROBERTA: E allora, che cosa è successo?

ANTONELLA: Non ricordo proprio bene. Sciavo molto veloce e poi—improvvisamente[1] ho perso il controllo degli sci, e mi sono svegliata all'ospedale…

ROBERTA: Io mi sono rotta la gamba sinistra lo scorso inverno, una vera scocciatura…

ANTONELLA: Pensa a[2] me allora. I dottori hanno detto che non posso scrivere per almeno due mesi!

ROBERTA: Una bella scusa[3] per non fare i compiti, eh?

1. Che cosa è successo ad Antonella?
2. Come si è fatta male?
3. Che cosa è successo a Roberta lo scorso inverno?
4. Cosa hanno detto i dottori ad Antonella?

[1]*suddenly* [2]*Pensa… Think about* [3]*excuse*

La salute (*health*)

LE PARTI DEL CORPO (BODY)
la bocca mouth
i capelli hair
il dente tooth
la gola throat
il naso nose
l'occhio eye
l'orecchio (*pl.* **le orecchie / gli orecchi**)* ear
la testa head

il cuore heart
il polmone lung
la schiena back
lo stomaco stomach

il braccio (*pl.* **le braccia**) arm
il dito (*pl.* **le dita**) finger
la gamba leg
la mano (*pl.* **le mani**) hand
il piede foot

destro right
sinistro left

LA SALUTE E LE MALATTIE (ILLNESSES)
l'alimentazione (*f.*) nutrition
la cura treatment
il dolore pain
il dottore / la dottoressa doctor
la guarigione recovery, cure

—Infermiera, ma non è ancora finita l'ora delle visite?

*Either plural form of **l'orecchio** is acceptable.

Il viso (face)

il ciglio (*pl.* le ciglia)
  eyelash
la faccia face
la fronte forehead
il labbro (*pl.* le labbra)
  lip
la lingua tongue
il mento chin
il sopracciglio (*pl.* le
  sopracciglia)
  eyebrow

Il corpo

il collo neck
il ginocchio (*pl.* le
  ginocchia) knee
il gomito elbow
il petto chest
la spalla shoulder

La salute

il farmaco medicine,
  drug
la tosse cough

l'incidente (*m.*) accident
l'infermiere/l'infermiera nurse
la medicina medicine, drug
il medico (*m./f.*) doctor
il/la paziente patient
la ricetta prescription
la vita life

ammalarsi to get sick
*andare all'ospedale to go to the
  hospital, be hospitalized
avere il raffreddore / la febbre to
  have a cold / fever
avere mal di... (testa / denti /
  stomaco) to have a . . . (headache /
  toothache / stomachache)
controllare to check, check up on
curare to care for, treat
curarsi to take care of oneself

*essere sano/malato to be healthy/sick
fare male a to hurt
farsi male to hurt oneself, get hurt
*guarire (isc) to heal; to get well
portare gli occhiali / le lenti a
  contatto to wear glasses / contact
  lenses
prendere il raffreddore to catch a cold
rompersi (*p.p.* rotto) la gamba, il
  piede to break one's leg, foot
*sopravvivere (*p.p.* sopravvissuto)
  to survive
*succedere (*p.p.* successo) to happen
visitare to examine
*vivere (*p.p.* vissuto) to live

forte strong
grave serious, grave
sano healthy (in good health)

ESERCIZI

A. Indovinelli. A quali parti del corpo si riferiscono queste frasi?

1. Fa male quando mangiamo troppo.
2. Un pirata l'ha di legno (*wood*).
3. Dracula li ha lunghi.
4. Se sono lunghe, possiamo correre più velocemente.
5. In una canzone (*song*) di Elton John sono blu.
6. Cresce quando Pinocchio dice una bugia.
7. Se sono lunghe, possiamo suonare meglio il piano.
8. Dumbo le usa per volare (*fly*).
9. Quelli di Cenerentola (*Cinderella*) sono molto piccoli.

B. Associazioni. Quali verbi (Quali azioni) puoi associare a queste parti del corpo?

1. il dito
2. i piedi
3. la bocca
4. gli occhi
5. la testa
6. la mano
7. le braccia
8. la gola
9. le orecchie
10. lo stomaco

C. Conversazione.

1. Vi piace camminare (*walk*)? Cercate di (*Do you try to*) fare una passeggiata tutti i giorni?
2. «Quando c'è la salute, c'è tutto.» Siete d'accordo con questa affermazione? Perché?

---

*Words identified with an asterisk (*) are conjugated with **essere**.

3. Com'è, secondo voi, un'alimentazione corretta? Cosa mangiate di solito?
4. Quali sono gli elementi di una vita sana?
5. Cosa fate per mantenervi (*stay*) in buona salute?
6. Siete mai andati all'ospedale? Che cosa è successo?
7. Avete mai avuto un incidente? Vi siete mai rotti una gamba?
8. Controllate mai la vostra pressione (*blood pressure*)? Com'è? Alta, bassa, regolare?
9. Vi rilassate abbastanza? Cosa fate per rilassarvi?
10. Fumate? Quanto? Bevete alcoolici? Quando?

D. Dal dottore. Descrivi la tua ultima (*last*) visita dal medico (o inventa una scena appropriata).

ESEMPIO: L'ultima volta che sono andata in clinica, ho passato un'ora in sala d'aspetto (*waiting room*) e solo cinque minuti con il medico!

Verbi: aspettare, controllare, curare, esaminare, farsi male, sentirsi male

Nomi: l'antibiotico, il controllo (*test*) del sangue / della pressione, la pillola (*pill*), la ricetta, la sala d'aspetto

In ascolto

For listening comprehension activities related to the theme of this chapter, see the Laboratory Manual or visit the *Prego!* website.
www.mhhe.com/prego6

Grammatica

A. Pronomi tonici

PAZIENTE:	Quando L'ho visto due settimane fa, mi ha detto che non avevo problemi con la vista.
OCULISTA:	Mi dispiace, ma non credo di averLa visitata. Ha visto me o forse un altro medico?
PAZIENTE:	Sono sicurissima, ho visto Lei... Oh, mi sbaglio, non ho visto Lei. Ho visto un medico alto con capelli neri e occhiali.

PATIENT: When I saw you two weeks ago, you told me that I didn't have problems with my eyesight.   OPTHAMOLOGIST: I'm sorry, but I don't believe I examined you. Did you see me, or maybe another doctor?   PATIENT: I'm sure I saw you . . . Oh, I'm mistaken, I didn't see you. I saw a tall doctor with black hair and glasses.

1. Unlike the other object pronouns you have learned, disjunctive (stressed) pronouns (**i pronomi tọnici**) follow a preposition or a verb. They usually occupy the same position in a sentence as their English equivalents.

	SINGOLARE		PLURALE
me	*me, myself*	noi	*us, ourselves*
te	*you, yourself*	voi	*you, yourselves*
Lei	*you (form.)*	Loro	*you (form.)*
lui, lei	*him, her*	loro	*them*
sé	*yourself (form.), oneself, himself, herself*	sé	*yourselves (form.), themselves*

2. Disjunctive pronouns are used

   a. after a preposition

La ricetta è **per** te.	*The prescription is for you.*
Non voglio uscire **con** loro.	*I don't want to go out with them.*
Faccio tutto **da** me.	*I do everything by myself.*
Avete ricevuto un regalo **da** lei.	*You received a present from her.*
Amano parlare **di** sé.	*They like to talk about themselves.*
Secondo me, i fratelli Berardo sono molto sportivi.	*In my opinion, the Berardo brothers are very athletic.*

Dieta *fai da te*

Four prepositions (**senza, dopo, sotto,** and **su**) often require **di** when followed by a disjunctive pronoun.

Vengo senza mio marito: vengo **senza di** lui.	*I'm coming without my husband; I'm coming without him.*
Sono arrivati all'ospedale dopo il dottore: sono arrivati **dopo di** lui.	*They got to the hospital after the doctor; they got there after him.*
Non vuole nessuno **sotto di** sé.	*He doesn't want anyone below him.*
Il medico conta **su di** noi.	*The doctor is counting on us.*

   b. after a verb, to give greater emphasis to the object (direct or indirect)

Lo amo. (*unemphatic*)	*I love him.*
Amo solamente lui. (*emphatic*)	*I love only **him.***

Ti cercavo. (*unemphatic*)	*I was looking for you.*
Cercavo proprio te. (*emphatic*)	*I was looking just for* **you.**
Le hanno controllato la vista. (*unemphatic*)	*They checked her eyesight.*
Hanno controllato la vista anche a lei. (*emphatic*)	*They also checked* **her** *eyesight.*

Note that the emphatic construction is often accompanied by **anche, proprio,** or **solamente** for further emphasis.

c. when there are two direct or two indirect objects in a sentence, or when a distinction is being made between the two objects.

Hai parlato con me o con l'altro infermiere?	*Did you talk to me or to the other nurse?*

ESERCIZI

A. Per essere più chiari (*clear*). Dai un senso enfatico a ogni frase.

ESEMPI: Ti guardavo. → Guardavo te.

Ci parlavano? → Parlavano a noi?

1. Non ti voglio parlare.
2. Ti cercavo.
3. Li ha invitati.
4. Ti vediamo.
5. Mi salutano.
6. Ci ha scritto.
7. Vi scrivo.
8. Mi piacciono.

B. Scambi. Completa le frasi con il pronome tonico appropriato.

ESEMPIO: s1: Ti diverti con i miei amici?
s2: No, non mi diverto proprio con _loro_ .

1. —È vero che Alessandra non va d'accordo con Luciano?
   —Sembra di sì (*It seems like it*); Alessandra dice che non vuole più vivere con _____.
2. —Venite a giocare a tennis con Patrizia?
   —No, veniamo senza di _____! Non vinciamo mai quando gioca lei!
3. —Ci troviamo (*Are we meeting*) da Danilo e Leo stasera?
   —Sì, ci troviamo da _____ alle otto.
4. —Io e Claudio abbiamo cominciato ad andare a cavallo (*go horseback riding*).
   —Allora, venite con _____! Ho cominciato anch'io due settimane fa!
5. —Ti piace correre con me e Dario?
   —No, non mi piace proprio correre con _____! Siete troppo veloci!

Si dice così

Usi frequenti dei pronomi tonici

To indicate someone's turn in a game or a class exercise, the expression is **Tocca a te!** (*It's your turn!*) or **Tocca a me / a lui / a lei / a noi / a voi / a loro!** (*It's my/his/her/our/your/their turn!*)

Some common phrases which use stressed pronouns are:

Beato/Beata te!
Lucky you!

Povero/Povera me!
Poor me!

Note the special use of **da** + *noun* or *disjunctive pronoun* to mean *at, to,* or *in* someone's home or workplace.

—Dove andiamo? Da Roberto?
—*Where are we going? To Roberto's?*

—Sì, andiamo **da** lui.
—*Yes, we're going to his house.*

—Marta è dal medico?
—*Is Marta at the doctor's?*

—No, è dal dentista.
—*No she's at the dentist's.*

C. Situazioni. Di' a... (*tell . . .*)

1. your friends that you need them.
2. a pharmacist that you need him.
3. two children that they have to skate without you.
4. a young woman/man that you can't play tennis with her/him.
5. a professor that you are counting on him.
6. a grandmother that the flowers are for her.
7. your aunt that she has to go to the doctor's office for a check-up (**controllo**), not the hospital.

B. Comparativi

Io ho due gemelli. Sandra è più sportiva di Michele, ma Michele è più interessato alla musica di Sandra. Sandra è meno timida di Michele; lei è molto più estroversa di lui. Michele è carino e gentile come Sandra— sono due ragazzi simpaticissimi.

1. Comparisons are expressed in Italian with these words:

(così)... come	*as . . . as*
(tanto)... quanto	*as . . . as; as much . . . as*
più... di (che)	*more . . . than; -er than*
meno... di (che)	*less . . . than*

2. The comparison of equality of adjectives is formed by placing **così** or **tanto** before the adjective and **come** or **quanto** after the adjective. **Così** and **tanto** are usually omitted.

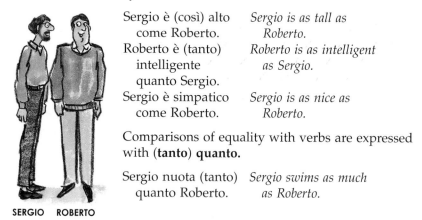

Sergio è (così) alto come Roberto. — *Sergio is as tall as Roberto.*

Roberto è (tanto) intelligente quanto Sergio. — *Roberto is as intelligent as Sergio.*

Sergio è simpatico come Roberto. — *Sergio is as nice as Roberto.*

Comparisons of equality with verbs are expressed with (**tanto**) **quanto.**

Sergio nuota (tanto) quanto Roberto. — *Sergio swims as much as Roberto.*

SERGIO   ROBERTO

I have two twins. Sandra is more athletic than Michele, but Michele is more interested in music than Sandra. Sandra is less shy than Michele; she is a lot more extroverted than he is. Michele is sweet and polite like Sandra—they're two really likeable kids.

A personal pronoun that follows **come** or **quanto** is a disjunctive pronoun (**pronome tonico**).

Il bambino è sano come te. *The child is as healthy as you.*

3. The comparisons of inequality are formed by placing **più** or **meno** before the adjective or noun. *Than* is expressed with **di** (or its contraction with an article) before nouns or pronouns.

Chiara è **più** alta **di** Nella. — *Chiara is taller than Nella.*
Nino è **meno** alto **di** Maria. — *Nino is less tall (shorter) than Maria.*

CHIARA NELLA   NINO MARIA

Paola è **meno** simpatica **di** te. — *Paola is less nice than you.*
Silvia prende **più** vitamine **di** Fabio. — *Silvia takes more vitamins than Fabio.*
Maurizio legge **più del** compagno di stanza. — *Maurizio reads more than his roommate.*

4. The expressions *more than / less than* followed by numbers are **più di / meno di** + *number* in Italian.

Ci sono stati **più di dieci** incidenti in quella strada il mese scorso. — *There were more than ten accidents on that street last month.*

5. **Che** is used when directly comparing two of the same construction or part of speech: two adjectives, two infinitives, two nouns, or two nouns preceded by a preposition. **Di** is used when comparing a particular quality of two nouns.

L'equitazione è **più costosa che difficile.** — *Horseback riding is more expensive than difficult.*
È **più facile nuotare che pattinare?** — *Is it easier to swim than to skate?*
Di solito ho **meno raffreddori che mal di testa.** — *I usually have fewer colds than headaches.*
Gioco **più a tennis che a calcio.** — *I play more tennis than soccer.*

Tiziana è **meno timida di** Gina. — *Tiziana is less timid than Gina.*
Gli aerei sono **più cari dei** treni. — *Planes are more expensive than trains.*

A. Sei d'accordo o no? Sei d'accordo con le seguenti frasi? Cambia le frasi se non sei d'accordo.

1. Jack Nicholson è più bravo di Robert Redford.
2. I raffreddori sono più fastidiosi (*annoying*) dei mal di testa.
3. I Lakers sono meno bravi dei Bulls.
4. Il gelato è meno buono della torta al cioccolato.
5. I bambini hanno meno paura dei dentisti che dei medici.
6. La biologia è interessante quanto la matematica.
7. Il cinese è più difficile dell'italiano.
8. È più facile imparare a pattinare che a sciare.

B. Come sono? Paragona (*Compare*) le seguenti persone o cose secondo il modello. Esprimi la tua opinione e usa **più, meno** o **come**.

ESEMPIO: (energico) Mia Hamm / Brandy Chastain →
    Mia Hamm è (così) energica come Brandy Chastain.

1. (elegante) il pattinaggio / l'equitazione
2. (faticoso [*tiring*]) il canottaggio (*rowing*) / il nuoto
3. (noioso) il football / il baseball
4. (difficile) il ciclismo / lo sci di fondo
5. (bravo) i Giants / i Dodgers
6. (facile) il calcio / il golf
7. (bravo) Luciano Pavarotti / Andrea Bocelli
8. (importante) la salute / il lavoro

C. Che dici? Completa ogni frase con **più/meno... di, più/meno... che,** or **così... come.**

ESEMPIO: Per me, gli occhiali sono **meno** comodi (*comfortable*) **delle** lenti a contatto.

1. La mia gamba è _____ lunga _____ mio braccio.
2. Per me, la chimica è _____ divertente _____ italiano.
3. Il mal di testa è _____ noioso _____ grave.
4. Secondo me, l'alimentazione è _____ importante _____ attività fisica.
5. L'influenza è _____ grave _____ raffreddore.
6. Non sono mai stata _____ stanca _____ in questo periodo.
7. Il mio occhio è _____ grande _____ orecchio.
8. I tuoi piedi sono _____ grandi _____ miei piedi.

D. Obiettivo benessere (*well-being*). Paragona i prezzi di vari obiettivi di benessere.

ESEMPIO: Il massaggio antistress costa più del massaggio classico.

OBIETTIVO BENESSERE

		IL MASSAGGIO		
sauna	€ 16	il classico	1 ora	€ 50
idromassaggio	€ 8	aroma massaggio energetico	1 ora	€ 50
idroaromatico (con oli essenziali)	€ 16	l'antistress	1 ora	€ 55
		il californiano	1 ora	€ 55
		il thai	1 ora	€ 55

NOTA CULTURALE

Le erboristerie° e le medicine naturali

Le... *Herbalist's shops*

Compriamo le medicine naturali in erboristeria, a Spoleto.

Negli ultimi anni, gli italiani hanno imparato l'uso di cure alternative alla medicina tradizionale e diverse persone preferiscono i farmaci omeopatici[1] a quelli chimici.

I medici omeopati tuttavia[2] non sono molti e solo una parte delle farmacie, a differenza degli altri paesi europei, vendono medicine omeopatiche. Lo Stato non pubblicizza l'omeopatia e l'assistenza sanitaria nazionale[3] non paga le cure omeopatiche. Così molti italiani vanno dal medico tradizionale, ma spesso curano i piccoli disturbi[4] con le erbe.

L'Italia è stata, fino a non molto tempo fa, un paese contadino[5] dove era normale usare i prodotti della terra per nutrirsi[6] e per curare il corpo. Adesso gli italiani riscoprono[7] l'importanza dei cibi genuini e le proprietà curative delle erbe.

In ogni città italiana ci sono molte erboristerie che vendono prodotti fatti con erbe, fiori, fanghi,[8] sali e altre cose naturali, per la cura estetica[9] del corpo e per risolvere[10] problemi come il mal di testa, la colite,[11] l'insonnia, la depressione, la gastrite.[12] Tutti possono prendere queste medicine naturali senza paura di intossicarsi,[13] come può succedere con i farmaci chimici.

[1]farmaci... *homeopathic medicines* [2]*nonetheless* [3]l'assistenza... *national health care* [4]*ailments* [5]*rural* [6]*nourish oneself* [7]*are rediscovering* [8]*muds* [9]cura... *aesthetic care* [10]*resolve* [11]*colitis* [12]*gastritis* [13]*poison oneself*

—È uno degli alberi^a più vecchi d'Italia.

^a*trees*

1. The relative superlative (*the fastest; the most elegant; the least interesting*) is formed in Italian by using the comparative with the definite article.

Di tutti gli sport, il calcio è il più popolare.	*Of all sports, soccer is the most popular.*
Giorgio è il meno sportivo dei fratelli.	*Giorgio is the least athletic of the brothers.*

2. When the relative superlative is accompanied by a noun, the construction of the sentence depends on whether the adjective normally precedes or follows the noun it modifies.

> Adjectives that precede: *article* + **più** / **meno** + *adjective* + *noun*

Il più bello sport è il calcio.	*The finest sport is soccer.*

> Adjectives that follow: *article* + *noun* + **più** / **meno** + *adjective*

Giorgio è **il fratello meno sportivo.**	*Giorgio is the least athletic brother.*

3. In English the superlative is usually followed by *in*. In Italian it is normally followed by **di,** with the usual contractions.

È lo studente più spiritoso **del** dipartimento.	*He is the wittiest student in the department.*
Questi giocatori sono i più veloci **della** squadra.	*These players are the fastest on the team.*
È l'infermiera più brava **di** tutti.	*She is the best nurse of all.*

A. Votiamo. Completa le seguenti frasi secondo la tua opinione. Poi paragona le tue risposte con quelle dei tuoi compagni.

1. _____ è la più brava attrice del cinema americano.
2. _____ e _____ sono gli sport più pericolosi (*dangerous*).
3. _____ è il programma televisivo più divertente.
4. _____ è la malattia più pericolosa di tutte nel mondo (*world*) di oggi.
5. _____ è la telenovela più bella di tutte alla TV.
6. _____ è la squadra di baseball più forte di quest'anno.
7. _____ e _____ sono gli autori americani più conosciuti nel mondo.
8. _____ è il computer più efficiente.

B. Gente in gamba. A turni con un compagno / una compagna, fate domande sulle seguenti persone. Rispondete usando *il superlativo relativo* + **di tutti / di tutte.** (Non è necessario limitarvi agli aggettivi presentati.)

ESEMPIO: Shaquille O'Neal →
S1: È bravo Shaquille O'Neal?
S2: Sì, è il più bravo di tutti.

Aggettivi: agile, comico (*funny*), dotato (*gifted*), elegante, forte, veloce…

1. Lance Armstrong
2. Halle Berry
3. Venus e Serena Williams
4. Will Smith
5. Mia Hamm
6. Tiger Woods

C. I premi. Oggi celebriamo le persone e le opere che consideriamo le più notevoli (*notable*) dell'anno. Con un compagno / una compagna, preparate una lista di categorie. Poi, con tutta la classe nominate cinque candidati per ogni categoria e votate per i vostri preferiti.

ESEMPIO: un premio per il film più interessante, l'attrice più brava e la persona più generosa.

D. Conversazione.

1. Qual è la festa più importante dell'anno per te? E per la tua famiglia?
2. Sai quali sono i libri più venduti in questo momento?
3. Secondo te, chi è l'uomo più importante degli Stati Uniti? Chi è la donna più importante degli Stati Uniti? Perché?
4. Qual è il programma televisivo più seguito?

MAMMA:	Ti senti meglio oggi, Carletto?
CARLETTO:	No, mamma, mi sento peggio.
MAMMA:	Poverino! Ora ti do una medicina che ti farà bene.
CARLETTO:	È buona?
MAMMA:	È buonissima, migliore dello zucchero!
	...
CARLETTO:	Mamma, hai detto una bugia! È peggiore del veleno!

1. Some common adjectives have irregular comparative and superlative forms as well as regular ones. The irregular forms are used somewhat more frequently.

AGGETTIVO	COMPARATIVO	SUPERLATIVO RELATIVO
buono/a *good*	**migliore (più buono/a)** *better*	**il/la migliore (il più buono / la più buona)** *the best*
cattivo/a *bad*	**peggiore (più cattivo/a)** *worse*	**il/la peggiore (il più cattivo / la più cattiva)** *the worst*
grande *big, great*	**maggiore (più grande)** *bigger, greater*	**il/la maggiore (il più grande / la più grande)** *the biggest, the greatest*
piccolo/a *small, little*	**minore (più piccolo/a)** *smaller, lesser*	**il/la minore (il più piccolo / la più piccola)** *the smallest, the least*

I Crespi sono i miei migliori amici.	*The Crespis are my best friends.*
È stata la peggiore partita dell'anno!	*It was the worst game of the year!*
Chi è il maggior* romanziere italiano?	*Who is the greatest Italian novelist?*
Devi scegliere il male minore.	*You must choose the lesser evil.*

MOM: Are you feeling better today, Carletto? CARLETTO: No, Mom, I'm feeling worse. MOM: Poor thing! Now I'll give you some medicine that will be good for you. CARLETTO: Is it good? MOM: It's very good, better than sugar! CARLETTO: Mom, you told me a lie! It's worse than poison!

*__Migliore, peggiore, maggiore,__ and **minore** can drop the final **-e** before nouns that do not begin with **z** or **s** + *consonant*: **il miglior amico; il maggior poeta;** but **il maggiore scrittore.**

2. **Maggiore** and **minore** mean *greater* and *lesser*. They can also be used in reference to people (especially siblings) to mean *older* and *younger*. **Il/La maggiore** means *the oldest* (in a family, for example), and **il/la minore** means *the youngest*. When referring to physical size, *bigger* and *biggest* are expressed by **più grande** and **il/la più grande**; *smaller* and *smallest* by **più piccolo/piccola** and **il più piccolo / la più piccola**.

Carlo è il mio fratello maggiore. — *Carlo is my older brother.*
Mariuccia è la minore delle mie sorelle. — *Mariuccia is the youngest of my sisters.*
La tua casa è più grande della mia. — *Your house is bigger than mine.*

—Ti ho donato i migliori secoli[a] della mia vita... e adesso vuoi lasciarmi?...

[a]*centuries*

3. Some adverbs have irregular comparatives.

AVVERBIO	COMPARATIVO
bene *well* Sandra canta bene.	**meglio** *better* Sandra canta meglio di Tina.
male *badly* Marco cucina male.	**peggio** *worse* Marco cucina peggio di Luca.

The superlative of these adverbs is most commonly expressed by adding the expression **di tutti** to the comparative forms.

Lucia gioca meglio di tutti. — *Lucia plays better than anyone.*
Marcella parla meno di tutti. — *Marcella talks less than anyone.*

A. Opinioni. Scegli la parola che esprime la tua opinione.

1. Pavarotti canta meglio / peggio di Bocelli.
2. Io ballo meglio / peggio del professore / della professoressa.
3. Tiger Woods gioca a golf meglio / peggio di Jack Nicklaus.
4. Will Smith recita peggio / meglio di tutti.
5. Il pesce è migliore / peggiore della carne.
6. I biscotti sono migliori / peggiori delle caramelle (*candy*).
7. La chimica è migliore / peggiore della matematica.
8. L'università è migliore / peggiore del liceo.

B. Bene o male? Completa le seguenti frasi con **meglio, migliore/migliori, peggio** o **peggiore/peggiori.**

1. È una settimana che sono a casa con l'influenza, ma oggi mi sento _____ e spero (*I hope*) di tornare al lavoro domani.
2. Ho sentito che il dottor Morante e la dottoressa Salvi sono i medici _____ della regione.
3. Francesca e Marissa sono gemelle. Francesca porta gli occhiali e Marissa no. La vista di Francesca è _____ della vista di Marissa. Marissa canta bene ma Francesca non sa proprio cantare. Francesca canta _____ di Marissa. Marissa gioca male a tennis, ma Francesca ha vinto il torneo (*tournament*) regionale. Francesca gioca _____ di Marissa ed è la _____ giocatrice della regione.
4. Gli infermieri guadagnano male; sono i _____ pagati dell'ospedale.
5. L'università di Bologna è considerata una delle _____ d'Italia per studiare medicina.
6. Sergio è andato dal dentista con il mal di denti ed è tornato a casa con il mal di testa. Non so quale sia (*is*) _____.

C. Scambi. Con un compagno / una compagna, completate le conversazioni con l'espressione giusta.

1. s1: Lisa, secondo te, qual è il dolce _____ (meglio / migliore): la crostata di frutta o il gelato?
   s2: Io preferisco la crostata, ma per la festa va _____ (meglio / migliore) il gelato perché Paolo non può mangiare la frutta.
2. s1: La piscina di Giorgio e Rita è _____ (più grande / maggiore) della nostra; chi l'ha costruita?
   s2: Il loro figlio _____ (grandissimo / maggiore), Claudio.
3. s1: Gina, chi canta _____ (meglio / migliore) secondo te, Michelle Branch o Christina Aguilera?
   s2: Michelle Branch, senz'altro! Christina Aguilera è brava, ma le sue canzoni sono _____ (peggio / peggiori).
4. s1: Funziona _____ (buono / bene) la tua Mercedes?
   s2: Benissimo, ma preferisco una macchina _____ (più piccola / minore).

D. Traduzioni. Esprimi in italiano.

1. The games we saw today were good, but the ones we saw yesterday were better.
2. What is the worst thing that ever happened to you?
3. Gabriella is the best of all my students.
4. The exam was easy, but Paolo did very poorly (**male**); he did worse than I.
5. Is it true that your friends cook better, eat better, and dress better than mine?

E. I migliori e i peggiori ricordi. Parla al tuo compagno / alla tua compagna del tuo miglior ricordo e del tuo peggior ricordo d'infanzia. Poi, il compagno / la compagna racconta una delle tue storie alla classe.

ESEMPIO: Il mio migliore ricordo: quando avevo dieci anni, i miei genitori mi hanno portato ad un luna-park (*amusement park*) e… . Il mio peggiore ricordo: quando avevo otto anni, mia madre mi ha portato dal dottore e…

Piccolo ripasso

A. Conclusioni. Spiega i seguenti paragoni tra queste persone e le loro famiglie o i loro amici. Usa le espressioni tra parentesi e un comparativo appropriato (seguito da un pronome tonico).

ESEMPIO: Laura è più simpatica di Alessandra. (avere amici) →
Laura ha più amici di lei.

1. Paolo è più grasso di suo fratello. (mangiare dolci)
2. Isabella è più informata di sua madre. (leggere)
3. L'avvocato è sportivo come il dottore. (fare sport)
4. La mia alimentazione è più equilibrata della tua. (essere sana)
5. Marco è più nervoso delle sue sorelle. (bere caffè)
6. I miei cugini sono più generosi dei tuoi cugini. (spendere soldi)
7. Mia sorella è stanca come l'impiegata. (lavorare)
8. Io ho voti migliori dei miei compagni. (studiare)

B. Come sei? Chiedi al tuo compagno / alla tua compagna di paragonarsi ad altre persone. Seguite l'esempio.

ESEMPIO: alto / tua madre →
S1: Sei più alta di tua madre?
S2: Sì, sono più alta di lei. (No, non sono più alta di lei.) E tu?

1. pigro / i tuoi compagni
2. romantico / il tuo ragazzo (la tua ragazza)
3. bravo in lingue / i tuoi genitori
4. sportivo / tuo padre
5. energico / il professore (la professoressa) d'italiano
6. puntuale / le tue amiche

C. Come sono? Paragona il tuo modo di fare le seguenti attività con quello del tuo miglior amico / della tua migliore amica.

> meglio di lui/lei
> peggio di lui/lei
> bene come lui/lei
> male come lui/lei

ESEMPIO: Canto bene come lei.

1. nuotare
2. sciare
3. giocare a tennis
4. parlare italiano
5. ballare
6. mangiare

D. Due allenatori (*trainers*). L'allenatore Ranzoni e l'allenatore Frich parlano di due loro giocatori. Completa la conversazione con la forma corretta delle parole della lista.

Parole utili: bene, bravo, meglio, migliore, peggio, peggiore

RANZONI: Secondo me, Danilo è più _____[1] di Simone; il suo stile è _____[2] e anche la sua tecnica è _____.[3]

FRICH: Io penso che Simone sia[a] _____[4] come Danilo. È vero, nell'ultima partita non ha giocato _____[5] come Danilo: ha giocato decisamente[b] _____[6] di Danilo, ma non possiamo dire chi dei due è il giocatore _____.[7] Nell'insieme, Danilo e Simone sono i _____[8] giocatori della squadra!

[a]*is* [b]*decidedly*

Invito alla lettura

Nelle Marche

E ccoci nelle Marche, una regione non molto conosciuta dai turisti, ma che offre agli appassionati di città d'arte la possibilità di visitare gioielli[1] come Ascoli Piceno, Ancona, il capoluogo della regione, e Urbino. A Urbino puoi vedere il magico e grandioso Palazzo di Montefeltro, che conserva opere[2] di pittori[3] famosi come Piero della Francesca, Paolo Uccello e Raffaello.

Se la tua vera passione è la natura, con i suoi diversi paesaggi,[4] sei nel posto giusto. Le Marche hanno dei paesaggi collinari dolci[5] e bellissimi, sei parchi e due riserve naturali fra cui[6] il grande Parco Nazionale dei Sibillini e il famoso Parco del Monte Conero, un'oasi ambientalista marina.[7] Qui puoi vedere bellissime rocce a picco[8] sul mare, specie diverse di piante[9] mediterranee e un grande numero di uccelli[10] rari.

Ma non ci sono solo gli straordinari paesaggi di mare, montagna e collina.[11] In questa regione puoi anche curare disturbi[12] di vario tipo in una delle sue numerose stazioni termali.[13]

E forse proprio per l'abbondanza delle acque curative, conosciute fin dall'antichità, le Marche hanno sviluppato un particolare interesse per la medicina. Sono oggi infatti una delle regioni italiane che ha i migliori ospedali e centri importanti, specializzati nella ricerca e cure mediche. Famoso fra tutti l'Istituto Cardioreumatologico[14] di Ancona, in cui vanno a curarsi ammalati di cuore di tutte le regioni italiane.

[1]*jewels* [2]*works* [3]*painters* [4]*landscapes* [5]*collinari... hilly, gentle* [6]*fra... among which* [7]*un'oasi... an environmentalist sea oasis* [8]*rocce... sheer cliffs* [9]*plants* [10]*birds* [11]*hill* [12]*ailments* [13]*stazioni... spas* [14]*Cardiorheumatological (treating heart and rheumatic ailments and disorders)*

Il Palazzo di Montefeltro a Urbino, visto dalla campagna

E ora a te

Capire

Completa.

1. Varie opere di Raffaello sono _____.
   a. ad Ascoli Piceno
   b. a Urbino
   c. ad Ancona
2. Nelle Marche ci sono _____.
   a. molti paesaggi diversi
   b. molti parchi di divertimenti
   c. molte riserve di uccelli
3. Il Parco del Monte Conero è _____.
   a. un parco di montagna
   b. un parco marino
   c. un parco della World Wildlife Fund
4. Alle stazioni termali delle Marche curano _____.
   a. solo disturbi reumatici
   b. solo disturbi del cuore e della circolazione
   c. disturbi di diverso genere
5. Ad Ancona vanno a curarsi _____.
   a. persone di tutte le Marche
   b. persone di tutto il mondo
   c. persone di tutta l'Italia

Scrivere

In un breve testo fai un confronto (*comparison*) tra la tua salute e la salute di una persona che ha abitudini molto diverse dalle tue. Chi di voi due fa una vita più sana? Prima di scrivere, rifletti sulle seguenti domande.

1. Siete persone sedentarie o attive? Chi di voi è più attivo/attiva?
2. Che cosa fate nel vostro tempo libero?
3. Andate spesso in palestra o praticate qualche sport?
4. Il vostro modo di mangiare è corretto o sbagliato per la salute?
5. Seguite una dieta simile a quella «mediterranea» (una dieta a base di pasta, pane, verdura, frutta e olio d'oliva)?
6. Andate spesso dal medico?
7. Avete spesso mal di testa / denti / stomaco?
8. Quante ore dormite la notte?
9. Fate colazione ogni mattina?
10. Cosa potete fare per avere una vita più sana?

Videoteca

Una visita in farmacia

Giuliana ha portato Roberto in farmacia perché lui si sente male. Secondo la farmacista ha un'indigestione e lei gli dà delle medicine.

ESPRESSIONI UTILI

Hai una brutta faccia!	You look bad! (*coll.*)
il fegato	liver
deve anche mangiare un po' leggero	you should also eat lightly

Preparazione

ROBERTO: Ieri sera sono andato in trattoria ed ho preso dei calamari fritti... e adesso...

GIULIANA: E che altro?

ROBERTO: ...un antipasto di salame, prosciutto e formaggio, le patate fritte e una fetta di torta.

FARMACISTA: Ma, non è una sorpresa che si sente male! Le cose fritte fanno male al fegato e poi ha mangiato tanto!

FUNZIONE: parlare di salute

Verifica

Abbina la prima parte di ogni frase a sinistra con la conclusione più adatta a destra.

1. Mi fa male
2. Deve prendere questa medicina
3. È una brutta cosa

a. tre volte al giorno.
b. lo stomaco, la testa e sento un po' di nausea.
c. ammalarsi in viaggio!

Comprensione

Rispondi alle seguenti domande.

1. Perché Giuliana ha portato Roberto in farmacia invece che dal dottore?
2. Quante medicine deve prendere Roberto?
3. Perché Giuliana dice che Roberto deve guarire presto?

Attività

Da fare in coppia. Sei un dottore / una dottoressa in un ospedale di Roma. Arriva un ragazzo ammalato / una ragazza ammalata. Devi fare delle domande al tuo / alla tua paziente per capire dove sente dolore e che cosa ha contribuito alla sua condizione. Puoi usare le domande che ti diamo sotto o fare domande originali.

Cosa ti fa male? Da quanto tempo ti senti male? Tu fumi? Che cosa hai mangiato recentemente? Dove sei stato/stata recentemente? Quante ore hai dormito la notte scorsa?

Parole da ricordare

VERBI

ammalarsi	to get sick
*andare all'ospedale	to go to the hospital, be hospitalized
avere mal di... (testa / denti / stomaco)	to have a . . . (headache / toothache / stomachache)
cercare (di)	to try (to)
controllare	to check, check up on
curare	to care for, treat
curarsi	to take care of oneself
fare male (a)	to hurt
farsi male	to hurt oneself, get hurt
*guarire (isc)	to heal; to get well
paragonare	to compare
prendere il raffreddore	to catch a cold
rompersi (p.p. rotto)	to break (a bone)
*sopravvivere (p.p. sopravvissuto)	to survive
*succedere (p.p. successo)	to happen
visitare	to examine (a patient)
*vivere (p.p. vissuto)	to live

NOMI

l'alimentazione (f.)	nutrition
la bocca	mouth
il braccio (pl. le braccia)	arm
i capelli	hair
il controllo	test, check, check-up
il corpo	body
il cuore	heart
la cura	treatment
il dente	tooth
il dito (pl. le dita)	finger
il dolore	pain
il dottore / la dottoressa	doctor
la febbre	fever
la gamba	leg
i gemelli / le gemelle	twins
la gola	throat
la guarigione	recovery, cure
l'incidente (m.)	accident
l'infermiere/l'infermiera	nurse
le lenti a contatto	contact lenses
la malattia	illness
la mano (pl. le mani)	hand

la medicina	medicine, drug
il medico (m./f.)	doctor
il naso	nose
gli occhiali	eyeglasses
l'occhio (pl. gli occhi)	eye
l'orecchio (pl. le orecchie / gli orecchi)	ear
il/la paziente	patient
il piede	foot
il polmone	lung
il raffreddore	cold (infection)
la ricetta	prescription
la salute	health
la schiena	back
la scusa	excuse
lo stomaco	stomach
la testa	head
la vista	eyesight
la vita	life

AGGETTIVI

chiaro	clear
comodo	comfortable; convenient
destro	right
fastidioso	annoying
faticoso	tiring
forte	strong
grave	serious, grave
maggiore	bigger, greater; older
malato	sick
migliore	better
minore	smaller, lesser; younger
peggiore	worse
pericoloso	dangerous
sano	healthy
sinistro	left

ALTRE PAROLE E ESPRESSIONI

(così)... come	as . . . as
meglio	better
meno... di (che)	less . . . than
peggio	worse
più... di (che)	more . . . than; -er than
Povero me!	Poor me!
(tanto)... quanto	as . . . as; as much . . . as
Tocca a me/te/lui/lei!	It's my/your/his/her turn!

---

*Words identified with an asterisk (*) are conjugated with **essere**.

Buon viaggio!

La bellissima Costa Smeralda in Sardegna

In seguito

Practice the skills you learned in this chapter and get connected to the Italian-speaking world through the *Prego!* supplements!

www.mhhe.com/prego6

Vocabolario preliminare

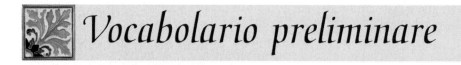

DIALOGO-LAMPO

Progetti per l'estate

MARIO: Allora, che progetti[1] hai per l'estate?

DANIELE: Ma, a dire il vero[2] non ho ancora deciso. Forse[3] vado al mare in Sicilia... E tu, niente di speciale[4] questa volta?

MARIO: Quest'estate non vado in vacanza. L'anno scorso ho fatto una crociera in Grecia, quest'inverno sono andato a sciare in Francia e poi ho fatto un viaggio in Olanda.

DANIELE: Ora capisco perché non vai in vacanza! O[5] hai finito i giorni di ferie o[6] i soldi per andare all'estero!

1. Dove ha intenzione di andare Daniele quest'estate?
2. Quali paesi ha visitato Mario?
3. Che cosa ha fatto in Grecia? E in Francia?
4. Che programmi ha Mario per quest'estate?
5. Cosa dice Daniele dei programmi di Mario?

[1]*plans* [2]*a... to tell the truth* [3]*Maybe* [4]niente... *nothing special* [5]*Either* [6]*or*

Viva le vacanze!

IN VACANZA

l'albergo (di lusso / di costo medio / economico) hotel (deluxe / moderately priced / inexpensive)

la camera room
  doppia, matrimoniale double
  singola single
  con bagno with bath
  con doccia with shower
  con aria condizionata with air conditioning

la cartolina postcard
l'itinerario itinerary
la meta destination
l'ostello hostel
il paesaggio landscape

la pensione inn, bed-and-breakfast
  la mezza pensione half board (two meals a day: breakfast and lunch or dinner)
  la pensione completa full board (three meals a day)
il posto place
la sistemazione accommodation
la tappa stopover; leg (*of a journey*)
le vacanze[†] vacation

affittare / prendere in affitto (una casa) to rent (a house)
*****andare in campagna** to go to the country
  in campeggio to go camping

---

*Words identified with an asterisk (*) are conjugated with **essere**.

[†]The plural form **vacanze** is generally used to mean *vacation* as a period of time. Note, however, the use of the singular form in the expression **andare in vacanza**.

all'estero to go abroad
in ferie / in vacanza to go on
    vacation
al mare to go to the seashore
in montagna to go to the
    mountains
in spiaggia to go to the beach
*andare/*venire a trovare (una
    persona) to go/come to visit
    (a person)
avere intenzione (di) to intend (to)
avere programmi to have plans
fare programmi to make plans
fare una crociera to go on a cruise
fare le ferie / le vacanze to go on
    vacation
fare una prenotazione to make a
    reservation
fare un viaggio to take a trip, go on
    a trip

lasciare/pagare un deposito to
    leave/pay a deposit
noleggiare / prendere a nolo (una
    macchina / una barca) to rent (a
    car/a boat)
prenotare to reserve
trovare (una persona) to visit
    (a person)
visitare (un luogo) to visit (a place)

tutto compreso all costs included
fisso fixed, set
libero free; unoccupied (room,
    seat, etc.)
o... o either . . . or

LE FESTE (HOLIDAYS)
Capodanno New Year's Day
Natale (m.) Christmas
Pasqua Easter

ESERCIZI

A. Ha una camera libera?... Siete appena (*just*) arrivati in Italia e
dovete prenotare una camera in un albergo. Cosa fate e cosa
dite? Provate a completare la conversazione al telefono tra
Shannon, una studentessa americana del Wisconsin, e
l'impiegato (*desk clerk*) di un albergo.

IMPIEGATO: Hotel Rex, buonasera. Desidera?
SHANNON: _____.[1]
IMPIEGATO: Per quante notti?
SHANNON: _____.[2]
IMPIEGATO: Per quante persone?
SHANNON: Una.
IMPIEGATO: Una camera _____,[3] allora.
SHANNON: È con _____[4] o solo con doccia?
IMPIEGATO: C'è anche solo con doccia, se vuole. E anche con televisore ma
    non con _____.[5]
SHANNON: Bene. Quanto _____[6]?
IMPIEGATO: 50 euro a notte.
SHANNON: _____[7] è inclusa?
IMPIEGATO: Sì, è inclusa.
SHANNON: Posso _____[8] adesso?
IMPIEGATO: _____. _____?[9]
SHANNON: Shannon Mangiameli. Posso pagare con la _____[10]?
IMPIEGATO: Certo, mi può dare il numero?

Adesso, in coppia, provate a immaginare un nuovo dialogo. Usate il
Vocabolario preliminare.

B. Una vacanza in Italia. Siete in Italia e volete vedere molti posti, conoscere gli italiani e divertirvi. Raccontate alla classe cosa pensate di fare e di non fare in ogni situazione.

ESEMPIO: dormire negli ostelli o in un albergo di lusso →
Penso di dormire negli ostelli perché costa poco. Non penso di prenotare un albergo di lusso.

1. viaggiare in bicicletta o noleggiare una macchina
2. dormire in una pensione o in un albergo di lusso
3. affittare una casa al mare per un mese o viaggiare per l'Italia
4. pagare in contanti o usare la carta di credito
5. dormire da solo/sola o prendere una camera doppia
6. viaggiare in treno o in aereo
7. mangiare ai fast food o in ristoranti di lusso
8. andare in discoteca o passeggiare di notte per le vie delle città
9. andare a vedere film italiani o andare a teatro
10. scrivere cartoline agli amici o telefonare

C. Viva le vacanze! In coppia, spiegate se vi piacciono o no queste possibilità.

ESEMPIO: andare al mare →
S1: Ti piace andare al mare?
S2: Sì, mi piace perché mi piace stare al sole e abbronzarmi (*get tan*). / No, non mi piace perché non so nuotare.

1. andare in campeggio
2. andare in montagna
3. fare una crociera
4. andare in vacanza con i genitori
5. visitare i musei
6. affittare una casa in campagna
7. seguire itinerari fissi
8. fare molte tappe

D. Come scoprire (*to discover*) **l'America.** Amici italiani vengono negli Stati Uniti e hanno bisogno di consigli (*advice*). Preparate con un compagno / una compagna un elenco (*list*) di informazioni utili sui posti da vedere, come viaggiare e sulle precauzioni da prendere. Giustificate le vostre affermazioni (*statements*). Scegliete, per i vostri suggerimenti (*suggestions*) città come New York, Chicago, Las Vegas, San Francisco, Los Angeles e New Orleans, o i parchi nazionali, o Disneyland e la Florida. Sono queste le mete più comuni dei turisti italiani. Ma suggerite anche luoghi poco frequentati!

ESEMPIO: S1: Se venite all'ovest, dovete vedere il Grand Canyon, in Arizona.
S2: È possibile viaggiare in macchina o in autobus e dormire in campeggio.
S1: È meglio visitare il Grand Canyon in aprile o maggio, quando non fa ancora molto caldo.

Adesso riportate parte delle vostre conversazioni alla classe. Ascoltate anche i suggerimenti dei vostri compagni.

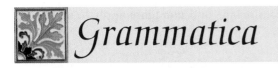

In ascolto

For listening comprehension activities related to the theme of this chapter, see the Laboratory Manual or visit the *Prego!* website.
www.mhhe.com/prego6

Grammatica

A. Futuro semplice

JEFF: Alla fine di giugno partirò per l'Italia con i miei genitori e mia sorella. Prenderemo l'aereo a New York e andremo a Roma. Passeremo una settimana insieme a Roma, poi i miei genitori noleggeranno una macchina e continueranno il viaggio con mia sorella. Io, invece, andrò a Perugia dove studierò italiano per sette settimane. Alla fine di agosto ritorneremo tutti insieme negli Stati Uniti.

The future tense is used to express an action that will take place in the future.

1. In Italian, the future (**il futuro semplice**) is formed by adding the endings **-ò, -ai, -à, -emo, -ete, -anno** to the infinitive minus the final **-e.** A good way to remember the future-tense endings is to note their relationship to the verb **avere** (**ho, hai, ha, abbiamo, avete, hanno**), from which they are derived. Verbs ending in **-are** change the **a** of the infinitive ending to **e** (**lavorar → lavorer-**).

lavorare	scrivere	finire
lavor**erò**	scriv**erò**	fin**irò**
lavor**erai**	scriv**erai**	fin**irai**
lavor**erà**	scriv**erà**	fin**irà**
lavor**eremo**	scriv**eremo**	fin**iremo**
lavor**erete**	scriv**erete**	fin**irete**
lavor**eranno**	scriv**eranno**	fin**iranno**

JEFF: At the end of June I'll leave for Italy with my parents and my sister. We'll get a plane in New York and go to Rome. We'll spend a week together in Rome: then my parents will rent a car and (will) continue the trip with my sister. I, on the other hand, will go to Perugia, where I'll study Italian for seven weeks. At the end of August, we'll all return to the United States together.

Nota bene

Il presente e il futuro
To refer to a definite event in the future, the present tense is often used as in English.

—Dove vai domani?
—**Vado** dal dottore.
—*Where are you going tomorrow?*
—*I'm going to the doctor's.*

—**Mi laureo** nel 2008.
—*I'll graduate in 2008.*

2. In English the future is expressed with the auxiliary verb *will* or the phrase *going to,* but in Italian a single verb form is used.

Quanto tempo **resterai** in Italia?   *How long are you going to stay in Italy?*

Faremo una tappa in Grecia.   *We'll stop over in Greece.*

3. The spelling changes that you learned for the present tense of verbs such as **giocare, pagare, cominciare,** and **mangiare** apply to all persons in the future tense.

giocare	pagare	cominciare	mangiare
giocherò	pagherò	comincerò	mangerò
giocherai	pagherai	comincerai	mangerai
giocherà	pagherà	comincerà	mangerà
giocheremo	pagheremo	cominceremo	mangeremo
giocherete	pagherete	comincerete	mangerete
giocheranno	pagheranno	cominceranno	mangeranno

4. Some two-syllable verbs that end in **-are** keep the characteristic **-a** of the infinitive ending. Their conjugation is similar to that of **essere** in the future.

essere	dare	fare	stare
(sar-)	**(dar-)**	**(far-)**	**(star-)**
sarò	darò	farò	starò
sarai	darai	farai	starai
sarà	darà	farà	starà
saremo	daremo	faremo	staremo
sarete	darete	farete	starete
saranno	daranno	faranno	staranno

5. Some verbs have irregular future stems but use the regular future endings.

andare	avere	dovere	potere	vedere	venire	volere
(andr-)	**(avr-)**	**(dovr-)**	**(potr-)**	**(vedr-)**	**(verr-)**	**(vorr-)**
andrò	avrò	dovrò	potrò	vedrò	verrò	vorrò
andrai	avrai	dovrai	potrai	vedrai	verrai	vorrai
andrà	avrà	dovrà	potrà	vedrà	verrà	vorrà
andremo	avremo	dovremo	potremo	vedremo	verremo	vorremo
andrete	avrete	dovrete	potrete	vedrete	verrete	vorrete
andranno	avranno	dovranno	potranno	vedranno	verranno	vorranno

—E domani completeremo questa simpatica ricetta...

A. Cosa farò? Cambia al futuro tutti i verbi in corsivo.

1. Io *passo* un sabato molto tranquillo. Mi *alzo* tardi, *faccio* una bella colazione ed *esco* per fare le spese.[a] Il pomeriggio *prendo* l'autobus e *vado* a trovare la nonna. *Mangiamo* insieme in una trattoria,[b] vicino a casa sua; se *abbiamo* tempo, *andiamo* a vedere un bel film o *facciamo* una passeggiata nel parco.

   [a]fare... *go shopping* [b]*informal restaurant*

2. La sera, gli amici mi *vengono* a trovare. *Portano* qualcosa da mangiare: *fanno* dei panini o *comprano* una pizza. Pino *porta* dei Cd nuovi e Maurizio *suona* la chitarra. Forse Anna *vuole* giocare a carte; se no, *stiamo* tutti intorno al camino[a] e *prepariamo* un itinerario per le prossime[b] vacanze. *È* una serata piacevole e rilassante.

   [a]*fireplace* [b]*upcoming*

B. Vacanze. Con un compagno / una compagna, fate le seguenti domande sui vostri progetti di vacanza e rispondete, secondo l'esempio.

ESEMPIO: io / mangiare sempre in trattoria (voi) →
   S1: Io mangerò sempre in trattoria. E voi?
   S2: Anche noi mangeremo sempre in trattoria.

1. noi / fare un giro dell'Italia (tu)
2. Daniele / noleggiare una macchina (i suoi cugini)
3. io / andare al mare quest'estate (la tua famiglia)
4. Cinzia / passare un mese in Germania (voi)
5. i miei genitori / andare a trovare i loro amici (i tuoi genitori)
6. io e Franco / scegliere di stare in un albergo economico (Pierina)

C. La cartomante (*fortune teller*). Fai una lista di domande sul tuo futuro e poi telefona a Raffaella Girardo per sapere le risposte. Sarà un bel futuro o un brutto futuro? Un compagno / Una compagna farà la parte di Raffaella.

ESEMPIO: S1: Conoscerò un bel ragazzo?
   S2: (Raffaella Girardo): Sì! Lo conoscerai stasera.

Suggerimenti: fare un lungo viaggio, ammalarsi, vincere alla lotteria, conoscere un attore famoso / un'attrice famosa, perdere tutti i soldi, trovare un bel lavoro, avere 10 figli

IL FUTURO AL TELEFONO
Venerdì 20 marzo, dalle 15 alle 18, il consueto[a] appuntamento con Raffaella Girardo, che interrogherà le carte o il pendolino[b] per ciascuna[c] di voi, e risponderà a tutte le vostre domande. Telefonate al numero 02/710047.

[a]*usual* [b]*pendulum* [c]*each one*

D. Cosa farai? Chiedi ad un compagno / una compagna cosa farà in questi periodi.

ESEMPIO: questo week-end →
    s1: Cosa farai questo week-end?
    s2: Venerdì uscirò con gli amici, sabato…

Suggerimenti per s1: questo week-end, per Spring Break, l'estate prossima, a Natale, a Pasqua, il 4 luglio

Suggerimenti per s2: uscire con gli amici, andare a/in… , fare le vacanze a/in… , lavorare, leggere tanti libri

B. Usi speciali del futuro

—È un regalo di quel tuo amico indiano: che cosa sarà mai?

1. In Italian, the future tense is often used to express what is *probably* true or to speculate or guess about what *could be* true. This usage is called the future of probability (**il futuro di probabilità**). In English, probability is expressed with such words as *probably, can,* or *must;* in Italian the future tense alone is used.

—Non vedo Amelia da molto tempo. Dove **sarà?**	—*I haven't seen Amelia for a long time. Where could she be?*
—**Sarà** in vacanza.	—*She must be on vacation.*
I signori **vorranno** una camera con bagno, vero?	*The gentlemen probably want a room with a bath, right?*
—Che ore **saranno?**	—*I wonder what time it is?*
—**Saranno** le undici.	—*It's probably eleven o'clock.*

2. The future tense is commonly used when referring to the future in dependent clauses with **quando** and **appena,** and frequently after **se,** when the verb of the main clause is in the future tense. In English, by contrast, the present tense is used in the dependent clause, even when referring to the future.

Quando arriverà, sarà stanco.	*When he gets here, he'll be tired.*
Se farà caldo, ci sederemo all'ombra.	*If it's hot, we'll sit in the shade.*
Scriveranno **appena potranno.**	*They'll write as soon as they can.*

A. I programmi. Completa le seguenti affermazioni personali.

1. Stasera, appena tornerò a casa,…
   a. mangerò. **b.** andrò a letto.
2. Quando andrò in Italia,…
   a. resterò sempre in albergo. **b.** visiterò Roma.
3. Se avrò soldi la settimana prossima,…
   a. li risparmierò (*I will save*). **b.** li spenderò.
4. Se farà bel tempo questo week-end,…
   a. studierò l'italiano. **b.** non studierò. Uscirò con gli amici.
5. Appena avrò 40 anni,…
   a. farò un bel viaggio. **b.** smetterò di lavorare.
6. Se mi sposerò,…
   a. avrò figli. **b.** non avrò figli.
7. Appena mi laureerò,…
   a. troverò un bel lavoro. **b.** andrò in Europa.

B. Scambi. Trasformate le seguenti frasi al futuro.

1. s1: Se non arrivi per le sei, cuciniamo noi.
   s2: Grazie; quando torno dal lavoro ho fame e sono stanca.
2. s1: Appena esce il sole, potete andare sul lago.
   s2: E se fa brutto, stiamo in casa e guardiamo un film.
3. s1: Vi piace questo lavoro?
   s2: Siamo contenti quando ci pagano!
4. s1: Appena arrivo in Italia, ti mando una cartolina.
   s2: Se mi scrivi, io ti rispondo.

C. Chissà! (*Who knows!*) A turni con un compagno / una compagna, fate le seguenti domande e rispondete usando il futuro di probabilità.

ESEMPIO: Quanto costa una crociera nel mare Egeo? →
   s1: Quanto costa una crociera nel mare Egeo?
   s2: Chissà! Costerà almeno mille dollari.

1. Quanti studenti vanno in Italia?
2. Quanto costa affittare una casa a Roma?
3. Quanti ostelli ci sono in Toscana?
4. Cosa dice chi arriva in albergo?
5. Cosa fanno i turisti a Firenze?
6. Cosa c'è nei tortellini bolognesi?

Il Ferragosto

Ferragosto al mare a Follonica in Toscana

Il 15 agosto è un giorno di festa chiamato Ferragosto, ed è anche una festa religiosa dedicata alla Vergine Maria. Dal 15 fino al 20–25 agosto, la maggior parte delle attività lavorative si fermano, in Italia come in quasi tutta l'Europa, e questi giorni di vacanza si chiamano «ferie di Ferragosto».

In Italia anche un operaio ha il diritto di prendersi un mese di ferie, e più dell'80% degli italiani possono permettersi[1] di andare in vacanza. Così alla metà di agosto i luoghi di villeggiatura,[2] al mare e in montagna, sono affollatissimi,[3] mentre la maggior parte delle grandi città sono vuote,[4] con molti bar, ristoranti e altri tipi di negozi chiusi.

Il giorno di Ferragosto, o nei giorni immediatamente successivi,[5] in alcune località italiane si svolgono dei riti[6] e delle feste. Fra queste, la festa più bella e famosa è certamente il Palio di Siena, una festa medievale che si svolge il 16 agosto. È una festa storica, ricca di canti, di colori e di emozioni, che ha il suo momento più importante in una corsa di cavalli.[7] Ogni cavallo corre per una contrada, cioè un quartiere della città.

[1]afford [2]holiday [3]very crowded [4]empty [5]following [6]ceremonies [7]corsa... horse race

C. *Si* impersonale

Secondo Alberto, all'università si studia almeno sei ore al giorno e si frequentano tutte le lezioni. Non si esce mai il venerdì o il sabato sera, non si parla mai al telefono, non si usa mai la carta di credito e non si comprano mai vestiti e Cd. Si devono risparmiare i soldi per pagare le tasse. Sei d'accordo?

1. The **si** construction is used very commonly in Italian to express an impersonal or unspecified subject. This usage corresponds to the English *one, they, people,* or *we* or *they* used impersonally, as in *They should lower taxes* and *We avoid stereotypes.*

According to Alberto, at college you study at least six hours a day and you attend all your classes. You never go out Friday or Saturday nights, you never talk on the phone, you never use a credit card, and you never buy clothes or CDs because you have to save money to pay tuition. Do you agree?

a. Whether the verb is singular or plural depends on the noun that follows the verb.

In Italia si studiano le opere di Dante al liceo.	*In Italy they study the works of Dante in high school.*
Si studia Dante negli Stati Uniti?	*Do you study Dante in the United States?*
A casa mia si mangia spesso la pasta.	*At my house we often eat pasta.*
Si mangiano i tortellini negli Stati Uniti?	*Do people eat tortellini in the United States?*
Si prenoterà una camera singola.	*We'll reserve a single room.*
Si prenoteranno due camere doppie.	*We'll reserve two double rooms.*

b. When the **si** construction is used with an infinitive, the conjugated verb is in the third-person singular or plural, depending on the object of the infinitive.

Si può usare il telefono?	*Can one use the telephone?*
Si possono comprare libri qui?	*Can one buy books here?*

c. The **si** construction also expresses common knowledge in expressions such as **si sa che... , si capisce che... ,** and **si vede che...**

Si sa che trovare un volo economico è difficile in alta stagione.	*It's common knowledge that it's difficult to get a cheap flight in high season.*
Si capisce bene che i bambini non possono dormire in camera con noi.	*It's obvious that the kids can't sleep in our room with us.*
Maria non è arrivata. Si vede che ha avuto altre cose da fare.	*Maria hasn't arrived. It's clear that she had other things to do.*

—Si vede che è un principiante[a]...

[a]beginner

2. The phrase **ci si** must be used when a *reflexive* verb is used impersonally. (This construction developed to avoid **si si.**)

Ci si diverte in classe.	*One has fun in class.*

3. Compound tenses of impersonal **si** constructions are formed using **essere.** If the verb is normally conjugated with **essere,** the past participle is always plural, even if the verb is singular.

Si è partiti subito.	*We left immediately.*
Ci si è alzati presto.	*We got up early.*

If the verb is normally conjugated with **avere** and the sentence has a direct object, the past participle agrees with the direct object in gender and number.

Si è mangiat**o** bene.	*We ate well.*
Si è mangiat**a la pasta.**	*We ate pasta.*
Si sono mangiat**i gli spaghetti.**	*We ate spaghetti.*

—**Dice che non si può più andare avanti: siamo arrivati ai confini della Via Lattea^a!**

^aVia… *Milky Way*

Si dice così

La gente

In English, the word *people* is plural: *People go to the movies on the weekend.* One Italian equivalent, **la gente,** is always singular:
La gente **va** al cinema nel week-end.

ESERCIZI

A. I paragoni. Completa il paragone tra l'Italia e gli Stati Uniti.

IN ITALIA

1. Si lavora in ufficio dalle nove alle sei.
2. Si cena alle otto.
3. Si pranza all'una.
4. Si va in discoteca alle undici o a mezzanotte.
5. Si mangiano molti spaghetti.
6. Si beve caffè o caffellatte a colazione.
7. Si mangia pane con marmellata o una brioche a colazione.

Puoi pensare ad altre differenze?

IN AMERICA

Si lavora in ufficio dalle _____ alle _____.
Si cena _____.
Si pranza _____.
Si va in discoteca _____.
Si mangiano _____.
Si beve _____ a colazione.

Si mangia _____ o _____ a colazione.

B. Che cosa si vede? Con un compagno / una compagna, dite quali cose si vedono nei seguenti luoghi.

ESEMPIO: in un ristorante →
    s1: Che cosa si vede in un ristorante?
    s2: Si vedono i piatti e i bicchieri.

Che cosa si vede… ?	Si vede / Si vedono…
in farmacia	una partita di calcio
in un museo	gli studenti
al cinema	turisti giovani
dal salumiere (*delicatessen*)	le medicine
allo stadio	le opere d'arte
all'università	i film
in un ostello	il prosciutto

C. Si. Trasforma le frasi; usa la costruzione impersonale.

ESEMPIO: Non accettiamo mance. → Non si accettano mance.

1. A chi paghiamo il deposito?
2. Non offriamo pensione completa.
3. Aspettavamo i risultati delle elezioni.
4. Non usiamo più questa parola.
5. Non abbiamo fatto certe cose.
6. Conosciamo le buone maniere (*manners*).
7. Non accetteremo prenotazioni.
8. Quale sistemazione abbiamo scelto?

D. Formazione dei nomi femminili

CLAUDIO: Oggi al ricevimento dai Brambilla c'è un sacco di gente interessante.
MARINA: Ah sì? Chi c'è?
CLAUDIO: Il pittore Berardi con la moglie, pittrice anche lei; dicono che è più brava del marito… la professoressa di storia dell'arte Stoppato, il poeta Salimbeni con la moglie scultrice e un paio di scrittori…
MARINA: Che ambiente intellettuale! Ma i Brambilla cosa fanno?
CLAUDIO: Beh, lui è un grosso industriale tessile e lei è un'ex-attrice.

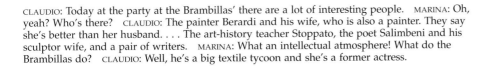

CLAUDIO: Today at the party at the Brambillas' there are a lot of interesting people. MARINA: Oh, yeah? Who's there? CLAUDIO: The painter Berardi and his wife, who is also a painter. They say she's better than her husband. . . . The art-history teacher Stoppato, the poet Salimbeni and his sculptor wife, and a pair of writers. MARINA: What an intellectual atmosphere! What do the Brambillas do? CLAUDIO: Well, he's a big textile tycoon and she's a former actress.

Nomi femminili

Today many Italian women prefer not to make gender distinctions in titles. It is more common to call a female lawyer **l'avvocato** than **l'avvocatessa.**

The use of feminine forms of professional titles is in flux. Masculine forms are most commonly used to refer to women in professions that women have entered only recently.

l'architetto (*m./f.*)
    architect
l'ingegnere (*m./f.*)
    engineer
il ministro (*m./f.*)
    minister (*in government*)

1. Most nouns referring to people or animals have one form for the masculine and one for the feminine.

   a. Generally, the feminine is formed by replacing the masculine ending with **-a.**

ragazz**o** → ragazz**a**	cameriere → camierier**a**
signor**e** → signor**a**	gatt**o** → gatt**a**

   b. A few nouns, especially those indicating a profession or a title, use the ending **-essa** for the feminine.

dottore → dottor**essa**	poeta → poet**essa**
professore → professor**essa**	principe (*prince*) → princip**essa**

   c. Most nouns ending in **-tore** in the masculine end in **-trice** in the feminine.

pit**tore** → pit**trice**	sciatore (*skier*) → scia**trice**
lettore (*reader*) → let**trice**	attore → at**trice**

   d. Nouns ending in **-e, -ga,** and **-ista** can be masculine or feminine, depending on the person referred to.

il cantante → **la** cantante	**il** regista → **la** regista
il mio collega → **la** mia collega	**il** dentista → **la** dentista

   e. Some nouns have a completely different form for the masculine and feminine.

fratello	sorella	padre	madre
marito	moglie	re (*king*)	regina
maschio	femmina	uomo	donna

ESERCIZI

A. **Trasformazioni.** Trasforma le frasi dal femminile al maschile.

ESEMPIO: le gatte pigre →
        i gatti pigri

1. un'operaia (*blue-collar worker, f.*) comunista
2. una moglie stanca
3. una vecchia attrice
4. delle buone colleghe
5. una principessa straniera
6. una poetessa famosa
7. le grandi pittrici
8. delle donne simpatiche
9. delle sorelle ottimiste

B. No, ma... Con un compagno / una compagna, create conversazioni secondo il modello.

ESEMPIO: uno sciatore italiano →
      S1: Conosci uno sciatore italiano?
      S2: No, ma conosco una sciatrice italiana!

1. dei cantanti tedeschi
2. un signore gentile
3. dei bravi dentisti
4. un re francese
5. un cameriere distratto
6. degli impiegati antipatici

Piccolo ripasso

A. Chissà perché! Trova una probabile spiegazione per le seguenti situazioni.

ESEMPIO: Maria non è in classe oggi. → Sarà malata.

1. La professoressa non è felice oggi.
2. Salvatore è venuto a scuola a piedi invece di venire in macchina come al solito.
3. Enrica decide di non andare in vacanza con la sua amica.
4. Paolo non esce sabato sera.
5. Di solito Gina compra il giornale all'edicola (*newsstand*) tutte le mattine. Oggi non lo ha comprato.

B. Che si fa? Che cosa si fa in queste situazioni?

ESEMPIO: I genitori sono di buon umore. → Si chiedono dei soldi.

1. Un bambino ha la febbre e mal di stomaco.
2. La macchina non si mette in moto (*doesn't start*).
3. Piove e fa freddo durante Spring Break.
4. C'è il sole e fa caldo durante Spring Break.
5. Durante la visita medica, il dottore sembra perplesso e consulta un'enciclopedia.
6. Il cibo alla mensa universitaria non è buono.

C. Conversazione. Tuo zio ti dà mille dollari per un viaggio in Italia! Racconta a un compagno / una compagna dove andrai e che cosa farai.

1. Passerai quattro notti in un albergo di lusso o venti notti in un ostello?
2. Come viaggerai?
3. Quali città visiterai?
4. Avrai un itinerario fisso?
5. Andrai al mare o resterai in città?
6. Quante cartoline manderai allo zio?

Invito alla lettura

In Sardegna

Eccoci sbarcati in Sardegna e pronti a cominciare una vacanza su uno dei mari più belli del mondo.

Tutte le coste della Sardegna sono straordinarie ed è difficile scegliere. Ma cominciamo dalla costa di nord-est, con la famosissima Costa Smeralda[1] e l'arcipelago de La Maddalena.

La Costa Smeralda ti offre un mare azzurro intenso e pulitissimo, lo straordinario verde della macchia[2] mediterranea, rocce e piccole spiagge dai colori incredibili, dove si trovano numerose ville di vip. È in gran parte luogo di un turismo da ricchi, ma potrai trovare anche dei villaggi turistici[3] abbastanza economici. Così, senza spendere troppo, potrai passare qualche giorno in Costa Smeralda e andare a prendere il sole nella bellissima spiaggia dei Principi,[4] famosa per la sua sabbia[5] bianca.

Per raggiungere[6] le isole, basta prendere un traghetto[7] a Palau, una bella cittadina della costa. Si arriva a La Maddalena, l'isola più grande dell'arcipelago, protetta da un parco naturale che include paesaggi marini bellissimi. Da La Maddalena puoi andare a piedi nella verde isola di Caprera. Ti sembra strano? No, perché un ponte[8] unisce[9] le due isole. Per andare invece sull'isola Budelli, a vedere la sua eccezionale spiaggia Rosa, devi prendere una barca. Ma vale la pena.[10] Il colore della sabbia è proprio rosa, un colore dovuto[11] ai piccolissimi frammenti di conchiglie.[12] Una vera meraviglia!

[1]*Emerald* [2]*scrub* [3]villaggi... *holiday villages* [4]*Princes* [5]*sand* [6]*reach* [7]*ferry* [8]*bridge* [9]*joins*
[10]*vale... it's worth it* [11]*due* [12]*shells*

L'isola di Caprera nell'arcipelago de La Maddalena in Sardegna

E ora a te

Capire

Completa.

1. La Costa Smeralda si trova _____.
   - a. nella parte meridionale della Sardegna
   - b. nella parte occidentale della Sardegna
   - c. nella parte settentrionale della Sardegna
2. In Costa Smeralda passano le vacanze _____.
   - a. molti giovani
   - b. molti ricchi
   - c. molti impiegati
3. C'è un parco naturale _____.
   - a. in Costa Smeralda
   - b. nell'isola de La Maddalena
   - c. nell'isola Budelli
4. Un ponte unisce _____.
   - a. l'isola de La Maddalena con quella di Caprera
   - b. l'isola de La Maddalena con l'isola Budelli
   - c. la costa di Palau con l'isola de La Maddalena
5. La spiaggia Rosa ha questo colore perché _____.
   - a. ci sono dei cristalli di roccia rosa
   - b. ci sono frammenti di alghe di colore rosa
   - c. ci sono piccolissimi pezzi di conchiglie rosa

Scrivere

Ti piace l'idea di una vacanza al mare in Sardegna? Forse preferisci andare in montagna a sciare? In un breve testo descrivi una vacanza che farai in futuro.

Dove andrai?
Come arriverai alla tua meta: in barca, in aereo, in treno, in macchina?
Quali attività farai?
Viaggerai da solo/sola, con amici o con la famiglia?
In quale stagione partirai e per quanto tempo starai via?

Videoteca

 Camera con vista

Roberto, in cerca di una camera per tre notti, chiede all'impiegato di un albergo se ci sono delle camere libere. Roberto chiede anche d'essere svegliato presto la mattina per lavorare su uno dei suoi articoli.

FUNZIONE: prendere una camera in albergo

ESPRESSIONI UTILI

siamo quasi al completo	we are almost full
dà sulle stradine	it overlooks the small streets
buona permanenza!	have a nice stay!

Preparazione

ROBERTO: Buona sera! Non ho una prenotazione ma vorrei una camera singola con bagno, per favore.

RECEPTIONIST: Vediamo, siamo quasi al completo. Per quante notti?

ROBERTO: Per tre notti.

RECEPTIONIST: Ho una camera singola ma con doccia. Le va bene?

Verifica

Vero o falso?

	V	F
1. Roberto vuole una camera senza bagno.	☐	☐
2. La camera costa 75 euro al giorno.	☐	☐
3. L'albergo non serve la prima colazione.	☐	☐

Comprensione

Rispondi alle seguenti domande.

1. Che tipo di documento ha Roberto?
2. Dove si fa colazione nell'albergo?
3. Perché Roberto vuole una camera con vista?

Attività

Chiedi a un compagno / una compagna:

Dove ti piace andare in vacanza?
Con che mezzo preferisci viaggiare?
Dove ti piace stare (albergo, campeggio, ostello e così via)?
Se stai in albergo o pensione che tipo di camera prenoti di solito?

Poi, secondo le preferenze del compagno / della compagna, suggerisci una meta e una sistemazione che conosci che, secondo te, gli/le piacerà.

Parole da ricordare

VERBI

affittare (una casa)	to rent (a house)
*andare in campagna	to go to the country
in campeggio	to go camping
all'estero	to go abroad
in ferie / in vacanza	to go on vacation
al mare	to go to the seashore
in montagna	to go to the mountains
in spiaggia	to go to the beach
*andare/*venire a trovare	to go/come to visit
(una persona)	(a person)
avere intenzione (di)	to intend (to)
avere programmi	to have plans
fare programmi	to make plans
fare una crociera	to go on a cruise
fare le ferie / le vacanze	to go on vacation
fare una prenotazione	to make a reservation
lasciare un deposito	to leave a deposit
mettersi in moto	to start (a car, a machine)
noleggiare (una	to rent (a car / a boat)
macchina / una barca)	
pagare un deposito	to pay a deposit
prendere in affitto	to rent (a house)
(una casa)	
prendere a nolo (una	to rent (a car / a boat)
macchina / una barca)	
prenotare	to reserve
risparmiare	to save
scoprire (p.p. scoperto)	to discover
visitare (un luogo)	to visit (a place)

NOMI

l'affermazione (f.)	statement, assertion
l'albergo (di lusso /	hotel (deluxe /
di costo medio /	moderately priced
economico)	/ inexpensive)
la barca	boat
la camera	room
doppia	double
matrimoniale	double
singola	single
con bagno	with bath

con doccia	with shower
con aria condizionata	with air conditioning
Capodanno	New Year's Day
la cartolina	postcard
il consiglio	advice; (piece of) advice
l'elenco	list
l'impiegato/l'impiegata	clerk
l'itinerario	itinerary
la meta	destination
Natale (m.)	Christmas
l'ostello	hostel
il paesaggio	landscape
Pasqua	Easter
la pensione	inn, bed-and-breakfast
la mezza pensione	half-board (two meals a day: breakfast and lunch or dinner)
la pensione completa	full board (three meals a day)
il posto	place; space, room
il progetto	plan
la sistemazione	accommodation
il suggerimento	suggestion
la tappa	stopover; leg (of a journey)

AGGETTIVI

fisso	fixed, set
libero	free; unoccupied (room, seat, etc.)
tutto compreso	all costs included

ALTRE PAROLE E ESPRESSIONI

a dire il vero	to tell the truth
appena	just; as soon as
Chissà!	Who knows!
forse	maybe
niente di speciale	nothing special
o... o	either . . . or
un sacco (di)	a lot (of), lots (of)

---

*Words identified with an asterisk (*) are conjugated with **essere**.

Quanto ne vuoi?°

Quanto… *How much do you want?*

Facciamo la spesa quotidiana a un mercato all'aperto (*outdoor*) di frutta e verdura

In seguito

Practice the skills you learned in this chapter and get connected to the Italian-speaking world through the *Prego!* supplements!
www.mhhe.com/prego6

Vocabolario preliminare

Le boutique e il mercato

SILVANA: Sono andata in centro a fare le spese l'altro giorno. C'erano un sacco di sconti nelle boutique e allora non ho resistito[1]...

GIOVANNA: Cos'hai comprato?

SILVANA: Volevo un paio di scarpe eleganti e comode, come quelle che hai tu.

GIOVANNA: Dove le hai trovate?

SILVANA: In Via Montenapoleone:* un vero affare, solo 100 euro.

GIOVANNA: Io invece le ho comprate al mercato: 50 euro!

1. Cosa voleva Silvana?
2. Dove ha comprato le scarpe?
3. Quanto sono costate? E le scarpe di Giovanna?
4. Che differenza c'è tra fare le spese nei negozi del centro e al mercato?

[1]non... *I couldn't resist.*

I negozi e i mercati

LA SPESA E LE SPESE

l'affare (*m.*) bargain
il commesso / la commessa salesperson (in a shop)
la moda fashion, style
lo sconto discount
il venditore / la venditrice vendor (on the street, at the market)

fare la spesa to go grocery shopping
fare le spese / le compere to go shopping
vendere to sell

NEGOZI E NEGOZIANTI (*SHOPKEEPERS*) DI ALIMENTARI

Il fruttivendolo / La fruttivendola vende frutta—arance (*oranges*), mele (*apples*), pere (*pears*), uva (*grapes*)—e verdura—carote (*carrots*), fagioli (*beans*), melanzane (*eggplants*), peperoni (*peppers*)—e lavora in un **negozio di frutta e verdura.**

Il gelataio / La gelataia vende gelati e lavora in una **gelateria.**

Il lattaio / La lattaia vende latte, yogurt, burro e formaggi e lavora in una **latteria.**

Parole-extra

La moda e le spese
fare un affare to get a bargain
fare uno sconto to give a discount

la vetrina shop window
la casa di moda fashion house

di moda stylish, in style
all'ultima moda in the latest style, trendy
fuori moda out of style
in saldo, in svendita on sale

*The following streets are among Italy's most renowned for high-fashion shops: in Milan, **Via Montenapoleone;** in Rome, **Via Condotti;** in Florence, **Via Calzaiuoli;** in Venice, **Calle XXII Marzo.**

Il **macellaio** / **La macellaia** vende carne—agnello (*lamb*), maiale, manzo, vitello—e lavora in una **macelleria**.

Il **panettiere** / **La panettiera** fa e vende il pane e lavora in una **panetteria**.

Il **pasticciere** / **La pasticciera** fa e vende paste e lavora in una **pasticceria**.

Il **pescivendolo** / **La pescivendola** vende pesci e lavora in una **pescheria**.

Il **salumiere** / **La salumiera** vende salumi e lavora in una **salumeria**.

Poi c'è **il negozio di alimentari** che vende un po' di tutto: pane, salumi, formaggi, zucchero, vini, e così via.

Poi, naturalmente, c'è **il supermercato**.

ALTRI PUNTI DI VENDITA (*POINTS OF SALE*)
la bancarella stand, stall
il grande magazzino department store
il mercato market
il negozio di abbigliamento clothing store

—**Prima di fare il boscaiolo[a] faceva il salumiere...**

[a]*lumberjack*

ESERCIZI

A. Dove si va? Hai bisogno di alcuni prodotti e non sai dove trovarli. Chiedilo a un compagno / una compagna. Seguite l'esempio.

ESEMPIO: 1 litro di latte e 2 etti di fontina (*a mild cheese*) →
S1: Ho bisogno di un litro di latte e di due etti di fontina. Dove si va?
S2: Si comprano il latte e il formaggio in una latteria, dal lattaio.

1. mezzo chilo di mele, 6 melanzane e 1 chilo di uva
2. 3 focacce e mezzo chilo di panini
3. 2 chili di cozze (*mussels*) e 1 chilo di vongole (*clams*)
4. 3 etti di prosciutto e 1 etto di salame
5. 5 bistecche di vitello
6. 1 torta
7. 1 chilo di zucchero, 1 bottiglia di vino e 1 pacco di caffè
8. 1 gelato al cioccolato

B. Quiz velocissimo! Con un compagno / una compagna, senza guardare il **Vocabolario preliminare,** fate le domande e rispondete.

ESEMPIO: gelato →
      S1: Chi vende gelati?
      S2: Il gelataio o la gelataia.

1. salumi
2. pesce
3. dolci
4. latte, burro e formaggio
5. pere, arance, banane, carote, broccoli e zucchine
6. pane
7. manzo, maiale e altri tipi di carne

C. Conversazione.

1. Dove lavora un commesso / una commessa? Come si chiama il negozio che vende solo vestiti?
2. Hai bisogno di un orologio, di mutande (*underwear*) e di un paio di stivali (*boots*). Dove vai?
3. Vuoi comprarti una giacca elegante e un po' diversa. Dove vai?
4. C'è una strada nella tua città dove ci sono bancarelle, venditori e venditrici? Quale? I venditori ti fanno sempre degli sconti?
5. Dove fai le compere di solito? Compri solo quando ci sono le svendite (*sales*)? Chiedi lo sconto quando vai a fare compere? Se sì, dove?
6. Hai fatto degli affari (*get any bargains*) recentemente? Dove?
7. Secondo te, quale grande magazzino ha le vetrine (*shop windows*) più belle e originali?
8. Conosci alcune case di moda (*fashion houses*) italiane? Quale preferisci?
9. Descrivi i pantaloni e le gonne (*skirts*) all'ultima moda (*trendy*) in questo momento. Descrivi anche i jeans che sono di moda (*in style*) e quelli che sono fuori moda (*out of style*).
10. Quante volte alla settimana fai la spesa? Preferisci i supermercati o i piccoli negozi? Perché?

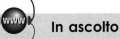

In ascolto

For listening comprehension activities related to the theme of this chapter, see the Laboratory Manual or visit the *Prego!* website.
www.mhhe.com/prego6

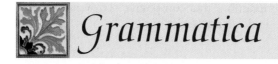

Grammatica

A. Usi di *ne*

MAMMA: Marta, per favore mi compri il pane?
MARTA: Volentieri! Quanto ne vuoi?
MAMMA: Un chilo. Ah sì, ho bisogno anche di prosciutto cotto.*
MARTA: Ne prendo due etti?
MAMMA: Puoi prenderne anche quattro: tu e papà ne mangiate sempre tanto!
MARTA: Hai bisogno d'altro?
MAMMA: No, grazie, per il resto andrò io al supermercato domani.

1. The pronoun **ne** replaces **di** (*of, about*) + *noun phrase*. **Ne** is also used to replace **di** + *infinitive* following such expressions as **avere bisogno di, avere paura di,** and **avere voglia di.**

   —Luigi parla **degli amici?** —*Does Luigi talk about his friends?*

   —Certo, **ne** parla sempre. —*Sure, he talks about them all the time.*

   —Hai paura **dei topi?** —*Are you afraid of mice?*
   —Sì, **ne** ho paura. —*Yes, I'm afraid of them.*

   —Hai bisogno **di fare la spesa?** —*Do you need to go grocery shopping?*

   —No, non **ne** ho bisogno. —*No, I don't need to.*

2. **Ne** corresponds to the English *some* or *any* when it replaces a noun used in the partitive sense (with or without the partitive article, **del, della,** and so on).

   —Ha **del parmigiano?** —*Do you have any Parmesan cheese?*

   —Sì, **ne** ho. —*Yes, I have some.*

   —Non hanno **bambini?** —*Don't they have any children?*
   —No, non **ne** hanno. —*No, they don't have any.*

MOM: Marta, will you buy me some bread, please?   MARTA: Sure! How much do you want?
MOM: One kilo. Oh yes, I also need some ham.   MARTA: Shall I get a couple of **etti?**   MOM: You can get as many as four. You and Dad always eat so much (of it)!   MARTA: Do you need anything else?   MOM: No, thanks, I'll go to the supermarket tomorrow for the rest.

*There are two kinds of **prosciutto: cotto** (*boiled, cooked*) and **crudo** (*cured*).

3. **Ne** also replaces nouns accompanied by a number or an expression of quantity, such as **quanto, molto, troppo, un chilo di,** and **un litro di.** **Ne** then expresses *of it, of them.*

—Quanta **pasta** mangiate?   —*How much pasta do you eat?*
(—Mangiamo **molta pasta.**)   (—*We eat a lot of pasta!*)
—**Ne** mangiamo **molta!**   —*We eat a lot (of it)!*

—Quanti **fratelli** hai?   —*How many brothers do you have?*

(—Ho **tre fratelli.**)   (—*I have three brothers.*)
—**Ne** ho **tre.**   —*I have three (of them).*

—I miei genitori hanno **molte macchine.**   —*My parents have a lot of cars.*

—Quante **ne** hanno?   —*How many (of them) do they have?*

—**Ne** hanno cinque!   —*They have five (of them)!*

The phrases *of it* and *of them* are optional in English, but **ne** *must* be used in Italian.

4. Like other object pronouns, **ne** precedes a conjugated verb or is attached to the end of an infinitive.

—Perché parli sempre **di moda?**   *Why do you always talk about fashion?*

—**Ne** parlo sempre perché mi piace parlar**ne.**   *I always talk about it because I like to talk about it.*

5. When **ne** is used with an expression of quantity, the past participle must agree in gender and number with the expression **ne** is replacing.

—Quante **pizze** avete ordinato?   *How many pizzas did you order?*
—**Ne** abbiamo ordinat**e** quattro.   *We ordered four.*

When it replaces expressions meaning *of* or *about,* however, there is no agreement.

Abbiamo parlato **dei negozi; ne** abbiamo parlat**o.**   *We talked about the stores; we talked about them.*

Si dice così

La data

Ne is also used to express the date.

—Quanti **ne** abbiamo oggi?
—**Ne** abbiamo (uno, due, quindici…).
—*What's today's date?*
—*It's the (first, second, fifteenth . . .).*

ESERCIZI

A. Domande personali. Rispondi alle domande personali.

1. Quanti giornali leggi?   **a.** Ne leggo _____.   **b.** Non leggo giornali.
2. Quanti cugini hai?   **a.** Ne ho _____.   **b.** Non ho cugini.
3. Quanti anni hai?   **a.** Ne ho _____.
4. Quanti esami devi dare questo semestre?   **a.** Ne devo dare _____.
   b. Non devo dare esami questo semestre.
5. Quanti fratelli hai?   **a.** Ne ho _____.   **b.** Non ho fratelli.
6. Quanti buoni amici hai?   **a.** Ne ho _____.   **b.** Non ho buoni amici.

7. Quante e-mail ricevi ogni mese?   **a.** Ne ricevo _____.   **b.** Non ricevo e-mail.
8. Quante e-mail scrivi ogni mese?   **a.** Ne scrivo _____.   **b.** Non scrivo e-mail.
9. Quante domande fai in classe?   **a.** Ne faccio _____.   **b.** Non faccio domande.

B. Conversazione. Usa **ne** nelle risposte.

1. Hai dischi italiani?
2. Hai mai scritto lettere in classe?
3. Da bambino/bambina, avevi paura dei ragni (*spiders*)?
4. Mangi mai pere con il formaggio?
5. Bevi spumante (*sparkling wine*) a colazione?
6. Quanti libri leggerai quest'anno?
7. Regali dolci agli amici?
8. Metti limone nel tè?
9. Hai bisogno di un caffè?
10. Hai voglia di fare le compere in centro?

C. Fare domande. Fai domande che richiedono (*require*) il pronome **ne** nella risposta del compagno / della compagna.

ESEMPIO: S1: Parli di politica con gli amici?
S2: Sì, ne parlo.

Suggerimenti: avere paura di... , comprare vestiti nuovi, avere bisogno di... , mettere zucchero nel caffè (nel tè), mangiare dolci, avere voglia di...

B. Usi di *ci*

PAOLO: Rocco, vieni al cinema con noi domani sera?
ROCCO: No, non ci vengo.
PAOLO: Vieni allo zoo lunedì?
ROCCO: No, non ci vengo.
PAOLO: Vieni in discoteca venerdì sera? Facciamo una festa in onore di Giacomo che ritorna dagli Stati Uniti.
ROCCO: No, non ci vengo.
PAOLO: Ma perché non esci con noi questa settimana? Usciamo sempre insieme.
ROCCO: Vado in vacanza con Maddalena. Andiamo alle Bahamas.
PAOLO: Beh, potevi dirmelo prima!

PAOLO: Rocco, are you coming to the movies with us tomorrow night?   ROCCO: No, I'm not coming.   PAOLO: Are you coming to the zoo on Monday?   ROCCO: No, I'm not coming.   PAOLO: Are you going to the disco Friday night? We're having a party to celebrate Giacomo's return from the United States.   ROCCO: No, I'm not going.   PAOLO: But why aren't you going out with us this week? We always go out together.   ROCCO: I'm going on vacation with Maddalena. We're going to the Bahamas.   PAOLO: Well, you could have told me that sooner!

1. The word **ci** replaces nouns referring to places preceded by **a, in,** or **su;** in these constructions, its English equivalent is *there* or *here*. **Ci** also replaces **a** + *infinitive*. You have already used **ci** in the expressions **c'è** and **ci sono.**

—Vai **al mercato?**
—No, non **ci** vado oggi.

—*Are you going to the market?*
—*No, I'm not going (there) today.*

—Andate **in Italia** quest'estate?

—*Are you going to Italy this summer?*

—Sì, **ci** andiamo in giugno.

—*Yes, we're going (there) in June.*

—Torni **in biblioteca** con noi questo pomeriggio?
—No, non **ci** torno.

—*Are you returning to the library with us this afternoon?*
—*No, I'm not returning (there).*

—Quando andate **a fare la spesa?**
—**Ci** andiamo il sabato pomeriggio.

—*When do you go grocery shopping?*
—*We go (to do it) on Saturday afternoons.*

Note that the use of **ci** is required, whereas *there* and *to do it* are optional in English.

2. **Ci** can also replace **a** + *noun* (referring to things and ideas) in expressions such as **credere a** + *noun* (*to believe in something*) and **pensare a** + *noun* (*to think about something*).

—Lei crede **agli UFO?**
—Sì, **ci** credo.

—*Do you believe in UFOs?*
—*Yes, I believe in them.*

—Pensate **all'inflazione?**
—No, non **ci** pensiamo.

—*Do you think about inflation?*
—*No, we don't (think about it).*

3. **Ci** follows the rules for placement of object pronouns.

Mi hanno invitato **a quella festa,** ma non **ci** vado. Non ho voglia di andar**ci!**

They invited me to that party, but I'm not going (there). I don't feel like going (there)!

Nota bene

Andare da...
Andare da + **una persona** means *to go to a person's home or office.* The expression introduced by **da** can be replaced with the pronoun **ci.**

—Vai **da Gina** stasera?
—No, non **ci** vado.
—*Are you going to Gina's (house) this evening?*
—*No, I'm not going (there).*

—Maria va **dal lattaio** oggi?
—Sì, **ci** va per comprare lo yogurt.
—*Is Maria going to the milkman's today?*
—*Yes, she's going (there) to buy yogurt.*

ESERCIZI

A. **A cosa credi?** Rispondi **Sì, ci credo/penso** o **No, non ci credo/penso** a queste domande personali.

1. Credi agli UFO?
2. Pensi spesso ai problemi del mondo?
3. Credi agli spiriti?

4. Pensi spesso al riciclaggio (*recycling*) e all'ambiente (*about the environment*)?
5. Credi alle streghe (*witches*)?
6. Credi all'oroscopo?
7. Credi agli angeli?
8. Pensi spesso all'economia e alla disoccupazione (*unemployment*)?

B. Che cosa farete quando andrete in Italia? Quali saranno le vostre abitudini quando andrete a studiare in Italia? Con un compagno / una compagna, fate le domande e rispondete. Nelle risposte sostituite **ci** alle espressioni in corsivo (*italics*).

ESEMPIO: andare *al mercato* ogni giorno →
    S1: Andrai al mercato ogni giorno?
    S2: Sì, ci andrò ogni giorno. (No, ci andrò poco.) E tu?
    S1: Anch'io ci andrò ogni giorno. (Anch'io ci andrò poco.)

1. andare mai *al cinema* da solo/sola
2. mangiare spesso *alla mensa*
3. andare *dal lattaio* per comprare lo yogurt
4. andare *in una panetteria* per comprare il pane
5. studiare volentieri *in un'università italiana*
6. andare spesso *a Milano* a fare le spese
7. andare mai *ai grandi magazzini*
8. stare bene *in Italia*

C. Ci vuoi andare? A turni, chiedete se il compagno / la compagna è mai stato/stata in questi posti e, se no, se ci vuole andare. Le vostre risposte devono essere specifiche.

ESEMPIO: in Inghilterra →
    S1: Sei mai stato/stata in Inghilterra? Ci vuoi andare?
    S2: Sì, ci sono stato/stata nel 1992. (No, non ci sono stato/stata e non ci voglio andare perché odio [*I hate*] la pioggia!) E tu?

1. a Milano
2. nel Sud Africa
3. in Messico
4. a Hong Kong
5. in Egitto
6. in Australia

Mercati e mercatini

Il mercato all'aperto di Piazza delle Cure a Firenze

In ogni città italiana, la tradizione dei mercati e mercatini all'aperto[1] è molto viva. C'è sempre, anche nei piccoli centri, un giorno fisso alla settimana in cui nelle piazze e nelle strade arrivano, al mattino molto presto, un gruppo di venditori, chiamati «ambulanti»,[2] perché non stanno fermi in un negozio. Questi preparano velocemente i loro banchi, stendono[3] la loro merce e cominciano a illustrarne, a voce molto alta, la straordinaria qualità e i bassi prezzi.

In questi mercati si vende un po' tutto quello che serve per le necessità quotidiane: frutta e verdura, formaggi e salumi, oggetti per la casa (pentole, bicchieri, piatti, coltelli[4] e così via), biancheria, tessuti,[5] abbigliamento, scarpe. I prezzi sono buoni, certamente più bassi di quelli dei negozi e c'è sempre tanta gente che guarda, sceglie, discute animatamente per pagare di meno.

Ci sono, poi, in alcune città, dei mercati famosi, che si tengono[6] ogni giorno, dall'alba al tramonto.[7] Uno di questi è il mercato di San Lorenzo, a Firenze, che attira i turisti quasi quanto[8] la Galleria degli Uffizi.

[1]*outdoor* [2]*"wanderers"* [3]*they lay out* [4]pentole... *pots, glasses, plates, knives*
[5]biancheria... *linens, textiles* [6]si... *take place* [7]dall'alba... *from dawn to dusk*
[8]quasi... *almost as much as*

C. Pronomi doppi

COMMESSA:	Allora, signora, ha provato la gonna e la camicetta? Come Le stanno?
CLIENTE:	La gonna è troppo stretta, ma la camicetta va bene. La prendo.
COMMESSA:	Gliela incarto?
CLIENTE:	No; me la può mettere da parte? Ora vado a fare la spesa e poi passerò a prenderla quando tornerò a casa.
COMMESSA:	Va bene, signora, gliela metto qui, dietro al banco.

You already know how to use direct- and indirect-object pronouns.

Scrivo **la lettera.** → **La** scrivo. (*oggetto diretto*)
Scrivo **a te.** → **Ti** scrivo. (*oggetto indiretto*)

CLERK: Well, ma'am, have you tried on the skirt and the blouse? How do they fit? CUSTOMER: The skirt is too tight, but the blouse is fine. I'll take it. CLERK: Shall I wrap it up for you? CUSTOMER: No, can you put it aside for me? I'm going grocery shopping now and I'll come by to get it on my way home. CLERK: Fine, ma'am, I'll put it here for you, behind the counter.

It is also possible to use indirect and direct objects together with the same verb, forming double object pronouns (**pronomi doppi**).

I write it (the letter) to you: **Te la scrivo.**

1. To form **pronomi doppi:**

   a. the indirect-object pronoun precedes the direct-object pronoun or **ne.**

   b. the indirect-object pronouns **mi, ti, ci,** and **vi** change their final **i** to **e.**

   c. the indirect-object pronouns **gli, Gli, le,** and **Le** become **glie-** and *combine* with the direct-object pronoun or **ne** to form one word. **Note:** All other **pronomi doppi** are two separate words.

PRONOMI INDIRETTI		PRONOMI DIRETTI			
	lo	la	li	le	ne
mi	me lo	me la	me li	me le	me ne
ti	te lo	te la	te li	te le	te ne
gli, le, Le	glielo	gliela	glieli	gliele	gliene
ci	ce lo	ce la	ce li	ce le	ce ne
vi	ve lo	ve la	ve li	ve le	ve ne
… loro	lo… loro	la… loro	li… loro	le… loro	ne… loro

2. Double object pronouns (like single pronouns) follow and attach to infinitives to form one word.

La cintura? Non **te la** vendo, preferisco regalar**tela!**	*The belt? I'm not going to sell it to you; I prefer to give it to you.*
La giacca? Non **gliela** vendo, preferisco regalar**gliela.**	*The jacket? I'm not going to sell it to them; I prefer to give it to them.*

   When the infinitive is preceded by **dovere, potere,** or **volere,** the pronouns may attach to the infinitive or precede the conjugated verb.

Ti voglio presentare **un'amica.**	*I want to introduce a friend to you.*
Voglio presentar**tela.** / **Te la** voglio presentare.	*I want to introduce her to you.*

3. When the verb is in the **passato prossimo** or another compound tense, the past participle agrees in gender and number with the preceding direct-object pronoun, even when it is combined with an indirect-object pronoun.

Hai comprato **i guanti** a Giulia?	*Did you buy the gloves for Giulia?*
Li hai comprati a Giulia?	*Did you buy them for Giulia?*
Glieli hai comprati?	*Did you buy them for her?*
Hai preso **due matite** per Maria?	*Did you get two pencils for Maria?*
Ne hai prese due per Maria?	*Did you get two of them for Maria?*
Gliene hai prese due?	*Did you get her two of them?*

4. Reflexive pronouns can also combine with direct-object pronouns. The forms are identical to those in point 1c, with the exception of the third-person singular and plural forms: **se lo, se la, se li, se le,** and **se ne.**

Mi metto le scarpe.	*I put my shoes on.*
Me le metto.	*I put them on.*

Mauro **si** mette la cravatta.	*Mauro puts his tie on.*
Se la mette.	*He puts it on.*
Deve metter**sela.**	*He has to put it on.*

Here too, the past participle agrees in gender and number with the direct-object pronoun:

Anna, ti sei messa il cappello?	*Anna, did you put your hat on?*
Te **lo** sei mess**o?**	*Did you put it on?*

5. The word **ci** presented in section B of this chapter can combine with direct-object pronouns. In this case it changes to **ce.**

—Metti **il limone nel tè?**	*—Do you put lemon in your tea?*
—Sì, **ce lo** metto.	*—Yes, I put it there (in it).*
—Avete lasciato **le chiavi a casa?**	*—Did you leave the keys at home?*
—No, non **ce le** abbiamo lasciate.	*—No, we didn't leave them there.*

—No, pinguini a colori non ce ne sono, siamo tutti in bianco e nero...

ESERCIZI

A. **I negozianti.** Completa le conversazioni, secondo l'esempio.

ESEMPIO: Chi ti ha venduto i salumi? → Me li ha venduti *il salumiere.*

1. —Chi ti ha venduto il latte?
   —Me l'ha venduto _____.
2. —Chi ti ha venduto la frutta?
   —Me l'ha venduta _____.
3. —Chi ti ha venduto il manzo?
   —Me l'ha venduto _____.
4. —Chi ti ha venduto il gelato alla fragola (*strawberry*)?
   —Me l'ha venduto _____.
5. —Chi ti ha venduto le paste?
   —Me le ha vendute _____.
6. —Chi ti ha venduto i pesci?
   —Me li ha venduti _____.
7. —Chi ti ha venduto lo yogurt?
   —Me l'ha venduto _____.

B. Al mercato. Crea frasi nuove con pronomi doppi. Ricordati l'accordo tra il participio passato e il pronome di complemento diretto.

ESEMPIO: Chi ti ha venduto i salumi? → Chi te li ha venduti?

1. Chi vi ha portato le pere?
2. Chi Le ha fatto lo sconto?
3. Chi gli ha comprato le paste?
4. Chi ti ha consigliato la torta di mele?
5. Chi gli ha venduto il pesce?

C. Volentieri. A turno con un compagno / una compagna, fate le domande e rispondete secondo il modello.

ESEMPIO: comprarmi la frutta →
    S1: Mi compri la frutta?
    S2: Sì, te la compro volentieri!

1. prestarmi questo Cd
2. prestarmi questi DVD
3. portargli questa torta
4. portargli questi biscotti
5. offrirle un gelato
6. offrirle dolci
7. incartarci questo regalo
8. incartarci queste paste

D. Una festa. Tu organizzi una festa, ma devi chiedere certe cose al tuo compagno / alla tua compagna di casa.

ESEMPIO: io / comprare / le bibite / il supermercato
    S1: Posso comprare le bibite al supermercato?
    S2: Sì, ce le puoi comprare.

1. noi / mettere / i fiori / il tavolo
2. mia sorella / lasciare / il cane / casa di tuo fratello
3. tu / ordinare / le paste / pasticceria
4. io / comprare / la pizza / centro
5. gli amici / mettere / la macchina / il garage

E. Conversazione. Fai le seguenti domande ad un compagno / una compagna. Nella risposta bisogna usare pronomi doppi.

ESEMPIO: S1: Ti lavi i denti la mattina e la sera?
    S2: Sì, me li lavo la mattina, la sera e anche nel pomeriggio.

1. Ti lavi i capelli tutti i giorni? Ti fai la barba tutti i giorni?
2. Ti metti mai la gonna per venire all'università?
3. Devi metterti sempre il cappotto in inverno?
4. Ti compri mai vestiti italiani?
5. Ti sei comprato/comprata un maglione (*pullover*) recentemente? Una camicetta? Com'è?

Ricordati: ─────────────

Quando vai a fare la spesa...
Rispetta l'ambiente[a] e non abbandonare
i sacchetti[b] plastici! Sfrutta[c] le sue
caratteristiche multiuso...

[a]*the environment* [b]*bags* [c]*Take advantage of*

1. The imperative (**l'imperativo**) is used to give orders, advice, and exhortations: *be good, stay home, let's go.* The affirmative imperative forms for **tu, noi,** and **voi** are identical to the present-tense forms, with one exception: the **tu** imperative of regular **-are** verbs ends in **-a.**

	lavorare	scrivere	dormire	finire
(tu)	Lavor**a**!	Scrivi!	Dormi!	Finisci!
(noi)	Lavoriamo!	Scriviamo!	Dormiamo!	Finiamo!
(voi)	Lavorate!	Scrivete!	Dormite!	Finite!

Note that the **noi** imperative forms correspond to the English *let's:* **Andiamo** (*Let's go*)!

2. The negative imperative for **tu** in all conjugations is formed with **non** and the infinitive. The negative **noi** and **voi** forms are identical to those in the affirmative.

(tu)	Non lavor**are**!	Non scriv**ere**!	Non dorm**ire**!	Non fin**ire**!
(noi)	Non lavoriamo!	Non scriviamo!	Non dormiamo!	Non finiamo!
(voi)	Non lavorate!	Non scrivete!	Non dormite!	Non finite!

Paga in contanti, Luciano!
Non pagare con un assegno!

Pay cash, Luciano!
Don't pay with a check!

Partiamo oggi!
Non partiamo domani!

Let's leave today!
Let's not leave tomorrow!

Correte, ragazzi!
Non correte, ragazzi!

Run, guys!
Don't run, guys!

—Non cambiare, papà: vedi bene che sto guardando[a] il film!

[a]*sto... I'm watching*

3. The verbs **avere** and **essere** have irregular imperative forms.

	avere	essere
(tu)	abbi	sii
(noi)	abbiamo	siamo
(voi)	abbiate	siate

Abbi pazienza!	*Be patient! (lit., Have patience!)*
Siate pronti alle otto!	*Be ready at eight!*

4. **Andare, dare, fare,** and **stare** have irregular **tu** imperatives that are frequently used instead of the present-tense form.

andare: **va'** or **vai**	Va' (Vai) ad aprire la porta!
dare: **da'** or **dai**	Da' (Dai) una mano a Luca!
fare: **fa'** or **fai**	Fa' (Fai) colazione!
stare: **sta'** or **stai**	Sta' (Stai) zitta un momento!

Dire has only one imperative **tu** form in the affirmative: **di'.**

Di' la verità!

Remember, the negative imperative for **tu** is formed with **non** + *infinitive.*

Non stare a casa!
Non dire bugie!
Non andare via adesso!
Non fare questi errori!
Non dare una festa stasera!

5. Object and reflexive pronouns, when used with the affirmative imperative are attached to the end of the verb to form one word.

Marco, alza**ti** subito e vesti**ti**!	*Marco, get up right now and get dressed!*
Se vedete Cinzia, invitate**la**!	*If you see Cinzia, invite her!*
Il giornale? Sì, compra**melo**!	*The newspaper? Yes, buy me one!*

Attention! Note that the stressed syllable remains the same: **Vẹstiti! Cọmpramelo! Non rispọndergli!**

6. When a pronoun is attached to the short forms of the **tu** imperative of **andare, dare, dire, fare,** and **stare,** the apostrophe disappears and the first consonant of the pronoun is doubled, except in the case of **gli.**

Fa**mmi** un favore! Fa**mmelo!**	*Do me a favor! Do it for me!*
Di**lle** la verità! Di**gliela!**	*Tell her the truth! Tell it to her!*
Ti hanno invitato a casa loro e non ci vuoi andare? Va**cci!**	*They've invited you to their house and you don't want to go (there)? Go (there)!*

7. Pronouns usually follow but may precede a verb in the negative imperative.

Ivano vuole le paste? Non dar**gliele** (Non **gliele** dare)!	*Does Ivano want the pastries? Don't give them to him!*

ESERCIZI

A. Ma dai! A turni con un compagno / una compagna, fate domande e poi rispondete con un'espressione imperativa appropriata. Usate **su, dai,** o **avanti*** nelle risposte.

ESEMPIO: mangiare →
    S1: Posso mangiare?
    S2: Su, mangia!

1. entrare
2. parlare
3. prendere una pasta
4. venire con voi
5. provare questo vestito
6. fare una domanda
7. dire qualcosa
8. vestirsi

Fate pure! Adesso, rifate l'esercizio con le forme plurali dei verbi (**noi-voi**) e l'espressione **pure.**[†]

ESEMPIO: mangiare →
    S1: Possiamo mangiare?
    S2: Mangiate pure!

B. Quello che fa Carlo... Carlo ha tanti amici e tutti vogliono fare le stesse cose che fa lui. Di' cosa dovete fare tu e i tuoi amici per essere come Carlo.

ESEMPIO: Carlo ordina l'antipasto. → Ordiniamo l'antipasto anche noi!

1. Carlo va a Capri.
2. Carlo suona la chitarra.
3. Carlo porta sempre un cappello.
4. Carlo fa lo yoga.
5. Carlo mangia al Biffi.[‡]
6. Carlo compra tutto all'ultima moda.

---

*These words are often used with the imperative to express encouragement, like English *Come on!*
[†]The imperative forms are often accompanied by **pure. Pure** softens the intensity of a command, like *go ahead* or *by all means.*
[‡]Biffi is a well-known restaurant in Milan.

C. **Ordine e contrordine.** Tu e il tuo compagno / la tua compagna di casa non siete d'accordo oggi. Non potete decidere cosa fare, così continuate a contraddirvi (*contradict one another*) quando date ordini al vostro terzo compagno / alla vostra terza compagna di casa. Seguite l'esempio.

ESEMPIO: alzare la mano →
S1: Alza la mano!
S2: No, non alzare la mano!

1. andare dal pescivendolo	5. rispondere a Marco
2. mettersi i jeans	6. finire i compiti
3. provare il vestito	7. avere pazienza
4. pulire il bagno	8. fare la spesa

D. **Che si dice?** Cosa dicono le persone che si trovano nelle seguenti situazioni?

ESEMPIO: I bambini parlano a voce alta. Cosa dice l'insegnante della prima elementare? →
Bambini, non fate rumore, per favore!

1. Mariella parla in classe. Cosa le dice il professore?
2. Sandro e Marco arrivano sempre in ritardo a scuola. Cosa gli dice l'insegnante?
3. Maria guida troppo veloce. Cosa le dice suo padre?
4. Gli studenti non fanno mai i compiti. Cosa gli dice la professoressa?
5. Luca e Salvatore spendono troppi soldi in un negozio di abbigliamento. Cosa gli dice la madre?
6. Filomena vuole portare la sua amica Sandra in un ristorante elegante ma Sandra non vuole andarci. Che le dice Sandra?

Piccolo ripasso

A. **Glielo, gliela...** Sostituisci le frasi in corsivo con pronomi doppi.

ESEMPIO: Il cameriere serve *la crostata alla signora.* →
Il cameriere gliela serve.

1. Io mostro *le foto a Carlo.*
2. Tu regali *la camicetta a Maria.*
3. Noi offriamo *il caffè al dottore.*
4. Diamo *un gelato al bambino!*
5. Chi ha parlato *dell'esame a Maria?*
6. Chi ha parlato *di Adele a Carlo?*
7. Ripeti *la data al professore!*

B. Carletto. Carletto ha un nuovo babysitter che non lo conosce molto bene. Il babysitter (s1) usa le espressioni fornite per fare domande alla madre e la madre (s2) dà risposte negative con **ci** o **ne** o un pronome di oggetto diretto.

ESEMPIO: mangiare la frutta →
        s1: Mangia la frutta?
        s2: No, non la mangia!

1. pensare ai voti **2.** bere il latte **3.** fare i compiti **4.** mettersi le scarpe **5.** andare in piscina **6.** mangiare molta verdura **7.** fare dei disegni **8.** tornare a casa prima dell'ora di cena

C. Rispondere. Usa pronomi doppi per rispondere alle domande.

ESEMPIO: s1: Avete preso delle banane per Riccardo?
        s2: Sì, gliene abbiamo prese cinque.

1. Hai dato i libri a Marcella?
2. I ragazzi hanno scritto una lettera ai nonni?
3. Hai comprato cinque etti di prosciutto per la madre di Salvatore?
4. Avete portato la torta a Luigi?
5. I genitori hanno dato molti soldi ai bambini?
6. Marcello ha scritto una lettera ai suoi amici?

D. Persone generose. Alcuni tuoi amici sono generosi e regalano le loro cose volentieri. Con un compagno / una compagna, create dei dialoghi secondo l'esempio.

ESEMPIO: maglietta
        s1: Che bella maglietta! Me la dai?
        s2: Se la vuoi, te la do!

1. vestito **2.** giornali **3.** scarpe **4.** camicia **5.** orologio **6.** pere

E. Persone avare (*stingy*). Ad altri tuoi amici non piace dare le loro cose agli altri. Crea una frase per ogni parola o espressione secondo l'esempio.

ESEMPIO: la giacca → Se non me la puoi dare, non darmela!

1. il dolce **2.** le scarpe **3.** il maglione **4.** i guanti **5.** il cappotto
6. i DVD **7.** la mozzarella **8.** molti Cd

F. Gita in montagna. Paolo e il suo compagno di stanza si preparano per un viaggio in montagna. Uno studente / Una studentessa (s1) fa le domande di Paolo e l'altro/l'altra fa la parte del suo compagno che risponde (s2). Seguite l'esempio.

ESEMPIO: mettersi i pantaloni di lana (*wool*) →
        s1: Ti sei messo i pantaloni di lana?
        s2: Sì, me li sono messi.

1. comprarsi i calzini di lana
2. farsi la barba
3. mettersi i guanti
4. comprarsi dei maglioni pesanti (*heavy*)

 # *Invito alla lettura*

In Lombardia

Cosa vuoi fare in Lombardia? Qualche gita[1] o passeggiata romantica fra giardini,[2] fiori e acque tranquille di un lago[3]? Bene, puoi scegliere fra molti percorsi[4] diversi, tutti bellissimi. La Lombardia è infatti una regione di laghi: Lago di Como, Lago Maggiore, Lago di Garda. E su questi laghi ci sono bellissime località turistiche, verdi d'inverno e fiorite[5] d'estate.

Vieni invece per fare delle spese? Benissimo, raggiungi Milano e sarai nella capitale dello shopping. Avrai l'impressione di essere in una capitale europea piuttosto che in una tipica città italiana. Il vero centro della città consiste nella piazza del Duomo, nella Galleria, che è come un grande ed elegante salotto, e nella piazza del Teatro alla Scala.

Alla moda è dedicato il famoso «Quadrilatero[6]», formato da Via Montenapoleone, Via della Spiga, Corso Venezia e Via Manzoni. È il centro mondiale[7] del lusso[8] e ci si trovano i negozi di tutti i nomi più prestigiosi, come Armani, Prada, Dior, Pucci, Valentino, Ferragamo, Vuitton.

Se invece ti interessa l'antiquariato[9] e il modernariato[10] di vario genere, dai mobili, ai quadri, gioielli,[11] libri e stampe,[12] Milano e altre località della Lombardia possono offrirti occasioni davvero interessanti. Ogni domenica del mese (gli orari[13] si trovano in Internet), potrai vedere un diverso mercato o mercatino, come quelli milanesi del Naviglio Grande e di Piazza Diaz o quello di Brera, interamente dedicato ai gioielli.

[1]*excursion* [2]*gardens* [3]*lake* [4]*routes* [5]*in bloom* [6]*four-sided (figure)* [7]*worldwide* [8]*luxury*
[9]*antiques* [10]*modern "antiques" (furniture, art, and objects typical of the 20th century)*
[11]quadri… *paintings, jewels* [12]*prints* [13]*hours, schedules*

Una mattina tranquilla sul Lago di Como

E ora a te

Capire

Completa.

1. In Lombardia ci sono _____.
   a. molti laghi
   b. molte montagne
   c. molti vulcani
2. Milano è una città simile _____.
   a. a una capitale europea
   b. alla capitale d'Italia
   c. alle altre città italiane
3. Il «Quadrilatero» di Milano è _____.
   a. la zona dove si trovano tutti i musei
   b. una piazza a forma di quadrilatero
   c. la zona delle vie famose dove si trovano i grandi nomi della moda
4. Per trovare un orologio antico si deve andare _____.
   a. al «Quadrilatero»
   b. alla Galleria
   c. al mercato di Brera
5. Una persona che vuole andare ad un mercato in Lombardia può trovare gli orari _____.
   a. sul giornale
   b. al telefono
   c. in Internet

Scrivere

Come vedrai se vai in Italia, ci sono adesso i supermercati. Ma molta gente preferisce ancora frequentare i mercati e mercatini all'aperto e i piccoli negozi specializzati come la panetteria, la macelleria, la salumeria e così via. Immagina di essere appena arrivato/arrivata a Milano. Il tuo nuovo compagno di casa vuole prepararti una cena italiana tipica ma non ha il tempo di fare la spesa. Devi fare tu la spesa ma non conosci bene i negozi vicino al vostro appartamento. Scrivi un breve dialogo fra te e il tuo nuovo amico. Lui ti indica dove devi andare e quello che devi comprare. Quando è possibile, usa il pronome **ne** e il modo imperativo.

ESEMPIO: TU: Dove vado per comprare il pane integrale (*whole wheat*)?
LUI: Va' alla panetteria e comprane mezzo chilo!

LISTA DELLA SPESA

1 litro di latte scremato (*skim*)	3 cipolle (*onions*)
150 grammi di prosciutto cotto	2 etti di ricotta salata
mezzo chilo di banane	4 cotolette (*cutlets*) di agnello
3 arance	2 paste al cioccolato
1 chilo di pomodori	

Videoteca

FUNZIONE: fare la spesa

Un po' di spesa

Giuliana e Roberto fanno la spesa per una festa. Sono entrati in una pasticceria per comprare il dolce.

ESPRESSIONI UTILI

di produzione propria	made on the premises
Voglio assaggiarli tutti!	I want to taste them all!
un vassoio	a tray

Preparazione

GIULIANA: Un vassoio di paste assortite, per favore. Sono fresche, vero?
IMPIEGATA: Freschissime. Quante ne vuole?
GIULIANA: Venti, per favore. Ne metta due di ogni tipo.
IMPIEGATA: Benissimo. Vuole altro?

Verifica

Abbina la prima parte di ogni frase a sinistra con la conclusione più adatta a destra.

1. Questa è la migliore pasticceria   **a.** comprare un assortimento.
2. Forse è meglio   **b.** un'insalata alla festa.
3. Dobbiamo portare anche   **c.** della città.

Comprensione

Rispondi alle seguenti domande.

1. Quante paste vuole Giuliana?
2. Dove deve pagare le paste Giuliana?
3. Che cosa devono comprare ancora Giuliana e Roberto?

Attività

Con un compagno / una compagna, immaginate di dover organizzare una festa per sabato sera. Fate, insieme, una lista di tutte le cose che dovete comprare (cibi, bevande, e così via) e di tutti i preparativi che dovete fare (pulire l'appartamento, telefonare agli amici, e così via). Poi, ogni persona assegnerà all'altra dei compiti da fare in preparazione.

ESEMPIO: S1: Vai al supermercato per comprare le bevande!
         S2: Pulisci l'appartamento e lava i piatti e i bicchieri!

Parole da ricordare

VERBI

*costare	to cost
credere (a + *noun*)	to believe (*in something*)
fare la spesa	to go grocery shopping
fare le spese / le compere	to go shopping
incartare	to wrap
pensare (a + *noun*)	to think (*about something*)
provare	to try on
resistere (*p.p.* resistito)	to resist
richiedere (*p.p.* richiesto)	to require
vendere	to sell

NOMI

l'affare (*m.*)	bargain
l'agnello	lamb
l'arancia	orange
la bancarella	stand, stall
la camicetta	blouse
il cappello	hat
la carota	carrot
il commesso / la commessa	salesperson
i fagioli	beans
il fastidio	annoyance, bother
il fruttivendolo / la fruttivendola	fruit vendor
il gelataio / la gelataia	ice-cream maker/vendor
la gelateria	ice-cream parlor
la gonna	skirt
il grande magazzino	department store
il lattaio / la lattaia	milkman/milkwoman
la latteria	dairy (*shop*)
il macellaio / la macellaia	butcher
la macelleria	butcher shop
il maglione	pullover, heavy sweater
la mela	apple
la melanzana	eggplant
il mercato	market

la moda	fashion, style
il/la negoziante	shopkeeper
il negozio di abbigliamento	clothing store
il negozio di alimentari	grocery store
il negozio di frutta e verdura	produce market
la panetteria	bread bakery
il panettiere / la panettiera	bread baker
la pasticceria	pastry shop
il pasticciere / la pasticciera	pastry cook, confectioner
il peperone	bell pepper
la pera	pear
la pescheria	fish market
il pescivendolo / la pescivendola	fishmonger
il resto	the rest; change (*from a transaction*)
la salumeria	delicatessen
il salumiere / la salumiera	delicatessen clerk
lo sconto	discount
gli stivali	boots
il supermercato	supermarket
la svendita	sale
l'uva	grapes
il venditore / la venditrice	vendor
lo yogurt	yogurt

AGGETTIVI

pesante	heavy
stretto	tight

ALTRE PAROLE E ESPRESSIONI

altro	anything else
Avanti!	Come on!
Dai!	Come on!
da parte	aside
pure	go ahead; by all means
Quanti ne abbiamo oggi?	What's today's date?
Su!	Come on!

---

*Words identified with an asterisk (*) are conjugated with **essere**.

Cercasi casa

Offerte favolose per la casa in un ipermercato

In seguito

Practice the skills you learned in this chapter and get connected to the Italian-speaking world through the *Prego!* supplements!

www.mhhe.com/prego6

Vocabolario preliminare

DIALOGO-LAMPO

Ci manca la casa

ANTONELLA: Ho saputo che vi sposate tra due settimane!

PATRIZIA: Eh sì, è quasi tutto pronto, ma ci manca solo la casa...

ANTONELLA: La casa!? E dove andate a abitare?

MASSIMO: Dai miei genitori... Non è la migliore soluzione ma, come sai, trovare casa oggi è quasi impossibile: costa troppo!

PATRIZIA: E loro hanno una casa di cinque stanze, con due bagni.

ANTONELLA: E le camere da letto?

MASSIMO: Ce ne sono tre: due matrimoniali e una singola, per l'eventuale nipote, come dicono loro...

1. Dove vanno ad abitare Patrizia e Massimo quando si sposano?
2. Qual è il motivo principale?
3. Com'è la casa dei genitori di Massimo?
4. Per chi è la camera singola?

Case e appartamenti

ABITAZIONI (*RESIDENCES*)
l'**affitto** rent
l'**appartamento** apartment
l'**arredamento** home furnishings
l'**ascensore** elevator
il **bagno** bathroom
la **camera da letto** bedroom
la **cantina** cellar
l'**entrata, l'ingresso** entrance, entryway
il **giardino** garden; yard
l'**indirizzo** address
l'**inquilino/l'inquilina** tenant

la **lavanderia** laundry room
il **mobile** piece of furniture
il **monolocale** studio apartment
il **padrone / la padrona di casa** landlord/landlady
il **palazzo** apartment building
il **piano** floor (*of a building*)
il **pianterreno*** ground floor
  a pianterreno on the ground floor
il **primo (secondo/terzo) piano** the first (second/third) floor
  al primo (secondo/terzo) piano on the first (second/third) floor

—Chissà quanto paghi d'affitto!

*Italians distinguish the ground floor from the first floor, which Americans and Canadians call the second floor. In Italy, the **primo piano** is the first floor above the ground floor.

Mobili e arredamento

l'armadio wardrobe; closet

la cassettiera bureau, chest of drawers

il comodino nightstand

la cucina a gas gas stove

la cucina elettrica electric stove

il divano sofa

il lavandino sink

la lavastoviglie dishwasher

la lavatrice washing machine

la libreria, lo scaffale per i libri bookshelf

la poltrona armchair

il ripostiglio utility room, closet

lo scaffale shelf

la scrivania desk

la sedia straight chair

lo specchio mirror

il televisore TV set

la vasca da bagno bathtub

il riscaldamento heat, heating

il salotto living room

le scale stairs, staircase

i servizi facilities (kitchen and bath)

la soffitta, la mansarda attic

il soggiorno family room

la stanza room

lo studio study, office

il terrazzo, il balcone balcony

la villa country house

la villetta single-family house

la vista view

affittare to rent

ammobiliare, arredare to furnish

cambiare casa, traslocare, fare un trasloco to move

trasferirsi (isc) to move (*to another town, state, etc.*)

ammobiliato, arredato furnished

in affitto, affittasi for rent

cercasi wanted

in periferia on the outskirts, in the suburbs

in vendita, vendesi for sale

POSIZIONI NELLO SPAZIO (*SPACE*)

accanto (a), di lato (a) beside, next to

davanti (a) in front of

dietro (a/di) behind

sopra above, over

sotto below, under

ESERCIZI

A. Quiz sulla casa. Che cos'è? Trova una risposta a queste definizioni.

ESEMPIO: È un'abitazione in campagna, al mare o in montagna. →
È una villa.

1. È un edificio (*building*) con molti appartamenti.
2. Si usa per salire al terzo piano.
3. Abita in casa d'altri.
4. Un sinonimo di *traslocare*.
5. È il piano allo stesso livello della strada.
6. Può essere elettrica, a gas o a carbone (*coal*).
7. È l'abitazione di una sola famiglia.
8. La proprietaria di un'abitazione.
9. La stanza della casa che sta sopra tutte le altre.
10. La stanza della casa che sta sotto tutte le altre.
11. Dove si trovano fiori, piante (*plants*) e l'erba (*grass*).

B. Attività casalinghe (*domestic*). Quali sono le cose che facciamo più spesso nelle varie stanze della casa? Pensa almeno a due o tre attività; se fai qualcosa d'insolito (*unusual*), spiega perché.

ESEMPIO: in cucina →
In cucina preparo i pasti, lavo i piatti, guardo la televisione…

1. in sala da pranzo
2. in soffitta
3. in lavanderia
4. nello studio
5. in bagno
6. in camera da letto
7. in soggiorno
8. sul terrazzo

C. Dove lo metto? Avete appena traslocato, tutti i mobili sono sul camion (*truck*) e dovete decidere dove metterli. Con un compagno / una compagna, guardate la pianta (*floor plan*) del nuovo appartamento a destra e decidete dove volete i seguenti mobili.

ESEMPIO: lo specchio →
      s1: Dove mettiamo lo specchio?
      s2: Mettiamolo nel bagno.

1. la lavatrice
2. la lavastoviglie
3. il tavolo e le sedie
4. il divano e le poltrone
5. il computer
6. l'armadio
7. il televisore
8. il letto
9. la scrivania
10. lo scaffale per i libri

In ascolto

For listening comprehension activities related to the theme of this chapter, see the Laboratory Manual or visit the *Prego!* website.
www.mhhe.com/prego6

Grammatica

A. Aggettivi indefiniti

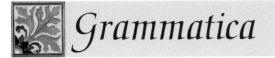

PAOLA: Ciao, Claudia! Ho sentito che hai cambiato casa. Dove abiti adesso?

CLAUDIA: Prima vivevo in un appartamentino in centro, ma c'era troppo traffico e troppo rumore; così sono andata a vivere in campagna. Ho trovato una casetta che è un amore… È tutta in pietra, ha un orto enorme e qualche albero da frutta.

PAOLA: Sono contenta per te! Sai cosa ti dico? Alcune persone nascono fortunate!

Indefinite adjectives, such as *every, any,* and *some,* do not refer to a particular person or thing. For example: *Some people love steak. Every plate is broken. Can we have some coffee?* In Italian, these adjectives always precede the noun.

PAOLA: Hi, Claudia! I heard (that) you've moved. Where are you living now?   CLAUDIA: At first I was living in a small apartment downtown, but there was too much traffic, and too much noise, so I've moved to the country. I found a little house that's a real gem. . . . It's all stone, has an enormous vegetable garden and some fruit trees.   PAOLA: I'm happy for you! You know what? Some people are born lucky!

1. Adjectives in Italian which refer to *each, every,* and *all* are described below.

   a. **Ogni** (*each, every*) is typically used only with a singular noun and is invariable.

Ogni casa ha un terrazzo.	*Each house has a balcony.*
Ogni anno traslochiamo.	*Every year we move.*

   b. The indefinite adjective **tutto** (*all, every, the whole*) agrees with the modified noun and is always followed by the definite article. Both singular and plural forms are used, according to the context, and the English word *of* is never translated.

Studio **tutto il** giorno.	*I study all day.*
Tutti i mobili sono moderni.	*All the furniture (Every piece of furniture) is modern.*
Tutti gli appartamenti sono in affitto.	*All (of) the apartments are for rent.*
Tutta la casa è pulita.	*The whole house is clean.*
Tutte le ville sono in campagna.	*All (of) the villas are in the country.*

2. Adjectives in Italian which refer to *some* or *any* are described below.

   a. **Qualche** (*some, a few*) is used only with a singular noun and is invariable. **Alcuni/alcune** (*some, a few*) is used only with plural nouns and agrees in gender with the noun modified. Both have a plural meaning in English.

Qualche appartamento è libero.	*Some apartments are vacant.*
Qualche stanza è ammobiliata.	*A few rooms are furnished.*
Alcuni appartamenti sono in affitto.	*Some apartments are for rent.*
Alcune camere da letto sono piccole.	*Some bedrooms are small.*
Ci sono **alcune** case in vendita?	*Are there any houses for sale?*

—Prima di accettare la Sua diagnosi, dottore, potrei consultare qualche suo vecchio paziente?

   b. The expression **un po' di** means *some, a little.* It is used with nouns commonly expressed in the singular.

Posso avere **un po' di** acqua?	*Can I have some water?*
Metto **un po' di** zucchero nel caffè.	*I put a little sugar in coffee.*

   c. As you already know, another way to express *some* or *any* is to use the partitive (**il partitivo**): **di** + *definite article.* (See **Capitolo 5.**)

Ci sono **dei** garage liberi.	*There are some garages available.*
Cerchiamo **delle** camere ammobiliate.	*We're looking for some furnished rooms.*

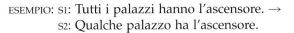

A. Non generalizzare... Tu e il tuo compagno o la tua compagna di casa cercate una nuova casa. Correggi le sue generalizzazioni con **qualche**.

ESEMPIO: S1: Tutti i palazzi hanno l'ascensore. →
    S2: Qualche palazzo ha l'ascensore.

1. Tutte le mansarde hanno una bella vista.
2. Ogni padrone di casa è gentile.
3. Tutti gli inquilini pagano l'affitto.
4. Tutti i nostri amici abitano in centro.
5. Ogni appartamento in periferia costa meno.
6. Ogni monolocale è carino.

B. Cerchiamo casa. Fai delle domande ad un compagno / una compagna. Nella risposta il compagno / la compagna deve usare un aggettivo indefinito.

ESEMPIO: trovare / annuncio (*ad*) interessante →
    S1: Hai trovato annunci interessanti?
    S2: Ho trovato qualche annuncio interessante. *o*
        Ho trovato alcuni annunci interessanti.

1. trovare / appartamento libero
2. scrivere / indirizzo di case in affitto
3. vedere / appartamento con balcone
4. comprare / mobile
5. trovare / padrone simpatico
6. vedere / monolocale

B. Pronomi indefiniti

—Lassù[a] in cielo, qualcuno deve aver lasciato aperto il frigorifero...

[a]*Up there*

As you know, pronouns take the place of nouns. Indefinite pronouns (**i pronomi indefiniti**) do not refer to a particular person or thing. For example: *Someone turned off the lights. I hear something. I bought everything we need.* Some indefinite pronouns refer to a person or thing previously mentioned: *All the apartments are furnished, and some have balconies.*

The most common indefinite pronouns appear in the following list. Notice that their forms resemble those of the indefinite adjectives you learned in the preceding section.

AGGETTIVI	PRONOMI
Tutti i ragazzi traslocano.	**Tutti** traslocano. (*all, everybody*)
Tutte le camere sono piccole.	**Tutte** sono piccole. (*all*)
Ogni studente trasloca.	**Ognuno** trasloca. (*each, everyone*)
Ogni casa ha tre camere.	**Ognuna** ha tre camere. (*each one*)
Qualche palazzo è vecchio.	**Qualcuno** è vecchio. (*some*)
Qualche poltrona è rovinata (*fallen apart*).	**Qualcuna** è rovinata. (*some*)
Alcuni appartamenti sono liberi.	**Alcuni** sono liberi. (*some, a few*)
Alcune ville sono grandi.	**Alcune** sono grandi. (*some, a few*)
Un po' di zucchero va bene, grazie.	**Un po'** va bene, grazie. (*some, a little*)
Ho mangiato **tutto il panino e tutta la torta.**	Ho mangiato **tutto.** (*all, everything*)
Cerco **qualche regalo** in centro.	Cerco **qualcosa** in centro. (*something*)

Si dice così

Qualcosa di buono, qualcosa da fare

Note the following constructions.

qualcosa di + *masculine singular adjective:*

Abbiamo trovato **qualcosa di economico** vicino all'università. *We found something cheap near the university.*

qualcosa da + *infinitive:*

Ragazzi, c'è **qualcosa da mangiare?** *Guys, is there something to eat?*

In addition to the meanings above, **tutti** means *everyone* and **qualcuno** means *someone.* In contrast, **tutto** means *everything* and **qualcosa** means *something.*

Tutti vengono alla villa in campagna.	*Everyone is coming to the villa in the country.*
Qualcuno bussa alla porta.	*Someone is knocking on the door.*
Ho portato **tutto.**	*I brought everything.*
Il bambino ha mangiato **qualcosa.**	*The child ate something.*

Qualcosa is always treated as masculine for purposes of agreement.

È success**o** **qualcosa?**   *Did something happen?*

Nota bene

A. Una bella serata. Completa il seguente testo con le espressioni appropriate.

_____[1] (Ogni / Ognuna) cosa era al suo posto.[a] _____[2] (Tutti / Ognuno) si erano nascosti.[b] Avevamo preparato _____[3] (qualcuno / qualcosa) di molto buono per Claudio. C'erano _____[4] (ogni / alcuni) fiori sul tavolo, ma a parte[c] questo, _____[5] (tutti / tutto) era come al solito. Venti minuti di silenzio. E poi quando è entrato Claudio, _____[6] (ognuno / tutti) hanno gridato:[d] «Auguri! Buon compleanno!»

[a]al... _in its place_   [b]nascondersi, _to hide (oneself)_   [c]a... _besides_   [d]_yelled_

B. Dite la vostra. Decidi se le seguenti cose sono **un bisogno, una necessità assoluta, qualcosa di inutile** (_useless_) o **qualcosa di piacevole** (_pleasant_).

ESEMPIO: il caffè →
    Per me, il caffè è qualcosa di inutile.

1. il caffè
2. il lavoro
3. le vacanze
4. il sonno
5. il balcone
6. il riscaldamento
7. la musica
8. la libertà

C. Due possibilità. Completa le frasi con la parola corretta. Poi, il compagno / la compagna fa una nuova frase con la parola che non hai scelto.

ESEMPIO: (Ogni / Tutti gli) studente studia. →
    S1: Ogni studente studia.
    S2: Tutti gli studenti studiano.

1. In inverno guardiamo (alcuni / qualche) film italiano nel nostro dipartimento.
2. Conosci (alcune / qualche) poesie italiane?
3. (Ognuno / Tutti) desidera la felicità (_happiness_).
4. Mi piacciono (ogni / tutti i) mobili della casa.
5. (Tutti / Ognuno) erano presenti e (tutti / ognuno) ha potuto esprimere la propria opinione.
6. Ho comprato (qualche / alcune) poltrone per il soggiorno ieri.

I pronomi oggetto e le espressioni indefinite
Remember that, when using the indefinite expressions, the same rules of agreement concerning object pronouns still apply.

—Ha mangiato **tutta la torta?**
—Sì, **l'**ho mangiata **tutta.**
—_Did you eat all (of) the cake?_
—_Yes, I ate it all. (Yes, I ate all of it.)_

—Hai letto **tutti i libri?**
—No, non **li** ho letti **tutti.**
—_Did you read all the books?_
—_No, I didn't read them all._

—Hai guardato **qualche appartamento?**
—Sì, **ne** ho guardato **qualcuno.**
—_Did you see a few apartments?_
—_Yes, I saw a few._

—Avete comprato **alcune riviste?**
—Sì, **ne** abbiamo comprate alcune.
—_Did you buy some magazines?_
—_Yes, we bought some._

Regali di nozze°

wedding

Arredamenti per tutti i gusti

Gli italiani amano festeggiare[1] il matrimonio con grandi feste. In genere si fa un pranzo o una cena dopo la cerimonia, con molti invitati,[2] oppure si fa una festa per gli amici e i parenti più lontani la settimana precedente e, il giorno delle nozze, si invitano solo i parenti stretti.[3]

Tutti gli invitati fanno un regalo agli sposi. Gli amici del cuore e i parenti più stretti fanno in genere regali di maggiore valore, mentre i parenti e gli amici più lontani fanno regali meno costosi. I genitori offrono la festa di nozze e partecipano alle spese per l'appartamento dove andrà a vivere la coppia.

Per i parenti lontani e per gli amici gli sposi preparano di solito una «lista di nozze», cioè un elenco delle cose desiderate. In alcuni negozi che vendono oggetti per la casa i negozianti tengono la lista e gli oggetti scelti dagli sposi sono a disposizione degli invitati fino alla data del matrimonio.

Negli ultimi anni, alcune coppie mettono nella lista anche il viaggio di nozze[4] dei sogni.[5] Chi vuole può andare all'agenzia di viaggi indicata dagli sposi e contribuire alla realizzazione del sogno!

[1]*to celebrate* [2]*guests* [3]*close* [4]*viaggio... honeymoon* [5]*dreams*

C. Negativi

MARITO: Sento un rumore in cantina: ci sarà qualcuno, cara...
MOGLIE: Ma no, non c'è nessuno: saranno i topi!
MARITO: Ma che dici? Non abbiamo mai avuto topi in questa casa. Vado a vedere.
(*Alcuni minuti dopo.*)
MOGLIE: Ebbene?
MARITO: Ho guardato dappertutto ma non ho visto niente di strano.
MOGLIE: Meno male!

As you already know, an Italian sentence is usually made negative by inserting **non** in front of the verb. Only object pronouns are placed between **non** and the verb.

Questa villa ha troppi scalini.	*This villa has too many steps.*
Quella villa non ha troppi scalini.	*That villa does not have too many steps.*
Quella villa non ne ha troppi.	*That villa doesn't have too many (of them).*

HUSBAND: I hear a noise in the cellar. There must be someone there, dear. . . .   WIFE: No, there's nobody there. It must be mice!   HUSBAND: What are you talking about? We've never had any mice in this house. I'm going to have a look. (*A few minutes later.*)   WIFE: Well?   HUSBAND: I looked everywhere but I didn't see anything strange.   WIFE: Thank goodness!

1. Other negative words or expressions are used in conjunction with **non**. When the negative expression follows the conjugated verb, **non** must precede the verb.

ESPRESSIONI AFFERMATIVE	ESPRESSIONI NEGATIVE
Hai comprato **qualcosa?** (*something*) Hai comprato **tutto?** (*everything*)	No, **non** ho comprato **niente/nulla.** (*nothing*)
Hai visto **qualcuno** alla festa? (*someone*) Hai visto **tutti** alla festa? (*everyone*)	No, **non** ho visto **nessuno.** (*no one, nobody*)
Canti **sempre** nella doccia? (*always*) Canti **qualche volta** nella doccia? (*sometimes*) Canti **mai** nella doccia? (*ever*)	No, **non** canto **mai.** (*never*)
Hai **già** preparato la cena? (*already, yet*)	No, **non** ho **ancora** preparato la cena. (*not yet*)
Abiti **ancora** in via Rossi? (*still*)	No, **non** abito **più** in via Rossi. (*no longer*)
Studi l'italiano **e/o** la chimica? (*and/or*)	No, **non** studio **né** l'italiano **né** la chimica. (*neither/nor*)

—Tira su l'ancora:ᵃ in questo posto non si pesca nulla!

ᵃTira... *Pull up the anchor*

2. When **niente** or **nessuno** precedes the verb, **non** is omitted.

| Niente era facile. | *Nothing was easy.* |
| Nessuno lo farà. | *No one will do it.* |

Similarly, when a construction with **né... né** precedes the verb, **non** is omitted. Note that a plural verb is used in Italian.

| Né Mario né Carlo hanno una cantina. | *Neither Mario nor Carlo has a cellar.* |

3. Just like **qualcosa, niente** (**nulla**) takes **di** in front of an adjective and **da** before an infinitive.

| Non ho niente di economico da affittare. | *I have nothing cheap to rent.* |
| C'è qualcosa di interessante nell'armadio? | *Is there anything interesting in the wardrobe?* |

ESERCIZI

Nessuno can be used as an adjective to mean *any* in negative sentences. It is always singular in form and its endings are like those of the indefinite article: **nessun, nessuno, nessuna, nessun'**. Note that use of **nessuno** in negative sentences adds emphasis since *any* is not normally expressed in these sentences.

Non ho amici. *I don't have friends.*

Non ho nessun amico. *I don't have any friends (a single friend).*

Non ho voglia di conoscerlo. *I don't have a desire to meet him.*

Non ho nessuna voglia di conoscerlo. *I don't have any (the slightest) desire to meet him.*

A. Domande personali. Decidi se queste affermazioni personali sono vere o false. Correggi quelle false.

1. Non faccio niente venerdì sera; rimango a casa e guardo la TV.
2. Non sono mai stata in Italia/Spagna/Russia/Cina/Kansas.
3. Non mi sono ancora laureato/laureata.
4. Non ho ancora scelto una specializzazione.
5. Non ho né un soggiorno né uno studio in casa.
6. Non seguo più il corso di italiano.
7. Non conosco nessuno all'università / nel mio palazzo / nella classe d'italiano.

B. Un amico sfortunato. Paolo si è trasferito a Bari un mese fa e trova difficoltà a sistemarsi (*getting settled*). Recita la parte di Paolo e rispondi alle domande in modo negativo.

ESEMPIO: Hai già trovato casa? → No, non ho ancora trovato casa.

1. Hai visto qualcosa di bello?
2. Il tuo amico Giorgio abita ancora a Bari?
3. Hai amici o parenti da quelle parti (*around there*)?
4. Conosci qualcuno a Bari?
5. Hai già fatto un giretto in campagna?
6. Gli amici di Roma ti telefonano qualche volta?

C. Pessimisti! Con un compagno / una compagna, create delle domande da fare ad un altro gruppo. Gli studenti dell'altro gruppo devono rispondere con un'espressione negativa.

ESEMPIO: tutti gli studenti →
    S1: Tutti gli studenti studiano il venerdì sera fino a mezzanotte?
    S2: Nessuno (Nessuno studente) studia il venerdì sera fino a mezzanotte.

1. qualcuno
2. la professoressa / sempre
3. voi / qualche volta
4. la torta al cioccolato e i biscotti
5. la poltrona e il divano
6. tutto

D. Imperativo (*Lei, Loro*)

SEGRETARIA:	Dottoressa, il signor Biondi ha bisogno urgente di parlarLe: ha già telefonato tre volte.
DOTTORESSA MANCINI:	Che seccatore! Gli telefoni Lei, signorina, e gli dica che sono già partita per Chicago.
SEGRETARIA:	Pronto!... Signor Biondi?... Mi dispiace, la dottoressa è partita per un congresso a Chicago... Come dice?... L'indirizzo? Veramente, non glielo so dire: abbia pazienza e richiami tra dieci giorni!

You learned the **tu, noi,** and **voi** forms of the imperative in **Capitolo 11.**

1. The formal **Lei** and **Loro** imperative is formed by adding **-i, -ino** endings to the first-person singular (**io**) present-tense stem of **-are** verbs, and **-a, -ano** endings to the stem of **-ere** and **-ire** verbs. The negative imperative is formed by inserting **non** before the affirmative form.

	lavorare (lavor-)	scrivere (scriv-)	dormire (dorm-)	finire (finisc-)
(Lei) (non)	lavor**i**	scriv**a**	dorm**a**	fin**isca**
(Loro) (non)	lavor**ino**	scriv**ano**	dorm**ano**	fin**iscano**

	bere (bev-)	dire (dic-)	venire (veng-)	uscire (esc-)	andare (vad-)	fare (facci-)
(non)	bev**a**	dic**a**	veng**a**	esc**a**	vad**a**	facci**a**
(non)	bev**ano**	dic**ano**	veng**ano**	esc**ano**	vad**ano**	facci**ano**

Signora, **aspetti! Non entri** ancora!	*Ma'am, wait! Don't come in yet!*
Signori, **finiscano** di mangiare e **paghino** alla cassa!	*Gentlemen, finish eating and pay at the cash register!*
Signora Bianchi, **beva** questa medicina e poi **venga** da me!	*Mrs. Bianchi, drink this medicine and then come see me!*
Signor Salvini, **esca** subito dal mio ufficio!	*Mr. Salvini, leave my office at once!*

SECRETARY: Doctor, Mr. Biondi needs to speak to you urgently. He has already called three times.
DR. MANCINI: What a nuisance! You call him, Miss, and tell him that I already left for Chicago.
SECRETARY: Hello! Mr. Biondi? I'm sorry, but the doctor left for a conference in Chicago . . . What was that? The address? Really, I couldn't tell you. Be patient and call back in 10 days!

2. Several verbs are irregular in the formal imperative.

	sapere	dare	stare	avere	essere
(Lei) (non)	sappia	dia	stia	abbia	sia
(Loro) (non)	sappiano	diano	stiano	abbiano	siano

3. With **Lei** and **Loro** commands, pronouns must always *precede* the verb.

Le telefoni subito!	*Call her immediately!*
Non **gli dica** quello che abbiamo deciso.	*Don't tell him what we've decided.*
Signori, **si accomodino.**	*Ladies and gentlemen, make yourselves comfortable.*
Non **si preoccupi**, professore.	*Don't worry, professor.*

ESERCIZI

A. Le frasi giuste. Scegli l'espressione appropriata per ogni situazione.

1. Il professor Calamari bussa alla porta. Lei apre la porta e dice:
   a. Buon giorno, professore! Entra! **b.** Buon giorno, professore. Entri pure.
2. Il tuo amico va forte in bici e non ti aspetta. **a.** Mi aspetti! **b.** Aspettami!
3. Devi fissare un appuntamento (*make an appointment*) telefonico con la tua professoressa. **a.** Professoressa, Le telefono oggi pomeriggio.
   b. Professoressa, telefonami stasera a casa.
4. I bambini non si lavano. **a.** Si lavino! **b.** Lavatevi!
5. Il presidente della Microsoft dice alla segretaria di chiamare il Presidente degli Stati Uniti. **a.** Chiama il Presidente degli Stati Uniti.
   b. Chiami il Presidente degli Stati Uniti.
6. Un signore che non conosci cerca di uscire da un palazzo dalla porta sbagliata. Cosa gli dici? **a.** Scusa, non uscire da quella porta!
   b. Scusi, non esca da quella porta.

B. A cena. Hai invitato a cena il tuo amico Tommaso e la tua professoressa del corso di economia e commercio. Devi dire alla tua professoressa le stesse cose che dici a Tommaso.

ESEMPIO: Vieni a tavola! →
    Professoressa Cavalli, venga a tavola!

1. Aspettami in entrata!
2. Dimmi cosa ne pensi!
3. Bevi un po' di vino!
4. Non preoccuparti del cane!
5. Finisci pure i ravioli!
6. Prendi una fetta di torta!
7. Guarda questo quadro!
8. Va' in giardino!
9. Non dimenticare il cappotto!
10. Salutami tua figlia!

Adesso ripeti l'esercizio e di' le stesse cose alla Professoressa Cavalli e a suo marito.

ESEMPIO: Signori, vengano a tavola!

—La camera da letto me la faccia esattamente in questo punto.

Piccolo ripasso

A. Contrari. Cambia le espressioni negative in espressioni positive e vice-versa per creare frasi di significato contrario.

ESEMPI: Non ho ancora sistemato (*arranged*) i mobili. →
Ho già sistemato i mobili.

Condivide (*He shares*) l'appartamento con qualcuno. →
Non condivide l'appartamento con nessuno.

1. Affittano ancora una mansarda.
2. Non uso mai la lavastoviglie.
3. Qualcuno ha il terrazzo.
4. Non hanno niente di interessante nell'armadio.
5. Donata ha già cambiato casa.
6. Abbiamo lo studio e la camera per gli ospiti (*guests*).

B. Scambi. Con un compagno / una compagna, completate le conversazione con le espressioni giuste.

1. S1: Giulia, come va la caccia (*hunt*) agli appartamenti? Avete trovato
   _____ (qualcosa / qualcuno)?
   S2: Niente, purtroppo. Ci sono _____ (qualche / alcuni) padroni di casa che non vogliono studenti e _____ (ognuno / tutti) chiedono troppo di affitto!
2. S1: Caro, mi dai _____ (qualche / un po' di) zucchero?
   S2: Ecco subito! Vuoi anche _____ (del / alcune) latte?
3. S1: Franco, com'era Palermo? Non mi ha mandato i saluti _____ (qualche / nessuno).
   S2: Ci siamo divertiti un mondo (*a ton*)! E _____ (ognuno / tutti) ti mandano tanti saluti!
4. S1: Ragazzi, è _____ (successo / successa) qualcosa?
   S2: Niente, mamma. Carletto ha visto _____ (qualche / alcuni) topi nel garage e ha avuto paura.

C. Richieste. Con un compagno / una compagna, pensate a una richiesta da fare alle seguenti persone. Usate l'imperativo formale.

ESEMPIO: il professore / Per favore, professore… →
Per favore, professore, mi dica quale capitolo dobbiamo studiare per la lezione di domani.

1. il dottore / Per favore, dottore…
2. la dentista / Per favore, dottoressa…
3. il macellaio / Per favore, …
4. il barista / Per favore, …
5. la farmacista / Per favore, dottoressa…
6. la gelataia / Per favore, signora/signorina…

Invito alla lettura

In Puglia

Eccoci in una regione perfetta per quelli che amano il mare. La Puglia è il tacco[1] dello «stivale» della penisola italiana ed è una lunga pianura[2] sul mare Adriatico e sul mare Ionio. Il mare della Puglia è generalmente pulito e le coste, soprattutto quelle del Gargano, offrono dei paesaggi bellissimi. Il Gargano è una zona ricca di boschi[3] e il loro verde contrasta con l'azzurro del mare e il bianco delle rocce calcaree.[4] Anche le case dei numerosi centri, come Peschici, Vieste, Mattinata, sono bianchissime, di solito piccole e basse, con il tetto piano,[5] usato spesso come terrazza.

Ma per vedere delle case veramente particolari devi andare a sud, fra le province di Bari, Brindisi e Taranto. Troverai qui i famosi trulli, costruzioni circolari, con il tetto a cono,[6] fatte con le pietre[7] calcaree della zona. I trulli sono per la maggior parte case di campagna, sparsi[8] in mezzo a viti[9] e olivi, ma si trovano anche raggruppati[10] in centri come Alberobello e Locorotondo.

Ogni trullo ha una sola stanza. Più trulli, costruiti[11] uno accanto all'altro, permettono così alle famiglie più numerose di avere camere separate.

Se puoi, cerca di visitare una di queste strane abitazioni, dove i pugliesi riescono a vivere in tanto poco spazio. Ti piaceranno l'ordine, la pulizia e la grande bellezza dell'essenzialità.

[1]*heel* [2]*plain* [3]*woods* [4]*rocce… calcareous (containing calcium) rocks* [5]*tetto… flat roof*
[6]*a… cone-shaped* [7]*stones* [8]*scattered* [9]*grapevines* [10]*grouped* [11]*built*

Case veramente particolari: i trulli in Puglia

E ora a te

Capire

Completa.

1. La Puglia è fatto soprattutto di _____.
   a. colline (*hills*)
   b. montagne
   c. pianura
2. Nel Gargano ci sono _____.
   a. boschi verdi, mare azzurro e rocce bianche
   b. pochi boschi e nessuna montagna
   c. laghi, boschi e montagne
3. Le case del Gargano _____.
   a. sono bianche e hanno il tetto a cono
   b. sono colorate e hanno molte terrazze
   c. sono bianche e hanno il tetto piano che è usato come terrazza
4. Un trullo è una costruzione _____.
   a. con il tetto a cono e una sola stanza
   b. con il tetto a cono e con diverse stanze
   c. di forma rotonda e con il tetto a terrazza
5. I trulli si trovano _____.
   a. sulla costa, nella zona del Gargano
   b. nella parte meridionale della regione
   c. nelle città di Bari, Brindisi e Taranto

Scrivere

Sei padrone/padrona di una casa sulla costa pugliese e hai deciso di affittarla a turisti americani per periodi settimanali. Scrivi il testo di un annuncio da inserire in una rivista. Dai tutte le informazioni necessarie e descrivi le caratteristiche della tua offerta, compreso il prezzo. Poi fai un disegno della pianta (*floor plan*) della casa (come quella di pagina 279). Per scrivere il tuo annuncio consulta gli annunci nella foto o altri che trovi nei giornali locali.

ESPRESSIONI UTILI: affittare, affittasi, affitto, ascensore, bagno con doccia, balcone, camera da letto, centro storico, cucina, giardino, metro quadrato (*square meter*), salotto, soggiorno, stanza, studio, vista mare, zona silenziosa

Videoteca

Cercasi monolocale

Roberto cerca un appartamento a Palermo, in Sicilia. Telefona ad un'agenzia immobiliare per avere aiuto.

FUNZIONE: cercare un appartamento

ESPRESSIONI UTILI

l'agenzia immobiliare	rental agency
il prefisso	area code
il sito della rete	website
dà un'occhiata	look it over, give it a look

Preparazione

ROBERTO: Pronto, buongiorno. Senta, cerco un appartamento da affittare per un mese in Sicilia, a Palermo. Lei può aiutarmi?

AGENTE: Certo, che tipo di appartamento cerca?

ROBERTO: Piccolo, per una persona. Cerco un monolocale ammobiliato con riscaldamento, balcone e servizi, naturalmente.

Verifica

Vero o falso?

	V	F
1. Roberto cerca un monolocale ammobiliato per il mese di agosto.	☐	☐
2. Roberto non vuole pagare più di 800 euro al mese per l'appartamento.	☐	☐
3. A Palermo è difficile trovare monolocali in città.	☐	☐

Comprensione

Rispondi alle seguenti domande.

1. Come si paga una telefonata, fatta da un telefono pubblico, in Italia?
2. In quale zona ci sono appartamenti da affittare a Palermo?
3. Dove può trovare Roberto l'indirizzo del sito Internet dell'agenzia immobiliare?

Attività

Da fare in coppia. Hai deciso di affittare il tuo appartamento per il mese che starai in Italia a studiare. Elenca su un foglio le caratteristiche del tuo appartamento e poi rispondi alla telefonata di un compagno / una compagna che chiama per chiedere dell'appartamento.

Parole da ricordare

VERBI

affittare	to rent
ammobiliare	to furnish
arredare	to furnish
bussare	to knock
cambiare casa	to move
condividere (*p.p.* condiviso)	to share (*a residence*)
fare un trasloco	to move
fissare un appuntamento	to make an appointment
indicare	to point out, indicate
nascondersi (*p.p.* nascosto)	to hide (oneself)
sistemare	to arrange
sistemarsi	to get settled
trasferirsi (isc)	to move (*to another town, state, etc.*)
traslocare	to move

NOMI

l'abitazione (*f.*)	residence
l'affitto	rent
l'albero	tree
l'appartamento	apartment
l'arredamento	home furnishings
l'ascensore (*m.*)	elevator
il bagno	bathroom
il balcone	balcony
la camera da letto	bedroom
la cantina	cellar
l'entrata	entrance, entryway
il giardino	garden; yard
l'indirizzo	address
l'ingresso	entrance, entryway
l'inquilino/l'inquilina	tenant
la lavanderia	laundry room
la mansarda	attic
il mobile	piece of furniture
il monolocale	studio apartment
l'orto	vegetable garden
l'ospite (*m./f.*)	guest
il padrone / la padrona di casa	landlord/landlady
il palazzo	apartment building
il piano	floor (*of a building*)
il pianterreno*	ground floor
il primo (secondo/terzo) piano	the first (second/third) floor
il riscaldamento	heat, heating
il rumore	noise
le scale	stairs, staircase
i servizi	facilities (kitchen and bath)
la soffitta	attic
il soggiorno	family room
la stanza	room
lo studio	study, office
il terrazzo	balcony

il topo	mouse
la villa	country house
la villetta	single-family house
la vista	view

AGGETTIVI

alcuni/alcune	some, a few
ammobiliato	furnished
arredato	furnished
casalingo	domestic, related to the home
insolito	unusual
inutile	useless
matrimoniale	with a double bed
nessuno	any (*in negative contexts*)
ogni (*inv.*)	each, every
piacevole	pleasant
qualche	some, a few
singolo	single
strano	strange
tutto	all, every, the whole

ALTRE PAROLE E ESPRESSIONI

accanto (a)	beside, next to
affittasi	for rent
a parte	besides
a pianterreno	on the ground floor
al primo (secondo/terzo) piano	on the first (second/third) floor
cercasi	wanted
da quelle parti	around there
dappertutto	everywhere
davanti (a)	in front of
di lato (a)	beside, next to
dietro (a/di)	behind
in affitto	for rent
in periferia	on the outskirts, in the suburbs
in vendita	for sale
Meno male!	Thank goodness!
non... ancora	not yet
non... mai	never
non... né... né	neither... nor
(non...) nessuno	no one, nobody
(non...) niente/nulla	nothing
non... più	no longer
ognuno/ognuna	each one, everyone
qualcosa (di)	something
qualcuno/qualcuna	some; someone
sopra	above, over
sotto	below, under
tutti/tutte	all, everybody, everyone
tutto (*inv.*)	all, everything
un po' di	some, a little
vendesi	for sale

*Italians distinguish the ground floor from the first floor (which Americans and Canadians call the second floor).

Flash culturali
Dove andare in viaggio...

I turisti di San Francesco

Quando si parla di turismo si pensa di solito a un luogo da visitare. Ci sono tuttavia[1] dei luoghi così fortemente legati[2] a personaggi che quasi si identificano con loro.

Assisi, in Umbria, è uno di questi. La piccola città, ricca di opere[3] d'arte, deve[4] infatti la sua fama al ricordo di San Francesco che sembra ancora presente nelle chiese e, soprattutto, nella campagna vicina.

San Francesco (1182–1226) predicava[5] la semplicità e l'amore verso[6] tutte le cose, in particolare verso la natura. Parlava ai lupi e agli uccelli,[7] chiamava fratelli il sole,[8] l'acqua e il fuoco.[9]

Assisi è oggi il simbolo del cristianesimo francescano e della pace.[10] Ci vanno ogni anno milioni di turisti. Una parte di questi vanno per vedere gli affreschi di Giotto, altri per pregare[11] e ritrovare San Francesco, altri per partecipare alle manifestazioni per la pace. Ma tutti sono ugualmente incantati da questa piccola città dai grandi orizzonti.[12]

[1]*nonetheless* [2]*tied* [3]*works* [4]*owes* [5]*preached* [6]*toward* [7]*ai... to wolves and to birds* [8]*sun*
[9]*fire* [10]*peace* [11]*pray* [12]*horizons*

Folklore in Sardegna

Ti piacciono le feste folkloristiche? Allora devi sapere che in tutta la Sardegna e durante tutto l'anno si fanno moltissime feste. A causa della lontananza[1] dell'isola dall'Italia peninsulare, in Sardegna si sono infatti conservati la lingua, i costumi e le feste tradizionali.

Una delle feste più antiche si svolge a Cagliari il 1° maggio, in onore di Sant'Efisio, che liberò[2] la città dalla peste[3] e divenne martire[4] nel 303. La gente di Cagliari porta la statua del Santo attraverso la città su una ricca carrozza.[5] Le autorità cittadine e alcuni soldati a cavallo,[6] in costume rosso, accompagnano la carrozza. C'è poi una grande folla[7] che segue il Santo a piedi o su carri trainati da buoi.[8] Tutti portano i costumi della festa, bellissimi e ricchi di ricami.[9] E soprattutto per questi costumi straordinari, la festa di Sant'Efisio è uno spettacolo da non perdere.[10]

[1]*distance* [2]*freed* [3]*plague* [4]*divenne... became a martyr* [5]*carriage*
[6]*soldati... soldiers on horseback* [7]*crowd* [8]*carri... carts drawn by oxen* [9]*needlework, embroidery* [10]*spettacolo... show not to miss*

San Francesco, simbolo della semplicità, della pace e dell'amore per la natura

Alcuni straordinari costumi sardi

La battaglia delle arance

La battaglia delle arance di Ivrea, in
Piemonte, è una delle manifestazioni più
spettacolari del folklore italiano. Si svolge
per tre giorni, durante il Carnevale (in
febbraio), nelle strade della città. I tremila
partecipanti si tirano[1] le arance con
grande violenza.

I guerrieri si difendono dalle arance del popolo

A terra[2] ci sono nove squadre a piedi,
composte da centinaia[3] di combattenti del
popolo.[4] Sopra quaranta carri stanno invece i nemici[5] del popolo, cioè i guerrieri
del «signore».[6] Questi, per difendersi,
hanno abiti imbottiti, caschi e maschere.[7]

Nei tempi antichi le arance erano gentilmente scambiate,[8] per le vie della città, fra i
signori e il popolo che li salutava. Non sappiamo quando si è cominciato a tirare le
arance con violenza, con l'intenzione di colpire[9] il «signore».

La gente di Ivrea partecipa con entusiasmo alla festa, paga le spese
per le arance, i costumi e la pulizia[10] della città. Non paga, però, la
pulizia degli abiti dei turisti!

[1]si... *throw at each other*   [2]A... *On the ground*   [3]*hundreds*   [4]*people*   [5]*enemies*   [6]*guerrieri...*
warriors of the "Lord"/"Master"   [7]abiti... *padded clothes, helmets, and masks*   [8]*exchanged*   [9]*hit*
[10]*cleaning*

La guarigione della Torre di Pisa

La Torre di Pisa è guarita! Dopo undici anni di cure intensive la famosa
torre è fuori pericolo. In questi undici anni le hanno fatto di tutto.
L'hanno fasciata, tirata,[1] le hanno messo cinture d'acciaio,[2] pesi di
piombo sul fianco,[3] le hanno fatto iniezioni[4] di cemento. Ma i risultati
non ci sono stati fino a che l'ingegner Jamiolkoswki non ha pensato a
toglierle[5] un po' di terra sotto i piedi, dalla parte opposta a quella che
pende.[6] Questa cura è stata veramente efficace.[7] La torre pende un po'
di meno e gli esperti dicono che così starà in piedi per altri tre secoli.[8]

La torre di Pisa, salvata di recente
con l'ingegneria moderna

Ora anche il pubblico ha ricominciato a salire sulla torre, ma sono
possibili solo le visite guidate, con gruppi di trenta persone. La visita
non dura più di mezz'ora e l'ingresso è caro: circa 13 euro a testa.

[1]fasciata... *bound, pulled*   [2]*of steel*
[3]pesi... *lead weights on the side*   [4]*injections*
[5]*to take away from it*   [6]*leans*   [7]*effective*
[8]*centuries*

Explore these topics further through the links found on the
Prego! website. **www.mhhe.com/prego6**

È finita la benzina!

gasoline

Un tesoro naturale: il Parco Nazionale dell'Abruzzo

In seguito

Practice the skills you learned in this chapter and get connected to the Italian-speaking world through the *Prego!* supplements!

www.mhhe.com/prego6

Vocabolario preliminare

DIALOGO-LAMPO

Il pianeta Terra°

pianeta... *planet Earth*

SATURNINO: Deve essere il nuovo look dei terrestri[1] del 2010.
MERCURIO: Forse dovremmo andare in vacanza da un'altra parte. Sulla Terra non si respira[2] più come una volta.

[1]*earthlings* [2]si... *breathe*

L'ambiente (*environment*)

L'AMBIENTE E LA PROTEZIONE DELL'AMBIENTE (*ENVIRONMENTALISM*)
il **clima** climate
il **colle, la collina** hill
il **disboscamento** deforestation
l'**effetto serra** greenhouse effect
la **fascia d'ozono** ozone layer
il **fiume** river
la **foresta pluviale** rain forest
l'**inquinamento** pollution
il **lago** (*pl.* i **laghi**) lake
il **recipiente** container
il **riciclaggio** recycling
i **rifiuti** garbage
lo **scarico** exhaust; discharge

depurare to purify
inquinare to pollute
proteggere (*p.p.* **protetto**) to protect
riciclare to recycle
risolvere (*p.p.* **risolto**) to solve
scaricare to unload; to discharge

ecologico environmentally safe

IL TRAFFICO (*TRAFFIC*)
l'**automobilista** (*m./f.; m. pl.* **gli automobilisti**) motorist, driver

l'**autostrada** highway
la **benzina (verde / senza piombo)** (unleaded) gas
il **chilometro** kilometer
il **distributore di benzina** gas pump
il **divieto di sosta** no-parking zone
l'**incidente** (*m.*) accident
il **limite di velocità** speed limit
il **meccanico / la meccanica** mechanic
i **mezzi pubblici di trasporto** public (*means of*) transportation
il **parcheggio** parking space
la **patente** driver's license
il **segnale** sign
la **stazione di servizio** gas station; service station
la **targa** license plate
il/la **vigile** traffic officer

allacciare la cintura di sicurezza to fasten one's seat belt
chiedere/dare un passaggio to ask for / give a lift
controllare l'olio/l'acqua/le gomme to check the oil/water/tires
fare l'autostop to hitchhike
fare benzina to get gas

USA, RIUSA, RICICLA

I problemi (problems) ambientali

il cancro della pelle
skin cancer
l'erosione del terreno
soil erosion
gli ingorghi traffic
jams
l'insetticida (*m.*)
pesticide
i prodotti spray
aerosol products
i raggi ultravioletti
ultraviolet rays

I materiali riciclabili
l'alluminio aluminum
la carta paper
il cartone cardboard
la plastica plastic
il vetro glass

fare il pieno to fill up (the gas tank)
parcheggiare to park
prendere la multa to get a ticket
***rimanere** (*p.p.* **rimasto**) **senza**
benzina to run out of gas

rispettare to respect; to obey
superare to exceed
vietare to forbid; to prohibit

—Così vedo dove posso
parcheggiare.

ESERCIZI

A. Situazioni. Cosa fai nelle seguenti situazioni?

1. Sei rimasto/rimasta senza benzina.
   a. Controlli le gomme.
   b. Fai il pieno.
2. Hai preso la multa.
   a. Paghi senza protestare.
   b. Attacchi il vigile.
3. La macchina non si mette in moto.
   a. Controlli la benzina.
   b. Guardi i segnali stradali (*traffic signals*).
4. Oggi non hai la macchina e devi andare a lavorare.
   a. Prendi l'autobus.
   b. Dai un passaggio a un amico.
5. Non trovi la patente e la tua macchina è senza targa.
   a. Guidi lo stesso.
   b. Usi i mezzi pubblici di trasporto.
6. Sei sull'autostrada; la polizia stradale è in giro (*on patrol*).
   a. Rispetti il limite di velocità.
   b. Dimentichi di allacciare la cintura di sicurezza.
7. Ci tieni ad (*You care about*) inquinare il meno possibile.
   a. Parcheggi in divieto di sosta.
   b. Guidi raramente.
8. Durante un viaggio in macchina, ti sei smarrito/smarrita (*you've gotten lost*).
   a. Ti fermi a una stazione di servizio.
   b. Decidi di fare l'autostop.

---

*Words identified with an asterisk (*) are conjugated with *essere*.

B. Cosa dovremmo fare? (*What should we do?*) Cosa dovremmo o non dovremmo fare per i seguenti problemi? Con un compagno / una compagna rispondete con frasi semplici usando il **Vocabolario preliminare** e le espressioni delle **Parole-extra** o altre espressioni che conoscete già.

ESEMPIO: l'inquinamento dei mari →
> S1: Cosa dovremmo fare per risolvere il problema dell'inquinamento dei laghi, fiumi e mari?
> S2: Dovremmo pulire tutte le spiagge e rive (*shores, banks*) e depurare i laghi, fiumi e mari. (Non dovremmo scaricare rifiuti nei laghi, fiumi e mari. Dovremmo…)

1. l'inquinamento dell'atmosfera
2. il deterioramento degli edifici storici (*historic buildings*)
3. il cancro della pelle
4. la distruzione delle foreste vergini
5. il disboscamento

C. Sondaggio. E voi, cosa fate per proteggere l'ambiente? In gruppi di cinque o sei, rispondete alle seguenti domande e presentate i vostri risultati alla classe in percentuale (*percentage*).

ESEMPIO: Usate sacchetti (*bags*) di carta o di plastica quando fate la spesa? →
> Nel nostro gruppo il 40% usa sacchetti di carta quando va a fare la spesa. Il 40% usa sacchetti di plastica. E il 20% non usa sacchetti.

1. Prendete mezzi pubblici di trasporto o la vostra macchina per andare all'università o al lavoro?
2. Riciclate il vetro? E la carta? E la plastica?
3. Usate prodotti spray?
4. Donate soldi a un'associazione per la protezione delle foreste pluviali?

In ascolto

For listening comprehension activities related to the theme of this chapter, see the Laboratory Manual or visit the *Prego!* website.
www.mhhe.com/prego6

donne&motori *io & la mia moto*
Non quella del mio fidanzato. Ma quella con cui io mi diverto. O lavoro

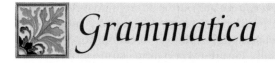

Grammatica

A. Condizionale presente

SANDRO: Pronto, Paola? Senti, oggi sono senza macchina. È dal meccanico per un controllo. Mi daresti un passaggio per andare in ufficio?

PAOLA: Ma certo! A che ora devo venire a prenderti? Va bene alle otto e un quarto?

SANDRO: Non sarebbe possibile un po' prima: diciamo alle otto? Mi faresti un vero piacere! Devo essere al lavoro alle otto e mezzo.

PAOLA: Va bene, ci vediamo giù al portone alle otto.

1. The present conditional (**il condizionale presente**) corresponds to English *would + verb* (*I would work*). Like the future, the present conditional is formed by dropping the final **-e** of the infinitive and adding a set of endings that is identical for **-are, -ere,** and **-ire** verbs. As in the future tense, verbs ending in **-are** change the **a** of the infinitive ending to **e.**

lavorare	scrivere	finire
lavor**erei**	scriv**erei**	finir**ei**
lavor**eresti**	scriv**eresti**	finir**esti**
lavor**erebbe**	scriv**erebbe**	finir**ebbe**
lavor**eremmo**	scriv**eremmo**	finir**emmo**
lavor**ereste**	scriv**ereste**	finir**este**
lavor**erebbero**	scriv**erebbero**	finir**ebbero**

2. The conditional stem is always the same as the future stem, even in the case of irregular verbs. (See **Capitolo 10** for a chart of verbs with irregular future stems.)

Non sai cosa farei per non guidare!

You don't know what I would do not to drive!

Verrebbero a prenderti alle otto.

They would come to pick you up at eight.

SANDRO: Hello, Paola? Listen, I don't have my car today. It's at the mechanic's for a tune-up. Would you give me a lift to the office? PAOLA: Sure! What time shall I come get you? Is 8:15 OK? SANDRO: Would it be possible a little earlier, say at 8:00? You'd be doing me a real favor! I have to be at work at 8:30. PAOLA: OK, see you down at the front door at 8:00.

3. For verbs ending in **-care** and **-gare**, and in **-ciare, -giare,** and **-sciare,** the same spelling changes that occur in the future also occur in the conditional.

Non dimenticherei mai le chiavi della macchina.	*I would never forget my car keys.*
Pagheremmo ora, ma non possiamo.	*We would pay now, but we can't.*
Dove parcheggeresti?	*Where would you park?*
Comincerebbero alle cinque.	*They would begin at 5:00.*

4. In general, the present conditional is used (like its English equivalent) to express polite requests, wishes, and preferences.

Mi presteresti la tua macchina?   *Would you lend me your car?*

ESERCIZI

A. Cosa faresti? Cosa faresti con queste cose?

1. con 100.000 dollari?   **a.** li risparmierei   **b.** li userei per comprare del terreno (*terrain*) di foresta pluviale per preservarlo   **c.** li darei ai poveri
2. con la Ferrari?   **a.** la guiderei sull'Autostrada del Sole   **b.** la venderei e darei i soldi ai poveri   **c.** la farei correre nella Formula Uno
3. con un mese di vacanza?   **a.** resterei a casa a leggere libri   **b.** viaggerei per il mondo   **c.** lavorerei per guadagnare soldi
4. con le risposte dell'esame di matematica?   **a.** le butterei (*throw away*) nel cestino (*wastebasket*)   **b.** le darei agli amici   **c.** le porterei all'esame
5. con una casa al mare?   **a.** ci passerei l'estate   **b.** l'affitterei   **c.** la darei agli amici che non hanno molti soldi per fare le vacanze
6. con l'aereo privato?   **a.** viaggerei per il mondo per sei mesi all'anno con tutti gli amici   **b.** lo darei alla Croce Rossa (*Red Cross*)   **c.** lo userei per fare un viaggio ogni week-end
7. con un anno solo da vivere?   **a.** viaggerei   **b.** passerei tutto il tempo con gli amici e la famiglia   **c.** scriverei un libro
8. con l'intelligenza di Einstein e Madame Curie?   **a.** troverei la cura per l'AIDS   **b.** fonderei una grande compagnia industriale e guadagnerei molti soldi   **c.** risolverei il problema della fascia d'ozono

B. Favori. Usa il condizionale presente per rendere (*make*) le seguenti affermazioni e richieste più gentili.

ESEMPIO: Mi dai il biglietto per la partita di calcio? →
Mi daresti il biglietto per la partita di calcio?

1. Mi dà un passaggio?   **2.** Ci presti la moto?   **3.** Preferisco parcheggiare qui.   **4.** Mi lascia (*let*) guidare?   **5.** La accompagnate a casa?   **6.** Vogliamo noleggiare una macchina.   **7.** Mi compri una bici italiana?   **8.** Non mi piace fare l'autostop.

—Sarei curioso di sapere cosa capiranno quando leggeranno questa roba: ho lasciato fuori gli articoli, gli aggettivi, i pronomi e i verbi!

C. **Tanti favori.** Chiedi gentilmente ad un compagno / una compagna di farti i seguenti favori. Il compagno / La compagna risponde liberamente.

ESEMPIO: comprarti un panino perché hai finito i soldi →
   S1: Ho finito i soldi. Mi compreresti un panino?
   S2: Certo, ne prendo uno anche per me. (Mi dispiace ma non posso. Ho finito i soldi anch'io.)

1. passarti il sale   2. prestarti la macchina   3. darti un passaggio
4. invitarti alla sua festa   5. aiutarti con i compiti perché non capisci la matematica   6. controllare l'olio della tua macchina perché non sai controllarlo   7. parlare con il vigile che vuole farti la multa (*give you a ticket*)   8. venire con te in macchina da Miami a Los Angeles

D. **Conversazione.**

1. Dove ti piacerebbe essere in questo momento?
2. Che cosa ti piacerebbe fare?
3. Avresti il coraggio di fare un volo spaziale?
4. Compreresti una macchina brutta ma ecologica?
5. Saresti contento/contenta di nascere un'altra volta?
6. Che cosa non faresti mai?
7. Parteciperesti a una manifestazione per la protezione dell'ambiente?
8. Navigheresti mai in un fiume su una zattera (*raft*)?

B. *Dovere, potere e volere* al condizionale

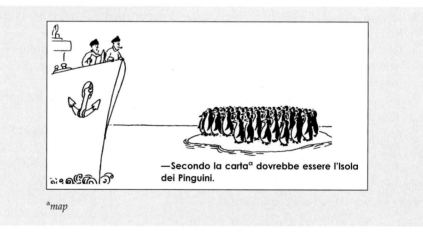

—Secondo la carta[a] dovrebbe essere l'Isola dei Pinguini.

[a]*map*

The present conditional of **dovere, potere,** and **volere** is often used instead of the present tense to soften the impact of a statement or request.

1. **Dovere: Dovrei** means *I should* or *I ought to* (in addition to *I would have to*), in contrast to the present tense **devo** (*I must, I have to*).

Il comune **dovrebbe** fornire più recipienti per i materiali riciclabili.	*The city government should provide more containers for recyclable materials.*
Dovremmo cercare subito un parcheggio.	*We ought to look for a parking spot right away.*

2. **Potere: Potrei** is equivalent to English *I could, I would be able,* and *I would be allowed.*

Potresti darmi l'orario dei treni?	*Could you give me the train schedule?*
Se vuoi, **potrei** andare io a prendere Giulia.	*If you want, I could go pick up Giulia.*

3. **Volere: Vorrei** means *I would want* or *I would like;* it is much more polite than the present-tense form **voglio.**

Vorresti venire ad una festa a casa mia?	*Would you like to come to a party at my house?*
Vorrei andare in un aereo supersonico.	*I would like to go in a supersonic jet.*

Note: *would like* can also be expressed using the conditional form of **piacere.**

Ti piacerebbe andare in vacanza in un clima tropicale?	*Would you like to go on vacation in a tropical climate?*
Mi piacerebbe vedere la foresta pluviale Amazzonica.	*I would like to see the Amazon rain forest.*

— Prima vorrei sapere il prezzo della camera...

ESERCIZI

A. Siamo capaci? Decidi se potresti fare queste attività.

1. Potresti cambiare le gomme?
2. Potresti chiedere un passaggio a uno sconosciuto o una sconosciuta (*stranger*)? Potresti dargliene uno?
3. Potresti guidare senza occhiali?
4. Potresti riparare (*repair*) la tua macchina?
5. Potresti salire le colline di San Francisco in bici?

Adesso decidi se le persone indicate potrebbero fare queste attività.

6. Il tuo migliore amico / La tua migliore amica potrebbe riciclare più materiali?
7. Il presidente potrebbe risolvere il problema dell'effetto serra?
8. Le Nazioni Unite potrebbero risolvere il problema del disboscamento?
9. Le fabbriche (*factories*) potrebbero inquinare di meno?
10. Potremmo inventare una macchina che non consuma benzina e che non inquina?

Si dice così

Potere

In English both the past tense and the conditional of *can* are expressed with *could*. In Italian these tenses are clearly differentiated.

Ieri **non ho potuto** studiare; oggi lo **potrei** fare ma non ne ho voglia. *Yesterday I couldn't study; today I could do it but I don't want to.*

As in the example, the **passato prossimo** expresses a completed action and the **condizionale** expresses conjecture about the present or the future.

B. **Dovrei...** Usa il condizionale di **dovere** per completare le seguenti frasi.

ESEMPIO: Per stare bene, io... →
Per stare bene, io dovrei dormire molto.

1. Per guidare meno, si... **2.** Per essere buoni automobilisti, noi...
3. Per proteggere meglio l'ambiente, si... **4.** Per facilitare il riciclaggio, i
comuni... **5.** Per evitare (*avoid*) le multe, i cittadini (*citizens*)...

C. **Ti piacerebbe?** Con un compagno / una compagna, usate il condizionale
di **piacere** e di **volere** per fare domande e dare risposte.

ESEMPIO: passare le vacanze in Tunisia →
S1: Ti piacerebbe passare le vacanze in Tunisia?
S2: Sì, vorrei passare le vacanze in Tunisia. (No, vorrei piuttosto
passare le vacanze in Sardegna.) E tu?

1. fare lo sci acquatico sul Lago Maggiore **2.** mangiare al ristorante
stasera **3.** studiare un'altra lingua **4.** andare in campeggio con gli
amici **5.** stare all'estero per un paio d'anni

NOTA CULTURALE

Il riciclaggio

Riciclaggio differenziato a Roma

Negli ultimi anni lo Stato italiano ha preso molti provvedimenti[1]
e ha fatto leggi per la tutela[2] ambientale. Dal 2001, per esempio,
è vietata la circolazione alle auto che non usano benzina verde.
E molte città, soprattutto al Nord e al Centro d'Italia, hanno chiuso
al traffico il loro centro e hanno favorito la circolazione dei
pedoni[3] o dei ciclisti.

In tutti i centri, dalle grandi città ai piccoli paesi di provincia,
è stata organizzata la raccolta[4] differenziata dei rifiuti. I cittadini
sono obbligati a utilizzare diversi recipienti per diversi tipi di
rifiuti: carta, plastica e vetro, materie organiche, pile esaurite[5] e
medicinali scaduti.[6] Questo tipo di raccolta dà la possibilità di
riciclare gran parte dei rifiuti e di avere meno problemi per
distruggerli. L'Italia è un paese con un'alta densità di popolazione
e ci sono grosse difficoltà per distruggere i rifiuti di quasi 60
milioni di persone.

In molte scuole italiane, sono fatti con i bambini programmi di
educazione ambientale. Alcuni comuni danno ad ogni alunno[7]
delle scuole elementari una borsa in cui[8] devono raccogliere
plastica o carta da riconsegnare[9] alla scuola.

[1]*measures* [2]*government protection* [3]*pedestrians* [4]*collection* [5]*pile... dead batteries*
[6]*medicinali... expired medications* [7]*pupil* [8]*in... in which* [9]*return*

C. Condizionale passato

IL CARABINIERE:	Signore, Lei sa che faceva 90 chilometri all'ora? Il limite è 50 in questa zona.
IL SIGNORE:	Sì, lo so. Chiedo scusa. Ho fretta perché mia moglie sta per partorire. Sarei dovuto essere in ospedale mezz'ora fa, ma ho incontrato un ingorgo enorme e sono stato fermo per venti minuti.
IL CARABINIERE:	Lei sa che ha una freccia che non funziona?
IL SIGNORE:	Sì, lo so. È colpa mia. Avrei dovuto portare la macchina dal meccanico ieri, ma mio figlio si è rotto il braccio e l'ho dovuto portare all'ospedale.
IL CARABINIERE:	Com'è che non ha la targa?
IL SIGNORE:	Ho comprato la macchina la settimana scorsa. Avrei fatto la targa subito, ma il mio cane è stato male e ho dovuto curarlo.
IL CARABINIERE:	Beh, dovrei farLe la multa, ma visto che ha avuto tante tragedie in questi giorni, lascio perdere. Buona giornata! L'accompagno all'ospedale da Sua moglie.

1. The **condizionale passato** (conditional perfect: *I would have worked, they would have left*) is formed with the conditional of **avere** or **essere** + *past participle*.

CONDIZIONALE PASSATO CON **avere**	CONDIZIONALE PASSATO CON **essere**	
avrei	sarei	
avresti	saresti	partito/a
avrebbe } lavorato	sarebbe	
avremmo	saremmo	
avreste	sareste	partiti/e
avrebbero	sarebbero	

—La mia maestra me lo diceva che la pittura mi avrebbe portato in alto.[a]

[a]portato... *take me places*

POLICE OFFICER: Sir, do you know that you were going 90 kilometers an hour? The speed limit is 50 in this area. SIGNORE: Yes, I know. I'm very sorry. I'm in a hurry because my wife is about to have a baby. I was supposed to be at the hospital half an hour ago, but I ran into an enormous traffic jam and I was stopped for twenty minutes. POLICE OFFICER: Did you know that you have a turn signal that isn't working? SIGNORE: Yes, I know. It's my fault. I should have taken the car to the mechanic yesterday, but my son broke his arm and I had to take him to the hospital. POLICE OFFICER: Why don't you have a license plate? SIGNORE: I bought the car last week. I should have gotten a license plate immediately, but my dog was sick and I had to take care of him. POLICE OFFICER: Well, I should give you a ticket, but since you have had so many tragedies the past few days, I'll let it go. Have a nice day. I'll accompany you to your wife in the hospital.

2. The Italian conditional perfect corresponds to English *would have + verb.*

Avrei chiesto un passaggio a uno sconosciuto, ma avevo paura.	*I would have asked a stranger for a lift, but I was afraid.*
Mi sarei fermata alla stazione di servizio, ma avevo ancora metà serbatoio.	*I would have stopped at the gas station, but I still had half a tank.*

3. **Dovere, potere, volere**

   a. The conditional perfect of **dovere** + *infinitive* is equivalent to English *should have* or *ought to have + past participle.*

Il vigile **avrebbe dovuto** fargli la multa.	*The traffic officer should have given him a ticket.*
Il ristorante **avrebbe dovuto** riciclare le bottiglie.	*The restaurant should have recycled the bottles.*

   b. The conditional perfect of **potere** + *infinitive* is equivalent to English *could (might) have + past participle.*

Avremmo potuto ballare tutta la notte.	*We could have danced all night.*
Marco **avrebbe potuto** arrivare prima.	*Marco could have arrived earlier.*

   c. The conditional perfect of **volere** + *infinitive* is equivalent to English *would have liked to + infinitive.*

Mio nonno **avrebbe voluto** guidare una Ferrari.	*My grandfather would have liked to drive a Ferrari.*

4. In Italian, the conditional perfect (instead of the present conditional, as in English) is used in indirect discourse to express a future action seen from a point in the past.

La meccanica ha detto: «Riparerò la macchina entro lunedì sera».	*The mechanic said, "I'll fix the car by Monday evening."*
La meccanica ha detto che **avrebbe riparato** la macchina entro lunedì sera.	*The mechanic said that she would fix the car by Monday evening.*
Il benzinaio ha detto: «Controllerò l'olio».	*The gas station attendant said, "I'll check the oil."*
Il benzinaio ha detto che **avrebbe controllato** l'olio.	*The gas station attendant said that he would check the oil.*

A. **Cosa avresti fatto tu?** Leggi le situazioni che seguono e decidi cosa avresti fatto tu.

1. Mirella è andata al grande magazzino a fare le spese. Quando è uscita, ha cercato di mettere in moto la macchina ma la macchina non partiva.
   a. Avrei preso l'autobus per tornare a casa.
   b. Avrei chiamato un meccanico.
2. Salvatore è andato alla lezione di clarinetto ma l'insegnante non c'era.
   a. Avrei aspettato 15 minuti e poi sarei tornato/tornata a casa.
   b. Sarei andato/andata via subito.
3. Giancarlo ha ordinato il pesce in un ristorante di lusso. Quando il cameriere ha portato il piatto, il pesce era freddo.
   a. Avrei chiesto un'altra cosa.
   b. Avrei mangiato il pesce senza lamentarmi.
4. Sedute dietro a Luigina al cinema c'erano delle persone che continuavano a parlare durante il film.
   a. Avrei guardato il film senza dire niente.
   b. Gli avrei chiesto di non parlare.
5. Filippo e Luca sono andati all'opera ieri e la soprano non era molto brava.
   a. Avrei applaudito lo stesso.
   b. Avrei fischiato (*booed*).

B. **Trasformazioni.** Sostituisci il soggetto con gli elementi tra parentesi e fai tutti i cambiamenti necessari.

1. Io avrei voluto fare il pieno. (i ragazzi / anche tu / Claudia / tu e Gino)
2. Mirella aveva paura che sarebbe rimasta senza benzina. (i signori Neri / tu, Piera / anche noi / io)
3. Tu hai detto che ci avresti dato un passaggio. (Giorgio / voi / Lei / le ragazze)
4. Franco ha detto che sarebbe andato al distributore di benzina. (le signore / noi / io / Laura)

C. **Le ultime parole famose.** Mauro non mantiene mai le sue promesse. Spiega cosa aveva promesso di fare e perché non l'ha fatto. Segui l'esempio.

ESEMPIO: Finirò presto. →
   Ha detto che avrebbe finito presto ma ha lavorato tutta la sera.

1. Scriverò una volta alla settimana.
2. Ritornerò a casa prima di mezzanotte.
3. Berrò solo acqua minerale.
4. Non mangerò più gelati.
5. Mi alzerò presto ogni giorno.
6. Non mi arrabbierò.
7. Metterò sempre i materiali riciclabili nei recipienti.
8. Andrò sempre a piedi.

D. Cose non fatte. Completa le frasi liberamente.

1. L'anno scorso, Marco avrebbe voluto fare un viaggio in Europa, ma…
2. Ieri, Tina avrebbe potuto parlare al telefono con l'amica tutta la sera, ma…
3. Ieri sera, avrei dovuto studiare per l'esame di fisica, ma…
4. Il mese scorso, Gino e Luca avrebbero voluto andare a casa per un week-end, ma…
5. Sabato scorso, Mirella avrebbe potuto comprare una macchina nuova, ma…
6. Ieri, Salvatore avrebbe dovuto pulire la camera da letto, ma…

Adesso, racconta quello che avresti potuto / avresti voluto / avresti dovuto fare in questi momenti.

ESEMPIO: il mese scorso →
   Avrei potuto fare un viaggio con gli amici, ma non avevo abbastanza soldi.
   Avrei voluto fare un corso di karatè, ma non avevo il tempo.
   Avrei dovuto studiare di più, ma ero distratto dagli amici.

1. ieri 2. l'anno scorso 3. l'estate scorsa 4. due giorni fa 5. venerdì sera

E. La settimana scorsa. Fai una lista di quattro cose che avresti potuto fare la settimana scorsa e un'altra lista di quattro cose che avresti dovuto fare la settimana scorsa.

ESEMPI: La settimana scorsa avrei potuto andare al balletto…
   La settimana scorsa avrei dovuto suonare il clarinetto…

D. Pronomi possessivi

DANIELE:	La mia macchina è una Ferrari; è velocissima. Com'è la tua?
ANTONIO:	La mia è un po' vecchia, ma funziona.
DANIELE:	La mia bici è una Bianchi. Che marca è la tua?
ANTONIO:	Ma, non lo so. È una bici qualsiasi.
DANIELE:	I miei vestiti sono tutti Armani. Che vestiti compri tu?
ANTONIO:	I miei non sono di marche famose. Di solito li compro al mercato.
DANIELE:	Mi piacciono solamente le cose di qualità.
ANTONIO:	Io ho i gusti semplici e non ho tanti soldi da spendere.

DANIELE: My car is a Ferrari; it's very fast. What is your car like? ANTONIO: Mine is a bit old, but it runs. DANIELE: My bike is a Bianchi. What brand is yours? ANTONIO: Hmm, I don't know. It's just any old bike. DANIELE: My clothes are all Armani. What clothes do you buy? ANTONIO: Mine aren't designer clothes. I usually buy my clothes at the outdoor market. DANIELE: I only like things of high quality. ANTONIO: I have simple tastes and I don't have a lot of money to spend.

1. Possessive pronouns (**i pronomi possessivi**), like possessive adjectives, express ownership. They correspond to English *mine, yours, his, hers, its, ours,* and *theirs.* In Italian they are identical in form to possessive adjectives; a possessive pronoun, however, stands alone, while a possessive adjective always accompanies a noun. Possessive pronouns agree in gender and number with the nouns they replace.

Lui è uscito con la sua **ragazza;** io sono uscito con **la mia.**	*He went out with his girlfriend; I went out with mine.*
Tu ami il tuo **paese** e noi amiamo **il nostro.**	*You love your country and we love ours.*
Tu hai i tuoi **problemi,** ma anch'io ho **i miei.**	*You have your problems, but I have mine too.*
Ho passato le mie **vacanze** invernali in un clima tropicale; Giorgio ha passato **le sue** in un clima continentale.	*I spent my winter vacation in a tropical climate; Giorgio spent his in a continental (inland) climate.*

2. Possessive pronouns normally retain the article even when they refer to relatives.

Mia moglie sta bene; come sta la Sua?	*My wife is well; how is yours?*
Ecco nostro padre; dov'è il vostro?	*There's our father; where's yours?*

3. As for possessive adjectives, it is necessary to distinguish between *his* and *hers* when using possessive pronouns in Italian. To do this with possessive pronouns, you must use the appropriate form of **quello** as a pronoun followed by **di lui** or **di lei.**

—Conosci **la zia di lui** o **la zia di lei?**	*—Do you know his aunt or her aunt?*
—Conosco **quella di lei.**	*—I know hers.*

ESERCIZI

A. **Quali preferisci?** Rispondi alle domande. Poi spiega ad un compagno / una compagna i motivi della tua risposta.

1. Quale stile di vita preferisci?   **a.** quello di Cher   **b.** il mio
(Perché?)
2. Quale macchina preferisci?   **a.** quella dei miei genitori   **b.** la mia
(Perché?)
3. Quale appartamento preferisci?   **a.** quello di un amico / un'amica
b. il mio
(Perché?)
4. Quali corsi preferisci?   **a.** quelli di un amico / un'amica   **b.** i miei
(Perché?)

—Papà, quella è una tua vecchia pagella:ᵃ adesso ti mostro la mia...

ᵃ*grade report*

5. Quali vestiti preferisci?   **a.** quelli di Versace   **b.** i miei
   (Perché?)
6. Quale letto preferisci?   **a.** quello a casa dei miei genitori   **b.** il mio
   all'università
   (Perché?)

B. Preferisco il mio! Con un compagno / una compagna, fate domande e date risposte secondo l'esempio.

ESEMPIO: l'abito di Marco →
   S1: Ti piace l'abito di Marco?
   S2: Sì, ma preferisco il mio.

1. la casa di Giulia
2. lo stereo di Claudio
3. le scarpe di Dario
4. le gomme di Luigi
5. la bici di Franco
6. il garage del signor Muti
7. le valige di Mara
8. i Cd di Giorgio

C. A ciascuno il suo. Completa le frasi con il pronome possessivo appropriato (con o senza preposizione).

ESEMPIO: Io faccio i miei esercizi e tu fai <u>i tuoi</u>.

1. Io pago il mio caffè e Lei paga _____.
2. Io ho portato il mio avvocato e loro hanno portato _____.
3. Noi scriviamo a nostra madre e voi scrivete _____.
4. Tu ricicli i tuoi rifiuti e lei ricicla _____.
5. Io ho detto le mie ragioni; ora voi dite _____.
6. Io ho parlato ai miei genitori; adesso tu parla _____.

D. Com'è il tuo? A pagina 308, Daniele parla dei suoi oggetti costosi mentre Antonio dice che i suoi oggetti sono molto semplici. Un compagno / Una compagna fa la parte di Daniele e usa i suggerimenti forniti mentre l'altro compagno / l'altra compagna risponde come se fosse (*as if he/she were*) Antonio.

ESEMPIO: la macchina / elegante e costosa →
   S1: La mia macchina è molto elegante e costosa. Com'è la tua?
   S2: La mia è molto vecchia e brutta.

1. gli amici / ricchissimi
2. la casa / grande
3. la moto / veloce
4. la cucina / moderna
5. i genitori / giovani, simpatici, attivi
6. il computer / l'ultimo modello

Piccolo ripasso

A. Come siamo educati/e (*polite*)! Trasforma le frasi imperative in domande gentili con il verbo **potere** al condizionale.

ESEMPIO: Prestami l'automobile! → Potresti prestarmi l'automobile?

1. Dimmi dove sono i soldi! **2.** Fammi una fotografia! **3.** Dammi qualcosa da bere! **4.** Accompagnatemi a casa! **5.** Compratemi una bicicletta! **6.** Guida meglio!

B. Cosa faresti? Cosa faresti nelle seguenti situazioni?

ESEMPIO: La tua ditta (*company, firm*) inquina molto. →
Eliminerei gli scarichi pericolosi per l'ambiente.

1. La tua macchina non si mette in moto e sei in ritardo per la lezione di italiano.
2. Cerchi un parcheggio, ma l'unico (*only*) spazio che rimane è un divieto di sosta.
3. Il vigile ti ferma perché hai superato il limite di velocità. Ti vuole fare la multa.
4. La macchina che vuoi comprare costa poco ed è in buone condizioni ma non ha il lettore Cd.
5. Rimani senza benzina sull'autostrada.

C. Le solite giustificazioni! Con un compagno / una compagna, spiegate perché le seguenti persone non hanno potuto fare queste attività. Usate **il condizionale passato** nelle vostre risposte.

ESEMPIO: Piera / venire al festival →
S1: Non è venuta al festival Piera?
S2: Ha detto che sarebbe venuta, ma si è sentita male.

1. Maurizio / riparare la macchina entro sabato mattina
2. Gianni / comprare i biglietti
3. Gino e Silvio / accompagnarvi al concerto rock
4. Luigi / riciclare le bottiglie
5. Mirella / arrivare presto a teatro
6. I ragazzi / fare il pieno alla macchina del padre

D. Paragoni. Con un compagno / una compagna, paragonate le vostre esperienze, oggetti o persone che conoscete. Seguite l'esempio.

ESEMPIO: il professore di chimica →
S1: Mi piace (Non mi piace) il mio professore di chimica. Com'è il tuo?
S2: Il mio è molto intelligente e simpatico. (Non seguo un corso di chimica.)

1. la bicicletta
2. il compagno / la compagna di stanza
3. il corso di letteratura
4. la città di origine
5. i vestiti
6. la camera da letto

In Abruzzo e in Molise

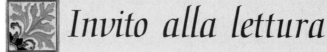

Se sei in Abruzzo è perché sicuramente ami la natura. Quasi tutta la parte montuosa dell'Abruzzo, con montagne alte quasi 3.000 metri, fa parte del Parco Nazionale, una delle aree protette più grandi d'Italia. Il Parco è bellissimo, sia d'estate che[1] d'inverno, conserva foreste di aceri[2] che hanno secoli di vita,[3] infinite specie[4] di fiori e ci vivono animali che altrove[5] sono scomparsi,[6] come gli orsi bruni e i lupi.[7] E, se ami gli sport invernali, puoi divertirti in centri attrezzati[8] come Pescasseroli e Roccaraso.

Se invece ti piace il mare, la costa dell'Adriatico è bella e varia in Abruzzo e diventa ancora più bella in Molise. Da Termoli, il centro più importante della costa del Molise, puoi raggiungere le piccolissime isole Tremiti e trovare una natura ancora selvatica[9] e un mare davvero[10] splendido.

E se quello che cerchi è proprio una natura selvatica, sono molte le zone del Molise che te la possono offrire.

Il Molise è infatti una regione povera, con pochi abitanti[11] e scarso sviluppo[12] turistico, fattori che contribuiscono all'aspetto[13] della natura. È una terra di emigranti: all'inizio del '900 circa metà della popolazione è partita per l'America con gli ultimi risparmi[14] e tante speranze.[15]

[1]sia... *both in summer and*   [2]*maple trees*   [3]secoli... *centuries of life*   [4]*species*   [5]*elsewhere*
[6]*disappeared*   [7]orsi... *brown bears and wolves*   [8]*equipped*   [9]*wild, untamed*   [10]*really*   [11]*inhabitants*
[12]*development*   [13]*to the appearance*   [14]*savings*   [15]*hopes*

Uno degli animali protetti del Parco Nazionale: l'orso bruno.

E ora a te

Capire

Completa.

1. Il Parco Nazionale d'Abruzzo è un parco _____.
   a. marino
   b. di montagna
   c. fluviale (*river*)
2. Nel Parco Nazionale d'Abruzzo ci sono _____.
   a. alberi scomparsi altrove e uccelli rari
   b. alberi molto antichi e animali rari
   c. foreste giovani e strani animali
3. Le isole Tremiti si possono raggiungere _____.
   a. dalle coste dell'Abruzzo
   b. dalle coste della Puglia
   c. dalle coste del Molise
4. In Molise c'è una natura ancora selvatica perché _____.
   a. c'è un parco naturale che occupa quasi tutta la regione
   b. ci sono leggi molto severe di protezione ambientale
   c. ci sono pochi abitanti e scarso turismo
5. Nei primi anni del '900 la metà dei molisani _____.
   a. sono ritornati dall'America in Italia
   b. sono andati a fare un viaggio in America
   c. sono andati a vivere e a lavorare in America

Scrivere

In Abruzzo hai visitato il Parco Nazionale, una zona davvero eccezionale per le persone che amano la natura. Immagina di fare parte di un'associazione di ambientalisti che si chiama «SalvaNatura». L'associazione vuole bloccare il progetto di abbattere (*chop down*) degli alberi per la creazione di nuove strade in questo parco. Scrivi una lettera di protesta agli amministratori. La lettera deve spiegare che cosa dovrebbero fare gli amministratori per evitare il disboscamento e proteggere il parco. Come potrebbero risolvere il problema senza provocare un danno (*damage*) ecologico?

Ecco il formato e le formule di apertura (*opening*) e di saluto che puoi usare.

L'Aquila, 10 marzo—

Gentili signori,

. . .

Distinti saluti.

Videoteca

Fare il pieno

Roberto e Giuliana si sono fermati per fare il pieno lungo la strada. Parlano di chi dovrebbe guidare.

FUNZIONE: parlare di automobili e abitudini di guida

ESPRESSIONI UTILI
Consuma molto?   Does it use a lot?

Preparazione

ROBERTO: Vedo che anche in Italia hanno la benzina senza piombo.
GIULIANA: Certo, Roberto! Anche l'Italia è un paese moderno e evoluto! Noi la chiamiamo anche «benzina verde». Quasi tutte le macchine la usano, anche la mia.

Verifica

Scegli il completemento giusto per le seguenti frasi.

1. La benzina senza piombo _____.
   a. è meglio per l'ambiente   b. contribuisce all'inquinamento
   c. è meno cara che negli Stati Uniti
2. Roberto vuole controllare _____.
   a. le gomme   b. il traffico   c. come guida Giuliana
3. Secondo Giuliana, Roberto non deve guidare perché _____.
   a. lui non sa guidare bene   b. si dice in Italia che gli americani guidano lentamente   c. lui non conosce la strada

Comprensione

Rispondi alle seguenti domande.

1. La macchina di Giuliana fa molte o poche miglia con un gallone?
2. La benzina in Italia è più o meno cara che nel tuo paese?
3. Quali preoccupazioni esprime Giuliana per convincere Roberto a non guidare?

Attività

Con un compagno / una compagna, organizzate un viaggio in macchina in Italia. Prima, fate una lista delle cose che dovete fare, per controllare la macchina prima di partire. Poi, scegliete le città che volete visitare e, usando le mappe di questo libro o altre mappe, calcolate quanti chilometri potete fare al giorno e quanti giorni ci vorranno (*it will take*) per completare il viaggio. Dopo, presentate il vostro programma completo alla classe.

Parole da ricordare

VERBI

allacciare	to buckle
*andare a prendere	to go pick up
chiedere un passaggio	to ask for / give a ride
controllare l'olio / l'acqua / le gomme	to check the oil / water / tires
dare un passaggio	to give a ride
depurare	to purify
fare l'autostop	to hitchhike
fare benzina	to get gas
fare il pieno	to fill up (the gas tank)
funzionare	to function, work
indovinare	to guess
inquinare	to pollute
parcheggiare	to park
prendere la multa	to get a ticket, fine
proteggere (*p.p.* **protetto**)	to protect
riciclare	to recycle
*rimanere senza benzina	to run out of gas
risolvere (*p.p.* **risolto**)	to solve
rispettare	to respect; to obey
scaricare	to unload; to discharge
smarrirsi (isc)	to get lost
superare	to exceed
tenerci (a)	to care (about)
*venire a prendere	to come pick up
vietare	to forbid; to prohibit

NOMI

l'ambiente (*m.*)	environment
l'automobilista (*m/f.; m. pl.* **gli automobilisti**)	motorist, driver
l'autostrada	highway
la benzina (verde / senza piombo)	(unleaded) gasoline
il chilometro	kilometer
la cintura di sicurezza	seatbelt
il cittadino / la cittadina	citizen
il clima	climate
il colle	hill
la collina	hill
il controllo	check-up; tune-up
il disboscamento	deforestation
il distributore di benzina	gas pump
il divieto di sosta	no-parking zone
l'edificio	building
l'effetto serra	greenhouse effect
la fascia di ozono	ozone layer

il fiume	river
la foresta pluviale	rain forest
la gomma	tire
il gusto	taste (*in all senses*)
l'incidente	accident
l'inquinamento	pollution
il lago (*pl.* **i laghi**)	lake
il limite di velocità	speed limit
la marca	brand, brand name
il meccanico / la meccanica (*m. pl.* **i meccanici**)	mechanic
i mezzi pubblici di trasporto	public (*means of*) transportation
la multa	ticket, fine
l'olio	oil
il parcheggio	parking space
la patente	driver's license
il problema (*pl.* **i problemi**)	problem
la protezione dell'ambiente	environmentalism
il recipiente	container
il riciclaggio	recycling
i rifiuti	garbage
lo scarico	exhaust; discharge
lo sconosciuto / la sconosciuta	stranger
il segnale	sign
lo spazio	space (*in all senses*)
la stazione di servizio	gas station; service station
la targa (*pl.* **le targhe**)	license plate
il traffico	traffic
il vetro	glass
il/la vigile	traffic officer

AGGETTIVI

disponibile	available
ecologico	ecological
educato	polite
storico	historic
unico	only

ALTRE PAROLE E ESPRESSIONI

entro	within, by (*a certain time*)

---

*Words identified with an asterisk (*) are conjugated with **essere**.

La musica e il palcoscenico°

stage

Rappresentazione dell'opera lirica *Tosca* al Teatro dell'Opera di Roma

In seguito

Practice the skills you learned in this chapter and get connected to the Italian-speaking world through the *Prego!* supplements!
www.mhhe.com/prego6

Vocabolario preliminare

Con chi esco? Un musicista!

SIGNOR CECCHI: Con chi esci stasera?

CATERINA: Con Enrico. È un musicista di professione. Vedrai, ti piacerà.

SIGNOR CECCHI: Non vedo l'ora[1] di incontrarlo! Lo potrei invitare a venire all'opera con me…

CATERINA: Beh, papà, Enrico non è un tipo[2] da vestirsi elegante per andare ai concerti o all'opera…

SIGNOR CECCHI: E perché no?

CATERINA: A lui piacciono il jazz e la musica alternativa. Non so se gli piace l'opera…

SIGNOR CECCHI: Ah sì? Suona il sassofono? Ha i capelli lunghi?

CATERINA: Ma sì. Lo conosci per caso[3]?

SIGNOR CECCHI: No. Ma te l'ho chiesto perché, a dire il vero, ero così anch'io da giovane! Ma l'opera comunque[4] mi piaceva!

1. Che professione ha Enrico? Che strumento suona?
2. Cosa piacerebbe fare al signor Cecchi con Enrico?
3. Che tipo di musica piace a Enrico?
4. Qual è lo stereotipo del musicista alternativo che ha in mente il signor Cecchi?
5. Perché pensa a questo stereotipo il signor Cecchi?

[1]Non… I can't wait   [2]type, sort   [3]per… by any chance   [4]anyhow

Lo spettạcolo (show)

LA MUSICA

l'aria aria
il baritono baritone
il basso bass
il/la cantante singer
il cantautore / la cantautrice singer-songwriter
la canzone song
  la canzonetta popular song

il compositore / la compositrice composer
il coro choir, chorus
il direttore / la direttrice d'orchestra conductor
il musical musical
la musica leggera, il pop pop music
il/la musicista musician
l'opera, il melodramma opera

Vocabolario preliminare   **317**

Alcuni strumenti musicali

il **basso** bass
la **batteria** drums
il **clarinetto** clarinet
il **flauto** flute
la **tromba** trumpet
il **violino** violin

Generi musicali

il **blues**
il **jazz**
la **musica classica** classical music
la **musica country** country music
la **musica da camera** chamber music
la **musica lirica** opera music
la **musica popolare** folk music
la **musica sinfonica** symphonic music
il **rap**
il **rock**

la **sinfonia** symphony
il **soprano** (*m./f.*) soprano
il **tenore** tenor
la **voce** voice

comporre (*p.p.* **composto**) to compose
dirigere to conduct

dilettante amateur
lirico operatic
professionista professional
seguito popular

di professione professional

IL TEATRO
l'**autore** / l'**autrice** author
il **balletto** ballet
la **commedia** comedy

la **danza** dance
la **diva** leading lady; star
il **palcoscenico** stage
la **prima** premiere, opening night
il **pubblico** audience
la **rappresentazione teatrale** play, performance
il/la **regista** director
lo **spettatore** / la **spettatrice** spectator
la **tragedia** tragedy

allestire (isc) (uno spettacolo) to stage (a production)
applaudire to applaud
fischiare to boo (*lit.,* to whistle)
mettere in scena to stage, put on, produce
recitare to act; to play a part; to perform

ESERCIZI

A. Indovinelli. Guarda il **Vocabolario preliminare** e poi risolvi questi indovinelli.

ESEMPIO: È la voce femminile più alta. → il soprano

1. È il direttore di una rappresentazione.
2. Scrive canzoni e le canta.
3. Suona uno strumento musicale.
4. Scrive musica.
5. Non è un musicista di professione.
6. È la donna che dirige un'orchestra.
7. Un altro modo per indicare l'opera.
8. Sono le voci maschili nella lirica.
9. È la parte del teatro dove ha luogo (*takes place*) la rappresentazione.
10. Incomincia bene e finisce male.
11. È la prima serata di uno spettacolo.
12. I piedi sono importanti per questa forma d'arte.

B. Il lessico della rappresentazione. Completa le seguenti frasi con la forma adatta del verbo.

Verbi: allestire, applaudire, cantare, comporre, dirigere, fischiare, mettere in scena, recitare

1. Il concerto di Vivaldi al Maggio Musicale Fiorentino è stato un grande successo. Il pubblico _____ per venti minuti.
2. Che fiasco! Tutti _____ i due nuovi musicisti.

3. Quante sinfonie _____ Beethoven?
4. Il tenore ha cantato bene, ma non sapeva muoversi per niente (*at all*) sul palcoscenico. Non sa _____.
5. Claudio Abbado, Giuseppe Sinopoli e Riccardo Muti _____ le orchestre più famose del mondo.
6. Il Teatro alla Scala ogni anno _____ opere memorabili.
7. Ogni anno il Festival dei Due Mondi _____ dei balletti.
8. Luciano Pavarotti e Cecilia Bartoli _____ la prossima estate all'Arena di Verona.

—Sì, va bene, ma il teatro è tutta un'altra cosa!

C. **Dilettante o professionista?** Con un compagno / una compagna rispondete alle seguenti domande.

1. Suoni qualche strumento musicale? Se sì, sai leggere la musica o suoni a orecchio?
2. Fai parte di un gruppo che suona o di una compagnia che danza o recita?
3. Hai mai pensato di fare il/la musicista di professione? Perché sì o perché no?
4. Conosci qualcuno che fa il/la musicista di professione? Prova a spiegare il suo stile di vita.
5. Quale spettacolo ti piace di più? La musica, la danza o il teatro? Perché?
6. Qual è il tuo cantante preferito / la tua cantante preferita di musica leggera?
7. Hai un'opera preferita? O un musical? Conosci qualche aria o qualche canzone?
8. Quali sono i tuoi compositori preferiti?

 In ascolto

For listening comprehension activities related to the theme of this chapter, see the Laboratory Manual or visit the *Prego!* website.
www.mhhe.com/prego6

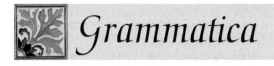

Grammatica

A. Pronomi relativi

ANTONIO: Conosci quel ragazzo?
BRUNO: No, non lo conosco. È il ragazzo con cui è uscita ieri Roberta?
ANTONIO: No.
BRUNO: È il ragazzo di cui è innamorata Gianna?
ANTONIO: No.
BRUNO: Allora, chi è?
ANTONIO: Tu, ovviamente, non ti intendi di musica pop. Lui è il cantautore Alex Britti di cui tutti parlano e che è conosciuto in tutto il mondo.
BRUNO: Oh! Allora, andiamo a parlargli!

1. Relative pronouns (*who, whose, whom, which, that*) link one clause to another.

    Abbiamo comprato il violino. Volevamo il violino.
    We bought the violin. We wanted the violin.

    Abbiamo comprato il violino **che** volevamo.
    We bought the violin that we wanted.

    Whom and *that* can often be omitted in English (*the violin that I wanted = the violin I wanted*), but they must be expressed in Italian. The Italian relative pronouns are **che, cui,** and **quello che** or **ciò che.** The clause that contains the relative pronoun is called the relative clause.

2. **Che** corresponds to *who, whom, that,* and *which*; it is the most frequently used relative pronoun. It is invariable, can refer to people or things, and functions as either a subject or a direct object.

    Conosco la ragazza. La ragazza suona il piano.

    Conosco la ragazza **che** suona   *I know the girl who is playing*
       il piano.   *the piano.*

    Come si chiama il musicista? Il musicista suona la chitarra.

    Come si chiama il musicista **che**   *What's the name of the musician*
       suona la chitarra?   *who plays the guitar?*

ANTONIO: Do you know that guy? BRUNO: No, I don't know him. Is he the guy Roberta went out with yesterday? ANTONIO: No. BRUNO: Is he the guy that Gianna is in love with? ANTONIO: No. BRUNO: Well then, who is he? ANTONIO: You obviously don't follow pop music. He's the singer Alex Britti that everyone is talking about and that is known all over the world. BRUNO: Oh! Well, let's go talk to him!

Ascoltiamo il Cd di Bocelli. Abbiamo comprato il Cd ieri.

Ascoltiamo il Cd di Bocelli **che** abbiamo comprato ieri.	*We are listening to the Bocelli CD that we bought yesterday.*

3. **Cui** is used instead of **che** to link two clauses when the relative clause begins with a preposition.

Il ragazzo è simpatico. Sono uscita **con** il ragazzo.

Il ragazzo **con cui** sono uscita è simpatico.	*The boy with whom I went out is nice.*

La mia amica abita in Brasile. Ho telefonato **alla** mia amica.

La mia amica **a cui** ho telefonato abita in Brasile.	*The friend I called (to whom I telephoned) lives in Brazil.*

Il professore parte domani. Ho comprato il libro **per** il professore.

Il professore **per cui** ho comprato il libro parte domani.	*The professor for whom I bought the book leaves tomorrow.*

4. **Quello che** (or its short form **quel che** or alternate form **ciò che**) corresponds to *that which* or *what.* Unlike **che** and **cui, quello che** has no antecedent; that is, it does not refer to an earlier noun. **Quello che** can serve as either the subject or the direct object of a verb. Compare the following examples.

Andiamo a vedere **quello che** (**quel che** / **ciò che**) vuoi. (*direct object of* **volere**)	*Let's go see what you want (to see).*
Non raccontarmi **quello che** (**quel che** / **ciò che**) succede nella rappresentazione! (*subject of* **succedere**)	*Don't tell me what happens in the play!*

—Quello che più mi indispettisce[a] è che gli unici spettatori sono entrati con un biglietto omaggio[b]!

[a]bothers   [b]free

ESERCIZI

A. Due in una. Forma una frase unica. Ricorda: si usa **cui** con una preposizione, **che** senza preposizione.

ESEMPIO: Chi è la ragazza? + Ho conosciuto la ragazza ieri. = Chi è la ragazza che ho conosciuto ieri?

1. Vedo un cane. + Il cane mangia.
2. Il professore è simpatico. + Ieri ho parlato con il professore.
3. Mi piace il quadro (*painting*). + Mario ha comprato il quadro.
4. Stasera vado a vedere l'opera. + L'opera piace a Silvia.
5. Leggo il libro. + Il libro è sul tavolo.
6. Ho visto la ragazza. + Tutti parlano di quella ragazza.

Nota bene

Quello come pronome dimostrativo

When followed by the relative pronouns **che** or *preposition* + **cui,** the forms **quello, quella, quelli,** and **quelle** function as demonstrative pronouns. In this construction, **quello** and the other forms mean *the one, the ones.*

—Conosci quel professore?
—Sì, è **quello che** insegna storia.
—*Do you know that professor?*
—*Yes, he is the one who teaches history.*

—Quali libri cerchi?
—Cerco **quelli di cui** parlavamo in classe.
—*Which books are you looking for?*
—*I'm looking for the ones we were talking about in class.*

B. Piccoli dialoghi. Completate le conversazioni con un pronome relativo (e una preposizione se è necessaria).

1. S1: Non è quella la cantautrice _____ hanno dato il premio (*prize*)?
   S2: Sì, è proprio lei! Mi piacciono molto le canzoni _____ canta.
2. S1: Come si chiama il compositore _____ hai conosciuto?
   S2: Si chiama Bertoli. È quello _____ tutti parlano.
3. S1: La donna _____ esce Paolo è pianista.
   S2: Allora _____ avevo sentito dire era vero!
4. S1: Lo spettacolo _____ recita Cristina comincia stasera. Perché non andiamo a vederlo?
   S2: Ottima idea! Un po' di distrazione è proprio quello _____ abbiamo bisogno.

C. Giochiamo a «Jeopardy»! Con un compagno / una compagna, create la risposta e poi fornite la domanda corrispondente. Seguite il modello.

ESEMPIO: la persona / vendere prosciutto e salame →
   S1: È la persona che vende prosciutto e salame.
   S2: Che cos'è un salumiere?

1. la persona / dirigere uno spettacolo teatrale
2. la cabina (*compartment*) / trasportare le persone da un piano all'altro
3. la donna / recitare nei teatri o nei film
4. il documento / servire (*to be necessary*) per guidare
5. la persona / servire a tavola in ristoranti, trattorie e caffè
6. la persona / riparare il motore della macchina
7. l'uomo / scrivere e cantare le proprie (*his own*) canzoni
8. la rappresentazione teatrale / cominciare male e finire bene
9. la donna / scrivere libri e commedie
10. il pezzo di carta / servire per entrare in un teatro o in un cinema

D. Le opinioni. Completa le frasi secondo la tua opinione o le tue esperienze.

1. Ciò che mi disturba è che gli studenti…
2. Quello che mi sorprende (*surprises*) è che la gente…
3. Le sere in cui non ho niente da fare…
4. Ciò che mi dispiace è che i professori non…
5. Non dimenticherò mai quello che…
6. Quello che mi rende (*makes*) felice è che i miei amici…
7. Ciò che mi dà fastidio (*annoys*) è che il mio compagno / la mia compagna di casa non…
8. Quello che voglio dalla vita è…

E. Traduzioni.

1. Say what you want, Pietro!
2. Did you like the present I gave you?
3. The room I study in is small.
4. They'll do what they can to (**per**) help us.
5. The singer I prefer is Lucio Dalla.

B. Chi

—Litigano per chi deve portare il simbolo della pace...

Chi means *the one(s) who, he/she who,* or *those who.* Chi can substitute for **la persona che** and **le persone che,** and for **quello che** and **quelli che** when they refer to people. Chi is *always* used with a singular verb. Chi is frequently used in proverbs and in making generalizations.

Chi sta attento capisce.	*Those who pay attention understand.*
Chi dorme non piglia pesci.	*One who sleeps doesn't catch any fish. (The early bird catches the worm.)*
Non parlare con **chi** non conosci.	*Don't talk to (those) people (whom) you don't know.*

Si dice così

Chi?

As you already know, **chi** is also used as an interrogative pronoun, alone or after a preposition.

Suona il telefono. Chi sarà? *The phone is ringing. Who could it be?*

Con chi studi? *With whom do you study?*

ESERCIZI

A. Vero o falso? Decidi se queste frasi sono vere o false. Correggi quelle false.

1. Chi parla in classe mentre parla la professoressa non è gentile.
2. C'è chi non risponde mai ai messaggi lasciati sulla segreteria telefonica (*answering machine*).
3. Chi comincia a fare l'aerobica senza riscaldare (*warm up*) i muscoli è certamente un esperto.
4. Chi studia per gli esami prende sempre bei voti.

B. Parliamoci. Domande per un compagno / una compagna.

1. Quando sei a teatro, che cosa dici a chi parla ad alta voce? **2.** Che cosa pensi di chi mangia durante la rappresentazione? **3.** Secondo te, dovrebbe essere vietato l'ingresso a chi arriva in ritardo a teatro? **4.** Chi ha il raffreddore dovrebbe stare a casa ed evitare (*avoid*) di andare nei locali pubblici? **5.** Chi fuma dovrebbe avere il permesso di fumare al cinema, a teatro, in un ristorante, sull'aereo?

C. Chi. Usa **chi** per trasformare le seguenti frasi.

ESEMPIO: Quelli che scrivono bene avranno successo. →
        Chi scrive bene avrà successo.

1. Non approvo quelli che fischiano a teatro.
2. Quelli che non capiscono il russo possono leggere il libretto.
3. Ricordi il nome di quello che ha allestito questo spettacolo?
4. Quelli che hanno parcheggiato in divieto di sosta hanno preso la multa.
5. Le persone che cantano danno l'impressione di non avere preoccupazioni.
6. Cosa succede a quelli che mangiano troppo e non fanno abbastanza esercizio?
7. L'opera sarà più interessante per le persone che hanno già letto il libretto.

Il Festival di San Remo

La prima del Festival di San Remo al teatro Ariston

In Italia ci sono ogni anno diversi festival musicali. Quello più conosciuto e più seguito è il Festival della Canzone Italiana. Questo Festival si svolge ogni anno in febbraio nella bella cittadina di San Remo, sulla costa ligure,[1] a pochi chilometri dalla Francia.

San Remo è considerata la capitale italiana dei fiori e i più importanti floricultori[2] fanno ogni anno una gara per decorare il teatro Ariston, dove si fa il festival, con composizioni floreali originali ed eleganti. Al Festival di San Remo una ventina[3] di cantanti famosi ed alcuni giovani presentano delle nuove canzoni che sono votate[4] da gruppi di telespettatori sparsi[5] in tutta l'Italia. La canzone che ottiene più voti è la vincitrice. Non sempre vince la canzone che poi avrà più successo e venderà più dischi, ma dal 1951—anno in cui si è fatto il primo Festival—ad oggi, il Festival ci ha regalato molte belle canzoni. La più bella e famosa è stata senza dubbio «Nel blu dipinto di blu» (più nota come «Volare»), cantata da Domenico Modugno, che ha vinto il Festival del 1958.

Naturalmente, nel corso degli anni, il Festival di San Remo è cambiato. Oggi è uno spettacolo molto più ricco, che dura cinque giorni, con la partecipazione (naturalmente fuori gara) di gruppi musicali stranieri e di bellissime modelle.

Ancora, però, il Festival è considerato un appuntamento tradizionale a cui non si può mancare[6] e ogni anno ci sono circa trenta milioni di spettatori che lo seguono. Veramente un bel numero!

[1]*of Liguria* [2]*cultivators of flowers* [3]*una... about twenty* [4]*sono... are voted on*
[5]*scattered* [6]*a... not to be missed*

C. Costruzioni con l'infinito

MARCELLO: Ho sentito che ormai trovare biglietti per il concerto di
            Zucchero è impossibile. Hai ricordato di chiedere al tuo
            amico se conosce qualcuno con biglietti da vendere?
PIETRO: Oh no! Ho dimenticato!
MARCELLO: Non ti preoccupare, ho ricordato di cercarli io. Li ho
            comprati da mio cugino perché sapevo che avresti
            dimenticato.

The infinitive is used in many constructions in Italian.

1. The infinitive form of a verb can function as the subject or direct
   object in Italian. In English, by contrast, either the infinitive or the
   gerund (the *-ing* form) can be used.

   Cercare lavoro è molto faticoso. { *To look for a job is very tiring.*
                                          Looking for a job is very tiring.

   È vietato **fumare.**   *Smoking is prohibited.*

2. Some verbs require a preposition, **a** or **di,** before an infinitive that
   follows. The most common such verbs are listed below.

   VERBO + **A** + **INFINITO**

abituarsi *to get used to*	insegnare *to teach*
aiutare *to help*	invitare *to invite*
andare *to go*	mandare *to send*
cominciare *to begin*	obbligare *to oblige*
continuare *to continue*	passare *to pass*
convincere (*p.p.* convinto) *to convince*	persuadere (*p.p.* persuaso) *to persuade*
fermarsi *to stop oneself*	preparare *to prepare*
forzare *to force*	riuscire *to succeed*
imparare *to learn*	spingere (*p.p.* spinto) *to push*
incoraggiare *to encourage*	venire *to come*

   Piera vuole **andare a studiare**   *Piera wants to go to study in*
     a Lisbona l'anno prossimo.   *Lisbon next year.*
   Carlo mi **ha invitato ad**   *Carlo invited me to accompany*
     accompagnarlo al concerto.   *him to the concert.*
   Giulia **comincia a prendere**   *Giulia is starting to take acting*
     lezioni di recitazione.   *lessons.*
   Mi fermo spesso al teatro vicino   *I often stop at the theater near*
     a casa mia **a guardare**   *my house to look at the list*
     l'elenco degli spettacoli.   *of shows.*

—Non riuscivo più a trovare
l'uscita.

MARCELLO: I heard that by now it's impossible to get tickets for the Zucchero concert. Did you
remember to ask your friend if he knows someone with tickets to sell? PIETRO: Oh no! I forgot!
MARCELLO: Don't worry, I remembered to look for them. I bought them from my cousin because
I knew you would forget.

Verbo + infinito

You already know many verbs that are followed by the infinitive (without a preposition) when they share the same subject.

amare *to love*
desiderare *to want*
dovere *to have to, must*
piacere *to be pleasing to, to like*
potere *to be able to, can, may*
preferire *to prefer*
sapere *to know*
volere *to want*

So suonare il sassofono.
I know how to play the saxophone.

Mi piace suonare il clarinetto. *I like to play the clarinet.*

Impersonal expressions such as **è bene** (*it is good*), **è giusto** (*it is right*), **bisogna** (*it is necessary*), and **basta** (*it is enough*) are also followed by the infinitive.

È bene ascoltare ogni tanto musica dal vivo. *It's good to listen to live music occasionally.*

Bisogna sapere le regole. *It's necessary to know the rules.*

VERBO + *DI* + INFINITO

accettare *to accept*
avere bisogno *to need*
avere paura *to be afraid*
avere voglia *to feel like*
cercare *to try*
chiedere *to ask*
credere *to believe*
decidere *to decide*
dimenticare *to forget*
dire *to say*

finire *to finish*
pensare *to plan*
permettere (*p.p.* permesso) *to allow*
promettere (*p.p.* promesso) *to promise*
ricordare *to remember*
smettere (*p.p.* smesso) *to stop, cease*
sperare *to hope*

Spero di studiare l'italiano a Siena durante l'estate.
I'm hoping to study Italian in Siena during the summer.

Hai ricordato di comprare i biglietti per lo spettacolo di stasera?
Did you remember to buy the tickets for the show tonight?

Durante il nostro viaggio in Italia, **pensiamo di andare** a San Remo.
During our trip in Italy, we are planning to go to San Remo.

Devo **smettere di fumare**.
I have to quit smoking.

3. Remember that although an infinitive alone may be used in English to express purpose (implying *in order to*), **per** accompanies the infinitive in Italian.

Ho telefonato **per** salutarti.
I called (in order) to say hello to you.

ESERCIZI

A. Andiamo a... Completa le frasi in modo logico.

1. Compro la bicicletta per…
2. Avevamo bisogno di…
3. La professoressa ci insegna a…
4. Devo convincere mia madre a…
5. Stasera, io e i miei amici andiamo a…
6. La mia amica ha smesso di…
7. Telefonerò al medico per…

B. Mini-dialoghi. Completa le conversazioni con **a** o **di** o lascia lo spazio vuoto.

1. S1: Signora Marino, ho il piacere _____ presentarLe il dottor Guidotti.
   S2: Piacere! Finalmente sono riuscita _____ conoscerLa di persona!
2. S1: Piera, i tuoi figli sanno _____ giocare a tennis?
   S2: Sì, hanno cominciato _____ prendere lezioni l'estate scorsa.
3. S1: Ermanno, mi potresti aiutare _____ scrivere questo articolo?
   S2: Certo, ma prima devo _____ finire _____ correggere questa relazione.
4. S1: Signori, desiderano _____ mangiare sul terrazzo?
   S2: Veramente preferiremmo _____ sederci dentro.

C. Pensieri vari. Completa ogni frase in modo logico.

ESEMPIO: Molte persone riescono… →
Molte persone riescono a trovare lavoro senza difficoltà.

1. Non posso dimenticare… **2.** Sono finalmente riuscito/riuscita…
3. Bisogna abituarsi… **4.** Domani devo ricordare… **5.** Vogliamo
convincere la professoressa… **6.** È bene… **7.** I fumatori (*smokers*)
devono smettere… **8.** Gli studenti hanno paura… **9.** Spero…
10. L'anno prossimo comincio…

D. Nomi e aggettivi in -a

—Pare che[a] la prima ballerina sia un'accesa[b] femminista.

[a]Pare… *It seems that* [b]sia… *is an ardent*

1. You already know that nouns ending in **-a** are usually feminine and that the **-a** changes to **-e** in the plural. There are a few nouns ending in **-a** that are masculine. Their plural ends in **-i.**

SINGOLARE		PLURALE
il poet**a**	*poet*	i poet**i**
il programm**a**	*program*	i programm**i**
il panoram**a**	*view*	i panoram**i**
il pap**a**	*pope*	i pap**i**
il problem**a**	*problem*	i problem**i**
il sistem**a**	*system*	i sistem**i**

2. Nouns ending in **-ista** can be either masculine or feminine, depending on whether they indicate a male or a female. The plural ends in **-isti** (*m.*) or **-iste** (*f.*).

SINGOLARE	PLURALE
il tur**ista**	i tur**isti**
la tur**ista**	le tur**iste**
l'art**ista**	{ gli art**isti** / le art**iste** }

—Paesaggista[a]?
—No, ritrattista.[b]

[a]*Landscape artist* [b]*portrait painter*

Nota bene

Ancora i nomi e gli aggettivi in -a

In addition to words ending in **-ista,** certain other words behave similarly.

il ragazzo entusiasta
(*enthusiastic*)
la ragazza entusiasta
i ragazzi entusiasti
le ragazze entusiaste

il collega (*m.*) *colleague*
la collega (*f.*)
i colleghi
le colleghe

3. Adjectives ending in **-ista,** such as **ottimista, femminista,** and **comunista,** follow the same pattern.

SINGOLARE	PLURALE
il ragazzo ottim**ista**	i ragazzi ottim**isti**
la ragazza ottim**ista**	le ragazze ottim**iste**

ESERCIZI

A. Plurali. Dai la forma plurale.

ESEMPIO: il deputato progressista →
i deputati progressisti

1. il grande artista   2. la famosa pianista   3. il movimento femminista
4. il programma socialista   5. quel poeta pessimista   6. l'intellettuale comunista   7. il problema difficile

B. Conversazione.

1. Ti consideri pessimista o ottimista? Perché?
2. Sei femminista? Secondo te, una donna sposata deve stare in casa e occuparsi (*take care of*) dei bambini? La donna deve guadagnare tanto quanto l'uomo per lo stesso lavoro? L'uomo deve collaborare alle faccende (*chores*) domestiche?
3. Ci sono cose di cui sei entusiasta, per esempio, del tuo videoregistratore o del tuo lettore DVD? Del tuo stereo? Della tua macchina? Di un bel tramonto (*sunset*)? Di un bel panorama?

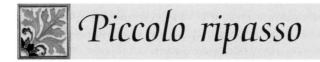

Piccolo ripasso

A. Tutto è relativo. Completa con il pronome relativo e la preposizione, se è necessaria.

1. Giorgio è il ragazzo _____ vado al cinema.
2. Maria è la ragazza _____ scrivo.
3. È il film _____ tutti parlano.
4. Sandra è la persona _____ mando il pacco.
5. La ragazza _____ esce Paolo è un'attrice.
6. La studentessa _____ ho dato il libro è simpatica.
7. Per imparare l'italiano, devi parlare con _____ già conosce bene la lingua.
8. Questo è il ragazzo _____ abbiamo venduto la macchina.
9. Siamo andati a vedere il balletto _____ tutti parlano.
10. I libri _____ mi piacciono sono i gialli (*mysteries*).
11. _____ si sveglia prima prepara la colazione.
12. _____ mangia molti dolci diventa grasso.

B. **Combinazioni.** Usa un pronome relativo (e una preposizione se è necessaria) per unire le due frasi.

ESEMPIO: Questo è il titolo. Non dovete dimenticarlo. →
Questo è il titolo **che** non dovete dimenticare.

1. È arrivata molta gente. Tra la gente ci sono personalità famose.
2. Mi è piaciuta la commedia. Nella commedia ha recitato Mariangela Melato.
3. Non ricordo il cantante. Gli ho prestato la partitura (*score*).
4. Spiegaci la ragione. Hai lasciato il concerto per questa ragione.
5. Avrebbero dovuto vendere quel teatro. Il teatro aveva bisogno di molte riparazioni (*repairs*).
6. È una sinfonia molto interessante. Ne parla spesso la professoressa.
7. Vi faccio vedere (*show*) una tragedia importante. Dovete fare attenzione (*pay attention*) a questa tragedia.
8. Vorrei conoscere il baritono. Il baritono è entrato in questo momento.

C. **Una lettera.** Completa la lettera di Angela con le preposizioni **a** o **di.** Se non c'è bisogno di una preposizione, lascia lo spazio vuoto.

Cara Franca,

eccomi a Genova finalmente! Sono molto soddisfatta del (*satisfied with*) mio nuovo lavoro e penso proprio _____[1] rimanere qui per tre o quattro anni. Non mi sono ancora abituata _____[2] alzarmi tutti i giorni alle sei di mattina e non riesco ancora _____[3] andare a letto prima di mezzanotte. Devo assolutamente cercare _____[4] cambiare i miei vecchi orari!

Gianni mi ha aiutato _____[5] traslocare e mi ha quasi convinto _____[6] affittare un monolocale vicino alla Cattedrale di San Lorenzo. È abbastanza caro e non so se posso già _____[7] permettermi[a] _____[8] pagare un affitto del genere, ma credo _____[9] farcela.[b] Al massimo, andrò _____[10] mangiare tutte le sere a casa di Gianni!

I miei nuovi colleghi sembrano tutti simpatici... per il momento! Ieri mi hanno invitato _____[11] partecipare ad una loro riunione: ho imparato subito _____[12] non essere troppo timida!

Buone notizie: ho smesso _____[13] fumare e ho deciso _____[14] incominciare _____[15] giocare a tennis. Basta _____[16] avere un po' di buona volontà[c]! Adesso ti lascio perché tra poco Gianni passa _____[17] prendermi. Ah, dimenticavo _____[18] dirti che il mese prossimo ho intenzione _____[19] venire a casa per tre o quattro giorni.

Spero _____[20] sentirti presto!

Un bacione.
Angela

[a]*afford* [b]*manage* [c]*will*

Invito alla lettura

In Liguria

Appena arrivi in Liguria, una delle cose che subito ti incanterà sarà certamente la dolcezza del clima. Questo clima mite[1] favorisce la coltivazione delle piante[2] mediterranee e dei fiori.

Ami le rose, i garofani, le azalee, i gigli[3]? Bene, in Liguria potrai visitare giardini, esposizioni e mostre di tutte le specie di piante e fiori e vedere fantastici spettacoli naturali.

E quanto a[4] spettacoli, la Liguria ti può offrire molto.

Proprio a San Remo si tiene[5] ogni anno il Festival della Canzone Italiana, una delle manifestazioni musicali più conosciute e seguite, in Italia e anche all'estero.[6] Per di più,[7] in Liguria, negli anni '60–'70, si è sviluppata[8] un'importante scuola di cantautori in cui si erano formati anche Luigi Tenco e Fabrizio De André.

La passione della Liguria per lo spettacolo non riguarda tuttavia solo la musica, ma tutti i generi[9] di spettacoli teatrali. Genova è una delle città italiane che ha il più alto numero di teatri, con programmi annuali e artisti di primissimo piano.[10] Al bellissimo Teatro Carlo Felice puoi vedere balletti e opere liriche, mentre il Teatro della Corte e il Duse ti offrono il meglio degli spettacoli di prosa,[11] e potrai andare al Carignano se ti interessano le commedie in dialetto. Ma ci sono anche altri teatri, dove si rappresentano altri generi, sempre di successo e sempre di buon livello artistico. Non ti resta che goderti[12] lo spettacolo!

[1]mild [2]plants [3]garofani… carnations, azaleas, lilies [4]quanto… as for [5]si… is held [6]abroad [7]Per… What's more, Furthermore [8]si… was developed [9]kinds [10]di… really first-rate [11]dramatic [12]to enjoy

La Liguria, ottima meta per le vacanze, e anche per i suoi bellissimi fiori.

E ora a te

Capire

Completa.

1. In Liguria è molto sviluppata _____.
   a. l'industria delle automobili
   b. l'industria dei fiori e delle piante
   c. l'industria della moda
2. Fabrizio De André era _____.
   a. un cantautore ligure
   b. un musicista sardo
   c. un cantante toscano
3. A Genova ci sono _____.
   a. molti musicisti
   b. molti cantautori
   c. molti teatri
4. Si realizzano spettacoli in dialetto genovese _____.
   a. in tutti i teatri di prosa
   b. al Teatro Carignano
   c. al Teatro della Corte
5. Tutti i teatri liguri offrono _____.
   a. programmi sperimentali, con attori di strada
   b. programmi delle più famose opere liriche
   c. spettacoli interessanti, con attori bravi e di successo

Scrivere

Quale genere musicale preferisci? Descrivi il genere che ami di più. Organizza il tuo testo secondo la traccia che ti diamo sotto.

GENERI MUSICALI: il blues, la musica classica, la musica disco, il jazz, la musica leggera, la musica lirica, la musica popolare, il rap, la musica rock / il rock, la musica sinfonica, la musica tecno

Descrizione del genere musicale: com'è questa musica?

Collocazione (*Placement*) del genere musicale nel tempo: quando ha avuto maggior successo?

Artisti e complessi (*bands*) che hanno contribuito a rendere (*to make*) famoso questo genere musicale: quali?

Motivi della tua preferenza per questa musica: perché ti piace?

Videoteca

 Beati i primi!

Giuliana e Roberto fanno la fila (*are waiting in line*) per comprare dei biglietti per uno spettacolo musicale.

FUNZIONE: comprare biglietti per uno spettacolo

ESPRESSIONI UTILI

in anticipo	ahead of time
I posti non sono assegnati.	The seats are not assigned.
alle prime file	in the first rows

Preparazione

ROBERTO: Ma guarda che confusione! Questo cantante deve essere molto popolare. Chi è?

GIULIANA: Un cantautore locale, quello di cui ti ho parlato l'altro giorno; suona il jazz. Non è molto conosciuto in tutta l'Italia ma a noi toscani piace molto.

ROBERTO: L'atmosfera è diversa ad un concerto di musica italiana. Ci sono tante persone vestite così bene! È come un evento importante!

Verifica

Vero o falso?

	V	F
1. Le persone che vanno a un concerto in Italia si vestono in modo sportivo.	☐	☐
2. A Giuliana piace molto la musica classica.	☐	☐
3. I posti al concerto sono assegnati.	☐	☐

Comprensione

Rispondi alle seguenti domande.

1. Che cosa non piace fare a Giuliana quando va a un concerto?
2. Quando si possono comprare i biglietti per un concerto importante in Italia?
3. Che cosa fa Roberto prima del concerto?

Attività

Con un compagno / una compagna, parlate di alcuni cantanti di musica leggera. Perché vi piacciono o non vi piacciono questi cantanti? Andreste a vederli? Chi invitereste ad accompagnarvi al concerto? Preferite concerti in cui i posti sono assegnati o quelli in cui chi arriva prima prende i posti migliori?

Parole da ricordare

VERBI

abituarsi (**a** + *inf.*)	to get used to (*doing something*)
accettare (**di** + *inf.*)	to accept
allestire (**isc**) (**uno spettacolo**)	to stage (a production)
applaudire	to applaud
avere luogo	to take place
comporre (*p.p.* **composto**)	to compose
convincere (**a** + *inf.*) (*p.p.* **convinto**)	to convince
credere (**di** + *inf.*)	to believe
dare fastidio (**a**)	to annoy
dirigere	to conduct
fare vedere (**a**)	to show (*something to someone*)
fischiare	to boo (*lit.,* to whistle)
forzare (**a** + *inf.*)	to force
incoraggiare (**a** + *inf.*)	to encourage
innamorarsi (**di**)	to fall in love (with)
mettere in scena	to stage, put on, produce
obbligare (**a** + *inf.*)	to obligate
pensare (**di** + *inf.*)	to plan (*to do something*)
permettere (**di** + *inf.*) (*p.p.* **permesso**)	to allow
persuadere (**a** + *inf.*) (*p.p.* **persuaso**)	to persuade
promettere (**di** + *inf.*) (*p.p.* **promesso**)	to promise
recitare	to act; to play a part; to perform
***riuscire** (**a** + *inf.*)	to succeed
sperare (**di** + *inf.*)	to hope to (*do something*)
spingere (**a** + *inf.*) (*p.p.* **spinto**)	to push (*to do something*)

NOMI

l'aria	aria
l'autore/l'autrice	author
il balletto	ballet
il baritono	baritone
il basso	bass
il/la cantante	singer
il cantautore / la cantautrice	singer-songwriter
la canzone	song
la canzonetta	popular song
la commedia	comedy
il compositore / la compositrice	composer
il coro	choir, chorus
la danza	dance
il direttore / la direttrice d'orchestra	conductor
la diva	leading lady; star
il fumatore / la fumatrice	smoker
il melodramma	opera
il mondo	world
la musica leggera	pop music
il musical	musical
il/la musicista	musician
l'opera	opera
il palcoscenico	stage
il pop	pop music
la prima	premiere, opening night
il pubblico	audience
la rappresentazione teatrale	play, performance
il/la regista	(*film or theater*) director
la sinfonia	symphony
il soprano (*m./f.*)	soprano
lo spettacolo	show
lo spettatore / la spettatrice	spectator
lo stereotipo	stereotype
il tenore	tenor
il tipo	type, sort
la tragedia	tragedy
la voce	voice

AGGETTIVI

dilettante	amateur
lirico (*m. pl.* **lirici**)	operatic
professionista	professional
proprio	one's own
seguito	popular

ALTRE PAROLE E ESPRESSIONI

basta	it is enough
bisogna	it is necessary
che	who, whom; that, which
chi	the one(s) who, he/she who, those who
ciò che	that which; what
comunque	anyhow
cui	whom; which
di professione	professional
è bene	it is good
è giusto	it is right
in tutto il mondo	all over the world
per caso	by any chance
per niente	at all
quello che	that which; what

---

*Words identified with an asterisk (*) are conjugated with **essere.**

Quando nacque° Dante?

°was born

Dante e Beatrice sul Ponte di Santa Trinità a Firenze, dipinto di Henry Holiday (1883)

In seguito

Practice the skills you learned in this chapter and get connected to the Italian-speaking world through the *Prego!* supplements!
www.mhhe.com/prego6

Vocabolario preliminare

DIALOGO-LAMPO

Un esame orale sulla lingua italiana

PROFESSORESSA GORI: Lorenzo, puoi dirmi quanti italiani parlavano davvero[1] l'italiano nel 1861, al momento dell'Unificazione?

LORENZO: Secondo il libro, solo il 2,5[2] per cento. L'italiano, come lo chiamiamo oggi, corrispondeva al dialetto fiorentino e nella penisola[3] era principalmente[4] una lingua scritta, non parlata.[5]

PROFESSORESSA GORI: Perché il fiorentino è diventato la lingua nazionale?

LORENZO: Era più prestigioso di altri dialetti in Italia perché aveva una sua letteratura, con Dante, Petrarca, Boccaccio... E gli abitanti[6] del resto d'Italia hanno dovuto impararlo a scuola come lingua straniera.

PROFESSORESSA GORI: E adesso?

LORENZO: Adesso tutti gli italiani parlano italiano. Anche la lingua italiana si è un po' trasformata e molte parole ed espressioni dei dialetti delle varie regioni fanno parte del patrimonio[7] linguistico nazionale....

1. Quanti italiani parlavano italiano nel 1861? Perché?
2. Perché il fiorentino è diventato la lingua nazionale?
3. Dove hanno imparato l'italiano gli abitanti del resto della penisola italiana?
4. Cos'è l'italiano adesso?

[1]*really, truly* [2]*2.5* [3]*peninsula* [4]*primarily, mainly* [5]*spoken* [6]*inhabitants* [7]*fanno... are part of the heritage*

Arte, letteratura e archeologia

ARTE E LETTERATURA

l'affresco fresco
l'architettura architecture
l'argomento subject, topic
le belle arti fine arts
il capolavoro masterpiece
il dipinto painting (*individual work*)
il mosaico (*pl.* **i mosaici**) mosaic
la novella short story

l'opera work (*individual work*)
　l'opera d'arte artwork, work of art
　(*individual work*)
il paesaggio landscape
la pittura painting (*in general*)
la poesia poetry; poem
il/la protagonista protagonist
il quadro painting (*individual work*)
il racconto short story

la relazione paper, report
il restauro restoration
la rima rhyme
il ritratto portrait
il romanzo novel
la scrittura writing (*in general*)
la scultura sculpture (*in general and as an individual work*)
la statua statue
lo stile style
la storia dell'arte art history
il tema theme

costruire (isc) to build
restaurare to restore
scolpire (isc) to sculpt

ARCHEOLOGIA

l'archeologo / l'archeologa (*pl.,* **gli archeologi**) archeologist
le rovine, i ruderi ruins, remains
lo scavo archeologico archeological dig

ARTISTI E LETTERATI

l'architetto (*m./f.*) architect
l'artista (*m./f.*) artist

il pittore / la pittrice painter
il poeta / la poetessa (*m. pl.,* **i poeti**) poet
lo scrittore / la scrittrice writer
lo scultore / la scultrice sculptor

PERIODI DELLA STORIA E DELL'ARTE ITALIANA

l'epoca era, age, period
  il Medioevo the Middle Ages (733–1350)
  il Rinascimento the Renaissance (1350–1600)
  il Barocco the Baroque period (1600–1700)
  l'Illuminismo the Enlightenment (1700–1800)
  il Risorgimento the Risorgimento or Revival (movement for Italian political unity, 1815–1861)
l'età moderna / la modernità the modern period
il postmoderno the postmodern period

ESERCIZI ▪ ▪ ▪ ▪ ▪ ▪ ▪ ▪

A. In altre parole. Abbina le parole della lista A con le definizioni della lista B.

	A		B
1.	_____ un affresco	a.	un'opera in rima
2.	_____ un capolavoro	b.	quello che resta di una civiltà
3.	_____ un racconto	c.	un personaggio principale
4.	_____ un paesaggio	d.	la migliore opera di un artista / un'artista
5.	_____ un mosaico	e.	una rappresentazione di una persona
6.	_____ un quadro	f.	un dipinto sul muro
7.	_____ una poesia	g.	un'opera fatta di piccoli pezzi di pietra, ceramica o vetro
8.	_____ un ritratto	h.	una rappresentazione della campagna, delle montagne e così via
9.	_____ un protagonista	i.	una breve storia
10.	_____ le rovine	j.	un dipinto

—Quando scrivi articoli sulla mia pittura cerca di essere più chiaro, perché neanch'io riesco a capire quello che faccio!

B. Quiz-lampo. Di' in poche parole cosa fanno questi artisti e professionisti.

ESEMPIO: l'architetto →
L'architetto costruisce edifici.

1. lo scultore e la scultrice
2. il poeta e la poetessa
3. il pittore e la pittrice
4. l'archeologo e l'archeologa
5. lo scrittore e la scrittrice

C. Una relazione. Giulietta è una studentessa di lettere. Leggi il brano che racconta cosa lei ha fatto questa settimana, poi completalo con le forme adatte delle espressioni elencate.

Parole utili: citazione, personaggio, protagonista, relazione, romanzo, scrittrice, tema

Questa settimana Giulietta ha letto un _____¹ molto interessante e ha deciso di farne una _____² per la classe. Vuole parlare soprattutto della _____³ femminile, un _____⁴ molto particolare. Secondo Giulietta, con questo libro, la _____⁵ Virginia Woolf ha trattato il _____⁶ più importante per lei. Giulietta cercherà di dimostrare la sua teoria con molte _____⁷ dal testo.

D. Conversazione.

1. Ti interessa l'archeologia? Hai visitato degli scavi archeologici? Dove?
2. Hai sentito parlare dei (*heard about*) restauri degli affreschi di Michelangelo nella Cappella Sistina? Che ne pensi?
3. Ti piace la pittura? Hai un quadro preferito? E la scultura? C'è una statua particolare che ti piace?
4. Qual è, secondo te, un capolavoro del Medioevo? Del Rinascimento? Dell'età moderna? Del postmoderno? (Può essere in qualsiasi [*any*] campo [*field*] artistico.)

5. Hai mai studiato l'architettura? C'è un palazzo o una chiesa che ti piace in modo particolare?
6. Su quale artista ti piacerebbe di più fare ricerche? Perché?
7. Quale epoca storica o stile artistico ti piace di più? Perché?
8. Di tutte le belle arti (la pittura, la scultura, la letteratura e la scrittura, la fotografia, l'architettura) quale ti piace di più? Perché?

In ascolto

For listening comprehension activities related to the theme of this chapter, see the Laboratory Manual or visit the *Prego!* website.
www.mhhe.com/prego6

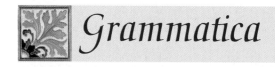

Grammatica

A. Passato remoto

Michelangelo, *Sibilla libica* (*Libyan prophetess*), circa 1510*

PROF. MARCENARO: Oggi vi parlerò di Michelangelo, di questo grandissimo artista che si affermò come pittore, scultore, architetto ed anche come poeta. Studiò con il Ghirlandaio e poi lavorò per principi, duchi, vescovi e papi. La sua opera più famosa sono gli affreschi della volta della Cappella Sistina. Questo immenso lavoro che Michelangelo volle eseguire senza nessun aiuto durò ben quattro anni (1508–1512). Gli affreschi illustrano episodi del Vecchio Testamento e culminano con il Giudizio Universale...

The **passato remoto** is another past tense that reports actions completed in the past. Unlike the **passato prossimo**, the **passato remoto** is a one-word tense. In northern Italy, its use is largely limited to literature. However, a few verbs in the **passato remoto**, such as **dissi (dire)**, are used frequently in spoken Italian. In the south, by contrast, the **passato remoto** is more widely used in speech than the **passato prossimo**.

PROF. MARCENARO: Today I will tell you about Michelangelo, about this great artist who established himself as a painter, a sculptor, an architect, and also as a poet. He studied with Ghirlandaio; then he worked for princes, dukes, bishops, and popes. His most famous works are the frescoes on the ceiling of the Sistine Chapel. This immense work that Michelangelo insisted on completing with no help took four full years (1508–1512). The frescoes illustrate episodes from the Old Testament and culminate with the Last Judgment. . . .

*Detail of a fresco (before restorations) on the ceiling of the Sistine Chapel, Vatican City, Rome. (Photo: Scala / Art Resource, New York)

1. With the exception of the third-person singular form of regular **-are** verbs, all persons of the **passato remoto** retain the characteristic vowel of the infinitive. The third-person singular ending of regular **-are** verbs is **-ò**, that of **-ere** verbs is **-è**, and that of **-ire** verbs is **-ì**.

lavorare	credere	finire
lavora**i**	crede**i**	fini**i**
lavora**sti**	crede**sti**	fini**sti**
lavor**ò**	cred**è**	fin**ì**
lavora**mmo**	crede**mmo**	fini**mmo**
lavora**ste**	crede**ste**	fini**ste**
lavora**rono**	crede**rono**	fini**rono**

Giotto affrescò la Cappella dell'Arena verso il 1305.
Petrarca finì *Il Canzoniere* nel 1374.

Giotto frescoed the Arena Chapel around 1305.
Petrarca finished The Canzoniere *in 1374.*

Nota bene

Forme alternative
Many **-ere** verbs have alternative forms in the first- and third-person singular and third-person plural of the **passato remoto**.

credei/credetti
credesti
credè/credette
credemmo
credeste
crederono/credettero

2. The **passato remoto** of **essere, dare, dire, fare,** and **stare** is irregular in all persons.

essere	dare	dire	fare	stare
fui	diedi	dissi	feci	stetti
fosti	desti	dicesti	facesti	stesti
fu	diede	disse	fece	stette
fummo	demmo	dicemmo	facemmo	stemmo
foste	deste	diceste	faceste	steste
furono	diedero	dissero	fecero	stettero

—Allora dissi risoluto a mia moglie: o fuori il cane, o fuori tu!

3. Many other verbs that are irregular in the **passato remoto** follow a 1–3–3 pattern: they are irregular only in the first person singular and the third person singular and plural. Their irregular forms follow the same pattern: *irregular stem* + **-i, -e,** and **-ero.**

avere *(irregular stem:* **ebb-**)	
ebbi	avemmo
avesti	aveste
ebbe	**ebbero**

avere	ebbi
chiedere	chiesi
conoscere	conobbi
decidere	decisi
dipingere	dipinsi
leggere	lessi
mettere	misi
nascere	nacqui
prendere	presi
ridere (*to laugh*)	risi
rispondere	risposi
scrivere	scrissi
sorridere (*to smile*)	sorrisi
vedere	vidi
venire	venni
vincere	vinsi
vivere	vissi
volere	volli

Sorrise quando gli **feci** la foto.	*He smiled when I took his picture.*
Prese la penna e **rispose** subito alla lettera.	*She took the pen and answered the letter immediately.*
Gianni mi **raccontò** la barzelletta e io **risi** subito.	*Gianni told me the joke and I laughed immediately.*

4. To describe a condition or express a habitual or ongoing action in the past, the **imperfetto** is used with the **passato remoto** exactly as it is used with the **passato prossimo.**

Non **comprai / ho comprato** il quadro perché non **avevo** abbastanza soldi.	*I didn't buy the painting because I didn't have enough money.*
Mi **chiesero / hanno chiesto** perché **ridevo.**	*They asked me why I was laughing.*

A. Le persone famose. Abbina la persona con la sua descrizione.

1. Era uno scrittore italiano che visse nel Medioevo e scrisse la *Divina Commedia*.
2. Era un inventore che inventò la radio.
3. È l'esempio eterno dell'umiltà (*humility*) umana.
4. Era un generale e politico romano.
5. Era l'eroe dell'unità d'Italia.
6. Era il signore di Firenze durante il Rinascimento.
7. Era un artista famosissimo del Rinascimento che lavorò per i Medici. Fece il *David*.
8. Questa persona dimostrò che la terra gira intorno al sole (*turns around the sun*).
9. Era un pittore del Medioevo che fece molti affreschi ad Assisi.
10. Era un musicista che scrisse tante opere—una delle più famose è *Aida*.
11. Era di Venezia. Scrisse tante opere teatrali—due delle più famose sono *La locandiera* (innkeeper) e *La bottega* (shop) *del caffè*.

a. Galileo Galilei
b. Giuseppe Verdi
c. Giotto
d. Michelangelo
e. Carlo Goldoni
f. Lorenzo de' Medici
g. Giulio Cesare
h. San Francesco
i. Giuseppe Garibaldi
j. Guglielmo Marconi
k. Dante Alighieri

B. Un po' di tutto. Sostituisci il **passato remoto** con il **passato prossimo**.

ESEMPIO: Quando vide la statua, la comprò subito. →
Quando ha visto la statua, l'ha comprata subito.

1. Dove nacque e dove morì Raffaello?
2. Presero l'autobus per andare agli scavi; non andarono a piedi.
3. A chi diedi il biglietto di ingresso (*entrance*)?
4. Cercammo di entrare nel museo ma non potemmo.
5. La guida aprì la porta e noi ammirammo (*admired*) i dipinti.
6. Ebbero molti problemi prima della mostra.
7. Visitai le mostre più importanti.
8. Agli Uffizi Rachele vide molti quadri di Botticelli.
9. In Italia le ragazze presero lezioni di scultura.
10. I signori Contrada seguirono un corso di archeologia molti anni fa.

C. Trasformazioni. Sostituisci il soggetto della frase con gli elementi tra parentesi e fai tutti i cambiamenti necessari.

1. Non le scrissi perché non avevo il suo indirizzo. (noi / tu / i ragazzi / Paolo)
2. Si fermò a Ravenna perché voleva vedere i mosaici. (io / i signori / anche noi / tu e Giulia)
3. Franco disse che non sapeva dipingere. (anche tu / le signore / voi / io)
4. Ammirammo *Il Cenacolo* (The Last Supper) quando visitammo Milano. (Cesare / i nostri amici / voi / anche tu)

D. Ricordi del passato. Riscrivi le seguenti frasi. Prima riscrivi ogni frase usando il **passato prossimo** e **l'imperfetto,** poi riscrivi ognuna usando il **passato remoto** e **l'imperfetto.**

1. Non visitiamo Santa Croce perché è troppo tardi.
2. Gli chiedo se ha l'orario degli Uffizi.
3. Mi dicono che non conoscono la letteratura del Rinascimento.
4. Alberto telefona a Cinzia perché vuole il suo romanzo.
5. Non puoi vedere bene gli affreschi perché c'è poca luce (*light*).
6. Non riescono a trovare l'opera nel museo perché non hanno la guida.

E. Un'idea luminosa (*bright*). Completa il brano con la forma corretta del verbo tra parentesi—usa **l'imperfetto** o il **passato remoto.**

Un giorno, Bridges, famoso organista e compositore inglese, (trovarsi), a Mosca[a] col suo amico romanziere[b] Player. I due (dovere) andare a Pietroburgo e, dato che (essere) già tardi, (prendere) una carrozza[c] e (gridare) al cocchiere[d] di portarli alla stazione. Ma il cocchiere non (capire) una parola d'inglese e loro non (conoscere) il russo. Finalmente (avere) un'idea luminosa. Uno (cominciare) a fare con la bocca il rumore di un treno che parte, mentre l'altro (fischiare) con tutta la sua forza. Il cocchiere (fare) segno d'aver capito[e] e (spronare) il cavallo.[f] «È stata una bella idea, la nostra!» (esclamare) Player. «Oh, era una cosa tanto semplice!» (dire) Bridges, tutto soddisfatto. Dieci minuti dopo, la carrozza (fermarsi) davanti a un manicomio.[g]

[a]*Moscow* [b]*novelist* [c]*coach* [d]*coachman* [e]*segno... sign of having understood* [f]*(spronare)... (to spur) the horse* [g]*mental hospital*

B. Numeri ordinali

L'ufficio reclami[a] è al diciottesimo piano...

[a]*complaints*

The Italian ordinal numbers (**i numeri ordinali**) correspond to English *first, second, third, fourth* and so on.

NUMERI CARDINALI				NUMERI ORDINALI			
1	uno	9	nove	1°	primo	9°	nono
2	due	10	dieci	2°	secondo	10°	decimo
3	tre	11	undici	3°	terzo	11°	undicesimo
4	quattro	12	dodici	4°	quarto	12°	dodicesimo
5	cinque	50	cinquanta	5°	quinto	50°	cinquantesimo
6	sei	100	cento	6°	sesto	100°	centesimo
7	sette	500	cinquecento	7°	settimo	500°	cinquecentesimo
8	otto	1000	mille	8°	ottavo	1000°	millesimo

1. Each of the first ten ordinal numbers has a distinct form. After **decimo,** ordinal numbers are formed by dropping the final vowel of the cardinal number and adding **-esimo.** Numbers ending in **-tré** and **-sei** retain the final vowel.

undici	undic**esimo**
ventitré	ventitre**esimo**
trentasei	trentasei**esimo**

2. Unlike cardinal numbers, ordinal numbers agree in gender and number with the nouns they modify.

la prima volta	*the first time*
il centesimo anno	*the hundredth year*

3. As in English, ordinal numbers normally precede the noun. Abbreviations are written with a small superscript ° (masculine) or ª (feminine).

il 5° piano	*the fifth floor*
la 3ª scala	*the third staircase*

4. Ordinal numbers are used when referring to royalty, popes (**papi**), and centuries (**secoli**). They are usually written as Roman numerals following the noun.

Luigi XV (Quindicesimo)	*Louis XV*
Papa Giovanni Paolo II (Secondo)	*Pope John Paul II*
il secolo XIX (diciannovesimo)	*the nineteenth century*

● PIACENZA

IL GOTICO, MAE-STRI E BOTTEGHE
Dal 21 marzo al 28 giu-gno, a palazzo Goti-co, in vetrina circa 70 pezzi del '300 e '400: pitture, messali,°mi-niature, oreficerie,°di-segni, codici miniati... (nella foto un polittico del XV secolo).
Orari: 10-18, lunedì chiusura.
Per informazioni: tel. 0523/322074.

ᵃ*prayerbooks* ᵇ*works in gold*

A. I secoli. Abbina i personaggi della lista A con il secolo o i secoli in cui si affermarono (la lista B). (**Attenzione:** Alcune persone vissero nello stesso periodo.)

A	B
1. Galileo Galilei	a. il primo secolo avanti Cristo*
2. Giuseppe Verdi	b. tra il XII e il XIII secolo
3. Giotto	c. tra il XIII e il XIV secolo
4. Michelangelo	d. tra il XV e il XVI secolo
5. Lorenzo de' Medici	e. il XV secolo
6. Giulio Cesare	f. tra il XVI e il XVII secolo
7. San Francesco	g. il XIX secolo
8. Giuseppe Garibaldi	h. tra il XIX e il XX secolo
9. Guglielmo Marconi	
10. Dante Alighieri	

B. Ancora i secoli. Esprimi i secoli con una forma più breve.

ESEMPIO: il tredicesimo secolo = il Duecento

1. il ventesimo secolo
2. il quindicesimo secolo
3. il quattordicesimo secolo
4. il diciottesimo secolo
5. il diciassettesimo secolo
6. il diciannovesimo secolo
7. il sedicesimo secolo

C. Ma sì! Rispondi a ogni domanda secondo l'esempio. Usa un numero ordinale in ogni risposta.

ESEMPIO: Scusi, è la lezione numero otto? →
        Sì, è l'ottava lezione.

1. Scusi, è il capitolo numero tredici?
2. Scusi, è la sinfonia numero nove?
3. Scusi, è il piano numero quattro?
4. Scusi, è la scala numero tre?
5. Scusi, è la fila (*row*) numero sette?
6. Scusi, è la pagina numero ventisette?

---

*B.C. is expressed in Italian as **a.C. (avanti Cristo)**; A.D. is expressed as **d.C. (dopo Cristo).**

D. Pezzi grossi. (*Big shots.*) Esprimi ogni numero ordinale.

1. Paolo VI
2. Carlo V
3. Elisabetta II
4. Giovanni Paolo II
5. Giovanni XXIII
6. Enrico IV
7. Enrico VIII
8. Luigi XIV

Dante e le sue opere

Dante's Dream at the Time of the Death of Beatrice, dipinto di Dante Gabriel Rossetti (1856)

Dante Alighieri nacque nel 1265 da una famiglia della piccola nobiltà di Firenze, che era allora una delle città più importanti d'Europa.

Diventò Priore[1] del Comune di Firenze nel 1300, ma un anno dopo i rappresentanti del partito avverso[2] riuscirono ad avere il dominio[3] di Firenze. Dante, ingiustamente accusato di gravi colpe,[4] dovette andare in esilio,[5] dove rimase fino alla morte.

Da giovane Dante partecipò al gruppo dei poeti del «dolce stil nuovo» che, nelle loro poesie, cantavano l'amore per la donna idealizzata, che per Dante fu Beatrice. In un'importante opera teorica scritta in latino, il *De vulgari eloquentia*, difese[6] la lingua parlata dal popolo[7] (volgo), cioè i dialetti delle diverse regioni. Per questi suoi pensieri e perché contribuì ad affermare il dialetto fiorentino come lingua nazionale, è considerato il padre della lingua italiana.

L'opera maggiore di Dante è la *Divina Commedia*. È un'opera in versi divisa in tre parti, l'*Inferno*, il *Purgatorio* e il *Paradiso*,* in cui il poeta descrive un suo viaggio attraverso i tre regni dell'aldilà[8] e gli incontri con tantissimi personaggi famosi, vissuti in tempi più o meno lontani.

[1]*Magistrate* [2]*partito… opposing political party* [3]*control* [4]*crimes* [5]*exile* [6]*he defended* [7]*populace* [8]*of the afterlife*

*The poem's three parts correspond to the three realms of life after death, according to Roman Catholic doctrine: Hell, Purgatory, and Heaven.

C. Volerci v. metterci

AUTOMOBILISTA: Quanto ci vuole per arrivare a Cutrofiano?
PASSANTE: Dipende da quale strada sceglie. Potrebbe metterci mezz'ora o potrebbe metterci due ore.

Two verbs, **volerci** and **metterci,** can be used with time expressions in Italian to express the amount of time it takes to perform an activity: *to take (a length of) time. It takes two hours to get there by car. It takes me four hours to get there by bus.*

1. The subject of **volerci** is the amount of time in question. **Volerci** can be conjugated in all tenses, but it has only third-person forms, singular (**ci vuole, ci vorrà, ci è voluto,** and so on) for one hour, and plural (**ci vogliono, ci vorranno, ci sono voluti,** and so on), for two or more hours. Notice that **volerci** takes **essere** in compound tenses.

Ci vuole un'ora per fare quella torta.	*It takes an hour to make that cake.*
Ci vogliono tre ore e mezzo per andare a Milano da qui.	*It takes three-and-one-half hours to get to Milan from here.*
Ci vogliono tre ore per andare a Napoli in macchina mentre in treno **ce ne vorrebbero** cinque.	*It takes three hours to go to Naples by car, while it would take five by train.*

Volerci can also be used to express the number of objects or people needed.

Ci vuole un po' di zucchero.	*It needs a little sugar.*
Ci sono voluti tre uomini per spostare quel divano.	*It took three men to move that couch.*
Ci vorranno otto scatole.	*It will take eight boxes.*
Ci vuole una busta per questi fogli.	*One envelope is needed for these papers.*

2. The subject of the verb **metterci** is the person performing the action. Thus **metterci** can be conjugated in all persons and tenses. **Metterci** takes **avere** in compound tenses.

Ci hanno messo tre ore per scrivere la relazione.	*They took (It took them) three hours to write the paper.*
Tu sei veloce! Io **ci metterei** due ore per pulire questa casa!	*You are fast! I would take (It would take me) two hours to clean this house!*
Ci metteremo circa due mesi per finire la casa.	*We will take (It will take us) about two months to finish the house.*

DRIVER: How long does it take to get to Cutrofiano? PASSER-BY: It depends on which road you choose. It could take you half an hour, or it could take you two hours.

A. Quanto ci vuole? Dai risposte logiche.

1. Ci vogliono _____ studenti per cambiare una lampadina (*light bulb*).
2. Ci vogliono _____ ore per andare da New York a Roma in aereo.
3. Ci vogliono _____ ore per andare da Washington D.C. a Seattle in aereo, ma ci vorrebbero _____ ore in macchina.
4. Gli studenti ci metteranno _____ minuti per fare il quiz di questo capitolo.
5. Ci metto _____ minuti la mattina per prepararmi.
6. Ci vorranno _____ anni per creare una macchina che vola (*flies*).

B. La forma è giusta! Completa le frasi con la forma giusta del verbo.

1. Roberto (ci mette / ci mettono) due ore per preparare il poster per la festa.
2. Secondo mio padre, (ci vuole / ci vogliono) mezz'ora per andare in centro in bici.
3. L'anno prossimo, (ci mettono / ci vorranno) otto studenti per lo spettacolo.
4. L'anno scorso i ragazzi (ci volevano / ci mettevano) due ore per andare a Napoli; ora con l'autostrada nuova, loro (ci vuole / ci mettono) un'ora.
5. Con il treno (ci vorrebbe / ci vorrebbero) due ore per andare da Firenze a Bologna, ma con la macchina (ci vuole / ci vogliono) un'ora e mezzo.

C. Siete d'accordo? Con un compagno / una compagna, indovinate quanto ci vorrà per fare queste attività. Paragonate le vostre risposte con quelle di un altro gruppo. (Usiamo il futuro perché non siamo certi delle risposte.)

ESEMPIO: persone per costruire una casa →
    s1: Quante persone ci vorranno per costruire una casa?
    s2: Boh, ci vorranno cento persone.

1. persone per spostare una macchina
2. anni per affermarsi come pittore famoso / pittrice famosa
3. autobus per portare 100 studenti ad un museo
4. ore per dipingere la Cappella Sistina
5. lampadine sull'albero nazionale di Natale della Casa Bianca
6. poliziotti ad un concerto di Linkin Park
7. benzina per riempire il serbatoio (*gas tank*) di una Ferrari
8. tessere (*tiles*) per creare i mosaici di Ravenna

D. Quanto ci metti? Chiedi ad un compagno / una compagna quanto ci mette per andare all'università a piedi, pulire la casa, fare i compiti di italiano, fare colazione, fare la doccia, lavare i piatti, eccetera.

ESEMPIO: s1: Quanto ci metti per andare in centro?
    s2: Ci metto 45 minuti perché vado a piedi.

Piccolo ripasso

A. Oggi e ieri. Esprimi le frasi con il **passato prossimo** e l'**imperfetto,** e poi con il **passato remoto** e l'**imperfetto.**

ESEMPIO: Non visito gli scavi perché sono stanco. →
Non ho visitato gli scavi perché ero stanco.
Non visitai gli scavi perché ero stanco.

1. Gli chiedo se studia il Medioevo.
2. Mi risponde che preferisce il Rinascimento.
3. Non andiamo alla conferenza perché dobbiamo finire la ricerca.
4. Non leggono romanzi perché preferiscono racconti brevi.
5. Dici che ti piacciono molto i paesaggi.

B. Qualcosa su Goldoni. Completa il brano con la forma corretta del verbo tra parentesi. Usa l'**imperfetto** o il **passato remoto;** puoi sostituire il **passato remoto** con il **passato prossimo.**

Lo zio Pasquale (chiamare)[1] il nipote Luigino e (incominciare)[2] una lezione di letteratura italiana.

«Oggi ti parlerò di un grande commediografo[a] italiano.» Luigino (esclamare)[3] subito: «Vuoi dire Carlo Goldoni!» Lo zio (apprezzare[b])[4] l'intervento del nipote e (continuare):[5] «Figlio di un medico, Carlo Goldoni (nascere)[6] a Venezia nel 1707. (Studiare)[7] prima a Perugia, poi a Rimini e poi all'Università di Pavia. (Laurearsi)[8] in legge a Padova ma non (esercitare[c])[9] la professione di avvocato perché (avere)[10] una grande passione per il teatro. La sua prima opera importante (essere)[11] *La vedova scaltra,*[d] a cui (seguire)[12] rapidamente molte altre, come *La bottega*[e] *del caffè, La famiglia dell'antiquario, La locandiera.*[f]»

«Nel 1762 (trasferirsi)[13] a Parigi, dove nel 1787 (pubblicare)[14] i tre volumi delle *Mémoirs* con cui (finire)[15] la sua carriera di scrittore.»

[a]*comedy writer/playwright* [b]*to appreciate* [c]*to practice* [d]*La… The Shrewd Widow* [e]*shop* [f]*innkeeper*

C. Il tempo vola. Completa con la forma corretta di **volerci.**

1. _____ quattro ore per preparare il tacchino (*turkey*).
2. L'anno prossimo _____ molti ragazzi per completare il progetto.
3. Ieri, _____ tre meccanici per riparare la mia macchina.
4. _____ una persona simpatica e allegra per fare questo lavoro.
5. Tanti anni fa, prima che esistessero (*existed*) gli aerei, _____ molto tempo per andare da una città all'altra.

Invito alla lettura

In Toscana

*E*ccoci in Toscana! Siamo in una delle regioni italiane più conosciute nel mondo e più visitate dai turisti. Quasi tutte le città toscane sono ricche di opere d'arte, anche quelle più piccole e sconosciute. La sua campagna è bellissima e molto amata soprattutto da inglesi, tedeschi e americani.

Certamente vorrai vedere la famosa torre pendente di Pisa e certamente visiterai Firenze, il capoluogo,[1] una città piuttosto famosa. Di sicuro ti affascineranno lo splendore dei monumenti rinascimentali di Firenze, la ricchezza dei suoi musei, la vivacità della sua vita culturale. E potrai godere[2] l'atmosfera incantata di una città che è stata una grande capitale dell'arte e della letteratura ed è la patria di Dante, il padre della lingua italiana.

Eppure,[3] se vuoi sentire parlare l'italiano più bello e più dolce della penisola, dicono che devi andare a Siena. E se poi vuoi studiare di più questa bella lingua, sei nel posto giusto. Proprio a Siena c'è una famosa Università per Stranieri, dove studenti di tutto il mondo imparano la lingua e la cultura italiana. Il soggiorno[4] sarà piacevole. Siena è una piccola città medievale, con un'ottima qualità della vita. I suoi monumenti sono magnifici, le opere dei suoi grandi artisti, da Duccio di Buoninsegna a Simone Martini, straordinarie. E dopo le lezioni, ti basterà fare due passi per andare a prendere il sole o a bere un cappuccino in Piazza del Campo, considerata da molti la piazza più bella del mondo.

Non ti sembra un'occasione interessante?

[1]*capital* [2]*enjoy* [3]*However* [4]*stay*

La bellissima Piazza del Campo a Siena

E ora a te

Capire

Rispondi.

1. Qual è una ragione per cui la Toscana è una delle regioni più visitate da turisti di tutto il mondo?
2. Qual è il capoluogo della Toscana?
3. A quale periodo storico appartiene la maggior parte dei monumenti di Firenze?
4. Perché a Siena ci sono tanti studenti stranieri?
5. Cosa potresti fare dopo le lezioni a Siena per sentirti parte della vita della città?

Scrivere

Sicuramente avrai visto molti quadri italiani famosi, come *La Primavera* di Botticelli o *La Gioconda* o *Monna Lisa* (Mona Lisa) di Leonardo. O forse conosci meglio l'arte moderna. Pensa ad un dipinto italiano che conosci e poi descrivilo. Se non conosci bene un quadro italiano, vai in biblioteca per consultare un libro d'arte italiana o fai una ricerca in Internet. Per fare la tua descrizione segui la traccia (*outline*) che ti diamo sotto.

L'artista è…
Il quadro è dell'anno…
Questo quadro rappresenta…
I colori più usati sono…
Nello sfondo (*background*) c'è…
In primo piano (*foreground*) c'è…
Secondo me, il messaggio del quadro è…
Il quadro mi piace / non mi piace perché…
Il quadro mi fa sentire…

Videoteca

Firenze da vedere

Roberto ha deciso di intervistare Giuliana per uno dei suoi articoli. Le chiede quali sono le tre cose più importanti da vedere a Firenze.

ESPRESSIONI UTILI

non si può mancare	one shouldn't miss
contenente (*verb:* **contenere**)	containing
affollati	crowded

FUNZIONE: parlare d'arte e d'architettura

Preparazione

ROBERTO: Allora Giuliana, sei pronta? Oggi voglio intervistarti per uno dei miei articoli. Voglio parlare di quello che è indispensabile vedere a Firenze.

GIULIANA: Roberto, Firenze è una città che ospita il 70% dell'arte italiana. Ci vuole una vita per vedere tutto! È difficile scegliere.

Verifica

Metti le seguenti frasi in ordine cronologico, secondo quello che hai visto nell'episodio del video.

_____ Primo, non si può mancare il Duomo.
_____ Dovresti andare la mattina perché sono meno affollati.
_____ Quali sono le tre cose più importanti da vedere?
_____ A che ora aprono i musei?

Comprensione

Rispondi alle seguenti domande.

1. Quali tre cose da vedere a Firenze suggerisce Giuliana?
2. Quale edificio era la residenza della famiglia dei Medici nel Rinascimento?
3. Quale museo contiene quadri di Raffaello?

Attività

Da fare in coppia. Fai l'agente di viaggio. Un/Una cliente si presenta per chiedere delle informazioni sulla tua città. Suggerisci le cose da vedere e da visitare (musei, monumenti, ristoranti, discoteche, negozi, luoghi belli e interessanti e così via) secondo gli interessi del tuo / della tua cliente.

Parole da ricordare

VERBI

affermarsi	to establish oneself
ammirare	to admire
apprezzare	to appreciate
costruire (isc)	to build
fare parte (di)	to take part (in)
metterci	to take (*time*)
(+ *time expression*)	
restaurare	to restore
ridere (*p.p.* riso)	to laugh
scolpire (isc)	to sculpt
sentire parlare (di)	to hear (about)
sorridere (*p.p.* sorriso)	to smile
volare	to fly
*volerci	to take (*time*)
(+ *time expression*)	

NOMI

l'abitante (*m./f.*)	inhabitant
l'affresco	fresco
l'archeologia	archeology
l'archeologo / l'archeologa (*pl.,* gli archeologi)	archeologist
l'architetto (*m./f.*)	architect
l'architettura	architecture
l'argomento	subject, topic
l'artista (*m./f.*)	artist
il Barocco	the Baroque period
le belle arti	fine arts
il campo	field (*in all senses*)
il capolavoro	masterpiece
il dipinto	painting (*individual work*)
l'epoca	era, age, period
l'età moderna	the modern period
la fila	row, line
l'Illuminismo	the Enlightenment
l'ingresso	entrance (*permission to enter*)
la lampadina	light bulb
il Medioevo	the Middle Ages
la modernità	the modern period
il mosaico (*pl.* i mosaici)	mosaic
la novella	short story
l'opera	work (*individual work*)
l'opera d'arte	artwork, work of art (*individual work*)

il paesaggio	landscape
il papa	pope
la penisola	peninsula (*often referring to Italy*)
il pittore / la pittrice	painter
la poesia	poetry; poem
la pittura	painting (*in general*)
il poeta / la poetessa (*m. pl.,* i poeti)	poet
il postmoderno	the postmodern period
il/la protagonista	protagonist
il quadro	painting (*individual work*)
il racconto	short story
la relazione	paper, report
il restauro	restoration
la rima	rhyme
il Rinascimento	the Renaissance
il Risorgimento	the Risorgimento or Revival (*movement for Italian political unity*)
il ritratto	portrait
il romanzo	novel
le rovine	ruins, remains
i ruderi	ruins, remains
lo scavo archeologico	archeological dig
lo scrittore / la scrittrice	writer
la scrittura	writing (*in general*)
lo scultore / la scultrice	sculptor
la scultura	sculpture (*in general and as an individual work*)
il secolo	century
la statua	statue
lo stile	style
la storia dell'arte	art history
il tema	theme

AGGETTIVI

parlato	spoken

ALTRE PAROLE E ESPRESSIONI

davvero	really, truly
principalmente	primarily, mainly

---

*Words identified with an asterisk (*) are conjugated with **essere**.

Per chi voti?

Una sessione del Parlamento italiano a Roma

In seguito

Practice the skills you learned in this chapter and get connected to the Italian-speaking world through the *Prego!* supplements!

www.mhhe.com/prego6

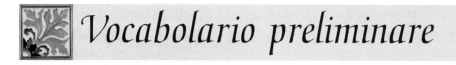

Vocabolario preliminare

DIALOGO-LAMPO

L'Unione Europea e le elezioni

MARISA: Finalmente un'Europa unita, con una sola moneta!

ADRIANA: Sì, ora tutti gli stati della Comunità Europea hanno l'euro. E un po' mi dispiace che la lira sia scomparsa[1]...

MARISA: Spero che questa unità porti più lavoro e meno disoccupazione.

ADRIANA: Speriamo. Ma intanto[2] oggi dobbiamo votare per il nuovo Parlamento Europeo.

MARISA: E tu, per chi voti?

ADRIANA: Per chi difende la democrazia, gli interessi di tutti i cittadini ... e dell'Italia in Europa!

MARISA: E quale sarebbe il partito giusto?

ADRIANA: Devo ancora deciderlo!

1. Cos'è l'euro?
2. Cosa spera Marisa dall'unificazione economica dell'Europa?
3. Per quale tipo di partito vuole votare Adriana?

[1]sia... *disappeared* [2]*meanwhile*

La politica (*politics*)

Sapevate che... ?

When Italians talk about **il Governo** they usually are referring to what people in the United States would call *the administration.* In Italy, **il Governo** refers to **il Consiglio dei Ministri;** in the U.S. this would be the President and the Cabinet. What Americans refer to generally as *the government* Italians call **lo Stato.**

LO STATO

la campagna elettorale election campaign
il candidato / la candidata candidate
la coalizione coalition
la costituzione constitution
la democrazia democracy
il deputato / la deputata representative (*in the Chamber of Deputies*)
le elezioni elections
il Governo government; executive branch; administration
  il Consiglio dei Ministri Council of Ministers
  il ministro (*m./f.*) minister (*in government*)
  il Presidente del Consiglio, il Primo Ministro prime minister

il Parlamento Parliament
  la Camera dei Deputati Chamber of Deputies (*lower house of Parliament*)
  il Senato Senate (*upper house of Parliament*)
il partito politico political party
il Presidente (della Repubblica) president (of the Republic)
il senatore / la senatrice senator
il sistema politico political system
lo Stato the State; the federal government
il voto vote

eleggere (*p.p.* **eletto**) to elect
votare to vote

L'UNIONE EUROPEA

la banconota banknote; bill
la Comunità Europea European
    Community
l'euro euro (*denomination of shared
    European currency*)
la moneta currency; coin

I PROBLEMI SOCIALI

l'aumento raise, increase
la diminuzione, la riduzione
    reduction
il discorso speech; conversation
la disoccupazione unemployment
l'impiegato/l'impiegata white-collar
    worker
l'operaio/l'operaia blue-collar worker
il pensionato / la pensionata retired
    person

la pensione pension, retirement
il salario wage
lo sciopero strike
lo stipendio salary
le tasse taxes

*****andare in pensione** to retire
aumentare to raise, increase
*****crescere** to grow; to increase
diminuire (isc) to reduce
*****essere in pensione** to be retired
*****essere in sciopero** to be on strike
  fare sciopero, scioperare to strike
informarsi (su) to become informed
    (about); to become acquainted
    (with)

attuale current; present
disoccupato unemployed
informato informed, up-to-date

Parole-extra

**Ancora sulla
politica**
il capitalismo
  capitalism
la classe sociale social
  class
**il conservatore / la
  conservatrice**
  conservative
la crisi di governo
  political crisis
la demagogia
  demagogy
il diritto (legal) right
la dittatura
  dictatorship
il/la femminista
  feminist
la manifestazione
  demonstration
il/la progressista
  progressive, liberal

di centro centrist
di destra right-wing
di sinistra left-wing

ESERCIZI

A. La parola giusta. Guarda il **Vocabolario preliminare** e le **Parole-extra**, poi
abbina parole e definizioni.

1. ____ il voto
2. ____ la coalizione
3. ____ il disoccupato
4. ____ la femminista
5. ____ il conservatore
6. ____ la deputata
7. ____ l'operaio
8. ____ le tasse

a. chi lavora in fabbrica (*factory*)
b. i contributi pagati allo stato
c. la rappresentante alla Camera
d. chi lotta (*fights*) per i diritti
  delle donne
e. un gruppo di molti partiti
f. chi non ha lavoro
g. uno strumento della
  democrazia
h. chi non è progressista

B. Fuori luogo! (*Out of place!*) Trova il nome o espressione che sembra fuori
luogo e spiega perché.

ESEMPIO: il deputato, il ministro, l'impiegata, la senatrice →
       L'impiegata è il nome fuori luogo, perché non è una carica
       pubblica (*public office*) e non riguarda la politica.

1. il salario, il Senato, lo stipendio, l'operaio
2. la riduzione, il partito politico, eleggere, il voto
3. il primo ministro, il direttore generale della RAI, la Camera dei
   Deputati, il Senato
4. la campagna elettorale, il candidato, le elezioni, la pensione

---

*Words identified with an asterisk (*) are conjugated with **essere.**

C. **Conversazione.**

1. Come si chiamano i tuoi senatori / le tue senatrici? E il tuo deputato / la tua deputata?
2. Come si chiama l'attuale presidente degli Stati Uniti? Sai chi è il presidente della Repubblica Italiana?
3. Hai votato alle ultime elezioni nazionali? Perché sì o perché no?
4. Come ti informi sulle notizie politiche? Leggi il giornale? Guardi il telegiornale? Parli con le persone informate?
5. Qualcuno nella tua famiglia ha mai fatto sciopero? Puoi spiegare perché ha scioperato?
6. Hai mai partecipato a una campagna elettorale? Dove, quando e per quale candidato/candidata?

 In ascolto

For listening comprehension activities related to the theme of this chapter, see the Laboratory Manual or visit the *Prego!* website.
www.mhhe.com/prego6

Grammatica

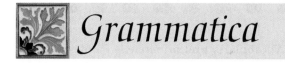
A. Congiuntivo presente

SIGNOR TESTA: Ho l'impressione che i problemi del mondo siano in continuo aumento: mi pare che aumenti il problema della povertà, così come quello della disoccupazione; mi sembra che crescano i problemi delle minoranze e degli immigrati; credo che siano molto gravi i problemi ecologici... chi vuoi che pensi ai pensionati?

SIGNOR MAZZOLA: Ma anche i nostri problemi sono importanti e dobbiamo farci sentire. Anzi, io penso che sia necessario che tutti si occupino dei problemi di tutti, non solo dei propri!

SIGNOR TESTA: I have the feeling that there are more and more problems in the world. It seems to me that the problem of poverty is on the rise, just like unemployment; it seems to me that minorities' and immigrants' problems are also increasing. I think that our ecological problems are also very serious . . . Who do you think is going to think about retired people?   SIGNOR MAZZOLA: But our problems are significant, too, and we've got to make ourselves heard. What's more, I think it's essential for all of us to be concerned about each other's problems, not just our own!

In both Italian and English, verb forms have three defining characteristics: tense (the time of action), voice (active or passive), and mood, which conveys the attitude of the speaker. The verb forms you have learned so far (except the conditional and imperative) belong to the *indicative* mood (**l'indicativo**), which states facts and conveys certainty or objectivity.

Gli studenti **organizzano** una manifestazione.

Students are organizing a demonstration.

Anche gli insegnanti **fanno** sciopero.

Instructors are striking too.

Il governo non **applica** le riforme.

The government isn't enforcing the reforms.

The *subjunctive* mood (**il congiuntivo**), by contrast, expresses uncertainty, doubt, possibility, or personal feelings rather than fact. It conveys the opinions and attitudes of the speaker.

Credo che **organizzino** una manifestazione.

I believe they are organizing a demonstration.

È probabile che anche gli insegnanti **facciano** sciopero.

It's probable that teachers will strike too.

È male che il governo non **applichi** le riforme.

It's bad that the government isn't enforcing the reforms.

In English, the subjunctive is used infrequently: *I move that the meeting **be** adjourned; We suggest that he **go** home immediately.* In Italian, however, the subjunctive is used often in both speaking and writing.

1. The subjunctive is generally preceded by a main (independent) clause and the conjunction **che.**

INDICATIVO		CONGIUNTIVO
independent clause + **che** +		*dependent clause*
Credo	che	**organizzino** una manifestazione.

The subjunctive mood has four tenses: present, past, imperfect, and pluperfect.

2. The present subjunctive (**il congiuntivo presente**) is formed by adding the appropriate endings to the verb stem. Verbs ending in **-ire** that insert **-isc-** in the present indicative also do so in the present subjunctive.

	lavorare	scrivere	dormire	capire
che io	lavor**i**	scriv**a**	dorm**a**	cap**isca**
che tu	lavor**i**	scriv**a**	dorm**a**	cap**isca**
che lui/lei	lavor**i**	scriv**a**	dorm**a**	cap**isca**
che	lavor**iamo**	scriv**iamo**	dorm**iamo**	cap**iamo**
che	lavor**iate**	scriv**iate**	dorm**iate**	cap**iate**
che	lavor**ino**	scriv**ano**	dorm**ano**	cap**iscano**

Notice that the first- and second-person plural (**noi** and **voi**) endings are identical in all three conjugations, and that the other forms of **-are** verbs have **i** endings while those of **-ere** and **-ire** verbs have **a** endings.

Since the three singular forms are identical (in all conjugations), subject pronouns are often used with them to avoid confusion.

Vogliono che **io voti**.	*They want me to vote.*

a. Verbs whose infinitives end in **-care** and **-gare** add an **h**, in all persons, between the stem and the present subjunctive endings.

È bene che il governo cer**ch**i di diminuire le tasse per le persone che sono in pensione.	*It's good that the government is trying to reduce taxes for people that are retired.*
Purtroppo, bisogna che tutti pag**h**ino le tasse!	*Unfortunately, it's necessary for everyone to pay taxes!*

b. Verbs ending in **-iare** drop the **i** from the stem before adding the present subjunctive endings.

È necessario che comin**ci**ate a farvi sentire!	*It's necessary for you to start making yourselves heard!*
Quando si è disoccupati, è probabile che si man**gi** meno.	*When one is unemployed, it is likely that one eats less.*

3. The following verbs have irregular present-subjunctive forms.

VERBI CON FORME IRREGOLARI DEL CONGIUNTIVO	
andare	vada, andiamo, andiate, vadano
avere	abbia, abbiamo, abbiate, abbiano
bere	beva, beviamo, beviate, bevano
dare	dia, diamo, diate, diano
dire	dica, diciamo, diciate, dicano
dovere	debba, dobbiamo, dobbiate, debbano
essere	sia, siamo, siate, siano
fare	faccia, facciamo, facciate, facciano
piacere	piaccia,... piacciano
potere	possa, possiamo, possiate, possano
sapere	sappia, sappiamo, sappiate, sappiano
stare	stia, stiamo, stiate, stiano
uscire	esca, usciamo, usciate, escano
venire	venga, veniamo, veniate, vengano
volere	voglia, vogliamo, vogliate, vogliano

A. Cosa credi? Sei d'accordo o no con le seguenti affermazioni? Spiega perché.

1. Credo che non sia bene votare alle elezioni quando non si è informati sui candidati.
2. Penso che il presidente abbia troppo potere (*power*).
3. È giusto che gli operai scioperino quando il costo della vita aumenta e il salario rimane lo stesso.
4. Voglio che le donne abbiano più diritti. (Non ne hanno abbastanza.)
5. Credo che i giovani debbano essere attivi nella politica e nella società invece di pensare esclusivamente ai propri problemi.
6. È assolutamente necessario che i ricchi contribuiscano con una certa percentuale del loro guadagno (*earnings*) ai programmi sociali.

B. Trasformazioni. Sostituisci le parole in corsivo con le parole tra parentesi e fai tutti i cambiamenti necessari.

1. Credo che *tu* non capisca la politica italiana. (voi / Giulia / gli americani / lui)
2. È necessario che *tutti* votino. (ognuno / anche tu / Lei / io)
3. Spero che *gli italiani* eleggano le persone giuste. (voi / tu / il signore / noi)

C. Consigli. Il tuo compagno / La tua compagna di casa ha avuto un check-up annuale e ha delle abitudini che deve cambiare. Con un compagno / una compagna, seguite l'esempio e create degli scambi usando **vuole che** e **bisogna che.**

ESEMPIO: usare poco sale →
   S1: Il dottore vuole che io usi poco sale.
   S2: Ha ragione; bisogna che tu usi poco sale.

1. mangiare molta frutta
2. andare in palestra
3. bere meno caffè
4. stare più tranquillo
5. avere più pazienza
6. fare passeggiate all'aria aperta
7. cercare di evitare lo stress
8. prendere un po' di sole (*sun*)

D. Altri consigli. Il tuo compagno / La tua compagna ha i seguenti problemi. Dai i tuoi consigli con frasi che cominciano con **penso che, bisogna che** o **è importante che.**

ESEMPIO: S1: Ho bisogno di banconote ma ho solo monete. →
   S2: Penso che tu debba andare al bancomat (*ATM*).

1. Il capo (*boss*) non mi rispetta.
2. Il cane non mangia.
3. Ho mal di gola, mal di stomaco e la febbre.
4. Bevo molti caffè e spesso ho mal di stomaco.
5. Non sono informato/informata sulla politica e le elezioni sono domani.
6. Studio sempre, non esco mai con gli amici e non vado mai in vacanza.
7. Non sono andata a lezione ieri e non so come fare i compiti.

E. **La fata** (*fairy*). La fata può realizzare (*make come true*) sei desideri (tre per te e tre per il compagno / la compagna). Prima dite che cosa non vi piace e che volete cambiare e poi dite il desiderio.

ESEMPIO: Non mi piace che ci sia tanta disoccupazione nel mondo.
Cara Fata, voglio che tu elimini tutta la disoccupazione e la povertà nel mondo.

B. Verbi e espressioni che richiedono il congiuntivo

CAMERIERE: Professore, vuole che Le porti il solito caffè o preferisce un poncino?*
PROFESSORE: Fa un po' fresco... Forse è meglio che prenda un poncino. Scalda di più.
CAMERIERE: Speriamo che questo sciopero finisca presto, professore.
PROFESSORE: Certo, ma bisogna che prima gli insegnanti abbiano un miglioramento delle loro condizioni di lavoro.

When two conjugated verbs are connected by **che,** the verb in the independent clause determines whether the indicative or the subjunctive should be used in the dependent clause.

1. When the verb or expression in the independent clause denotes certainty, the indicative is used in the dependent clause. When the verb or expression in the independent clause expresses emotion, opinion, doubt, or uncertainty, the subjunctive is used in the dependent clause. Compare these pairs of sentences.

So che i prezzi non **diminuiscono.**	*I know that prices aren't going down.*
Ho l'impressione che i prezzi non **diminuiscano.**	*I have the impression that prices aren't going down.*
È vero che **c'è** un aumento della disoccupazione.	*It's true that there is an increase in unemployment.*
È probabile che **ci sia** un aumento della disoccupazione.	*It's likely that there is an increase in unemployment.*

Expressions that denote certainty and that therefore take the indicative include **so che, è vero che, sono sicuro/sicura che, sono certo/certa che, vedo che, è ovvio che, riconosco che,** and **dimostro che.**

WAITER: Professor, do you want me to bring you the usual cup of coffee or would you prefer a **poncino?** PROFESSOR: It's a bit chilly. Maybe it's better for me to have a **poncino.** It warms you up more. WAITER: Let's hope that this strike ends soon, Professor. PROFESSOR: Definitely, but first it's necessary for teachers to obtain better working conditions.

*Poncino** is a hot drink made with water, sugar, and rum or other liqueurs. The word is an adaptation of the English word *punch.*

2. The following verbs and expressions are normally followed by the subjunctive.

EXPRESSIONS INDICATING EMOTION

Sono contento/felice
Mi (dis)piace
Ho paura ⎬ che il Presidente e i senatori siano d'accordo.
Preferisco
Spero

EXPRESSIONS INDICATING OPINION, DOUBT, UNCERTAINTY

Credo
Dubito (*I doubt*)
Ho l'impressione ⎬ che il Primo Ministro vada in Cina.
Immagino (*I imagine*)
Penso

EXPRESSIONS INDICATING A COMMAND OR WISH

Chiedo
Desidero ⎬ che i professori abbiano migliori condizioni di
Esigo (*I insist*) lavoro.
Voglio

IMPERSONAL VERBS AND EXPRESSIONS

(Non) è bene
(Non) bisogna
(Non) è importante
(Non) è (im)possibile
(Non) è (im)probabile
È incredibile
(Non) è male
(Non) è meglio ⎬ che riprendano le discussioni con i
È ora (*It's time*) lavoratori.
Pare (*It seems*)
(È) peccato ([*It's*] *too bad*)
(Non) è peggio
Può darsi (*It's possible*)
Sembra (*It seems*)
È strano

—Ho l'impressione che sia un ristorante
molto esclusivo.

A. Il contrario. Crea nuove frasi con i verbi e le espressioni suggeriti.

ESEMPIO: Non credo che lui possa venire. / So che… → So che lui può venire.

1. Non credi che il capo (*boss*) aumenti il tuo stipendio. / Sei sicuro/sicura che…
2. Dubitiamo che gli impiegati scioperino. / È vero che…
3. Ci dispiace che la polizia non riesca a controllare la manifestazione. / Siamo certi che…
4. Non mi sembra che la senatrice sia progressista. / Sappiamo che…
5. Non è possibile che lo sciopero dei treni sia finito. / Vedo che…

B. La famiglia Cesarini. Completa il brano con la forma corretta del verbo al presente indicativo o al congiuntivo.

Sembra che Davide e Paola non _____[1] (avere) abbastanza soldi e che non _____[2] (potere) mandare il figlio Matteo all'università. Peccato che lui non _____[3] (avere) una borsa di studio.[a] È certo che lui _____[4] (avere) intenzione di frequentare l'università. Può darsi che la nonna lo _____[5] (aiutare) finanziariamente. Speriamo che la famiglia _____[6] (potere) risolvere questo problema. Matteo a volte[b] è un po' pigro ma è anche vero che _____[7] (essere) un ragazzo molto intelligente e che _____[8] (meritare[c]) di essere aiutato!

[a]borsa… *scholarship*   [b]a… *sometimes*   [c]*to deserve*

C. Conversazioni. Completate le conversazioni con la forma corretta dell'indicativo o del congiuntivo.

1. S1: Senti, vuoi che (io) ti _____ (dare) una mano in giardino?
   S2: No, Franco, ma grazie lo stesso. So che tu _____ (essere) molto occupato: è ora che io _____ (aiutare) te.
2. S1: Sai, ho saputo che Maria e Antonio non _____ (andare) in Italia quest'estate.
   S2: Davvero? Peccato che Maria non _____ (potere) andare a trovare la madre: credo che lei _____ (stare) poco bene.

D. Conversazioni. Create domande che comincino con le seguenti frasi. Poi, fate le domande a due compagni o alla classe.

ESEMPIO: S1: Pensi che i tuoi amici abbiano intenzione di votare nelle prossime elezioni?
   S2: No, purtroppo credo che siano piuttosto apatici e che non vogliano votare.

1. Credi che… / Credete che…
2. Hai paura che…
3. Vuoi che…
4. Secondo te, è ovvio che…
5. Secondo te, l'esame dimostra che…
6. Secondo te, è possibile che…
7. È vero che…
8. Secondo te, è bene che…

Quando si vota

Un candidato si pubblicizza con un billboard «all'americana».

Gli italiani sono «chiamati alle urne»[1] per tre tipi diversi di elezioni, oltre a[2] quelle per il Parlamento Europeo: referendum popolari, elezioni politiche, elezioni amministrative.

Il referendum è un tipo particolare di votazione:[3] quando è necessario, si chiede ai cittadini di dire sì o no al cambiamento o all'abolizione di una legge dello Stato. Le elezioni politiche si tengono,[4] di norma,[5] ogni cinque anni. Nelle elezioni politiche si rinnova[6] il Parlamento (Camera dei Deputati e Camera dei Senatori) e, a seconda dei risultati ottenuti dai diversi schieramenti[7] di destra o di sinistra, il voto decide chi sarà il capo del Governo.

A votare per la Camera dei Deputati sono chiamati tutti i cittadini che hanno compiuto[8] 18 anni di età. Per votare per il Senato bisogna invece aver compiuto 25 anni.

Le elezioni amministrative rinnovano gli organi delle amministrazioni locali: Consiglio Regionale, Consiglio Provinciale, Consiglio Comunale e Consiglio delle Circoscrizioni, che, nelle città più grandi, corrispondono a zone della città. Queste votazioni si tengono ogni cinque anni e, a volte, in alcune città, coincidono con le elezioni politiche.

[1]«chiamati... » *"called to the polls (lit. urns)"* [2]oltre... *in addition to* [3]*voting* [4]si... *are held* [5]di... *as a rule* [6]si... *is renewed/replaced* [7]*(political) line-ups* [8]*reached*

C. Congiuntivo passato

FRANCESCO: Perché Maria non si è licenziata? Ieri mi ha detto che non le piaceva il suo lavoro e che avrebbe dato le dimissioni oggi.

DINO: Penso che le abbiano aumentato lo stipendio.

FRANCESCO: Why didn't Maria quit? Yesterday she told me that she didn't like her job and that she was going to give her resignation today.   DINO: I think they raised her salary.

1. The past subjunctive (**il congiuntivo passato**) is formed with the present subjunctive of **avere** or **essere** plus the past participle of the main verb.

VERBI CONIUGATI CON **avere**	VERBI CONIUGATI CON **essere**
che io abbia che tu abbia che lui/lei abbia } lavorato che abbiamo che abbiate che abbiano	che io sia che tu sia } partito/a che lui/lei sia che siamo che siate } partiti/e che siano

Si dice così

Congiuntivo presente o passato?

The time relationship between the action in the independent clause and that in the dependent clause determines whether the present or past subjunctive is used.

Può darsi che scioperino. *It's possible (now) they are on strike (now).*

Può darsi che abbiano scioperato. *It's possible (now) they were on strike (yesterday).*

2. The past subjunctive is used in place of the **passato prossimo** or the **passato remoto** of the indicative whenever the subjunctive is required.

Hanno superato la crisi. — *They overcame the crisis.*
Credo che **abbiano superato** la crisi. — *I think they overcame the crisis.*

Anche i pensionati **scioperarono.** — *The retirees also went on strike.*
Ho l'impressione che anche i pensionati **abbiano scioperato.** — *I think that the retirees also went on strike.*

Non **c'è stata** una diminuzione delle tasse. — *There wasn't a tax reduction.*
Peccato che non **ci sia stata** una diminuzione delle tasse. — *It's too bad there wasn't a tax reduction.*

ESERCIZI

A. Trasformazioni. Sostituisci le parole in corsivo con le parole tra parentesi e fai tutti i cambiamenti necessari.

1. Credo che *i signori* abbiano votato. (il dottore / tu / voi / Lei)
2. Ci dispiace che *Renata* non si sia fatta sentire. (i tuoi cugini / voi / tu / le signore)
3. È strano che *le tue amiche* non siano venute alla manifestazione. (l'avvocato / voi due / tu / gli altri)

—Capisco che il viaggio in Egitto ti abbia entusiasmato, ma non ti sembra di esagerare?

B. Spiegazioni. Offri una possibile spiegazione per le seguenti situazioni, con l'uso di **credo che** o **è possibile che.**

ESEMPIO: La professoressa non è in classe oggi. →
   Credo che non sia stata bene ieri sera.

1. Il presidente della ditta si è dimesso (*resigned*).
2. Le ragazze non sono partite per le vacanze.
3. Gli impiegati hanno fatto sciopero per un mese.
4. Renata non è venuta alla festa con Paolo.
5. I genitori di Cesare sono andati in pensione.
6. Maria non vuole venire alla riunione (*meeting*).

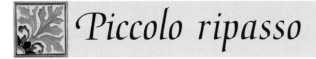

Piccolo ripasso

A. Sei d'accordo? Crea delle frasi con le espressioni che seguono e un compagno / una compagna (o il gruppo) deve dire se è d'accordo o no e perché.

ESEMPIO: Credo che… → Credo che il professore lavori poco.
   Non è vero! Il professore lavora moltissimo.

1. Credo che…
2. È possibile che…
3. È importante che…
4. Sono contento/contenta che…
5. Spero che…
6. È male che…

B. Mini-dialoghi. Completate le conversazioni con il passato prossimo o il congiuntivo passato dei verbi tra parentesi.

1. S1: Gino, hai visto i risultati delle elezioni? Non ti pare strano che la gente _____ (votare) ancora per questi partiti?
   S2: Può darsi che _____ (avere) paura di cambiare. È vero che molte persone _____ (capire) che il vecchio sistema non funziona, ma è probabile che non _____ (essere) entusiaste nemmeno (*not even*) dei nuovi partiti.
2. S1: Sembra che gli insegnanti _____ (ottenere) un aumento di stipendio.
   S2: Era ora! Tutti dicono che l'istruzione è importante ma è vero che gli insegnanti non _____ (ricevere) mai stipendi decenti.

C. Ho tanto da fare. Fai una lista di tre cose che devi fare oggi. Usa il congiuntivo e comincia tutte le frasi con **Bisogna che.** Poi, fai una lista di tre cose che purtroppo non hai fatto ieri. Comincia le frasi con **Peccato che io non…**

ESEMPIO: Bisogna che io studi il congiuntivo!
   Peccato che io non abbia studiato il congiuntivo ieri!

D. Mini-intervista. Parla con un compagno / una compagna per avere le seguenti informazioni.

1. quali cose spera che succedano con le prossime elezioni
2. quali cose ha paura che succedano quest'anno
3. se crede che il governo rispetti i diritti di tutti i cittadini
4. se pensa che la politica internazionale sia importante

Invito alla lettura

In Lazio

Eccoci finalmente in Lazio, a Roma, la città «eterna», sognata da italiani e stranieri, dove vive o lavora la maggior parte degli abitanti dell'intero Lazio.

Roma è la capitale d'Italia, sede[1] delle più importanti istituzioni politiche. È anche la capitale di tutto il mondo cristiano e una delle città più ricche di storia del mondo intero. E non ti basteranno[2] pochi giorni per vedere le tante opere d'arte delle varie epoche, dall'Impero romano al Rinascimento, al Seicento, all'Ottocento.

Il fascino[3] di Roma è veramente grande, poiché unisce[4] quello dei magnifici monumenti con quello del suo clima dolce, la luce[5] dei suoi tramonti[6] magici, il verde dei colli e l'oro del mitico fiume Tevere.[7]

Anche i palazzi dove hanno sede le istituzioni dello Stato sono bellissimi e alcuni di essi,[8] in alcuni giorni, sono aperti al pubblico.

Sei a Roma il primo sabato del mese? Bene, puoi visitare Palazzo Madama, sede del Senato. Il palazzo, completato definitivamente[9] nel '600, ha sale[10] grandiose, per la maggior parte ristrutturate e decorate nell'800. Al palazzo del Quirinale potrai invece vedere bellissime mostre che si fanno nelle antiche scuderie[11] del palazzo, ristrutturate di recente.[12] Questo palazzo, oggi sede del Presidente della Repubblica, fu fatto costruire dai Papi, tra il '500 e il '600, per essere una residenza estiva[13] ed ha magnifici giardini.

Proprio nel cuore di Roma si trova poi lo Stato del Vaticano. È un vero stato estero[14] rispetto all'Italia. È il più piccolo stato del mondo ed ha il Papa come sovrano. I suoi palazzi contengono ricchezze artistiche immense e straordinarie.

[1]seat [2]non... will not be enough for you [3]charm [4]poiché... since it joins [5]light [6]sunsets [7]l'oro... the gold of the mythical river Tiber [8]these [9]once and for all [10]halls [11]stables [12]di... recently [13]summer [14]foreign

Di guardia al Palazzo del Quirinale, sede del Presidente della Repubblica, a Roma

E ora a te

Capire

Rispondi.

1. A quali epoche o periodi storici appartengono (*belong*) i monumenti di Roma?
2. Come si chiama il fiume che passa per Roma?
3. Quando si può visitare Palazzo Madama e di che cosa è sede il palazzo? Di quali stili e periodi artistici è il Palazzo?
4. Dove si possono vedere mostre importanti?
5. Che cos'è e dove si trova lo Stato del Vaticano?

Scrivere

Immagina di essere a Roma a studiare e di dover rispondere a qualche domanda davanti ad una classe di studenti del liceo. Scrivi delle brevi risposte alle seguenti domande sul sistema politico del tuo paese. Ricordati che devi esprimere le tue opinioni.

Parole utili: Penso che… , Credo che… , Dubito che… , Ho l'impressione che… , Secondo me è importante che…

Il sistema politico nel tuo paese funziona bene?
Molta gente vota alle elezioni nazionali?
Perché sì o no?
Quanti partiti politici ci sono nel tuo paese?
I giovani si informano sulla politica?
Discutono di politica?
I cittadini, nel tuo paese, rispettano le leggi?
Qual è una legge che non ti piace?
Qual è una legge che ti sembra molto giusta?
Qual è una legge che tu faresti subito?
Quale partito politico americano preferisci e perché?

Videoteca

FUNZIONE: come usare un bancomat

Non ho un soldo!

Roberto, sul punto di partire per Roma, è rimasto senza soldi. Insieme a Giuliana, si ferma a un bancomat (*ATM*) per ritirare dei soldi.

ESPRESSIONI UTILI

prelevare	to withdraw
una tassa sull'importo	a service charge (*on the amount cashed*)
digita il codice	enter the pin number
Mannaggia!	Darn it!
non disponibile	not available

Preparazione

GIULIANA: Ma perché vai a Roma?

ROBERTO: Scrivo un articolo sull'antica Roma e bisogna che faccia delle fotografie.

GIULIANA: A che ora parte il treno?

ROBERTO: Presto! Comunque, faccio presto a prelevare con la mia carta. Per fortuna non devo andare in banca.

Verifica

Abbina la prima parte di ogni frase a sinistra con la conclusione più adatta a destra.

1. Prima
2. Lo sportello è momentaneamente
3. Posso prestarti io

a. non disponibile.
b. un po' di soldi.
c. inserisci la carta.

Comprensione

Rispondi alle seguenti domande.

1. Perché Roberto deve prelevare dei soldi?
2. Dov'è migliore il cambio, in banca, in albergo o al bancomat?
3. Che cosa non deve pagare Roberto sui soldi avuti in prestito (*had on loan*) da Giuliana?

Attività

Da fare in coppia. Sei impiegato/impiegata in una banca. Si presenta un/una cliente che sta per andare in Italia e ti domanda se può usare la sua carta bancomat in Italia. Il/La cliente ha dei dubbi e ti fa tante domande su come si fa con la carta americana/canadese in un paese straniero, sul cambio in confronto a un ufficio cambio o all'albergo, sulle tasse, sui limiti di quanto si può prelevare al giorno e così via. Rispondi a tutte le sue domande (se non sai la risposta, prova a indovinare).

Parole da ricordare

VERBI

*andare in pensione	to retire
applicare	to apply; to enforce
aumentare	to raise, increase
bisognare	to be necessary
contrattare	to negotiate
*crescere	to grow; to increase
dare le dimissioni	to give one's resignation
dimettersi (*p.p.* dimesso)	to resign (*an office*)
diminuire (isc)	to reduce
dubitare	to doubt
eleggere (*p.p.* eletto)	to elect
esigere	to demand
*essere in pensione	to be retired
*essere in sciopero	to be on strike
fare sciopero	to strike
farsi sentire	to make oneself heard
immaginare	to imagine
informarsi (su)	to become informed (about); to become acquainted (with)
meritare	to deserve
occuparsi (di)	to involve oneself (in), concern oneself (with)
organizzare	to organize
*parere (*p.p.* parso)	to seem
scioperare	to strike
*sembrare	to seem
votare	to vote

NOMI

l'aumento	raise, increase
la banconota	banknote, bill
il cambiamento	change
la Camera dei Deputati	Chamber of Deputies (*lower house of Parliament*)
la campagna elettorale	election campaign
il candidato / la candidata	candidate
il cittadino / la cittadina	citizen
la coalizione	coalition
la Comunità Europea	European Community
il Consiglio dei Ministri	Council of Ministers
la costituzione	constitution
la democrazia	democracy
il deputato / la deputata	representative (*in the Chamber of Deputies*)
la diminuzione	reduction
il diritto	(legal) right
il discorso	speech; conversation
la disoccupazione	unemployment
l'elezione (*f.*)	election

l'euro	euro (*shared European currency*)
la fabbrica	factory
il Governo	government; executive branch; administration
il guadagno	earnings, income
l'impiegato/l'impiegata	white-collar worker
la manifestazione	demonstration, rally
il ministro (*m./f.*)	minister (*in government*)
la moneta	currency; coin
l'operaio/l'operaia	blue-collar worker
il Parlamento	Parliament
il partito politico	political party
la pensione	pension, retirement
il pensionato / la pensionata	retired person
la politica	politics
la povertà	poverty
il Presidente (della Repubblica)	president (of the Republic)
il Presidente del Consiglio, il Primo Ministro	prime minister
la riduzione	reduction
la riunione	meeting
il salario	wage
lo sciopero	strike
il Senato	Senate (*upper house of Parliament*)
il senatore / la senatrice	senator
il sistema politico	political system
lo Stato	the State, the federal government
lo stipendio	salary
le tasse	taxes
il voto	vote

AGGETTIVI

attuale	current, present
disoccupato	unemployed
europeo	European
informato	informed, up-to-date
unito	united

ALTRE PAROLE E ESPRESSIONI

così come	just like
è ora	it's time
fuori luogo	out of place
intanto	in the meantime
pare	it seems
(è) peccato	(it's) too bad
può darsi	it could be, it's possible
sembra	it seems

---

*Words identified with an asterisk (*) are conjugated with **essere**.

Flash culturali
L'arte e la musica

Amedeo Modigliani

Di recente[1] si parla molto di Modigliani. La grande mostra a lui dedicata ha avuto un grande successo a Parigi nel 2002 e ne ha avuto uno ancora maggiore a Milano nel 2003. Sì, perché in Italia questo artista «maledetto»[1] è molto conosciuto e amato. Tanto che, quando si vede una donna con il collo[2] particolarmente lungo, si dice che sembra una donna di Modigliani.

Amedeo Modigliani era toscano, nato a Livorno nel 1884. Fa i suoi primi studi di pittura a Firenze, con Giovanni Fattori. Va poi a Venezia e finalmente a Parigi. Qui entra in contatto con i grandi artisti del momento, fra cui Pablo Picasso, e con l'arte africana e primitiva.

Il soggetto preferito è il ritratto, soprattutto femminile, e le sue donne sono bellissime, con i volti[3] ovali e i colli lunghi.

Si ammala giovane e muore a soli 36 anni.

[1]Di... *Recently* [2]*"cursed"* [3]*neck* [4]*faces*

Un *Autoritratto* di Amedeo Modigliani

La Città della musica

Roma ce l'ha fatta.[1] Il 21 aprile 2002 il Presidente della Repubblica ha inaugurato l'Auditorium-Parco della musica, detto da tutti la Città della musica.

L'architetto Renzo Piano ha realizzato[2] così il suo sogno[3] di un'opera veramente grandiosa. E gli amanti della musica hanno realizzato il sogno di avere un luogo «perfetto» per l'ascolto.

L'Auditorium, con gli spazi esterni, ha una superficie[4] di 55 mila metri quadrati.[5] In questa superficie si trovano anche i resti di una delle più grandi ville dell'antica Roma, ritrovati duranti gli scavi fatti per l'Auditorium.

La sala più grande contiene 2.750 posti, la più piccola 700. Nella sala da 1.200 posti c'è un palcoscenico che può prendere diverse forme ed adattarsi[6] alle esigenze[7] dei diversi spettacoli.

Renzo Piano ha seguito personalmente i lavori e ha messo la tecnologia moderna al servizio della musica. Il risultato è stato eccezionale: la Città della musica è unica al mondo.

[1]ce... *did it* [2]ha... *realized* [3]*dream* [4]*area* [5]*55... 55,000 square meters or approximately 13.59 acres (1 acre is approximately equivalent to the size of a football field)* [6]*adapt itself* [7]*demands*

Il nuovo Auditorium-Parco dedicato alla musica a Roma

Il tesoro nascosto sotto il Duomo di Siena

Per chi ama l'arte del Duecento e del Trecento c'era una mostra da non perdere.

Dalla primavera all'inverno del 2003, a Siena, al Museo dell'Opera metropolitana, si sono potute ammirare le opere di Duccio di Buoninsegna e di altri pittori senesi. In questa occasione si sono visti per la prima volta anche gli affreschi di pittori della scuola senese, ritrovati alla fine del 2001 con gli scavi fatti sotto la cattedrale di Siena.

Questi scavi hanno permesso di fare una delle più grandi scoperte della storia dell'arte degli ultimi anni. Hanno infatti trovato un'altra cattedrale, con una grande sala dove ci sono 200 metri quadrati di affreschi dei maestri senesi. Gli affreschi rappresentano episodi del Vecchio e Nuovo Testamento e sono perfettamente conservati.[1]

Se tuttavia[2] non hai potuto vedere la mostra, non preoccuparti. Potrai sempre andare a visitare la cattedrale che gli scavi hanno riportato alla luce.

Se ne parla come di una vera meraviglia[3]!

[1]*preserved*   [2]*nonetheless*   [3]*marvel*

La cattedrale di Siena nasconde sotto di sé un'altra cattedrale.

I gioielli° di Salerno

jewels

Tutti conoscono Napoli e la sua provincia, ma non tutti sanno che Salerno ha nella sua provincia alcuni gioielli particolarmente preziosi.

Il più prezioso è sicuramente Paestum, un'antica città greca che ha tre templi del periodo classico, tra i più belli e ben conservati[1] al mondo.

Nella prima metà del '700, scrittori e artisti di molte nazionalità (tra i quali Goethe) scoprirono gli splendidi templi e ne diffusero la fama[2] per tutta l'Europa.

Così lo stile dei templi di Paestum influenzò l'architettura neoclassica dell'Europa e anche dell'America.

Un concerto a Villa Rufolo con il bellissimo scenario della Costa Amalfitana

E per gli appassionati di musica, un altro gioiello salernitano, Ravello, offre ogni anno, negli splendidi panorami di Villa Rufolo, ottimi concerti di musica classica e un interessante festival wagneriano. Proprio le luci[3] e i colori di Villa Rufolo ispirarono infatti a Wagner il secondo atto dell'opera *Parsifal*.

[1]*ben... well preserved*   [2]*ne... they spread the fame (of the temples)*   [3]*lights*

Explore these topics further through the links found on the *Prego!* website. **www.mhhe.com/prego6**

Fare domanda di lavoro

Fare... *To apply for a job*

Pubblicità di un'agenzia di lavoro a Roma

In seguito

Practice the skills you learned in this chapter and get connected to the Italian-speaking world through the *Prego!* supplements!
www.mhhe.com/prego6

Vocabolario preliminare

Come trovo un lavoro

EMANUELE: Inflazione, disoccupazione, crisi economica... e come lo trovo un lavoro?

GABRIELLA: Bisogna aver pazienza e persistere: fare domande, rispondere agli annunci, partecipare a concorsi...

EMANUELE: E tu, da quanto tempo persisti?

GABRIELLA: A dire il vero, io un lavoro ce l'ho:[1] e serve[2] proprio per trovarti un lavoro. Lavoro per il sindacato, io!

1. Perché è difficile trovare un lavoro al giorno d'oggi[3]?
2. Che cosa bisogna fare per trovare un lavoro?
3. Qual è il lavoro di Gabriella?

[1]ce... *I have one* [2]*it works* [3]al... *these days*

Il lavoro

IN CERCA DI LAVORO (*LOOKING FOR WORK*)

il curriculum curriculum vitae, CV; resumé

l'offerta offer

assumere (*p.p.* **assunto**) to hire
avere un colloquio to have an interview
cercare lavoro to look for a job
fare domanda to apply
fissare un colloquio to set up an interview
partecipare a un concorso to take a civil-service exam
riempire un modulo to fill out a form
rispondere a un annuncio to answer an ad

GUADAGNARSI LA VITA (*TO EARN A LIVING*)

gli affari business, affairs
l'assistenza medica health insurance
l'assistenza sanitaria / il sistema sanitario nazionale national health care
l'azienda, la ditta firm
i benefici benefits
il/la collega colleague
il commercio business, trade
il costo della vita cost of living
il datore / la datrice di lavoro employer
l'industria industry
l'inflazione (*f.*) inflation
il lavoratore / la lavoratrice worker
la mansione function, duty (*professional*)
il mestiere, la professione profession, trade, occupation
il requisito requirement, qualification
la richiesta demand
il sindacato labor union
il tirocinio internship

Parole-extra

I computer e Internet

l'e-mail (f.), **la posta elettronica** email
il file (pl. **i file**) file
l'hardware (pl. **gli hardware**) hardware
il monitor monitor
il mouse (pl. **i mouse**) mouse
il server server
il software (pl. **i software**) software

chattare to chat (online)
cliccare to click
emailare to email
formattare to format
forwardare to forward
installare to install
resettare to reset
scrollare to scroll

*essere + *professione* to be a + profession
*essere dirigente to be an executive, manager
fare il/la + *professione* to be a + profession
fare il/la dirigente to be an executive, manager
licenziare to fire
licenziarsi to quit (*a job*)

IL LINGUAGGIO DEI COMPUTER E DI INTERNET

il dischetto diskette
il disco fisso hard drive
il motore di ricerca search engine

la rete the Web
lo schermo screen
il sito site
    il sito Internet, il sito della rete website
la stampante printer
la tastiera keyboard

allegare to attach
annullare to delete
battere, scrivere a macchina to type
salvare to save
scaricare to download
stampare to print

in linea, online online

ESERCIZI ■ ■ ■ ■ ■ ■ ■ ■ ■

A. Sondaggio. Che cosa faresti nelle seguenti situazioni? Spiega anche il perché delle tue decisioni.

1. Sei insoddisfatto/insoddisfatta del (*unsatisfied with*) tuo lavoro.
   a. Ti licenzi e cerchi un altro lavoro.
   b. Decidi di restare perché guadagni molto.
2. I tuoi colleghi sono insopportabili (*unbearable*).
   a. Li ignori completamente e ti concentri sul tuo lavoro.
   b. Ti preoccupi (*You worry*) in continuazione di come rispondere ai loro commenti.
3. La tua ditta ha assunto un nuovo dirigente invece di promuovere (*promote*) te.
   a. Vai a parlarne con il direttore della ditta.
   b. Non dici niente e ti lamenti con gli altri lavoratori.
4. Gli stipendi nel settore in cui lavori sono molto bassi; il costo della vita è aumentato.
   a. Ti iscrivi (*join*) ai sindacati e protesti.
   b. Ti lamenti ma aspetti che le cose si risolvano (*resolve themselves*) da sole.
5. Vedi un annuncio in linea; è proprio il lavoro che cercavi, ma non hai tutti i requisiti.
   a. Fai domanda e mandi il tuo curriculum al datore di lavoro.
   b. Non rispondi all'annuncio; non hai tempo da perdere.

B. Tutto sul lavoro. Completa le frasi con le espressioni adatte.

1. —Signora Rizzo, Le piace fare l'architetto?
   —Molto. È una (professione / ditta) interessantissima!
2. —Si è licenziata Irene?
   —Sì, e per fortuna qui in Italia non si perde (l'assistenza medica / l'inflazione).

---

*Words identified with an asterisk (*) are conjugated with **essere**.

3. —Hai fatto domanda per quel tirocinio?
   —No, non penso di avere tutti i (colleghi / requisiti) necessari.
4. —Non vedo più Morelli.
   —Non lo sapevi? L'hanno (assunto / licenziato) un mese fa.
5. —Paolo, che fai da queste parti (*in this neighborhood*)?
   —Vado ad un colloquio; (cerco lavoro / faccio il dirigente) da quasi sei mesi.
6. —Gloria è un tipo interessante. Cosa fa?
   —Non so esattamente; credo che lavori (nell'industria / nella mansione) dello spettacolo.
7. —Quest'anno le vendite (*sales*) sono in diminuzione (*down*).
   —Mah, è un periodo di scarsa (inflazione / richiesta).

C. A caccia di (*Hunting for*) **lavoro.** Simone Bellini, laureato in economia e commercio, ha finalmente trovato un lavoro! Completa la sua storia con parole del **Vocabolario preliminare** e con espressioni che conosci già.

Simone Bellini era senza lavoro; era _____[1] da quasi tre mesi. Aveva fatto tutto il possibile: aveva _____[2] a molti _____[3] sul giornale, aveva _____[4] domanda in diverse aziende, aveva _____[5] tanti moduli, aveva fissato dei _____[6] con agenzie internazionali, e aveva persino[a] _____[7] a due concorsi per entrare al Ministero della Finanza. Per fortuna viveva con i suoi (*parents*), e così non doveva pensare ai _____[8] per l'affitto! Finalmente, un giorno ha ricevuto un' _____[9] di lavoro: lo _____[10] era molto alto e le sue _____[11] di lavoro erano ben definite e ragionevoli.[b] Naturalmente Simone ha accettato!

[a]*even* [b]*reasonable*

—Si sente un perseguitato:[a] questa settimana ha già ricevuto tre offerte di lavoro!

[a]*victim of persecution*

D. Un bel computer. Sei stato assunto / stata assunta per lavorare a un nuovo progetto in linea della facoltà di lingue straniere della tua università. Lavorerai su vari siti Internet, il sito della facoltà e altri siti italiani della rete, così hai bisogno di un bel computer. Grazie a un dono (*gift*) generoso, la facoltà ha € 2000 da spendere per il nuovo computer. Ti danno un modulo da riempire per configurare la macchina. Senza superare il budget assegnato, configura il tuo computer secondo i tuoi bisogni e le tue preferenze.

Il prezzo di base del computer è € 800. Costi ulteriori secondo la configurazione finale sono indicati fra parentesi.

PROCESSORE

☐ Processore Intel® Pentium 4 2.4GHz (533MHz system Bus)
☐ Processore Intel® Pentium 4 2.6GHz (533MHz system Bus) (+ € 60)
☐ Processore Intel® Pentium 4 2.8GHz (533MHz system Bus) (+ € 180)
☐ Processore Intel® Pentium 4 3.06GHz (533 MHz system Bus) (+ € 360)

MEMORIA

☐ 256 MBDDR RAM 333 MHz
☐ 512 MB DDR RAM 333 MHz (+ € 120)
☐ 1024 MB DDR RAM 333 MHz (+ € 240)
☐ 2048 MB DDR RAM 333 MHz (+ € 1.680)

DISCO FISSO

☐ Disco Fisso 40GB (7200rpm)
☐ Disco Fisso 60GB (7200rpm) (+ € 24)
☐ Disco Fisso 80GB (7200rpm) (+ € 48)
☐ Disco Fisso 120GB (7200rpm) (+ € 96)

SISTEMA OPERATIVO

☐ Microsoft® Windows® XP Home Edition
☐ Microsoft® Windows® XP Professional **Raccomandato per le piccole aziende** (+ € 72)

SCHEDA (*CARD*) VIDEO

☐ Scheda Video 64MB GeForce4 MX420 con uscita (*output*) TV
☐ Scheda Video nVIDIA GeForce FX5200 128 MB AGP8x (uscita TV, supporto DVI) (+ € 12)
☐ Scheda Video ATI Radeon 9800 128 MB (uscita TV, supporto DVI e Dual Display) (+ € 132)

SCHEDA AUDIO

☐ Chipset Suono Integrato 64 voci

☐ Scheda Audio Sound Blaster Live! Value (+ € 30)
☐ Scheda Audio Sound Blaster Audigy 2 (+ € 60)

MONITOR

☐ Schermo Piatto (*flat*) 15" Midnight Grey
☐ Shermo Piatto 17" Midnight Grey (+ € 180)
☐ Shermo Piatto 17" Ultrasharp (DVI) Midnight Grey (+ € 324)
☐ Schermo Piatto 18" Ultrasharp (DVI) Midnight Grey (+ € 384)
☐ Schermo Piatto 21" Ultrascan CRT Midnight Grey (+ € 624)

TASTIERA

☐ Tastiera Standard Versione italiana
☐ Tastiera Multimedia Versione italiana (+ € 12)
☐ Kit Logitech Tastiera versione italiana e Mouse senza fili (*cordless*) e Ottici (*optical*) (+ € 102)

MOUSE

☐ Mouse Logitech 2 tasti (*buttons*) + rotellina (*wheel*)
☐ Mouse Logitech optical USB + rotellina (+ € 6)

FLOPPY DISK

☐ Non incluso
☐ Floppy Disk 3.5" 1.44MB (+ € 12)

LETTORE DVD/CD

☐ Lettore CD-RW 48x/24x/48x e Lettore DVD ROM 16x con software MPEG2
☐ Lettore DVD+R/DVD+RW 4x/2.4x (+ € 84)
☐ Lettore DVD+R/DVD+RW 4x/2.4x e Lettore CD ROM 48x (+ € 106)
☐ Lettore DVD+R/DVD+RW 4x/2.4x e Lettore DVD ROM 16x (+ € 144)

CASSE ACUSTICHE (*SPEAKERS*)

☐ Non incluso
☐ Casse Stereo (+ € 12)
☐ Casse Acustiche Harman Kardon 395 (+ € 48)
☐ Casse Acustiche Altec Lansing 745 **Raccomandato** (+ € 102)

SOFTWARE PREINSTALLATO

☐ Microsoft® Works 7.0
☐ Microsoft® Office® XP Small Business **Raccomandato** (+ € 240)
☐ Microsoft® Office® XP Professional (+ € 372)

STAMPANTE / STAMPANTE ALL IN ONE

☐ Stampante Lexmark X75 All in one (stampante a colori, fotocopiatrice, scanner) (+ € 90.72)
☐ Stampante laser condivisible Lexmark E323, 19ppm, 16MB, processore RISC 200MHz, porte parallele e USB (+ € 355.32)
☐ Stampante Lexmark X5150 All in one (stampante a colori, fotocopiatrice, scanner) **Raccomandato** (+ € 166.80)
☐ Stampante a colori Epson Stylus Pro 830 a getto d'inchiostro (*ink jet*) per stampa fotografica, risoluzione massima: fino a 5760 dpi (+ € 114)
☐ Stampante a colori Epson Stylus Pro C82 a getto d'inchiostro, risoluzione massima: fino a 5760 X 720 dpi (+ € 130.80)
☐ Stampante laser Epson Stylus Photo C900N, risoluzione massima: fino a 2400 dpi, 16 ppm (nero), 4 ppm (colori), porte paralleli, USB (+ € 992.80)

Prezzo finale € _____ (Budget assegnato: € 2000)

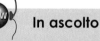 **In ascolto**

For listening comprehension activities related to the theme of this chapter, see the Laboratory Manual or visit the *Prego!* website.
www.mhhe.com/prego6

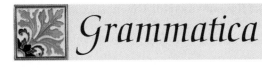

Grammatica

A. Congiunzioni che richiedono il congiuntivo

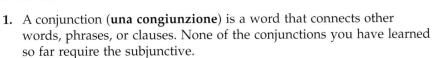

SIGNOR ONGETTA: Pronto, Signora Croci? Buongiorno, sono il rappresentante della Bottega del Gioiello. A proposito delle catene d'oro... non deve preoccuparsi, le ho già spedite e arriveranno in settimana... a meno che la posta non abbia ritardi!

SIGNORA CROCI: È possibile una seconda spedizione prima che finisca l'anno? Ai nostri clienti piacciono molto le vostre creazioni!

SIGNOR ONGETTA: Non glielo posso promettere: benché i miei operai facciano il possibile, c'è sempre la possibilità di qualche intoppo.

SIGNORA CROCI: E il costo, sarà lo stesso?

SIGNOR ONGETTA: Beh, no, ci sarà un leggero aumento. Ne capirà i motivi senza che glieli spieghi: il prezzo dell'oro, il costo della mano d'opera, l'inflazione...

1. A conjunction (**una congiunzione**) is a word that connects other words, phrases, or clauses. None of the conjunctions you have learned so far require the subjunctive.

Ti telefonerò **appena** usciranno gli annunci.	*I'll call you as soon as the ads come out.*
È dirigente **ma** non guadagna molto.	*She's an executive but she doesn't earn much.*
Ero nervoso **mentre** aspettavo di entrare.	*I was nervous while I was waiting to go in.*
Si è licenziata **perché** era insoddisfatta del lavoro.	*She quit because she was unhappy with her job.*

SIGNOR ONGETTA: Hello, Signora Croci? Good morning, I am the agent for the Bottega del Gioiello. Regarding the gold chains . . . you needn't worry; I have already shipped them, and they will arrive within the week . . . unless there is a delay in the mail! SIGNORA CROCI: Is a second shipment possible before the year is over? Our clients are very fond of your creations! SIGNOR ONGETTA: I can't promise it. Although my employees do their best, there is always the possibility of some kind of problem. SIGNORA CROCI: And the cost, will it be the same? SIGNOR ONGETTA: Well, no, there will be a slight increase. You probably understand the reasons without my explaining them to you: the price of gold, the cost of labor, inflation . . .

2. Some conjunctions *always* take the subjunctive. The most common are

affinché ⎫ perché ⎭	*so that*
a meno che… non	*unless*
prima che	*before (someone doing something)*
senza che	*without (someone doing something)*
benché ⎫ sebbene ⎭	*although*
a condizione che ⎫ purché ⎭	*provided that*

Prima che e dopo che; prima di e dopo

Note that **prima che** is followed by the **congiuntivo** but **dopo che** is followed by the **indicativo.**

Marco prepara la cena **prima che** Gina **torni** dal lavoro. *Marco prepares dinner before Gina returns home from work.*

Marco prepara la cena **dopo che** Gina è **tornata** dal lavoro. *Marco prepares dinner after Gina has returned home from work.*

Note also that when the subject of both clauses is the same, **prima di** is used with the **infinito** and **dopo** is used with the **infinito passato** (*past infinitive,* see page 384).

Di solito Marco prepara la cena **prima di studiare.** *Usually Marco prepares dinner before studying.*

Ma stasera Marco prepara la cena **dopo avere studiato.** *But tonight Marco prepares dinner after having studied.*

Danno dei corsi **perché** gli impiegati **siano** aggiornati.	*They offer courses so that their employees are up-to-date.*
Non posso darti un passaggio **a meno che** mio marito **non riporti** la macchina.	*I can't give you a ride unless my husband brings back the car.*
Telefonale **prima che** lei **assuma** un altro!	*Call her before she hires someone else!*
Devi fare domanda **senza che** lui lo **sappia.**	*You must apply without his knowing.*
Benché non **abbia** i requisiti, Mara farà domanda di lavoro al Ministero.	*Although she doesn't have the requirements, Mara will apply for a job at the Ministry.*
Accetterò quell'offerta di lavoro **purché** tu lo **voglia.**	*I'll accept that job offer provided that you want me to.*

3. The subjunctive is used after **prima che, senza che,** and **perché** or **affinché** (in the sense of *so that*) *only* when the subjects of the two connected clauses are different. When they are the same, use **prima di** + *infinitive,* **senza** + *infinitive,* or **per** + *infinitive.* Compare:

Fa' domanda **prima che parta** la signora Bruni!	*Apply before Mrs. Bruni leaves!*
Fa' domanda **prima di partire!**	*Apply before you leave!*
Ti licenzierai **senza che** la dirigente ti **scriva** una lettera di raccomandazione?	*Will you quit without the boss writing a letter of recommendation for you?*
Ti licenzierai **senza scrivere** una lettera di raccomandazione per Giorgio?	*Will you quit without writing a letter of recommendation for Giorgio?*
Lavora **perché (affinché)** i figli **possano** frequentare l'università.	*She works so that her children can go to college.*
Lavora **per poter** frequentare l'università.	*She works so that she can go to college.*

A. Maddalena e Orlando. Abbina le frasi della lista A con una conclusione logica della lista B per creare una frase completa.

Maddalena e Orlando…

A	B
1. vanno a mangiare la pizza prima di	**a.** salutare i genitori.
2. studiano molto per	**b.** i genitori non debbano pagare le loro spese universitarie.
3. vanno in vacanza senza	**c.** arrivino i parenti.
4. organizzano una festa per Marcello senza che	**d.** andare al cinema.
5. lavorano al mare d'estate perché	**e.** prendere bei voti.
6. escono di casa prima che	**f.** lui lo sappia.

B. Trasformazioni. Sostituisci le parole in corsivo con le parole tra parentesi, e fai tutti i cambiamenti necessari.

1. Vanno in ufficio prima che *io* mi alzi. (tu / voi / i bambini / Mario)
2. Starò zitta purché *tu* cerchi lavoro. (Eduardo / i ragazzi / voi / Maria e Chiara)
3. Si licenzierà a meno che *tu* non le dia un aumento. (voi / l'azienda / i dirigenti / io)

C. Quale costruzione? Scegli tra le due forme date.

ESEMPIO: Piera ha partecipato al concorso (senza / senza che) dirlo a nessuno. →
Piera ha partecipato al concorso senza dirlo a nessuno.

1. Dario e Claudia vogliono trovare un lavoro (prima di / prima che) finire l'università.
2. Ho saputo che assumeranno Remo (benché / perché) lui non abbia tutti i requisiti necessari per quel posto.
3. Accetto la vostra offerta di lavoro (prima che / a condizione che) le mie mansioni siano ben definite.
4. I miei colleghi si licenzieranno (a meno che / sebbene) il sindacato non li aiuti.
5. Antonella richiederà un trasferimento (*transfer*) (senza che / senza) dire niente a nessuno.

—Bisogna aspettare il disgelo[a] prima che ci dia via libera.[b]

[a]*thaw* [b]*via… go-ahead*

D. Congiunzioni e preposizioni. Completa le frasi. Fai attenzione alla (*Pay attention to*) concordanza dei tempi verbali.

ESEMPI: Mi sono licenziata per… →
Mi sono licenziata per avere più tempo per la musica.

Cerco lavoro sebbene… →
Cerco lavoro sebbene ci siano poche possibilità.

1. Cambierò mestiere a condizione che…
2. Marco riempie quel modulo senza…
3. Parteciperò a questo concorso per…
4. Telefono all'agenzia prima che…
5. Dopo la laurea farò un viaggio a meno che…
6. Risponderò agli annunci sul giornale sebbene…

B. Altri usi del congiuntivo

—Mi porti lo stesso, qualunque cosa sia!

In addition to the uses of the subjunctive you learned in **Capitolo 16,** the subjunctive is also used in the following situations:

1. in a dependent clause introduced by an indefinite word or expression

chiunque	*whoever, whomever*
comunque	*no matter how*
dovunque	*wherever*
qualunque	*whatever, whichever* (*adjective*)
qualunque cosa	*whatever, no matter what* (*pronoun*)

Chiunque tu **sia,** parla! — *Whoever you are, speak!*
Comunque vadano gli affari devi avere pazienza. — *No matter how business works out, you must have patience.*
Dovunque tu **vada,** troverai lavoro. — *Wherever you go, you'll find a job.*
Qualunque professione Anna **scelga,** avrà successo. — *Whatever profession Anna chooses, she will be successful.*
Qualunque cosa succeda, informateci! — *Whatever happens, let us know!*

2. in a clause introduced by a relative superlative

È l'azienda **più grande** che ci **sia**.	*It's the largest firm that there is.*
È il lavoro **più difficile** che io **abbia** mai **fatto**.	*It's the most difficult work I've ever done.*
È la persona **più interessante** con cui io **abbia** mai **parlato**.	*She is the most interesting person with whom I've ever spoken.*

3. in a clause introduced by a negative

Non c'è **nessuno** che tu **possa** assumere?	*Isn't there anyone you can hire?*
Mi dispiace, ma non c'è **niente** che io **possa** fare.	*I'm sorry, but there's nothing I can do.*
Non c'è **nessuno** a cui io **voglia** telefonare.	*There isn't anyone whom I want to call.*

4. in a relative clause that follows an indefinite expression (someone or something that is hypothetical or unspecified). Compare the following.

Abbiamo una segretaria che **conosce** il francese e l'inglese.	*We have a secretary who knows French and English.*
Cerchiamo una segretaria che **conosca** il francese e l'inglese.	*We're looking for a secretary who knows French and English.*

ESERCIZI

A. Da abbinare. Abbina ogni frase della lista A con una frase della lista B in modo da creare un'unica frase logica.

A	B
1. Salvatore pensa che non ci sia nessuno	**a.** qualunque università Simone scelga.
2. Comunque finiscano le elezioni,	**b.** può parlare con il professore.
3. *La Gioconda* (Mona Lisa)	**c.** con cui lui possa parlare dei suoi problemi.
4. Dovunque vada sua madre,	**d.** Maria sarà sempre fedele alla sua candidata.
5. Chiunque abbia problemi con la matematica	**e.** è il dipinto più bello che gli studenti abbiano mai visto.
6. I genitori saranno contenti di	**f.** il bambino la segue.

B. In ufficio. Sostituisci un indefinito alle parole in corsivo per creare una nuova frase. Fai tutti i cambiamenti necessari.

ESEMPIO: Il nuovo impiegato legge *tutto quello che* gli do. →
Il nuovo impiegato legge qualunque cosa io gli dia.

1. *Quelli che* hanno i requisiti possono riempire il modulo adesso.
2. *Non importa chi* è, l'avvocato non può vederlo.
3. *Non importa dove* andate, non dimenticate di scrivere!
4. *Non importa come* si veste, il signor Cammisa è sempre elegante.
5. Voglio trovare *la persona che* sa riparare il mio computer!
6. *La persona che* esce per ultimo deve chiudere il negozio.

C. Franco il fortunato (*lucky*) **e Stefano lo sfortunato** (*unlucky*). Tutto va bene per Franco, ma per Stefano tutto va male. Trasforma le frasi ottimiste di Franco nelle frasi pessimiste di Stefano.

ESEMPIO: C'è qualcuno che mi ama. → Non c'è nessuno che mi ami.

1. C'è qualcuno che mi vuole fare un regalo.
2. C'è qualcuno che si interessa dei miei affari.
3. C'è qualcosa che mi piace in frigo.
4. C'è qualcosa che tu puoi fare per rallegrarmi (*cheer me up*).

D. Mini-dialoghi. Completate le conversazioni con la forma corretta del verbo all'indicativo o al congiuntivo.

1. S1: Abbiamo bisogno di qualcuno che ci _____ (dare) una mano a finire questo lavoro.
   S2: Perché non telefoni a Renata? È una delle persone più competenti che io _____ (conoscere).
2. S1: Gino, sei proprio fortunato. Hai degli amici che _____ (essere) sinceri e sensibili.
   S2: Lo so, ma adesso cerco un'amica che _____ (essere) sincera e sensibile!
3. S1: Sandro, alla cassa c'è qualcuno che _____ (avere) bisogno di aiuto!
   S2: Non c'è nessun altro che lo _____ (potere) aiutare? Devo servire un altro cliente!
4. S1: Voglio portare Paolo in un ristorante che non _____ (costare) troppo. Vediamo… Conosci le Quattro Stagioni?
   S2: Certo! È ottimo, ma è anche il ristorante più caro che _____ (esserci)!

E. Ma certo! Un tuo compagno / Una tua compagna pensa che tu non sappia molto della cultura italiana. Rispondi alle sue domande secondo l'esempio usando le parole fra parentesi.

ESEMPIO: S1: Conosci Sophia Loren? (l'attrice / bravo)
S2: Certo! È l'attrice più brava che io conosca!

1. Hai mai visitato Torino? (la città / industriale)
2. Hai mai provato il tiramisù? (il dolce / squisito [*delicious*])
3. Conosci *La Repubblica?* (il giornale / interessante)
4. Hai mai visto gli affreschi di Giotto? (gli affreschi / bello)
5. Hai mai sentito *La Traviata* di Verdi? (l'opera / commovente [*moving*])
6. Hai mai guidato una Fiat? (l'automobile / economico)

Computer e Internet nel mondo del lavoro

Impiegati al computer in uno studio legale a Napoli.

Negli ultimi anni, le nuove tecnologie informatiche sono entrate anche nel mondo del lavoro italiano. Le aziende private, grandi e piccole, hanno cominciato molto prima di quelle pubbliche a dotarsi[1] di supporti informatici. E hanno assunto, di conseguenza, dipendenti[2] che sanno usare questi nuovi strumenti.

Gli Uffici degli Enti Pubblici[3] sono invece arrivati all'uso dei computer con molto ritardo.[4] Nella Pubblica Amministrazione italiana, per ogni piccolo cambiamento, deve mettersi in moto una serie di procedure burocratiche molto lunghe. Allora una vera e propria «rivoluzione» come l'informatizzazione[5] del lavoro e dei servizi ha richiesto tempi lunghissimi.

D'altra parte, i soldi spesi negli Uffici Pubblici sono soldi dei cittadini ed è giusto fare sempre delle attente valutazioni.[6]

Molti impiegati pubblici sono al loro posto da molti anni, hanno un'età avanzata e non riescono ad adattarsi facilmente ai sistemi di lavoro introdotti dai mezzi informatici. Per questo adesso le Aziende Pubbliche organizzano corsi di computer per il proprio personale e cercano di assumere giovani preparati nel campo, per rendere[7] più efficiente l'organizzazione del lavoro e offrire servizi migliori ai cittadini.

[1]*equip themselves* [2]*personnel* [3]*Enti... Public Agencies* [4]*delay* [5]*computerization*
[6]*attente... careful calculations* [7]*make*

C. Congiuntivo o infinito?

FIORELLA: Valentina, come mai in giro a quest'ora? Non sei andata in ufficio?

VALENTINA: Non lo sapevi? Ho chiesto altri sei mesi di aspettativa per avere più tempo per mio figlio.

FIORELLA: Sei contenta di stare a casa?

VALENTINA: Per ora sì, ma tra sei mesi bisogna che io torni a lavorare e allora mio marito chiederà l'aspettativa. Per fortuna i benefici ci permettono di avere questi mesi per stare con il bambino!

FIORELLA: Valentina, what are you doing out at this hour? Didn't you go to work? VALENTINA: Didn't you know? I asked for six more months of maternity leave to have more time for my son. FIORELLA: Are you happy staying home? VALENTINA: Yes, for now, but in six months I'll have to go back to work; and then my husband will ask for a paternity leave. Luckily, our benefits allow us to have these months to stay with the baby!

The subjunctive is used when the subjects of the verbs in the independent and dependent clauses are different: *Io voglio che tu voti!* When the subject of both verbs is the same, the infinitive is used instead of the subjunctive.

1. As you already know, the infinitive alone follows verbs indicating preference (**desiderare, preferire, volere**) when the subject is the same. Compare the following:

Voglio **votare** presto.	*I want to vote early.*
Voglio **che votiate** presto.	*I want you to vote early.*
Preferisco lavorare di notte.	*I prefer working at night.*
Preferisco che **lavorino** di notte.	*I prefer that they work at night.*

2. After most other verbs and expressions, **di** + *infinitive* is used when the subject is the same.

Spero **di votare** presto.	*I hope to vote early.*
Spero **che votiate** presto.	*I hope you vote early.*
Sono contenta **di aiutare** i senzatetto.	*I'm glad to help homeless people.*
Sono contenta **che il governo aiuti** i senzatetto.	*I'm glad the government helps homeless people.*

3. The past infinitive (**avere** or **essere** + *past participle*) is used to refer to an action that has already occurred. In the case of a past infinitive (**infinito passato**) with **essere,** the past participle agrees with the subject in gender and number.

VERBI CONIUGATI CON **avere**		VERBI CONIUGATI CON **essere**
infinito:	votare	andare
infinito passato:	avere votato	essere andato/**a**/**i**/**e**

Ho paura **di non aver* capito.**	*I'm afraid I didn't understand.*
Ho paura che non abbiate capito.	*I'm afraid you didn't understand.*
Sono contenti **di esser* venuti.**	*They are happy they came (to have come).*
Sono contenti che tu sia venuta.	*They are happy you came.*

Nota bene

Le espressioni impersonali

After impersonal expressions that take the subjunctive, the subjunctive is used if the verb of the dependent clause has an expressed subject. If no subject is expressed, the infinitive is used.

Non è possibile **che lui ricordi** tutto. *It isn't possible for him to remember everything.*

Non è possibile **ricordare** tutto. *It isn't possible to remember everything.*

---

*The final *e* in an infinitive is often omitted when it is followed by another word.

A. Di, che, X. Scegli la parola che completa le frasi. La X significa che la frase è già corretta.

1. Penso (di / X / che) andare in ufficio alle nove invece che alle otto.
2. Gli impiegati sono contenti (di / X / che) avere benefici molto buoni.
3. Mia madre crede (di / X / che) Salvatore voglia rispondere all'annuncio.
4. Non è possibile (di / X / che) il presidente della ditta faccia il colloquio a Salvatore.
5. Non è possibile (di / X / che) fare un colloquio con il presidente della ditta.
6. Le ragazze vogliono (di / X / che) partecipare al concorso in gennaio.
7. L'insegnante vuole (di / X / che) le ragazze partecipino al concorso in gennaio.
8. È probabile (di / X / che) ci vogliano tanti requisiti per quel posto di lavoro.
9. Prima (di / X / che) fissare un colloquio, bisogna riempire un modulo.

B. Sembra, è vero... Crea frasi nuove che comincino con le espressioni tra parentesi. Usa **che** + *l'indicativo*, **che** + *il congiuntivo*, o *l'infinito* con o senza **di.**

ESEMPIO: Vi fate sentire. (sembra / è vero / non pensate) →
Sembra che vi facciate sentire.
È vero che vi fate sentire.
Non pensate di farvi sentire.

1. Ho un aumento. (voglio / non vogliono / è probabile)
2. Conoscono bene le teorie femministe. (pare / credono / sono sicuro)
3. Organizzate uno sciopero. (sperate / può darsi / è importante)
4. Riprendo il lavoro tra poco. (è vero / non credo / siete contenti)
5. Mi hanno fatto una buon'offerta. (è incredibile / sono sicura / credono)

C. Opinioni personali. Completa le frasi in modo logico.

ESEMPI: Voglio... →
Voglio votare alle prossime elezioni.

Voglio che... →
Voglio che ci sia una riforma del sistema sanitario.

1. È vero che...
2. È ora che...
3. Non credo di...
4. Non credo che...
5. Spero che...
6. Sono contento/contenta di...
7. Non sono felice di...
8. Mi dispiace che...

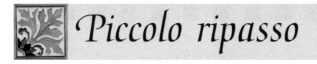
Piccolo ripasso

A. Conclusioni. Completa le frasi della lista A con quelle della lista B.

A	B
1. Benché siano ricchi	**a.** abbiamo fatto colazione.
2. Potete restare qui	**b.** non aprire la porta.
3. Chiunque suoni	**c.** sebbene la crisi economica sia seria.
4. Bevo sempre qualcosa	**d.** a meno che non facciate attenzione.
5. Dopo esserci alzati	**e.** sono infelici.
6. Non capirete niente	**f.** purché non facciate rumore.
7. Riuscirò a trovare lavoro	**g.** prima di andare a letto.

B. Reazioni. Reagisci (*React*) in modo positivo alle domande che il compagno / la compagna ti fa. Cominciate con **sono contento/contenta che** + *il congiuntivo presente* o *passato*, o **sono contento/contenta di** + *l'infinito* o *l'infinito passato*.

ESEMPI: tu / fare domanda alla IBM →
   S1: Hai fatto domanda alla IBM?
   S2: Sì, e sono contento/contenta di aver fatto domanda alla IBM.

   lo sciopero dei treni / finire domani →
   S1: Lo sciopero dei treni finisce domani?
   S2: Sì, e sono contento/contenta che finisca domani.

1. tu / avere un aumento di stipendio la settimana scorsa
2. gli insegnanti / riprendere il lavoro domani
3. tu / mandare il curriculum alla ditta dove lavora tuo padre
4. tu / licenziarti la settimana scorsa
5. il sindacato / chiedere l'assistenza medica per tutti gli impiegati domani
6. tu / partecipare ad un concorso a Bari ieri

C. Le decisioni. Leggi le frasi e decidi se si deve usare l'infinito, l'indicativo o il congiuntivo. Poi completa le frasi.

	INDICATIVO	CONGIUNTIVO	INFINITO
1. *War and Peace* è il libro più lungo che io…	____	____	____
2. Mia madre ha paura che i bambini…	____	____	____
3. Loro sono sicuri che…	____	____	____
4. Vi do i soldi affinché voi…	____	____	____
5. Gina è la persona più simpatica che io…	____	____	____
6. Non è possibile che il presidente…	____	____	____
7. Noi lavoriamo molto sebbene…	____	____	____
8. Andiamo al parco prima di…	____	____	____

Invito alla lettura

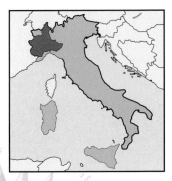

In Piemonte

Quando arrivi in Piemonte, ti può sembrare di essere in Francia piuttosto che in Italia!

Il Piemonte è una regione di confine,[1] molto legata[2] alla Francia: il suo dialetto, la cucina, l'architettura hanno molte caratteristiche francesi.

Vuoi passare qualche giorno di relax in una bella zona turistica? In Piemonte ce ne sono molte, soprattutto attorno[3] al Lago Maggiore e nelle sue incantevoli[4] isole Borromee.

La fama di questa regione e del suo capoluogo,[5] Torino, è tuttavia legata soprattutto all'industria e al lavoro. In Piemonte infatti hanno sede[6] due delle più importanti industrie italiane, la Fiat e la Olivetti.

La Fiat, Fabbrica Italiana Automobili Torino, è nata alla fine dell'Ottocento e per un secolo si è ingrandita[7] continuamente. Nel campo automobilistico, con l'Alfa Romeo, la Lancia, e la Ferrari, è arrivata ad essere uno dei primi gruppi a livello mondiale. Tra gli anni '50 e '70 molti italiani provenienti[8] soprattutto dal Sud, sono andati a Torino in cerca di lavoro e sono diventati operai della Fiat. La loro vita non fu facile, ma realizzarono il sogno[9] di un lavoro sicuro, pagato regolarmente.

Alla fine del '900 la Fiat ha cominciato però ad andare male. Dove andranno, questa volta, gli operai licenziati a cercare un lavoro?

[1]*border* [2]*tied* [3]*around* [4]*enchanting* [5]*capital* [6]*seat* [7]*si… it grew* [8]*originating* [9]*dream*

La bella Fiat Stilo Abarth con i piloti collaudatori (*test drivers*) sulla neve

E ora a te

Capire

Rispondi.

1. Perché quando siamo in Piemonte ci può sembrare quasi di essere in Francia?
2. Dove si trovano le isole Borromee?
3. Cosa significa «Fiat» e quali sono alcuni dei prodotti dell'azienda?
4. Chi è arrivato a Torino fra gli anni '50 e '70 e cosa cercavano queste persone?
5. Com'è, alla fine del '900, la situazione della Fiat?

Scrivere

Hai deciso di cercare lavoro. Hai visto un annuncio in linea che ti interessa ma quando rispondi all'annuncio devi allegare il tuo curriculum all'e-mail. Per preparare il tuo curriculum, segui il modello che ti diamo alla prossima pagina.

DATI PERSONALI
Nome _____ Cognome _____
Nato/Nata a _____ il _____ (giorno) _____ (mese) _____ (anno)
Residente in (Via / Viale / ...) _____
Città _____ Provincia/Stato _____
Tel. _____
E-mail _____
Nazionalità _____

TITOLI DI STUDIO
Indica prima l'anno, poi il tipo di titolo, il nome e il luogo dell'istituto.

ESEMPIO:

2002, Laurea in Ingegneria—Università di New York, New York
1997, Diploma—Liceo Marconi, New York

ESPERIENZE PROFESSIONALI
Indica le date, l'azienda, la posizione e le mansioni.

ESEMPIO:

2000–2001, Eduweb, contratto di un anno come programmatore web.

LINGUE
Qui scrivi quali lingue conosci e il livello di competenza nello scritto e nel parlato (discreta [*fair*], buona, ottima, madrelingua [*mother tongue / native language*]).

ESEMPIO:

Inglese, madrelingua
Italiano, buona competenza nello scritto e nel parlato
Spagnolo, discreta competenza nello scritto e buona competenza nel parlato

CONOSCENZE INFORMATICHE
Qui puoi elencare (*list*) i sistemi operativi, i programmi e i linguaggi che sai usare. Puoi anche specificare il tuo livello di conoscenza.

ESEMPIO:

Programmi: PaintPro 7, discreta conoscenza

INTERESSI EXTRAPROFESSIONALI
Elenca i viaggi, gli sport, le attività di volontariato (*volunteer work*) ed altri passatempi.

Videoteca

Cercasi lavoro

Seduto sulla panchina (*bench*) di un parco, Roberto osserva una donna seduta accanto a lui. La donna legge delle offerte di lavoro in un giornale. I due cominciano a parlare del lavoro in Italia e in America.

FUNZIONE: cercare un lavoro

ESPRESSIONI UTILI

un/una contabile	bookkeeper, accountant
non posso lamentarmi	I can't complain
Le auguro buona fortuna	I wish you luck

Preparazione

ROBERTO: Com'è la situazione del lavoro in Italia?
DONNA: Dipende dal tipo di lavoro che si cerca.
ROBERTO: E Lei, che cosa sta cercando?
DONNA: Un lavoro come contabile.

Verifica

Vero o falso?

	V	F
1. In Italia le possibilità di lavoro variano secondo le regioni.	☐	☐
2. Ci sono meno aziende al Nord d'Italia.	☐	☐
3. Roberto dice che i suoi articoli sono i più noiosi che abbia mai scritto.	☐	☐

Comprensione

Rispondi alle seguenti domande.

1. Cosa ha fatto la donna fino ad ora per trovare un lavoro?
2. Cosa suggerisce Roberto alla donna perché lei trovi un lavoro più facilmente?
3. Cosa farà quel giorno Roberto per il suo lavoro?

Attività

Da fare in coppia. Porta un annuncio di lavoro (tradotto) in classe. Poi, con un compagno / una compagna fate un colloquio in cui una persona fa la parte del datore / della datrice di lavoro e l'altra persona fa la parte della persona che cerca lavoro.

Parole da ricordare

VERBI

allegare	to attach
annullare	to delete
assumere (*p.p.* **assunto**)	to hire
avere un colloquio	to have an interview
battere	to type
cercare lavoro	to look for a job
*essere + *professione*	to be a + *profession*
fare il/la + *professione*	to be a + *profession*
fare domanda	to apply
fissare un colloquio	to set up an interview
iscriversi (a) (*p.p.* **iscritto**)	to join, enroll (in)
licenziare	to fire
licenziarsi	to quit (*a job*)
partecipare a un concorso	to take a civil-service exam
preoccuparsi (di)	to worry (about)
promuovere (*p.p.* **promosso**)	to promote
riempire un modulo	to fill out a form
rispondere a un annuncio	to answer an ad
salvare	to save
scrivere a macchina	to type
stampare	to print

NOMI

gli affari	business, affairs
l'annuncio	ad, notice
l'assistenza medica	health insurance
l'assistenza sanitaria nazionale	national health care
l'azienda	firm, business
i benefici	benefits
il/la collega	colleague
il colloquio	interview
il commercio	business, trade
il costo della vita	cost of living
il curriculum	curriculum vitae, CV; resumé
il datore / la datrice di lavoro	employer
il/la dirigente	executive, manager
il dischetto	diskette
il disco fisso	hard drive
la ditta	firm, business
l'industria	industry
l'inflazione (*f.*)	inflation
il lavoratore / la lavoratrice	worker
la mano d'opera	labor
la mansione	function, duty (*professional*)

il mestiere	profession, trade, occupation
il modulo	form
il motore di ricerca	search engine
l'offerta	offer
l'oro	gold
la posta	mail; postal service
la professione	profession, trade, occupation
il requisito	requirement, qualification
la rete	the Web
la richiesta	demand
lo schermo	screen
il sindacato	labor union
il sistema sanitario nazionale	national health care
il sito	site
il sito Internet, il sito della rete	website
la stampante	printer
la tastiera	keyboard
il tirocinio	internship
il trasferimento	transfer

AGGETTIVI

aggiornato	up-to-date
insoddisfatto (di)	unsatisfied/unhappy (with)
insopportabile	unbearable
leggero	slight, light
soddisfatto (di)	satisfied/happy (with)

ALTRE PAROLE E ESPRESSIONI

a condizione che	provided that
a meno che... non	unless
affinché	so that
benché	although
chiunque	whoever, whomever
comunque	no matter how
dovunque	wherever
in linea, online	online
perché (+ *subjunctive*)	so that
prima che	before
purché	provided that
qualunque (*adj.*)	whatever, whichever
qualunque cosa (*pron.*)	whatever, no matter what
sebbene	although
senza che	without

---

*Words identified with an asterisk (*) are conjugated with **essere**.

La società multiculturale

Un gruppo di immigrati filippini a Roma

In seguito

Practice the skills you learned in this chapter and get connected to the Italian-speaking world through the *Prego!* supplements!

www.mhhe.com/prego6

Vocabolario preliminare

Tutti uniti contro il razzismo

ANTONIO: Siete andati tu e Carla alla manifestazione contro la violenza razzista, ieri?

FABRIZIO: Sì, e ho portato anche due miei studenti del Nord Africa, per mostrargli la nostra solidarietà...

ANTONIO: È stata bellissima, non credi? Con tutti quei giovani che cantavano e si tenevano per mano.

FABRIZIO: I giovani sono la nostra speranza. Il razzismo non è genetico, è una cosa che impariamo quando riceviamo messaggi che dobbiamo avere paura di chi è diverso.

ANTONIO: È quello che dico sempre ai miei figli. Che la diversità è un valore positivo, che possiamo imparare tanto dalle altre culture...

1. A che tipo di manifestazione hanno partecipato Antonio e Fabrizio?
2. Chi è andato con Fabrizio? Perché?
3. Cosa pensa dei giovani Fabrizio?
4. Cosa pensa della diversità Antonio?

Questioni sociali (*Social issues*)

LA SOCIETÀ MULTICULTURALE
la diversità diversity
l'etnia ethnic group
l'etnicità ethnicity
l'extracomunitario/
  l'extracomunitaria[†] person from outside the European Community
l'immigrato/l'immigrata immigrant
l'immigrazione (*f.*) immigration
il multiculturalismo
  multiculturalism

etnico ethnic

I VALORI SOCIALI (*SOCIAL VALUES*)
l'amicizia friendship
la giustizia justice
l'uguaglianza equality

assicurare to ensure
convivere (p.p. **convissuto**) to live together (*in all senses*)
eliminare to eliminate
*****essere a favore di** to be in favor of
*****essere contro / contrario a** to be against
*****essere impegnato** to be politically engaged

[†]The term **extracomunitario/extracomunitaria** literally refers to anyone from a country outside the European Community, but it is used colloquially to refer to people from Third World countries who work or seek work in Italy.

*Words identified with an asterisk (*) are conjugated with **essere.**

La società

il centro sociale social-services center
integrarsi to integrate oneself
l'integrazione (*f.*) integration
sovvenzionare to subsidize
stanziare fondi to allocate resources

fare amicizia to make friends
fidarsi di to trust, have faith in
impegnarsi to get involved
incoraggiare to encourage; to promote; to foster
risolvere (*p.p.* **risolto**) to resolve

uguale equal

I PROBLEMI SOCIALI
l'alcoolismo alcoholism
il consumismo consumerism
il crimine, il delitto crime (*individual act*)
la delinquenza crime (*in general*)
la droga drugs
il drogato / la drogata drug addict
l'emarginazione (*f.*) marginalization
l'ineguaglianza inequality

l'ingiustizia injustice
l'intolleranza intolerance
il materialismo materialism
la miseria, la povertà poverty
il pregiudizio prejudice
il razzismo racism
il/la razzista, (*m. pl.* **razzisti**) racist
la ricchezza wealth
il/la senzatetto (*pl.* **i/le senzatetto**) homeless person
la solitudine loneliness; isolation
il/la tossicodipendente drug addict
la tossicodipendenza drug addiction
la violenza violence

emarginare to marginalize
giudicare to judge

abusivo illegal

ESERCIZI

—Da dove vieni, straniero?

A. Contrari. Abbina le espressioni della lista A con i loro contrari della lista B.

A	B
1. _____ l'amicizia	**a.** la miseria / la povertà
2. _____ la giustizia	**b.** rendere incerto
3. _____ impegnato	**c.** l'ostilità
4. _____ assicurare	**d.** l'ingiustizia
5. _____ la ricchezza	**e.** indifferente

B. Cosa vi preoccupa di più? Metti due crocette vicino alle cose che ti preoccupano di più e una crocetta vicino alle questioni che ti preoccupano di meno. Poi spiega le tue scelte.

ESEMPI: Oggi c'è poca comunicazione tra i vari membri della famiglia e la gente spesso soffre di (*suffers from*) solitudine.

La diversità mi preoccupa poco perché per me è un valore positivo.

_____ la solitudine
_____ l'indifferenza
_____ il razzismo
_____ il consumismo
_____ il pregiudizio

_____ le malattie incurabili
_____ l'intolleranza religiosa
_____ l'ingiustizia
_____ la delinquenza
_____ la diversità

_____ la violenza
_____ il materialismo
_____ la droga
_____ l'alcolismo
_____ l'ineguaglianza economica

C. A favore o contro? Siete a favore delle seguenti leggi o contro? Spiegate perché.

ESEMPIO: una legge che elimini il divieto (*prohibition*) dell'uso d'alcolici da parte dei giovani sotto i ventuno anni →
Sarei contro questa legge perché troppi adolescenti muoiono a causa dell'uso di alcoolici. *o* Sarei a favore di questa legge perché…

1. una legge che permetta *solo* alla polizia di portare armi da fuoco (*firearms*)
2. una legge che renda le droghe leggere (tipo marijuana) legali
3. una legge che stanzi fondi per riabilitare i tossicodipendenti
4. una legge che sovvenzioni centri sociali per i senzatetto

D. Cosa ne pensano? Chiedete a un compagno / una compagna…

1. se per lui/lei l'uguaglianza è una realtà impossibile.   2. se per lui/lei la povertà è naturale in ogni società.   3. se si sente spesso giudicato/giudicata dagli altri.   4. se i suoi genitori lo/la capiscono e apprezzano le sue idee.
5. se considera problematico convivere in una società multietnica.   6. se si fida dei suoi amici.   7. se è ottimista riguardo al futuro.   8. se si impegna per incoraggiare i valori sociali che gli/le importano.

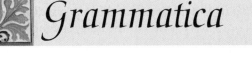

In ascolto

For listening comprehension activities related to the theme of this chapter, see the Laboratory Manual or visit the *Prego!* website.
www.mhhe.com/prego6

«*Fare del bene fa sentire bene*»: lo afferma il 95 per cento delle persone che si dedicano al volontariato.[a] E spiegano che la buona azione procura loro un calore[b] straordinario e un'eccezionale carica[c] di energia.

[a]*volunteer work*   [b]*warmth*
[c]*charge*

Grammatica

A. Imperfetto del congiuntivo

CINZIA: Così tuo padre non voleva che tu ti fidanzassi con Shamira?
IVAN: Assurdo! Sperava invece che mi innamorassi di Daniela, così sarei diventato dirigente nell'azienda di suo padre!
CINZIA: Che materialista! E tua madre?
IVAN: Lei invece non vedeva l'ora che mi sposassi con Shamira! Non può sopportare Daniela!

CINZIA: So your father didn't want you to get engaged to Shamira?   IVAN: Ridiculous! He hoped that I would fall in love with Daniela instead, so that I would become an executive in her father's firm!   CINZIA: What a materialist! And your mother?   IVAN: She on the other hand couldn't wait for me to get married to Shamira! She can't tolerate Daniela!

Like the indicative (see **Capitolo 8**), the subjunctive also has an imperfect form.

Bere, dire, fare
Bere, dire, and **fare** also use the imperfect indicative stem to form the **imperfetto del congiuntivo.**

bere	dire
(**beve**vo)	(**dice**vo)
bevessi	dicessi
bevessi	dicessi
bevesse	dicesse
bevessimo	dicessimo
beveste	diceste
bevessero	dicessero

fare
(**face**vo)
facessi
facessi
facesse
facessimo
faceste
facessero

1. The imperfect subjunctive (**l'imperfetto del congiuntivo**) uses the same stem as the imperfect indicative—the stem formed by dropping the **-re** of the infinitive—and adds the same set of endings to verbs of all conjugations.

   Only **essere, dare,** and **stare** do not follow this rule.

	lavorare	scrivere	dormire	capire
che io	lavorassi	scrivessi	dormissi	capissi
che tu	lavorassi	scrivessi	dormissi	capissi
che lui/lei/Lei	lavorasse	scrivesse	dormisse	capisse
che	lavorassimo	scrivessimo	dormissimo	capissimo
che	lavoraste	scriveste	dormiste	capiste
che	lavorassero	scrivessero	dormissero	capissero

essere	dare	stare
fossi	dessi	stessi
fossi	dessi	stessi
fosse	desse	stesse
fossimo	dessimo	stessimo
foste	deste	steste
fossero	dessero	stessero

2. The conditions that call for the use of the present subjunctive (**Capitoli 16** and **17**) also apply to the use of the imperfect subjunctive. The imperfect subjunctive is used when the verb in the independent clause is in any *past tense* or the *conditional* and the action of the dependent clause occurs *simultaneously with* or *after* the action of the independent clause.

Credo che **abbia** ragione.	*I think she's right.*
Credevo che **avesse** ragione.	*I thought she was right.*
Non **è** probabile che **prendano** una decisione.	*It isn't likely they'll make a decision.*
Non **era** probabile che **prendessero** una decisione.	*It wasn't likely they would make a decision.*
Il razzismo **è** il peggior problema che ci **sia.**	*Racism is the worst problem there is.*
Il razzismo **era** il peggior problema che ci **fosse.**	*Racism was the worst problem there was.*
Preferisci che i tuoi genitori **siano** a favore della nuova legge?	*Do you prefer that your parents support the new law?*
Preferiresti che i tuoi genitori **fossero** a favore della nuova legge?	*Would you prefer that your parents supported the new law?*

—Sarei davvero preoccupato se non sapessi che questa è una vignetta[a] umoristica.

[a]*cartoon*

A. Trasformazioni. Trasforma le frasi dal passato al presente.

ESEMPIO: Dovunque tu andassi, ti seguivo. → Dovunque tu vada, ti seguo.

1. Era probabile che Oscar venisse alla festa con Giuliana.
2. Non credevo che i miei genitori fossero a favore della convivenza (*living together*) prima del matrimonio.
3. Gli studenti pensavano che il razzismo e il materialismo fossero problemi esclusivamente americani.
4. Marcello ha pulito il bagno purché Caterina pulisse la cucina.
5. Chiunque volesse poteva partecipare alla manifestazione contro la droga.
6. Credevo che il presidente volesse eliminare la povertà.
7. Qualunque cosa dicessero i miei genitori, ero sempre contrario/contraria.

B. Ancora trasformazioni. Sostituisci il verbo indicato con la forma corretta dei verbi tra parentesi.

1. Bisognava che io *camminassi.* (riposarsi [*to rest*] / prendere una decisione / finire / guadagnarsi da vivere [*to earn a living*])
2. Preferiresti che *tornassero?* (rimanere / non bere / dare una mano / dire la verità)
3. Speravamo che voi *pagaste.* (fare la spesa / non interferire / avere ragione / essere contro questa legge)

C. Scambi. Completate le conversazioni con l'imperfetto del congiuntivo dei verbi tra parentesi.

1. S1: Non credevo che Giuseppe _____ (essere) così impegnato.
   S2: Sai, lavora sempre. Vorrei tanto che _____ (prendersi) una vacanza.
2. S1: Ho aperto la finestra perché _____ (entrare) un po' d'aria.
   S2: Se hai bisogno d'aria, sarebbe meglio che tu _____ (andare) fuori: io ho freddo e sto poco bene.
3. S1: Mi pareva che voi _____ (annoiarsi) alla festa venerdì sera.
   S2: Beh, speravamo che Marco e Silvio non _____ (raccontare) le solite sciocchezze (*nonsense*).
4. S1: Cercavamo qualcuno che ci _____ (potere) aiutare.
   S2: Vorrei che voi mi _____ (chiamare) quando avete bisogno di aiuto!
5. S1: Il dottore voleva che io _____ (bere) otto bicchieri d'acqua al giorno. Che noia!
   S2: Invece era importante che tu _____ (seguire) il suo consiglio.

D. Desideri personali. Completa le frasi secondo le tue opinioni e i tuoi desideri. Paragona le tue risposte con quelle di un compagno / una compagna.

ESEMPIO: Vorrei che i giovani fossero più impegnati (fossero meno consumisti, incoraggiassero la diversità).

1. Vorrei che il governo…
2. Sarebbe meglio che i giovani…
3. Da bambino/bambina, avevo paura che…
4. Era meglio che i miei amici…
5. Io voterei sempre a condizione che…

B. Trapassato del congiuntivo

—Capitano, ma io credevo che avesse dato l'ordine di abbandonare la nave[a] per restar solo con me!

[a]*ship*

Like the indicative (see **Capitolo 8**), the subjunctive also has a pluperfect form.

1. The pluperfect subjunctive (**il trapassato del congiuntivo**) is formed with the imperfect subjunctive of **avere** or **essere** + *past participle* of the verb.

VERBI CONIUGATI CON **avere**		VERBI CONIUGATI CON **essere**	
che io **avessi**		che io **fossi**	
che tu **avessi**		che tu **fossi**	partito/a
che lui/lei **avesse**	lavorato	che lui/lei **fosse**	
che **avessimo**		che **fossimo**	
che **aveste**		che **foste**	partiti/e
che **avessero**		che **fossero**	

2. The pluperfect subjunctive is used in place of the **trapassato indicativo** whenever the subjunctive is required.

Avevano capito.	*They had understood.*
Speravo che **avessero capito.**	*I was hoping they had understood.*

3. It is also used in a dependent clause when the verb in the independent clause is in a *past tense* or the *conditional* and the action of the dependent clause occurred *before* the action of the independent clause.

Ho paura che non **abbiano risolto** quel problema.	*I'm afraid they didn't resolve that problem.*
Avevo paura che non **avessero risolto** quel problema.	*I was afraid they hadn't resolved that problem.*
È impossibile che **abbiano commesso** quel delitto.	*It's impossible that they committed that crime.*
Era impossibile che **avessero commesso** quel delitto.	*It was impossible that they had committed that crime.*
È il più bel paesaggio che io **abbia** mai **visto.**	*It's the most beautiful landscape I have ever seen.*
Era il più bel paesaggio che io **avessi** mai **visto.**	*It was the most beautiful landscape I had ever seen.*

ESERCIZI

A. Dispiaceri. (*Regrets.*) Trasforma i dispiaceri della settimana scorsa in dispiaceri di questa settimana.

ESEMPIO: Era strano che Giovanna fosse venuta sola. →
     È strano che Giovanna sia venuta sola.

1. Era strano che Pino e Anna avessero litigato.
2. Sembrava che Mara si fosse licenziata.
3. Barbara era molto triste che loro avessero divorziato.
4. Credevo che Alberto avesse dovuto vendere la nuova macchina.
5. Era incredibile che Piero fosse stato a favore di questa legge.
6. Era possibile che Laura fosse uscita con Gino.
7. Speravano che Massimo avesse fatto amicizia con Giulia.
8. Era impossibile che Marco avesse detto una bugia a Silvia.

B. I preparativi. Ci sono tante cose da fare prima della manifestazione contro il razzismo la settimana prossima. Tu sei l'organizzatore/l'organizzatrice e credevi che i volontari (*volunteers*) avessero già fatto tante cose, ma invece non le hanno fatte. Seguendo l'esempio, scrivi una frase per esprimere quello che i volontari non hanno fatto, poi scrivi una frase per esprimere quello che credevi che avessero già fatto.

ESEMPIO: I volontari non hanno preparato i volantini (*flyers*). →
     Credevo che li avessero già preparati.

I volontari...

1. non hanno preparato i poster   2. non hanno prenotato gli autobus
3. non hanno chiesto il permesso al comune (*city hall*)   4. non sono ritornati in ufficio dopo pranzo   5. non hanno fatto le telefonate ai cittadini   6. non hanno chiesto i soldi alle ditte della città

C. Scambi. Completate le conversazioni con l'imperfetto del congiuntivo o il trapassato del congiuntivo dei verbi tra parentesi.

1. s1: Vorrei tanto che Marco e Paolo non _____ (fidarsi) di Chiara!
   s2: Hai ragione; Chiara li ha proprio delusi (*disappointed*). Sarebbe stato meglio che loro non _____ mai _____ (chiedere) il suo aiuto.
2. s1: Scusa, Gina, vorrei che tu _____ (stare) un po' zitta. Cerco di studiare.
   s2: Studi ancora? Credevo che tu _____ già _____ (finire).
3. s1: Zio Leo, che buoni spaghetti! Non sapevo che ti _____ (piacere) cucinare.
   s2: Come! Non li hai ancora finiti? Mi aspettavo (aspettarsi [*to expect*]) che a questo punto li _____ già _____ (mangiare) tutti!
4. s1: Non sono ancora arrivati i ragazzi? Pensavo che ormai _____ (arrivare).
   s2: E io, invece, credevo che _____ (partire) domani mattina.

NOTA CULTURALE

Immigrati clandestini°

illegal

Alcuni immigrati, appena arrivati in Italia, ricevono aiuto dalle forze pubbliche.

L'Italia, che in passato è stata un paese di emigranti, ha visto, negli ultimi anni, arrivare moltissimi immigrati. All'arrivo in Italia gli immigrati non hanno trovato una sufficiente richiesta di mano d'opera generica e così molti si sono dovuti adattare a vivere di espedienti,[1] a svolgere[2] attività marginali o abusive, a vivere nella clandestinità.

Proprio i clandestini diventano i soggetti ideali sia per lo sfruttamento e il «lavoro nero», sia per la microcriminalità organizzata,[3] italiana e straniera, sia infine[4] per attività devianti quali la prostituzione, l'accattonaggio[5] e così via.

La legge italiana prevede che chi arriva in Italia sprovvisto[6] di qualsiasi tipo di permesso non può entrare e chi è entrato regolarmente ma non è riuscito a trovare un lavoro sia espulso.[7] Molto spesso però gli immigrati sfuggono[8] ai controlli, aiutati anche dalle organizzazioni criminali che poi li sfrutteranno,[9] si fermano e si trasformano in clandestini.

Gli immigrati regolarizzati (che hanno il permesso di soggiorno e lavorano) sono più numerosi al Nord e al Centro, che offrono più possibilità di lavoro rispetto al Sud. La presenza dei clandestini è invece alta soprattutto nelle zone dove è più facile entrare in Italia: zone di confine terrestri[10] del Nord-Est e zone marittime[11] della Puglia e della Sicilia.

[1]vivere... *live by their wits* [2]*carry out* [3]sia... *whether for exploitation and black market labor, or for organized petty crime* [4]sia... *or in the end* [5]*begging* [6]*lacking in, without* [7]*expelled* [8]*escape* [9]*will exploit* [10]confine... *land borders* [11]*seaside*

C. Correlazione dei tempi nel congiuntivo

LAURA: Mamma, ho deciso di accettare quel lavoro a New York.
MADRE: Ma non sarebbe meglio che tu restassi qui a Trieste, vicino alla famiglia, agli amici? A New York c'è il problema della violenza e della droga: non voglio che ti capiti qualcosa di brutto…
LAURA: Mamma, il problema della violenza e della droga c'è in tutte le grosse città. E poi, vorrei che tu capissi che è importante che io faccia nuove esperienze.
MADRE: Capisco, Laura, ma è naturale che io mi preoccupi…

As you know, the tense of the subjunctive is determined by the tense of the verb in the independent clause and by the time relationship between the two clauses.

1. When the independent clause is in the present tense, future tense, or command forms, the dependent clause may be in the present tense if its action occurs at the same time or in the future, or in the past tense if its action happened in the past.

INDEPENDENT CLAUSE	DEPENDENT CLAUSE
presente futuro imperativo	congiuntivo presente (*same time or future*) congiuntivo passato (*past*)

Spero che lui non **interferisca.**   *I hope he doesn't interfere.*
Non **vorranno** che lui **interferisca.**   *They won't want him to interfere.*

Spero che lui non **abbia interferito.**   *I hope he didn't interfere.*
Sii contento che lui non **abbia interferito!**   *Be glad he didn't interfere!*

—Se avessi seguito il mio consiglio di iscriverti al sindacato, non avresti dovuto lavorare la notte di Natale.

LAURA: Mom, I've decided to accept that job in New York. MOTHER: But wouldn't it be better for you to stay here in Trieste, close to your family, your friends? In New York there are the problems of violence and drugs: I don't want something bad to happen to you . . . LAURA: Mom, the problem of violence and drugs is in every big city . . . and also, I wish you would understand that it's important for me to have new experiences. MOTHER: I understand, Laura, but it's natural that I worry . . .

Come se e magari

Come se (*As if*) is a common expression that is always followed by the **imperfetto del congiuntivo** or **trapassato del congiuntivo**.

Maria si comporta **come se avesse** 25 anni, ma ne ha solo 18.
Maria acts as if she were 25, but she's only 18.

Parlavano **come se non fosse successo** niente.
They were talking as if nothing had happened.

Magari (*If only*) is also followed by the **imperfetto del congiuntivo** or **trapassato del congiuntivo**.

Magari si potesse eliminare la povertà! *If only we could eliminate poverty!*

Magari avessero trovato una soluzione nel laboratorio! *If only they had found a solution in the laboratory!*

2. When the independent clause is in any past tense or in the present or past conditional, the dependent clause may be in the **imperfetto del congiuntivo** if its action occurred at the same time or later than that of the independent clause, or in the **trapassato del congiuntivo** if its action preceded that of the independent clause.

INDEPENDENT CLAUSE	DEPENDENT CLAUSE
imperfetto passato prossimo passato remoto trapassato condizionale condizionale passato	congiuntivo imperfetto (*same time or future*) congiuntivo trapassato (*past*)

Credevo che **non soffrissero** di solitudine.
I thought they weren't suffering from loneliness.

Avevo sperato che **non soffrissero** di solitudine.
I had hoped they wouldn't suffer from loneliness.

Vorrei che **non soffrissero** di solitudine.
I wish they wouldn't suffer from loneliness.

Credevo che **non avessero sofferto** di solitudine.
I thought they hadn't suffered from loneliness.

Vorrei che **non avessero sofferto** di solitudine.
I wish they hadn't suffered from loneliness.

Attenzione! As noted in **Capitolo 17,** pages 378 and 384, if the subject of both clauses is the same, the infinitive is used.

Credevo di rimanere troppo a casa.
I thought I was staying home too much.

Credevo di essere rimasto/rimasta troppo a casa.
I thought I had stayed home too much.

—Vorrei che mi trovaste le tracce[a] di un uomo scapolo,[b] bello, giovane e ricco.

[a]*tracks* [b]*bachelor*

A. I doveri in casa. Scegli la forma corretta del verbo per completare le frasi.

1. È necessario che Cinzia e Gina (facciano / avessero fatto) la spesa.
2. Bisognava che Michele (abbia passato / passasse) l'aspirapolvere (*vacuum cleaner*).
3. Era necessario che tu (metta / mettessi) la macchina nel garage.
4. Bisogna che tu e Cinzia (chiamaste / chiamiate) il vostro deputato per protestare contro la miseria.
5. Credevo che Marco (abbia lavato / avesse lavato) i piatti.
6. Spero che Salvatore (abbia pulito / avesse pulito) le finestre.

B. Trasformazioni. Sostituisci le parole indicate con le parole o le espressioni tra parentesi e fai tutti i cambiamenti necessari.

1. *Spero* che abbiano risolto il problema dei senzatetto. (Vorrei / Bisogna / Era bene / Sperava)
2. *Sono contenta* che i miei genitori si fidino di me. (Preferirei / È bene / Non credi / Non credevi)
3. *Credevo* che il senatore fosse a favore di quella legge. (Mi pare / Sarebbe meglio / Non vorranno / Siate contenti)
4. *Vorrei* che avessero parlato dell'alcoolismo. (Dubito / È bene / Non credeva / Era possibile)

C. Scambi. Completate le conversazioni con la forma corretta dei verbi tra parentesi.

1. s1: Paolo vuole che suo figlio _____ (fare) il medico.
   s2: Come se _____ (potere) decidere lui!
2. s1: Ci ha aiutato senza che noi glielo _____ (chiedere).
   s2: Com'è stato gentile! Spero che voi lo _____ (ringraziare, *to thank*).
3. s1: Vorrei che io e Franco non _____ (litigare) ieri.
   s2: Non ti preoccupare, Anna: non è possibile che tu e Franco _____ (andare) sempre d'accordo!
4. s1: Bisognerebbe che tu _____ (imparare) una lingua straniera.
   s2: Hai ragione; ma credi che _____ (essere) possibile?
5. s1: È strano che Lisa _____ (andare) a far spese ieri invece di venire alla manifestazione.
   s2: Già (*You're right*), credevo che _____ (essere) contro il consumismo e il materialismo!

D. La libertà! Con un compagno / una compagna, completate le frasi liberamente. Poi, paragonate le vostre affermazioni con quelle di un altro gruppo o con la classe. Se non sono d'accordo con le vostre risposte, discutete perché.

1. È importante che… **2.** È importante… **3.** Ero contento/contenta che… **4.** È bene che… **5.** Benché… **6.** Voto per il candidato a meno che… non… **7.** Gli studenti vorrebbero che… **8.** Sarebbe meglio che… **9.** Il candidato parla come se… **10.** Magari io…

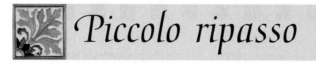

A. Mi dispiaceva. Esprimi i tuoi dispiaceri per le seguenti situazioni. Usa l'imperfetto del congiuntivo o il trapassato del congiuntivo o l'infinito presente o passato.

ESEMPIO: Dario non era stato ammesso. →
Mi dispiaceva molto che Dario non fosse stato ammesso.

1. Avevo giudicato male Lucia.
2. Alcuni amici avevano dei pregiudizi contro quell'etnia.
3. Non ho combattuto la delinquenza.
4. Voi eravate contro quella legge.
5. Dovevo risolvere il problema da solo.
6. Nessuno aveva protetto i loro diritti.

B. Benché... Unisci le frasi con una delle due espressioni tra parentesi e fai tutti i cambiamenti necessari.

ESEMPIO: Non fumavo. I miei genitori fumavano. (prima di / sebbene) →
Non fumavo sebbene i miei genitori fumassero.

1. Carlo aveva partecipato alla riunione. Era molto impegnato (*busy*). (benché / a condizione che)
2. Hanno risolto il problema. Non hanno chiesto aiuto a nessuno. (senza che / senza)
3. Cercarono di integrarsi. Avevano incontrato molte difficoltà. (sebbene / prima di)
4. Parlava molto bene l'italiano. Nessuno glielo aveva insegnato. (purché / sebbene)
5. Hai deciso. Avevo avuto l'opportunità di pensarci. (prima di / prima che)

C. Conversazione.

1. Secondo te, cosa dovrebbe fare il governo per risolvere il problema della violenza nelle scuole? Cosa dovremmo fare noi per aiutare il governo a prendere le decisioni giuste?
2. È bene che i bambini incomincino ad imparare altre lingue alle elementari? A cosa potrebbe servire conoscere un'altra lingua e un'altra cultura così presto? Secondo te, potrebbe servire a risolvere in parte il problema del razzismo e a incoraggiare la diversità e il multiculturalismo?
3. Interferiresti tu con la decisione di tuo figlio di sposare qualcuno di etnia o di religione diversa? Perché sì o perché no?

Invito alla lettura

In Friuli–Venezia Giulia

Eccoci a Trieste. Una città affascinante, vero?

Un grande poeta triestino, Umberto Saba, dice in una poesia dedicata alla sua città: «Trieste ha una scontrosa grazia.[1]» E in effetti Trieste ha una bellezza particolare, timida e seducente.[2] È una città di confine,[3] con caratteristiche un po' italiane, un po' austriache e un po' slave, che conserva elementi delle numerose popolazioni, culture e religioni che ci convivevano agli inizi del '900, quando Trieste era il ricco porto dell'Impero austriaco.

Se ti interessano gli aspetti multiculturali della società italiana, il Friuli è sicuramente una delle regioni che meglio li rappresenta. Confina con due stati esteri,[4] l'Austria e la Slovenia, e ha avuto vicende[5] storiche che hanno portato con sé il confronto e la convivenza con popoli e culture diversi.

In anni recenti in Friuli, dove c'era già stata una forte immigrazione di cinesi, africani e albanesi, sono arrivati gli immigrati dai paesi dell'Est, sconvolti dalla guerra.[6] In un primo momento la regione ha saputo provvedere all'accoglienza[7] e all'assistenza, anche con l'istituzione di numerosi campi profughi.[8] Oggi cerca di integrare nella società tutti i cittadini stranieri attraverso case di accoglienza, corsi d'italiano, corsi di formazione professionale,[9] corsi di informatica e una particolare attenzione alle donne.

[1]*sullen grace* [2]*seductive* [3]*border* [4]*foreign* [5]*events* [6]*sconvolti… upset by war* [7]*for the reception (of the immigrants)* [8]*refugee* [9]*formazione… vocational training*

Lo splendido Castello di Miramare, costruito ai tempi dell'Impero austriaco, a Trieste.

E ora a te

Capire

Rispondi.

1. Quali elementi contribuiscono al fascino particolare di Trieste?
2. In quale periodo convivevano a Trieste tanti popoli e culture diverse?
3. Perché il Friuli-Venezia Giulia rappresenta bene la società multiculturale italiana?
4. Quale tipo di immigrazione ha interessato il Friuli negli ultimi anni?
5. Il Friuli come cerca di risolvere i problemi dell'immigrazione? Con quali tipi di programmi sociali?

Scrivere

Immagina di essere un consigliere / una consigliera (*advisor*) del Capo di Stato del tuo paese. Scrivi un testo in cui esprimi una tua valutazione (*evaluation*) della situazione degli immigrati. Dai dei suggerimenti per la soluzione dei problemi più gravi.

 *Videoteca*

 **Arrivederci**

Roberto e Giuliana passano gli ultimi momenti insieme. Roberto partirà il giorno seguente per la Sicilia e lui e Giuliana si fermano a un'edicola (*newsstand*) per comprare qualche rivista da leggere in viaggio.

ESPRESSIONI UTILI

Scherzo, Giuliana!	I'm joking, Giuliana!
il tuo modo di essere appassionata	your way of being passionate

Preparazione

GIULIANA: A che ora parte l'aereo domani?

ROBERTO: Alle due. Vorrei comprare qualcosa da leggere.

GIULIANA: Ora che sei diventato quasi un italiano, ti consiglio *Panorama*. È un giornale che noi leggiamo. Parla di politica, economia, cultura, tutte le cose che sono importanti per noi italiani.

FUNZIONE: parlare delle notizie e dei programmi

Verifica

Scegli il completamento giusto.

1. *Panorama* parla di _____.
   a. salute   **b.** animali   **c.** politica
2. A Roberto piace di più leggere _____.
   a. un romanzo   **b.** un giornale   **c.** una rivista
3. Giuliana andrà a trovare Roberto tra _____.
   a. un mese   **b.** un anno   **c.** sei settimane

Comprensione

1. Perché Roberto vuole comprare il *Corriere dello Sport?*
2. Che cosa ha imparato Roberto con l'aiuto di Giuliana?
3. Che cosa farà Roberto quando Giuliana andrà a trovarlo negli Stati Uniti?

Attività

Che cosa preferite leggere? Con un compagno / una compagna descrivete che cosa leggete con regolarità (libri, giornali, riviste) e perché vi piace questa lettura. Poi, cercate di convincere il compagno / la compagna a leggere un libro, un giornale o una rivista particolare.

Parole da ricordare

VERBI

aspettarsi	to expect
assicurare	to ensure
*capitare	to happen, happen to, happen to be
convivere (*p.p.* **convissuto**)	to live together (*in all senses*)
eliminare	to eliminate
emarginare	to marginalize
*essere a favore (di)	to be in favor (of)
*essere contro / contrario (a)	to be against
*essere impegnato	to be politically engaged
fare amicizia	to make friends
fidanzarsi (con)	to get engaged (*to be married*) (to)
fidarsi di	to trust, have faith in
giudicare	to judge
guadagnarsi da vivere	to earn a living
impegnarsi	to get involved
incoraggiare	to encourage; to promote; to foster
interferire (isc)	to interfere
ringraziare	to thank
riposarsi	to rest
risolvere (*p.p.* **risolto**)	to resolve
soffrire (di) (*p.p.* **sofferto**)	to suffer (from)
sopportare	to tolerate

NOMI

l'alcoolismo	alcoholism
l'amicizia	friendship
il comune	city hall
il consumismo	consumerism
il crimine	crime (*individual act*)
la delinquenza	crime (*in general*)
il delitto	crime (*individual act*)
la diversità	diversity
il divieto	prohibition
la droga	drugs
il drogato / la drogata	drug addict
l'emarginazione (*f.*)	marginalization

l'etnia	ethnic group
l'etnicità	ethnicity
l'extracomunitario / l'extracomunitaria	person from outside the European Community
la giustizia	justice
l'immigrato/l'immigrata	immigrant
l'immigrazione (*f.*)	immigration
l'ineguaglianza	inequality
l'ingiustizia	injustice
l'intolleranza	intolerance
il materialismo	materialism
la miseria	poverty
il multiculturalismo	multiculturalism
la povertà	poverty
il pregiudizio	prejudice
la questione	issue
il razzismo	racism
il/la razzista	racist
la ricchezza	wealth
il/la senzatetto (*pl.* **i/le senzatetto**)	homeless person
la solitudine	loneliness; isolation
il/la tossicodipendente	drug addict
la tossicodipendenza	drug addiction
l'uguaglianza	equality
il valore	value
la violenza	violence
il volantino	flyer, leaflet
il volontario / la volontaria	volunteer

AGGETTIVI

abusivo	illegal
deluso	disappointed
etnico	ethnic
razzista	racist
uguale	equal

ALTRE PAROLE E ESPRESSIONI

come se	as if
già	you're right
magari	if only

---

*Words identified with an asterisk (*) are conjugated with **essere**.

A. *Usi dell'articolo determinativo*

1. In contrast to English, the definite article is required in Italian:

   a. before nouns used to express a concept or a category of something in its entirety

   La generosità è una virtù.
   Le matite non sono care.

   b. before names of languages, unless directly preceded by a form of **parlare** or **studiare**

   Lo spagnolo è bello.
   La signora Javier parla spagnolo e tedesco.

   c. with proper names accompanied by a title or an adjective

   Il signor Bandelli vuole andare a Chicago e a San Francisco.
   Il piccolo Franco, invece, vuole andare a Disneyland!

   d. with days of the week to indicate a routine event

   Il martedì ho lezione di matematica.

   e. with dates

   Oggi è **il** quattro dicembre.

   f. with possessive forms

   Ecco **la** mia casa!

   g. with parts of the body and items of clothing

   Mi lavo **le** mani prima di mangiare.
   Perché non ti sei messo **la** cravatta?

   h. with geographical names

   Quest'estate visiteremo **l'**Italia e **la** Francia.

2. Note that the category of geographical names includes not only continents and countries but also states, regions, large islands, mountains, and rivers.

L'estate scorsa abbiamo visitato **il** Colorado, **l'**Arizona e **la** California.	*Last summer we visited Colorado, Arizona, and California.*
Ho ricevuto una cartolina **dalla** Sardegna.	*I've received a card from Sardinia.*

3. The definite article is omitted after **in** (*in, to*) if the geographical term is feminine, singular, and unmodified.

Chi vuole andare in Italia?	*Who wants to go to Italy?*

but

Chi vuole andare **nell'**Italia centrale?	*Who wants to go to central Italy?*

If the geographical term is masculine or plural, **in** + *article* is used.

Aspen è **nel** Colorado.	*Aspen is in Colorado.*
Mio padre non è nato **negli** Stati Uniti.	*My father wasn't born in the United States.*
Più di 1.000 specie di animali vivono **nelle** Filippine.	*More than 1,000 animal species live in the Philippines.*

4. The definite article is not used with names of cities. *In* or *to* before the name of a city is expressed with **a** in Italian.

La Torre Pendente è **a** Pisa.	*The Leaning Tower is in Pisa.*

5. Names of U.S. states that are feminine in Italian follow the same rules as those for feminine countries.

la California	la Louisiana
la Carolina (del Nord, del Sud)	la Pennsylvania
la Florida	la Virginia
la Georgia	

Conosci **la** California?	*Do you know California?*
Dov'è l'Università **della** Georgia?	*Where's the University of Georgia?*
Quante cartoline hai ricevuto **dalla** Louisiana?	*How many cards have you received from Louisiana?*
Sei mai stato **in** Virginia?	*Have you ever been to Virginia?*

The names of all other states are masculine* and usually take the article whether used alone or with a preposition.

Il Texas è uno stato grande.	*Texas is a big state.*
L'Università **del** Colorado è a Boulder.	*The University of Colorado is in Boulder.*
New Haven è **nel** Connecticut.	*New Haven is in Connecticut.*

---

*The only exception is Hawaii, which is feminine plural: **le Hawaii.**

B. Gerundio e presente progressivo

1. The gerund (**il gerundio**) corresponds to the *-ing* verb form in English. The gerund is formed in Italian by adding **-ando** to the stem of **-are** verbs and **-endo** to the stems of **-ere** and **-ire** verbs. Its form is invariable.

   lavorare → lavor**ando**
   scrivere → scriv**endo**
   partire → part**endo**

2. Italian constructions with the gerund have many possible English equivalents.

Lavorando con un compagno, completate l'esercizio.	*Working with a classmate, complete the exercise.*
Frequentando regolarmente le lezioni, imparo molto.	*By attending classes regularly, I learn a lot.*
Andando in macchina, penso sempre ai miei problemi!	*While I drive, I always think about my problems!*

3. The present tense of **stare** can be combined with the gerund to form the present progressive tense (**il presente progressivo**): **sto lavorando** (*I am working*). This tense is used to stress that an action is in progress.

Che cosa **state guardando**?	*What are you watching?*
Stiamo studiando.	*We are (in the process of) studying.*
Dove **stai andando**?	*Where are you going (right now)?*
Sto andando a scuola.	*I am going to school.*

4. In Italian, unlike English, the gerund is never used as the subject of a sentence or as a direct object. The infinitive is used in these cases.

Imparare bene una lingua non è facile.	*Learning a language well is not easy.*
Preferisci **cantare** o **ballare**?	*Do you prefer singing or dancing?*

5. **Bere, dire,** and **fare** have irregular gerunds: **bevendo, dicendo,** and **facendo** respectively.

Sto **bevendo** un'aranciata.	*I'm drinking an orange soda.*
Cosa stai **dicendo**?	*What are you saying?*
La nonna sta **facendo** una passeggiata.	*Grandma is taking a walk.*

6. Remember that Italian constructions with the gerund have many possible English equivalents.

Leo passa il suo tempo libero **andando** a caccia.	*Leo spends his free time hunting.*
Puoi imparare a cucinare **leggendo** libri di cucina!	*You can learn how to cook by reading cookbooks!*
Cosa dice il professore **uscendo** dalla classe?	*What does the professor say as he's leaving class?*

C. *Futuro anteriore*

1. The future perfect (**il futuro anteriore**) (*I will have worked, they will have left*) is formed with the future of **avere** or **essere** + *past participle*.

FUTURE PERFECT			
WITH **avere**		WITH **essere**	
avrò		sarò	
avrai		sarai	partito/a
avrà	lavorato	sarà	
avremo		saremo	
avrete		sarete	partiti/e
avranno		saranno	

2. The future perfect is used to express an action that will already have taken place by a specific time in the future or when a second action occurs. The second action, if expressed, is always in the future tense.

Alle sette avremo già mangiato.	*By seven, we'll already have eaten.*
Dopo che avranno visitato la Sicilia, torneranno a casa.	*After they have visited Sicily, they'll return home.*

3. Just as the future tense is used to express probability, the future perfect can be used to indicate probability or speculation about something that may or may not have happened in the past.

Renato ha trovato una camera a Venezia. Avrà prenotato molto tempo fa!	*Renato found a room in Venice. He must have made reservations a long time ago!*
Le finestre sono chiuse. I Fossati saranno andati a letto.	*The windows are closed. The Fossatis must have gone to bed.*

D. Periodo ipotetico con l'indicativo

Conditional sentences consist of two clauses: an *if* clause that specifies a condition and a main clause that indicates the outcome of that condition: *If I don't sleep, I become irritable. If they arrive early, we'll go to the beach.*

1. In Italian, **se** introduces the condition. When the condition is real or possible, the **se** clause is in an indicative tense (present, future, or past), and the main clause is in either the indicative or the imperative.

se CLAUSE *Indicative*	MAIN CLAUSE *Indicative or Imperative*
present tense **se** + future tense past tenses	present tense future tense past tenses imperative

Se vuole vedere il film, venga con noi.	*If you want to see the film, come with us.*
Se avevate fame, perché non avete mangiato?	*If you were hungry, why didn't you eat?*
Se andrai in Italia, dovrai visitare Venezia.	*If you go to Italy, you must visit Venice.*

2. When the main clause is in the future tense, the **se** clause must *also* be in the future. In English, by contrast, the *if* clause is in the present tense.

Se **leggerete** il romanzo, **apprezzerete** di più il film.	*If you read the novel, you will appreciate the film more.*

E. Periodo ipotetico con il congiuntivo

1. In conditional sentences that describe contrary-to-fact situations in the present (whether likely or unlikely to happen), the **se** clause is in the *imperfect subjunctive* and the main clause is in the *conditional.*

se CLAUSE *Subjunctive*	MAIN CLAUSE *Conditional*
se + imperfect subjunctive	present conditional conditional perfect

Se **avessi** più tempo, **vedrei** tutti i film di Pasolini. | *If I had more time, I would see all of Pasolini's films.*

Se tu non **fossi** tanto pigro, **avresti** già **mandato** gli inviti. | *If you weren't so lazy, you would have sent the invitations already.*

2. Contrary-to-fact situations in the past are expressed with a **se** clause in the *pluperfect subjunctive* and the main clause in the *conditional*.

se CLAUSE *Pluperfect subjunctive*	MAIN CLAUSE *Conditional*
se + pluperfect subjunctive	present conditional conditional perfect

Se **avessi avuto** più tempo, **avrei visto** tutti i film di Pasolini. | *If I had had more time, I would have seen all of Pasolini's films.*

Se tu non **fossi stato** tanto pigro, **avresti** già **mandato** gli inviti. | *If you hadn't been so lazy, you would have sent the invitations already.*

3. The conditional is used *only* in the main clause, *never* in the **se** clause. Only the subjunctive may be used in the **se** clause of a contrary-to-fact sentence.

F. *Fare + infinito*

1. **Fare** + *infinitive* is used to express *to have something done* or *to have someone do something*. A noun object follows the infinitive. Compare these sentences.

Il falegname **ripara** la porta. | *The carpenter repairs the door.*
Il proprietario **fa riparare** la porta. | *The owner has the door repaired.*
Scrivo la pubblicità. | *I'm writing the ad.*
Faccio scrivere la pubblicità. | *I'm having the ad written.*

2. When a pronoun replaces the noun object, it ordinarily precedes the form of **fare**. The pronoun may attach to **fare** only when **fare** is in the infinitive form or in the first or second person of the imperative.

Faccio lavare la macchina; **la faccio lavare** ogni sabato. | *I'm having the car washed; I have it washed every Saturday.*
Desidero far mettere il telefono; desidero **farlo mettere** nel mio studio. | *I wish to have a phone put in; I wish to have it put in my study.*
Fa' riparare il televisore; **fallo riparare** al più presto! | *Have the TV set repaired; have it repaired as soon as possible!*

3. When the sentence has only one object, it is a direct object. When there are two objects, the *thing* is the direct object and the *person* is the indirect object. When the indirect object is a noun or a disjunctive pronoun, it takes the preposition **a.**

Fanno leggere **Marco.**	*They make Marco read.*
Lo fanno leggere.	*They make him read.*
Fanno leggere le notizie **a Marco.**	*They make Marco read the news.*
Fanno leggere le notizie **a lui.** ⎫ **Gli** fanno leggere le notizie. ⎭	*They make him read the news.*
Gliele fanno leggere.	*They make him read them.*

In compound tenses, the past participle **fatto** agrees in gender and number with the direct object pronoun.

Mi hanno fatto portare le valige.	*They had me carry the luggage.*
Me **le** hanno fat**te** portare.	*They had me carry them.*

4. When the use of **a** could cause ambiguity, **a** + *person* is replaced by **da** + *person.*

TWO POSSIBLE MEANINGS

Ho fatto scrivere una lettera **a Mario.**	⎧ *I had Mario write a letter.* ⎩ *I had a letter written to Mario.*

ONE POSSIBLE MEANING

Ho fatto scrivere una lettera **da Mario.**	*I had Mario write a letter.*

5. **Farsi** + *infinitive* + **da** + *person* means *to make oneself heard/understood/ seen by someone.* **Essere** is used in compound tenses.

Come possiamo **farci capire da** tutti?	*How can we make ourselves understood by everyone?*
Si sono fatti fotografare.	*They had themselves photographed.*

G. Lasciare e i verbi di percezione + infinito

1. Like **fare,** the verb **lasciare** (when meaning *to let, allow*) and verbs of perception (**vedere, guardare, sentire,** and so on) are followed by the infinitive.

Non ci **lascia scrivere** a mano.	*He doesn't allow us to write by hand.*
Abbiamo sentito leggere il poeta.	*We heard the poet read.*

2. An object noun typically follows the infinitive, but an object pronoun precedes the main verb. A pronoun attaches to the main verb only when it is in the infinitive or in the first or second person of the imperative.

—Hai sentito piangere la mamma?   —*Did you hear Mom cry?*

—Sì, **l'ho sentita** piangere.   —*Yes, I heard her cry.*

Perché non lasci giocare i bambini? **Lasciali** giocare!   *Why don't you let the children play? Let them play!*

Non voglio **vederti** correre.   *I don't want to see you run.*

3. **Lasciare** may also be followed by **che** + *subjunctive.*

Perché non **lo** lasciate **parlare?**
Perché non lasciate **che lui parli?**   *Why don't you let him talk?*

H. *Forma passiva del verbo*

1. All the verb forms introduced in *Prego!* have been presented in the active voice. In the active voice, the subject of the verb performs the action. In the passive voice (**la forma passiva**), the subject of the verb is acted on. Compare these sentences.

ACTIVE VOICE: The car hit her.
PASSIVE VOICE: She was hit by the car.

2. The passive voice in Italian is formed exactly as in English. It consists of **essere** in the appropriate tense + *past participle.* If the agent (the person performing the action) is expressed, the noun or pronoun is preceded by **da.** All past participles must agree with the subject in gender and number.

soggetto + **essere** + *participio passato* (+ **da** + *persona*)

Il caffè **è fatto da** Giacomo.   *The coffee is made by Giacomo.*
Il caffè **è stato fatto da** Giacomo.   *The coffee was made by Giacomo.*
Il caffè **sarà fatto da** Giacomo.   *The coffee will be made by Giacomo.*

Note that the passive voice can consist of two words (simple tenses) or three words (compound tenses). In compound tenses, both participles agree with the subject.

A. Avere e essere

Coniugazione del verbo avere

INFINITO
PRESENTE: avere   PASSATO: avere avuto

PARTICIPIO avuto

GERUNDIO avendo

INDICATIVO

PRESENTE	IMPERFETTO	PASSATO REMOTO	FUTURO
ho	avevo	ebbi	avrò
hai	avevi	avesti	avrai
ha	aveva	ebbe	avrà
abbiamo	avevamo	avemmo	avremo
avete	avevate	aveste	avrete
hanno	avevano	ebbero	avranno

PASSATO PROSSIMO	TRAPASSATO	TRAPASSATO REMOTO	FUTURO ANTERIORE
ho	avevo	ebbi	avrò
hai	avevi	avesti	avrai
ha	aveva	ebbe	avrà
abbiamo } avuto	avevamo } avuto	avemmo } avuto	avremo } avuto
avete	avevate	aveste	avrete
hanno	avevano	ebbero	avranno

CONDIZIONALE

PRESENTE	PASSATO
avrei	avrei
avresti	avresti
avrebbe	avrebbe } avuto
avremmo	avremmo
avreste	avreste
avrebbero	avrebbero

CONGIUNTIVO

PRESENTE	PASSATO
abbia	abbia
abbia	abbia
abbia	abbia } avuto
abbiamo	abbiamo
abbiate	abbiate
abbiano	abbiano

IMPERFETTO	TRAPASSATO
avessi	avessi
avessi	avessi
avesse	avesse } avuto
avessimo	avessimo
aveste	aveste
avessero	avessero

IMPERATIVO

—
abbi (non avere)
abbia
abbiamo
abbiate
abbiano

Coniugazione del verbo essere

INFINITO
PRESENTE: essere   PASSATO: essere stato/a/i/e

PARTICIPIO stato/a/i/e

GERUNDIO essendo

INDICATIVO

PRESENTE	IMPERFETTO	PASSATO REMOTO	FUTURO
sono	ero	fui	sarò
sei	eri	fosti	sarai
è	era	fu	sarà
siamo	eravamo	fummo	saremo
siete	eravate	foste	sarete
sono	erano	furono	saranno

PASSATO PROSSIMO	TRAPASSATO	TRAPASSATO REMOTO	FUTURO ANTERIORE
sono } stato/a	ero } stato/a	fui } stato/a	sarò } stato/a
sei	eri	fosti	sarai
è	era	fu	sarà
siamo } stati/e	eravamo } stati/e	fummo } stati/e	saremo } stati/e
siete	eravate	foste	sareste
sono	erano	furono	saranno

CONDIZIONALE

PRESENTE	PASSATO
sarei	sarei } stato/a
saresti	saresti
sarebbe	sarebbe
saremmo	saremmo } stati/e
sareste	sareste
sarebbero	sarebbero

CONGIUNTIVO

PRESENTE	PASSATO
sia	sia } stato/a
sia	sia
sia	sia
siamo	siamo } stati/e
siate	siate
siano	siano

IMPERFETTO	TRAPASSATO
fossi	fossi } stato/a
fossi	fossi
fosse	fosse
fossimo	fossimo } stati/e
foste	foste
fossero	fossero

IMPERATIVO

—
sii (non essere)
sia
siamo
siate
siano

B. Verbi regolari

Coniugazione del verbo *lavorare*

INFINITO — PRESENTE: lavorare PASSATO: avere lavorato
PARTICIPIO lavorato
GERUNDIO lavorando

INDICATIVO

PRESENTE	IMPERFETTO	PASSATO REMOTO	FUTURO
lavoro	lavoravo	lavorai	lavorerò
lavori	lavoravi	lavorasti	lavorerai
lavora	lavorava	lavorò	lavorerà
lavoriamo	lavoravamo	lavorammo	lavoreremo
lavorate	lavoravate	lavoraste	lavorerete
lavorano	lavoravano	lavorarono	lavoreranno

PASSATO PROSSIMO	TRAPASSATO PROSSIMO	TRAPASSATO REMOTO	FUTURO ANTERIORE
ho	avevo	ebbi	avrò
hai	avevi	avesti	avrai
ha	aveva	ebbe	avrà
abbiamo } lavorato	avevamo } lavorato	avemmo } lavorato	avremo } lavorato
avete	avevate	aveste	avrete
hanno	avevano	ebbero	avranno

CONDIZIONALE

PRESENTE	PASSATO
lavorerei	avrei
lavoreresti	avresti
lavorerebbe	avrebbe
lavoreremmo	avremmo } lavorato
lavorereste	avreste
lavorerebbero	avrebbero

CONGIUNTIVO

PRESENTE	IMPERFETTO	PASSATO	TRAPASSATO
lavori	lavorassi	abbia	avessi
lavori	lavorassi	abbia	avessi
lavori	lavorasse	abbia	avesse
lavoriamo	lavorassimo	abbiamo } lavorato	avessimo } lavorato
lavorate	lavoraste	abbiate	aveste
lavorino	lavorassero	abbiano	avessero

IMPERATIVO

lavora (non lavorare)
lavori
lavoriamo
lavorate
lavorino

Coniugazione del verbo *credere*

INFINITO — PRESENTE: credere PASSATO: avere creduto
PARTICIPIO creduto
GERUNDIO credendo

INDICATIVO

PRESENTE	IMPERFETTO	PASSATO REMOTO	FUTURO
credo	credevo	credei	crederò
credi	credevi	credesti	crederai
crede	credeva	credé	crederà
crediamo	credevamo	credemmo	crederemo
credete	credevate	credeste	crederete
credono	credevano	crederono	crederanno

PASSATO PROSSIMO	TRAPASSATO PROSSIMO	TRAPASSATO REMOTO	FUTURO ANTERIORE
ho	avevo	ebbi	avrò
hai	avevi	avesti	avrai
ha	aveva	ebbe	avrà
abbiamo } creduto	avevamo } creduto	avemmo } creduto	avremo } creduto
avete	avevate	aveste	avrete
hanno	avevano	ebbero	avranno

CONDIZIONALE

PRESENTE	PASSATO
crederei	avrei
crederesti	avresti
crederebbe	avrebbe
crederemmo	avremmo } creduto
credereste	avreste
crederebbero	avrebbero

CONGIUNTIVO

PRESENTE	IMPERFETTO	PASSATO	TRAPASSATO
creda	credessi	abbia	avessi
creda	credessi	abbia	avessi
creda	credesse	abbia	avesse
crediamo	credessimo	abbiamo } creduto	avessimo } creduto
crediate	credeste	abbiate	aveste
credano	credessero	abbiano	avessero

IMPERATIVO

credi (non credere)
creda
crediamo
credete
credano

Coniugazione del verbo *dormire*

INFINITO — PRESENTE: dormire PASSATO: avere dormito
PARTICIPIO: dormito **GERUNDIO**: dormendo

INDICATIVO

PRESENTE	IMPERFETTO	PASSATO REMOTO	FUTURO
dormo	dormivo	dormii	dormirò
dormi	dormivi	dormisti	dormirai
dorme	dormiva	dormì	dormirà
dormiamo	dormivamo	dormimmo	dormiremo
dormite	dormivate	dormiste	dormirete
dormono	dormivano	dormirono	dormiranno

PASSATO PROSSIMO	TRAPASSATO	TRAPASSATO REMOTO	FUTURO ANTERIORE
ho	avevo	ebbi	avrò
hai	avevi	avesti	avrai
ha } dormito	aveva } dormito	ebbe } dormito	avrà } dormito
abbiamo	avevamo	avemmo	avremo
avete	avevate	aveste	avrete
hanno	avevano	ebbero	avranno

CONDIZIONALE

PRESENTE	PASSATO
dormirei	avrei
dormiresti	avresti
dormirebbe	avrebbe } dormito
dormiremmo	avremmo
dormireste	avreste
dormirebbero	avrebbero

CONGIUNTIVO

PRESENTE	PASSATO	IMPERFETTO	TRAPASSATO
dorma	abbia	dormissi	avessi
dorma	abbia	dormissi	avessi
dorma	abbia } dormito	dormisse	avesse } dormito
dormiamo	abbiamo	dormissimo	avessimo
dormiate	abbiate	dormiste	aveste
dormano	abbiano	dormissero	avessero

IMPERATIVO

—
dormi (non dormire)
dorma
dormiamo
dormite
dormano

Coniugazione del verbo *capire*

INFINITO — PRESENTE: capire PASSATO: avere capito
PARTICIPIO: capito **GERUNDIO**: capendo

INDICATIVO

PRESENTE	IMPERFETTO	PASSATO REMOTO	FUTURO
capisco	capivo	capii	capirò
capisci	capivi	capisti	capirai
capisce	capiva	capì	capirà
capiamo	capivamo	capimmo	capiremo
capite	capivate	capiste	capirete
capiscono	capivano	capirono	capiranno

PASSATO PROSSIMO	TRAPASSATO	TRAPASSATO REMOTO	FUTURO ANTERIORE
ho	avevo	ebbi	avrò
hai	avevi	avesti	avrai
ha } capito	aveva } capito	ebbe } capito	avrà } capito
abbiamo	avevamo	avemmo	avremo
avete	avevate	aveste	avrete
hanno	avevano	ebbero	avranno

CONDIZIONALE

PRESENTE	PASSATO
capirei	avrei
capiresti	avresti
capirebbe	avrebbe } capito
capiremmo	avremmo
capireste	avreste
capirebbero	avrebbero

CONGIUNTIVO

PRESENTE	PASSATO	IMPERFETTO	TRAPASSATO
capisca	abbia	capissi	avessi
capisca	abbia	capissi	avessi
capisca	abbia } capito	capisse	avesse } capito
capiamo	abbiamo	capissimo	avessimo
capiate	abbiate	capiste	aveste
capiscano	abbiano	capissero	avessero

IMPERATIVO

—
capisci (non capire)
capisca
capiamo
capite
capiscano

C. Verbi irregolari

Forms and tenses not listed here follow the regular pattern.

VERBI IRREGOLARI IN -ARE
There are only four irregular **-are** verbs: **andare, dare, fare,** and **stare.**

andare to go

PRESENTE:	vado, vai, va; andiamo, andate, vanno
FUTURO:	andrò, andrai, andrà; andremo, andrete, andranno
CONDIZIONALE:	andrei, andresti, andrebbe; andremmo, andreste, andrebbero
CONGIUNTIVO PRESENTE:	vada, vada, vada; andiamo, andiate, vadano
IMPERATIVO:	va' (vai), vada; andiamo, andate, vadano

dare to give

PRESENTE:	do, dai, dà; diamo, date, danno
FUTURO:	darò, darai, darà; daremo, darete, daranno
CONDIZIONALE:	darei, daresti, darebbe; daremmo, dareste, darebbero
PASSATO REMOTO:	diedi (detti), desti, diede (dette); demmo, deste, diedero (dettero)
CONGIUNTIVO PRESENTE:	dia, dia, dia; diamo, diate, diano
IMPERFETTO DEL CONGIUNTIVO:	dessi, dessi, desse; dessimo, deste, dessero
IMPERATIVO:	da' (dai), dia; diamo, date, diano

fare to do; to make

PARTICIPIO:	fatto
GERUNDIO:	facendo
PRESENTE:	faccio, fai, fa; facciamo, fate, fanno
IMPERFETTO:	facevo, facevi, faceva; facevamo, facevate, facevano
FUTURO:	farò, farai, farà; faremo, farete, faranno
CONDIZIONALE:	farei, faresti, farebbe; faremmo, fareste, farebbero
PASSATO REMOTO:	feci, facesti, fece; facemmo, faceste, fecero
CONGIUNTIVO PRESENTE:	faccia, faccia, faccia; facciamo, facciate, facciano
IMPERFETTO DEL CONGIUNTIVO:	facessi, facessi, facesse; facessimo, faceste, facessero
IMPERATIVO:	fa' (fai), faccia; facciamo, fate, facciano

stare to stay

PRESENTE:	sto, stai, sta; stiamo, state, stanno
FUTURO:	starò, starai, starà, staremo, starete, staranno
CONDIZIONALE:	starei, staresti, starebbe; staremmo, stareste, starebbero
PASSATO REMOTO:	stetti, stesti, stette; stemmo, steste, stettero
CONGIUNTIVO PRESENTE:	stia, stia, stia; stiamo, stiate, stiano
IMPERFETTO DEL CONGIUNTIVO:	stessi, stessi, stesse; stessimo, steste, stessero
IMPERATIVO:	sta' (stai), stia; stiamo, state, stiano

VERBI IRREGOLARI IN -ERE

assumere to hire

PARTICIPIO:	assunto
PASSATO REMOTO:	assunsi, assumesti, assunse; assumemmo, assumeste, assunsero

bere to drink

PARTICIPIO:	bevuto
GERUNDIO:	bevendo
PRESENTE:	bevo, bevi, beve; beviamo, bevete, bevono
IMPERFETTO:	bevevo, bevevi, beveva; bevevamo, bevevate, bevevano
FUTURO:	berrò, berrai, berrà; berremo, berrete, berranno
CONDIZIONALE:	berrei, berresti, berrebbe; berremmo, berreste, berrebbero
PASSATO REMOTO:	bevvi, bevesti, bevve; bevemmo, beveste, bevvero
CONGIUNTIVO PRESENTE:	beva, beva, beva; beviamo, beviate, bevano
IMPERFETTO DEL CONGIUNTIVO:	bevessi, bevessi, bevesse; bevessimo, beveste, bevessero
IMPERATIVO:	bevi, beva; beviamo, bevete, bevano

cadere to fall

FUTURO:	cadrò, cadrai, cadrà; cadremo, cadrete, cadranno
CONDIZIONALE:	cadrei, cadresti, cadrebbe; cadremmo, cadreste, cadrebbero
PASSATO REMOTO:	caddi, cadesti, cadde; cademmo, cadeste, caddero

chiedere to ask

PARTICIPIO:	chiesto
PASSATO REMOTO:	chiesi, chiedesti, chiese; chiedemmo, chiedeste, chiesero

chiudere to close

PARTICIPIO:	chiuso
PASSATO REMOTO:	chiusi, chiudesti, chiuse; chiudemmo, chiudeste, chiusero

condividere to share

PARTICIPIO:	condiviso
PASSATO REMOTO:	condivisi, condividesti, condivise; condividemmo, condivideste, condivisero

conoscere to know   **riconoscere** to recognize

PARTICIPIO:	conosciuto
PASSATO REMOTO:	conobbi, conoscesti, conobbe; conoscemmo, conosceste, conobbero

convincere to convince

PARTICIPIO:	convinto
PASSATO REMOTO:	convinsi, convincesti, convinse; convincemmo, convinceste, convinsero

correre to run

PARTICIPIO:	corso
PASSATO REMOTO:	corsi, corresti, corse; corremmo, correste, corsero

crescere to grow (up); to raise; to increase

PARTICIPIO:	cresciuto

cuocere to cook

PARTICIPIO:	cotto
PRESENTE:	cuocio, cuoci, cuoce; cociamo, cocete, cuociono
PASSATO REMOTO:	cossi, cocesti, cosse; cocemmo, coceste, cossero
CONGIUNTIVO PRESENTE:	cuocia, cuocia, cuocia; cociamo, cociate, cuociano
IMPERATIVO:	cuoci, cuocia; cociamo, cocete, cuociano

decidere to decide

PARTICIPIO:	deciso
PASSATO REMOTO:	decisi, decidesti, decise; decidemmo, decideste, decisero

dipendere to depend

PARTICIPIO:	dipeso
PASSATO REMOTO:	dipesi, dipendesti, dipese; dipendemmo, dipendeste, dipesero

dipingere to paint

PARTICIPIO:	dipinto
PASSATO REMOTO:	dipinsi, dipingesti, dipinse; dipingemmo, dipingeste, dipinsero

discutere to discuss

PARTICIPIO:	discusso
PASSATO REMOTO:	discussi, discutesti, discusse; discutemmo, discuteste, discussero

distinguere to distinguish

PARTICIPIO:	distinto
PASSATO REMOTO:	distinsi, distinguesti, distinse; distinguemmo, distingueste, distinsero

dividere to divide

PARTICIPIO:	diviso
PASSATO REMOTO:	divisi, divideste, divise; dividemmo, divideste, divisero

dovere to have to

PRESENTE:	devo (debbo), devi, deve; dobbiamo, dovete, devono (debbono)
FUTURO:	dovrò, dovrai, dovrà, dovremo, dovrete, dovranno
CONDIZIONALE:	dovrei, dovresti, dovrebbe; dovremmo, dovreste, dovrebbero

CONGIUNTIVO PRESENTE: debba, debba, debba; dobbiamo, dobbiate, debbano

iscriversi to join; to enroll
PARTICIPIO: iscritto
PASSATO REMOTO: iscrissi, iscrivesti, iscrisse; iscrivemmo, iscriveste, iscrissero

leggere to read
PARTICIPIO: letto
PASSATO REMOTO: lessi, leggesti, lesse; leggemmo, leggeste, lessero

mettere to put   **scommettere** to bet
PARTICIPIO: messo
PASSATO REMOTO: misi, mettesti, mise; mettemmo, metteste, misero

muovere to move
PARTICIPIO: mosso
PASSATO REMOTO: mossi, muovesti, mosse; muovemmo, muoveste, mossero

nascere to be born
PARTICIPIO: nato
PASSATO REMOTO: nacqui, nascesti, nacque; nascemmo, nasceste, nacquero

offendere to offend
PARTICIPIO: offeso
PASSATO REMOTO: offesi, offendesti, offese; offendemmo, offendeste, offesero

parere to seem
PARTICIPIO: parso
PRESENTE: paio, pari, pare; paiamo, parete, paiono
FUTURO: parrò, parrai, parrà; parremo, parrete, parranno
CONDIZIONALE: parrei, parresti, parrebbe; parremmo, parreste, parrebbero
PASSATO REMOTO: parvi, paresti, parve; paremmo, pareste, parvero
CONGIUNTIVO PRESENTE: paia, paia, paia; paiamo, paiate, paiano

piacere to be pleasing
PARTICIPIO: piaciuto
PRESENTE: piaccio, piaci, piace; piacciamo, piacete, piacciono
PASSATO REMOTO: piacqui, piacesti, piacque; piacemmo, piaceste, piacquero
CONGIUNTIVO PRESENTE: piaccia, piaccia, piaccia; piacciamo, piacciate, piacciano
IMPERATIVO: piaci, piaccia; piacciamo, piacete, piacciano

piangere to cry

PARTICIPIO:	pianto
PASSATO REMOTO:	piansi, piangesti, pianse; piangemmo, piangeste, piansero

potere to be able

PRESENTE:	posso, puoi, può; possiamo, potete, possono
FUTURO:	potrò, potrai, potrà; potremo, potrete, potranno
CONDIZIONALE:	potrei, potresti, potrebbe; potremmo, potreste, potrebbero
CONGIUNTIVO PRESENTE:	possa, possa, possa; possiamo, possiate, possano

prendere to take   **riprendere** to resume   **sorprendere** to surprise

PARTICIPIO:	preso
PASSATO REMOTO:	presi, prendesti, prese; prendemmo, prendeste, presero

produrre to produce   **tradurre** to translate

PARTICIPIO:	prodotto
PRESENTE:	produco, produci, produce; produciamo, producete, producono
IMPERFETTO:	producevo, producevi, produceva; producevamo, producevate, producevano
PASSATO REMOTO:	produssi, producesti, produsse; producemmo, produceste, produssero
CONGIUNTIVO PRESENTE:	produca, produca, produca; produciamo, produciate, producano
IMPERFETTO DEL CONGIUNTIVO:	producessi, producessi, producesse; producessimo, produceste, producessero

promettere to promise

PARTICIPIO:	promesso
PASSATO REMOTO:	promisi, promettesti, promise; promettemmo, prometteste, promisero

rendere to give back

PARTICIPIO:	reso
PASSATO REMOTO:	resi, rendesti, rese; rendemmo, rendeste, resero

richiedere to require

PARTICIPIO:	richiesto
PASSATO REMOTO:	richiesi, richiedesti, richiese; richiedemmo, richiedeste, richiesero

ridere to laugh

PARTICIPIO:	riso
PASSATO REMOTO:	risi, ridesti, rise; ridemmo, rideste, risero

rimanere to remain

PARTICIPIO:	rimasto
PRESENTE:	rimango, rimani, rimane; rimaniamo, rimanete, rimangono

FUTURO: rimarrò, rimarrai, rimarrà, rimarremo, rimarrete, rimarranno

CONDIZIONALE: rimarrei, rimarresti, rimarrebbe; rimarremmo, rimarreste, rimarrebbero

PASSATO REMOTO: rimasi, rimanesti, rimase; rimanemmo, rimaneste, rimasero

CONGIUNTIVO PRESENTE: rimanga, rimanga, rimanga; rimaniamo, rimaniate, rimangano

IMPERATIVO: rimani, rimanga; rimaniamo, rimanete, rimangano

rispondere to answer

PARTICIPIO: risposto

PASSATO REMOTO: risposi, rispondesti, rispose; rispondemmo, rispondeste, risposero

rompere to break   **interrompere** to interrupt

PARTICIPIO: rotto

PASSATO REMOTO: ruppi, rompesti, ruppe; rompemmo, rompeste, ruppero

sapere to know

PRESENTE: so, sai, sa; sappiamo, sapete, sanno

FUTURO: saprò, saprai, saprà; sapremo, saprete, sapranno

CONDIZIONALE: saprei, sapresti, saprebbe; sapremmo, sapreste, saprebbero

PASSATO REMOTO: seppi, sapesti, seppe; sapemmo, sapeste, seppero

CONGIUNTIVO PRESENTE: sappia, sappia, sappia; sappiamo, sappiate, sappiano

IMPERATIVO: sappi, sappia; sappiamo, sappiate, sappiano

scegliere to choose

PARTICIPIO: scelto

PRESENTE: scelgo, scegli, sceglie; scegliamo, scegliete, scelgono

PASSATO REMOTO: scelsi, scegliesti, scelse; scegliemmo, sceglieste, scelsero

CONGIUNTIVO PRESENTE: scelga, scelga, scelga; scegliamo, scegliate, scelgano

IMPERATIVO: scegli, scelga; scegliamo, scegliete, scelgano

scendere to descend

PARTICIPIO: sceso

PASSATO REMOTO: scesi, scendesti, scese; scendemmo, scendeste, scesero

scrivere to write

PARTICIPIO: scritto

PASSATO REMOTO: scrissi, scrivesti, scrisse; scrivemmo, scriveste, scrissero

sedere to sit

PRESENTE: siedo, siedi, siede; sediamo, sedete, siedono
CONGIUNTIVO PRESENTE: sieda, sieda, sieda (segga); sediamo, sediate, siedano (seggano)
IMPERATIVO: siedi, sieda (segga); sediamo, sedete, siedano (seggano)

succedere to happen

PARTICIPIO: successo
PASSATO REMOTO: successi, succedesti, successe; succedemmo, succedeste, successero

svolgere to carry out; **svolgersi** to take place

PARTICIPIO: svolto
PASSATO REMOTO: svolsi, svolgesti, svolse; svolgemmo, svolgeste, svolsero

tenere to hold   **appartenere** to belong **ottenere** to obtain

PRESENTE: tengo, tieni, tiene; teniamo, tenete, tengono
FUTURO: terrò, terrai, terrà; terremo, terrete, terranno
CONDIZIONALE: terrei, terresti, terrebbe; terremmo, terreste, terrebbero
PASSATO REMOTO: tenni, tenesti, tenne; tenemmo, teneste, tennero
CONGIUNTIVO PRESENTE: tenga, tenga, tenga; teniamo, teniate, tengano
IMPERATIVO: tieni, tenga; teniamo, tenete, tengano

uccidere to kill

PARTICIPIO: ucciso
PASSATO REMOTO: uccisi, uccidesti, uccise; uccidemmo, uccideste, uccisero

vedere to see

PARTICIPIO: visto *or* veduto
FUTURO: vedrò, vedrai, vedrà; vedremo, vedrete, vedranno
CONDIZIONALE: vedrei, vedresti, vedrebbe; vedremmo, vedreste, vedrebbero
PASSATO REMOTO: vidi, vedesti, vide; vedemmo, vedeste, videro

vincere to win

PARTICIPIO: vinto
PASSATO REMOTO: vinsi, vincesti, vinse; vincemmo, vinceste, vinsero

vivere to live

PARTICIPIO: vissuto
FUTURO: vivrò, vivrai, vivrà; vivremo, vivrete, vivranno
CONDIZIONALE: vivrei, vivresti, vivrebbe; vivremmo, vivreste, vivrebbero
PASSATO REMOTO: vissi, vivesti, visse; vivemmo, viveste, vissero

volere to want

PRESENTE: voglio, vuoi, vuole; vogliamo, volete, vogliono

FUTURO:	vorrò, vorrai, vorrà; vorremo, vorrete, vorranno
CONDIZIONALE:	vorrei, vorresti, vorrebbe; vorremmo, vorreste, vorrebbero
PASSATO REMOTO:	volli, volesti, volle; volemmo, voleste, vollero
CONGIUNTIVO PRESENTE:	voglia, voglia, voglia; vogliamo, vogliate, vogliano
IMPERATIVO:	vogli, voglia; vogliamo, vogliate, vogliano

VERBI IRREGOLARI IN -IRE

aprire to open

PARTICIPIO:	aperto

dire to say, tell

PARTICIPIO:	detto
GERUNDIO:	dicendo
PRESENTE:	dico, dici, dice; diciamo, dite, dicono
IMPERFETTO:	dicevo, dicevi, diceva; dicevamo, dicevate, dicevano
PASSATO REMOTO:	dissi, dicesti, disse; dicemmo, diceste, dissero
CONGIUNTIVO PRESENTE:	dica, dica, dica; diciamo, diciate, dicano
IMPERFETTO DEL CONGIUNTIVO:	dicessi, dicessi, dicesse; dicessimo, diceste, dicessero
IMPERATIVO:	di', dica; diciamo, dite, dicano

morire to die

PARTICIPIO:	morto
PRESENTE:	muoio, muori, muore; moriamo, morite, muoiono
CONGIUNTIVO PRESENTE:	muoia, muoia, muoia; moriamo, moriate, muoiano
IMPERATIVO:	muori, muoia; moriamo, morite, muoiano

offrire to offer

PARTICIPIO:	offerto

salire to climb

PRESENTE:	salgo, sali, sale; saliamo, salite, salgono
CONGIUNTIVO PRESENTE:	salga, salga, salga; saliamo, saliate, salgano
IMPERATIVO:	sali, salga; saliamo, salite, salgano

scoprire to discover

PARTICIPIO:	scoperto

soffrire to suffer

PARTICIPIO:	sofferto

uscire to go out   **riuscire** to succeed

PRESENTE:	esco, esci, esce; usciamo, uscite, escono
CONGIUNTIVO PRESENTE:	esca, esca, esca; usciamo, usciate, escano
IMPERATIVO:	esci, esca; usciamo, uscite, escano

venire to come   **avvenire** to happen

PARTICIPIO:	venuto
PRESENTE:	vengo, vieni, viene; veniamo, venite, vengono

FUTURO: verrò, verrai, verrà, verremo, verrete, verranno
CONDIZIONALE: verrei, verresti, verrebbe; verremmo, verreste, verrebbero
PASSATO REMOTO: venni, venisti, venne; venimmo, veniste, vennero
CONGIUNTIVO PRESENTE: venga, venga, venga; veniamo, veniate, vengano
IMPERATIVO: vieni, venga; veniamo, venite, vengano

VERBI CON PARTICIPI PASSATI IRREGOLARI

aprire *to open*	aperto	perdere *to lose*	perso *or* perduto
assumere *to hire*	assunto	permettere *to allow*	permesso
avvenire *to happen*	avvenuto	persuadere *to persuade*	persuaso
bere *to drink*	bevuto	piacere *to be pleasing*	piaciuto
chiedere *to ask*	chiesto	piangere *to weep, cry*	pianto
chiudere *to close*	chiuso	prendere *to take*	preso
comporre *to compose*	composto	produrre *to produce*	prodotto
condividere *to share*	condiviso	promettere *to promise*	promesso
conoscere *to know*	conosciuto	promuovere *to promote*	promosso
convincere *to convince*	convinto	proteggere *to protect*	protetto
convivere *to live together*	convissuto	rendere *to return, give back*	reso
correre *to run*	corso	resistere *to resist*	resistito
crescere *to grow (up); to raise; to increase*	cresciuto	richiedere *to require*	richiesto
		riconoscere *to recognize*	riconosciuto
cuocere *to cook*	cotto	ridere *to laugh*	riso
decidere *to decide*	deciso	rimanere *to remain*	rimasto
dimettersi *to resign*	dimesso	riprendere *to resume*	ripreso
dipendere *to depend*	dipeso	risolvere *to solve; to resolve*	risolto
dipingere *to paint*	dipinto	rispondere *to answer*	risposto
dire *to say, tell*	detto	rompere *to break*	rotto
dirigere *to direct*	diretto	scegliere *to choose*	scelto
discutere *to discuss*	discusso	scendere *to get off*	sceso
distinguere *to distinguish*	distinto	scommettere *to bet*	scommesso
dividere *to divide*	diviso	scoprire *to discover*	scoperto
eleggere *to elect*	eletto	scrivere *to write*	scritto
esistere *to exist*	esistito	smettere *to stop (doing something)*	smesso
esprimere *to express*	espresso		
essere *to be*	stato	soffrire *to suffer*	sofferto
fare *to do, make*	fatto	sopravvivere *to survive*	sopravvissuto
interrompere *to interrupt*	interrotto	sorprendere *to surprise*	sorpreso
iscriversi *to enroll*	iscritto	sorridere *to smile*	sorriso
leggere *to read*	letto	spingere *to push*	spinto
mettere *to put*	messo	succedere *to happen*	successo
morire *to die*	morto	svolgersi *to take place*	svolto
muovere *to move*	mosso	trasmettere *to broadcast*	trasmesso
nascere *to be born*	nato	uccidere *to kill*	ucciso
nascondersi *to hide (oneself)*	nascosto	vedere *to see*	visto *or* veduto
offendere *to offend*	offeso	venire *to come*	venuto
offrire *to offer*	offerto	vincere *to win*	vinto
parere *to seem*	parso	vivere *to live*	vissuto

D. Verbi coniugati con essere

andare *to go*
arrivare *to arrive*
avvenire *to happen*
bastare *to suffice, be enough*
bisognare *to be necessary*
cadere *to fall*
cambiare* *to change, become different*
capitare *to happen*
cominciare* *to begin*
costare *to cost*
crescere *to grow (up); to increase*
dipendere *to depend*
dispiacere *to be sorry*
diventare *to become*
durare *to last*
entrare *to enter*
esistere *to exist*
essere *to be*
finire* *to finish*
fuggire *to run away*
guarire *to get well*
ingrassare *to put on weight*

mancare *to be missing*
morire *to die*
nascere *to be born*
parere *to seem*
partire *to leave, depart*
passare[†] *to stop by*
piacere *to like, be pleasing*
restare *to stay*
rimanere *to remain*
ritornare *to return*
riuscire *to succeed*
salire[‡] *to go up; to get in*
scappare *to run away*
scendere* *to get off*
sembrare *to seem*
stare *to stay*
succedere *to happen*
tornare *to return*
uscire *to leave, go out*
venire *to come*
vivere *to live*
volerci *to take (time)*

In addition to these verbs, all reflexive verbs are conjugated with **essere.**

---

*Conjugated with **avere** when used with a direct object.
[†]Conjugated with **avere** when the meaning is *to pass, to spend* (*time*).
[‡]Conjugated with **avere** when the meaning is *to climb.*

Vocabulary

This vocabulary contains contextual meanings of most words used in this book. Active vocabulary is indicated by the number of the chapter in which the word first appears (the designation P refers to the **Capitolo preliminare**). Proper and geographical names are not included in this list. Exact cognates do not appear unless they have an irregular plural or irregular stress.

The gender of nouns is indicated by the form of the definite article, or by the abbreviation *m.* or *f.* if neither the article nor the final vowel reveals gender. Adjectives are listed by their masculine form. Irregular stress is indicated by a dot under the stressed vowel. Idiomatic expressions are listed under the major word(s) in the phrase, usually a noun or a verb. An asterisk (*) before a verb indicates that the verb requires **essere** in compound tenses. Verbs ending in **-si** always require **essere** in compound tenses and therefore are not marked. Verbs preceded by a dagger (†) take **essere** in compound tenses unless followed by a direct object, in which case they require **avere.** Verbs followed by **(isc)** are third-conjugation verbs that insert **-isc-** in the present indicative and subjunctive and in the imperative. The following abbreviations have been used:

abbr.	abbreviation	*f.*	feminine	*m.*	masculine
adj.	adjective	*fig.*	figurative	*n.*	noun
adv.	adverb	*form.*	formal	*p.p.*	past participle
arch.	archaic	*gram.*	grammar	*pl.*	plural
art.	article	*inf.*	infinitive	*prep.*	preposition
conj.	conjunction	*inform.*	informal	*pron.*	pronoun
coll.	colloquial	*inv.*	invariable	*s.*	singular
def.	definite article	*lit.*	literally	*subj.*	subjunctive

Italian–English Vocabulary

A

a, ad (*before vowels*) at, to, in (*a city*) (1); **a destra** to/on the right (1); **a sinistra** to/on the left (1)

abbastanza enough (2); **abbastanza bene** pretty good (P)

abbattere to chop down, destroy

l'abbigliamento clothing (7); **il negozio di abbigliamento** clothing store (11)

abbinare to match, pair

abbondante abundant

l'abbondanza abundance

abbottonarsi to button up (*clothes*)

abbracciare to embrace; **abbracciarsi** to embrace (*each other*) (7)

abbronzarsi to get tan

l'abete *m.* fir tree, spruce tree

l'abitante *m./f.* inhabitant (15)

abitare to live (*in a place*) (3)

l'abitazione *f.* residence (12)

l'abito dress; suit (7)

abituale habitual

abitualmente usually

abituarsi (**a** + *inf.*) to get used to (*doing something*) (14)

l'abitudine *f.* habit

l'abolizione *f.* abolition

abusivo illegal (18)

accademico (*m. pl.* **accademici**) academic; **l'anno accademico** academic year (3)

accanto (a) next to (12)

l'accattonaggio begging

accendere (*p.p.* **acceso**) to turn on

acceso ardent

l'accesso access

accettare (**di** + *inf.*) to accept (14)

l'acciaio steel

accidenti! darn!

l'accoglienza reception, welcome

accogliere (*p.p.* **accolto**) to receive; to welcome

accomodarsi to make oneself at home

accompagnare to accompany

l'accordo agreement; **d'accordo** agreed; ***andare d'accordo** to get along (3); ***essere d'accordo** to agree (3)

accusare to accuse

l'acero maple tree

l'acqua (minerale / gassata / naturale) (mineral / carbonated / noncarbonated) water (5); **controllare l'acqua** to check the water (13)

acquatico (*m. pl.* **acquatici**) *adj.* acquatic, water; **lo sci acquatico** water skiing

acquistare to acquire

adagio slowly

adattarsi to adapt

adatto suitable, appropriate

addormentarsi to fall asleep (7)

adeguato adequate

adesso now, right now (4)

l'adolescente *m./f.* adolescent

adorare to adore

adriatico (*m. pl.* **adriatici**) *adj.* Adriatic

l'adulto adult

l'aeroplano, l'aereo (*pl.* **gli aerei**) airplane (1); ***andare in aereo** to fly, go by plane (3)

l'aerobica aerobics; **fare l'aerobica** to do aerobics (4)

l'aeroporto airport (1)

l'affare *m.* bargain (11); **gli affari** business, affairs (17); **un brutto affare** an unpleasant matter; **fare un affare** to make a deal

affascinante charming

affascinare to fascinate, enchant

affermare to affirm, assert

affermarsi to establish oneself (15)

affermativo affirmative

l'affermazione *f.* statement, assertion (10)

gli affettati cold cuts

affinché so that (17)

affittare to rent (12); **affittare (una casa)** to rent (a house) (10); **affittasi** for rent (12)

l'affitto rent (12); **in affitto** for rent (12); **prendere in affitto (una casa)** to rent (a house) (10)

affollato crowded

affrescare to fresco

l'affresco (*pl.* **gli affreschi**) fresco (15)

l'agente *m./f.* agent

l'agenzia agency; **agenzia di viaggi** travel agency; **agenzia immobiliare** real estate agency

l'aggettivo adjective

aggiornato up-to-date (17)

aggiungere (*p.p.* **aggiunto**) to add

aggressivo aggressive

agitato restless, agitated

l'agnello lamb (11)

agosto August (P)

l'agricoltura agriculture

aiutare (**a** + *inf.*) to help (*do something*); **aiutarsi** to help (*each other*) (7)

l'aiuto help; aid; assistance

l'alba dawn

l'albergo (*pl.* **gli alberghi**) hotel (1); **albergo di lusso / di costo medio / economico** deluxe/moderately priced/inexpensive hotel (10)

l'albero tree (12)

l'alcoolico (*pl.* **gli alcoolici**) alcoholic drink

alcoolico (*m. pl.* **alcoolici**) *adj.* alcoholic

l'alcoolismo alcoholism (18)

alcuni/alcune some, a few (12)

l'aldilà *m.* afterlife

l'alfabeto alphabet

l'alga (*pl.* **le alghe**) seaweed

alimentare *adj.* food

gli alimentari *m. pl.* food; **il negozio di alimentari** grocery store (11)

l'alimentazione *f.* nutrition (9)

allacciare to buckle (13)

allegare to attach (17)

l'allegria happiness

allegro cheerful (2)

allenarsi to train (*in a sport*)

l'allenatore/l'allenatrice coach

allergico (*m. pl.* **allergici**) allergic

allestire (**isc**) to produce; **allestire (uno spettacolo)** to stage (a production) (14)

alloggiare to lodge, be accommodated

allora at that time (8); so (8); in that case (8); then (8)

l'alluminio aluminum

almeno at least (8)

le Alpi the Alps

alternativo *adj.* alternative

alto tall (2); high; **ad alta voce** out loud; **alta borghesia** upper middle class; **alta moda** high fashion

altrettanto likewise; the same to you

altro other, another (2); anything else (11); **d'altra parte** on the other hand; **senz'altro** definitely; **un altro / un'altra** another

altrove *adv.* elsewhere

l'alunno pupil

alzare to raise, lift; alzarsi to stand up, get up (7)

amare to love (2)

amaro bitter

ambientale environmental

l'ambientalista m./f. environmentalist

ambientare to set

l'ambientazione f. setting

l'ambiente m. environment (13); la protezione dell'ambiente environmentalism (13)

ambizioso ambitious

americano American (2); il football americano football

l'amicizia friendship (18); fare amicizia to make friends (18)

l'amico/l'amica (pl. gli amici / le amiche) friend (1)

ammalarsi to get sick (9)

ammalato sick (5)

ammettere (p.p. ammesso) to admit

amministrare to administer

l'amministratore m. administrator

l'amministrazione f. administration, management

ammirare to admire (15)

ammobiliare to furnish (12)

ammobiliato furnished (12)

l'amore m. love

l'anatra duck

anche also, too (2); even; anche se even though (7); anch'io I also (4); me too (4)

ancora still (7); ancora una volta once more; non... ancora not yet (12)

*andare to go (3); *andare (a + inf.) to go (to do something) (3); *andare da + art. to go to (a person's place); *andare d'accordo to get along (3); *andare in aereo to fly, go by plane (3); *andare in autobus to go by bus (3); *andare in banca (centro/chiesa) to go to the bank (downtown/church); *andare in barca a vela to go sailing; *andare in bicicletta to ride a bicycle (3); *andare in campagna to go to the country (10); *andare in campeggio to go camping (10); *andare a casa to go home; *andare a cavallo to go horseback riding; *andare al cinema to go to a movie (4); *andare a un concerto to go to a concert (4); *andare a dormire to go to bed, retire; *andare all'estero to go abroad (10); *andare in ferie to go on vacation (10); *andare in

macchina to drive, go by car (3); *andare male to go badly; *andare al mare to go to the seashore (10); *andare in montagna to go to the mountains (10); *andare all'ospedale to go to the hospital, be hospitalized (9); *andare in palestra to go to the gym (4); *andare in pensione to retire (16); *andare a piedi to walk, go on foot (3); *andare in piscina to go swimming; *andare a prendere to go pick up (13); *andare al ristorante to go to a restaurant (4); *andare in spiaggia to go to the beach (10); *andare a teatro to go to the theater (4); *andare in treno to go by train (3); *andare a trovare (una persona) to go to visit (a person) (10); *andare in vacanza to go on vacation (4); *andare via to get going, get out, go away (4); *andarsene to go away, va bene? is that OK? (1); va bene OK (2)

l'angelo angel

l'animale m. animal

animatamente animatedly

l'anniversario anniversary

l'anno year (P); (l'anno) duemila the year 2000 (P); avere... anni to be . . . years old (1); anno accademico academic year (3); nel corso degli anni over the years; Quanti anni ha? How old are you? (form.) (P); Quanti anni hai? How old are you? (inform.) (P)

annoiarsi to get bored (7)

annuale yearly

annullare to delete (17)

l'annunciatore/l'annunciatrice announcer

l'annuncio (pl. gli annunci) ad, notice (17); rispondere a un annuncio to answer an ad (17)

l'antibiotico (pl. gli antibiotici) antibiotics

l'antichità ancient times

antico (m. pl. antichi) very old, ancient (2)

l'antipasto appetizer (6)

antipatico (m. pl. antipatici) unlikeable, unfriendly (2)

l'antiquariato antiques, antique dealing

l'antiquario (pl. gli antiquari) antique dealer

anzi and even; but rather, on the contrary

anziano old, elderly (people) (2)

apatico apathetic

aperto open; all'aperto outdoor; all'aria aperta outside

apparecchiare la tavola to set the table (6)

l'apparenza appearance

l'appartamento apartment (12)

appartenere to belong

appassionato (di) crazy (about)

appena just (10); as soon as (10)

gli Appennini Appenines (mountains)

applaudire to applaud (14)

applicare to apply (16); to enforce (16)

apprezzare to appreciate (15)

appropriato appropriate

approvare to approve

l'appuntamento appointment (4); date (4); fissare un appuntamento to make an appointment (12)

gli appunti notes (7); prendere appunti to take notes

appunto exactly

aprile m. April (P)

aprire (p.p. aperto) to open (4); aprite il libro! open your books!

l'aquila eagle

l'arabo Arab

l'aragosta lobster

l'arancia orange (fruit) (11); il succo d'arancia orange juice (5)

l'aranciata orange soda (1)

l'archeologia archeology (15)

archeologico (m. pl. archeologici) archeological; lo scavo archeologico archeological dig (15)

l'archeologo/l'archeologa (m. pl. gli archeologi) archeologist (15)

l'architetto m./f. architect (15)

l'architettura architecture (3)

l'arcipelago archipelago

l'area area, zone; field

l'argento silver

l'argomento subject, topic (15)

l'aria air; aria (opera) (14); appearance; all'aria aperta outside; con aria condizionata with air conditioning (10)

l'arma f. (pl. le armi) weapon; armi da fuoco firearms

l'armadio (pl. gli armadi) wardrobe, closet

l'armonia harmony

l'aroma m. (pl. gli aromi) aroma

arrabbiarsi to get angry (7)

arrabbiato angry (2)

arrangiarsi to make do

l'arredamento home furnishings (12)

arredare to furnish (12)
arredato furnished (12)
arrestare to arrest
***arrivare** to arrive (3)
arrivederci good-bye (P)
arrivederLa good-bye (*form.*) (P)
l'arrivo arrival
l'arrosto roast (6)
l'arte *f.* art; **l'opera d'arte** artwork, work of art (15); **la storia dell'arte** art history (3); **le arti marziali** martial arts (4); **le belle arti** fine arts (15)
l'articolo article (8); item
artificiale artificial
l'artista *m./f.* (*m. pl.* **gli artisti**) artist (15)
artisticamente artistically
artistico (*m. pl.* **artistici**) artistic
l'ascensore *m.* elevator (12)
asciugarsi to dry (oneself)
ascoltare to listen, listen to (3); **ascoltare la musica** to listen to music (4)
l'ascolto listening
aspettare to wait, wait for (3)
aspettarsi to expect (18)
l'aspettativa maternity/paternity leave
l'aspetto waiting; **la sala d'aspetto** waiting room
l'aspirapolvere *m.* vacuum cleaner; **passare l'aspirapolvere** to vacuum
assaggiare to taste, take a taste of
assai fairly, rather
l'assegno check; **pagare con l'assegno** to pay by check (5)
assente absent
assicurare to ensure (18)
assicurato guaranteed
l'assistente *m./f.* assistant
l'assistenza assistance; **assistenza medica** health insurance (17); **assistenza sanitaria nazionale** national health care (17)
associare to associate
l'associazione *f.* association
assolutamente absolutely
assoluto *adj.* absolute
l'assortimento assortment
assortito assorted
assumere (*p.p.* **assunto**) to hire (17)
assurdo absurd
l'astrologia astrology
l'astronomia astronomy
l'atleta *m./f.* (*m. pl.* **gli atleti**) athlete
l'atletica leggera track and field
l'atmosfera atmosphere

attaccare to attack
attento careful; attentive; ***stare attento** to pay attention (3); to be careful (3)
l'attenzione *f.* attention; **attenzione!** pay attention!; **fare attenzione** to pay attention; **prestare attenzione** to pay attention
attirare to attract
l'attività *f.* activity
attivo active
l'atto act; record, document
l'attore/l'attrice actor (8)
attorno around
attraversare to cross
attraverso across, through
attrezzato equipped
le attrezzature facilities
attuale current, present (16)
l'attualità current events (8)
attuare to implement
augurare to wish
l'augurio (*pl.* **gli auguri**) wish; **auguri!** best wishes!
l'aula classroom (P)
⁺aumentare to raise, increase (16)
l'aumento raise, increase (16)
austriaco Austrian
l'autista *m./f.* (*m. pl.* **gli autisti**) driver
l'autobus *m.* (*pl.* **gli autobus**) bus (1); ***andare in autobus** to go by bus (3); **prendere l'autobus** to take the bus
l'autodidatta *m./f.* (*m. pl.* **gli autodidatti**) self-taught person
l'automobile, l'auto *f.* (*pl.* **le auto**) car (1)
l'automobilista *m./f.* (*m. pl.* **gli automobilisti**) motorist, driver (13)
automobilistico *adj.* car, motor
l'autore/l'autrice author (14)
l'autorità authority
l'autoritratto self-portrait
l'autostop *m.* hitchhiking; **fare l'autostop** to hitchhike (13)
l'autostrada highway (13)
l'autunno autumn (P)
avanti forward; before; **Avanti!** Come on! (11)
avanzato advanced
avere to have (1); **avere... anni** to be . . . years old (1); **avere bisogno (di)** to need (1); **avere caldo** to feel hot, warm (1); **avere un colloquio** to have an interview (17); **avere fame** to be hungry (1); **avere fortuna** to be lucky; **avere freddo**

to be cold (1); **avere fretta** to be in a hurry (1); **avere l'impressione** to have the impression; **avere intenzione (di)** to intend (to) (10); **avere luogo** to take place (14); **avere mal di... (testa / denti / stomaco)** to have a . . . (headache / toothache / stomachache) (9); **avere paura (di)** to be afraid (of) (1); **avere pazienza** to be patient; **avere programmi** to have plans (10); **avere ragione** to be right (1); **avere sete** to be thirsty (1); **avere sonno** to be sleepy (1); **avere successo** to be successful; **avere voglia (di)** to want (1); to feel like (1); **Quanti ne abbiamo oggi?** What's today's date? (11)
avido greedy
l'avvenimento event
l'avventura adventure
avventuroso adventurous
l'avverbio (*pl.* **gli avverbi**) adverb
l'avversità (*pl.* **le avversità**) adversity
l'avvertimento warning
l'avvocato/l'avvocatessa lawyer
l'azienda firm, business (17)
aziendale *adj.* business
l'azione *f.* action
azzurro (sky) blue (2)

B

il babbo dad, daddy (3)
il/la baby-sitter baby-sitter
il baccano ruckus; **fare baccano** to carry on loudly
baciare to kiss; **baciarsi** to kiss (*each other*) (7)
il bacio (*pl.* **i baci**) kiss; **il bacione** big kiss
i baffi moustache
i bagagli baggage (1)
bagnarsi to get (oneself) wet
bagnato wet
il bagno bathroom (12); bath; bathtub; **con bagno** with bath (10) **fare il bagno** to take a bath
il balcone balcony (12)
ballare to dance (3)
il ballerino / la ballerina ballet dancer; **il primo ballerino / la prima ballerina** principal dancer
il balletto ballet (14)
il ballo dancing (4); **il ballo liscio** ballroom dancing **la lezione di ballo** dancing lesson
il bambino / la bambina child (2); little boy/girl (2)

la **banana** banana
la **banca** bank (1)
la **bancarella** stand, stall (11)
il **banco** student desk (P); counter (5); **al banco** at the counter (5)
il **bancomat** ATM
la **banconota** banknote, bill (16)
il **bar** (*pl.* **i bar**) bar (1); café (1)
la **barba** beard; **farsi la barba** to shave (*men*)
la **barca** boat (10); **barca a vela** sailboat; *andare in barca a vela** to go sailing; **noleggiare una barca** to rent a boat (10); **prendere a nolo una barca** to rent a boat (10)
il/la **barista** (*m. pl.* **i baristi**) bar attendant, bartender (5)
il **baritono** baritone (14)
il **Barocco** Baroque period (15)
barocco *adj.* Baroque
la **barzelletta** joke (3)
la **base** base
il **basket** basketball (*sport*) (4)
il **basso** bass (*singer*) (14)
basso short (*in height*) (2)
*****bastare** to suffice, be enough; **basta** it is enough (14); **basta!** enough!; stop!
la **battaglia** battle
battere to beat; to type (17)
la **batteria** drums, percussion section
be', beh well, um
beato lucky, fortunate; **Beato/Beata te!** Lucky you! (3)
la **bellezza** beauty
bello beautiful, handsome (*person*) (2); nice (*thing*) (2); **ciao, bella!** bye, dear!; **fare bello** to be nice weather (3); **le belle arti** fine arts (15)
benché although (17)
bene well (P); **abbastanza bene** pretty good (P); **benissimo** very well!; very good!; *****stare bene** to be well (3); **è bene** it is good (14); **va bene?** is that OK? (1); **va bene** OK (2)
i benefici benefits (17)
il **benessere** well-being
benvenuto (a) welcome (to)
la **benzina** gasoline; **benzina (verde / senza piombo)** (unleaded) gasoline (13); **il distributore di benzina** gas pump (13); **fare benzina** to get gas (13); **rimanere senza benzina** to run out of gas (13)
il **benzinaio** gas-station attendant
bere (*p.p.* **bevuto**) to drink (4); **qualcosa da bere** something to drink (5)

il **berretto** baseball cap (7)
la **bevanda** beverage (5)
la **biancheria** linens
bianco (*m. pl.* **bianchi**) white (2); **la settimana bianca** a week-long skiing vacation
la **bibita** soda, soft-drink (5)
la **biblioteca** library (2); **in biblioteca** at/to/in the library
il **bicchiere** drinking glass (1)
la **bicicletta, la bici** (*pl.* **le bici**) bicycle, bike (1); *andare in bicicletta** to ride a bicycle, go by bicycle (3); **fare un giro in bici** to go for a bike ride (4)
la **biglietteria** ticket office
il **biglietto** ticket (1); **biglietto di andata e ritorno** round-trip ticket; **biglietto da visita** business card; **biglietto omaggio** complimentary ticket
il **bigotto / la bigotta** bigot
la **biologia** biology
biondo blond (2)
la **birra** beer (1)
il **biscotto** cookie (5)
*****bisognare** to be necessary (16); **bisogna** it is necessary (14)
il **bisogno** need; **avere bisogno (di)** to need (1)
la **bistecca** steak (6)
bloccare to block
blu *inv.* blue
il **blues** blues (*music*)
bo' well; I don't know
la **bocca** mouth (9)
bollire to boil
bolognese meat sauce; **alla bolognese** with meat sauce (6)
la **borsa** bag (1); **borsa di studio** scholarship
il **bosco** (*pl.* **i boschi**) woods
la **bottega** shop, store
la **bottiglia** bottle
il **bottone** button (7)
la **boutique** (*pl.* **le boutique**) boutique, shop
il **braccio** (*pl.* **le braccia**) arm (9)
il **brano** extract, selection, excerpt
bravo good (2); able, capable (2); **bravo in** good at (*a subject of study*) (3)
breve short (*in duration*), brief
la **brioche** (*pl.* **le brioche**) sweet roll (5); croissant (5)
i broccoli broccoli
il **brodo** broth; **in brodo** in broth (6)
il **bronzo** bronze (*statue*)

bruno dark (*hair*) (2)
brutto ugly (2); **un brutto affare** an unpleasant matter; **fare brutto** to be bad weather (3)
il **bucato** laundry (7)
il **bue** (*pl.* **i buoi**) ox
buffo funny, comical
la **bugia** lie (2)
bugiardo *adj.* lying, untruthful
il **bugiardo** liar
il **buio** darkness
buono good (1); **buon compleanno!** happy birthday!; **buona giornata!** have a nice day!; **buon giorno** good morning, good afternoon (P); **buon lavoro!** enjoy your work!; **buona notte** good night (P); **buona sera** good afternoon, good evening (P); **buon viaggio!** bon voyage!; **buonissimo** very good
burocratico bureaucratic
il **burro** butter (5)
il **bus** bus (1)
bussare to knock (12)
la **bussola** compass
la **busta** envelope (15)
buttare to throw; to toss away; **buttare via** to throw away

C

la **cabina** cabin; compartment
la **caccia** hunt; **a caccia di (lavoro)** in search of (work)
cadente dilapidated, crumbling
il **caffè** coffee (strong Italian coffee) (1); cafè (1); espresso (5); **caffè macchiato** espresso with a few drops of milk (5)
il **caffellatte** espresso coffee and steamed milk
il **calamaro** squid
calcareo calcareous (containing calcium)
calcolare to calculate
il **calcio** soccer (4)
il **caldo** heat; **avere caldo** to be warm, hot (1); **fare caldo** to be hot (*weather*) out (3)
caldo hot, warm
il **calendario** calendar
calmo calm
il **calore** enthusiasm
il **calzino** sock; **i calzini** socks (7)
il **cambiamento** change (16)
⁺cambiare to change (3) **cambiare casa** to move (12)

il cambio: l'ufficio cambio currency exchange (1)

la camera room (4); Camera dei Deputati Chamber of Deputies (*lower house of Parliament*) (16); camera da letto bedroom (4); camera per gli ospiti guestroom; camera doppia/matrimoniale double room (10); camera singola single room (10); camera con bagno / con doccia / con aria condizionata room with bath / with shower / with air conditioning (10)

il cameriere / la cameriera server (1); waiter/waitress (5)

la camicetta blouse (11)

la camicia shirt (7); camicia da notte nightgown (7)

il camino chimney; fireplace

il camion truck

camminare to walk

il camoscio chamois (*type of antelope*)

la campagna country, countryside; campaign; *andare in campagna to go to the country (10); campagna elettorale election campaign (16)

il campeggio camping; campsite; *andare in campeggio to go camping (10)

il/la campione champion

il campo field (15)

canadese Canadian (2)

il canale (televisivo) TV channel (8)

il cancro cancer

il candidato / la candidata candidate (16)

il cane dog (1)

il canottaggio canoeing, rowing

il/la cantante singer (14)

cantare to sing (3)

il cantautore / la cantautrice singer-songwriter (14)

la cantina cellar (12)

la canzone song (14)

la canzonetta popular song (14)

il canzoniere collection of songs or lyric poetry

capace capable

i capelli hair (2)

capire (isc) to understand (4)

la capitale capital

il capitalismo capitalism

*capitare to happen, happen to, happen to be (18)

il capitolo chapter

il capo head; boss; article (*of clothing*)

il Capodanno New Year's Day (10)

il capolavoro masterpiece (15)

il capoluogo capital of a region

la cappella chapel

il cappello hat (11)

il cappotto coat (7)

Cappuccetto Rosso Little Red Riding Hood

il cappuccino cappuccino (*espresso infused with steamed milk*) (5)

il cappuccio hood

il capriccio (*pl.* i capricci) prank (7)

il carabiniere traffic cop; police officer

la caramella candy

il carattere character

la caratteristica characteristic; quality

carbonara: alla carbonara with a sauce of eggs, bacon and grated cheese (6)

il carbone coal

il carcere (*pl.* le carceri) prison, jail

il carciofo artichoke

cardinale cardinal; i numeri cardinali cardinal numbers

la carica charge (duty); carica pubblica public office

carino pretty, cute (2)

la carità charity; per carità! no way! God forbid!

la carne meat (6)

il carnevale carnival

caro expensive (2); dear (2)

la carota carrot (11)

il carrello serving cart

la carriera career

il carro cart

la carrozza carriage; rail coach; car

la carta paper (8); playing card; map; carta di credito credit card; il foglio di carta sheet of paper (P); giocare a carte to play cards; pagare con la carta di credito to pay with a credit card (5)

la cartolina postcard (10); greeting card

il cartone cardboard

la casa house, home (3); a casa at home; a casa (di) at the home (of); affittare una casa to rent a house (10); *andare a casa to go home; cambiare casa to move (12); casa dello studente dormitory (3); in casa at home; il compagno / la compagna di casa housemate (2); il padrone / la padrona di casa landlord/landlady (12); prendere in affitto una casa to rent a house (10); *stare a casa / in casa to be home; *uscire di casa to leave the house

casalingo (*m. pl.* casalinghi) domestic, related to the home (12)

la casetta single-family house

il caso chance; per caso by chance (14)

la cassa cashier's desk (5)

la cassetta tape, cassette

la cassettiera chest of drawers

il cassiere / la cassiera cashier (5)

castano brown (*hair, eyes*) (2)

il castello castle

il catalogo (*pl.* i cataloghi) catalogue

la categoria category

la catena chain (17)

la cattedrale cathedral

cattivo bad (2); naughty (2); mean (2); di cattivo umore in a bad mood

la causa cause; a causa di because of

il cavallo horse; a cavallo on horseback; *andare a cavallo to go horseback riding

il Cd (*pl.* i Cd) compact disc, CD (4); il lettore Cd CD player

c'è... , c'è... ? there is . . . , is there . . . ? (1)

celebrare to celebrate

cellulare cellular

cemento cement

la cena dinner (6); la cenetta light supper

il Cenacolo *depiction of* The Last Supper

cenare to eat dinner (4)

Cenerentola Cinderella

il centesimo cent

il centinaio (*pl.* le centinaia) about a hundred

cento one hundred; per cento percent

centrale central

il centro center (5); al centro in the center; di centro centrist (*politics*); in centro downtown (5)

la ceramica ceramics

c'era una volta once upon a time there was (8)

cercare to look for (3); cercare (di) to try (to) (9); cercare di (+ *inf.*) to try to (*do something*); cercare lavoro to look for a job (17); in cerca di searching for; cercasi wanted (12)

il cereale grain; cereal

la ceremonia ceremony

certamente certainly

certo sure, certain; certo! certainly! certo che of course

il cervello brain

il cestino wastepaper basket

chattare to chat (online)

che who, whom (14); that, which (14); **che...** what / what a . . . (1); **che... ?** what . . . ?, what kind of . . . ? (6); **a che ora?** at what time? (4); **che cosa?** what? (3); **che ora è? che ore sono?** what time is it? (4); **Che tempo fa?** How's the weather?, What's the weather like? (3); **ciò che** that which (14); what (14); **quello che** that which (14); what (14)

chi who (2); he who, she who, the one who (6); **chi?** who?, whom? (6); **di chi è... ?** whose is . . . ? (2); **di chi sono... ?** whose are . . . ? (2)

la chiacchiera chat; **fare due chiacchiere** to have a chat (5)

chiacchierare to chat

chiamare to call (*someone*) (7); **chiamarsi** to call oneself, be named (7); **mi chiamo...** my name is . . . (P); **Come si chiama?** What's your name? (*form.*) (P); **Come ti chiami?** What's your name? (*inform.*) (P)

chiaro clear (9)

la chiave key (4); **chiavi della macchina** car keys

chiedere (*p.p.* **chiesto**) to ask for (5); **chiedere un passaggio** to ask for a ride (13)

la chiesa church (1)

il chilo kilogram

il chilometro kilometer (13)

la chimica chemistry

Chissà! Who knows! (10)

la chitarra guitar (4)

chiudere (*p.p.* **chiuso**) to close (4)

chiunque whoever, whomever (17)

la chiusura closing

ci *pron.* us (4); to/for us (6); ourselves (7); **ci sono... , ci sono... ?** there are . . . , are there . . . ? (1)

ciao hi, hello (P); bye (*inform.*) (P); **ciao, bella!** hi/bye, dear!

ciascuno each, each one

il cibo food (6)

cicciotto chubby

il ciclismo cycling

il/la ciclista (*m. pl.* **i ciclisti**) bicyclist

il cielo sky; heaven; **santo cielo!** good heavens!

il ciglio (*pl.* **le ciglia**) eyelash

in cima at the top

il cinema (*pl.* **i cinema**) movie theater (1); films; *andare al cinema to go to the movies (4)

cinematografico *adj.* film, screen

il/la cinese Chinese person; **il cinese** Chinese language

cinese *adj.* Chinese (2)

la cintura belt (7); **cintura di sicurezza** seatbelt (13)

ciò this, that; **ciò che** that which (14); what (14)

la cioccolata (hot) chocolate (5)

il cioccolato chocolate (*flavor*); **al cioccolato** chocolate flavored

cioè that is

circa approximately, about, around (4)

circolare circular

la circolazione circulation

la circoscrizione district

citare to quote

la citazione quotation, excerpt

la città (*pl.* **le città**) city (1); **la cittadina** small city (10)

il cittadino / la cittadina citizen (16)

cittadino (*adj.*) city

civile civil

la civiltà (*pl.* **le civiltà**) civilization

clandestino clandestine; **gli immigrati clandestini** illegal immigrants

il clarinetto clarinet

la classe class (*group of students*) (3); classroom

classico (*pl.* **classici**) classic, classical

cliccare to click

il/la cliente customer (5)

il clima (*pl.* **i climi**) climate (13)

la clinica (*pl.* **le cliniche**) clinic

la coalizione coalition (16)

il cocchiere coachman

il codice pin number, code; **codice postale** zip code

il cognato / la cognata brother-/sister-in-law

il cognome last name (1)

la coincidenza connecting flight

coincidere (*p.p.* **coinciso**) to coincide

la colazione breakfast (5); **la prima colazione** breakfast; **fare colazione** to have breakfast (3)

il colesterolo cholesterol

la colite colitis

collaborare to collaborate

il colle hill (13)

il/la collega (*pl.* **i colleghi / le colleghe**) colleague (17)

collegare to link

la collezione collection

la collina hill (13)

collinare hilly

il collo neck

la collocazione placement

il colloquio (*pl.* **i colloqui**) interview (17); **avere un colloquio** to have an interview (17); **fissare un colloquio** to set up an interview (17)

la colonna column; **la colonna sonora** soundtrack (8)

colorato colorful

il colore color

la colpa fault, crime

colpire (isc) to strike; to hit

colpo: il colpo di fulmine bolt of lightning (love at first sight)

il coltello knife

coltivare to cultivate, farm

la coltivazione cultivation

il combattente *m./f.* fighter; serviceman/servicewoman

combattere to fight

la combinazione combination; coincidence

come how; like; as; **come?** how? (6); **Come?** I beg your pardon?, What? (P); **come mai?** how come?; **come se** as if (18); **Come si dice... ?** How do you say . . . ? (P); **come si pronuncia/scrive... ?** how do you pronounce/write . . . ?; **Come si chiama?** What's your name? (*form.*) (P); **Come ti chiami?** What's your name? (*inform.*) (P); **Come sta?** How are you? (*form.*) (P); **Come stai?** How are you? (*inform.*) (P); **come va?** how's it going? (P); **com'è... ?** what is he/she/it like? (2); **come sono?** what are they like? (2); **così come** just like (16) **così... come** as . . . as (9)

comico (*m. pl.* **comici**) comic; comical

†**cominciare** to begin, start (3); **cominciare** (**a** + *inf.*) to start (*to do something*)

la commedia comedy (14)

il commediografo / la commediografa playwright

commentare to comment on

il commento comment

il/la commerciante businessperson; merchant; wholesaler

il commercio business, trade (17); **economia e commercio** business administration (3)

il commesso / la commessa salesperson (11)

commovente moving

la commozione emotion

il comodino nightstand

comodo comfortable (9); convenient (9)

la compagnia company

il **compagno** / la **compagna** classmate (2); **compagno/compagna di stanza (di casa)** roommate (housemate) (2)

compere: fare le compere to go shopping (11)

competente competent

la **competenza** ability, competency

il **compito** homework assignment (P)

compiuto reached

il **compleanno** birthday (6); **buon compleanno!** happy birthday!

il **complesso** band; group

completare to complete

completo complete; **al completo** full (hotel, etc.); **la pensione completa** full board (three meals a day) (10)

complicato complicated

il **complimento** compliment; **fare un complimento** to pay a compliment

comporre (p.p. **composto**) to compose (14)

il **comportamento** behavior

comportarsi (da) to behave (like a)

il **compositore** / la **compositrice** composer (14)

la **composizione** composition

composto (di) composed of

il **computer** computer (4); **giocare con il computer** to play on the computer (4)

comprare to buy (3)

compreso including; **tutto compreso** all costs included (10)

comunale municipal

il **comune** city; city hall (18)

comune common

la **comunicazione** communication

il/la **comunista** (m. pl. **i comunisti**) Communist

la **comunità** community; **Comunità Europea (CE)** European Community (EC) (16)

comunque anyhow (14); no matter how (17)

con with (1)

concentrarsi to concentrate

il **concerto** concert (4); *andare a un concerto** to go to a concert (4)

il **concetto** concept

la **conchiglia** shell

il **concilio** council

la **conclusione** conclusion

il **concorso** exam, contest; **partecipare a un concorso** to take a civil-service exam (17)

condividere (p.p. **condiviso**) to share (a residence) (12)

il **condizionale** conditional (verb mood)

condizionato: l'aria condizionata air conditioning; **con aria condizionata** with air conditioning (10)

la **condizione** condition; **a condizione che** provided that (17)

il **conduttore** conductor

la **conferenza** lecture; conference

confermare to confirm

confinare to border

il **confine** border

confrontare to confront; to compare

il **confronto** comparison

la **confusione** confusion; **che confusione!** what a mess!; **fare confusione** to make noise, make a mess

confuso confused

il **congiuntivo** subjunctive (verb mood)

la **congiunzione** conjunction

il **congresso** congress; meeting, conference

coniugare to conjugate

la **coniugazione** conjugation

il **cono** cone

la **conoscenza** knowledge; acquaintance

conoscere (p.p. **conosciuto**) to know, be acquainted with (5); to meet (in past tense) (5)

conosciuto known, well-known

conquistare to conquer

consecutivo consecutive

consegnare to award; to hand over

conseguenza: di conseguenza consequently, as a result

conservare to preserve

il **conservatore** / la **conservatrice** conservative

considerare to consider

consigliare (di) to recommend (6); to advise (to do something) (6)

il **consigliere** / la **consigliera** advisor

il **consiglio** (pl. **i consigli**) advice (10); (piece of) advice (10); board, council; **il Consiglio dei Ministri** Council of Ministers (16); **il Presidente del Consiglio** prime minister (16)

consistere (in) to consist (of)

la **consonante** consonant

consueto usual

consultare to consult

consumare to consume

il **consumismo** consumerism (18)

il **contabile** m./f. bookkeeper, accountant

il **contadino** / la **contadina** farmer

contadino adj. country, rural

contanti: pagare in contanti to pay in cash (5)

contare to count; **contare su (di)** to count on

il **contatto** contact; *entrare in contatto** to come into contact; **le lenti a contatto** contact lenses (9)

contemporaneo (adj.) contemporary

contenere to contain

contento glad, happy, satisfied; **contento di** (+ inf.) happy to (do something)

il **contesto** context

il **continente** continent

continuare to continue; **continuare a** (+ inf.) to continue (to do something) (8)

la **continuazione** continuation

continuo continuous

il **conto** bill, check (5); (bank) account; **pagare il conto** to pay the bill (6); **portare il conto** to bring the bill (6)

il **contorno** side dish (6)

il **contrario** (pl. **i contrari**) opposite

contrario (a) opposite (to); *essere contrario (a)** to be against (18)

contrattare to negotiate (16)

contribuire (isc) to contribute

il **contributo** contribution; tax

contro against; *essere contro** to be against (18)

controllare to check, check up on (9); **controllare l'olio / l'acqua / le gomme** to check the oil / water / tires (13)

il **controllo** test, check, check-up (9); control; tune-up (13)

la **conversazione** conversation

convincere (a + inf.) (p.p. **convinto**) to convince (14)

*convivere** (p.p. **convissuto**) to live together (18)

il **coperto** cover charge (6)

coperto adj. covered

la **coppa** cup; **la Coppa del Mondo** World Cup

la **coppia** pair, couple; **in coppia** as a pair

coraggio courage

il **cornetto** sweet roll, croissant (5)

il **coro** choir, chorus (14)

il **corpo** body (9)

correggere (p.p. **corretto**) to correct

†**correre** (p.p. **corso**) to run (4)

corretto correct

corrispondente corresponding

la **corrispondenza** correspondence

corrispondere to correspond
la corsa running; race
il corsivo italics
il corso class (3); course (*of study*) (3); **seguire un corso** to take a class (4)
corto short (*in length*) (2)
la cosa thing
(che) cosa? what? (3); **che cos'è?** what is (it)?; **Cosa vuol dire... ?** What does . . . mean? (P); **qualche cosa** something; **qualunque cosa** whatever
la coscia (*pl.* **le cosce**) thigh
così so (7); **così come** just like (16); **così... come** as . . . as (9); **così così** so-so (P); **così è** that's how it is; **così tanto** so much; **e così via** and so forth; **si dice così** that's what they say; **va bene così** that's enough, that's fine
la costa coast
***costare** to cost (11)
la costituzione Constitution (16)
il costo cost; **il costo della vita** cost of living (17); **l'albergo di costo medio** moderately priced hotel (10)
costoso expensive, costly
costruire (isc) to build (15)
la costruzione construction
il costume costume; custom
cotto cooked (6)
la cozza mussel
la cravatta tie (7)
creare to create
il creatore creator
la creazione creation
credere (a + *n.*) to believe (*in something*) (11); **credere (di + *inf.*)** to believe (14)
il credito credit; **la carta di credito** credit card; **pagare con la carta di credito** to pay with a credit card (5)
***crescere** (*p.p.* **cresciuto**) to grow (up) (4); to raise (4); to increase (16)
la crescita growth
criminale criminal
il crimine crime (*individual act*)
la crisi crisis
il cristallo crystal
il cristianesimo Christianity
cristiano Christian; **la Democrazia Cristiana** Christian Democratic Party
la croce cross; **Croce Rossa** Red Cross
la crocetta check-mark
la crociera cruise; **fare una crociera** to take a cruise (10)

la cronaca local news (8); **cronaca nera** crime news
il/la cronista (*m. pl.* **i cronisti**) reporter (8)
la crostata pie (6)
il crostino canapé (6)
il cucchiaio spoon
la cucina cuisine (5); kitchen (5); cooking (6); **in cucina** in the kitchen; **il libro di cucina** cookbook (6)
cucinare to cook (4)
il cugino / la cugina cousin (1)
cui whom (14); which (14); *art.* + **cui** whose
culminare to culminate
culturale cultural
cuocere (*p.p.* **cotto**) to cook
il cuoco / la cuoca cook, chef
il cuore heart (9)
la cura treatment (9); cure; care
curare to care for, treat (9); **curarsi** to take care of oneself (9)
curativo curative
curioso curious
il curriculum curriculum, CV, resumé (17)

D

da from (1); at; by; **da molto tempo** for a long time; **da parte** aside (11); **da quando** since; **da quanto tempo** (for) how long (7); **da quelle parti** around there (12); **da solo/sola** alone (4)
Dai! Come on! (11)
la danza dance (14)
dappertutto everywhere (12)
dare to give (3); **dare le dimissioni** to give one's resignation (16); **dare un esame** to take a test (3); **dare fastidio (a)** to annoy (14); **dare (in televisione)** to show (on television) (8); **dare una mano** to lend a hand; **dare un'occhiata a** to glance at; **dare un passaggio** to give a ride (13); **può darsi** it could be (16)
la data date (*calendar*)
dato che since
il datore / la datrice di lavoro employer (17)
davanti a in front of (5)
davvero really, truly (15)
decente decent
decidere (*p.p.* **deciso**) (**di** + *inf.*) to decide (*to do something*)
decimo tenth
decisamente decidedly; definitely

la decisione decision **prendere una decisione** to make a decision
decorare to decorate
dedicare to dedicate
dedicato devoted
definire (isc) to define; to determine
definitivamente definitely
la definizione definition
delicato tender
il delitto crime (*individual act*) (18)
la delinquenza crime (*in general*) (18)
deludere (*p.p.* **deluso**) to disappoint
deluso disappointed (18)
la demagogia demagogy
la democrazia democracy (16)
la densità density
il dente tooth (9); **lavarsi i denti** to brush one's teeth; **avere mal di denti** to have a toothache (9)
il/la dentista (*m. pl.* **i dentisti**) dentist
dentro inside
il deposito deposit; **lasciare un deposito** to leave a deposit (10); **pagare un deposito** to pay a deposit (10)
la depressione depression
depresso depressed
depurare to purify (13)
il deputato / la deputata representative (*in the Chamber of Deputies*) (16); **la Camera dei Deputati** Chamber of Deputies (*lower house of Parliament*) (16)
descrivere (*p.p.* **descritto**) to describe
la descrizione description
desiderare to desire
il desiderio (*pl.* **i desideri**) desire, wish
desideroso desirous; eager
la destinazione destination
destra right (*direction*); **a destra** to/on the right (1); **di destra** right-wing
destro *adj.* right (9)
il deterioramento deterioration
determinativo: l'articolo determinativo definite article
deviante deviant
di of, by (1); about; from; than (*in comparison*); **di chi è... ?** whose is . . . ? (2); **di chi sono... ?** whose are . . . ? (2); **di dove sei?** where are you from? (2); **di dov'è?** where is he/she from? (2); **di lato (a)** beside, next to (12); **di lusso** (*adj.*) luxury; **di meno** less; **di moda** in fashion; **di nuovo** again; **di più** more; **di professione** professional (14); **di solito** usually (4); **di Susanna** Susanna's; **di tutti i giorni**

everyday (7); **dopo di** (+ *pron.*) after; **un po' di** a little bit of

il dialetto dialect

il dialogo (*pl.* **i dialoghi**) dialogue

il diamante diamond

il dibattito debate

dicembre *m.* December (P)

dichiarare to declare

la dieta diet (5); ***essere a dieta** to be on a diet (5)

dietro (a) behind (5); **dietro (a/di)** behind (12)

difendere (*p.p.* **difeso**) to defend

la differenza difference

differenziato: la raccolta differenziata dei rifiuti separated or sorted collection of trash and recycling

differita: in differita tape-delayed, pre-recorded broadcast (8)

difficile difficult, hard (3)

la difficoltà difficulty

diffondere (*p.p.* **diffuso**) to diffuse

diffuso widespread (10)

digestivo digestive

digitale digital

la digressione digression

dilettante *adj.* amateur (14)

la dimensione size, dimension

dimenticare to forget (3); **dimenticare (di** + *inf.*) to forget (*to do something*)

dimettersi (*p.p.* **dimesso**) to resign (*an office*) (16)

†diminuire (isc) to reduce (16)

la diminuzione reduction (16)

la dimissione resignation; **dare le dimissioni** to give one's resignation (16)

dimostrare to demonstrate

dimostrativo demonstrative

la dimostrazione demonstration

la dinamica dynamics

il dipartimento department

il/la dipendente employee

dipendere (da) (*p.p.* **dipeso**) to depend (on); **dipende** it depends

dipingere (*p.p.* **dipinto**) to paint (4)

il dipinto painting (*individual work*) (15)

il diploma (*pl.* **i diploma**) high-school diploma; **diploma magistrale** teaching certificate; **diploma di maturità** high-school graduation certificate; **diploma universitario** junior college diploma

diplomarsi to graduate (*high school*) (7)

dire (*p.p.* **detto**) to say, tell (4); **Come si dice... ?** How do you say . . . ? (P); **Cosa vuol dire... ?** What does . . . mean? (P); **dire una bugia** to tell a lie; **a dire il vero** to tell the truth (10); **si dice così** that's what they say

la diretta live broadcast; **in diretta** live (8)

diretto direct; directed

il direttore / la direttrice director; **direttore/direttrice d'orchestra** conductor (14)

il/la dirigente executive, manager (17); **fare il/la dirigente** to be an executive

dirigere (*p.p.* **diretto**) to direct (8); to conduct (14)

il diritto (legal) right (8); **i diritti** rights (8)

dirottare to detour; re-route

disabitato uninhabited

il disastro disaster

il disboscamento deforestation (13)

la discesa libera downhill (skiing)

il dischetto diskette (17)

il disco (*pl.* **i dischi**) phonograph record; disc; **disco fisso** hard drive (17)

il discorso speech (16); conversation (16); discourse

la discoteca discothèque

la discussione discussion

discutere (di) (*p.p.* **discusso**) to discuss (6)

disegnare to draw (4)

il/la disegnatore designer

il disegno drawing

disfare le valige to unpack

disoccupato unemployed (16)

la disoccupazione unemployment (16)

disordinato messy (2); disorganized; untidy

*dispiacere (*p.p.* **dispiaciuto**) to be sorry (6); **mi dispiace** I'm sorry (6)

disponibile available (13)

la disposizione disposition; arrangement; **avere a disposizione** to have at one's disposal, for one's use

disposto (a + *inf.*) willing (*to do something*)

distante distant

la distanza distance

distinto distinguished, refined; **distinti saluti** best regards

distratto distracted; absent-minded

la distrazione distraction

il distributore di benzina gas pump (13)

distruggere (*p.p.* **distrutto**) to destroy

la distruzione destruction

disturbare to disturb, trouble, bother

il disturbo ailment

il dito (*pl.* **le dita**) finger (9); toe

la ditta firm, business (17)

la dittatura dictatorship

la diva star (*opera*) (14)

il divano sofa, couch

*diventare to become (5)

la diversità diversity (18)

diverso (da) different (from); **diversi/e** several, various

divertente entertaining, fun-loving (2)

il divertimento fun, entertainment (2); **buon divertimento!** have fun!

divertirsi to enjoy oneself, have a good time (7); **divertirsi un mondo** to have a great time

dividere (*p.p.* **diviso**) to divide, share

il divieto prohibition (18); **divieto di sosta** no-parking zone (13)

divino divine

divorziare to divorce

il dizionario dictionary (P)

la doccia shower; **con doccia** with shower (10); **fare la doccia** to take a shower

il documentario (*pl.* **i documentari**) documentary

il documento document (1)

il dolce dessert (6); **i dolci** sweets (5)

dolce (*adj.*) sweet, gentle **la dolce vita** easy living, sweet life

la dolcezza sweetness, mildness

il dollaro dollar

il dolore pain (9)

la domanda question (P); **fare domanda** to apply (17); **fare una domanda** to ask a question (3); **domanda di lavoro** job application

domandare to ask (6)

domani tomorrow (P)

la domenica Sunday (P)

domestico (*m. pl.* **domestici**) domestic; **le faccende domestiche** household chores

il dominio (*pl.* **i domini**) domination; rule

donare to donate, give

il dono donation, gift

la donna woman (2); **donna d'affari** businesswoman

dopo *prep.* after (3); *adv.* afterwards; **dopo che** *conj.* after

il dopoguerra post-war period

il **doppiaggio** dubbing (8)
doppiare to dub (8)
doppio (*m. pl.* **i doppi**) double; **la camera doppia** double room (10)
dormire to sleep (4); *****andare a dormire** to go to bed, retire; **chi dorme non piglia pesci** the early bird gets the worm; **dormire fino a tardi** to sleep late
dotarsi to equip oneself
dotato gifted
il **dottorato** doctorate
il **dottore** / la **dottoressa** doctor (9); university graduate
dove where (1); **dove?** where? (6); **dov'è** where is (1); **di dove sei?** where are you from? (2); **di dov'è?** where is he/she from? (2)
dovere (+ *inf.*) to have to, must (*do something*) (4)
il **dovere** duty (7)
dovunque wherever (17)
dovuto (a) due (to)
il **drago** dragon
il **dramma** (*pl.* **i drammi**) drama
drammatico dramatic
dritto straight (1); **sempre dritto** straight ahead (1)
la **droga** drugs (18)
il **drogato** / la **drogata** drug addict (18)
il **dubbio** (*pl.* **i dubbi**) doubt
dubitare to doubt (16)
il **duca** / la **duchessa** (*m. pl.* **i duchi**) duke/duchess
dunque therefore
il **duomo** major church of a city
durante during
*****durare** to last
il **DVD** (*pl.* **i DVD**) DVD (8); il **lettore DVD** DVD player (8)

E

è is (P); **è di...** it belongs to . . . ; **c'è** there is
e, ed (*before vowels*) and (P)
ebbene well then; so; **ebbene?** so? and?
eccellente excellent
eccetera (*abbr.* **ecc.**) et cetera (etc.)
eccezionale exceptional
ecco here (it) is, here (they) are (1); there (it) is, there (they) are (1); here you are; look
ecologico (*m. pl.* **ecologici**) ecological (13); environmentally safe

l'**economia** economics; economy; **economia e commercio** business administration (3)
economico (*m. pl.* **economici**) inexpensive; l'**albergo economico** inexpensive hotel (10)
l'**edicola** newspaper stand
l'**edificio** (*pl.* **edifici**) building (13)
educare to educate; to bring up
educato polite (13)
l'**educazione** *f.* education
l'**effetto** effect; **effetto serra** greenhouse effect (13); **in effetti** in fact
efficace effective
efficiente efficient
l'**egoista** (*m. pl.* **egoisti**) egotist
elegante elegant
elegantemente elegantly
l'**eleganza** elegance
eleggere (*p.p.* **eletto**) to elect (16)
elementare elementary; **le elementari** elementary school
l'**elemento** element
elencare to list
l'**elenco** (*pl.* **elenchi**) list (10)
elettorale electoral; **la campagna elettorale** election campaign (16)
elettrico (*pl.* **elettrici**) electric; electrical
elettronico (*m. pl.* **elettronici**) electronic, **la posta elettronica** e-mail (4)
l'**elezione** *f.* election (16)
eliminare to eliminate (18)
l'**e-mail** *f.* e-mail (4); e-mail message (4)
emailare to e-mail
emarginare to marginalize (18)
l'**emarginazione** *f.* marginalization (18)
l'**emigrante** emigrant
l'**emigrazione** *f.* emigration
l'**emozione** *f.* emotion
l'**energia** energy
energico (*m. pl.* **energici**) energetic (2)
enfatico emphatic
enorme enormous
l'**ente** *m.* agency
*****entrare** to enter (5); to go in (5)
l'**entrata** entrance, entryway (12)
entro within, by (*a certain time*) (13)
l'**entusiasmo** enthusiasm
entusiasta (*m. pl.* **entusiasti**) enthusiastic
l'**episodio** (*pl.* **episodi**) episode
l'**epoca** era, age, period (15)
eppure and yet
equilibrato balanced

l'**equitazione** *f.* horseback riding; horsemanship
l'**equivalente** *m.* equivalent
l'**erba** grass; **le erbe** herbs
l'**erboristeria** herbalist's shop
l'**eroe**/l'**eroina** hero/heroine
l'**errore** *m.* mistake, error
l'**eruzione** *f.* eruption
l'**esame** *m.* exam, test (3); **dare un esame** to take a test (3); **esame di maturità** comprehensive highschool exam
esaminare to examine
l'**esamino** quiz
esatto exact; **esatto!** exactly!
esaurito exhausted, worn out, dead (*batteries*)
esclamare to exclaim
esclusivamente exclusively
eseguire (isc) to execute, do, carry out
l'**esempio** (*m. pl.* **esempi**) example; **ad/per esempio** for example; **secondo l'esempio** according to the example
esercitare to practice, exercise
l'**esercizio** (*pl.* **gli esercizi**) exercise; **fare esercizio** to exercise
l'**esigenza** demand
esigere to demand (16)
l'**esilio** exile
l'**esistenzialismo** existentialism
esistere to exist
espediente makeshift; **vivere di espedienti** to live by one's wits
l'**esperienza** experience
l'**esperto** expert
l'**esposizione** *f.* show
l'**espressione** *f.* expression; **espressione idiomatica** idiomatic expression
espressivamente expressively
l'**espresso** strong Italian coffee (5)
esprimere (*p.p.* **espresso**) to express
espulso expelled
l'**essenza** essence
l'**essenzialità** essentiality
*****essere** (*p.p.* **stato**) to be (2); *****essere + professione** to be a + *profession* (17); *****essere d'accordo** to agree (3); *****essere al completo** to be full (*hotel*); *****essere contro/contrario (a)** to be against (18); *****essere di** (+ *city*) to be from (*city*); *****essere a dieta** to be on a diet (5); *****essere a favore (di)** to be in favor (of) (18); *****essere impegnato** to be politically engaged (18); *****essere nebbioso** to

be foggy weather (4); *essere in
pensione to be retired (16); *essere
puntuale to be punctual; *essere in
ritardo to be late; *essere in
sciopero to be on strike (16);
*essere sereno to be clear weather
(4); è bene it is good (14); è giusto
to be right (14); è ora it's time (16);
è peccato it's too bad (16); *esserci
to be there, be in (a place)
l'est m. east
l'estate f. summer (P); l'estate scorsa
last summer
esterno external
estero foreign; *andare all'estero to
go abroad (10); la politica estera
foreign affairs
estetico adj. aesthetic
estivo adj. summer
estroverso extroverted
l'età moderna the modern period (15)
eterno eternal
l'etnia ethnic group (18)
l'etnicità ethnicity (18)
etnico ethnic (18)
l'etto hectogram
l'euro euro (shared European
currency) (1)
l'Europa Europe
europeo European (16); la Comunità
Europea (CE) European
Community (EC) (16)
l'evento event
eventuale eventual, future
evidenziare to point out, highlight
evitare to avoid
evoluto evolved
l'evoluzione f. evolution
l'extracomunitario/l'extracomunitaria
(m. pl. gli extracomunitari) person
from outside the European
Community (18)

F
fa ago (5)
la fabbrica factory (16); in fabbrica in
a factory
la faccenda household chore
la faccia (pl. le facce) face
facile easy (3)
facilitare to facilitate
facilmente easily
la facoltà department, school (within
a university) (3); che facoltà
fai/frequenti? what's your major?
i fagioli beans (11)
falso false
la fama fame

la fame hunger; avere fame to be
hungry (1)
la famiglia family (3)
famoso famous
la fantasia fantasy, imagination
fantastico (m. pl. fantastici) fantastic
fare (p.p. fatto) to do (3); to make (3);
fare (+ inf.) to cause something to
be done; fare il/la + professione to
be a + profession (17); fare
l'aerobica to do aerobics (4); fare
amicizia to make friends (18); fare
un affare to make a deal; fare
l'autostop to hitchhike (13); fare
baccano to carry on loudly; fare il
bagno to take a bath; fare bella
figura to look good (7); to make a
good impression (7); fare bello/
brutto to be nice/bad weather (3);
fare bene a to be good for; fare
benzina to get gas (13); fare caldo /
freddo / fresco to be hot / cold /
cool out (3); fare colazione to have
breakfast (3); fare le compere to go
shopping (11); fare un
complimento to pay a compliment;
fare una crociera to go on a cruise
(10); fare il/la dirigente to be an
executive; fare la doccia to take a
shower; fare una domanda to ask a
question (3); fare domanda to apply
(17); fare due chiacchiere to chat
(5); fare esercizio to exercise; fare
le ferie to go on vacation (10); fare
il footing (il jogging) to jog; fare
una fotografia to take a photograph
(3); fare un giro in bici / in
macchina / a piedi to go for a bike
ride / car ride / walk (4); fare una
gita to take a short trip; fare il letto
to make the bed; fare male (a) to
hurt (9); fare la parte di to play the
part of; fare parte (di) to take part
(in) (15); fare una passeggiata to
take a walk; fare il pieno to fill up
(the gas tank) (13); fare una
prenotazione to make a reservation
(6); fare presto to hurry; fare un
programma to plan, make plans (4);
fare programmi to make plans (10);
fare un regalo (a) to give (someone)
a present; fare sciopero to strike
(16); fare uno sconto to give a
discount (11); fare lo scontrino to
get a receipt (5); fare sollevamento
pesi to lift weights (4); fare la spesa
to go grocery shopping (11); fare le
spese to go shopping (11); fare uno

sport to play a sport (4); fare uno
spuntino to have a snack (5); fare
un trasloco to move (12); fare le
vacanze to go on vacation (10); fare
un viaggio to take a trip; farcela to
succeed; farsi la barba to shave
(men); farsi male to hurt oneself,
get hurt (9); farsi regali to exchange
gifts; farsi sentire to make oneself
heard (16); Che tempo fa? How's
the weather?, What's the weather
like? (3)
la farina flour
la farmacia (f. pl. le farmacie)
pharmacy (1)
il farmaco medicine, drug
il/la farmacista pharmacist
la fascia di ozono (pl. le fasce) ozone
layer (13)
fasciare to bind
il fascino fascination
il fascismo fascism
il fastidio (pl. i fastidi) annoyance,
bother (11); dare fastidio (a) to
annoy (14)
fastidioso annoying (9)
la fata fairy
la fatica effort, trouble (7)
faticoso tiring (9)
il fattore factor
la favola fable
il favore favor; *essere a favore (di)
to be in favor (of) (18); per favore
please (P)
favorire (isc) to favor
febbraio February (P)
la febbre fever (9)
fedele loyal, faithful
il fegato liver
felice (di) happy (about)
la felicità happiness
la felpa sweatshirt (7); sweat suit (7)
la femmina female
femminile feminine
il femminismo feminism
il/la femminista (m. pl. i femministi)
feminist
le ferie vacation; *andare in ferie to
go on vacation (10); fare le ferie to
go on vacation (10)
fermare to stop (someone or
something); fermarsi to stop (oneself
from moving) (7)
fermo still; *stare fermo to stay still
il ferragosto holiday of August 15th
la festa party (3); holiday; festa a
sorpresa surprise party
festeggiare to celebrate

il **festival** (*pl.* **i festival**) festival
la **fetta** slice (5)
le **fettuccine** type of pasta
il **fianco** flank, side
il **fiasco** fiasco, disaster, mess
la **fiction televisiva** TV series (8)
fidanzarsi (con) to get engaged (*to be married*) (to) (18)
il **fidanzato** fiancé
fidarsi (di) to trust, have faith (in) (18)
fiero proud (15)
il **figlio / la figlia** (*m. pl.* **i figli**) son/daughter (3); **figlio unico** only child
la **figura** figure; **fare bella figura** to look good (7); to make a good impression (7)
la **fila** row, line (15)
il **file** (*pl.* **i file**) file
il **filetto** fillet
il **film** (*pl.* **i film**) film, movie
filmare to film
il **filmato** film clip, short film
la **filosofia** philosophy
finale final
finalmente finally
la **finanza** finance, finances
finanziariamente financially
finanziare to finance
la **fine** end (6)
la **finestra** window (4); il **finestrino** window in a train, car, airplane
finire (isc) to finish (4); **finire (di + inf.)** to finish (*doing something*)
fino a until (4); **fino a tardi** until late
il **fiore** flower (6)
fiorente flourishing
fiorentino Florentine
fiorito in bloom
fischiare to boo (*lit.* to whistle) (14)
la **fisica** physics (3)
fisico (*m. pl.* **fisici**) physical
fissare to set, establish, fix; **fissare un appuntamento** to make an appointment (12); **fissare un colloquio** to set up an interview (17)
fisso fixed, set (10); il **disco fisso** hard drive (17)
il **fiume** river (13)
il **flauto** flute
floreale floral
floricultore floriculturalist
fluviale *adj.* river
la **focaccia** (*pl.* **le focacce**) type of flat Italian bread
il **foglio** (*pl.* **i fogli**) **di carta** sheet of paper (P)
folcloristico folkloric
la **folla** crowd

fondare to found
il **fondo: lo sci di fondo** cross-country skiing; **i fondi** funds, resources
fondo *adj.* il **piatto fondo** soup bowl
la **fontana** fountain
la **fontina** soft Italian cheese
il **football** football; soccer; **football americano** football
il **footing** jogging; **fare il footing** to go jogging
la **forchetta** fork
la **foresta** forest; **la foresta pluviale** rain forest (13)
la **forma** form
il **formaggio** (*pl.* **i formaggi**) cheese (6)
formare to form
formato formed, composed
formattare to format
la **formazione** formation
la **formula: formula uno** formula one speed racing
fornire (isc) to provide, supply
fornito supplied
il **forno** oven; **al forno** baked (6)
forse maybe (10)
forte strong (9)
fortemente strongly, loudly
la **fortuna** luck, fortune; **avere fortuna** to be lucky; **buona fortuna!** good luck! **per fortuna** luckily
fortunatamente luckily, fortunately
fortunato lucky, fortunate
forwardare to forward
la **forza** strength
Forza! Come on!
forzare (a + inf.) to force (14)
la **fotografia**, la **foto** (*pl.* **le foto**) photograph, photo (1); photography; **fare una fotografia** to take a photograph (3)
fotografico: la macchina fotografica camera
fra between, among, in, within (+ *time expressions*)
fragile fragile
la **fragola** strawberry
il **frammento** fragment
francescano Franciscan
il/la francese French person; il **francese** French language
francese *adj.* French (2)
la **frase** phrase; sentence
il **fratello** brother (3); **fratellino** little brother
la **freccia** (*pl.* **le frecce**) arrow
il **freddo** cold; **avere freddo** to be cold (1); **fare freddo** to be cold (*weather*) out (3)

freddo *adj.* cold; il **tè freddo** iced tea (5)
frequentare to attend (*a school, a class*) (3); to go to (*a place*) often (3); to associate with (*people*)
frequente frequent
il **fresco** coolness
fresco (*m. pl.* **freschi**) fresh (6); cool; **fare fresco** to be cool (*weather*) out (3)
la **fretta** hurry, haste; **avere fretta** to be in a hurry (1); **in fretta** in a hurry (5)
il **frigo** (*from* frigorifero) (*pl.* **i frigo**) refrigerator (4)
fritto fried (6)
la **frutta** fruit (6); il **negozio di frutta e verdura** produce market (11)
il **fruttivendolo / la fruttivendola** fruit vendor (11)
il **frutto: frutti di mare** seafood
il **fulmine** lightning; il **colpo di fulmine** lightning bolt; love at first sight
fumare to smoke (6)
il **fumatore / la fumatrice** smoker (14)
il **fungo** mushroom
funzionare to function, work (13)
la **funzione** function
il **fuoco** (*pl.* **i fuochi**) fire; burner; **le armi da fuoco** firearms
fuori out, outside (6); **fuori luogo** out of place (16); **fuori moda** out of fashion
il **futuro** future; future tense; **in futuro** in the future

G

la **galleria** gallery; tunnel; arcade
il **gallone** gallon
la **gamba** leg (9); **in gamba** capable, "with it" (5)
la **gara** competition, match (4)
il **garage** (*pl.* **i garage**) garage
il **garofano** carnation
gassato: l'acqua gassata carbonated water (5)
la **gastrite** gastritis
il **gatto** cat (1)
il **gelataio / la gelataia** (*m. pl.* **i gelatai**) ice-cream maker/vendor (11)
la **gelateria** ice-cream parlor (11)
il **gelato** ice cream (1)
geloso jealous
i **gemelli / le gemelle** twins (9)
il **generale** general

generale *adj.* general
generalizzare to generalize
la generalizzazione generalization
generalmente generally
il genere type; kind; gender; genre; **in genere** generally
generico generic
la generosità generosity
generoso generous
genetico genetic
il genio genius
il genitore parent (3)
gennaio January (P); **il primo gennaio** January Ist (P)
la gente people (5)
gentile kind (2)
gentilmente *adv.* kindly
genuino genuine, authentic
geografico (*m. pl.* **geografici**) geographic, geographical
il gesso chalk (P)
gettarsi to throw oneself
il ghiaccio ice (5)
già already (5); you're right (18)
la giacca jacket (7)
il giallo mystery novel, detective story
giallo *adj.* yellow (2)
il/la giapponese Japanese person; **il giapponese** Japanese language
giapponese *adj.* Japanese (2)
il giardino garden (12), yard (12)
il ginocchio (*pl.* **le ginocchia**) knee
giocare (a) to play (*a sport, a game*) (3); **giocare a carte** to play cards; **giocare con il computer** to play on the computer (4)
il giocatore / la giocatrice player (4)
il gioco (*pl.* **i giochi**) game
la gioia joy
il gioiello jewel
il giornale newspaper (4); **sul giornale** in the newspaper
giornaliero everyday, daily (7)
il giornalismo journalism
il/la giornalista (*m. pl.* **i giornalisti**) journalist (8)
la giornata day; the whole day; **buona giornata!** have a nice day!
il giorno day (P); **buon giorno** good morning, good afternoon (P); **Che giorno è?** What day is it? (P); **di tutti i giorni** everyday (7)
il/la giovane young person; **i giovani** young people, the young
giovane *adj.* young (2)
il giovedì Thursday (P)
la gioventù youth

girare to turn; to rotate; to stir; to film (8); to shoot film (8)
il giro tour; trip; **fare un giro** to take a trip; **fare un giro in bici / in macchina / a piedi** to take a bike ride / car ride / walk (4); **in giro** around; on patrol
la gita excursion **fare una gita** to take a short trip
il giubbotto jacket (7)
giudicare to judge (18)
il giudizio judgment; **il giudizio universale** Last Judgment
giugno June (P)
la giungla jungle
la giurisprudenza law (3)
giustificare to justify
la giustificazione justification
la giustizia justice (18)
Giusto! Right! (P); **è giusto** it is right (14)
Gli to/for you (*m. and f. pl., form.*) (6); **gli** to/for him, to/for them (6)
gli gnocchi dumplings (6)
la goccia (*pl.* **le gocce**) drop
godere to enjoy
la gola throat (9)
il golf golf
il gomito elbow
la gomma tire (13); **controllare le gomme** to check the tires (13)
la gonna skirt (11)
gotico (*m. pl.* **gotici**) Gothic
il Governo government (16); executive branch (16); administration (16); **la crisi del governo** political crisis
la grammatica grammar
il grammo gram
grande big (2); great (2); large; **il grande magazzino** department store (11); **più grande** bigger, older
grandioso grand, grandiose
grasso fat (2)
grave serious, grave (9)
la grazia grace
grazie thanks, thank you (P)
grazioso pretty, charming
il greco / la greca (*m. pl.* **i greci**) Greek person; **il greco** Greek language
greco (*m. pl.* **greci**) *adj.* Greek (2)
gridare to shout (12)
grigio (*m. pl.* **grigi**) gray (2)
la griglia grill; **alla griglia** grilled (6)
grosso big (8); **il pezzo grosso** big shot
il gruppo group

guadagnare to earn (3); **guadagnarsi da vivere** to earn a living (18)
il guadagno earnings, income (16)
il guanto glove; **i guanti** gloves (7)
guardare to watch, look at (3); **guardare la televisione (la TV)** to watch television (TV) (4)
la guarigione recovery, cure (9)
*guarire (isc) to heal (9); to get well (9)
la guerra war; **la prima/seconda guerra mondiale** First/Second World War
il guerriero warrior
la guida guide; guidebook
guidare to drive (3)
gustare to taste
il gusto taste (*in all senses*) (13); preference

H
l'hardware (*pl.* **gli hardware**) hardware
ho... anni I'm . . . years old (P)

I
l'idea idea **idea luminosa** brilliant idea; **ottima idea!** great idea!
ideale ideal
l'idealista *m./f.* idealist
idealizzato idealized
identificare to identify
l'identikit profile; ID sketch
l'identità (*pl.* **le identità**) identity
idiomatico (*m. pl.* **idiomatici**): **l'espressione idiomatica** idiomatic expression
l'idolo idol
l'idromassaggio water-massage
ieri yesterday (5); **ieri sera** last night (5)
ignorante ignorant
ignorare to ignore; be unaware of
l'Illuminismo the Enlightenment (*18th-century European cultural movement that celebrated rationality and optimism*) (15)
illustrare to illustrate
l'imbarazzo embarassment
l'imbarco boarding
imbottito padded
immaginare to imagine (16)
l'immaginazione *f.* imagination
l'immagine *f.* image
immediatamente immediately
immenso immense
l'immigrato/l'immigrata immigrant (18)
l'immigrazione *f.* immigration (18)
immobiliare: l'agenzia immobiliare real estate agency

imparare to learn (3); **imparare a** (+ *inf.*) to learn how (*to do something*)

impegnarsi to get inolved (18)

impegnato politically engaged; busy; *****essere impegnato** to be politically engaged (18)

l'imperativo imperative (*verb mood*)

l'imperfetto imperfect (*verb tense*)

imperiale imperial

l'impermeabile *m.* raincoat (7)

l'impero empire

impersonale impersonal

l'impiegato/l'impiegata clerk (1); white-collar worker (16)

importante important

l'importanza importance

*****importare** to matter

l'importo amount, sum

impossibile impossible

impressionabile impressionable

l'impressione *f.* impression; **avere l'impressione** to have the impression

imprestare to lend (6)

improvvisamente suddenly

impulsivo impulsive

in in (1); to (1); into (1); **in gamba** smart, "with it"

inaspettato unexpected

inaugurare to inaugurate

incandescente incandescent

incantare to enchant

incantevole enchanting, charming

l'incarico (*pl.* **gli incarichi**) task (8)

incartare to wrap (*in paper*) (11)

incerto uncertain

l'incidente *m.* accident (9)

includere (*p.p.* **incluso**) to include

incollato glued

†**incominciare** to begin, start; **incominciare** (**a** + *inf.*) to start (*to do something*)

incontrare to meet (3); to run into (*someone*); **incontrarsi** to run into (*each other*) (7)

l'incontro meeting, encounter

incoraggiare (**a** + *inf.*) to encourage (14); to promote (18); to foster (18)

incredibile incredible

l'incrocio intersection

incurabile incurable

indefinito indefinite

indeterminativo: l'articolo indeterminativo indefinite article

indiano Indian

indicare to point out, indicate (12)

l'indicativo indicative (*verb mood*)

l'indicazione *f.* direction

indietro behind (18)

indifferente indifferent

l'indifferenza indifference

l'indigestione *f.* indigestion

indimenticabile unforgettable

indiretto indirect

l'indirizzo address (12)

indispensabile indispensable

indispettire (**isc**) to rankle, irritate

individuale individual

indovinare to guess (13)

l'indovinello riddle

l'industria industry (17)

l'industriale *m./f.* tycoon, industrialist, manufacturer

industriale *adj.* industrial

l'ineguaglianza inequality (18)

l'infanzia childhood (7)

infatti in fact

infelice unhappy

l'infermiere/l'infermiera nurse (9)

l'inferno hell

infine in the end, finally

l'infinito infinitive

l'inflazione *f.* inflation (17)

l'influenza influenza, flu

influenzare to influence

informarsi (**su**) to become informed (about) (16); to be acquainted (with) (16)

l'informatica computer science (3)

informato informed, up-to-date (16)

l'informatizzazione *f.* computerization

l'informazione *f.* (piece of) information (1); **ufficio informazioni** tourist information office (1)

l'ingegnere *m./f.* engineer

l'ingegneria engineering (3)

l'ingiustizia injustice (18)

ingiustamente unjustly

l'inglese *m./f.* English person; **l'inglese** English language

inglese *adj.* English (2)

l'ingorgo (*pl.* **gli ingorghi**) traffic jam

ingrandire (**isc**) to grow larger

l'ingrediente *m.* ingredient

l'ingresso entrance, entryway (12); entrance (*permission to enter*) (15)

†**iniziare** to begin

l'inizio (*pl.* **gli inizi**) beginning

innamorarsi (**di**) to fall in love (with) (14)

innamorato (**di**) in love (with)

inoltre futhermore; also

l'inquilino/l'inquilina tenant (12)

l'inquinamento pollution (13)

inquinare to pollute (13)

l'insalata salad (6)

l'insegnante *m./f.* teacher (3)

insegnare to teach (3)

inserire (**isc**) to insert

l'insetticida *m.* pesticide

l'insetto insect

insicuro insecure (2)

insieme together (4); **insieme a** together with; **tutti insieme** all together; **l'insieme** (**di**) the totality (of), all (of) (8)

insoddisfatto (**di**) unsatisfied/ unhappy (with) (17)

insolito unusual (12)

l'insonnia insomnia

insopportabile unbearable (17)

l'instabilità instability

installare to install

intanto in the meantime (16)

integrale: pane integrale whole wheat bread

integrarsi (**in**) to become integrated (into)

l'integrazione *f.* integration

l'intellettuale *m./f.* intellectual

intellettuale *adj.* intellectual

intelligente intelligent

l'intelligenza intelligence

intendere to intend, plan

intendersi (**di**) to know a lot about (*something*)

intensivo intensive

intenso intense, intensive

l'intenzione *f.* intention; **avere l'intenzione** (**di**) to intend (to) (10)

interamente entirely, completely

interessante interesting

interessare to interest; **interessarsi** (**di**) to be interested (in)

interessato (**di/a**) interested in

l'interesse *m.* (**per**) interest (in)

interferire (**isc**) to interfere (18)

internazionale international

Internet: il sito Internet website (17)

interno internal; **all'interno** inside; **la politica interna** domestic politics

intero entire

interpretare to interpret

l'interpretazione *f.* interpretation

l'interprete *m./f.* interpreter; actor

interrogare to interrogate, question

l'interrogativo interrogative expression

interrompere (*p.p.* **interrotto**) to interrupt

l'interruzione *f.* interruption

l'intervento intervention

l'intervista interview (8)

intervistare to interview

intitolato titled
l'intolleranza intolerance (18)
l'intoppo obstacle
intorno (a) around
intossicarsi to poison (oneself)
intraprendere (*p.p.* **intrapreso**) to embark on; to undertake
introdotto introduced
l'introduzione *f.* introduction
inutile useless (12)
invece instead (4); on the other hand (4); **invece di** instead of
inventare to invent
l'inventore/l'inventrice inventor
invernale *adj.* winter
l'inverno winter (P)
l'invio (*pl.* **gli invii**) mailing
invitare to invite (4)
l'invitato/l'invitata guest
l'invito invitation
io I (1)
l'ipermercato warehouse-style supermarket, hypermarket
l'irlandese *m./f.* Irish person; Irish language
irlandese *adj.* Irish (2)
irregolare irregular
irresponsabile irresponsible
iscriversi (a) (*p.p.* **iscritto**) to join, enroll (in) (17)
l'isola island
ispirare to inspire
l'ispirazione *f.* inspiration
l'istituto institute
l'istituzione *f.* institution
l'istruzione *f.* instruction
l'italiano/l'italiana Italian person; **l'italiano** Italian language
italiano *adj.* Italian (2)
l'itinerario (*pl.* **gli itinerari**) itinerary (10)

J
il jazz jazz
i jeans jeans
il jogging jogging; **fare il jogging** to go jogging

K
il karatè karate

L
là there (1)
La *pron.* you (*m.* and *f., form.*) (4); **la** *pron.* her; it (4)
il labbro (*pl.* **le labbra**) lip

il laboratorio (*pl.* **i laboratori**) laboratory
la lacrima tear
il lago (*pl.* **i laghi**) lake (13)
lamentarsi (di) to complain (about) (7)
la lampadina lightbulb (15)
il lampo lightning; lightning flash
la lana wool (11)
lanciarsi to throw (*at each other*)
largo (*m. pl.* **larghi**) wide (2)
le lasagne type of pasta
lasciare to leave (4); to leave (*someone, something*) behind (4); **lasciare** (+ *inf.*) to allow, let (*something be done*); **lasciamo perdere** let's forget about it; **lasciare un deposito** to leave a deposit (10)
lassù up there
il latino Latin (*language*)
latino *adj.* Latin; **l'America latina** Latin America
lato: di lato (a) beside, next to (12)
il lattaio / la lattaia (*pl.* **i lattai**) milkman/milkwoman (11)
il latte milk (1)
la latteria dairy (*shop*) (11)
il latticino (*pl.* **i latticini**) dairy product
la lattina aluminum can (5)
la laurea doctorate (*from an Italian university*); college diploma, degree
laurearsi to graduate (*college*) (7); **laurearsi in** to graduate with a degree in
la lavagna chalkboard (P)
la lavanderia laundry room (12); laundromat
il lavandino sink
lavare to wash; **lavarsi** to wash (*oneself*) (7); **lavarsi i denti** to brush one's teeth
la lavastoviglie (*pl.* **le lavastoviglie**) dishwasher
la lavatrice washing machine
lavorare to work (3)
il lavoratore / la lavoratrice worker (17)
il lavoro job (1); work (1); **buon lavoro!** enjoy your work!; **cercare lavoro** to look for a job (17); **il datore / la datrice di lavoro** employer (17) **il posto di lavoro** workplace; **riprendere il lavoro** to get back to work

legale legal
legare to tie
la legge law (3)
leggere (*p.p.* **letto**) to read (4); **leggete!** read!
leggero slight, light (17); **la musica leggera** pop music (14)
il legionario legionary
il legname lumber
il legno wood
Lei you (*form.*) (1); **E Lei?** And you? (*form.*) (P)
lei she (1); her (9)
lentamente slowly
la lente lens; **lenti a contatto** contact lenses (9)
lento slow (4)
il lessico lexicon
la lettera letter (4)
la letteratura literature (3); **le lingue e letterature straniere** foreign languages and literatures (3)
le lettere liberal arts (3)
il letto bed (3); **a letto** in bed; **la camera da letto** bedroom (4); **fare il letto** to make the bed
il lettore / la lettrice reader; **il lettore Cd** CD player; **il lettore DVD** DVD player (8)
la lettura reading
la lezione lesson (1); class (1)
lì there (1)
Li *pron.* you (*m., form.*) (4); **li** *pron.* them (*m.*) (4)
liberamente freely
la liberazione liberation, freedom
libero free (unoccupied) (4); unoccupied (*room, seat, etc.*) (10); **la discesa libera** downhill (skiing)
la libertà (*pl.* **le libertà**) liberty, freedom
la libreria bookstore (3); **in libreria** at/to/in the bookstore
il libretto libretto (*music*); small book
il libro book (P); **aprite il libro!** open your books!; **chiudete il libro!** close your books!; **libro di cucina** cookbook (6)
licenziare to fire (17); **licenziarsi** to quit (*a job*) (17)
il liceo high school; **liceo scientifico** high school for the sciences
limitare to limit
il limite limit; **il limite di velocità** speed limit (13); **rispettare il limite di velocità** to obey the speed limit (13)
il limone lemon (5)

Le *pron.* you (*f., form.*) (4); to/for you (*m.* and *f., form.*) (6); **le** *pron.* them (*f.*) (4); to/for her (6)

la linea line; in linea online (17)
la lingua language (3); le lingue e le letterature straniere foreign languages and literatures (3)
il linguaggio (pl. i linguaggi) jargon, specialized language (8)
linguistico (m. pl. linguistici) linguistic
la lira lira (former Italian currency)
la lirica opera; lyric poetry
lirico adj. (m. pl. lirici) operatic (14)
liscio (m. pl. lisci) straight (hair) (2); il ballo liscio ballroom dancing
la lista list
litigare to argue (6)
il litro liter
il livello level
lo pron. him, it (4)
il locale public place
locale local
la località locality
il locandiere / la locandiera innkeeper (arch.)
logico (m. pl. logici) logical
la lontananza distance
lontano (da) far (from), distant (1)
Loro you (pl. form.) (1); their (3); to/for you (m. and f. pl., form.) (6)
loro they (1); their (3); to/for them (6); them (9)
lottare to fight
la lotteria lottery
la luce light
luglio July (P)
lui he (1); him (9)
luminoso brilliant; l'idea luminosa brilliant idea
la luna moon
il lunedì Monday (P)
lungo (m. pl. lunghi) long (2)
il luogo (pl. i luoghi) place (1); avere luogo to take place (14); fuori luogo out of place (16)
il lupo wolf
lusso luxury; di lusso adj. luxurious; l'albergo di lusso deluxe hotel (10)

M
ma but (1)
macché! oh, come on!; what are you talking about!; no way!
la macchia stain, spot; scrub
macchiare to stain, spot; caffè macchiato coffee with a few drops of milk (5)
la macchina car (1); machine; in macchina by car, in the car;

*andare in macchina to drive, go by car (3); le chiavi della macchina car keys; fare un giro in macchina to go for a car ride (4); macchina fotografica camera; noleggiare una macchina to rent a car (10); prendere a nolo una macchina to rent a car (10); scrivere a macchina to type (17)
la macedonia fresh fruit cocktail (6)
il macellaio / la macellaia (m. pl. i macellai) butcher (11)
la macelleria butcher shop (11)
la madre mother
la madrelingua mother tongue, native language
il maestro / la maestra elementary school teacher; master (artist)
magari perhaps; if only (18)
il magazzino: il grande magazzino department store (11)
maggio May (P)
maggiore bigger, greater (9); older (9); la maggior parte (di) the majority (of)
magico (m. pl. magici) magic(al)
la maglia sweater (7)
la maglietta t-shirt (7)
il maglione pullover, heavy sweater (11)
magnifico (m. pl. magnifici) magnificent
magro thin (2)
mah! well!
mai ever (5); come mai? how come?; non... mai never (3)
il maiale pork (6)
malato sick (9)
la malattia illness (9)
il male injury; evil
male bad (P); badly; *andare male to go badly; avere mal di testa to have a headache; fare/farsi male to hurt / hurt oneself (9); Meno male! Thank goodness! (12); non c'è male not bad (P); sentirsi male to feel bad (7); *stare male to be unwell (3)
la mamma mom (3); mamma mia! good heavens!
il/la manager (pl. i/le manager) manager, boss
la mancanza lack; need; absence
*mancare to be missing (6); to miss (6)
la mancia (pl. le mance) tip (5)
mandare to send (6); mandare in onda to broadcast (8)

mangiare to eat (3); qualcosa da mangiare something to eat (5)
il manicomio (pl. i manicomi) mental hospital
la maniera manner
la manifestazione demonstration, rally, protest (16); show
la mano (pl. le mani) hand (9); dare una mano to lend a hand; mano d'opera labor (17)
la mansarda attic (12)
la mansione function, duty (professional) (17)
la mantella cape
mantenere to maintain, keep, stay
il manzo beef (6)
la mappa map (P)
la marca brand (13); brand name; label
il marchio trademark
il mare sea; *andare al mare to go to the seashore (10)
la margarina margarine
marginale fringe, marginal
il marito husband (3)
marittimo adj. sea
la marmellata marmalade, jam (5)
la marmotta marmot
marrone brown
il martedì Tuesday (P)
marziale martial; le arti marziali martial arts (3)
marzo March (P)
la maschera mask
maschile masculine
il maschio (pl. i maschi) male
il massaggio massage
il massimo maximum; al massimo at the most
la matematica mathematics (3)
la materia (di studio) subject matter (3)
il materiale material
il materialismo materialism (18)
materialista (m. pl. materialisti) materialistic
materno maternal
la matita pencil (P)
matrimoniale with a double bed (12); camera matrimoniale double room (10)
il matrimonio marriage
la mattina morning (3); di/la mattina in the morning (4)
la maturità: l'esame di maturità comprehensive high-school exam
la mazza club; la mazza da golf golf club

il meccanico / la meccanica (*m. pl.* i meccanici) mechanic (13)

la medaglia medal

i media the media

la medicina medicine (3); medicine, drug (9)

il medicinale medicine

il medico *m./f.* (*pl.* i medici) doctor (9)

medico (*m. pl.* medici) *adj.* medical; l'assistenza medica health insurance (17)

medio (*m. pl.* medi) medium, average; di media statura of medium height; l'albergo di costo medio moderately priced hotel (10); la scuola media middle school

il Medioevo the Middle Ages, Medieval Period (15)

medievale medieval

mediterraneo Mediterranean

meglio *adv.* better (9)

la mela apple (11)

la melanzana eggplant (11)

il melodramma (*pl.* i melodrammi) opera (14)

il melone melon (6)

il membro member

memorabile memorable

meno less (3); fewer; minus; *art.* + meno least; a meno che… non unless (17); le cinque meno un quarto quarter to five; meno… di (che) less . . . than (9); Meno male! Thank goodness! (12)

la mensa dining hall, cafeteria (2)

il mensile monthly publication (8)

la mente mind

mentre while

il menu (*pl.* i menu) menu

la meraviglia marvel, wonder

il mercato market (11)

la merce goods, merchandise

il mercoledì Wednesday (P)

la merenda mid-afternoon snack (5)

meridionale southern

meritare to deserve (16)

mescolare to mix

il mese month (P)

il messaggio message

il messale missal, prayerbook

il messicano / la messicana Mexican person

messicano *adj.* Mexican (2)

il mestiere profession, trade, occupation (17)

il mestolo ladle

la meta destination (10)

la metà (*pl.* le metà) half, mid

la metamorfosi metamorphosis, transformation

il metodo method

mettere (*p.p.* messo) to put, place (4); mettere da parte to put aside; mettere piede to set foot; mettere in scena to stage, put on, produce (14); metterci (+ *time expression*) to take (*time*) (15); mettersi to put on (*clothes*) (7); mettersi in moto to start (*a car, a machine*) (10)

mezzanotte midnight; è mezzanotte it's midnight (4)

i mezzi di trasporto means of transportation (1); i mezzi pubblici di trasporto public (*means of*) transportation (13)

il mezzo half (4); le sette e mezzo seven-thirty

mezzo, mezza *adj.* half; la mezza pensione half board (two meals a day: breakfast and lunch or dinner) (10); in mezzo in the middle

mezzogiorno noon; è mezzogiorno it's noon (4)

mi *pron.* me (4); to/for me (6); myself (7); mi chiamo… my name is . . . (P)

la microcriminalità petty crime

il miele honey (5)

il miglio (*pl.* le miglia) mile

il miglioramento improvement (16)

†migliorare to improve

migliore *adj.* better (9); *art.* + migliore the best

il miliardo billion (7)

il milione million (7)

mille (*pl.* mila) thousand

minerale mineral; l'acqua minerale mineral water (5)

la minestra soup

il minestrone hearty vegetable soup (6)

il ministero ministry, department (*of government*) (16); Ministero della Finanza Treasury Department

il ministro *m./f.* minister (*in government*) (16); il Consiglio dei Ministri Council of Ministers (16); il Primo Ministro Prime Minister (16)

la minoranza minority

minore smaller, lesser (9); younger (9); *art.* + minore the least, smallest, youngest

il minuto minute

mio my (3)

miope nearsighted

la miseria poverty (18)

misto mixed (6)

mite mild

mitico mythical

la mitologia mythology

il mobile piece of furniture (12); i mobili furniture

la moda fashion, style (11); all'ultima moda trendy; di moda in fashion; la casa di moda house of fashion; fuori moda out of fashion

il modello model; example

il modello / la modella fashion model

il modernariato modern antiques

la modernità the modern period (15)

moderno modern; l'età moderna the modern period (15)

il modo manner, way

il modulo form (17); riempire un modulo to fill out a form (17)

la moglie (*pl.* le mogli) wife (3)

molto *adj.* much, many, a lot of (2); *adv., inv.* very, a lot (2); da molto tempo (for) a long time; molto bene! very good!

momentaneamente momentarily

il momento moment

il mondiale world championship

mondiale *adj.* worldwide; la prima/ seconda guerra mondiale the First/Second World War

il mondo world (14); divertirsi un mondo to have a great time; in tutto il mondo all over the world (14)

la moneta currency (16); coin (16)

monetario monetary

il monolocale studio apartment (12)

la montagna mountain; *andare in montagna go to the mountains (10)

il monte mountain

montuoso mountainous

il monumento monument

*morire (*p.p.* morto) to die (5)

la morte death

morto dead

il mosaico (*pl.* i mosaici) mosaic (15)

la mostra exhibit (6)

mostrare to show (6)

il motivo reason (8)

il moto motion; mettersi in moto to start (*a car, a machine*) (10)

la motocicletta, la moto (*pl.* le moto) motorcycle (1)

il motore motor; il motore di ricerca search engine (17)

il **motorino** moped, motorscooter (1)
il **mouse** (*pl.* **i mouse**) mouse (*computer*)
il **movimento** movement
la **mozzarella** mozzarella (6)
la **multa** ticket, fine (13); **prendere la multa** to get a ticket fine (13)
multiculturale multicultural
il **multiculturalismo** multiculturalism (18)
multietnico (*m. pl.* **multietnici**) multiethnic
muovere (*p.p.* **mosso**), **muoversi** to move
il **muro** wall
il **muscolo** muscle
il **museo** museum (1)
la **musica** music (4); **ascoltare la musica** to listen to music (4); **musica leggera** pop music (14)
il **musical** musical (14)
musicale musical
il/la **musicista** (*m. pl.* **i musicisti**) musician (14)
le **mutande** underwear
muto mute; silent

N

il **narratore** / la **narratrice** narrator
***nascere** (*p.p.* **nato**) to be born (5); **Quando sei nato/nata?** When were you born? (*inform.*) (P); **Sono nato/nata...** I was born ... (P)
la **nascita** birth
nascondere (*p.p.* **nascosto**) to hide; **nascondersi** to hide (oneself)
il **naso** nose (9)
il **Natale** Christmas (10); **Buon Natale!** Merry Christmas!
natio (*m. pl.* **natii**) native (2)
la **natura** nature
naturale natural; **l'acqua naturale** noncarbonated water (5); **le scienze naturali** natural sciences
naturalmente naturally
nautico: lo sci nautico water skiing
navigare to navigate
nazionale national; **l'assistenza sanitaria nazionale** national health care (17); **il sistema sanitario nazionale** national health care (17); **il volo nazionale** domestic flight
la **nazionalità** nationality
la **nazione** nation
ne some of it; about it; **Quanti ne abbiamo oggi?** What's today's date? (11); **Quanto ne vuoi?** How much (of it) do you want?

né... né neither . . . nor (12)
neanche not even; **neanch'io** neither do I
la **nebbia** fog (4)
nebbioso foggy; ***essere nebbioso** to be foggy weather (4)
necessario (*m. pl.* **necessari**) necessary
la **necessità** (*pl.* **le necessità**) necessity
negativo negative
il/la **negoziante** shopkeeper (11)
il **negozio** (*pl.* **i negozi**) shop, store (1); **negozio d'abbigliamento** clothing store (11); **negozio di alimentari** grocery store (11); **negozio di frutta e verdura** produce market (11)
il **nemico** / la **nemica** (*m. pl.* **nemici**) enemy
nemmeno not even
neoclassico neoclassical
il **neorealismo** neorealism
nero black (2); **la cronaca nera** crime news; **il lavoro nero** illegal work (off the books)
nervoso nervous
nessuno *pron.* no one, nobody; *adj.* any (*in negative contexts*) (12); **nessuna cosa** nothing; **(non...) nessuno** no one, nobody (12)
la **neve** snow (4)
nevicare to snow (4)
niente nothing; **niente da fare** nothing to do **niente di interessante/strano** nothing interesting/strange; **niente di speciale** nothing special (10); **(non...) niente** nothing (12); **per niente** at all (14)
il/la **nipote** nephew/niece (3); grandson/granddaughter (3)
no no (P)
nobile noble
la **nobiltà** nobility
la **nocciolina** peanut (5)
noi we (1)
la **noia** boredom; **che noia!** what a bore!
noioso boring (2)
noleggiare (una macchina / una barca) to rent (a car / a boat) (10)
nolo rental; **prendere a nolo (una macchina / una barca)** to rent (a car / a boat) (10)
il **nome** first name (1); noun (1)
nominare to name; nominate
non not (1); **non... ancora** not . . . yet (12); **non c'è male** not bad; **non è**

vero? isn't it true? **non... mai** never (3); **non... nemmeno** not even; **(non...) nessuno** no one, nobody (12); **(non...) niente/nulla** nothing (12); **non... più** not anymore, no longer (7)
il **nonno** / la **nonna** grandfather/ grandmother (3)
nono ninth
il **nord** north
norma: di norma as a rule
normale normal; **la benzina normale** regular gasoline
nostro our (3)
la **nota** note
notare to notice, note
notevole noteworthy
la **notizia** (*pl.* **le notizie**) (piece of) news; **le notizie** news (8)
noto well-known, famous
la **notte** night; at night **buona notte** good night (P); **la camicia da notte** nightgown (7); **di/la notte** at night (4)
la **novella** short story (15)
novembre *m.* November (P)
la **novità** novelty (4)
le **nozze** wedding
nulla *m.* nothing; **(non...) nulla** nothing (12)
il **numero** number; **numero di telefono** telephone number
numeroso numerous, several; big
nuotare to swim (3)
il **nuoto** swimming (4)
nuovo new (2); **di nuovo** again
nutrirsi to nourish (oneself)

O

o or; **o... o** either . . . or (10)
obbligare (a + *inf.*) to obligate (14)
obbligatorio obligatory
l'**obiettivo** objective
l'**occasione** *f.* occasion; opportunity
gli **occhiali** eyeglasses (9)
l'**occhiata** glance; **dare un'occhiata (a)** to glance (at), take a look (at)
l'**occhio** (*pl.* **gli occhi**) eye (2)
occidentale western
***occorrere** (*p.p.* **occorso**) to be necessary
occupare to occupy; **occuparsi (di)** to involve oneself (in) (16); to concern oneself (with) (16)
occupato busy (4)
odiare to hate
l'**offerta** offer (17)

offrire (*p.p.* **offerto**) to offer (4); to offer (to pay), to "treat" (5)

l'oggetto object

oggi today (P); **Quanti ne abbiamo oggi?** What's today's date? (11)

ogni (*inv.*) every, each (3)

ognuno/ognuna each one, everyone (12)

le Olimpiadi the Olympics

l'olio (*pl.* **gli oli**) oil (13); **controllare l'olio** to check the oil (13)

l'oliva olive

oltre beyond, further, more than; **oltre a** in addition to; besides; past; beyond

l'omaggio (*pl.* **gli omaggi**): **il biglietto omaggio** complimentary ticket

l'ombra shade, shadow

l'omeopatia homeopathy

omeopatico homeopathic

l'onda wave; **mandare in onda** to broadcast (8)

onestamente honestly

onesto honest (2)

l'onore honor

l'opera opera (14); work (*individual work*) (15); **l'opera d'arte** artwork, work of art (15); **mano d'opera** labor (17)

l'operaio/l'operaia (*m. pl.* **gli operai**) blue-collar worker (16)

operativo operating; **il sistema operativo** operating system

l'operatore/l'operatrice operator

l'operazione *f.* operation

l'opinione *f.* opinion

l'opportunità opportunity

opposto *adj.* opposite

oppure or, or rather

l'ora hour; time; **a che ora?** at what time? (4); **che ora è? che ore sono?** what time is it? (4); **è ora** it's time (16); **mezz'ora** half-hour; **non vedere l'ora (di)** not to be able to wait (for); **un quarto d'ora** quarter of an hour

ora now (7); **per ora** for the time being

gli orali oral exams (3)

l'orario (*pl.* **gli orari**) schedule

l'orchestra orchestra; **il direttore / la direttrice d'orchestra** conductor (14)

ordinale ordinal

ordinare to order (5)

ordinato neat

l'ordine *m.* order

gli orecchini earrings

l'orecchio (*pl.* **le orecchie / gli orecchi**) ear (9); **suonare a orecchio** to play by ear

l'oreficeria goldsmith's shop

organico organic

l'organista *m./f.* (*m. pl.* **gli organisti**) organist

organizzare to organize (16); **organizzarsi** to get organized

l'organizzatore/l'organizzatrice organizer

l'organizzazione *f.* organization

l'organo organ

orgoglioso proud (2)

originale original

l'origine *f.* origin; **la città d'origine** hometown

l'orizzonte *m.* horizon

ormai by now, by then

l'oro gold (17)

l'orologio (*pl.* **gli orologi**) clock (2); watch (2)

l'oroscopo horoscope

orribile horrible; ugly

l'orso bear

l'orto vegetable garden (12)

l'ospedale *m.* hospital (1)

ospitale hospitable

ospitare to host

l'ospite *m./f.* guest (12); **la camera per gli ospiti** guest room

osservare to observe

l'ostello hostel (10)

l'ostilità hostility

ottavo eighth

ottenere to obtain

l'ottimismo optimism

l'ottimista *m./f.* (*m. pl.* **gli ottimisti**) optimist

ottimista *adj.* (*m. pl.* **ottimisti**) optimistic

ottimo excellent (8); **ottima idea!** excellent idea!

ottobre *m.* October (P)

l'ovest *m.* west

ovviamente obviously

ovvio (*pl.* **ovvi**) obvious

l'ozono ozone; **la fascia di ozono** ozone layer (13)

P

il pacco (*pl.* **i pacchi**) package

la pace peace

la padella pan

il padre father (3)

il padrone/la padrona di casa landlord/landlady (12)

il/la paesaggista landscape artist

il paesaggio (*pl.* **i paesaggi**) landscape (10)

il paese village (5)

pagare to pay, to pay for (5); **pagare (con la carta di credito / con un assegno / in contanti)** to pay (with a credit card / by check / in cash) (5); **pagare il conto** to pay the bill (6); **pagare un deposito** to pay a deposit (10)

la pagina page

il paio (*pl.* **le paia**) couple (5); pair (5)

il palazzo apartment building (12)

il palcoscenico (*pl.* **i palcoscenici**) stage (14)

la palestra gym; *andare in palestra to go to the gym (4)

la palla ball (4)

la pallacanestro basketball (*sport*) (4); **giocare a pallacanestro** to play basketball

il pallone basketball, soccerball; **giocare a pallone** to play ball

il pallavolo volleyball (*sport*); **giocare a pallavolo** to play volleyball

la pancetta bacon

la panchina bench

il pane bread (5)

la panetteria bread bakery (11)

il panettiere / la panettiera bread baker (11)

il panettone Christmas cake

il panino sandwich (1); hard roll (1)

la panna cream

il panorama (*pl.* **i panorami**) panorama, view

i pantaloni pants

il papa (*pl.* **i papa**) pope (15)

il papà dad, daddy (3)

la pappa baby food, mush

il paracadute parachute

il paradiso paradise

paragonare to compare (9)

il paragone comparison

parcheggiare to park (13)

il parcheggio (*pl.* **i parcheggi**) parking space (13)

il parco (*pl.* **i parchi**) park

il/la parente relative (1)

***parere** (*p.p.* **parso**) to seem (16); to appear; **pare** it seems (16)

parigino Parisian

il Parlamento Parliament (16)

parlare to speak, to talk (3); **chi parla?** who is it? (*on the phone*); **sentire parlare (di)** to hear (about) (15)

parlato spoken (15)

il parmigiano parmesan cheese (6); **alla parmigiana** with parmesan cheese

la parola word (P)

la parolaccia (*pl.* **le parolacce**) dirty word

la parte part, role; **a parte** besides (12); **da parte** aside (11); **d'altra parte** on the other hand; **da nessuna parte** nowhere; **da quelle parti** around there (12); **fare la parte di** to play the part of; **fare parte (di)** to take part (in) (15); **in parte** partially; **la maggior parte di** the majority of; **mettere da parte** to put, set aside

il/la partecipante participant

partecipare (a) to participate (in); **partecipare a un concorso** to take a civil-service exam (17)

la partecipazione participation

il participio (*pl.* **i participi**) participle

particolare particular

particolarmente particularly

*****partire** to leave, depart (4); to start (*car, machine*)

la partita game, match (4)

il partitivo (*gram.*) partitive

il partito politico political party (16)

la partitura musical score

il/la partner (*pl.* **i/le partner**) partner

partorire (isc) to give birth

la Pasqua Easter (10); **Buona Pasqua!** Happy Easter!

il passaggio (*pl.* **i passaggi**) lift, ride; **chiedere un passaggio** to ask for a ride (13); **dare un passaggio** to give a ride (13)

il passaporto passport (1)

†**passare** to pass (by) (3); to spend (*time*) (3); **passare l'aspirapolvere** to vacuum

il passare: il passar degli anni the passage of time

il passatempo pastime (4)

il passato the past (5)

passato *adj.* last (*with time expressions*) (5)

passeggiare to go for a stroll, walk

la passeggiata stroll, walk: **fare una passeggiata** to take a walk (4)

la passione passion

la pasta pasta (6); (*piece of*) pastry (5)

la pasticceria pastry shop (5)

il pasticciere / la pasticciera pastry cook, confectioner (11)

il pasto meal (6)

la patata potato (6)

le patatine potato chips (5)

la patente driver's license (13)

la patria native land, homeland

il patrimonio (*pl.* **i patrimoni**) heritage

il pattinaggio skating

pattinare to skate

patto: a patto che provided that, on the condition that

la paura fear; **avere paura (di)** to be afraid (of) (1); **fare paura (a)** to frighten

la pausa break

il/la paziente patient (9)

la pazienza patience; **avere pazienza** to be patient

pazzo crazy

peccato! too bad! (16); **peccato che** it's a shame that; **(è) peccato** it's too bad (16)

pedalare to pedal

il pedone / la pedona pedestrian

peggio *adv.* worse (9)

peggiore *adj.* worse (9); *art.* + **peggiore** the worst

la pelle skin

la pelliccia fur coat

la pellicola film

la pena penalty, pain; **vale la pena** it's worth it

pendente: la Torre Pendente the Leaning Tower

il pendolino pendulum

la penisola peninsula (15)

la penna pen (P); **le penne** *type of pasta*

pensare to think; **pensare (a** + *n.*) to think (*about something*) (11); **pensare (di** + *inf.*) to plan to (*do something*) (14); **pensare (di** + *n.*) to think of, regard, have an opinion of

il pensiero thought

il pensionato / la pensionata retired person (16)

la pensione inn, bed-and-breakfast (10); pension, retirement (16); **pensione completa** full board (three meals a day) (10); **mezza pensione** half board (two meals a day: breakfast and lunch or dinner) (10); *****andare in pensione** to retire (16); *****essere in pensione** to be retired (16)

la pentola pot

il peperone bell pepper (11)

per for, through (1); in order to; **per cento** percent; **per esempio** for example; **per favore, per piacere,** please (P); **per quanto** although; **per caso** by any chance (14); **per niente** at all (14)

la pera pear (11)

la percentuale percentage

perché because (2); why (3); **perché?** why? (6); **perché** + *subj.* so that (17); **il perché** the reason why

il percorso route

perdere (*p.p.* **perduto** or **perso**) to lose (4); waste (4); to miss (*a train, an airplane, etc.*) (4); **lasciamo perdere** let's forget about it

perfetto perfect

perfino even

il pericolo danger

pericoloso dangerous (9)

la periferia outskirts, suburb; **in periferia** on the outskirts, in the suburbs (12)

il periodico periodical

il periodo period, sentence

la perla pearl

la permanenza stay; **buona permanenza!** have a nice stay!

il permesso permission; **il permesso di soggiorno** residence permit

permettere (di + *inf.*) (*p.p.* **permesso**) to allow (14)

però however

perplesso puzzled, uncertain

persino even

*****persistere** (*p.p.* **persistito**) to persist

la persona person

il personaggio (*pl.* **i personaggi**) character (8); famous person

il personale staff, personnel

personale *adj.* personal

la personalità personality

personalmente personally

persuadere (a + *inf.*) (*p.p.* **persuaso**) to persuade (14)

pesante heavy (11)

il pesce fish (6); **chi dorme non piglia pesci** the early bird catches the worm

la pescheria fish market (11)

il pescivendolo / la pescivendola fishmonger (11)

i pesi weights; **fare sollevamento pesi** to lift weights (4)

il/la pessimista (*m. pl.* **i pessimisti**) pessimist

pessimista (*m. pl.* **pessimisti**) pessimistic

la **peste** plague

pesto: al pesto with a sauce of basil, garlic, grated parmesan cheese, and pine nuts (6)

pettinarsi to brush/comb one's hair

il **petto** chest

il **pezzo** piece; **pezzo grosso** big shot

*****piacere** (*p.p.* **piaciuto**) to please, to be pleasing to (6); to like (6)

il **piacere** pleasure (7); **piacere** pleased to meet you (P); **per piacere** please (P); **avere il piacere di** (+ *inf.*) to have the pleasure of (*doing something*)

piacevole pleasant (12)

la **piadina** *type of sandwich*

piangere (*p.p.* **pianto**) to cry

il/la **pianista** (*m. pl.* **i pianisti**) pianist

il **piano** piano (4); floor (*of a building*) (12); **il primo (secondo/terzo) piano** the first (second/third) floor (12); **al primo (secondo/terzo) piano** on the first (second/third) floor (12)

piano *adj.* flat

la **pianta** plant; floor plan

il **pianterreno** ground floor (12); **a pianterreno** on the ground floor (12)

la **piantina** small map

la **pianura** plain

il **piatto** plate, dish (6); **il piatto fondo** soup bowl; **primo piatto** first course (6); **secondo piatto** main course (6)

la **piazza** town square (1); **in piazza** in the square

piccante spicy

picco: rocce a picco sheer cliffs

piccolo small, little (2)

il **piede** foot (9); **a piedi** on foot; *****andare a piedi** to walk, go on foot (3); **fare un giro a piedi** to go for a walk (4); **mettere piede** to set foot; *****stare in piedi** to stand

pieno full (4); **fare il pieno** to fill up (the gas tank) (13)

la **pietra** stone

pigliare to take; **chi dorme non piglia pesci** the early bird catches the worm

pigro lazy (2)

il **pigrone/la pigrona** lazybones

la **pillola** pill

il/la **pilota** pilot (*airplane*); driver (*car*)

il **pino** pine tree

la **pioggia** rain (4)

il **piombo** lead; **la benzina senza piombo** unleaded gas (13)

piovere to rain (4)

la **piscina** swimming pool (3); **in piscina** in/to the pool; *****andare in piscina** to go swimming

i **piselli** peas

il **pittore / la pittrice** painter (15)

pittoresco picturesque

la **pittura** painting (*in general*) (15)

più more, plus (2); **più... di (che)** more . . . than (9); -er than (9); **di più** more; *art.* + **più** the most; **non... più** not anymore, no longer (7); **per di più** furthermore

piuttosto *inv.*, instead, rather (5); **piuttosto che** rather than

la **pizza** pizza

la **pizzeria** pizzeria; **in pizzeria** in/to the pizzeria

la **plastica** plastic; **il sacchetto di plastica** plastic bag

plausibile plausible

plurale *adj.* plural

pluviale *adj.* rain; **la foresta pluviale** rain forest (13)

po': un po' (di) a little bit (of) (2), some

pochi/poche few (3)

poco (*m. pl.* **pochi**) little, few (3); not many, not very (3); **tra poco** in a little while

la **poesia** poetry (4); poem (15)

il **poeta / la poetessa** poet (*m. pl.* **i poeti**) (15)

poi then (1)

poiché since

la **politica** politics (16); **politica estera** foreign affairs; **politica interna** domestic politics

il **politico / la politica** politician

politico (*m. pl.* **politici**) *adj.* political; **il partito politico** political party (16); **le scienze politiche** political science (3); **il sistema politico** political system (16)

la **polizia** police (force)

poliziesco police drama (*TV show*)

il **poliziotto** police officer

il **pollo** chicken (6)

il **polmone** lung (9)

il **polpo** octopus

la **poltrona** armchair

il **pomeriggio** (*pl.* **i pomeriggi**) afternoon (3); **di/il pomeriggio** in the afternoon (4)

il **pomodoro** tomato (6); **al sugo di pomodoro** with tomato sauce (6)

il **poncino** mulled alcoholic drink

il **ponte** bridge

il **pop** pop music (14)

popolare popular; **la musica popolare** folk music

la **popolazione** population

il **popolo** people

la **porta** door (P)

portare to carry (3); to bring (3); to lead (3); to wear (7); **portare il conto** to bring the bill (6)

il **porto** port

il **portone** main entrance, street door

le **posate** silverware

positivo positive

la **posizione** position

possibile possible; **tutto il possibile** everything possible

la **possibilità** (*pl.* **le possibilità**) possibility, chance (17)

la **posta** mail (17); postal service (17); **posta elettronica** e-mail (4)

postale postal; **codice postale** zip code; **ufficio postale** post office (1)

il **postino** mail carrier (5)

il **postmoderno** the postmodern period (15)

il **posto** place (10); space (10); room (10); **posto di lavoro** place of work

il **potere** power

potere (+ *inf.*) to be able to (can, may) (*do something*) (4); **può darsi** it could be, it's possible (16)

povero poor (2); **poverino/poverina!** poor thing!; **Povero me!** Poor me! (9)

la **povertà** poverty (16)

pranzare to eat lunch (4)

il **pranzo** lunch (5); **la sala da pranzo** dining room (5)

la **pratica** practice

praticare to practice (3); **praticare uno sport** to play a sport (4)

precario precarious

la **precauzione** precaution

precedente preceding, earlier

precedere to precede

predicare to preach

la **preferenza** preference; **di preferenza** preferably

preferire (**isc**) (+ *inf.*) to prefer (*to do something*) (4)

preferito preferred, favorite (3)

il **prefisso** area code

pregare to pray, to beg; **prego** you're welcome (P) come in!; make yourself at home!; **ti prego!** I beg you!

la **preghiera** prayer, plea

il **pregiudizio** (*pl.* **i pregiudizi**) prejudice (18)

prelevare to withdraw
preliminare preliminary
il premio (*pl.* **i premi**) prize (9)
prendere (*p.p.* **preso**) to take (4);
  prendere in affitto (una casa) to
  rent (a house) (10); **prendere**
  appunti to take notes; **prendere**
  l'autobus to take the bus; **prendere**
  una decisione to make a decision;
  prendere la multa to get a ticket,
  fine (13); **prendere a nolo (una**
  macchina / una barca) to rent (a
  car / a boat) (10); **prendere il**
  raffreddore to catch a cold (9);
  prendere il sole to get some sun;
  *andare a prendere to go pick up
  (13); *venire a prendere to come
  pick up (13)
prenotare to reserve (6)
la prenotazione reservation (1); **fare**
  una prenotazione to make a
  reservation (6); **ufficio**
  prenotazioni reservation bureau (1)
preoccupare to worry (*someone*);
  preoccuparsi (di) to worry
  (about) (17)
preoccupato worried
la preoccupazione worry
preparare to prepare (6); to make (*a*
  dish); to study
i preparativi preparations
la preposizione preposition;
  preposizione articolata articulated
  preposition
presentare to present, introduce; to
  show (*a film, TV show, etc.*)
la presentazione presentation,
  introduction
il presente present; present tense;
  presente progressivo present
  progressive
presente *adj.* present
la presenza presence
il presidente *m./f.* president; **il**
  Presidente (della Repubblica)
  president (of the Republic) (16); **il**
  Presidente del Consiglio prime
  minister (16)
la pressione pressure
prestare to lend (6)
prestigioso prestigious
prestito: in prestito on loan
presto early (3); quickly; soon; **a**
  presto see you soon (P)
il prete priest
prevalentemente predominantly
prevedere to foresee, anticipate
prezioso precious

il prezzo price (7)
il prigioniero prisoner
la prima premiere, opening night (14)
prima first (5); before; **prima che** (+
  subj.) before (17); **prima di** *prep.*
  before (5); **la prima volta** the first
  time (5)
la primavera spring (P)
primitivo primitive
primo *adj.* first; **primo ballerino /**
  prima ballerina principal dancer; **il**
  primo the first (*day of the month*)
  (P); **il primo gennaio** January 1st
  (P); **il Primo Ministro** Prime
  Minister (16); **il primo**
  (secondo/terzo) piano the first
  (second/third) floor (12); **al primo**
  piano (secondo/terzo) on the first
  (second/third) floor (12)
il primo (piatto) first course (6)
principale principal
principalmente primarily, mainly (15)
il principe / la principessa
  prince/princess
il/la principiante beginner
il priore prior (monastic office)
privato private
probabile probable
la probabilità (*pl.* **le probabilità**)
  probability
probabilmente probably
il problema (*pl.* **i problemi**)
  problem (13)
problematico (*m. pl.* **problematici**)
  problematic
il procedimento procedure
la procedura procedure
procurare to cause, bring about
il procuratore / la procuratrice
  attorney
il prodotto product
produrre (*p.p.* **prodotto**) to
  produce (8)
il produttore / la produttrice
  producer (8)
la produzione production
professionale *adj.* professional
la professionalità professionalism;
  skill, competence
la professione profession, trade,
  occupation (17); **di professione**
  professional (14)
il/la professionista professional
professionista *adj.* professional (14)
il professore / la professoressa
  professor (P)
il profugo / la profuga (*m. pl.* **i**
  profughi) refugee

profumato scented
la profumeria perfume shop
il profumo perfume
il progetto project, plan (10)
il programma (*pl.* **i programmi**) plan
  (4); (*TV or radio*) program; **avere**
  programmi to have plans (10); **fare**
  un programma to plan, make plans
  (4); **fare programmi** to make plans
  (10)
programmare to plan (9)
il programmatore / la
  programmatrice programmer
il/la progressista (*m. pl.* **i**
  progressisti) progressive, liberal
proibire (isc) to prohibit
la promessa promise
promettere (**di** + *inf.*) (*p.p.* **promesso**)
  to promise (*to do something*) (14)
promuovere (*p.p.* **promosso**) to
  promote (17)
il pronome pronoun; **pronome tonico**
  disjunctive pronoun
pronto ready (6); **pronto in tavola!**
  come and get it!; **pronto!** hello (*on
  telephone*)
la pronuncia (*pl.* **le pronunce**)
  pronunciation
pronunciare to pronounce; **come si**
  pronuncia... ? how do you
  pronounce . . . ?
la propaganda propaganda
proporre (*p.p.* **proposto**) to propose
a proposito di speaking of, with
  regard to
la proposizione proposition
la proprietà property
il proprietario (*pl.* **i proprietari**) / **la**
  proprietaria owner, proprietor
proprio (*m. pl.* **propri**) one's own (14)
proprio (*inv.*) really, just (1)
il prosciutto cured ham (6)
la prospettiva perspective
la prossimità proximity
prossimo next, upcoming
la prostituzione prostitution
il/la protagonista (*m. pl.* **i**
  protagonisti) protagonist (15)
proteggere (*p.p.* **protetto**) to
  protect (13)
protestare to protest
la protezione protection; **protezione**
  dell'ambiente environmentalism
  (13)
provare to try (6); **provare** (**a** + *inf.*)
  to try (*to do something*) (7); to try
  on (11); to prove
proveniente originating

il **proverbio** (*pl.* **i proverbi**) proverb
la **provincia** (*pl.* **le province**) province
provinciale provincial
provocare to provoke
provvedere (*p.p.* **provvisto**) to provide for
il **provvedimento** measure
la **psicologia** psychology
pubblicare to publish (8)
la **pubblicazione** publication (8)
la **pubblicità** advertisement (8), advertising (8)
pubblicitario (*m. pl.* **pubblicitari**) advertising
il **pubblico** public; audience (14)
pubblico (*m. pl.* **pubblici**) public; **i mezzi pubblici di trasporto** public (*means of*) transportation (13)
pulire (**isc**) to clean (4)
la **pulizia** cleaning
il **punto** point; period; **in punto** exactly, on the dot; **sul punto** just about
puntuale on time (3); ***essere puntuale** to be on time
può darsi it could be (16)
purché provided that (17)
pure go ahead (11); by all means (11)
puro pure
purtroppo unfortunately (5)

Q
qua here (1)
il **quaderno** notebook (P)
quadrato *adj.* square; **il metro quadrato** square meter
il **quadro** painting (*individual work*) (15)
qualche some, a few (12); **qualche volta** sometimes (4)
qualcosa something (12); **qualcosa di piacevole** something pleasant; **qualcosa da bere/mangiare** something to drink/eat (5)
qualcuno/qualcuna some (12); someone (12)
quale? *adj.* which? (6), *pron.* which one? (6); **qual è... ?** what is . . . ? (6)
la **qualità** (*pl.* **le qualità**) quality
qualsiasi (*inv.*) any; whatever (13)
qualunque *adj.* whatever, whichever (17); **qualunque cosa** *pron.* whatever, no matter what (17)
quando when (6); **da quando** since; **Quando sei nato/nata?** When were you born? (*inform.*) (P)

quanti/quante how many; **Quanti anni ha?** How old are you? (*form.*) (P); **Quanti anni hai?** How old are you? (*inform.*) (P); **Quanti ne abbiamo oggi?** What is today's date? (11); **quante volte?** how many times? (4)
la **quantità** quantity
quanto how much; how many (6); **da quanto tempo** (for) how long (7); **per quanto** although, inasmuch as; **quanto tempo?** how long?; **(tanto)... quanto** as . . . as (9); as much . . . as (9)
quantunque although
il **quartiere** neighborhood
il **quarto** quarter (4); **quarto d'ora** quarter of an hour
quarto *adj.* fourth
quasi almost (6)
quello that (3); that one (3); **quello che** that which (14); what (14); **da quelle parti** around there (12)
il **questionario** (*pl.* **i questionari**) questionnaire
la **questione** issue (18)
questo this (3); this one (3)
qui here (1); **qui vicino** nearby (1)
quindi *adv.* then; *conj.* therefore
quinto fifth
il **Quirinale** Quirinal (seat of the President of Italy)
il **quotidiano** daily newspaper (8)
quotidiano *adj.* daily (7)

R
la **racchetta** racket
raccogliere (*p.p.* **raccolto**) to gather
la **raccolta** collection
la **raccomandazione** recommendation
raccontare to tell, narrate (3)
il **racconto** short story (4)
la **radio** (*pl.* **le radio**) radio (8); radio station (8)
raffinato refined
il **raffreddore** cold (*infection*) (9); **prendere il raffreddore** to catch a cold (9)
il **ragazzo / la ragazza** boy/girl (2); young man/young woman (2); boyfriend/girlfriend
il **raggio** ray
raggiungere (*p.p.* **raggiunto**) to arrive at, to reach
raggruppato grouped
la **ragione** reason; **avere ragione** to be right (1)
ragionevole reasonable

il **ragno** spider
il **ragù** meat sauce; **al ragù** with meat sauce (6)
rallegrare to cheer up
rapidamente rapidly
rapido rapid, fast
il **rapporto** relationship (7)
il/la **rappresentante** representative
rappresentare to represent
la **rappresentazione** representation; **la rappresentazione teatrale** play, performance (14)
raramente rarely
i **ravioli** ravioli
il **razzismo** racism (18)
il/la **razzista** (*m. pl.* **i razzisti**) racist (18)
razzista *adj.* (*m. pl.* **razzisti**) racist (18)
il **re** (*pl.* **i re**) king
***reagire** (**isc**) to react
reale real
il/la **realista** realist
realizzare to realize, achieve
la **realizzazione** realization, fulfilment
la **realtà** reality; **in realtà** in reality
la **reazione** reaction
la **recensione** review (8)
recensire (**isc**) to review (8)
recente recent; **di recente** recently
recentemente recently
il **recipiente** container (13)
reciproco (*m. pl.* **reciproci**) reciprocal
recitare to act (14); to play a part (14); to perform (14)
la **recitazione** acting
il **redattore / la redattrice** editor (8)
la **redazione** editorial staff (8)
regalare to give (*as a gift*) (6)
il **regalo** gift (6); **fare un regalo (a +** *person*) to give a present (*to someone*)
la **regina** queen
regionale regional
la **regione** region
il/la **regista** (*m. pl.* **i registi**) (*film or theater*) director (8)
il **regno** kingdom
la **regola** rule
regolare regular
la **regolarità** regularity
regolarizzare to regularize, legalize
regolarmente regularly
relativo *adj.* relative
il **relax** relaxation
la **relazione** paper, report (15)
la **religione** religion
religioso religious
rendere (*p.p.* **reso**) to return, give back (6); to make, cause to be
il **reparto** division

la **Repubblica** the Republic (Italy); **il Presidente della Repubblica** president (of the Republic) (16)
il **requisito** requirement (17)
resettare to reset
residente *adj.* residing
la **residenza** residence
resistere (*p.p.* **resistito**) to resist (11)
respirare to breathe
responsabile responsible (2)
***restare** to stay, remain; to be left (over)
restaurare to restore (15)
il **restauro** restoration (15)
restituire (isc) to give back
il **resto** the rest, change (*from a transaction*) (11)
la **rete** network (8); the Web (17); **in rete** online; **il sito della rete** website (17)
reumatico rheumatic
riabilitare to rehabilitate
riassumere (*p.p.* **riassunto**) to summarize
il **riassunto** summary
la **ricchezza** wealth (18)
il **riccio** (*pl.* **i ricci**) curl
riccio (*m. pl.* **ricci**) curly (2)
ricco (*m. pl.* **ricchi**) rich (2)
la **ricerca** research; **il motore di ricerca** search engine (17)
ricercato sought after
la **ricetta** recipe (6); prescription (9)
ricevere to receive (4)
il **ricevimento** reception
richiamare to call back
richiedere (*p.p.* **richiesto**) to require (11)
la **richiesta** demand (17)
riciclabile recyclable
il **riciclaggio** recycling (13)
riciclare to recycle (13)
ricominciare to begin again
riconoscere (*p.p.* **riconosciuto**) to recognize
riconsegnare to redeliver, return
ricordare to remember (3); to remind; **ricordarsi di** to remember (*to do something*)
il **ricordo** memory; souvenir
la **ricotta** ricotta cheese
ricreare to recreate
ridere (*p.p.* **riso**) to laugh (15)
ridurre (*p.p.* **ridotto**) to reduce
la **riduzione** reduction (16)
riempire to fill (6); **riempire un modulo** to fill out a form (17)
***rientrare** to return

rifare to redo
riferire (isc) to report (on); **riferirsi (isc) (a)** to refer (to)
il **rifiuto** garbage, trash; **i rifiuti** garbage (13)
la **riforma** reform
riguardare to regard, concern
riguardo a with regard to
rilassante relaxing
rilassarsi to relax (7)
la **rima** rhyme (15)
***rimanere** (*p.p.* **rimasto**) to remain (4); to stay (4); **rimanere senza benzina** to run out of gas (13)
rinascimentale *adj.* Renaissance
il **Rinascimento** Renaissance (15)
ringraziare to thank (18)
rinnovarsi to renew oneself
riparare to fix
la **riparazione** repair
ripassare to review (3)
il **ripasso** review
ripetere to repeat; **ripeta, per favore** please repeat; **ripetete** repeat
ripieno stuffed
riportare to bring back (6)
riposarsi to rest (18)
il **ripostiglio** utility room, closet
riprendere (*p.p.* **ripreso**) to resume; **riprendere il lavoro** to get back to work
***risalire (a)** to date back (to)
riscaldare to warm up
riscoprire (*p.p.* **riscoperto**) to rediscover
riscrivere (*p.p.* **riscritto**) to rewrite
il **riscaldamento** heat, heating (12)
la **riserva** reserve
il **riso** rice (6)
risoluto resolute
risolvere (*p.p.* **risolto**) to solve (13); to resolve (18)
il **Risorgimento** the Risorgimento or Revival (*movement for Italian political unity*) (15)
il **risotto** creamy rice dish (6)
risparmiare to save (10)
il **risparmio** saving
rispettare to respect (13); to obey (13); **rispettare il limite di velocità** to obey the speed limit
rispetto a with respect to, compared to
rispondere (*p.p.* **risposto**) to answer, reply (4); **rispondere a un annuncio** to answer an ad (17); **rispondete!** answer!
la **risposta** answer

il **ristorante** restaurant (1); ***andare al ristorante** to go to a restaurant (4)
ristretto: caffè ristretto strong coffee
ristrutturare to restructure, remodel
il **risultato** result
il **risveglio** awakening
il **ritardo** delay; ***essere in ritardo** to be late; **in ritardo** late
ritirare to get, draw, withdraw
il **rito** rite, ritual
***ritornare** to return, go back, come back
il **ritorno** return; **biglietto di andata e ritorno** round-trip ticket
il/la **ritrattista** (*m. pl.* **i ritrattisti**) portrait artist
il **ritratto** portrait (15)
ritrovare to find, discover
la **riunione** meeting (16)
***riuscire (a + inf.)** to succeed (*in doing something*) (14)
la **rivista** magazine (4)
rivoluzionario revolutionary
la **roba** stuff (8)
la **robaccia** junk food (5)
la **roccia** (*pl.* **le rocce**) rock; rock-climbing; **rocce a picco** sheer cliffs
romagnolo of/from Romagna (the region)
romano Roman
romantico (*m. pl.* **romantici**) romantic
il **romanziere / la romanziera** novelist
il **romanzo** novel (15)
rompersi (*p.p.* **rotto**) to break (*a bone*) (9)
la **rosa** rose
rosa *adj. inv.* pink
il **rossetto** lipstick; **mettersi il rossetto** to put on lipstick
rosso red (2); **Cappuccetto Rosso** Little Red Riding Hood; **la Croce Rossa** the Red Cross
rotondo round
rotto broken
rovinato fallen apart
le **rovine** ruins, remains (15)
la **rubrica** column, feature (*newspaper*)
i **ruderi** ruins, remains (15)
il **rumore** noise (12)
il **ruolo** role
il **russo/la russa** Russian person; il **russo** Russian language
russo Russian (2)

S

il **sabato** Saturday (P); **sabato sera** Saturday evening

la sabbia sand
il sacchetto small bag; sacchetto di plastica plastic bag
il sacco bag; un sacco (di) a lot (of), lots (of) (10)
il saggio essay
la sala room; hall; sala da pranzo dining room (5); sala d'aspetto waiting room
il salame salami
il salario (pl. i salari) wage (16)
i salatini snacks, crackers, munchies (5)
salato salted
il saldo sale; in saldo on sale
il sale salt
salernitano of/from Salerno
†salire to get on (4); to climb up (4)
il salmone salmon
il salotto living room (5)
la salsiccia (pl. le salsicce) sausage
la salumeria delicatessen (11)
i salumi cold cuts (6)
il salumiere / la salumiera delicatessen clerk (11)
salutare to greet (3); to say hello to; to say goodbye to
salutare adj. healthy
la salute health (9)
il saluto greeting; distinti saluti best regards
salvare to save (17)
salve hi, hello (P)
il sangue blood
sanitario (m. pl. sanitari) sanitary, related to health; l'assistenza sanitaria nazionale national health care (17); il sistema sanitario nazionale national health care (17)
sano healthy (9)
santo holy, blessed; santo cielo! good heavens!; tutta la santa sera the whole blessed evening
il santo / la santa saint
sapere to know (5); to have knowledge of (5); to find out (in past tenses) (5); sapere + inf. to know how to (do something) (5)
sardo Sardinian
il sasso stone
il sassofono saxophone (4)
sbagliarsi to make a mistake (7)
lo sbaglio error, mistake
sbarcato disembarked
lo sbarco de-boarding
sbattere to beat
scaduto expired

lo scaffale shelf
la scala staircase; le scale stairs, staircase (12)
scalare to climb
scaldare to warm up
la scalinata staircase
lo scalino step (of stairs)
scaltro shrewd; crafty
scambiare to exchange
lo scambio (pl. gli scambi) exchange
lo scampo prawn
scapolo adj. bachelor
scaricare to unload (13); to discharge (13); to download (17)
lo scarico exhaust (13); discharge (13)
la scarpa shoe; le scarpe (7)
scarso scarce; poor
la scatola box
scavato carved
lo scavo excavation; lo scavo archeologico archeological dig (15)
scegliere (p.p. scelto) to choose (6)
la scelta choice (8)
scemo foolish, stupid
la scena scene; mettere in scena to stage, put on, produce (14)
lo scenario scenery, background
lo schema (pl. gli schemi) chart
lo scenografo / la scenografa set designer
la scenografia set, scenery
lo schermo screen (8)
scherzare to joke, tease
lo schiavo slave
la schiena back (9)
lo schieramento alignment
lo sci skiing; sci di fondo cross-country skiing; sci acquatico/nautico waterskiing
sciare to ski (3)
la sciarpa scarf (7)
lo sciatore / la sciatrice skier
scientifico (m. pl. scientifici) scientific; il liceo scientifico high school for the sciences
la scienza science (3); scienze politiche political science (3)
la sciocchezza silliness
scioperare to strike (16)
lo sciopero strike (16); *essere in sciopero to be on strike (16); fare sciopero to strike (16)
la scocciatura nuisance (7)
la scodella bowl
lo scoglio (pl. gli scogli) cliff
scolpire (isc) to sculpt (15)
*scomparire (p.p. scomparso) to disappear

lo sconosciuto / la sconosciuta stranger (13)
lo sconto discount (11); fare uno sconto to give a discount
lo scontrino receipt (5); fare lo scontrino to get a receipt (5)
lo scontro encounter, collision (15)
scontroso sullen
sconvolto upset
lo scooter (pl. gli scooter) scooter (1)
la scoperta discovery
lo scopo aim; scope
scoprire (p.p. scoperto) to discover (10)
scorso adj. last (with time expressions) (5); l'estate scorsa last summer
scortese impolite, rude
scremato skin
gli scritti written exams (3)
scritto adj. written
lo scrittore / la scrittrice writer (15)
la scrittura writing (in general) (15)
la scrivania desk
scrivere (p.p. scritto) to write (4); scrivere a macchina to type (17); Come si scrive... ? How do you write . . . ?; Scrivete! Write!
scrollare to scroll
la scuderia stable
lo scultore / la scultrice sculptor (15)
la scultura sculpture (in general and as an individual work) (15)
la scuola school (1); scuola media middle school
la scusa excuse (9)
scusare to excuse
scusa excuse me (inform.) (P)
scusi excuse me (form.) (P)
se if (4); anche se even if; come se as if
sebbene although (17)
il seccatore / la seccatrice bore, nuisance
il secolo century (15)
secondario (m. pl. secondari) secondary
secondo adj. second; la seconda guerra mondiale the Second World War; il secondo piano second floor (12); al secondo piano on the second floor (12)
il secondo (piatto) main course (6)
secondo prep. according to (2); secondo l'esempio according to the example; secondo me in my opinion; a seconda di depending on
la sede seat; headquarters
sedersi to sit down
la sedia chair (P)
seducente seductive

seduto seated

il segnale sign (13); **segnale stradale** road sign

il segno sign; **fare segno** to indicate

il segretario (*pl.* **i segretari**) / **la segretaria** secretary

la segreteria telefonica answering machine

il segreto secret

seguente following

seguire to follow (4); to follow, watch (*a program*) regularly (8); **seguire un corso** to take a class (4)

seguito popular (14)

sei you are (*inform.*) (P)

selezionare to select

selvaggio wild

selvatico wild, untamed

la selvatichezza wildness

***sembrare** to seem (16); **sembra che** it seems that; **sembra** it seems (16)

il semestre semester

la semiotica semiotics

semplice simple (6)

la semplicità simplicity

sempre always (2); all the time (3); **sempre dritto** straight ahead (1); **sempre più** (+ *adj.*) increasingly (*adj.*)

il Senato Senate (*upper house of Parliament*) (16)

il senatore / la senatrice senator (16)

senese of/from Siena

sensibile sensitive (2)

il senso sense; meaning; **senso dell'umorismo** sense of humor

sentimentale sentimental

il sentimento sentiment, feeling

sentire to hear (4); **farsi sentire** to make oneself heard; **sentire dire (di)** to hear (about); **sentire parlare (di)** to hear (about) (15); **sentirsi (bene / male / stanco / contento)** to feel (good / bad / tired / happy) (7)

senza without (1); **senz'altro** of course, definitely; **senza che** without (17); **la benzina senza piombo** unleaded gas (13); ***rimanere senza benzina** to run out of gas (13)

il/la senzatetto (*pl.* **i/le senzatetto**) homeless person (18)

separato separated

sepolto buried

la sera evening (3); **buona sera** good afternoon, good evening (P); **di/la sera** in the evening (4); **ieri sera** last night (5); **ogni sera** every night; **sabato sera** Saturday night; **tutta la santa sera** the whole blessed evening

la serata evening (*event*)

il serbatoio gas tank

sereno calm; ***essere sereno** to be clear weather (4)

la serie (*pl.* **le serie**) series; **la serie televisiva** TV series (8)

serio (*m. pl.* **seri**) serious

serra: l'effetto serra greenhouse effect (13)

il server server

servire to serve (4); to be necessary

il servizio (*pl.* **i servizi**) cover charge (6); **i servizi** facilities (kitchen and bath) (12); **la stazione di servizio** gas station (13); service station (13)

sesto sixth

la seta silk

la sete thirst; **avere sete** to be thirsty (1)

settembre September (P)

settentrionale northern

la settimana week (P); **alla settimana** each week; ***andare in settimana bianca** to go on a week-long skiing vacation; **una volta alla settimana** once a week

il settimanale weekly publication (8)

settimanale weekly

il settore sector

severo severe

la sfilata fashion show

lo sfondo background

la sfortuna bad luck

lo sfortunato / la sfortunata unfortunate person

lo sfruttamento exploitation

sfruttare to exploit

sfuggire to escape from

sì yes (P)

si *pron.* yourself (*form.*) (7); himself, herself (7); yourselves (*pl. form.*) (7); themselves (*m. and f.*) (7)

la sibilla sybil

siciliano Sicilian

sicuramente surely

la sicurezza safety; security; **la cintura di sicurezza** seatbelt (13)

sicuro secure (2); safe, certain, sure

la sigaretta cigarette (6)

significare to mean

il significato meaning

la signora lady; Mrs. (P)

il signore gentleman; lord; Mr. (P)

la signorina young lady; Miss (P)

il silenzio (*pl.* **i silenzi**) silence

silenzioso silent

simbolizzare to symbolize

il simbolo symbol

simile similar

la similarità similarity

simpatico (*m. pl.* **simpatici**) nice, likeable (2)

la sinagoga synagogue

sincero sincere

il sindacato labor union (17)

la sinfonia symphony (14)

sinfonico (*m. pl.* **sinfonici**) symphonic

singolare singular

singolo single (12); **la camera singola** single room (10)

la sinistra left; **a sinistra** to/on the left (1); **di sinistra** left-wing

sinistro *adj.* left (9)

il sinonimo synonym

il sistema (*pl.* **i sistemi**) system; **sistema operativo** operating system; **sistema politico** political system (16); **sistema sanitario nazionale** national health care (17)

sistemare to arrange (12); **sistemarsi** to get settled (12)

la sistemazione accommodation (10)

la situazione situation

il sito site (17); **il sito Internet** website (17); **il sito della rete** website (17)

lo skate *coll.* skateboarding

slavo Slavic

smarrirsi (isc) to get lost (13)

smeraldo *adj.* emerald; **la Costa Smeralda** the Emerald Coast

smettere (di) (*p.p.* **smesso**) to stop (*doing something*) (7)

lo snò *coll.* snowboarding

sociale social; **il centro sociale** social-services center; **la classe sociale** social class; **la questione sociale** social issue; **il valore sociale** social value

il/la socialista (*m. pl.* **i socialisti**) socialist

la società (*pl.* **le società**) society

la sociologia sociology

soddisfare to satisfy

soddisfatto (di) satisfied/happy (with) (17)

la soddisfazione satisfaction

la soffitta attic (12)

soffrire (di) (*p.p.* **sofferto**) to suffer (from) (18)

il software (*pl.* **i software**) software

il soggetto subject

il **soggiorno** family room (12); **il permesso di soggiorno** residence permit

la **sogliola** sole (*fish*)

sognare to dream (about); **sognare (di + inf.)** to dream (*of doing something*) (8)

il **sogno** dream

solamente only (6)

il **soldato / la soldatessa** soldier

i **soldi** money (2)

il **sole** sun; **al sole** in the sun; **la luce del sole** sunlight; **prendere il sole** to get some sun, sunbathe

la **solidarietà** solidarity

solitario solitary

solito usual (4); **come al solito** as usual; **di solito** usually (4)

la **solitudine** loneliness (18); isolation (18)

il **sollevamento** lifting; **fare sollevamento pesi** to lift weights (4)

solo *adv.*, only (1); *adj.* alone; single (4); **da solo/sola** alone (4)

soltanto only

la **soluzione** solution

il **sondaggio** (*pl.* **i sondaggi**) poll, survey (8)

il **sonno** sleepiness; **avere sonno** to be sleepy (1)

sono I am (P); **ci sono...** there are . . . ; **ci sono... ?** are there . . . ? (1); **sono di...** I'm from . . . (P); **sono nato/nata...** I was born . . . (P)

sonoro: la colonna sonora soundtrack (8)

sopportare to tolerate (18)

sopra above, over (12)

il **sopracciglio** (*pl.* **le sopracciglia**) eyebrow

il **soprannome** nickname

il **soprano** *m./f.* soprano (14)

soprattutto above all

*****sopravvivere** (*p.p.* **sopravvissuto**) to survive (9)

la **sorella** sister (3)

la **sorellastra** step-sister; half-sister

sorprendere (*p.p.* **sorpreso**) to surprise (16)

la **sorpresa** surprise; **la festa a sorpresa** surprise party

sorridere (*p.p.* **sorriso**) to smile (15)

sospettare to suspect

la **sosta** pause; stop; **il divieto di sosta** no-parking zone (13)

sostenere to support

sostituire (isc) to substitute

i **sottaceti** pickled vegetables

sotto below, under (12)

sottolineare to underline

sottoporre (*p.p.* **sottoposto**) to subjugate

il **sottotitolo** subtitle (8)

sovrano *adj.* sovereign

sovvenzionare to subsidize

la **sovvenzione** subsidy

gli **spaghetti** spaghetti

lo **spagnolo / la spagnola** Spanish person; **lo spagnolo** Spanish language

spagnolo Spanish (2)

sparso scattered

spaziale *adj.* space

lo **spazio** space (13)

lo **specchio** (*pl.* **gli specchi**) mirror

speciale special; **niente di speciale** nothing special (10)

la **specialità** speciality

specializzarsi to specialize (7)

specializzato specialized

la **specializzazione (in)** major (in) (3)

specialmente especially

la **specie** (*pl.* **le specie**) kind, sort; species

specificare to specify

specifico (*m. pl.* **specifici**) specific

spedire (isc) to send (14)

la **spedizione** expedition

spegnere (*p.p.* **spento**) to turn off

spendere (*p.p.* **speso**) to spend

la **speranza** hope

sperare to hope; **sperare (di + inf.)** to hope (*to do something*) (14)

sperimentale experimental

la **spesa** shopping; **fare la spesa** to go grocery shopping (11); **fare le spese** to go shopping (11)

spesso often (3)

spettacolare spectacular

lo **spettacolo** show (14); **allestire uno spettacolo** to stage a production (14)

lo **spettatore / la spettatrice** spectator (14)

spezzare to slice, chop

la **spia** spy

la **spiaggia** (*pl.* **le spiagge**) beach; *****andare in spiaggia** to go to the beach (10)

spiegare to explain (3)

la **spiegazione** explanation

gli **spinaci** spinach

spingere (a + inf.) (*p.p.* **spinto**) to push (14)

lo **spirito** spirit

spiritoso witty

splendere to shine

splendido splendid

lo **splendore** splendor

lo **sponsor** (*pl.* **gli sponsor**) sponsor

sporco (*m. pl.* **sporchi**) dirty

lo **sport** (*pl.* **gli sport**) sport (4); **fare/praticare uno sport** to play a sport (4)

lo **sportello** ATM

sportivo athletic (2)

sposare to marry; **sposarsi** to get married (7)

sposato married

gli **sposi** newlyweds

spostare to move

spray: i prodotti spray aerosol products

la **spremuta** freshly squeezed juice (5)

spronare to spur (on)

sprovvisto unprovided, lacking

lo **spumante** sparkling wine

lo **spumone** spumone (*flavor of Italian ice cream*)

lo **spunto** cue

lo **spuntino** snack (5); **fare uno spuntino** to have a snack (5)

la **squadra** team (4)

squisito delicious

stabile *adj.* stable

lo **stabilimento** factory

stabilire (isc) to establish

lo **stadio** (*pl.* **gli stadi**) stadium (1)

la **stagione** season (P); **alta stagione** high season

stamattina this morning (3)

lo **stambecco** a type of mountain goat

la **stampa** press, the press (8)

la **stampante** printer (17)

stampare to print (8); to publish

stancarsi to get tired

stanco (*m. pl.* **stanchi**) tired (2); **sentirsi stanco** to feel tired (7)

la **stanza** room (12); **il compagno / la compagna di stanza** roommate (2)

stanziare to allocate; **stanziare fondi** to allocate resources

*****stare;** to stay (3); *****stare attento** to pay attention (3); to be careful (3); *****stare bene/male** to be well/unwell (3); *****stare a casa / in casa** to stay at home; *****stare in piedi** to stand; *****stare zitto** to be/keep quiet (3)

stasera tonight, this evening (3)

statale federal, of the state

statistico (*m. pl.* **statistici**) statistical

lo **Stato** the State (16); the federal government (16)

la **statua** statue (15)

statunitense of/from the United States

la **statura** height (2); **di media statura** of medium height

la **stazione** train station (1); la **stazione di servizio** gas station (13); service station (13); la **stazione termale** spa

la **stella** star

stendere (*p.p.* **steso**) to lay out

lo **stereo** stereo

lo **stereotipo** stereotype (14)

stesso same (2); lo **stesso** the same

lo **stile** style (14)

lo/la **stilista** stylist

lo **stipendio** (*pl.* gli **stipendi**) salary (16)

stirare to iron

lo **stivale** boot; gli **stivali** boots (11)

lo **stomaco** stomach (9); **avere mal di stomaco** to have a stomachache (9)

lo **stop** (*pl.* gli **stop**) stop sign

la **storia** history (3); story; **storia dell'arte** art history (3)

storico (*m. pl.* **storici**) historic (13)

storto awry; crooked

la **strada** street, road; **per strada** on the street

stradale *adj.* road (13); il **segnale stradale** road sign

straniero foreign (3); le **lingue e le letterature straniere** foreign languages and literatures (3)

lo **straniero** / la **straniera** foreigner

strano strange (12)

straordinario (*m. pl.* **straordinari**) extraordinary

strapazzato scrambled

la **strega** witch

lo **stress** stress

stressante stressful

stressato stressed (2)

stretto tight (11); narrow

lo **strumento** instrument (4); **suonare uno strumento** to play an instrument (4)

la **struttura** structure

lo **studente** / la **studentessa** student (P); la **casa dello studente** dormitory (3)

studiare to study (3)

gli **studi** studies (3)

lo **studio** (*pl.* gli **studi**) study, office (12); academic endeavor; la **borsa di studio** scholarship; la **materia di studio** subject matter (3)

stupendo stupendous

stupido stupid

su on, over (1); upon, above (5); **Su! Come on!** (11)

subito immediately, right away (4); **ecco subito!** right away!

*succedere (*p.p.* successo**) to happen (9)

successivo following

il **successo** success; **avere successo** to be successful

il **succo d'arancia** (*pl.* i **succhi**) orange juice (5)

il **sud** south

sufficiente sufficient

il **suffisso** suffix

il **suggerimento** suggestion (10)

suggerire (isc) to suggest

il **sugo** (*pl.* i **sughi**) sauce; **al sugo di pomodoro** with tomato sauce (6)

Suo your (*form.*) (3); **suo** his/her/its (3)

il **suocero** / la **suocera** father-in-law/mother-in-law

†**suonare** to play (*a musical instrument*) (3); to ring (*doorbell*); to sound; **suonare a orecchio** to play by ear; **suonare uno strumento** to play an instrument (4)

super: la **benzina super** super gasoline

superare to exceed (13)

la **superficie** area

superiore superior; upper, higher

il **superlativo** superlative (*gram.*)

il **supermercato** supermarket (1)

supersonico (*m. pl.* **supersonici**) supersonic

la **sveglia** alarm-clock (5)

svegliare to wake up (*someone*); **svegliarsi** to wake up (7)

la **svendita** sale (11); **in svendita** on sale

sviluppare to develop

lo **sviluppo** development

svolgere (*p.p.* **svolto**) to carry out

svolgersi (*p.p.* **svolto**) to take place (8)

T

la **t-shirt** t-shirt (7)

il **tacchino** turkey

il **tacco** heel

tagliare to cut

le **tagliatelle** noodles

talvolta at times

il **tango** tango

tanto *adv.* so; *adj.* so much (7); so many, a lot (7); **così tanto** so much; **(tanto)... quanto** as . . . as (9); as much . . . as (9)

la **tappa** stopover (10); leg (*of a journey*) (10)

il **tappeto** carpet

tardi *adv.* late (4); **fino a tardi** until late; **dormire fino a tardi** to sleep late; **più tardi** later

la **targa** (*pl.* le **targhe**) license plate (13)

la **tasca** pocket

la **tassa** tax; le **tasse** taxes (7)

il **tassì** (*pl.* i **tassì**) taxi

la **tastiera** keyboard (17)

la **tavola** table; **apparecchiare la tavola** to set the table (6); **pronto in tavola!** come and get it!

il **tavolino** small table; café table (5); **al tavolino** at a table (5)

il **tavolo** table (5)

la **tazza** cup

il **tè** tea (1); tea party; **tè caldo** hot tea (5); **tè freddo** iced tea (5)

teatrale theatrical; la **rappresentazione teatrale** play, performance (14)

il **teatro** theater (1); *andare a teatro to go to the theater (4)

la **tecnica** technique

tecnico (*m. pl.* **tecnici**) technical

la **tecnologia** technology

il **tedesco** / la **tedesca** (*m. pl.* i **tedeschi**) German person; il **tedesco** German language

tedesco (*m. pl.* **tedeschi**) *adj.* German (2)

il **tegame** pan

il **telefilm** (*pl.* i **telefilm**) TV mini-series (8); made-for-TV movie

telefonare (a) to telephone, call (3)

la **telefonata** phone call

telefonico (*m. pl.* **telefonici**) *adj.* related to the telephone

il **telefono** telephone; il **numero di telefono** telephone number

il **telegiornale** TV news (8)

la **telenovela** (*pl.* le **telenovelas**) soap opera

il **telespettatore** / la **telespettatrice** television viewer

la **televisione (la TV)** television (TV) (4); **dare in televisione** to show on television (8); **guardare la televisione (la TV)** to watch television (TV) (4)

televisivo *adj.* related to television, televised; la **fiction televisiva** TV series (8); la **serie televisiva** TV series (8)

il **televisore** television set

il **tema** (*pl.* i **temi**) theme (15)

temare to fear, be afraid of

il **tempaccio** bad weather

la **temperatura** temperature
il **tempio** (*pl.* **i templi**) temple
il **tempo** weather (3); time (4); **Che tempo fa?** How's the weather?, What's the weather like? (3); **da molto tempo** for a long time; **molto tempo fa** a long time ago; **da quanto tempo?** (for) how long? (7); **passare il tempo** (a + *inf.*) to spend time (*doing something*)
tenere to keep (4); to hold (4); **tenerci (a)** to care (about) (13); **tenersi per mano** to hold hands
il **tennis** tennis (4); **giocare a tennis** to play tennis; **le scarpe da tennis** tennis shoes
il/la **tennista** tennis player
il **tenore** tenor (14)
la **teoria** theory
teorico theoretical
termale: la stazione termale spa
le **terme** baths
il **termine** term
la **terra** earth; **a terra** on the ground
il **terrazzo** balcony (12)
il **terremoto** earthquake
terrestre *adj.* land
terribile terrible
il **territorio** territory
il **terrore** terror
terzo third; **il terzo piano** the third floor (12); **al terzo piano** on the third floor (12)
la **tesi** (*pl.* **le tesi**) thesis
il **tesoro** treasure
tessile *adj.* related to textile
la **testa** head (9); **a testa** apiece; **avere mal di testa** to have a headache (9)
il **testamento** will; **Vecchio Testamento** Old Testament
il **testo** text
il **tetto** roof
ti *pron.* you (*inform.*) (4); to/for you (*inform.*) (6); yourself (7)
tifare (per) to root (for)
timido shy
tipico (*m. pl.* **tipici**) typical (3)
il **tipo** type, sort (14); guy
tipo like, similar to
il **tiramisù** *dessert of ladyfingers soaked in espresso and layered with cream cheese, whipped cream, and chocolate* (6)
tirare to pull; **tirare vento** to be windy (4)
il **tirocinio** internship (17)
il **titolo** title
toccare to touch; **toccare a** (+ *person*) to be the turn of (*person*); **Tocca a**

me / te / lui / lei! It's my / your / his / her turn! (9)
togliere (*p.p.* **tolto**) to take away
tonico (*pl.* **tonici**) stressed; **il pronome tonico** disjunctive pronoun
il **topo** mouse (12)
*****tornare (a)** to return (*to a place*) (3); to go back, come back
il **torneo** tournament
la **torre** tower; **la Torre Pendente** Leaning Tower
la **torta** cake (6)
i **tortellini** type of pasta
la **tosse** cough
il/la **tossicodipendente** drug addict (18)
la **tossicodipendenza** drug addiction (18)
tra between, among, in, within (+ *time expression*)
la **traccia** outline; track
la **tradizione** tradition
tradizionale traditional
tradizionalmente traditionally
tradurre (*p.p.* **tradotto**) to translate
la **traduzione** translation
il **traffico** traffic (12)
la **tragedia** tragedy (14)
il **traghetto** ferry
tragico tragic
trainato drawn, pulled
la **trama** plot
il **tramezzino** a multi-layered sandwich (5)
il **tramonto** sundown
tranquillo calm (2)
trascurare to overlook
il **trasferimento** transfer (17)
trasferirsi (isc) to move (*to another town, state, etc.*) (12)
trasformare to transform
la **trasformazione** transformation
traslocare to move (12)
il **trasloco** (*pl.* **i traslochi**) move; **fare il trasloco** to move (12)
trasmettere (*p.p.* **trasmesso**) to broadcast (8)
la **trasmissione** transmission, broadcast
la **traspirazione** perspiration
trasportare to transport
il **trasporto** transportation; **i mezzi di trasporto** means of transportation (1); **i mezzi pubblici di trasporto** public (*means of*) transportation (13)
trattare to treat; to deal with; **trattare/trattarsi di** to be a matter of
la **trattoria** informal restaurant
la **treccia** (*pl.* **le trecce**) braid

tremendo terrible
il **treno** train (1); *****andare in treno** to go by train (3)
la **trigonometria** trigonometry
il **trimestre** academic quarter, trimester
triste sad (2)
la **tromba** trumpet
il **trombone** trombone
tropicale tropical
troppo *adj.* too much, too many (4); *adv.* too
trovare to find (3); *****andare/*venire a trovare** (*una persona*) to go/come visit (*a person*) (10); **trovarsi** to find oneself (*in a place*) (15); to meet
truccarsi to put on makeup
il **trullo** trullo (*rural home in Puglia*)
tu you (*inform.*) (P); **E tu?** And you? (*inform.*) (P)
tuo your (*inform.*)
il **turismo** tourism
il/la **turista** (*m. pl.* **i turisti**) tourist
turistico (*m. pl.* **turistici**) *adj.* related to tourism
il **turno** turn; **a turno** in turn
la **tutela** protection
tuttavia nonetheless
tutti/tutte *pron.* everybody, everyone (4); all (12); **tutti insieme** all together; **tutt'e due** both
tutto *inv.* all, everything (12); **tutto compreso** all costs included (10)
tutto all, every, the whole (12); **tutta la santa sera** the whole blessed evening; **di tutti i giorni** everyday (7); **in tutto il mondo** all over the world (14)
la **TV** TV

U
l'**uccello** bird
ucciso killed
ufficiale official
l'**ufficio** (*pl.* **gli uffici**) office; **ufficio cambio** currency exchange (1); **ufficio informazioni** tourist information service (1); **ufficio postale** post office (1); **ufficio prenotazioni** reservation bureau (1); **ufficio pubblico** public office
l'**Ufo** (*pl.* **gli Ufo**) UFO
l'**uguaglianza** equality (18)
uguale equal (18)
ugualmente equally
ultimamente lately, recently
ultimo last; **all'ultima moda** trendy; **per ultimo** lastly

ultravioletto ultraviolet
l'umanità humanity
umanitario humanitarian
umano *adj.* human
l'umiltà humility
l'umore humor, mood; **di cattivo/buon umore** in a bad/good mood
l'umorismo humor; **il senso dell'umorismo** sense of humor
un (uno, un', una) one, a; **un po' (di)** a little bit (of) (2)
unico (*m. pl.* **unici**) only (13)
l'unificazione *f.* unification
l'unione *f.* union
unire (isc) to unite, join
unito united (16)
universale: il Giudizio Universale the Last Judgment
l'università (*pl.* **le università**) university (1)
universitario (*m. pl.* **universitari**) *adj.* related to the university
l'uomo (*pl.* **gli uomini**) man (2)
l'uovo (*pl.* **le uova**) egg
urgente urgent
urlare to scream
usare to use
*uscire to go out (4); to leave (4); ***uscire (con)** to go out (*with someone*) (4); **uscire di casa** to leave the house
l'uso use
utile useful
utilizzare to use, utilize
l'uva grapes (11)

V

va bene OK, (2) **va bene?** is that OK? (1)
la vacanza vacation, holiday; ***andare in vacanza** to go on vacation (4); **fare le vacanze** to go on vacation (10)
valere (*p.p.* **valso**) to be worth; to be valid; **vale la pena** it's worth it
la valigia (*pl.* **le valige**) suitcase (1); **disfare le valige** to unpack one's bags
la valle valley
il valore value (18)
la valutazione evaluation
il valzer waltz
il vantaggio advantage
variare to vary
la varietà (*pl.* **le varietà**) variety
vario (*m. pl.* **vari**) various
la vasca da bagno bathtub
il vassoio tray

vasto vast
il Vaticano Vatican
il vecchio (*pl.* **i vecchi**) / **la vecchia** old person
vecchio (*m. pl.* **vecchi**) *adj.* old (2); **Vecchio Testamento** Old Testament
vedere (*p.p.* **veduto** or **visto**) to see (4); **fare vedere** to show; **non vedo l'ora** I can't wait
il vedovo / la vedova widower/widow
vegetariano vegetarian
la vela sail; ***andare in barca a vela** to go sailing
il veleno poison
veloce fast (4)
velocemente fast (7); quickly
la velocità speed; **il limite di velocità** speed limit (13)
vendere to sell (11); **vendesi** for sale (12)
la vendita sale; **in vendita** for sale (12)
il venditore / la venditrice vendor (11)
il venerdì Friday (P)
*venire to come (4); ***venire a prendere** to come pick up (13); ***venire a trovare** (*una persona*) to come to visit (*a person*) (10)
il vento wind (4); **tirare il vento** to be windy (4)
veramente truly, really
verbale verbal; **espressioni verbali** verbal expressions
il verbo verb
verde green (2); **la benzina verde** unleaded gas (13)
la verdura vegetables (6); **il negozio di frutta e verdura** produce market (11)
vergine *adj.* virgin, virginal
la verifica verificazione, check
la verità truth (4)
vero true; **vero?** right?; **non è vero?** isn't that true?; **a dire il vero** to tell the truth (10)
la versione version
il verso verse; **in versi** in verse
verso toward
il vescovo bishop (15)
vestire to dress; **vestirsi** to get dressed (7); to dress (7)
il vestito dress (7); suit (7); **i vestiti** clothes (7)
la vetrina shop window
il vetro glass (13)
vi *pron.* you (*pl. inform.*) (4); to/for you (*m. and f. pl., inform.*) (6); yourselves (*pl. inform.*) (7)

la via street (1)
via *adv.* away; ***andare via** to get going, get out, go away (4); **buttare via** to throw away; **e così via** and so on
viaggiare to travel (4)
il viaggio trip (1); **il viaggio di nozze** honeymoon **l'agenzia di viaggi** travel agency; **buon viaggio!** have a nice trip!; **fare un viaggio** to take a trip
il viale avenue (1)
la vicenda event
vicino near (1); **vicino a** near, near to; **qui vicino** nearby (1)
la videocassetta videocassette (8)
il videoregistratore VCR (8)
vietare to forbid (13); to prohibit (13)
il/la vigile traffic officer (13)
la villa country house (12)
il villaggio village
la villetta single-family house (12)
vincere (*p.p.* **vinto**) to win (4)
il vincitore / la vincitrice winner
il vino wine (1)
la violenza violence (18)
il violino violin
la virtù (*pl.* **le virtù**) virtue
la visita visit; **il biglietto da visita** business card
visitare (un luogo) to visit (*a place*) (10); to examine (*a patient*) (9)
il viso face
la vista view (12); eyesight (9)
la vita life (9); **il costo della vita** cost of living (17); **la dolce vita** the easy life
la vitamina vitamin
la vite vine
il vitello veal (6)
la vittoria victory
viva! hurray!
vivace lively, vivacious
la vivacità liveliness
*vivere (*p.p.* **vissuto**) to live (9); **guadagnarsi da vivere** to earn a living (18)
vivo alive; **dal vivo** live
il vocabolario (*pl.* **i vocabolari**) vocabulary, dictionary
la vocale vowel
la voce voice (14); **ad alta voce** out loud
la voglia desire; **avere voglia (di)** to want, to feel like (1)
voi you (*pl. inform.*) (1)
volante *adj.* flying
il volantino flyer, leaflet (18)

*volare to fly (15)
volentieri gladly, willingly (3)
volere to want; volere (+ *inf.*) to want (*to do something*) (4); volerci (+ *time expression*) to take (*time*) (15)
il volo flight; volo nazionale domestic flight
la volontà willingness
volontariato *adj.* volunteer
il volontario volunteer (18)
la volta time, occasion (4); ancora una volta one more time; c'era una volta once upon a time there was (8); a volte at times; la prima volta the first time (5); qualche volta sometimes; quante volte? how many times? (4); una volta some time ago (8); una volta alla settimana once a week; una volta tanto once in a while

il volto face
il volume volume
la vongola clam
vostro your (*pl.*) (3)
votare to vote (16)
la votazione voting
il voto grade (P); vote (16)
il vulcano volcano
vuoto empty (6)

W

il week-end (*pl.* i week-end) weekend

Y

lo yoga yoga; fare lo yoga to practice yoga
lo yogurt yogurt (11)

Z

lo zaino backpack (1)
lo zio / la zia (*m. pl.* gli zii) uncle/aunt (1)
zitto quiet; *stare zitto to be/keep quiet (3)
lo zodiaco (*pl.* gli zodiaci) zodiac
la zona zone; area
lo zoo zoo (1)
la zucca pumpkin, squash
lo zucchero sugar (5)
lo zucchino / la zucchina zucchini squash

English–Italian Vocabulary

A

a lot **molto** (2); a lot (of) **molto** (2); **un sacco (di)** (10)
able **bravo** (2); to be able to (*do something*) **potere** (+ *inf.*) (4)
about **circa** (4)
above **su** (5); **sopra** (12)
abroad **all'estero**; to go abroad *****andare all'estero** (10)
academic **accademico**; academic year **l'anno accademico** (3)
to accept **accettare** (**di** + *inf.*) (14)
accident **l'incidente** *m.* (9)
accommodation **la sistemazione** (10)
according to **secondo** (2)
to act **recitare** (14)
actor **l'attore/l'attrice** (8)
ad **l'annuncio** (17); to answer an ad **rispondere a un annuncio** (17)
addict: drug addict **il drogato / la drogata, il/la tossicodipendente** (18)
addiction: drug addiction **la tossicodipendenza** (18)
address **l'indirizzo** (12)
affairs **gli affari** (17)
administration (*political*) **il Governo** (16); business administration **l'economia e commercio** (3)
to admire **ammirare** (5)
advertisement **la pubblicità** (8); employment ad **l'annuncio** (17)
advertising **la pubblicità** (8)
advice **il consiglio** (10)
to advise (*to do something*) **consigliare** (**di** + *inf.*) (6)
aerobics **l'aerobica**; to do aerobics **fare l'aerobica** (4)
affirmation **l'affermazione** *f.* (10)
afraid: to be afraid (of) **avere paura (di)** (1)
after **dopo** (3)
afternoon **il pomeriggio** (3); good afternoon **buon giorno, buona sera** (P); in the afternoon **di/il pomeriggio** (4)
afterward **dopo** (5)
again **ancora** (7)
against: to be against *****essere contro/contrario (a)** (18)
age **l'età** *f.* (15); **l'epoca** (15)
ago **fa** (5)
to agree *****essere d'accordo** (3)
ahead: go ahead **pure** (11)

air conditioning **l'aria condizionata**; room with air conditioning **una camera con aria condizionata** (10)
airplane **l'aeroplano, l'aereo** (1)
airport **l'aeroporto** (1)
alarm clock **la sveglia** (5)
alcoholism **l'alcoolismo** (18)
all **tutto/tutta, tutti/tutte** (12); all costs included **tutto compreso** (10); all over the world **in tutto il mondo** (14); all the time **sempre** (3); at all **per niente** (14)
to allow **permettere** (**di** + *inf.*) (14)
almost **quasi** (6)
alone **da solo/sola** (4)
along: to get along *****andare d'accordo** (3)
already **già** (5)
also **anche** (2); I also **anch'io** (4)
although **benché, sebbene** (17)
aluminum can **la lattina** (5)
always **sempre** (2)
amateur **dilettante** (14)
amusement **il passatempo** (4)
ancient **antico** (2)
and **e, ed** (*before vowels*) (P)
angry: to get angry **arrabbiarsi** (7)
to annoy **dare fastidio (a)** (14)
annoyance **il fastidio** (11)
annoying **fastidioso** (9)
another **un altro** (2)
to answer **rispondere** (4); to answer an ad **rispondere a un annuncio** (17)
antique **antico** (2)
any **nessuno** (*in negative contexts*) (12); by any chance **per caso** (14)
anyhow **comunque** (14)
anyone **qualcuno** (12); no one **non... nessuno** (12)
anything: anything else **altro** (11)
apartment **l'appartamento** (12); studio apartment **il monolocale** (12); apartment building **il palazzo** (12)
appetizer **l'antipasto** (6)
to applaud **applaudire** (14)
apple **la mela** (11)
to apply **applicare** (16); to apply (*for a job*) **fare domanda** (17)
appointment **l'appuntamento** (4); to make an appointment **fissare un appuntamento** (12)
to appreciate **apprezzare** (15)
approximately **circa** (4)

April **aprile** (P)
archeologist **l'archeologo/l'archeologa** (*m. pl.* **gli archeologi / le archeologhe**) (15)
archeology **l'archeologia** (15); archeological dig **lo scavo archeologico** (15)
architect **l'architetto** *m./f.* (15)
architecture **l'architettura** (3)
to argue **litigare** (6)
aria (*opera*) **l'aria** (14)
arm **il braccio** (*pl.* **le braccia**) (9)
around **circa** (4); around there **da quelle parti** (12)
to arrange **sistemare** (12)
to arrive *****arrivare** (3)
art history **la storia dell'arte** (3)
article **l'articolo** (8)
artist **l'artista** *m./f.* (*m. pl.* **gli artisti**) (15)
artwork **l'opera d'arte** (15)
as **come**; as if **come se** (18); as soon as **appena** (10); as... as **(così)... come, (tanto)... quanto** (9)
aside **da parte** (11)
to ask to ask (for) **chiedere** (5); **domandare** (6); to ask for a ride **chiedere un passaggio** (13); to ask a question **fare una domanda** (3)
asleep: to fall asleep **addormentarsi** (7)
assignment **il compito** (P)
at **a** (1); at all **per niente** (14); at least **almeno** (8)
athletic **sportivo** (2)
to attach **allegare** (17)
to attend (*a school, a class*) **frequentare** (3)
attention: to pay attention (to) *****stare attento (a)** (3)
attic **la mansarda, la soffitta** (12)
audience **il pubblico** (14)
August **agosto** (P)
aunt **la zia** (1)
author **l'autore/l'autrice** (14)
available **disponibile** (13)
avenue **il viale** (1)

B

back (*part of the body*) **la schiena** (9)
backpack **lo zaino** (1)
backwards **indietro** (18)

bad **cattivo** (2); **male** (P); not bad **non c'è male** (P); (it's) too bad **(è) peccato** (16)

bag **la borsa** (1)

baggage **i bagagli** (1)

baked **al forno** (6)

baker: bread baker **il panettiere / la panettiera** (11)

bakery: bread bakery **la panetteria** (11)

balcony **il balcone, il terrazzo** (12)

ball **la palla** (4)

ballet **il balletto** (14)

bank **la banca** (4)

banknote **la banconota** (16)

bar **il bar** (1)

bar attendant **il/la barista** (5)

bargain **l'affare** *m.* (11)

baritone **il baritono** (14)

the Baroque period **il Barocco** (15)

bartender **il/la barista** (5)

baseball cap **il berretto** (7)

basketball **la pallacanestro, il basket** (4)

bass **il basso** (14)

bathroom **il bagno** (12)

to be ***essere** (2); to be a + *profession* ***essere** + *professione,* **fare il/la +** *professione* (17); to be against ***essere contro/contrario (a)** (18); to be in favor (of) ***essere a favore (di)** (18); to be good ***essere bene** (14); to be politically engaged ***essere impegnato** (18); to be quiet ***stare zitto** (3); to be well/unwell ***stare bene/male** (3); How are you? **Come sta?** (*form.*), **Come stai?** (*inform.*) (P)

beach: to go to the beach ***andare in spiaggia** (10)

beans **i fagioli** (11)

beautiful **bello** (2)

because **perché** (2)

to become ***diventare** (5); to become informed (about) **informarsi (su)** (16)

bed **il letto** (3)

bed-and-breakfast **la pensione** (10)

bedroom **la camera da letto** (4)

beef **il manzo** (6)

beer **la birra** (1)

before **prima di** (5); **prima che** (17)

to begin **cominciare** (3)

behind **dietro (a/di)** (12); **indietro** (18)

to believe **credere (di +** *inf.***)** (14); to believe (*in something*) **credere (a +** *n.***)** (11)

bell pepper **il peperone** (11)

below **sotto** (12)

belt **la cintura** (7)

benefits **i benefici** (17)

beside **accanto (a), di lato (a)** (12)

besides **a parte** (12)

best **ottimo** (8)

better *adj.* **migliore** (9); *adv.* **meglio** (9)

beverage **la bevanda** (5)

bicycle, bike **la bicicletta, la bici** (1); to ride a bike ***andare in bicicletta** (3); to go for a bike ride **fare un giro in bici** (4)

big **grande** (2); **grosso** (8)

bigger **maggiore** (9)

bike **la bici** (1)

bill **il conto** (5); to bring the bill **portare il conto** (6)

billion **il miliardo** (7)

birthday **il compleanno** (6)

bit: a little bit (of) **un po' (di)** (2)

black **nero** (2)

blond **biondo** (2)

blouse **la camicetta** (11)

blue, (sky) blue **azzurro** (2); blue-collar worker **l'operaio/l'operaia** (16)

board: full board (three meals a day) **la pensione completa** (10); half board (two meals a day: breakfast and lunch or dinner) **la mezza pensione** (10)

boat **la barca** (10)

body **il corpo** (9)

bore **la scocciatura** (7)

to boo **fischiare** (14)

book **il libro** (P)

bookstore **la libreria** (3)

bored: to get bored **annoiarsi** (7)

boring **noioso** (2)

born: to be born ***nascere** (5); I was born . . . **sono nato/nata...** (P); When were you born? **Quando sei nato/nata?** (*inform.*) (P)

bother **il fastidio** (11)

box **la scatola** (15)

boy **il ragazzo** (2); little boy **il bambino** (2)

brand **la marca** (13)

bread **il pane** (5); bread baker **il panettiere / la panettiera** (11); bread bakery **la panetteria** (11)

to break (*a bone*) **rompersi** (9)

breakfast **la colazione** (5); to have breakfast **fare colazione** (3)

to bring **portare** (3); to bring back **riportare** (6); to bring the bill **portare il conto** (6)

to broadcast **mandare in onda, trasmettere** (8)

broadcast; live broadcast **in diretta** (8); tape-delayed, prerecorded broadcast **in differita** (8)

broth: in broth **in brodo** (6)

brother **il fratello** (3)

brown **castano** (*hair, eyes*) (2)

to buckle **allacciare** (13)

to build **costruire** (15)

building **l'edificio** (13); apartment building **il palazzo** (12)

bulb: lightbulb **la lampadina** (15)

bus **l'autobus, il bus** (1); to go by bus ***andare in autobus** (3)

business **l'azienda, il commercio, la ditta** (17); **gli affari** (17)

business administration **l'economia e commercio** (3)

busy **occupato** (4)

but **ma** (1)

butcher **il macellaio / la macellaia** (11); butcher shop **la macelleria** (11)

butter **il burro** (5)

button **il bottone** (7)

to buy **comprare** (3)

by: by (*a certain time*) **entro** (13); by all means **pure** (11); by any chance **per caso** (14)

bye **ciao** (*inform.*) (P); good-bye **arrivederci, arrivederLa** (*form.*) (P)

C

café **il bar, il caffè** (1)

cafeteria **la mensa** (2)

cake **la torta** (6)

to call **telefonare (a)** (3); to call oneself **chiamarsi** (7)

camping **il campeggio;** to go camping ***andare in campeggio** (10)

can: aluminum can **la lattina** (5)

can: to be able to (*do something*) **potere (+** *inf.***)** (4)

canapé **il crostino** (6)

candidate **il candidato / la candidata** (16)

cap: baseball cap **il berretto** (7)

capable **bravo** (2); **in gamba** (5)

cappuccino **il cappuccino** (5)

car **l'automobile, l'auto** *f.* (*pl.* **le auto**), **la macchina** (1); to go by car ***andare in macchina** (3)

to care: to care for **curare** (9); to care (about) **tenerci (a)** (13); to take care of oneself **curarsi** (9)

carrot **la carota** (11)

to carry **portare** (3)

case: in that case **allora** (8)

cashier **il cassiere / la cassiera** (5); cashier's desk **la cassa** (5)

to catch a cold **prendere il raffreddore** (9)

cat **il gatto** (1)

CD **il Cd** (4)

cellar **la cantina** (12)

center **il centro** (5)

century **il secolo** (15)

chair **la sedia** (P)

chalk **il gesso** (P)

chalkboard **la lavagna** (P)

Chamber of Deputies (*lower house of Parliament*) **la Camera dei Deputati** (16)

to change **cambiare** (3)

chance: by any chance **per caso** (14)

change **il cambiamento** (16); (*from a transaction*) **il resto** (11)

channel (TV) **il canale (televisivo)** (8)

character **il personaggio** (8)

charge: cover charge **il coperto, il servizio** (6)

to chat **fare due chiacchiere** (5)

to check **controllare** (9); to check up on **controllare** (9)

check **il conto** (5)

check-up **il controllo** (13)

cheerful **allegro** (2)

cheese **il formaggio** (6)

chicken **il pollo** (6)

child **il bambino/la bambina** (2)

childhood **l'infanzia** (7)

Chinese **cinese** (2)

chocolate **la cioccolata** (5); hot chocolate **la cioccolata** (5)

choice **la scelta** (8)

choir **il coro** (14)

chorus **il coro** (14)

to choose **scegliere** (6)

Christmas **Natale** *m.* (10)

church **la chiesa** (1)

cigarette **la sigaretta** (6)

citizen **il cittadino / la cittadina** (16)

city **la città** (1); **il comune** (18)

city hall **il comune** (18)

class **la lezione** (1); (*group of students*) **la classe** (3); (*course of study*) **il corso** (3)

classmate **il compagno / la compagna** (3)

classroom **l'aula** (P)

to clean **pulire** (4)

clear **chiaro** (9)

clerk **l'impiegato** (1)

climate **il clima** (13)

to climb up **salire** (4)

clock **l'orologio** (2)

to close **chiudere** (4)

clothes **i vestiti** (7)

clothing **l'abbigliamento** (7); clothing store **il negozio di abbigliamento** (11)

coalition **la coalizione** (16)

coat **il cappotto** (7)

coffee **il caffè** (strong Italian coffee) (1)

coin **la moneta** (16)

cold: to be cold **avere freddo** (1); to be cold out **fare freddo** (3)

cold (*infection*) **il raffreddore** (9); to catch a cold **prendere il raffreddore** (9)

cold cuts **i salumi** (6)

colleague **il/la collega** (17)

collision **lo scontro** (15)

to come **venire** (4); to come pick up **venire a prendere** (13); to come to visit (*a person*) **venire a trovare (una persona)** (10); Come on! **Avanti!, Dai!, Su!** (11)

comedy **la commedia** (14)

comfortable **comodo** (9)

compact disc **il Cd** (pl. **i Cd**) (4)

to compare **paragonare** (9)

competition **la gara** (4)

to complain (about) **lamentarsi (di)** (7)

to compose **comporre** (*p.p.* **composto**) (14)

composer **il compositore / la compositrice** (14)

computer **il computer** (4)

computer science **l'informatica** (3)

to concern oneself with **occuparsi di** (16)

concert **il concerto** (4)

to conduct **dirigere** (*p.p.* **diretto**) (14)

conductor **il direttore / la direttrice d'orchestra** (14)

confectioner **il pasticciere / la pasticciera** (11)

constitution **la costituzione** (16)

consumerism **il consumismo** (18)

contact lenses **le lenti a contatto** (9)

container **il recipiente** (13)

to continue (*doing something*) **continuare (a + inf.)** (8)

convenient **comodo** (9)

conversation **il discorso** (16)

to convince **convincere (a + inf.)** (*p.p.* **convinto**) (14)

to cook **cucinare** (4)

cookbook **il libro di cucina** (6)

cooked **cotto** (6)

cookie **il biscotto** (5)

cooking **la cucina** (6)

to cost **costare** (11)

cost: cost of living **il costo della vita** (17); all costs included **tutto compreso** (10)

could: it could be **può darsi** (16)

Council of Ministers **il Consiglio dei Ministri** (16)

counter **il banco** (5); at the counter **al banco** (5)

country **la campagna**; to go to the country **andare in campagna** (10)

couple **il paio** (*pl.* **le paia**) (5)

course (*of study*) **il corso** (3); to take a course **seguire un corso** (4); course (*meal*) **il piatto**; first course **il primo (piatto)** (6); main course **il secondo (piatto)** (6)

cousin **il cugino / la cugina** (1)

cover charge **il coperto, il servizio** (6)

crackers **i salatini** (5)

crime (*individual act*) **il crimine, il delitto** (18); (*in general*) **la delinquenza** (18)

croissant **la brioche, il cornetto** (5)

cruise **la crociera**; to go on a cruise **fare una crociera** (10)

cuisine **la cucina** (6)

curly **riccio** (*m. pl.* **ricci**) (2)

currency **la moneta** (16); (*shared European currency*) **l'euro** (1); currency exchange **l'ufficio cambio** (1)

current **attuale** (16); **aggiornato** (17)

current events **l'attualità** (8)

curriculum vitae **il curriculum** (17)

customer **il/la cliente** (5)

cute **carino** (2)

CV **il curriculum** (17)

D

dad **il babbo, il papà** (3)

daddy **il babbo, il papà** (3)

daily **giornaliero, quotidiano** (7)

daily newspaper **il quotidiano** (8)

dairy, dairy store **la latteria** (11)

to dance **ballare** (3)

dance **la danza** (14)

dancing **il ballo** (4)

dangerous **pericoloso** (9)

dark (*hair*) **bruno** (2)

date **l'appuntamento** (4)

daughter **la figlia** (3)

day **il giorno** (P); What day is it? **Che giorno è?** (P)

dear **caro** (2)

December **dicembre** (P)

deforestation **il disboscamento** (13)

to delete **annullare** (17)

delicatessen **la salumeria** (11)

delicatessen clerk **il salumiere / la salumiera** (11)
deluxe **di lusso** (10)
demand **la richiesta** (17)
to demand **esigere** (16)
democracy **la democrazia** (16)
demonstration (*political*) **la manifestazione** (16)
to depart ***partire** (4)
department (*of a university*) **la facoltà** (3); (*of government*) **il ministero** (16); department store **il grande magazzino** (11)
to deserve **meritare** (16)
desk **il banco** (P); cashier's desk **la cassa** (5)
dessert **il dolce** (6); dessert of ladyfingers soaked in espresso and layered with cream cheese, whipped cream, and chocolate **il tiramisù** (6)
destination **la meta** (10)
dictionary **il dizionario** (P)
to die ***morire** (5)
diet **la dieta**; to be on a diet ***essere a dieta** (5)
difficult **difficile** (3)
dining hall **la mensa** (2)
dining room **la sala da pranzo** (5)
dinner **la cena** (6); to eat dinner **cenare** (4)
to direct **dirigere** (8)
director (*film or theater*) **il/la regista** (8)
disappointed **deluso** (18)
to discharge **scaricare** (13)
discharge **lo scarico** (13)
discount **lo sconto** (11)
to discover **scoprire** (10)
to discuss **discutere (di)** (6)
dish **il piatto** (6)
diskette **il dischetto** (17)
distant **lontano** (1)
diversity **la diversità** (18)
to do **fare** (3)
doctor **il dottore / la dottoressa; il medico** *m./f.* (9)
document **il documento** (1)
dog **il cane** (1)
domestic **casalingo** (12)
door **la porta** (P)
dormitory **la casa dello studente** (3)
double **doppio**; double room **la camera doppia, la camera matrimoniale** (10)
to doubt **dubitare** (16)
to download **scaricare** (17)
downtown **in centro** (5)
to draw **disegnare** (4)
to dream **sognare**; to dream (*of doing something*) **sognare (di + inf.)** (8)

to dress, to get dressed **vestirsi** (7)
dress **l'abito, il vestito** (7)
to drink **bere** (4)
to drive ***andare in macchina** (3); **guidare** (3)
drive: hard drive **il disco fisso** (17)
driver **l'automobilista** *m./f.* (*m. pl.* **gli automobilisti**) (13)
driver's license **la patente** (13)
drug addict **il drogato / la drogata, il/la tossicodipendente** (18)
drug addiction **la tossicodipendenza** (18)
drugs **la droga** (18)
to dub **doppiare** (8)
dubbing **il doppiaggio** (8)
dumplings **gli gnocchi** (6)
during **durante** (4)
duty **il dovere** (7); (*professional*) **la mansione** (17)
DVD **il DVD** (*pl.* **i DVD**) (8); DVD player **il lettore DVD** (8)

E

each **ogni** (3); each one **ognuno/ognuna** (12)
ear **l'orecchio** (*pl.* **le orecchie / gli orecchi**) (9)
early **presto** (3)
to earn **guadagnare** (3); to earn a living **guadagnarsi da vivere** (18)
earnings **il guadagno** (16)
Easter **Pasqua** (10)
easy **facile** (3)
to eat **mangiare** (3); to eat dinner **cenare** (4); to eat lunch **pranzare** (4)
ecological **ecologico** (13)
editor **il redattore / la redattrice** (8)
editorial staff **la redazione** (8)
effort **la fatica** (7)
eggplant **la melanzana** (11)
either . . . or **o... o** (10)
to elect **eleggere** (16)
election campaign **la campagna elettorale** (16)
elections **le elezioni** (16)
elevator **l'ascensore** *m.* (12)
to eliminate **eliminare** (18)
e-mail **la posta elettronica, l'e-mail** *f.* (4); e-mail message **l'e-mail** (4)
to embrace (*each other*) **abbracciarsi** (7)
employer **il datore / la datrice di lavoro** (17)
empty **vuoto** (6)
to encourage **incoraggiare (a + inf.)** (14)
end **la fine** (6)
energetic **energico** (*m. pl.* **energici**) (2)
to enforce **applicare** (16)

engaged: to get engaged (*to be married*) (to) **fidanzarsi (con)** (18)
engineering **l'ingegneria** (3)
English **inglese** (2)
the Enlightenment **l'Illuminismo** (15)
to enjoy oneself **divertirsi** (7)
enough **abbastanza** (2); it is enough **basta** (14)
to ensure **assicurare** (18)
to enter ***entrare** (5)
entertaining **divertente** (2)
entertainment **il divertimento** (2)
entrance **l'entrata, l'ingresso** (12); (*permission to enter*) **l'ingresso** (15)
entryway **l'entrata, l'ingresso** (12)
environment **l'ambiente** *m.* (13)
environmentalism **la protezione dell'ambiente** (13)
equal **uguale** (18)
equality **l'uguaglianza** (18)
era **l'epoca** (15)
espresso **il caffè** (5); espresso with a few drops of milk **il caffè macchiato** (5); espresso infused with steamed milk **il cappuccino** (5)
to establish oneself **affermarsi** (15)
ethnic **etnico** (18)
ethic group **l'etnia** (18)
ethnicity **l'etnicità** (18)
euro (*shared European currency*) **l'euro** (1)
European **europeo** (16); European Community **la Comunità Europea** (16); currency of the EC **l'euro** (1); person from outside the EC **l'extracomunitario/ l'extracomunitaria** (18)
even though **anche se** (7)
evening **la sera** (3); good evening **buona sera** (P); in the evening **di/la sera** (4); this evening **stasera** (3)
ever **mai** (5)
every **ogni** (3); **tutto** (12)
everybody **tutti** (4); **tutti/tutte** (12)
everyday *adj.* **giornaliero, di tutti i giorni** (7)
everyone **tutti** (4); **tutti/tutte** (12)
everything **tutto** (*inv.*) (12)
everywhere **dappertutto** (12)
exam **l'esame** *m.* (3); oral exams **gli orali** (3); written exams **gli scritti** (3)
to examine (*a patient*) **visitare** (9)
to exceed **superare** (13)
excellent **ottimo** (8)
excuse **la scusa** (9); excuse me **scusa** (*inform.*), **scusi** (*form.*) (P)
executive **il/la dirigente** (17)
exhaust **lo scarico** (13)
exhibit **la mostra** (6)

to expect **aspettarsi** (18)
expensive **caro** (2)
to explain **spiegare** (3)
eye **l'occhio** (2)
eyeglasses **gli occhiali** (9)
eyesight **la vista** (9)

F

facilities (kitchen and bath) **i servizi** (12)
factory **la fabbrica** (16)
faith: to have faith (in) **fidarsi (di)** (18)
fall (season) **l'autunno** (P)
to fall asleep **addormentarsi** (7); to fall in love (with) **innamorarsi (di)** (14)
family **la famiglia** (3)
family room **il soggiorno** (12)
far **lontano** (1)
fashion **la moda** (7)
fast adj. **veloce** (4); adv. **velocemente** (7)
fat **grasso** (2)
father **il padre** (3)
favor: to be in favor (of) *****essere a favore (di)** (18)
favorite **preferito** (3)
February **febbraio** (P)
to feel **sentirsi** (7); to feel like **avere voglia (di)** (1)
fever **la febbre** (9)
few **poco** (m. pl. **pochi**) (3); a few **alcuni/alcune, qualche** (12)
field **il campo** (15)
to fill **riempire** (6); to fill out a form **riempire un modulo** (17); to fill up (the gas tank) **fare il pieno** (13)
to film **girare** (8)
to find **trovare** (3)
fine arts **le belle arti** (15)
finger **il dito** (pl. **le dita**) (9)
to finish **finire (isc)** (4)
to fire **licenziare** (17)
firm **l'azienda, la ditta** (17)
first **prima** (5); the first (day of the month) **il primo** (P); first course **il primo (piatto)** (6); the first time **la prima volta** (5)
fish **il pesce** (6); fish market **la pescheria** (11); fishmonger **il pescivendolo / la pescivendola** (11)
fixed **fisso** (10)
floor (of a building) **il piano**; first (second/third) floor **il primo (secondo/terzo) piano** (12); ground floor **il pianterreno** (12); on the first (second/third) floor **al**

primo (secondo/terzo) piano (12); on the ground floor **a pianterreno** (12)
flower **il fiore** (6)
to fly *****andare in aereo** (3); **volare** (15)
flyer **il volantino** (18)
fog **la nebbia** (4)
to follow **seguire** (4); to follow (a program) regularly **seguire** (8)
food **il cibo** (6); junk food **la robaccia** (5)
foot **il piede** (9); to go on foot *****andare a piedi** (3)
foolishness **la sciocchezza** (18)
for **per** (1)
to forbid **vietare** (13)
to force **forzare** (a + inf.) (14)
foreign **straniero** (3); foreign languages and literatures **le lingue e le letterature straniere** (3)
to forget **dimenticare** (3)
form **il modulo** (17); to fill out a form **riempire un modulo** (17)
free (unoccupied) **libero** (4)
French **francese** (2)
fresco **l'affresco** (15)
fresh **fresco** (6)
Friday **venerdì** (P)
fried **fritto** (6)
friend **l'amico/l'amica** (pl. **gli amici / le amiche**) (1)
friendship **l'amicizia** (18)
from **da** (1)
front: in front of **davanti a** (5)
fruit **la frutta** (6); fruit vendor **il fruttivendolo / la fruttivendola** (11); fresh fruit cocktail **la macedonia** (6)
full **pieno** (4)
fun **il divertimento** (2); fun-loving **divertente** (2)
to function **funzionare** (13)
function **la mansione** (17)
to furnish **ammobiliare, arredare** (12)
furnished **ammobiliato, arredato** (12)
furnishings **l'arredamento** (12)
furniture, piece of furniture **il mobile** (12)

G

game **la partita** (4)
garbage **i rifiuti** (13)
garden **il giardino** (12); vegetable garden **l'orto** (12)
gasoline **la benzina** (13); unleaded gas **la benzina verde / senza piombo** (13); to get gas **fare**

benzina (13); to fill up (the gas tank) **fare il pieno** (13); to run out of gas *****rimanere senza benzina** (13); gas pump **il distributore di benzina** (13); gas station **la stazione di servizio** (13)
German **tedesco** (2)
to get on *****salire** (4)
to get up **alzarsi** (7)
gift **il regalo** (6)
girl **la ragazza** (2); little girl **la bambina** (2)
to give **dare** (3); to give (as a gift) **regalare** (6); to give back **rendere** (6); to give a ride **dare un passaggio** (13); to give one's resignation **dare le dimissioni** (16)
gladly **volentieri** (3)
glass **il vetro** (13); drinking glass **il bicchiere** (1)
gloves **i guanti** (7)
to go *****andare** (3); to go (to do something) *****andare** (a + inf.) (3); to go abroad *****andare all'estero** (10); to go to the beach *****andare in spiaggia** (10); to go to the country *****andare in campagna** (10); to go away *****andare via** (4); to go by bus *****andare in autobus** (3); to go by car *****andare in macchina** (3); to go on foot *****andare a piedi** (3); to go to the gym *****andare in palestra** (4); to go to the hospital *****andare all'ospedale** (9); to go to the mountains *****andare in montagna** (10); to go (to a place) often **frequentare** (3); to go out *****uscire** (4); to go out (with someone) *****uscire (con)** (4); to go pick up *****andare a prendere** (13); to go to the seashore *****andare al mare** (10); to go by train *****andare in treno** (3); to go to visit (a person) *****andare a trovare (una persona)** (10); go ahead **pure** (11)
gold **l'oro** (17)
good **buono** (1); **bravo** (2); good at (a subject of study) **bravo in** (3); good morning **buon giorno** (P); good afternoon **buon giorno, buona sera** (P); good evening **buona sera** (P); good night **buona notte** (P); pretty good **abbastanza bene** (P); it is good **è bene** (14)
good-bye **arrivederci, arrivederLa** (form.) (P)
government **il Governo** (16)
grade **il voto** (P)

to graduate (*from high school*) **diplomarsi** (7); (*from college*) **laurearsi** (7)

granddaughter **la nipote** (3)

grandfather **il nonno** (3)

grandmother **la nonna** (3)

grandson **il nipote** (3)

grapes **l'uva** (11)

gray **grigio** (2)

great **grande** (2)

greater **maggiore** (9)

green **verde** (2)

greenhouse effect **l'effetto serra** (13)

to greet **salutare** (3)

grilled **alla griglia** (6)

grocery: to go grocery shopping **fare la spesa** (11); grocery store **il negozio di alimentari** (11)

ground: ground floor (*of a building*) **il pianterreno** (12); on the ground floor **a pianterreno** (12)

to grow *****crescere** (16); to grow up *****crescere** (4)

guest **l'ospite** *m./f.* (12)

guitar **la chitarra** (4)

gym **la palestra**; to go to the gym *****andare in palestra** (4)

H

hair **i capelli** (2)

half **mezzo, mezza** (4)

ham: cured ham **il prosciutto** (6)

hand **la mano** (*pl.* **le mani**) (9)

handsome **bello** (2)

to happen *****succedere** (*p.p.* **successo**) (9); *****capitare** (18); to happen to **capitare** (18); to happen to be *****capitare** (18)

happy **soddisfatto** (17)

hard **difficile** (3); hard drive **il disco fisso** (17)

hat **il cappello** (11)

to have **avere** (1); to have (*to do something*) **dovere** (+ *inf.*) (4)

he **lui** (1)

head **la testa** (9)

headache **mal di testa;** to have a headache **avere mal di testa** (9)

health **la salute** (9); health insurance **l'assistenza medica** (17); national health care **l'assistenza sanitaria nazionale, il sistema sanitario nazionale** (17)

healthy **sano** (9)

to hear **sentire** (4); to hear (about) **sentire parlare (di)** (15)

heart **il cuore** (9)

heat, heating **il riscaldamento** (12)

heavy **pesante** (11)

hello, **ciao** (*inform.*), **salve** (P)

to help (*each other*) **aiutarsi** (7)

her **la** (4); (to/for) her **le** (6); **lei** (9); (*possessive*) **suo** (3)

here **qui, qua** (1); here (it) is, here (they) are **ecco** (1)

hi **ciao, salve** (P)

to hide (oneself) **nascondersi** (12)

highway **l'autostrada** (13)

hill **il colle, la collina** (13)

him **lo** (4); (to/for) him **gli** (6); **lui** (9); (*possessive*) **suo** (3)

to hire **assumere** (17)

his **suo** (3)

historic **storico** (13)

history **la storia** (3); art history **la storia dell'arte** (3)

to hitchhike **fare l'autostop** (13)

to hold **tenere** (4)

home **la casa** (3)

home furnishings **l'arredamento** (12)

homeless person **il/la senzatetto** (18)

homework assignment **il compito** (P)

honey **il miele** (5)

to hope (*to do something*) **sperare** (**di** + *inf.*) (14)

hospital **l'ospedale** (1); to go to the hospital *****andare all'ospedale** (9); to be hospitalized *****andare all'ospedale** (9)

hostel **l'ostello** (10)

hot **caldo;** to be hot **avere caldo** (1)

hotel **l'albergo** (1)

house **la casa** (3); country house **la villa** (12); single-family house **la villetta** (12)

how **come** (6); How are you? **Come sta?** (*form.*), **Come stai?** (*inform.*) (P); How's it going? **Come va?** (P); (for) how long? **da quanto tempo?** (7); how much? **quanto?** (6); how many? **quanti?**; how many times? **quante volte?** (4) How do you say . . . ? **Come si dice… ?** (P); How old are you? **Quanti anni ha?** (*form.*), **Quanti anni hai?** (*inform.*) (P); How's the weather? **Che tempo fa?** (3); what is he/she/it like? **com'è?** (P); what are they like? **come sono?** (P)

to hug (*each other*) **abbracciarsi** (7)

hungry: to be hungry **avere fame** (1)

hurry: to be in a hurry **avere fretta** (1); in a hurry **in fretta** (5)

to hurt oneself, get hurt **farsi male** (9); to hurt **fare male (a)** (9)

husband **il marito** (3)

I

I **io** (1); I am **sono** (P); I'm from . . . **sono di…** (P); I also **anch'io** (4)

ice **il ghiaccio** (5)

ice cream **il gelato** (1); ice cream maker/vendor **il gelataio / la gelataia** (11); ice cream parlor **la gelateria** (11)

if **se** (4); if only **magari** (18)

illegal **abusivo** (18)

illness **la malattia** (9)

to imagine **immaginare** (16)

immediately **subito** (4)

immigrant **l'immigrato/l'immigrata** (18)

immigration **l'immigrazione** *f.* (18)

in **in** (1); **a** (1)

included: all costs included **tutto compreso** (10)

income **il guadagno** (16)

to increase **aumentare,** *****crescere** (16)

increase **l'aumento** (16)

to indicate **indicare** (12)

industry **l'industria** (17)

inequality **l'ineguaglianza** (18)

inflation **l'inflazione** *f.* (17)

information **l'informazione** *f.* (1)

informed **informato** (16); to become informed (about) **informarsi (su)** (16)

inhabitant **l'abitante** *m./f.* (15)

injustice **l'ingiustizia** (18)

inn **la pensione** (10)

insecure **insicuro** (2)

instead **invece** (4); **piuttosto** (5)

instrument (*musical*) **lo strumento** (4)

insurance: health insurance **l'assistenza medica** (17)

to intend (to) **avere intenzione (di)** (10)

to interfere **interferire (isc)** (18)

internship **il tirocinio** (17)

interview **l'intervista** (8); **il colloquio** (17); to have an interview **avere un colloquio** (17); to set up an interview **fissare un colloquio** (17)

intolerance **l'intolleranza** (18)

to invite **invitare** (4)

to involve oneself (in) **occuparsi (di)** (16)

to be/get involved **impegnarsi** (18)

Irish **irlandese** (2)

irresponsible **irresponsabile** (2)

issue **la questione** (18)
itinerary **l'itinerario** (10)

J

jacket **la giacca, il giubbotto** (7)
jam **la marmellata** (5)
January **gennaio** (P); January 1st **il primo gennaio** (P)
Japanese **giapponese** (2)
jargon **il linguaggio** (8)
job **il lavoro** (1); to look for a job **cercare lavoro** (17)
to join **iscriversi (a)** (17)
joke **la barzelletta** (3)
journalist **il/la giornalista** (8)
to judge **giudicare** (18)
juice **il succo**; orange juice **il succo d'arancia** (5); freshly squeezed juice **la spremuta** (5)
July **luglio** (P)
June **giugno** (P)
junk food **la robaccia** (5)
just **proprio** (1); **appena** (10); just like **così come** (16)
justice **la giustizia** (18)

K

to keep **tenere** (4); to keep quiet *****stare zitto** (3)
key **la chiave** (4)
keyboard **la tastiera** (17)
kilometer **il chilometro** (13)
kind **gentile** (2)
to kiss (*each other*) **baciarsi** (7)
kitchen **la cucina** (5)
to knock **bussare** (12)
to know **conoscere** (5); **sapere** (5); to know how (*to do something*) **sapere** (*+ inf.*) (5)
knowledge: to have knowledge of **sapere** (5)

L

labor **la mano d'opera** (17); labor union **il sindacato** (17)
lady **signora** (P)
lake **il lago** (*pl.* **i laghi**) (13)
lamb **l'agnello** (11)
landlord **il padrone di casa** (12)
landlady **la padrona di casa** (12)
landscape **il paesaggio** (10)
language **la lingua** (3); foreign languages and literatures **le lingue e le letterature straniere** (3)
last (*with time expressions*) **passato, scorso** (5); last night **ieri sera** (5)
late **tardi** (4)

to laugh **ridere** (15)
laundry **il bucato** (7)
laundry room **la lavanderia** (12)
law **la giurisprudenza, la legge** (3)
lazy **pigro** (2)
leading lady **la diva** (14)
leaflet **il volantino** (18)
to learn **imparare** (3)
least: at least **almeno** (9)
to leave *****partire** (4); to leave (*something, someone*) behind **lasciare** (4); to leave a deposit **lasciare un deposito** (10)
left **la sinistra**; to/on the left **a sinistra** (1)
left *adj.* **sinistro** (9)
leg **la gamba** (9)
lemon **il limone** (5)
to lend **imprestare, prestare** (6)
lenses: contact lenses **le lenti a contatto** (9)
less **meno** (3); less than **meno... di (che)** (9); lesser **minore** (9)
lesson **la lezione** (1)
letter **la lettera** (4)
liberal arts **le lettere** (3)
library **la biblioteca** (2)
license (*driver's*) **la patente** (13)
license plate **la targa** (13)
lie **la bugia** (2)
life **la vita** (9)
to lift weights **fare sollevamento pesi** (4)
light *adj.* **leggero** (17)
lightbulb **la lampadina** (15)
to like **piacere** (*+ indirect object*) (6); What's he/she like? **Com'è?** (2); What are they like? **Come sono?** (2)
likeable **simpatico** (*m. pl.* **simpatici**) (2)
limit **il limite**; speed limit **il limite di velocità** (13)
line **la fila** (15)
list **l'elenco** (10)
to listen, listen to **ascoltare** (3), to listen to music **ascoltare la musica** (4)
literature **la letteratura** (3); foreign languages and literatures **le lingue e letterature straniere** (3)
little **piccolo** (2); **poco** (3); a little bit (of) **un po' (di)** (2)
to live (*in a place*) **abitare** (3); *****vivere** (9); to live together **convivere** (18)
live *adj.,* live broadcast **indiretta** (8)
living room **il salotto** (5)
lonelinees **la solitudine** (18)
long **lungo** (*m. pl.* **lunghi**) (2)
to look at **guardare** (3); to look for **cercare** (3); to look for a job **cercare**

lavoro (17); to look good **fare bella figura** (7)
to lose **perdere** (4)
lost: to get lost **smarrirsi** (13)
lot: a lot **molto** (2)
to love **amare** (3); to fall in love (with) **innamorarsi (di)** (14)
lucky: Lucky you! **Beato/Beata te!** (3)
lunch **il pranzo** (5); to eat lunch **pranzare** (4)
lung **il polmone** (9)

M

magazine **la rivista** (4)
mail **la posta** (17); mail carrier **il postino / la postina** (5)
mainly **principalmente** (15)
major (in) (*at a university*) **la specializzazione (in)** (3)
to make **fare** (3); to make an appointment **fissare un appuntamento** (12); to make friends **fare amicizia** (18); to make a mistake **sbagliarsi** (7); to make oneself heard **farsi sentire** (16); to make plans **fare un programma** (4), **fare programmi** (10); to make a reservation **fare una prenotazione** (6)
man **l'uomo** (*pl.* **gli uomini**) (2); young man **il/la ragazzo** (2)
manager **il/la dirigente** (17)
many **molti** (2); too many **troppi** (4); how many? **quanto? (quanti?)** (6); how many times? **quante volte?** (4)
map **la mappa** (P)
March **marzo** (P)
May **maggio** (P)
marginalization **l'emarginazione** *f.* (18)
to marginalize **emarginare** (18)
market **il mercato** (11)
marmalade **la marmellata** (5)
to marry **sposare**; to get married **sposarsi** (7)
martial arts **le arti marziali** (4)
masterpiece **il capolavoro** (15)
match (*sports*) **la gara, la partita** (4)
materialism **il materialismo** (18)
mathematics **la matematica** (3)
maybe **forse** (10)
me **mi** (4); (to/for) me **mi** (6)
meal **il pasto** (6)
mean **cattivo** (2); What does . . . mean? **Cosa vuol dire... ?** (P)
means: by all means **pure** (11); means of transportation **i mezzi di**

trasporto (1); in the meantime intanto (16)

meat la carne (6)

mechanic il meccanico / la meccanica (13)

medicine la medicina (3)

the Medieval period il Medioevo (15)

to meet incontrare (3); to meet (past tense) conoscere (5); pleased to meet you piacere (P)

meeting la riunione (16)

melon il melone (6)

messy disordinato (2)

Mexican messicano (2)

the Middle Ages il Medioevo (15)

midnight mezzanotte; it's midnight è mezzanotte (4)

milk il latte (1)

milkman il lattaio (11)

milkwoman la lattaia (11)

million il milione (7)

minister (in government) il ministro m./f. (16); Prime Minister il Presidente del Consiglio, il Primo Ministro (16)

Miss signorina (P)

to miss (a train, bus, plane, etc.) perdere (4); to miss, to be missing *mancare (6)

mistake: to make a mistake sbagliarsi (7)

mixed misto (6)

the modern period l'età moderna, la modernità (15)

mom la mamma (3)

Monday lunedì (P)

money i soldi (2)

month il mese (P)

monthly mensile; monthly publication il mensile (8)

moped il motorino (1)

more più; more than più... di (che) (9)

morning la mattina (3); good morning buon giorno (P); in the morning di/la mattina (4); this morning stamattina (3)

mosaic il mosaico (15)

mother la madre (3)

motorcycle la motocicletta, la moto (1)

motorist l'automobilista m./f. (13)

motorscooter il motorino (1)

mouse il topo (12)

mouth la bocca (9)

to move (household) cambiare casa, fare un trasloco, traslocare (12); to move (to another town, state, etc.) trasferirsi (12)

movie theater il cinema (1)

mozzarella la mozzarella (6)

Mr. signore (P)

Mrs. signora (P)

much molto (2); too much troppo (4); how much? quanto? (6); as much . . . as (tanto)... quanto (9)

multiculturalism il multiculturalismo (18)

museum il museo (1)

music la musica (4); pop music la musica leggera, il pop (14)

musical (production) il musical (14)

musician il/la musicista (14)

my mio (3)

myself mi (7)

must (have to) (do something) dovere (+ inf.) (4)

N

name: first name il nome (1); last name cognome (1); my name is . . . mi chiamo... (P); What's your name? Come si chiama? (form.), Come ti chiami? (inform.) (P); to be named chiamarsi (7); last name il cognome (1)

to narrate raccontare (3)

naughty cattivo (2)

near vicino (1)

nearby qui vicino (1)

necessary: to be necessary *bisognare; it is necessary bisogna (14)

to need avere bisogno (di) (1)

to negotiate contrattare (16)

neither . . . nor né... né (12)

nephew il nipote (3)

network la rete (8)

never non... mai (3)

new nuovo (2); New Year's Day Capodanno (10)

news le notizie (8); local news la cronaca (8)

newspaper il giornale (4)

next (to) accanto (a), di lato (a) (12)

nice simpatico (2); (thing) bello (2)

niece la nipote (3)

night la notte; at night di/la notte (4); good night buona notte (P); last night ieri sera (5)

nightgown la camicia da notte (7)

no no (P); no longer non... più (7); no matter how comunque (17); no one (non...) nessuno (12)

nobody (non...) nessuno (12)

noise il rumore (12)

noon mezzogiorno; it's noon è mezzogiorno (4)

nose il naso (9)

not non (1); not anymore non... più (7); not yet non... ancora (12)

notebook il quaderno (P)

notes gli appunti (7)

noun il nome (1)

nothing (non...) niente/nulla (12); nothing special niente di speciale (10)

novel il romanzo (15)

November novembre (P)

now adesso (4); ora (7); right now ora (7)

nuisance la scocciatura (7)

nurse l'infermiere/l'infermiera (9)

nutrition l'alimentazione f. (9)

O

to obligate obbligare (a + inf.) (14)

occasion la volta (4)

occupation il mestiere, la professione (17)

October ottobre (P)

of di (1)

to offer offrire (4); to offer (to pay) offrire (5)

offer l'offerta (17)

officer: traffic officer il/la vigile (13)

often spesso (3)

oil l'olio (13)

OK va bene (2); is that OK? va bene? (1)

old vecchio (2); (people) anziano (2); very old antico (2); How old are you? Quanti anni ha? (form.), Quanti anni hai? (inform.) (P); I'm . . . years old ho... anni (P)

older maggiore (9)

on su (1)

once upon a time there was c'era una volta (8)

online in linea, online (17)

only solo (1); solamente (6); unico (13)

to open aprire (4)

opera il melodramma, l'opera (14)

operatic lirico (14)

or; either . . . or o... o (10)

oral exams gli orali (3)

orange l'arancia (11); orange juice il succo d'arancia (5); orange soda l'aranciata (1)

to order ordinare (5)

to organize organizzare (16)

other altro (2)

our nostro (3)

ourselves ci (7)

out fuori (6); out of place fuori luogo (16)

outside fuori (6)

outskirts: on the outskirts **in periferia** (12)
over **su** (1); **sopra** (12)
ozone layer **la fascia di ozono** (13)

P
pain **il dolore** (9)
to paint **dipingere** (4)
painter **il pittore / la pittrice** (15)
painting (*individual work*) **il dipinto, il quadro** (15); (*in general*) **la pittura** (15)
pair **il paio** (*pl.* **le paia**) (5)
paper **la carta** (8); (*report*) **la relazione** (15); sheet of paper **il foglio di carta** (P)
pardon: I beg your pardon? **Come?** (P)
parent **il genitore** (3)
to park **parcheggiare** (13)
parking: no-parking zone **il divieto di sosta** (13); parking space **il parcheggio** (13)
Parliament **il Parlamento** (16)
parmesan **il parmigiano** (6)
party **la festa** (3)
party (*political*) **il partito politico** (16)
to pass (by) *****passare** (3)
passport **il passaporto** (1)
pasta **la pasta** (6)
pastime **il passatempo** (4)
pastry **la pasta** (5); pastry cook **il pasticciere / la pasticciera** (11); pastry shop **la pasticceria** (5)
patient **il/la paziente** (9)
to pay **pagare** (5); to pay for **pagare** (5); to pay (with a credit card / by check / in cash) **pagare in contanti (con la carta di credito / con un assegno / in contanti)** (5); to pay attention *****stare attento** (3); to pay the bill **pagare il conto** (6); to pay a deposit **pagare un deposito** (10)
peanut **la nocciolina** (5)
pear **la pera** (11)
pen **la penna** (P)
pencil **la matita** (P)
peninsula **la penisola** (15)
pension **la pensione** (16)
people **la gente** (5)
to perform **recitare** (14)
to persuade **persuadere** (a + *inf.*) (14)
pharmacy **la farmacia** (1)
photograph, photo **la fotografia, la foto** (1); to take a picture (photo) **fare una fotografia** (3)
physics **la fisica** (3)
piano **il piano** (4)

to pick up, to go/come pick up *****andare/*venire a prendere** (13)
pie **la crostata** (6)
place **il luogo** (1); **il posto** (10); out of place **fuori luogo** (16); to take place **svolgersi** (8), **avere luogo** (14)
to place **mettere** (4)
to plan **fare un programma** (4); to have plans **avere programmi** (10); to make plans **fare un programma** (4), **fare programmi** (10); to plan (*to do something*) **pensare (di** + *inf.*) (14)
plan **il programma** (4)
plate **il piatto** (6)
to play (*a game or sport*) **giocare (a)** (3); (*a sport*) **fare/praticare uno sport** (4); (*a musical instrument*) **suonare** (3); (*a part*) **recitare** (14); to play on the computer **giocare con il computer** (4)
play **la rappresentazione teatrale** (14)
player **il giocatore / la giocatrice** (4)
pleasant **piacevole** (12)
please **per favore, per piacere** (P); pleased to meet you **piacere** (P)
to please: to be pleasing *****piacere** (6)
pleasure **il piacere** (7)
poem **la poesia** (15)
poet **il poeta / la poetessa** (15)
poetry **la poesia** (4)
to point out **indicare** (12)
polite **educato** (13)
political: political party **il partito politico** (16); political science **le scienze politiche** (3); political system **il sistema politico** (16); to be politically engaged *****essere impegnato** (18)
politics **la politica** (16)
poll **il sondaggio** (8)
to pollute **inquinare** (13)
pollution **l'inquinamento** (13)
poor **povero** (2); Poor me! **Povero me!** (9)
pop: pop musica **la musica leggera, il pop** (14)
pope **il papa** (15)
popular **seguito** (14)
pork **il maiale** (6)
portrait **il ritratto** (15)
possibility **la possibilità** (17)
post office **l'ufficio postale** (1); post office (*service*) **la posta** (17)
postcard **la cartolina** (10)
postmodern **il postmoderno** (15)
potato **la patata** (6)
potato chips **le patatine** (5)
poverty **la povertà** (16); **la miseria** (18)

to practice **praticare** (3)
prank **il capriccio** (7)
to prefer (*to do something*) **preferire (isc)** (+ *inf.*) (4)
preferred **preferito** (3)
prejudice **il pregiudizio** (18)
premiere **la prima** (14)
to prepare **preparare** (6)
prescription **la ricetta** (9)
president (*of the Republic*) **il presidente (della Repubblica)** (16)
press **la stampa** (8); the press **la stampa** (8)
pretty **carino** (2)
price **il prezzo** (7)
primarily **principalmente** (15)
Prime Minister **il Presidente del Consiglio, il Primo Ministro** (16)
to print **stampare** (8)
printer **la stampante** (17)
problem **il problema** (13)
to produce **produrre** (8); **mettere in scena** (14)
produce market **il negozio di frutta e verdura** (11)
producer **il produttore / la produttrice** (8)
profession **il mestiere, la professione** (17)
professional **di professione, professionista** (14)
professor **il professore / la professoressa** (P)
program (*TV or radio*) **il programma** (8)
prohibition **il divieto** (18)
to promise **promettere** (di + *inf.*) (14)
to promote **promuovere** (17)
protagonist **il/la protagonista** (15)
to protect **proteggere** (13)
protest **la manifestazione** (16)
proud **orgoglioso** (2)
provided that **a condizione che, purché** (17)
public **pubblico;** public transportation **i mezzi pubblici di trasporto** (13)
publication **la pubblicazione** (8)
to publish **pubblicare** (8)
pullover **il maglione** (11)
to purify **depurare** (13)
to push **spingere** (a + *inf.*) (14)
to put **mettere** (4); to put on (*clothes*) **mettersi** (7); to put on (a production) **mettere in scena** (14)

Q
quarter **il quarto** (4)
question **la domanda** (P)

quiet: to be/keep quiet **stare zitto** (3)
to quit (*a job*) **licenziarsi** (17)

R

racism **il razzismo** (18)
racist **il/la razzista** (18)
racist *adj.* **razzista** (18)
radio **la radio** (8); radio station **la radio** (8)
to rain **piovere** (4)
rain **la pioggia** (4)
raincoat **l'impermeabile** *m.* (7)
rain forest **la foresta pluviale** (13)
to raise **aumentare** (16)
raise **l'aumento** (16)
rather **piuttosto** (5)
to read **leggere** (4)
ready **pronto** (6)
really **davvero** (15); **proprio** (1)
reason **il motivo** (8)
receipt **lo scontrino** (5); to get a receipt **fare lo scontrino** (5)
to receive **ricevere** (4)
recipe **la ricetta** (6)
to recommend **consigliare** (6)
recovery **la guarigione** (9)
to recycle **riciclare** (13)
recycling **il riciclaggio** (13)
red **rosso** (2)
to reduce **diminuire** (16)
reduction **la diminuzione, la riduzione** (16)
refrigerator **il frigo** (*from* **frigorifero**) (4)
relationship **il rapporto** (7)
relative **il/la parente** (3)
to relax **rilassarsi** (7)
to remain *****rimanere** (4)
remains **le rovine, i ruderi** (15)
to remember **ricordare** (5)
Renaissance **il Rinascimento** (15)
to rent **affittare** (12); to rent (*a house*) **affittare, prendere in affitto** (10); to rent (*a car / a boat*) **noleggiare, prendere a nolo** (10); for rent **affittasi, in affitto** (12)
rent **l'affitto** (12)
to reply **rispondere** (4)
report **la relazione** (15)
reporter **il/la cronista** (8)
representative (*in the lower house of Parliament*) **il deputato / la deputata** (16)
to require **richiedere** (11)
requirement **il requisito** (17)
reservation **la prenotazione** (1)
reservation bureau **l'ufficio prenotazioni** (1)
to reserve **prenotare** (6)

residence **l'abitazione** *f.* (12)
to resign (*from office*) **dimettersi** (16)
to resist **resistere** (11)
to resolve **risolvere** (18)
to respect **rispettare** (13)
responsible **responsabile** (2)
to rest **riposarsi** (18)
rest (*remainder*) **il resto** (11)
restaurant **il ristorante** (1)
to restore **restaurare** (15)
résumé **il curriculum** (17)
to retire *****andare in pensione** (16); to be retired *****essere in pensione** (16)
retired person **il pensionato / la pensionata** (16)
to return (*to a place*) *****tornare** (3); (*to give back*) **rendere** (6)
to review **ripassare** (3); **recensire** (8)
review **la recensione** (8)
the Revival (*movement for Italian political unity*) **il Risorgimento** (15)
rhyme **la rima** (15)
rice **il riso** (6); creamy rice dish **il risotto** (6)
rich **ricco** (2)
to ride a bicycle *****andare in bicicletta** (3)
ride **il passaggio**; to ask for a ride **chiedere un passaggio** (13); to give a ride **dare un passaggio** (13)
right (*legal*) **il diritto** (16); rights **i diritti** (8)
right **la destra**; to/on the right **a destra** (1)
right *adj.* **destro** (9)
right: to be right **avere ragione** (1); you're right **già** (18); Right! **Giusto!** (P); it is right **è giusto** (14)
the Risorgimento (*movement for Italian political unity*) **il Risorgimento** (15)
river **il fiume** (13)
roast **l'arrosto** (6)
roll: sweet roll **la brioche, il cornetto** (5); hard roll **il panino** (1)
room **la camera** (10); **la stanza** (12); room with air conditioning / bath / shower **la camera con aria condizionata / bagno / doccia** (10); double room **la camera doppia/matrimoniale** (10); single room **la camera singola** (10)
roommate **il compagno / la compagna di stanza** (2)
row **la fila** (15)
ruins **le rovine, i ruderi** (15)
to run †**correre** (4); to run into (*each other*) **incontrarsi** (7); to run out of gas *****rimanere senza benzina** (13)
Russian **russo** (2)

S

sad **triste** (2)
salad **l'insalata** (6)
salary **lo stipendio** (16)
sale **la svendita** (11); for sale **in vendita, vendesi** (12)
salesperson **il commesso / la commessa** (11)
same **stesso** (2)
sandwich **il panino** (1); multi-layered sandwich on thin bread **il tramezzino** (5)
satisfied (with) **soddisfatto (di)** (17)
Saturday **sabato** (P)
sauce **il sugo**; with meat sauce **al ragù, alla bolognese** (6); with tomato sauce **al sugo di pomodoro** (6); with a sauce of basil, garlic, parmesan, and pine nuts **al pesto** (6); with a sauce of eggs, bacon, and grated cheese **alla carbonara** (6)
to save **risparmiare** (10); **salvare** (17)
saxophone **il sassofono** (4)
to say **dire** (4); How do you say . . . ? **Come si dice… ?** (P)
scarf **la sciarpa** (11)
school **la scuola** (1); school (*within a university*) **la facoltà** (3)
science **la scienza** (3); political science **le scienze politiche** (3)
scooter **lo scooter** (1)
screen **lo schermo** (8)
to sculpt **scolpire (isc)** (15)
sculptor **lo scultore / la scultrice** (15)
sculpture **la scultura** (*in general and as an individual work*) (15)
season **la stagione** (P)
secure **sicuro** (2)
search engine **il motore di ricerca** (17)
seatbelt **la cintura di sicurezza** (13)
to see **vedere** (4); see you soon **a presto** (P)
to seem *****parere** (*p.p.* **parso**), *****sembrare** (16); it seems **pare, sembra** (16)
to sell **vendere** (11)
senate (*upper house of Parliament*) **il Senato** (16)
senator **il senatore / la senatrice** (16)
to send **mandare** (6)
sensitive **sensibile** (2)
September **settembre** (P)
serious **grave** (9)
to serve **servire** (4)
to set the table **apparecchiare la tavola** (6)
to set up an interview **fissare un colloquio** (17)
set **fisso** (10)

settled: to get settled **sistemarsi** (12)
to share (*a residence*) **condividere** (12)
she **lei** (1)
sheet: sheet of paper **il foglio di carta** (P)
shirt **la camicia** (7)
shoes **le scarpe** (7)
to shoot (*a film*) **girare** (8)
shop **il negozio** (1)
shopkeeper **il/la negoziante** (11)
shopping: to go shopping **fare le spese / le compere** (11); to go grocery shopping **fare la spesa** (11)
short (*in height*) **basso** (2); (*in length*) **corto** (2)
short story **il racconto** (4); **la novella** (15)
to show **mostrare** (6); to show (on TV) **dare (in televisione)** (8)
show **lo spettacolo** (14)
sick **ammalato** (5); **malato** (9); to get sick **ammalarsi** (9)
side dish **il contorno** (6)
simple **semplice** (6)
to sing **cantare** (3)
singer **il/la cantante** (14)
singer-songwriter **il cantautore / la cantautrice** (14)
single **singolo** (12)
sister **la sorella** (3)
site **il sito** (17)
to ski **sciare** (3)
skirt **la gonna** (11)
to sleep **dormire** (4); to fall asleep **addormentarsi** (7)
sleepy: to be sleepy **avere sonno** (1)
slice **la fetta** (5)
slight **leggero** (17)
slow **lento** (4)
small **piccolo** (2); smaller **minore** (9)
to smile **sorridere** (15)
to smoke **fumare** (6)
smoker **il fumatore / la fumatrice** (14)
snack **lo spuntino** (5); (*mid-afternoon snack*) **la merenda** (5); snacks **i salatini** (5); to have a snack **fare uno spuntino** (5)
to snow **nevicare** (4)
snow **la neve** (4)
so **così** (7); (*in that case*) **allora** (8); so-so **così così** (P); so much **tanto** (7); so many **tanto** (7); so that **affinché** (17); so that **perché** (+ *subjunctive*) (17)
soccer **il calcio** (4)
socks **i calzini** (7)
soda **la bibita** (5)
soft drink **la bibita** (5)

to solve **risolvere** (13)
some **alcuni/alcune, qualche, qualcuno/qualcuna, un po' di** (12); some time ago **una volta** (8)
someone **qualcuno/qualcuna** (12)
something **qualcosa (di)** (12); something to drink / to eat **qualcosa da bere / da mangiare** (5)
sometimes **qualche volta** (4)
son **il figlio** (3)
song **la canzone** (14); popular song **la canzonetta** (14)
soon **presto**; see you soon **a presto** (P)
soprano **il soprano** *m./f.* (14)
sorry: to be sorry ***dispiacere** (6)
sort (*type*) **il tipo** (14)
soundtrack **la colonna sonora** (8)
soup: hearty vegetable soup **il minestrone** (6)
space **lo spazio** (13)
Spanish **spagnolo** (2)
to speak **parlare** (3)
spectator **lo spettatore / la spettatrice** (14)
speech **il discorso** (16)
speed limit **il limite di velocità** (13)
spoken **parlato** (15)
sport **lo sport** (4)
spring **la primavera** (P)
square **la piazza** (1)
stadium **lo stadio** (1)
staff: editorial staff **la redazione** (8)
to stage **mettere in scena, allestire (isc) (uno spettacolo)** (14)
stage **il palcoscenico** (14)
staircase **le scale** (12)
stairs **le scale** (12)
stall (*of vendor*) **la bancarella** (11)
to stand up **alzarsi** (7)
stand (*of vendor*) **la bancarella** (11)
to start **cominciare** (3); to start (*a car, a machine*) **mettersi in moto** (10)
the State **lo Stato** (16)
statement **l'affermazione** *f.* (10)
station **la stazione** (1)
statue **la statua** (15)
to stay ***stare** (3); ***rimanere** (4)
steak **la bistecca** (6)
stereotype **lo stereotipo** (14)
still **ancora** (7)
stomach **lo stomaco** (9)
to stop (*moving*) **fermarsi** (7); to stop (*doing something*) **smettere (di)** (7)
stopover **la tappa** (10)
store **il negozio** (1); clothing store **il negozio di abbigliamento** (11); grocery store **il negozio di alimentari** (11)

story: short story **il racconto** (4); **la novella** (15)
straight (*hair*) **liscio** (2); (*direction*) **dritto** (1); straight ahead **sempre dritto** (1)
strange **strano** (12)
stranger **lo sconosciuto / la sconosciuta** (13)
street **la via** (1)
stressed **stressato** (2)
to strike **fare sciopero, scioperare** (16); to be on strike ***essere in sciopero** (16)
strike **lo sciopero**
strong **forte** (9)
student **lo studente / la studentessa** (P)
studies **gli studi** (3)
studio apartment **il monolocale** (12)
to study **studiare** (3)
study **lo studio** (12)
stuff **la roba** (8)
style **lo stile** (15)
subject **l'argomento** (15); subject matter **la materia (di studio)** (3)
subtitle **il sottotitolo** (8)
suburbs: in the suburbs **in periferia** (12)
to succeed ***riuscire (a + inf.)** (14)
to suffer (from) **soffrire (di)** (18)
sugar **lo zucchero** (5)
suggestion **il suggerimento** (10)
suit **l'abito, il vestito** (7)
suitcase **la valigia** (1)
summer **l'estate** *f.* (P); *adj.* **estivo**
Sunday **domenica** (P)
supermarket **il supermercato** (1)
survey **il sondaggio** (8)
to survive ***sopravvivere** (9)
sweater **la maglia** (7)
sweatshirt **la felpa** (7)
sweatsuit **la felpa** (7)
sweets **i dolci** (5)
to swim **nuotare** (3)
swimming **il nuoto** (4)
swimming pool **la piscina** (3)
symphony **la sinfonia** (14)
system **il sistema**; the political system **il sistema politico** (16)

T

t-shirt **la maglietta, la t-shirt** (7)
table **il tavolo** (5); small table, café table **il tavolino** (5); at a table (*in a café*) **al tavolino** (5); to set the table **apparecchiare la tavola** (6)
to take **prendere** (4); to take care of oneself **curarsi** (9); to take a course

seguire un corso (4); to take part (in) fare parte (di) (15); to take a picture (photo) fare una foto (3); to take place svolgersi (8); avere luogo (14); to take a test dare un esame (3); to take a civil service exam partecipare a un concorso (17); to take (time) metterci (+ time expressions), *volerci (+ time expressions) (15); to take a walk fare una passeggiata (4)

to talk parlare (3)

tall alto (2)

task l'incarico (8)

taste il gusto (13)

taxes le tasse (7)

tea il tè (1); hot tea il tè caldo (5); il tè freddo iced tea (5)

to teach insegnare (3)

teacher l'insegnante m./f. (3)

team la squadra (4)

to telephone telefonare (a) (3)

television la televisione (4)

television news il telegiornale (8)

to tell dire (4); raccontare (3); to tell the truth a dire il vero (10)

tenant l'inquilino/l'inquilina (12)

tennis il tennis (4)

tenor il tenore (14)

test l'esame (3); (medical) il controllo (9); to take a test dare un esame (3)

to thank ringraziare (18); thank you grazie (P); thanks grazie (P); Thank goodness! Meno male! (12)

that quello (3); cui (14); that which ciò che, quello che (14)

theater il teatro (1); movie theater il cinema (inv.) (1)

their loro (3)

them m. li (4); f. le (4); (to/for) them gli (loro) (6); loro (9)

theme il tema (15)

then poi (1); allora (8)

there lì, là (1); there (it) is . . . /there (they) are . . . ecco... (1); there is c'è (1); there are ci sono (1)

they loro (1)

thin magro (2)

to think pensare; to think (about something) pensare (a + n.) (11)

thirsty: to be thirsty avere sete (1)

this questo (3)

throat la gola (9)

through per (1)

Thursday giovedì (P)

ticket (theater, train) il biglietto (1); ticket (fine) la multa (13); to get a ticket prendere la multa (13)

tie la cravatta (7)

tight stretto (11)

time il tempo (4); (of day) l'ora (4); (occasion) la volta (4); at what time? a che ora? (4); it's time è ora (l6); on time puntuale (3); to take (time) metterci/*volerci (+ time expressions) (15); what time is it? che ora è? / che ore sono? (4)

tip la mancia (5)

tire la gomma (13)

tired stanco (2)

tiring faticoso (9)

to a, in (1)

today oggi (P); What is today's date? Quanti ne abbiamo oggi? (11)

together insieme (4)

to tolerate sopportare (18)

tomato il pomodoro (6)

tomorrow domani (P)

tonight stasera (3)

too anche (2); too much troppo (4); too many troppo (4); me too anch'io (4)

tooth il dente (9)

toothache: to have a toothache avere mal di denti (9)

topic l'argomento (15)

totality: the totality of l'insieme di (8)

tourist information office l'ufficio informazioni (1)

town square la piazza (1)

trade il commercio; (profession) il mestiere, la professione (17)

traffic il traffico (13); traffic officer il/la vigile (13)

tragedy la tragedia (14)

train il treno (1)

train station la stazione (1)

transfer il trasferimento (17)

transportation: means of transportation i mezzi di trasporto (1); public transportation i mezzi pubblici di trasporto (13)

to travel viaggiare (4)

to treat curare (9)

treatment la cura (9)

tree l'albero (12)

trip il viaggio (1)

to trust fidarsi (di) (18)

truth la verità (4); to tell the truth a dire il vero (10)

to try provare (6); to try (to do something) provare (a + inf.) (7); to try (to) cercare (di) (9); to try on provare (11)

Tuesday martedì (P)

tune-up il controllo (13)

turn: to be the turn of (a person) toccare a (qualcuno); it's my / your / his / her turn! Tocca a me / te / lui / lei! (9)

TV la TV (4); TV channel il canale televisivo (8); TV mini-series il telefilm (8); TV news il telegiornale (8); TV series la fiction televisiva, la serie televisiva (8)

twins i gemelli / le gemelle (9)

to type battere, scrivere a macchina (17)

type il tipo (14)

typical tipico (3)

U

ugly brutto (2)

unbearable insopportabile (17)

uncle lo zio (1)

under sotto (12)

to understand capire (4)

unemployed disoccupato (16)

unemployment la disoccupazione (16)

unfortunately purtroppo (5)

unfriendly antipatico (2)

unhappy (with) insoddisfatto (di) (17)

union: labor union il sindacato (17)

united unito (16)

university l'università (1)

unless a meno che... non (17)

unlikeable antipatico (2)

to unload scaricare (13)

unoccupied (room, seat, etc.) libero (10)

unsatisfied (with) insoddisfatto (di) (17)

until fino a (5)

unusual insolito (12)

unwell: to be unwell stare male (3)

up-to-date aggiornato (17); informato (16)

us ci (4); (to/for) us ci (6)

used: to get used to (something or doing something) abituarsi a (14)

useless inutile (12)

usual solito (4)

usually di solito (4)

V

vacation la vacanza; to go on vacation *andare in vacanza (4); *andare in ferie (10); fare le ferie / le vacanze (10)

value il valore (18)

VCR il videoregistratore (8)

veal il vitello (6)

vegetables **la verdura** (6); vegetable garden **l'orto** (12); hearty vegetable soup **il minestrone** (6)

vendor **il venditore / la venditrice** (11)

very **molto** (2)

videocassette **la videocassetta** (8)

view **la vista** (12)

village **il paese** (5)

violence **la violenza** (18)

to visit (*a person*) **trovare** (10); (*a place*) **visitare** (10); to go/come to visit (*a person*) *****andare/*venire a trovare (una persona)** (10)

voice **la voce** (14)

volunteer **il volontario** (18)

to vote **votare** (16)

vote **il voto** (16)

W

wage **il salario** (16)

to wait, wait for **aspettare** (3)

waiter **il cameriere** (5)

waitress **la cameriera** (5)

to wake up **svegliarsi** (7)

to walk *****andare a piedi** (3)

to want (*to do something*) **volere (+ inf.)** (4); to want (*feel like*) **avere voglia (di)** (1)

wanted **cercasi** (12)

warm: to be warm **avere caldo** (1)

to wash (*oneself*) **lavarsi** (7)

to waste (*time*) **perdere** (4)

to watch **guardare** (3)

watch **l'orologio** (2)

water (mineral/carbonated/non-carbonated) **l'acqua (minerale/gassata/naturale)** (5)

we **noi** (1)

wealth **la ricchezza** (18)

to wear **portare** (7)

weather **il tempo** (3); to be nice/bad weather **fare bello/brutto** (3); to be foggy/clear weather *****essere nebbioso/sereno** (4)

the Web **la rete** (17)

website **il sito della rete, il sito Internet** (17)

Wednesday **mercoledì** (P)

week **la settimana** (P)

weekly **settimanale**; weekly publication **il settimanale** (8)

welcome: you're welcome **prego** (P)

well **bene** (P)

well: to be well *****stare bene** (3)

what **che** (1); **(che) cosa?** (3); what kind of? **che?** (6); What does . . . mean? **Cosa vuol dire... ?** (P); what time is it? **che ora è? / che ore sono?** (4); at what time? **a che ora?** (4); What? **Come?** (P); **quello che** (14)

whatever *adj.* **qualunque** (17); *pron.* **qualunque cosa** (17)

when? **quando?** (6)

where **dove** (1); where is? **dov'è?** (2); where are you from? **di dove sei?** (*inform.*) (2); where is he/she from? **di dov'è?** (2)

wherever **dovunque** (17)

which **quale** (6); **che** (14); **cui** (14); which one(s)? **quale? (quali?)** (6)

white **bianco** (2); white-collar worker **l'impiegato/l'impiegata** (16)

who **chi** (2); **che** (14); whose is . . . ? / whose are . . . ? **di chi è... ? / di chi sono... ?** (2); Who knows! **Chissà!** (10)

whoever **chiunque** (17)

whom **chi** (6); **che, cui** (14)

whomever **chiunque** (17)

why **perché** (6)

wide **largo** (2)

wife **la moglie** (3)

willingly **volentieri** (3)

to win **vincere** (4)

wind **il vento** (4)

windy: to be windy **tirare vento** (4)

window **la finestra** (4)

wine **il vino** (1); red wine **il vino rosso** (6); white wine **il vino bianco** (6)

winter **l'inverno** (P)

with **con** (1)

"with it" **in gamba** (5)

within **entro** (13)

without **senza** (1); **senza che** (17)

woman **la donna** (2); young woman **la ragazza** (2)

word **la parola** (P)

to work **lavorare** (3); **funzionare** (13)

work **il lavoro** (1); (*art, writing, etc.; individual work*) **l'opera** (15)

worker **il lavoratore / la lavoratrice** (17); blue-collar worker **l'operaio/l'operaia** (16); white-collar worker **l'impiegato/l'impiegata** (17)

world **il mondo** (14)

to worry (about) **preoccuparsi (di)** (17)

worse *adj.* **peggiore** (9); *adv.* **peggio** (9)

to wrap **incartare** (11)

to write **scrivere** (4)

writer **lo scrittore / la scrittrice** (15)

writing (*in general*) **la scrittura** (15)

written exams **gli scritti** (3)

Y

year **l'anno** (P); academic year **l'anno accademico** (3); New Year's Day **Capodanno** (10); to be . . . years old **avere... anni** (1); I am . . . years old **ho... anni** (P)

yellow **giallo** (2)

yes **sì** (P)

yesterday **ieri** (5)

yogurt **lo yogurt** (11)

you **tu** (*inform.*), **Lei** (*form.*), **voi** (*pl. inform.*), **Loro** (*pl., form.*) (1); *pron.* **ti** (*inform.*), **La** (*form.*), **vi** (*pl. inform.*), **Li** (*m. pl., form.*), **Le** (*f. pl., form.*) (4); (to/for) you **ti** (*inform.*), **vi** (*pl. inform.*), **Gli (Loro)** (*m. pl., form.*), **Le** (*f. pl., form.*) (6); And you? **È Lei?** (*form.*), **E tu?** (*inform.*) (P)

you're welcome **prego** (P)

young **giovane** (2)

younger **minore** (9)

your **tuo** (*inform.*), **Suo** (*form.*), **vostro** (*pl. inform.*), **Loro** (*pl. form.*) (3)

yourself **ti** (*inform.*), **si** (*form.*), (7); yourselves **vi** (*inform.*), **si** (*form.*) (7)

youth **la gioventù** (8)

Z

zoo **lo zoo** (1)

Index

About the Authors

Graziana Lazzarino is Professor of Italian at the University of Colorado in Boulder. A native of Genoa, she received her Laurea from the University of Genoa, and has taught at numerous European schools and American colleges and universities. She is also the author of *In giro per l'Italia: A Brief Introduction to Italian, Da capo: A Review Grammar* and *Per tutti i gusti.*

Maria Cristina Peccianti, a native of Siena, received her Laurea from the University of Florence and currently teaches at the University for Foreigners of Siena. She also teaches courses on assessment theory and practice for the Masters program in Italian instruction and pedagogy at the University of Padova. Signora Peccianti has planned and directed distance-learning courses in Latin America and Spain. She has written and edited books on linguistic education, including *Grammatica italiana per la scuola media* (Le Monnier, 2002), and Italian as a second language, including *Grammatica d'uso della lingua italiana* (Giunti, 1997), as well as articles and essays on programming, examination, and assessment of educational materials. She was a co-author of *In giro per l'Italia: A Brief Introduction to Italian* and the fifth edition of *Prego! An Invitation to Italian.*

Janice M. Aski is an Assistant Professor and the Director of the undergraduate Italian language program at The Ohio State University. She received her Ph.D. in Italian from the University of Wisconsin-Madison in 1997. Her research is in foreign language pedagogy and teaching methodology, as well as Italian Romance linguistics (more specifically, Italian historical phonology and morphology).

Andrea Dini, a native of Prato, received his Laurea cum laude from the University of Florence and his Ph.D. in Italian Literature from the University of Wisconsin-Madison, with a minor in Second-Language Acquisition. He is currently an Assistant Professor of Italian at Montclair State University in New Jersey, where he coordinates the Lower Division Italian Language Program. His areas of specialization include Medieval and Contemporary Italian Literature, and pedagogy. He was a co-author of *In giro per l'Italia: A Brief Introduction to Italian* and the fifth edition of *Prego! An Invitation to Italian.*

Photo Credits

Illustrations

Realia Credits

NOTES